곽선희 목사 디모데서 강해

네 직무를 다하라

곽선희 지음

계몽문화사

머 리 말

디모데서는 목회자에게 주는 〈목회신학교본〉이라고 늘 생각합니다. 사도 바울은 각처에 교회를 세웠고 세운 교회를 친히 다시 방문하기도 했으며 또한 바울서신을 통해서 〈통신목회〉를 했습니다. 그리고 각처에 교회지도자를 세웠습니다. 이것으로 그의 책임은 끝나지 아니하였습니다. 세운 교회, 또 세운 목회지도자를 책임지는 확실한 '사도권'을 행사한 것을 보고 놀랍게 생각합니다.

그리하여 그가 친히 지도자로 세운바 교역자를 계속 가르치고 권면하며 위로하는 것을 볼 수 있습니다. "네 아들아." 이같은 부성적 사랑으로 디모데를 권면 위로하고 있습니다. 특히 그는 지금 로마감옥에 투옥되었고 모름지기 이번 겨울 끝에는 순교하게 될 것까지 미리 알고 있으면서 마지막 편지를 씁니다. 그래서 옥중서신이며 교역자에게 주어지는 목회서신이기도 합니다.

사도 바울은 이 편지 중에서 바울 자신의 신앙을 분명하게 간증하고 있습니다. 모든 서신 속에 '자기신앙간증'적 형태의 내용이 많이 있으나 디모데서는 그 내용이 극치를 이룹니다. "달려갈 길을 다 가고 믿음을 지켰으니…" 절절하게 또한 분명하게 간증합니다. "관제와 같이…"—이같은 종말론적 신앙간증과 함께 비교적 유약한 "아들 디모데"를 격려하고 있습니다.

또한 교회론을 펴기도 하고 특별히 젊은 교역자로서 교회 안에서 가져야 될 '권위'와 목회자의 위상에 대하여 너무나 친절하게 교육하고 있는 것을 본문에서 엿볼 수 있습니다. 우리는 본서를 통하여 교회와 목회자를 동시에 배우게 되고 특히 목회자의 자기처신과 사사로운 행동지침까지 세밀하게 읽을 수 있습니다.

　요새처럼 교회윤리가 혼란스러운 때에는 더욱 더 사도 바울의 음성이 그리워지는 것을 느낍니다. "어찌하오리까?" 묻고 싶은 심정입니다. 벌써 본서를 통해 해답하고 계시나, 그때 벌써…

　디모데서를 다시 읽으면서 바른 교회관과 바른 목회철학이 세워지기를 바라는 마음에서…

곽선희

차 례

머리말 ——— 2

전서

거짓없는 믿음(1: 1-7) ——— 8
율법의 용법(1: 8-11) ——— 24
나를 능하게 하신 예수(1: 12-17) ——— 37
선한 싸움을 싸우라(1: 18-20) ——— 51
구원의 보편적 은혜(2: 1-7) ——— 65
조용히 배우라(2: 8-15) ——— 78
교회지도자의 자격(3: 1-7) ——— 92
집사된 사람의 자격(3: 8-13) ——— 107
진리의 기둥과 터(3: 14-16) ——— 120
감사함으로 받으라(4: 1-5) ——— 136
경건의 유익(4: 6-9) ——— 152
믿는 자의 본이 되라(4: 10-16) ——— 167
하나님께 소망을 둔 일꾼(5: 1-16) ——— 180
네 자신을 정결케 하라(5: 17-22) ——— 194
자유인의 윤리(5: 23-25) ——— 209
더 잘 섬기게 하라(6: 1-2) ——— 224
진리를 잃어버린 사람(6: 3-5) ——— 239
지족하는 마음(6: 6-10) ——— 253

선한 싸움을 싸우라(6: 11-12) ──── 269
빌라도를 향한 증거(6: 13-16) ──── 281
선한 사업에 부자되라(6: 17-21) ──── 293

후서
거짓없는 믿음(1: 1-8) ──── 309
본받아 지키라(1: 9-14) ──── 324
나를 유쾌하게 한 자(1: 15-18) ──── 339
들은 바를 부탁하라(2: 1-2) ──── 356
면류관을 얻을 사람(2: 3-7) ──── 372
말씀은 자유하시다(2: 8-13) ──── 387
자신을 드리기를 힘쓰라(2: 14-18) ──── 401
귀히 쓰는 그릇(2: 19-21) ──── 415
주의 종의 마땅한 도리(2: 22-26) ──── 429
말세인의 속성(3: 1-5) ──── 443
어리석음의 실종(3: 6-12) ──── 457
구원에 이르는 지혜(3: 13-17) ──── 470
네 직무를 다하라(4: 1-5) ──── 484
영광스러운 경기자(4: 6-8) ──── 500
너도 저를 주의하라(4: 9-15) ──── 515
사도 바울의 확신(4: 16-22) ──── 530

곽선희 목사
장로회 신학대학 졸업
프린스턴 신학석사
풀러신학 선교신학박사
인천제일교회 목사
장로회 신학대학 교수 역임
숭의여자전문대학 학장 역임
서울장로회신학교 교장 역임
소망교회 원로목사

곽선희 목사 디모데서 강해
네 직무를 다하라

인쇄 · 2005년 3월 5일
발행 · 2005년 3월 10일
지은이 · 곽선희
펴낸이 · 김종호
펴낸곳 · 계몽문화사
등록일 · 1993년 10월 11일
등록번호 · 제16—765호
전화 · (02)917-0656
정가 · 23,000원
총판 · 비전북 / (031)907-3927
ISBN 89-89628-18-0 03230

＊ 잘못 만들어진 책은 바꾸어 드립니다.

네 직무를 다하라

거짓없는 믿음

우리 구주 하나님과 우리 소망이신 그리스도 예수의 명령을 따라 그리스도 예수의 사도된 바울은 믿음 안에서 참 아들된 디모데에게 편지하노니 하나님 아버지와 그리스도 예수 우리 주께로부터 은혜와 긍휼과 평강이 네게 있을지어다 내가 마게도냐로 갈 때에 너를 권하여 에베소에 머물라 한 것은 어떤 사람들을 명하여 다른 교훈을 가르치지 말며 신화와 끝없는 족보에 착념치 말게 하려 함이라 이런 것은 믿음 안에 있는 하나님의 경륜을 이룸보다 도리어 변론을 내는 것이라 경계의 목적은 청결한 마음과 선한 양심과 거짓이 없는 믿음으로 나는 사랑이거늘 사람들이 이에서 벗어나 헛된 말에 빠져 율법의 선생이 되려 하나 자기의 말하는 것이나 자기의 확증하는 것도 깨닫지 못하는도다

(디모데전서 1 : 1 - 7)

거짓없는 믿음

　공교롭게도 신약성경에서 맨먼저 기록된 책이 데살로니가전서이고 가장 나중에 기록되었다고 하는 바울서신이 바로 디모데후서입니다. 이러한 배경을 생각하면서 본문을 읽으면 한결 의미가 클 것으로 생각합니다. 디모데서에 특징이 있습니다. 우리가 상식적으로 알아둘만한 것입니다. 이만한 정도는 알고 성경을 읽는 것이 깊은 뜻을 이해하는 데 도움이 됩니다. 첫째는 이 서신이 '옥중서신'이라는 것입니다. 바울이 감옥에 갇혀 있으면서 감옥 밖에 있는 믿음의 아들에게 편지한 것입니다. 감옥에서 썼다는 것 — 중요한 의미가 있지 않겠습니까. 어떤 처지에 있느냐에 따라서 사람은 생각의 깊이에 차이가 있습니다. 관심사부터 다릅니다. 건강할 때 다르고 병들 때 다릅니다. 젊을 때 다르고 나이많을 때 다릅니다. 더욱이 로마제국 치하의 감옥에 있다는 것은 언제 죽을는지 알 수 없는 절박한 현실이었습니다. 로마사람들에게는 이 이방사람, 더욱이 유대사람들같은 정도의 사람들, 그야말로 그 생명의 가치가 아무것도 아니었습니다. 얼마든지, 어느 때에라도 그저 내키는대로 "죽여라!" 한마디 하면 죽는 것입니다. 여러분도 당시 로마의 상황을 배경으로 한 여러 가지 영화를 보았을 것입니다. 「쿠오바디스」라든가 「스파르타쿠스」같은 영화에 보면 로열박스에 앉아 있는 권력자가 엄지손가락 하나 위아래로 세우거나 꺾는 데 따라 경기장의 사람이 죽고사는 장면들을 볼 수 있지요. 관중들은 와와 소리를 지르고… 사람의 생명이 이 정도의 값어치밖에 못되었던 깃입니다. 무슨 재판이 있는 것도 아닙니다. 고소니 상소니, 고등법원이니 대법원이니 하는 절차가 없는 것입니다. 사람의 생명이 이렇게 권력자의 손가락 하나로도 초개같이 사라질 수 있는 때였습니다. 바울은 그런 때에 감옥에 갇혀 있는 것입니다. 어느 때 무슨 일로 인해서 어떻게 죽을는지 모릅니다. 그야말로 하루하루 사는 것이 기적일 뿐입니다. 언제 어떻게 순교할는지 모릅니다. 바로 그런 상황에서 이 편지를 씁니다. 종말론적이고, 순간순간마다 유서같은 의미가 있는 것입니다. 그리고 디모데서는 '마지막으로 쓰는 편지의 가치'를, 그런 의미를 가지고 있습니다. 그런 상황에서 감옥 밖에 있는 믿음의 아들 디모데에게 쓴 소중한 편지입니다. 거기에 하나님의 계시가 함께하는 것입니다. 둘째로, 이것은 지극히 개인적인 편지입니다. personal letter의 성격을 띠고 있습니다. '나' '너'하는 관계에서입니다. 교회전체에 대하여, 세계에 대하여⋯ 이런 얘기가 아닙니다. 디모데 한 사람을 위해서 주는 교훈입니다. 바울의 입장에서는 믿음의 아버지로서 '내가 너에게 말하노라'하고 있습니다. '나'라고 하는 말, '내가'라고 하는 말을 헬라말 원문에서는 '에고'라고 합니다. 우리가 흔히 'egoism'이라는 영어를 쓰는데, 이 ego가 헬라어에서는 '나'를 가리키는 말입니다. 그런데 이 디모데전서에만 '에고'라고 하는 단어가 1,274회 나옵니다. 그만큼 순간순간 '나는 네게 이렇게 말한다' 합니다. 아주 친근하고, 개별적이고, 개인적인 그런 의미가 담겨 있습니다. 셋째로 이것은 목회서신입니다. 목적은 목회에 있습니다. 디모데에게 무슨 처세술이라도 가르치는 것이 아닙니다. 이렇게 살아야 잘사는 거다, 하는 얘기가 아닙니다. 너는 목회자다, 내가 세운 교회를 대신해서 섬기고 있는데 교회를 섬길 때는 이렇게 하라, 교인들에게는 이렇게 하고, 복음은 이렇게 전하고, 이러한 심정으로, 이러한 자세로 임하라―이런 것을 가르치고 있습니다. 대단히 중요한 것이지요. 후배들 가운데 "목사님, 목사님이 한평생 지내오면서 목사로서 가장 영향을 많이 받았다고 생각할 수 있는 선배목사님이 누구입니까? 목사님에게 가장 큰 영향을 끼친 목사님이 누구입니까?" 가끔 저에게도 이렇게 질문하는 분들이 많습니다. 그렇습니다. 나를 지도한 분이 있습니다. 내가 그를 존경하고, 그로부터 배웠습니다. 그래서 그 전통이 이어지는 것입니다. 누구에게서 배웠다는 것, 아주 중요한 것입니다. 지금 바울은 그런 관계에서 말씀하는 것입니다. 너는 나에게서 배운다, 내가 너를 가르친다. 내 목회철학, 내 목회신학, 내 이 신앙적 전승을 이어가라, 하는 것입니다. 따라서 '교회는 이렇게 섬겨야 한다' 하는 목회적인 의미가 여기에 있습니다. 옥중서신이요, 개인서신이요, 목회서신이다 — 디모데서는 이런 세 가지의 특징을 띠고 있습니다.

이제 서두에서 먼저 발신자를 밝힙니다. 바울이 자기소개를 합니다. 믿음의 아들 디모데이니 바울이 누구인지는 잘 알고 있습니다. 바울로 인해서 디모데가 예수를 믿게 되었고, 바울에게 헌신함으로 디모데는 목회자가 되었습니다. 그러니 굳이 바울의 자기소개가 필요하겠습니까. '나는' '내가' — 이렇게 써나가면 될 것을 profile은 무슨 필요가 있습니까. 그러나 바울은 다시 말씀합니다. 나의 나 됨을, 그 정체성을 확인해주는 것입니다. 나는 누구냐? — 그것입니다. 여러분도 이 점을 잊지 마십시오. 나는 누구냐 — 항상 생각하여야 됩니다. 내가 누구인지를 알고 저 사람이 누구인지를 그리스도 안에서 신앙직으로 생각하여야 합니다. 늘 정체의식을 재확인하여야 되는 것입니다. 오늘본문에서 바울은 말씀합니다. "하나님과 우리 소망이신 그리스도 예수의 명령을 따라…" '예수'를 말씀하고 있는데, 특별히 오늘와서 다른 편지에서 쓰지 않던 용어를 씁니다. "우리 소망이신 그리스도 예수"라 하였습니다. 웬말씀이겠습니까. 바울은 지금 감옥에 갇혀 있습니다. 디모데는 본래 나약하고 내성적인 사람입니다. 바울이 감옥에 있음으로해서 그는 지금 몹시 두려워하고 있습니다. 바울선생님이 없는데 내가 어떻게 목회를 할 수 있겠나? 그런 걱정이 태산같습니다. 그런데 이제 사도 바울은 말씀합니다. "소망이신 그리스도…" 우리의 모든 문제가, 구원문제, 생명문제가 다 절망적이지만 오직 예수, 오직 예수만이 소망적이고, 예수가 있어서 소망적입니다. 예수께 소망의 닻을 던지고 살아가는 것입니다. 여러분, 솔직하게 생각해보십시오. 소망적인 게 뭐 있습니까. 아무것도 없습니다. 믿을 것도 없고, 바라볼 것도 없습니다. 그래서 사도 바울은 말씀합니다. "우리의 소망이신 그리스도…" 개인적으로 생각해봐도 소망의 근원은 오직 예수 그리스도께 있습니다. 모든 환경을 초월할 수 있는 것도 예수 그리스도로 말미암습니다. 세상이 거꾸로 가든지 바로 가든지, 내가 감옥에 가든지 감옥에서 나오든지, 이대로 살든지 죽든지 간에 예수, 예수가 소망입니다. 예수가 있음으로해서, 예수를 믿음으로해서 우리는 어떤 환경도 초월할 수 있는 것입니다. 모든 환경으로부터, 모든 절망으로부터 구원해주시는 소망이신 그리스도—이것을 잊지 말아야 합니다. 예수소망, 예수소망, 예수만이 소망입니다. 중요한 것은 소망이라는 말이 사도 바울에게 있어서는 좀더 심각한 의미를 가졌다는 것입니다. 바로 종말론적 의미입니다. 바울은 이제 감옥에서 나가지 못하고 이대로 죽을는지 모릅니다. 그러나 상관이 없습니다. 주님께서 나를 기다리고 계시니까요. 죽음을 넘어서는 것입니다. 죽음을 넘어서는 소망이 없다면 모든것은 다 절망입니다. 잘살면 뭐하고 재벌이면 뭐합니까. 젊으면 뭐하고 늙으면 뭐합니까. 젊은사람들 보면 싱싱하고 좋습니다마는 나는 생각합니다. '10년만 있어봐라.' '20년만 두고보자.' 세월 그저 바람같이 물같이 지나가는 것입니다. 잠깐입니다. 잊지 마십시오. 바울은 지금 죽음을 넘어서고 있습니다. 종말론적인, 영원한 하늘나라를 감옥에서 바라보고 있습니다. 순교를 앞에 놓고, 바라보고 있습니다. 소망이신 그리스도, 그의 명령을 따라서 내가 사도가 됐다 —놀라운 말씀입니다. 우리를 구속하시고, 십자가를 지시고, 그리고 하늘나라에 가시어 우리를 위해서 기도하고 계시고, 또 앞으로 오실 분이고, 우리를 맞아주실 분이신 예수께서 먼저 가 계시면서 오늘 우리에게 명령하십니다. 바울은 그 명령을 받들고 있는 것입니다. 그 명령을 받아서 사도가 된 것입니다. 예수님 세상에 계실 때 그 예수님을 만나서 사도가 된 것이 아닙니다. 부활하신 예수님 만나서 사도가 된 것입니다. 다메섹 도상에서 주께서 그를 부르심으로 그가 사도된 것입니다. "소망이신 그리스도 예수의 명령을 따라 그리스도 예수의 사도 된 바울은…" 이렇게 말씀합니다. 사도란 말 '아포스톨로스'는 '보내심을 받았다'하는 뜻입니다. 전적으로 보내심을 받은, 대사와도 같은 직분의 사람입니다. "그 명령을 따라"하고 강한 표현을 썼습니다. 군사적인 표현입니다. 명령입니다. 절대명령입니다. 그 명령을 받은 사람은 절대순종 할 따름입니다. 절대명령에 대하여 절대순종 하는 이것이 바로 주님의 일군입니다. 사도된 사람은 불평이 있을 수 없습니다. 불평할 권리가 없습니다. 불평할 이유도 없습니다. 그가 명령하시고, 그 명령에 순종할 뿐입니다. 그 순종에 따른 모든 결과는 명령자가 책임을 지십니다. 다만 우리가 명령대로 했느냐 안했느냐만 문제가 되는 것입니다. 명령대로 하지 않았을 때는 그 결과에 대한 책임은 내가 져야 됩니다. 명령대로 수행한 일에 대해서는 그것이 어떤 결과를 초래하더라도 다 명령자가 책임을 지십니다. 그런 관계에서 "내가 사도가 되었노라"하고 말씀합니다. 그 명령에 절대순종 함으로 나는 사도가 되었고, 그 절대순종의 결과로 내가 지금 감옥에서 죽음을 기다리고 있노라—얼마나 엄숙한 내용입니까.

    이어서 수신자에 대해서 말씀합니다. "참아들된 디모데"라 하였습니다. 참아들이라 합니다. 세상에 아들이라고들 하지만 참 여러 가지 아들이 있습니다. 아들이 아니라 웬수다, 아무리 생각해도 이건 자식이 아니라 철천지원수다, 하고 탄식하는 사람도 많습니다. 아들이 뭡니까? 참아들—저는 생각합니다. 육체적으로 된 아들은 생물학적 아들입니다. 그건 별것 아닙니다. 거기 너무 집착하지 마십시오. 거기다가 혈통을 따지고 상골이다 하골이다 하는데 그럴 것이 아닙니다. 그런 건 중요하지 않습니다. 정신적으로, 더욱이 신앙 안에서, 믿음 안에서 참아들, 이것이 진짜아들입니다. 생물학적인 아들에다가 플러스 알파로 신앙적 아들일 수 있다면 금상첨화이지만요. 육체적으로는 아들인데 정신적으로는 웬수라면 이건 아들이 아니지요. 참아들이 중요합니다. 그런데 아버지와 아들, 하면 생명을 이어받았다는 뜻입니다. 또 아버지의 권위로 자녀를 대한다는 뜻입니다. 아버지가 왕이면 아들은 왕자요, 아버지가 귀족이면 아들은 귀족입니다. 그와 같이 아버지의 권위 하에서 아들이 된 것입니다. 그러니까 바울이 사도이면 디모데도 사도입니다. 그래야 참아들입니다. 바울이 선교사면 디모데도 선교사입니다. 그래야 참아들입니다. 이것은 매우 중요한 것입니다. 종종 효도, 효도, 하면서 효도관광 시켜드린다고들 합니다만 서양사람들은 그런 거 잘 안합니다. 그렇지만 참으로 귀한 일들을 많이 봅니다. 선교사의 아들들이 선교사를 합니다. 그 좋은 여건 다 내버리고 아버지의 뒤를 따라서 선교사가 됩니다. 그 딸도 선교사가 됩니다. 이런 것이 진짜효도요, 그런 자녀가 진짜자녀 아니겠습니까. 그렇게 기업을 받아야 하고, 이어야 합니다. 사상을 이어야 되고, 믿음을 이어야 되고, 전통을 이어야 되고, 업을 이어야 됩니다. 업을, 아버지가 해놓은 일을 거기서 끝내서는 안됩니다. 아들이 그것을 이어 발전시켜야 됩니다. 그래야 참아들입니다. 자녀가 딴길로 가는 바람에 아버지가 해놓은 일이 그만 당대에 끊어지고 말았다면 효도일 수 없습니다. 여기 "참아들"이라고 한 것은 그런 의미에서입니다. 피 한 방울도 섞이지 않았습니다. 그러나 디모데는 바울로 인해서 예수를 믿고 하나님의 자녀가 되었습니다. 그리고 바울의 뒤를 따라서 그 사상을 잇고, 믿음을 잇고, 전통을 잇고, 거룩한 목회를 이었습니다. 사도 바울은 절대적으로 순종하는 이 아들을 "참아들 디모데"라 부르고 있습니다. 사람에게는 언제나 이런 behind man이 필요합니다. 바울은 앞에서 일하고, 디모데는 바울을 시종하였습니다. 늘 그렇게 살아왔습니다. 저는 로마에 갔을 때 그 사실 여부는 떠나 귀중한 얘기를 들은 바 있습니다. 우리가 로마에 가면 고적을 볼 때 주로 베드로성당을 많이 가봅니다. 요한성당도 혹 가보신 분들이 있을 것입니다. 그러나 바울성당은 잘 안가보는 편입니다. 조금 멀리 떨어져 있기 때문입니다. 그래서인지 바울성당에 가보면 방문객이 별로 안보입니다. 성당이라고 하지만 사실은 이 바울성당이라는 게 묘지입니다. 베드로성당 한가운데에 묘가 있어 베드로의 시신이 거기 안치되었고 요한성당에는 요한의 시신이 안치되어 있습니다. 그렇듯이 바울성당에도 한가운데에 바울의 시신이 안치되어 있습니다. 제게 그것을 설명해주는 해설자가 말했습니다. "여기는 요렇게 내려가면 거기에 바울의 시신이 있고, 그 바울의 시신 밑에 디모데의 시신이 있습니다." 그 설명을 듣고 저는 발을 옮길 수가 없었습니다. "아, 굉장한 일이다. 디모데가 여기까지 따라왔구나." 생각해보십시오. 바울의 시신 밑에 디모데를 묻었다—얼마나 놀라운 일입니까. 그러니까 그만큼 디모데는 철저하게 그리스도를, 아니, 바울을 위하여 살았습니다. 참으로 바울에게 믿음의 아들입니다.

　이제 오늘본문 3절을 보면 바울은 '내가 너를 권하여 에베소에 머물라 한 데는 이유가 있다, 거기에 지금 이단, 사이비교리들이 나타나기 시작했기 때문이다' 하고 있습니다. 무릇 말씀을 받으면 그대로 있는 게 아닙니다. 많은 주변환경에 접하면서 그 신앙이 흔들리기 쉽습니다. 그러므로 계속 바르게 가르칠 사람이 있어야 하는 것입니다. 깨우치지 않으면 안됩니다. 그걸 위해서 내가 너로 거기 머물도록 하였다, 하는 것입니다. 좀더 성서신학적인 얘기를 하면 당시에 '그노시스주의(Gnosticism)'라는 게 있었습니다. 철학적인 것이기 때문에 구구한 설명이 필요하지만 쉽게 한마디로 말하자면 헬라철학을 종교화한 것입니다. 종교에 대한 헬라철학적 해석입니다. 철학을 종교화한 것입니다. 그래서 이루어진 교리가 그노시스주의입니다. 종교를 철학적으로 이해하는 것입니다. 그래서 성경을 읽고 복음을 전하면서도 철학적으로 소화가 되는 부분은 받고, 소화가 안되는 부분은 안받았습니다. 하나의 예만 들겠습니다. 예수님께서 십자가에 돌아가셨습니다. 그 사실을 두고 '아니, 하나님의 아들이 십자가에 돌아가셨다고? 말도 안되지. 어떻게 그럴 수가 있겠냐'하고는 어떻게 나오는고하니 십자가에 돌아가신 장면은, 그건 환상이다, 하였습니다. 환상이라고 해버리는 것입니다. 또 가룟 유다에게 팔린다는 거, 그 있을 수 없다, 하였습니다. 그래서 예수님의 십자가 권세를 실제적 권세로 여기지 않았습니다. 추상적 권세다, 하였습니다. 슬그머니 구렁이 담넘어가듯 한 것입니다. 그러자 철학을 한다는 사람들이 "맞아, 맞아, 그게 맞다"하게 된 것입니다. 이래서 많은 사람들이 미혹에 빠졌습니다. 사도 바울은 여기서 지금 디모데를 통하여 교육을 하는 것입니다. 그래서 사도 요한 같은 분은 같은 맥락에서 요한일서에 말씀합니다. '예수께서 육체로 오신 것을 부인하는 자마다 적그리스도다(요일 4:3)." 육체로 오셔서 육체로 죽으셨습니다. 그건 실제적인 일입니다. 이것을 추상적인 것으로, 비유적인 것으로, 상징적인 것으로, 환상적인 것으로 돌리려는 것은 예수 그리스도의 십자가에 대한 모독이요, 기독교근본에 대한 도전입니다. 그래서 이렇게 비판하고 있는 것입니다. 사도 바울은 꼭 두 마디로 요약합니다. 저는 이런 말씀을 읽을 때마다 '역시 바울은 종교적인 천재다'라고 생각을 합니다. '어떻게 이렇듯 간결하게, 분명하게 말씀할 수 있을까?'합니다. 그노시스주의와 그를 따르는 허황한 철학에 대해서 "신화와 끝없는 족보"라는 단 두마디로 언급합니다. 헬라말 원문 '무노이스'를 번역한 말 '신화'란 사실은 '꾸며낸 이야기'라는 뜻입니다. 신화가 그런 것 아닙니까. 신화(神話)라고, 공연히 '신(神)'자가 붙은 것이지 그게 붙을 이유가 없는 것입니다. 어디까지나

꾸며낸 이야기일 뿐입니다. 우리나라에도 곰이 마늘을 먹고 우리의 원조가 되었다느니 하는 헛소리가 있지 않습니까. 그게 다 신화인 것입니다. 그럼 우리가 곰의 후손이란말입니까. 무슨 소리 만들고 있는 것입니까. 어디까지나 지어낸 이야기입니다. 하기야 그 이야기 속에 의미가 아주 없지는 않습니다. 한국사람, 만약에 끈질긴 데가 없는 펄펄뛰는 사람이라면 그 미련스럽게 참을성많은 곰의 후손이랄 수 없지요. 그런데 사실 요새한국인들 보면 참을성이 되게도 없습니다. 뭔가가 다 퇴색하고 잘못됐나본데… 아무튼 신화라는 게 뭐냐? 어떤 사상을 설명하는 방법의 하나입니다. 신화적으로 설명하고, 비유적으로 설명하고, 상징적으로 설명하고, 그 다음에 논리적으로 설명하고, 철학적으로 설명하고, 요새와서는 소위 실존적으로 설명합니다. 방법이 많아요, 이렇게. 그 중의 하나가 신화적 방법입니다. 그래서 옛날에는 다들 이야기를 잘도 만들었습니다. 우리 할아버지가 제게 수없는 이야기를 해주셨는데 다 황당한 이야기였습니다. 그러나 그 이야기 속에는 뼈가 있습니다. 황당한 이야기 하나 할까요? 그참, 우리 할아버지가 효도받고 싶어서 그러셨는지 거듭거듭 해주신 이야기가 있습니다. 어떤 돈많은 아버지에게 아들 셋이 있었습니다. '이 돈을 누구한테 줄까?' 하다가 금을 사서 종을 만들었습니다. 그래가지고 아들들을 시험했습니다. 큰아들 보고 "이리 오너라" 하고는 "요새 니 댁이 아이를 낳았다며?" 하고 물었습니다. "낳았지요." "그런데 말이다. 누가 그러는데 사람은 젖을 먹어야 오래 산다더라. 내가 니 댁 젖을 먹어도 괜찮겠느냐? 태어난 아이는 아예 죽여버리고, 내가 니 댁의 젖을 좀 먹었으면 쓰겠다." 이랬더니 큰아들은 이 아비가 노망했구나, 하고 휙 나가버립니다. 둘째아들 보고도 그래보

앉더니 그도 "이 노인 정신병자가 됐나?"하고 나가버립니다. 셋째아들 보고도 그리했는데 이 아들은 군말없이 "그럼 아이 묻을 자리 파야겠습니다"하고는 삽과 괭이를 들고 나갑니다. 그러자 아버지는 이 아들을 이끌고 가서 "여기를 파거라"하고 나무밑을 가리켰습니다. 셋째아들은 거기를 팠습니다. 거기서 커다란 금종이 나왔습니다. 아버지가 이 셋째아들에게 말했습니다. "이건 너 가져라." 뭐 좀 통합니까? 이런 게 신화라는 것입니다. 꾸며낸 이야기, 그게 실제라면 되겠습니까? 어쨌든 이런 이야기를 많이 만들어서 사람들 재미있게, 인상깊게 듣도록, 그래서 뭘 배우도록 가르쳤습니다. 그러니 이야기거리가 많았고, 또 많아야 하는 것입니다. 그러므로 신화라는 거, 많이 알 필요는 있습니다. 요새젊은이들 이걸 모릅니다. 정서가 빈약합니다. 그런데 신화를 접하는 데 문제가 있습니다. 이것은 지어낸 이야기이므로 사실인 것처럼 생각해서는 안되고 다만 그 속에 있는 의미를 받아들여야겠는데 정작 의미는 놓치고 형식만 취한다면 그거 모르는 것만 못한 것입니다. 그러나 그 속에 거짓말 아닌 진짜가 있습니다. 보이지 않고 들리지 않는 말이 있습니다. 이게 신화라는 것입니다. 그런데 생각해야 할 중요한 것이 있습니다. 현재 신학에서도 문제가 되는 것입니다. 성경을 신화로 볼 것이냐 안볼 것이냐, 이것입니다. 성경에 있는 게 꾸며낸 이야기냐 아니냐, 이것이지요. 바로 문제가 되는 것이지요. 이걸 알아야 됩니다. 그러므로 우리는 오늘본문에 말씀한대로 끝없는 이야기, 신화에 전념하지는 말아야 하는 것입니다. 성경, 십자가, 성경에 있는 사건 하나하나가 절대로 꾸며낸 얘기가 아닌 것입니다. 한 가지만 얘기하겠습니다. 예수님께서 선한 사마리아사람 비유를 말씀하십니다. 제사장이 그냥 지나갔고,

레위사람이 그냥 지나갔고, 사마리아사람이 도와주었다—이 말씀이 꾸며낸 이야기라고 한다면 이 말씀 하나로해서 예수님 돌에 맞으셔도 할말 없습니다. 보십시오. 제사장이 못본 체 지나가고, 레위사람이 그냥 지나가고, 이스라엘사람들이 가장 천하게 여기는 사마리아사람이 도와주었다는 것입니다. 이러시고도 살아남으실 수 있었겠습니까. 상상을 해보십시오. 지금이라도 누가 말하기를 불한당맞은 사람을 보고도 목사님이 그냥 지나가고, 장로님이 그냥 지나갔는데 지나가던 창녀가 그를 도와줬다, 라고 말한다면 어떻게 되겠습니까. 꾸며내어 이런 이야기를 하는 것이면 어떻게 되겠습니까. 예수님께서 하신 말씀들은 전부가 사실인 것입니다. 사실이기 때문에 아무도 그 문제를 가지고 반박할 수가 없었던 것입니다. 예수님의 말씀 가운데 신화라고 한다면 거지 나사로의 이야기이겠습니다. 그것은 이스라엘사람 사이에 전해지는 전설입니다. 그것 말고는 신화란 없습니다. 그걸 알아야 됩니다. 예수님의 말씀은 전부가 실제적이었습니다.

그런가하면 "끝없는 족보"라고 하는 말씀이 있습니다. 헬라말원문은 '게네아로기아이스 아페란토이스'인데 이는 하나의 족보타령입니다. 철학적으로 타령하기를 만물의 근원이 뭐냐, 물이냐, 공기냐, 불이냐, 만물의 보다 더 근본이 되는 것은 뭐냐… 끝없이 생각을 합니다. 또 인간적으로, 개인적으로는 각각 자기네족보를 주워섬기는 것입니다. 이를테면 불교에서는 석가모니가, 큰 부처가 있고 부처의 머리로 태어난 사람이 있습니다. 바라문족입니다. 부처의 가슴으로 태어난 사람이 있습니다. 부처의 손으로 태어난 사람이 있습니다. 부처의 발로 태어난 사람이 있습니다. 부처의 발가락으로 태어난 사람이 있습니다. 바라문족은 대접받기 위해 태어났고 발가락으로 태어난 사람은 섬기기 위해 태어났습니다. 이걸 믿는 사람에게는 혁명이 없습니다. 반항도 없습니다. '나는 애시당초 발가락이니까…' 이러고 맙니다. 상상해보십시오. 이 'clan' 개념은 아주 철저한 것입니다. 형이상학적으로 설명하는, 바로 '끝없는 족보'라는 것입니다. 오늘 우리에게도 아직까지 양반이다 상놈이다, 하는 넋두리가 조금씩 있지요. 그러나 우리네는 비교적 덜한 편입니다. 인류사를 연구해보면 이게 얼마나 심한지 모릅니다. 오늘의 자기신분을 높이기 위해서 '너와 나는 뿌리가 다르다' 합니다. '근본적으로 다르다' 하고 들어갑니다. 그래서 끝없는 족보 이야기라는 것입니다. 끝도 없는 것입니다. 이런 것, 신화, 족보에 착념치 말라, 이런 것 마음에 두지 말라, 말려들지 말라, 그들의 논리와 방법을 목회에서 사용하지 말라, 그런 것에 관심을 갖지 말라―바울은 분명히 가르칩니다. 이런 것들은 도리어 변론을 내는 것이라, 하였습니다. 말만 많다, 이것입니다. 말싸움만 벌이고 있는 것이라, 이것입니다. 바울은 아덴 선교에서 뼈아픈 체험을 했기에 '절대로 변론하지 말라, 말싸움 벌이지 말라' 말씀합니다.

그렇다면 경계의 목적은 무엇인가? 긍정적으로는 어떻게 하여야 되겠는가, 목회는? 저러한 것은 생각지 말고 청결한 마음으로 중생하고 계속적으로 회개하면서 성결의 길을 가는 것입니다. 항상 하나님의 말씀 들으면서 또 회개하고, 또 생각하고, 또 뉘우치고, 또 회개하고 고치고… 목회의 목적, 설교의 목적은 바로 성결에 있습니다. 내가 지금까지 그것이 죄인 줄 몰랐는데 설교를 듣고보니 죄입니다. 그런 건 잘못된 일인 줄 몰랐는데 이제 하나님말씀을 듣고보니 확실히 잘못된 것입니다. 지금까지는 다른 사람의 잘못인 줄 알

앉는데 설교를 듣고보니 그건 내 잘못입니다. 저 사람의 잘못도 내 잘못입니다. 깨닫고, 회개하고, 뉘우치고, 바른 길로 갑니다. 성결하게, 좀더 깨끗하게, 좀더 정결하게, 좀더 바르게—이것이 경계의 목적입니다. 또 "선한 양심"이라 하였습니다. 양심이 더러워졌습니다. 양심은 하나님과 만나는 귀중한 지성소입니다. 그런데 이게 더러워졌습니다. 그래서 도덕성, 신령한 도덕성을 추구하는 것입니다. 그래서 선한 양심을 되찾도록 해주어야 한다는 것입니다. 다음에는 "거짓없는 믿음으로"라 하였습니다. 추상적인 믿음, 철학적 믿음이 아닌 참믿음으로 말미암아 사랑이 나오는 것입니다. 청결한 마음, 선한 양심, 거짓없는 믿음이 사랑을 만들어냅니다. 결국은 사랑의 사람이 되는 것입니다. 그것이 목회의 목적이다, 라고 말씀합니다. 한 훌륭한 수도사가 있어 수도원의 원장이었습니다. 거기에는 고아원도 있었습니다. 그런데 원장님이 이상하게도 고아들 중에서 특별히 한 어린이를 편애하는 것입니다. 보다못해서 수도사들이 원장님께 항의를 했습니다. "원장님, 어째서 그 아이만 더 사랑하시는 겁니까? 여러 아이들이 있는데 왜 그 아이만 더 사랑하시는 겁니까?" 보니 그 아이는 못생겼습니다. 그럼에도 불구하고 원장님이 아이를 유난히 사랑합니다. "그러면 내가 한번 시험을 할 테니 보아라." 원장님이 수도사들에게 말했습니다. 그 숲에 새들이 많이 날아왔습니다. 그 새들을 아이들이 많이 잡았었는데 그걸 한 마리씩 아이들에게 나눠주고는 "이 새를 아무도 보지 못하는 데서 죽여가지고 오라" 하였습니다. 아이들이 다 한 마리씩 가지고 갔습니다. 다 죽여가지고 왔습니다. 그런데 못생긴 그 아이는 새 한 마리를 밤늦도록 가지고 있다가 산 채로 가져왔습니다. "아니, 아무도 안보는 데 가서 죽여가지고 오라 하시는데 저런 멍청한 건 못알아듣고 산 채로 가져왔구만." 다들 이렇게 흉을 보았습니다. 그 아이는 말했습니다. "아무도 안보는 데가 없어요. 하나님이 보시잖아요? 내 양심이 보고 있잖아요? 아무도 안보는 데를 찾을 수가 없어서 그냥 가지고 다니다가 왔습니다." 그때 원장님이 수도사들에게 말했습니다. "봐라. 내가 왜 이 아이를 사랑하는지 이제 알겠느냐?" 다른 사람은 보지 못하는 것을 보고 있습니다. 다른 사람이 못듣고 있는 걸 듣고 있는 깨끗한 양심입니다. 청결한 마음, 선한 양심, 거짓없는 믿음으로 나오는 사랑, 바로 이것을 위하여 목회하느니라, 이것을 지향해서 목회할 것이니라, 변론하지 말고 신실하게 목회할 것이니라―바울은 믿음의 아들 디모데를 이렇게 가르치고 있습니다. △

율법의 용법

그러나 사람이 율법을 법 있게 쓰면 율법은 선한 것인줄 우리가 아노라 알 것은 이것이니 법은 옳은 사람을 위하여 세운 것이 아니요 오직 불법한 자와 복종치 아니하는 자며 경건치 아니한 자와 죄인이며 거룩하지 아니한 자와 망령된 자며 아비를 치는 자와 어미를 치는 자며 살인하는 자며 음행하는 자며 남색하는 자며 사람을 탈취하는 자며 거짓말하는 자며 거짓 맹세하는 자와 기타 바른 교훈을 거스리는 자를 위함이니 이 교훈은 내게 맡기신 바 복되신 하나님의 영광의 복음을 좇음이니라
(디모데전서 1 : 8 - 11)

율법의 용법

오늘본문에는 하나님께서 주신 율법에 대하여 간단하게 말씀하고 있습니다. 유대사람들은 율법을 아주 중하게 여깁니다. 생명과도 같이 여길 뿐더러 그네들의 마지막 자존심이 바로 이 율법에 있습니다. 우리는 율법을 가졌다, 율법을 가졌기에 그만한 특권이 있다, 라고 생각합니다. 이것이 그들의 자랑이자 교만입니다. 이것 때문에 그네들 이외의 사람들을 멸시하기까지 합니다. 그것이 그들의 율법입니다. 유대사람의 유대사람된 정체의식이 바로 이 율법에 있는 것입니다. 유대인이 누구냐, 하고 묻는다면 '하나님이 우리에게 율법을 주셨다, 하고 율법을 가장 중하게 여기는 바로 그 사람이 유대사람입니다. 얼굴이 검든 희든 상관이 없습니다. 심지어는 히브리말을 하느냐 못하느냐도 중요하지 않습니다. 율법을 어떻게 생각하느냐에 따라서 유대사람이 되기도 하고 이방사람이 되기도 합니다. 조금 더 깊은 신학적인 말씀을 드립니다. 소망교회 여러분은 수준이 높으니까 잘 이해할 줄로 생각합니다. 기독교인이 누구냐, 하는 것도 율법을 어떻게 생각하느냐에 해답이 있습니다. 거기에 그리스도인된 정체가 있는 것입니다. 좀더 구체적으로는 이렇습니다. 예수님께서 십자가에 돌아가신 이유—그 깊은 의미는 우리 만백성의 죄를 위해서 돌아가신 것이지만 그 직접적인 원인은, 예수님과 유대사람들이 충돌한 부분의 핵심은 율법에 대한 이해의 차이에 있었던 것입니다. 예수님의 율법관과 유대사람들의 율법해석이 달랐던 것입니다. 같은 율법을 놓고 그것을 어느 각도에서 보느냐, 어떻게 이해하느냐, 어떤 자세로 임하느냐에 차이가 있습니다. 알고보면 예수님의 십자가는 예수님께서 율법을 완성하기 위하여 이루신, 율법완성의 증거입니다. 십자가만이 율법을 완성할 수 있는 기회입니다. 그것이 예수님께서 말씀하시고 성경이 증거하는 율법의 핵심입니다.

오늘도 그렇습니다. 율법을 놓고 한번 생각해보십시오. '나는 어떻게 생각하는가?' 흔히들 '자유시민'이라는 말을 합니다. 자유시민이 누구입니까. 법을 두려워하지 않는 사람입니다. 율법과 대한민국의 법을 다 지킵니다. 법을 깨끗하게 지켜가면서 법이 나를 괴롭힌다고 생각하지를 않고 법이 나를 보호한다고 생각하는 사람이 자유시민입니다. 자유국가에 가서 보면 법에 대해서, 법을 절대로 나쁘게 생각하지 않습니다. 법이 있기 때문에 살 수 있고, 법이 나를 보호하기 때문에 나는 자유하다, 라는 의식을 가졌습니다. 그것이 이른바 '현대적 자유인'입니다. 당장 차를 몰고 길에 나가보십시오. 저 앞에 있는 신호등이 꺼져 있다면 어떻게 되겠습니까. 난리가 나지요, 당장. 저 신호등이 빨강, 노랑, 파랑으로 돌아가면서 켜지기 때문에 그 법 아래서 우리가 다같이 보호를 받지 않습니까. 법의 보호를 믿으므로 푸른신호가 켜지면 안심하고 달려가는 것입니다. 만약에 저 푸른신호를 내가 믿을 수 없다면, 그 푸른신호의 보호를 받을 수 없다면 나는 절대로 차를 운전할 수 없는 것입니다. 생각하면 모든것이 법이요, 질서입니다. 요컨대 그 법이 나를 보호한다고 여기느냐, 법 안에서 자유를 느끼느냐 아니면 법의 속박을 느끼느냐, 법을 무서워하느냐입니다. 쉽게 말해서 내가 거리에 나가 순경을 만났을 때 그 순경이 반갑다면 나는 자유시민입니다. 그렇지 않고 순경만 보면 무섭고 가슴이 철렁한다면 나는 죄인입니다. 순경을 보고 반가워하는 사람과 무서워하는 사람, 그게 질적으로 다른 것입니다.

그와도 같습니다. 하나님께서 우리에게 주신 율법, 아주 소중한 것입니다. 그 율법을 다윗과 같이 사랑하는 사람, 그 법 안에서 자유를 느끼는 사람이 그리스도인입니다. 그 법을 저어하고 무서워해서 '하나님께서는 왜 이런 법을 주셨는고?'하는 사람, 이렇게 사는 사람은 그리스도인이 아닙니다. 안식일을 주셨습니다. 우리 예수믿는 사람은 안식일 없으면 못삽니다. 주일날이야말로 그지없이 고맙습니다. '땡'하면 주일날은 쉽니다. 요새는 이게 제대로 구별되지 않는 면도 있습니다. 하루는 놀고 하루는 쉬고, 하는 경우라면 그날이 그날인 것입니다. 그러나 옛날 농사하는 사람들은 그렇지 않았습니다. 한 주간 내내 부지런히 일하다가 토요일날 밤에는 밤새껏 다림질합니다. 마당에 멍석깔고나 들마루에 앉아 이불잇이며 옷가지를 다림질하고, 주일날 아침 교회종소리가 나면 일손을 딱 놓고 쉽니다. 심지어는 웬만한 찬거리도 다 토요일날 해놓습니다. 그리고 주일날은 편안하게, 정말 하루종일 편안하게 쉽니다. 심지어는 소도 쉬게 합니다. 소를 빌려주지도 않습니다. 소도 쉬어야 하니까요. 이렇게 안식일을 지킬 때 그 안식일이 얼마나 고마웠겠습니까. 보아하니 '안식일이 없으면 어떻게 살꼬?' 이러는 사람이 있는가하면 '아이고, 주일날은 왜 자꾸만 교회 나오라나? 장사 좀 해야겠는데…' '어디 좀 놀러가야겠는데…'하는 사람이 있습니다. 주일날이니 교회는 나가야 될 것같고, 그래서 안나가자니 꺼림칙하고, 나가자니 그렇고… 괴로워합니다. 주일날 때문에 이렇게 괴로워하는 교인이 있습니다. 안나가자니 지옥갈 것같고, 나가자니 골프 못치겠고… 야단났다 싶은 것입니다. 이런 사람은 아직 교인이 아닙니다. 하나님의 법을 새롭게 생각하고, 사랑스럽게 생각하고, 하나님의 법을 기뻐하는 사람이 그리스도인입니다. 거기에 큰 차이가 있습니다. 그런고로 예수님의 법 개념을 따라 우리도 법을 사랑하여야 됩니다. 특별히 사도 바울은 로마서, 갈라디아서에서 법을 두고 누누이 말씀합니다. 제가 로마서, 갈라디아서 강해할 때 율법에 대해서 말씀을 드렸으므로 그런 설명은 다시 안해도 될 줄 압니다. 기독교인은 근본적으로 자유인입니다. 죄와 사망과 사단과 율법과 진노로부터 자유합니다. 율법의 속박에서 자유한 사람, 또 자유를 느끼며 사는 사람, 그 사람이 그리스도인이다, 하는 말씀입니다. 사도 바울은 그의 여러 편지에서 율법은 선한 것이라고 누누이 말씀합니다. 법은 선한 것입니다. 여러분, 이 선함을 인정하여야 됩니다. 죄값은 사망입니다. 법은 선한 것입니다. 내가 죄를 짓고 내가 벌을 받습니다. 그래도 법은 선한 것입니다. 법을 원망해서는 안됩니다. 내가 콩을 심고 콩을 거두고, 내가 팥을 심고 팥을 거둡니다. 내 잘못으로 내가 어려움을 당합니다. 그러나 하나님의 법은 선한 것입니다. 하나님의 법의 선함을 인정하는 것, 그것이 하나님의 백성 된 자기의식입니다.

    법이라는 것은 오늘본문에 보는대로 철저하게 불법자를 위해서 있는 것입니다. "율법은 선한 것인 줄 우리는 아노라 알 것은 이것이니 법은 옳은 사람을 위하여 세운 것이 아니요…" 옳은 사람에게는 법이 필요없습니다. 흔히 말하는바 '법 없어도 살 사람'은 육법전서 몰라도 됩니다. 법 없이도 사는 사람입니다. 보면 오히려 법을 많이 알아서 탈입니다. 정말로 착한 사람은 법이 뭔지도 모릅니다. 그저 착하게만 살면 되는 것입니다. 이것을 알아야 합니다.「탈무드」에 재미있는 얘기가 있습니다. 대법원판사가 어느날 자기친구한테 돈을 꾸었습니다. 얼마 안되는 돈이지만 그 친구는 "차용증서를 쓰게. 증인을 세우고, 서명을 해야지"하고 말하는 것입니다. 판사는 기가막혀서 "자네 나를 못믿나? 그까짓돈 꿔주면서 뭘 이리 복잡하게 나오나. 차용증서에다 증인까지 세우라니." 그러니까 그 친구 하는 말이 "자네는 판사 아닌가? 자네 머리속에는 법밖에 없어. 법조문으로 꽉 차 있지. 그것이 없으면 자네는 살지를 못해. 아마도 차용증서가 없으면 자네는 분명히 돈 안갚을 거야"합니다. 그래서 차용증서 썼다는 얘기입니다. 가만히 보면 법과대학 나온 사람이 죄를 더 교묘하게 잘 짓습니다. 기가막히게 죄를 짓습니다. 밤낮 법놀음 하자고 덤빕니다. 법이라는 것을 좋은 방향으로 쓰지 못하고 나쁜 방향으로 써서 요리조리 빠져나갑니다. 법으로 남을 얽고, 법으로 남을 괴롭히고, 자기를 정당화하고… 이게 세상입니다. 「탈무드」의 저 얘기는 그걸 비웃는 것입니다. 다시한번 법의 뿌리로 돌아가 생각해봅시다. 법이라 하면 모세의 율법을 말하는 것입니다. 핵심은 십계명이고, 그걸 풀이해서 율법이 이뤄지는데, 아시는대로 모세가 십계명을 받은 때는 애굽에서 나와 광야에 있을 때입니다. 시내 산에서 하나님께서 그에게 십계명을 주시고 백성에게 가르치라고 하셨습니다. 이것이 율법의 시작입니다. 그러나 우리는 이것을 알아야 됩니다. 그 전에는 율법이 없었는가, 하는 것입니다. 흔히 말하는 율법이라고 하는 의미의 계명은 없었습니다. 십계명은 없었다는 말씀입니다. 그러면 그동안은, 그 수천 년 동안은 무엇으로 살았을까요? 문자로 된 계명은 없었습니다. 살인하지 말라, 간음하지 말라, 도적질하지 말라… 그 성문법은 없었습니다. 그런 법조항은 없지만 법이라고 하는 양심이 있었습니다. 하나님께서 창조하실 때, 인류를 창조하실 때 에덴동산에서 율법을 주신 게 아닙니다. 율법을 마음속에 주셨습니다. 보이지 않는 율법을 마음속에 주셨습니다. 그게 착한 양심입니다. 법을 몰라도 나쁜 것은 나쁜 줄 압니다. 좋은 것은 좋은 줄 압니다. 다 알고 있습니다. 그것이 본성입니다. 본성으로서의 율법을 하나님께서 마음속에 넣어주셨습니다. 그것은 조항이 있고없고로 따질 것이 없습니다. 무슨 법 몇 조 몇 항에 의해서… 그럴 필요가 없습니다. 그것은 양심의 법이요, 상식의 법이요, 이성의 법인 것입니다. 마음속에 법이 있는 것입니다. 이것으로 충분합니다. 그것만 가지면 됩니다. 그러고보면 아담도 아브라함도 이삭도 야곱도, 모든 믿음의 조상들이 다 그 법으로 산 것입니다. 십계명은 몰랐습니다. 알 필요도 없고. 그렇게 인간의 본성으로, 하나님의 형상으로서 충분했던 것입니다. 그렇게 법을 지켜 살았는데, 문제는 이것입니다. 그것이 죄악으로 말미암아 흐려진 것입니다. 흐려지고, 굽어지고, 왜곡되고, 이래서 어디까지가 의인지, 불의인지, 법인지 알 수 없게 되어버렸습니다. 그래서 하나님께서는 이스라엘백성을 구원해놓으시고, 광야에 두신 다음에 이제 그들에게 율법을 주시는 것입니다. 없던 법을 주시는 것이 아닙니다. 그 증거 하나만 말할까요? 십계명을 주신 것은 출애굽기 20장입니다. 그런데 성경을 자세히 보면 안식일을 지키는 법이 16장에 나옵니다. 말하자면 안식일 지키라는 법도 알고보면 십계명 이전에 있었던 것입니다. 그게 문서적으로, 문자적으로 흔적은 없지만 분명히 16장에 안식일 문제가 나오고, 십계명은 20장에 나옵니다. 그러니까 우리 마음속에 모든 법이 다 있습니다. 살인하지 말라, 간음하지 말라, 도적질하지 말라, 그거 다 법입니다. 우리 마음속에 다 있었는데 이것만 가지고 충분치를 못했습니다. 흐려졌습니다. 왜곡됐습니다. 우스갯소리 비슷한 말들이 있지요. "이놈아! 넌 양심도 없냐?" 하면 "양심 폭격맞은 지 오래됐다" 하고 어떤 사람은 "그 귀찮은 걸 왜 가지고 다니냐? 집에 두고 다니지" 하였습니다. 웃어넘길 것이 아닙니다. 양심 접어두고 사는 사람 많습니다. 양심 저당잡히고 사는 사람 많습니다. 아예 양심 다 불태워버리고 사는 사람 많습니다. 그래서 세상이 이렇게 시끄러운 것입니다. 그런고로 하나님께서는 십계명이라고 하는 구체적인 규범을 주신 것입니다. 이것은 나를 보는 거울입니다. 루터도 '율법은 거울이다' 하였습니다. 말씀은 거울이다, 하였습니다. 내 얼굴을 내가 못보지 않습니다. 거울 보고야 보는 것입니다. 거울을 보고야 내 모습을 아는 것과도 같이 십계명을 보면 나를 알 수 있습니다. 죄가 뭔지를 알게 됩니다. 살인하지 말라—그렇구나, 내가 살인을 했구나, 합니다. 간음하지 말라—아, 내가 이런 죄를 지었구나, 합니다. 도적질하지 말라—내가 잘못했구나, 합니다. 비로소 잠자던 영혼이 깨어나고, 무뎌졌던 판단력이 되살아나는 것입니다. 흐려졌던 계명, 마음속에 있던 계명이 다시 밝게 살아나는 것입니다. 그것이 십계명입니다. 그것이 율법입니다. 그런고로 우리는 분명히 알아야 합니다. 율법을 통해서 먼저 하나님의 뜻을, 하나님께서 우리에게 무엇을 원하시는지를 압니다. 또 십계명을 보고 자기를 압니다. 내가 어떤 사람인지, 내가 어느 지경에 있는지를 압니다. 그리고 이웃을 압니다. 십계명을 잘 생각해보면 이웃이 누구인지 그 심령의 눈을 밝혀주는 것을 볼 수 있습니다. 다시 말씀드립니다마는 율법 자체의 선함을 인정하여야 됩니다. 이것을 지킬 때 자유해집니다. 이것을 지키지 못하면 가책에 매입니다. 저주의식에 매입니다. 예속됩니다. 다시 죄를 지을 수밖에 없는 속박에 매입니다. 그런고로 자유가 없습니다. 심령이 점점 어두워져갑니다. 불안에 떱니다. 우울증환자가 됩니다. 마지막에 몸도 정신도 다 파멸에 이릅니다.

그러면 율법을 놓고 볼 때 문제는 Use of Law — 율법을 어떻게 사용하여야 되느냐, 어떻게 이해하여야 되느냐입니다. 몇 가지로 생각합니다. 오늘본문에도 나타나 있듯이 첫째는, 율법의 본뜻을 알아야 합니다. 율법은 왜 주신 것입니까. 예수님 친히 말씀하시기를 계명 중 크고 첫째가는 계명은 주 너의 하나님을 사랑하라, 하신 것이요. 둘째는 네 이웃을 네 몸과 같이 사랑하라, 하신 이것이라고 하십니다(마 22:37-39). 율법의 근본은, original meaning은 사랑이라는 것입니다. 사실이 그렇습니다. 마르틴 루터는 말합니다. '살인하지 말라 — 이 계명은 우리의 생명을 보우하시는 하나님의 사랑이다.' 우리 모두가 살인하지 말라는 법을 지키면 우리가 밤늦게 돌아다녀도 괜찮겠습니다. 그걸 안지키는 사람이 있기 때문에 밤길이 두려운 것입니다. 살인하지 말라는 법은 우리의 소중한 생명을 하나님께서 보우해주시는 것입니다. 간음하지 말라는 법은 우리의 순결을 지켜주시는 것입니다. 거짓증거하지 말라는 것은 우리의 인격을 지켜주시는 것입니다. 도적질하지 말라는 법은 우리의 사유재산을 하나님께서 지켜주시는 것입니다. 이것은 사랑인 것입니다. 그 전부가 사랑인 것입니다. 그래서 이 법을 우리에게 주신 것입니다. 모두가 십계명을 지키면 우리집 울타리는 필요가 없습니다. 여러분 아시는대로 우리 교회는 담장이 없습니다. 담장 없이 만들 때 말들이 많았습니다. 그래서 저는 많이 생각했습니다. 교회가 왜 담장이 필요하냐고요. 우리집들도 그렇습니다. 우리집들도 담장만 없으면 얼마나 더 넓겠습니까. 그렇잖아도 좁은 땅에다가 담장을 쌓고, 거기에다 또

철망을 하고, 어느 집에 보면 유리 깨진 걸 담장 위에 총총 박아놨습니다. 이걸 넘어가다가는 어떻게 되겠습니까. 이게 뭡니까. 살벌합니다. 1963년 외국에 처음 가서 보고 제가 제일 부러웠던 게 뭔가하면 집집마다 담장이 없다는 것이었습니다. 훤하게 들여다보입니다. 커튼을 열면 안방까지 다 들여다보입니다. 그것만 봐도 얼마나 부럽던지요. 왜 우리는 이렇게 못하나? 그 좁은 땅에다 담장을 전부 치고… 왜 이래야 되느냐고요. 이는 참으로 불행한 일입니다. 이제 모든 사람이 율법을 지킨다면 우리는 이 담장 필요없습니다. 자물쇠도 필요없습니다. 또한 편안한 마음으로 인간관계를 맺을 수 있을 것입니다. 그렇지 않겠습니까? 우리집 아이들이 너무 늦게 들어와도 걱정할 것 없습니다. 이게 다 율법을 안지키기 때문입니다. 하나님께서 이렇게 귀한, 아주 귀중한 사랑으로 우리 모두에게 주셨다 하는, 그 깊은 뜻을 이해하여야 됩니다. 또한 무엇보다도 긍정적으로, 긍정적인 면에서, 적극적인 면에서 율법의 뜻을 이해하여야 되겠다는 것입니다. 그러기 위해서 두 번째가 민법입니다. civil law입니다. 율법이란 민법적인 것입니다. 오늘본문에 다 암시되어 있습니다. "경건치 아니한 자와 죄인이며 거룩하지 아니한 자와 망령된 자며 아비를 치는 자와 어미를 치는 자며…" 이렇게 말씀하지 않습니까. 십계명과 좀 다르지요? 민수기에 보면 아비를 치는 자는 당장 돌로 쳐죽이라, 하였습니다. 아비에게 손대는 자는 쳐죽이라 하였습니다. 살인하는 자도 죽이라, 하였습니다. 음행하는 자도 죽이라, 남색하는 자도 죽이라, 무당이 보이거든 죽이라, 하였습니다. 살려두지 말라, 하였습니다. 아주 준엄합니다, 법이. 악한 자를 위해서 이렇게 엄한 법이 있단말입니다. 돌로 쳐죽여라—이렇게 법이 있는데 이 법이 모두 민법입니다. 자세히 민수기를 보면 시내에서, 동네에서 강간당했다 하면 그건 법에서 인정을 아니합니다. 왜요? 왜 소리지르지 않았느냐, 이것입니다. 들에서 당한 것이면 가해자에게 벌이 가해집니다. 왜요? 들에서는 소리질러봐야 아무도 못들으니 그것은 강간이다, 이것입니다. 그러니까 동네에서 당한 것은 강간이 아니고, 화간 성격이 많은 것이고 들에서 당한 것은 똑같은 사건인데도 그건 강간이다, 하였습니다. 이게 다 민법입니다. 이게 다 율법입니다. 당한 자가 자세하게 설명해야 하고, 또 합당한 벌을 내리도록 했습니다. 영국의 헨리 4세는 법을 숭상하고 소중히 여겼다고 합니다. 법을 통해서 나라를 바로 다스리고자 했습니다. 그래서 자신의 아들이 죄를 지었다고해서 그 아들도 감옥에 보냈습니다. 그만큼 엄격하게 법과 질서를 소중히 여긴 왕이었습니다. 그런데, 아무리 법을 만들어봐도 부녀자들의 사치를 막을 길이 없었습니다. 그저 사치하고, 많은 보석들을 주렁주렁 매달고 다니는 풍조를 막아야겠다고 계몽도 해보고, 법도 만들어보고, 벌금도 메기고… 다 해보았으나 되지 않았습니다. 아무리 계몽을 하고 법을 엄하게 만들어도 여인들의 사치를 막을 길이 없더랍니다. 이에 어떤 사람이 지혜를 냈습니다. "왕이여, 이렇게 하면 어떻겠습니까? 부칙을 만듭시다." 사치한 사람, 보석을 주렁주렁 매다는 사람은 이러이러한 벌을 내린다, 이렇게 벌을 한다, 저렇게 벌금을 물린다, 하고 부칙을 뭐라고 달았는고하니 '매춘부과 소매치기에게는 이 법은 적용되지 않음'이라 하였습니다. 했더니 그런 풍조 싹 없어지더랍니다.

또한 사도 바울은 늘 말씀합니다. 율법은 몽학선생(蒙學先生)이라고. 율법을 통해서 우리가 그리스도께 갑니다. 율법을 통해서는 도저히 구원받을 수 없는 것을 알고 우리가 예수믿게 되고, 예수 의지하게 되고, 십자가를 의지하게 됩니다. 그런고로 몽학선생이라 하였습니다. 이보다 더 중요한 마지막 해석은 바로 이것입니다. 하나님의 자녀가 되었기 때문에 율법을 지켜야 한다는 것입니다. 그래서 개혁주의자들은 율법이 주어진 시점을 상당히 중요하게 여깁니다. 애굽에 있는 사람에게 율법을 주면서 '율법을 지키면 구원받을 것이다' 한 것이 아닙니다. 애굽에서 구원하여 홍해를 거쳐 광야에 갖다 놓고, 그렇게 구원받은 사람에게 율법을 주셨습니다. 그걸 잊지 말아야 합니다. 그런고로 율법은 구원의 조건이 아니라 구원받은 사람이 지켜야 할 은혜로운 법입니다. 이 사실을 명심하여야 합니다. 구원받기 위해서 지키는 게 아니라 구원받았기 때문에 지키는 것이고, 하나님의 자녀가 되기 위하여 지키는 게 아니라, 하나님의 자녀가 됐기 때문에 마땅하게 지켜야 되는 것입니다. 그런고로 가장 중요한 핵심은, 율법에 대해서는 두려운 마음으로 지킬 것이 아니고, 저주를 받을까봐 지켜서도 안되고, 특별히 율법을 지켜서 공로를 세우겠다 하는 생각도 잘못된 생각이라는 것입니다. 율법을 지키는 것은 기본입니다. 그런고로 율법지킨 것이 공로가 될 수는 없습니다. 율법을 지켜서 교만해져도 안됩니다. 율법 지키는 것을 무슨 액세서리쯤으로 여겨도 안됩니다. 내가 무슨 율법을 지킨 것, 대단한 일이라도 한 것처럼 자랑으로 내세우려고 하면 안된다는 것입니다. 또한 율법을 지킴으로 복받겠다는 생각도 잘못된 생각입니다. 성경에는 분명히 율법을 지켜라, 그러면 복을 주겠다 하였습니다. 그러나 잊지 마십시오. 그것을 안지키는 사람들이기 때문에 그렇게 말씀하신 것이지, 우리가 복받기 위하여 지킨다면 그것은 율법에 대한 바른 자세가 아니라는 것입니다. 기복적인 욕구로 율법을 지켜서도 안된다면 참된 율법에 대한 인식은 어떠해야 하겠습니까. 감사한 마음으로, 기쁜 마음으로, 자원하는 마음으로, 사랑을 느끼면서, 무엇보다도 자유한 가운데, 아주 자유한 가운데서 율법을 지켜야 합니다. 율법이 하나님께서 내게 복 주시려고, 나를 자유하게 하시려고 주시는 큰 사랑임을 항상 감사하는 마음으로 지켜가야 한다, 그런 말씀입니다. 사도 바울은 11절에서 "영광의 복음을 좇음이니라" 하였습니다. 영광의 복음이 바로 그 앞에 있는 것입니다. △

나를 능하게 하신 예수

나를 능하게 하신 그리스도 예수 우리 주께 내가 감사함은 나를 충성되이 여겨 내게 직분을 맡기심이니 내가 전에는 훼방자요 핍박자요 포행자이었으나 도리어 긍휼을 입은 것은 내가 믿지아니할 때에 알지 못하고 행하였음이라 우리 주의 은혜가 그리스도 예수 안에 있는 믿음과 사랑과 함께 넘치도록 풍성하였도다 미쁘다 모든 사람이 받을 만한 이 말이여 그리스도 예수께서 죄인을 구원하시려고 세상에 임하셨다 하였도다 죄인 중에 내가 괴수니라 그러나 내가 긍휼을 입은 까닭은 예수 그리스도께서 내게 먼저 일체 오래 참으심을 보이사 후에 주를 믿어 영생 얻는 자들에게 본이 되게 하려 하심이니라 만세의 왕 곧 썩지 아니하고 보이지 아니하고 홀로 하나이신 하나님께 존귀와 영광이 세세토록 있어지이다 아멘

(디모데전서 1 : 12 - 17)

나를 능하게 하신 예수

　오늘본문에는 사도 바울의 대표적인 자기신앙간증이 있습니다. 이미 아시는 바와 같이 사도 바울은 지금 로마감옥에 갇힌 채 어느 순간에 어떻게 세상떠나게 될지 예측할 수 없는 처지에 있고, 감옥 밖에 있는 사랑하는 믿음의 아들 디모데는 지금 바울이 세운 교회를 대신해서 교인들을 돌아보며 목회하고 있습니다. 바울은 그런 후계자 디모데에게 이 편지를 쓰고 있는 것입니다. 여기서 '내게 주신 은혜'를 소개하고 있습니다. 무릇 가장 힘있는 것은 진실이요, 가장 능력있는 설교는 자기자신의 간증에서 나오는 것입니다. 나는 이렇게 믿는다, 나는 이렇게 살아왔다, 내게 주신 은혜가 이러하다—이보다 더 능력있는 설교는 없습니다. 어느 누가 어떻고 누가 어떻고, 어떤 목사, 어떤 선교사, 어떤 철학자, 어떤 위대한 사람에 관한 얘기 많이 들어도 사실 그런 것은 그리 큰 능력이 없습니다. 설득력이 없습니다. 가장 큰 능력은 "나는…"하고 시작하는 데 있습니다. 나는 이렇게 믿고 이렇게 구원받고 이렇게 살아가고 있다, 나는 바로 이것을 위해서 한 생명을 바치고 있다—그 자기간증, 자기체험, 그 자기신앙적 고백이 가장 힘있는 설교가 되고 권면이 되는 것입니다. 사도 바울은 지금, 믿음의 아들 디모데에게 나는 이렇게 믿고 이렇게 감사하며 살고 있다, 합니다. 나의 나됨에 대한 진솔한 고백을 읽을 수 있습니다. 나는 본래는 이러했다, 오늘은 위대한 사도이지만, 하나님의 손에 크게 쓰임받고 있지마는 본래의 나는 이런 사람이었다, 라고 말씀합니다. 그 본래성, 그 originality, 대단히 중요한 것입니다. 나라는 존재는 이런 존재다, 은혜로 오늘의 내가 있을 뿐이지

나는 본래 이렇다, 지금도 앞으로도 이러한 사람이다, 그러나 오직 내게 주신 은혜가 헛되지 아니해서 은혜로 말미암아 오늘의 내가 있다, 라고 말씀합니다. 고린도전서 15장 10절에서도 사도 바울은 "나의 나된 것은 하나님의 은혜로 된 것이니…"하고 간증합니다. 그러니까 나의 나됨을 잘 또 확실하게 본인 스스로가 알고 있어야 합니다. 나는 누구냐? 사도 바울은 말씀합니다. 전에는 내가 훼방자요, 핍박자요, 포행자였다, 라고. 훼방자―헬라말원문은 '블라스페몬'인데 이는 예수 이름을, 하나님 이름을 비난하는 비난꾼입니다. 또 핍박자(디오크텐)는 그렇게 말만 하는 게 아니라 그리스도의 사람들을 직접 아예 가해하는 자입니다. 그들을 핍박해서 그들의 하는 일을 못하도록 행동적으로 박해하는 자입니다. 그렇게 박해하는 사람이었다는 고백입니다. 또, 제가 참 인상적으로 읽게되는 말씀은 바로 그 다음입니다. '포행자'라고 하는 말입니다. '휘브리스텐'이라고 하는 이 말은 특별한 의미를 가졌습니다. 영어로는 insolent라고 번역합니다. 건방지고 오만했다는 것입니다. 다시말하면 '나는 교만했다' 그 말씀입니다. 별로 아는 것도 없으면서 교만했습니다. 바리새적인 교만입니다. 나는 더 선하고 더 의롭고 나만은 깨끗하고… 그런 생각입니다. 그만큼 나는 건방지고 오만한 사람이었다, 라고 말씀함입니다. 혹 여러분 스스로 생각하기를 '나는 겸손하다'하십니까? 그렇다면 당신은 교만한 사람입니다. 참으로 겸손한 사람은 늘 이렇게 생각합니다. '나는 교만하다. 나는 항상 교만한 사람이다. 나는 교만하기 쉬운 사람이다. 알게모르게 나는 교만한 데가 많다.' 그렇게 생각하는 사람이 겸손한 사람입니다. '나는 겸손하다'하는 순간 벌써 그것은 교만입니다. 아우구스티누스는 그의 참회록에서 말합니다. '하나님, 내가 말하는 것, 생각하는 것, 행하는 것 어느 하나 죄 아닌 것이 있었습니까?' 저는 이 대목이 썩 마음에 듭니다. 생각하는 것, 행동하는 것, 말하는 것, 아무리 생각해봐도 죄 아닌 것이 없습니다. 다 죄입니다. 아우구스티누스는 그래서 성자입니다. 혹이라도, 조금이라도 '나는 의롭다. 나는 깨끗하다. 나는 남보다 조금이라도 낫다'라고 생각하는 순간 벌써 나는 교만한 사람입니다. 사도 바울은 말씀합니다. '나는 훼방자요, 핍박자요, 포행자였다.' 하나 더 있습니다. "죄인 중에 내가 괴수니라" 하였습니다. 괴수라는 말, '프로토스'라고 하는 이 말은 첫째라는 말입니다. 문자 그대로 괴수입니다. 모든 죄인 중에 더 큰 죄인이라는 것입니다. 모든 악한 사람 중에 더 악한 사람이라는 것입니다. 사도 바울이 생각한 자기자신입니다. 여러분, 여러분은 스스로를 어떻게 보고 있습니까? 여러분의 마음속에 있는 자기자신의 정체의식을 잘 성찰해보십시오. '그래도 나는 조금 낫다. 조금 더 낫다. 조금 더 깨끗하다.' 그런 마음이 있습니까? 그것은 그리스도인의 마음이 아닙니다. 하나님 앞에서 가만히 생각해보면 그게 아닌 것입니다. 죄인 중에 내가 괴수다―바울의 이 말씀은 진실한 말씀입니다. 과장하는 말씀도 아닙니다. 나는 예수를 핍박했습니다. 그리고 바리새주의적인 몹쓸 교만이 있었습니다. 그래서 스데반을 용납할 수가 없었습니다. 그러하던 나 바울인데 주의 은혜가 풍성하였다, 합니다(14절). "우리 주의 은혜가 그리스도 예수 안에 있는 믿음과 사랑과 함께 넘치도록 풍성하였도다." 그래서 내가 구원을 받았고 하나님의 사람이 됐고 복음전하는 사도가 됐다, 하는 말씀입니다.

그리고 사도 바울은 말씀합니다. "내가 감사함은…" 내가 주께 감사한다—원문대로는 계속적으로 감사한다는 뜻입니다. 반복적으로 계속 감사합니다. 늘 감사합니다. 감사하는 이유가 구체적입니다. 뭘 감사하나 보십시오. 첫째는, 하나님께서 나를 참아주신 데 대하여 감사합니다. "그리스도께서 내게 먼저 일체 오래 참으심을 보이사…" 내가 죄를 지을 때 참아주셨습니다. 내가 교만해서 오만을 떨고 있을 때 하나님께서 참아주셨습니다. '에잇, 교만한 놈!' 하고 탁 치셨다면 애저녁에 끝났지요. '이 몹쓸 핍박자야, 죄인의 괴수야!' 이렇게 심판하셨다면 벌써 다 끝났습니다. 지옥으로 떨어졌을 것입니다. 그러나 사도 바울은 생각합니다. '하나님께서 나를 참아주셨다.' 여러분, 사랑의 제일 큰 표현은 참는 것입니다. 속단을 해서는 안됩니다. 우리가 자녀들에 대해서도 참습니다. 아이들에 대해서도 참습니다. 왜요? 사랑하기 때문입니다. 그의 장래를 보기 때문입니다. 달라질 것으로 믿기 때문에 참습니다. 오래 참는다는 것, 대단히 중요한 것입니다. 특별히 낙심 없이 참아야 합니다. 실망은 죄입니다. 사랑 안에는 절대로 실망이 없습니다. 실망할 여지가 없습니다. 오래 참습니다. 또다시 기대를 걸고 참습니다. 사도 바울은 생각합니다. 자기가 살아온 세월을 가만히 생각하니 너무나도 잘못했습니다. 핍박자요, 포행자요, 오만하고 교만한 사람인데 어떻게 하나님께서는 오래오래 나를 참아주셨나, 다메섹 도상에서까지. 예수믿는 사람을 죽이고 또 죽이려고 다메섹까지 쫓아가는 그 악에 받친 청년 사울을 그리스도께서 오래 참아주셨습니다. 사울아 어찌하여 나를 핍박하느냐, 주여 뉘십니까, 네가 핍박하는 예수다—참아주셨습니다. 오래오래 참아주셨습니다. 사랑과 은혜는 인내로 나타났던 것입니다. 다윗은 시편 103편 8절에서 노래합니다. "여호와는 자비로우시며 은혜로우시며 노하기를 더디 하시며…" 노하기를 더디 하십니다. 내 잘못에 대해서 당장 벼락을 치지 않으십니다. 오래오래 참아주십니다. 그 참아주신 중에 내가 살아갈 수 있는 것이요 오늘의 내가 있는 것입니다. 바울은 나 자신에 대하여 오래오래 참아주신 그 그리스도께 대해서 감사하고 있습니다.

둘째는, 하나님의 선택에 대해서 감사합니다. 바울이 그리스도를 선택한 것이 아니고 그리스도께서 바울을 선택하신 것입니다. 요한복음 15장 16절에 예수 그리스도께서 말씀하십니다. "너희가 나를 택한 것이 아니요 내가 너희를 택하여 세웠나니…" 이 선택적인 교리는 인간의 의와 공로를 다 부정해버리는 것입니다. 일방적입니다. initiative를, 주도권을 하나님께서 가지셨습니다. 내가 하나님을 찾은 것이 아닙니다. 그가 나를 찾으신 것입니다. 내가 하나님께로 나온 것이 아니요 하나님께서 나를 나오도록 인도하셨습니다. 안나올 수 없도록 인도하셨습니다. 더구나 오늘같은 공휴일날, 다들 일손을 놓는 광복절 공휴일에 교회 나오는 사람은 특별한 사람입니다. 여러분은 여러분이 나왔다고 생각할지 모르지만 나는 그렇게 생각지 않습니다. 꼼짝못하고 끌려나온 것입니다. 하나님께서 나오도록 역사하신 것입니다. 그걸 잊지 말아야 합니다. 여기 하나님의 의지가 있습니다. 하나님의 주도적 역사가 있습니다. 하나님께서 나를 선택하셨습니다. 하나님께서 주도적으로 나를 선택하셔서 오늘의 내가 있다―바울은 그것을 알았습니다. 바울이 어디가 잘나서, 뭐가 특별해서 하나님께서 맞아주신 게 아니라는 것입니다. 하나님께서 나를 주도적으로 선택해주셨다는 것입니다.

그리고 셋째는 아주 중요한 말씀입니다. "나를 충성되이 여겨…" '피스테오스'라는 이 말이 중요한 말입니다. 나를 믿으신다는 말씀입니다. 이건 진실을 말하는 것입니다. '피스테오스'는 충성도 되고 믿음도 되고 진실도 되는 것입니다. 죽도록 충성하라, 할 때의 '죽도록 충성'도 '피스테오스'입니다. 신실한 것도 '피스테오스'입니다. 하나님께서 내 진실을 인정해주셨다는 것입니다. 다른 건 다 없어도 진실 하나만은 있어야 됩니다. 우리가 인간관계에서도 직장에서도 사람과 사람의 관계에서도 보십시오. 재주도 없고 인물도 없고 집도 없고 능력도 없어요. 그래도 진실은 있어야 됩니다. 재주도 있고 능력도 있는데 이 사람이 진실치 못하다면 무서운 사람입니다. 그러니까 진실은 여러 가지 속성 중의 하나가 아닙니다. 기본입니다. 진실이 없으면 다 무너지는 것입니다. 혹 잘못된 길로 가도 진실은 있어야 됩니다. 이것이 바울이 지금 생각하는 진실입니다. 보십시오. 지금 바울이 무슨 생각을 하고 있는고하니 '하나님, 내가 교회를 핍박하기는 했지만 그것도 하나님을 위해서였습니다. 내가 예수 믿는 사람을 죽였어도 하나님의 율법의 거룩함을 지키고자 해서였습니다. 내가 누구를 미워서 죽인 것도 아니고, 내가 로마의 법을 어겨가면서까지 이런 일을 한 것은 결코 나 자신의 악한 마음에서 나온 것이 아닙니다. 어찌생각하면 하나님께 대한 충성과 진실이었습니다. 다만 미처 몰라서 그랬을 뿐입니다. 이게 옳은 일인 줄 알고, 이게 하나님을 위한 일이라고 생각했기 때문에 한 일입니다' 합니다. 잘 생각해보십시오. 사도 바울이 스데반을 죽이고 예수믿는 사람들을 핍박하면서 다메섹까지 가고 악을 쓰지마는 예수님께서 보실 때는 '저놈 쓸만한데?' '저놈 방향만 싹 돌려놓으면 참 쓸만하다'라고 생각하신 것입니다. 가끔 전도를 해보면 예수믿으라고 할 때 그냥 "안믿어요"하고는 한마디 더 "나 성경 다 읽어봤어요"하는 사람들도 있습디다. 이런 사람은 쓸만합니다. 언젠가는 믿게 되더라고요. 그러나 "예수믿으세요"하면 "아, 그럼요. 믿어야지요. 믿는 거 좋은 겁디다"하고 나오는 사람은 안믿을 사람입니다. 물에 물탄 것같아서 안되더라고요. 진실이 있어야 됩니다, 진실. 충성이 있어야지요, 사람이. 내가 비록 몰라서 그럴 수는 있지마는 알고 있는 바에서는 진실할 것입니다. 이 충성만은 기본적인 것입니다. 내가 교회를 핍박하기는 했지마는 알지 못하고 한 것이었느니라—그러나 주께서는 내 중심을 아시거든요. 내 깊은 곳을 아시고 내 진실을 인정해주셨다는 것입니다. 내 충성된 마음을 알아주셨다는 데 대해서 감사한 것입니다. 내가 비록 교회를 핍박했지마는 이것이 나 자신의 사리사욕을 위한 것이 아니요 딴에는 하나님의 영광을 위해서, 이스라엘의 율법을 위해서, 이스라엘의 율법의 권위를 지키기 위해서 한 일이거든요. 그런 의미에서 바울의 마음속에 있는 깊은 진실, 그것을 예수님께서 알아주셨습니다. 인정해주셨습니다. 이에 대해서 감사한 것입니다. 여러분, 누가 나의 진실을 알아주는 것보다도 고마운 일이 어디 있습니까. 우리가 이 세상 살면서 사랑하고 봉사하고 위해주고 하지만 사실 그게 중요한 것은 아닙니다. 제가 제일 반가운 사람이 누구인고하니 나의 진실을 알아주는 사람입니다. 비록 내가 실수를 해도 그것은 실수라는 것을 알아줍니다. 그럴 수밖에 없었다고 봐줍니다. "내가 당신의 처지였더라도 그럴 수밖에 없었을 겁니다." 이렇게 알아줄 때, 나의 중심을 알아주고 진심을 알아줄 때야말로 고마운 것입니다. 바울은 분명히 교회를 핍박했습니다. 포행자였습니다. 핍박자였습니다. 죄인의 괴수였습니다. 그러나 그는 생각합니다.

'주님께서는 나의 중심을 알아주셨다. 나를 충성되이 여겨주셨다.' 충성되이 여겨주셨다는 것, 내 진실을 알아주셨다는 데 대해서 감사하고 있습니다. 여러분 이걸 잊지 말아야 됩니다. 사랑이란 믿음입니다. 상대방의 진실을 믿어주는 것입니다. 옛 영화에 「이유없는 반항」이라는 게 있었습니다. 젊은사람들, 이유없는 반항들이 많습니다. 나름대로 젊은사람이 고민 많습니다. 그럼 훌륭한 어머니가 누구입니까? 훌륭한 친구가 누구입니까? "나는 네 진실을 안다"하여 줄 때 내 마음이 열리는 것입니다. "너는 도대체 왜 그 모양이냐? 당최 너는 믿을 수가 없다." 이렇게 나온다면 그건 사랑하는 것이 아니지요. 그 다음부터는 무슨 말을 해도 소용이 없게 됩니다. 비록 잘못하기도 하고 실수도 하지만 그 마음깊은 곳에 한가닥 진실이 있다는 것, 그것을 예수님께서 알아주셨습니다. 예수님께서 나를 '충성되이 여겨' 내게 직분을 맡기셨다, 하고 바울은 말씀합니다.

넷째는 직분을 맡기셨다는 사실에 감사합니다. '디아코니안'— ministry, 일을 맡기셨습니다. 믿어주시고 이제는 일을 맡기셨습니다. 무릇 일을 맡긴다는 것이 얼마나 귀중한 신뢰입니까. 믿어주는 것이거든요. 믿는다는 것은 두 가지, 그 진실을 믿고, 그 능력을 믿습니다. 그의 진실을 믿으니까 그에게 일을 맡기는 것입니다. 능력을 믿으니까 일을 맡기는 것입니다. 좋은 얘기가 될는지 모르나 제가 초등학교 다닐 때, 몇학년 때인지 아주 추운 겨울에 담임선생님이 제 이름을 부르더니 "너 우리집 알지?" 합니다. "압니다." 가서, 문 열고 들어가서 이런 것 이런 것, 내가 놓아두고 온 것들 가져왔으면 좋겠다, 합니다. "예" 하고 일어서서 달려나갈 때 제가 신바람났슈니다. 숨이차게 달려갈 뿐만 아니라 갔다왔을 때 모든 학생들의 부러워하는 표정을 보았습니다. 하필이면 나에게 이 일을 맡겼느냐, 운좋다, 하였습니다. 요새아이들같았으면 "왜 내가 합니까?"하고 튕길 것만 같습니다. 세상이 달라졌습니다. 그러나 분명한 것은 이것입니다. 직분을 맡긴다는 것은 굉장한 신뢰를 말하는 것입니다. '나는 너를 믿는다. 네 진실을 믿고, 네 능력을 믿는다.' 그 말입니다. 그래서 일을 맡기고 돈을 맡기고 때로는 중요한 사역을 맡기는 것입니다. 자, 이제 하나님께서 교회를 맡기셨습니다. 중요한 것은 맡기시고나서 이제 그 일을 누가 하느냐입니다. 맡기신 분이 하는 것이고 맡은 사람은 심부름만 하는 것입니다. 그걸 잊지 말아야 합니다. 일을 맡기셨다 할 때 맡기시고 내버려두시는 게 아닙니다. 일을 맡았으면 맡은 자는 이제부터 주의 이름으로 심부름을 하는 것입니다. 정말로 일하시는 분은 예수 그리스도 자신입니다. 주님께서 나를 통해서 일하시는 것입니다. 나와 더불어 일하시는 것입니다. 바울은 이에 대해서 감사하고 있습니다. 하나님께서 어찌 내게 이렇게 귀한 일을 맡기십니까? 너무나도 감사합니다ㅡ여러분, 주의 일 하는 사람은 일 맡은 데 대해서 감사하는 것입니다. 교회학교 선생을 하든 성가대를 하든 혹은 집사든 권사든 장로든 뭐든지 일이 맡겨졌으면 그것은 너무도 소중한 것입니다. 그 맡은 바를 소중히 여겨야 합니다. 주께서 나를 통하여 이 일을 이루고자 하시니까 감사해야 합니다. 비발디라고 하는 사람을 여러분이 아실 겁니다. 이탈리아의 작곡가이면서 바이올린 연주자였습니다. 그의 곡이 많으니까 여러분 잘 아실 겁니다. 한번은 그의 연주회에 유례없이 많은 손님이 왔습니다. 이날의 연주에 특별히 사람이 많이 모인 이유는 바이올린 때문이었습니다. 비발디의 연주는 많은 사람들이 늘 들어왔습니다. 그러나 이날따라 손님이 많이 온 것은 '스트라디바리우스'라는 바이올린 때문이었습니다. 이탈리아의 스트라디바리 일가가 제작한 이 바이올린은 세계 제일로 귀하고 비싼 명기였습니다. 그 바이올린으로 연주한다, 하는 소문이 난 것입니다. 비발디의 연주를 보러 온 게 아니라 그 바이올린소리를 들으러 왔던 것입니다. 장내는 입추의 여지 없이 가득찼습니다. 이제 비발디가 나가서 연주를 합니다. 사람들이 거의 황홀지경에서 눈을 지그시 감고 감상을 합니다. '확실히 명기로구만. 아, 이 바이올린은 참 귀중한 바이올린이구나. 과연 세계적인 바이올린이구나.' 감탄을 하면서 지금 한창 선율에 취해 있는데 비발디는 연주를 하다말고 딱 멈췄습니다. 멈추고는 바이올린을 내던졌습니다. 바이올린이 요란한 소리를 내고 깨져버렸습니다. 사람들은 깜짝놀랐습니다. 그럴 때 비발디가 손을 치켜들었습니다. 사회자가 다른 바이올린을 가져왔습니다. 그것을 손에 들고 그는 한마디 했습니다. "지금 내가 손에 든 이것이 진짜 스트라디바리우스이고 아까 연주한 것은 가짜입니다. 그건 평범한 바이올린이었습니다." 사람들은 안색을 잃고 숙연해졌습니다. 부끄러워졌습니다. 바이올린이 좋다고 좋은 소리가 나나요? 연주자가 누구냐가 문제이지. 저는 이런 생각을 합니다. 미안하지만 저 오르간도 그 소리가 치는 사람에 따라 다릅니다, 같은 오르간인데도. 저 피아노, 치는 사람에 따라 소리가 달리 납니다. 참 단순한 것같은데도 이렇게 다를 수가 없습니다. 요컨대 누가 연주하느냐입니다. 하나님께서 귀중한 일, 이 교회와 선교를 당신의 자녀에게 맡기셨습니다. 그리고 그를 통하여 역사하십니다. 하나님의 손에 있는 바이올린, 이걸 생각하여야 합니다. 이제 그가 연주를 하실 것입니다. 그러므로 사도 바울은 감사하는 것입니다. 나같이 천한 죄인의 괴수가 하나님의 손에 들리어 쓰임받고 있다―이 어찌 감사한 일이 아니겠습니까. 여러분, 하나님의 일, 아무나 하는 것이 아닙니다. 정말로 감사하여야 됩니다. 감사하는 마음이 충만하여야 됩니다.

다섯째는 능하게 하셨다는 것입니다. '엔두나모산티'―empowering, '두나미스'를, 능력을 주신다, 능하게 하신다, 그 말씀입니다. 하나님께서 일을 맡기시기만 하는 게 아닙니다. 맡기신 다음에는 능하게 하십니다. 감당하게 하십니다. 하나님께서 모세에게 말씀하십니다. '모세야, 네가 이스라엘을 구원하여라.' '저는 못합니다. 제가 어떻게 그런 일을 합니까?' '애굽으로 가라.' '제가 어떻게 애굽으로 갑니까? 애굽에서 사람을 죽이고 도망한 사람인데…' '애굽에 가라. 내가 너와 함께하리라.' 모세는 못하겠다고 계속 사양을 하는데도 하나님께서는 가라, 하십니다. 마지막에는 모세가 '나는 말을 잘 못합니다'하니까 이런 책망까지 하십니다. '사람의 입을 지은 자가 누구냐? 내가 일을 가능케 하리라.' 여러분, 잊지 말아야 됩니다. 하나님의 일은 절대로 사양해서는 안됩니다. 하나님께서 맡기셨으면 감당할 능력도 함께 주실 것이니까요. 여러분이 사양하면 능력도 없는 것입니다. 어떤 일이든지 맡겨주실 때 겸손한 마음으로 받아들여야 합니다. 그걸 잊지 말아야 합니다. "나를 능하게 하신 그리스도 예수"―확실히 그랬습니다. 사도 바울은 그리스도께서 능하게 하심으로 위대한 역사를 이루었습니다. 권능도 많이 행하고 교회도 많이 세우고 많은 사람을 구원받게 하고, 그리고 오늘까지 승리할 수 있었던 것을 생각합니다. 어떤 사람이 사업에 실패했습니다. 철저히 실패해서 다시 일어나기 어려운 때 마음이 아프고 괴롭고 한 중에서 낙심하고 실망해서 집에 돌아옵니다. 자기가 이런 어려운 처지에 있다는 것을 그 아내도 알고 있습니다. 그래서 아내가 걱정하고 있는 것을 알아서 '내가 이렇게 어렵지마는 아내를 좀 위로해야겠다' 생각을 하고 조그마한 선물을 사 가지고 들어왔습니다. 들어왔을 때 아래층에 딸아이가 앉아 있다가 "아빠, 그거 뭐야?" 합니다. "어머니에게 드리는 선물이다." "아빠, 그거 내가 가지고가서 어머니에게 드리면 안돼? 어머니 지금 이층에 있는데 내가 갖다드릴께." 그는 선물꾸러미를 딸에게 주었습니다. 그러나 아버지의 마음은 아팠습니다. 왜냐하면 이 딸아이는 소아마비로 휠체어에 앉아 있거든요. 이런 아이가 지금 이층에 있는 어머니에게 그 선물을 가져가겠다는 것입니다. 말릴 수 없어서 선물은 줬는데 애가 어떻게 이층에 올라가겠나 싶어 조심스럽게 얘기했습니다. "네가 어떻게 이층에 걸어올라가겠느냐?" 그랬더니 이 아이, 방글방글 웃으면서 하는 말이 "아버지가 나를 안고 올라가면 되잖아" 합니다. "그렇구나!" 선물꾸러미는 딸이 들고 아버지는 딸을 안고 이층으로 올라갔습니다. 여러분, 때때로 우리는 혼자서 무엇을 할 수 없는 줄 압니다. 아닙니다. 그가 능력을 주심으로 하고 그가 가능케 함으로 하는 것입니다, 작은 일이든 큰 일이든. 사도 바울은 이것을 알고 있습니다. 그래서 그리스도께서는 나를 믿어주시고 내게 직분을 맡기셨고 그리고 내게 능력을 주셔서, empowering, 능력을 주셔서 감당하게 하셨다, 그런고로 나는 하나님께 감사한다, 하였습니다.

하나 또 있습니다. 그것은 본문에 중요하게 제시되고 있습니다. "본이 되게 하려" 하였습니다. 믿는 사람의, 모든 믿는 사람에게, 뒤에 믿는 사람에게 본이 되게 하려 했다, 하는 것입니다. 이는 바울의 겸손한 마음입니다. 본이, pattern이 되게 했다—무슨 말씀입니까. 나같은 죄인도 구원받아서 사도가 되었다, 이 말씀입니다. 이것은 좋은 패턴이 되는 것입니다. 언젠가 한 90세 되신 목사님이 출판기념회를 했습니다. 그런데 이 목사님은 요새 흔히 말하는 석사, 박사 공부도 없는 분입니다. 그러나 이분은 아주 학자적이고 좋은 책을 많이 썼습니다. 그런데 어느날 출판기념회를 가졌습니다. 저도 거기에 참석을 했습니다. 제가 거기서 직접 들은 얘기입니다. 모두들 칭찬을 했습니다. 출판기념회라는 게 책 칭찬하는 시간이니까. 마지막에 본인이 나와서 답사를 하는데 "여러분, 여러분도 알다시피 저는 공부한 것이 없는 사람입니다. 그러니 '박사도 석사도 아닌 사람이 건방지게 무슨 책을 그렇게 썼나?' 하시겠지만 제가 책을 왜 썼는지 아십니까. '저 사람도 책 쓴다. 저런 사람도 책을 쓰는구나' 생각하고 공부 많이 한 여러분이 책을 많이 써서 귀한 일들 하시라고 그 본이 되게 하기 위해서 썼습니다" 하는 것입니다. 참 겸손한 말씀입니다. 저는 큰 감명을 받았습니다. 사도 바울이 생각합니다. '내가 이렇게 큰일을 하게 된 것은, 저 핍박자로부터 죄인의 괴수로부터 위대한 사도에까지 이르게 된 것은 뒤에 믿는 모든 사람들에게 본이 되게 하기 위함입니다. 나 자신이 잘나서가 아니고 나같은 사람도 이렇게 된다, 하는 것을 보여서 모든 사람으로 하여금 본따게 하기 위함입니다.' 너무나도 겸손한 신앙고백이 아니겠습니까. △

선한 싸움을 싸우라

아들 디모데야 내가 네게 이 경계로써 명하노니 전에 너를 지도한 예언을 따라 그것으로 선한 싸움을 싸우며 믿음과 착한 양심을 가지라 어떤 이들이 이 양심을 버렸고 그 믿음에 관하여는 파선하였느니라 그 가운데 후메내오와 알렉산더가 있으니 내가 사단에게 내어준 것은 저희로 징계를 받아 훼방하지 말게 하려 함이니라

(디모데전서 1 : 18 - 20)

선한 싸움을 싸우라

　오늘본문에는 '선한 싸움을 싸우라'하는 사도 바울의 귀한 명령의 말씀이 있습니다. 사랑하는 아들 디모데에게, 그리고 동역자요 협력자요 후견자인 참으로 신실한 일꾼 디모데에게 쓰는 편지입니다. 첫말씀은 아주 강한 표현입니다. "이 경계로써 명하노니"하였습니다. 원문의 뜻이 군사적인 것입니다. 아시는대로 군대는 명령에 살고 명령에 죽습니다. 명령을 들을 때 그에 대한 응답은 오직 'Yes' 뿐입니다. 요새 'Say Yes'라는 영화가 있다는데 저는 아직 못봤습니다만 제목만 보아서는 'Yes라고 말하라'입니다. 그런데 오늘말씀은 그런 정도가 아닙니다. 명령은 오직 Yes라고 하는 응답만을 요구하는 것입니다. 군대에 있어서는 오직 명령뿐입니다. 여기에는 이의가 있을 수 없습니다. 저는 훈련받을 때 참 어이없는 경험을 하였습니다. 잊을 수 없는 경험입니다. 어느날 장교가 잠자는 저를 깨우더니 "담배 사와"합니다. 그는 내가 교인인 줄도 압니다. 그래서 옷을 입고 모자를 쓰고 서 있었습니다. "담배 사오라니까!" "돈을 줘야 사오죠." "야 이놈아, 돈 가지고야 누가 못사? 사와!" 원 세상에… '세상에 뭐 이런 게 다 있어?'싶었습니다. 하지만 거기서 삐걱했다간 맞아 죽습니다. 명령인 것입니다. 그래서 "알았습니다"하고 나가 어디서 돈을 구해가지고 어쨌든 사왔었던 그런 경험이 있습니다. 이런 어처구니없는 명령이 떨어질 때가 있는 것입니다. 그래도 예스만 하여야 됩니다. 여기에 이치를 따지고, 말이 안된다, 상황이 어떻다, 할 수 없는 것입니다. 왜 이렇게 훈련을 시키나, 좀 불만스러웠습니다마는 뒤에 물미가 틔었습니다. 최일선에서 총알이 비오듯하고 총소리가 따쿵, 따쿵, 할 때는 아무렇지도 않아서 그 소리 들으면서도 잠을 자는데, 총소리가 표옹, 표옹, 하고 내가 엎드려 있는 곳에 총알이 날아와 박히면서 먼지가 폴싹폴싹 일어나는 정도가 되면 급합니다. 그럴 때에 "돌격!" 명령이 떨어집니다. 그때 "장교님, 지금 안되겠는데요?" 이런 소리 못하는 것입니다. "지금이 어느 땐데 돌격입니까?" 그리 따져서는 안되는 것입니다. 돌격, 하면 돌격해야 하고 일어서, 하면 일어서야 하고 뛰어, 하면 뛰어야지 어물어물하다가는 죽지 않으면 포로되는 것입니다. 이게 군대의 세계입니다. "이 경계로써 명하노니…" No choice입니다. 선택의 여지가 없습니다. 명령이다, 이것입니다. 무릇 가르치는 말도 있고 생각해보라, 하는 말도 있고 스스로 선택할 수 있는 기회를 줍니다. 그러나 때때로는 그렇지 않습니다. 결정적인 시간에는 결정적인 명령이 떨어집니다. 이것은 내가 판단할 것도 없고 비판할 것도 없고 내가 가부를 논할 여지가 없습니다. 그대로 순종, 복종할 뿐입니다. 사도 바울은 이제 긴 시간 동안 많은 시련도 겪었고, 믿음이 더욱 온전하게 성숙하고, 그의 체험적인 신앙고백과 간증이 성숙한 경지에 있습니다. 이제는 그가 뭔가 알 것같고 또 확실하다고 생각했습니다. 그런고로 이 소중한 진리를 두고 사랑하는 아들이기에 디모데에게 명령을 합니다. 선택의 여지를 주지 않습니다. '경계하고 명령하노라, 너는 무조건 따르라, 비판하려들지도 말고 재고해보려들지도 마라, 그대로 순종하라, 하고 명령하는 것입니다.

먼저 "선한 싸움을 싸우며"하였습니다. 선한 싸움을 싸우라 할 때 우리는 아, 인생은 전쟁이다, 싸움이다, 누구하고 싸워야 하나―이런 생각을 하기 쉽습니다마는 사도 바울이 지금 말씀하고 있는 바는 그 의미가 특별합니다. '선한 싸움' — '칼렌 스트라테이안'이라는 이 말은 영어로 말하면 전쟁터에 나가서 싸우는 battle이 아닙니다. 그런 전쟁이 아닙니다. campaign입니다. 운동을 벌이는 것입니다. 유세나 경기를 말하는 것입니다. 국회의원 출마해서 캠페인 벌이지요. 물건을 팔려고 캠페인 벌이지요. 내가 운동을 하면서 캠페인을 벌입니다. 그런 의미의 싸움입니다. 사람을 찌르고 쏘고 폭탄을 던지고 하는 싸움이 아닙니다. 피를 흘리는, 저를 죽여야 내가 사는 그런 의미의 싸움이 아닙니다. 살아남기 위해서 남을 죽여야 하는 그런 의미의 전쟁이 아니라 캠페인입니다. 인생을 살아가느라면 알게 모르게 우리는 경기를 하게 됩니다. 부득불 경기에 나서야 됩니다. 저 사람이 선택되느냐 내가 선택되느냐, 내가 이기느냐 저가 이기느냐—그런 싸움은 으레 있는 것입니다. 이는 어찌할 수가 없습니다. 아이들이 입학시험을 봅니다. 떨어지는 아이가 있는가하면 학격하는 아이가 있습니다. 엄밀히 생각하면 내가 학격함으로 다른 하나가 떨어집니다. 제 둘째아이가 초등학교 다닐 때입니다. 보아하니 학기마다 꼭 2등을 해가지고 옵니다. 2등 성적표를 가지고 옵니다. 다음학기는 1등을 하려나, 은근히 기다리는데 또 2등입니다. 그래서 제가 "애, 넌 어떻게 2등만 하냐?"했더니 이 아이가 나보고 설교를 하더라고요. "내가 1등 하면 다른 아이가 1등을 못하잖아요. 지금 1등 하는 아이는 여학생인데 내가 1등을 하면 아마 걔는 많이 울 거예요." 이런 소리를 하기에 "좋다. 3등도 좋다"하고 말았습니다. 그렇습니다. 1등, 1등, 하지만 내가 1등 하면 다른 사람 1등 못합니다. 그걸 알아야 합니다. 이런 것이 하나의 캠페인입니다. 이게 싸움이라, 그 말씀입니다. 이런 의미의 싸움이 우리에게는 계속되고 있는 것입니다. 이렇게 경기에 임하는 것, 엄숙한 의미에서 그것도 하나의 싸움입니다. 어느 운동선수가 1등을 하면 다른 선수는 2등을 해야 되거든요. 누군가가 이기면 누군가는 또 져야 됩니다. 그런 싸움을 하고 있는 것입니다. 이 싸움은 계속되는 것입니다.

선한 싸움이라 하였습니다. 선하다는 것은 헬라말로 '칼로스'이고, '선한 싸움'이 '칼렌 스트라테이안'입니다. '칼로스'에 대해서는 좀 전문적으로 공부할 필요가 있습니다. 도덕적으로 선하다, 악하다, 할 때의 선하다는 의미가 아닙니다. 그러나 우리는 이렇게밖에는 번역할 수가 없었습니다. 여기서 '선하다'하는 것은 '매력이 있다'하는 뜻입니다. 또한 자발성이 있다, 사랑할만하다, 하는 뜻입니다. 선한 싸움—굳이 번역을 바꾼다면 '멋진 싸움' '페어플레이'쯤 되겠습니다. '페어플레이'가 더 원뜻에 가까운 번역이겠습니다. 페어플레이 캠페인을 벌이라, 그런 말입니다. 우리네는 때때로 참 페어플레이를 못할 때가 많습니다. 어딘가모르게 잘못됐습니다. 모든 캠페인, 모든 경기가 아무리 작은 것도 그 속을 보면 자기와의 싸움이 있습니다. 그래서 운동선수들 어떤 때에 마이크를 대고 물어보면 아주 철학적인 말을 하지 않습니까. "자기와의 싸움이죠." 사실이 그렇습니다. 나이가 많건적건 운동선수는 자기와 싸우는 것입니다. 먹고 싶은대로 먹고 자고 싶은대로 자고 연애하고 돌아다니고 술마시고… 그러다가는 경기장에 나가보나마나입니다. 경기가 되지를 않습니다. 마음에 많은 유혹이 오지마는 경기를 위해서 그걸 다 절제해야 되는 것입니다. 고스란히 자기와의 싸움입니다. 자고 싶지 않아도 자야 됩니다. 밤에 TV등으로 미드나이트 프로 보면 안됩니다. 우리 교인들도 밤늦게 보여주는 영화 같은 것 보다가 새벽기도 못나오는 것입니다. 그게 자기와의 싸움에서 진 것입니다. 하루 그렇게 하고나면 바이오리듬이 흔들리기 때문에 건강상 막대한 지장이 있는 것입니다. 그런 것 하나도 절제하는 것, 그것도 싸움입니다. 더 볼까 말까, 텔레비전을 끌까말까―이것도 싸움입니다. 우선 자기와의 싸움, 거기서 페어플레이를 하여야 됩니다. 근사하게 이겨야 합니다. 간신히간신히 이겨서는 안됩니다. 한 번 이기고 한 번 지고, 하면 안 됩니다. 자기와의 싸움에서 페어플레이를 하라, 그 말씀입니다. 또 우승에 대해서 연연하는 것도 캠페인에 임하는 페어플레이어의 자세가 아닙니다. 그저 이기려고만 하는, 승부욕이 너무 강하면 집니다. 정정당당해야 되는데 어느 사이에 조금씩조금씩 양심을 속이는 것입니다. 언젠가 한번 어느 장로님을 통해서 들은, 좋지 않은 얘기가 있습니다. 골프를 치러 갔는데 그날따라 안개가 뿌옇게 끼어서 앞에 가는 사람이 잘 안보이는데, 가만히 보니 잘 아는 목사님같아보이더랍니다. 그래서 캐디 보고 저 앞에 가시는 분이 누구냐고 물었더니 아무개 목사님이라고 대답하더랍니다. 캐디도 다 알고 있더라는 것입니다. "그래?" 그러고 말았으면 좋은데 이 아가씨가 거기다가 토를 달더라고 합니다. "목사님들도 속여요." 그래서 이 장로님, 물어본 걸 얼마나 후회했는지 모른다고 합니다. 공이 불리한 위치에 떨어지면 남 안볼 때 슬쩍 공을 옮겨놓고 치는 것입니다. 그것은 선한 싸움이 아닌 것입니다. 지든 이기든 정정당당해야 하는데 그렇게 양심을 조금씩조금씩 속여가면서 뭘 얻겠다는 것입니까. 그래가지고 무슨 상을 타겠다는 것입니까. 그거 좋지 않은 것입니다. 같이 운동을 해보면 사람을 알아볼 수 있습니다. 인간성을 알아볼 수 있습니다. 이기든 지든 정정당당해야 합니다. 우리 소망교회 교인들은 그런 사람이 없을 줄로 믿습니다. 제발 부탁인데 선한 싸움을 싸우세요. 페어플레이. 작은 거라도 조금씩조금씩 속이다보면 양심이 어두워집니다. 인격이 비뚤어집니다. 그리고 필경에는 얼굴이 이지러지고 못쓰게 됩니다. 그걸 알아야 합니다. 모름지기 정정당당하고, 진실한 양심을 가져야 할 것입니다.

또, 평판에 대해서 너무 신경을 쓰지 말아야 합니다. 페어플레이를 하려면 남들이 뭐라고 하나에 신경쓰지 말아야 합니다. 남들이 잘한다고 하나 못한다고 하나, 이겼다고 하나 졌다고 하나, 상관치 말아야 합니다. 그것 참 어렵기는 합니다. reputation에 대해서 무관하려면 대단한 달인의 경지에 들어가야 됩니다. 그러나 이것이 신앙인입니다. 유명한 얘기가 있습니다. 유명한 미국의 흑인영가 가수 마리안 앤더슨은 흑인입니다. 지금은 흑인이 높은 대접도 받고 있습니다마는 옛날에는 흑백의 차이가 컸습니다. 버스에도 백인자리와 흑인자리가 구별되어 있었습니다. 텔레비전 프로에도 흑인은 그림자조차 없었습니다. 오로지 백인만이었습니다. 그런 옛날에 마리안 앤더슨이 흑인으로 노래를 잘 불렀습니다. 많은 사람들이 아, 훌륭하다, 한 세기에 하나 나올까말까한 가수다, 하고 찬사를 보냈습니다. 그런데 한쪽에서는 평론가들이 그녀에 대해서 나쁜 평을 썼습니다. 한번은 마리안 앤더슨이 자기를 나쁘게 평한 신문기사를 보고 울고 있었습니다. '나 노래 안부를 거야. 다시는 안부를 거야!' 그럴 때 어머니가 그녀를 위로했습니다. 그러면서 유명한 말을 했습니다. "넌 어째서 모든 사람으로부터 칭찬받기를 원하느냐. 너를 훌륭하게 칭찬하는 사람들도 있지 않느냐. 그리고 네가 제일 사랑하는 내가 너를 칭찬하고 있지 않느냐. 어째서 너는 모든 사람으로부터 칭찬받기를 원하느냐. 그것이 죄요, 교만이라는 걸 모르느냐?" 어머니의 이 말을 듣고 그녀는 정신이 번쩍 났습니다. 이후 그녀는 자신에 대한 악평에는 마음을 쓰지 않고 겸손한 마음으로 노래를 불렀고, 마침내 세기의 마리안 앤더슨이 된 것입니다. 어머니의 그때의 충고를 그는 일생동안 기억하고 지냈습니다. 여러분, 남들이 나를 두고 뭐라 하나, 이거 신경쓰면 사람이 추해집니다. 페어플레이어가 못됩니다. 이길 수도 있고 질 수도 있고, 잘할 때도 있고 못할 때도 있지, 하고 나대로 멋지게 플레이할 것입니다. 멋지게 싸울 것입니다. 멋지게 경기를 하여야 된다—사도 바울은 이렇게 가르치고 있습니다. 이 경기를 위해서는 과감하게 나서야 됩니다. 당당하게 나서야 됩니다. 이것은 실천해야 되는 것입니다. 아브라함이 시험을 당했습니다. 아들을 바쳐야 하는 엄청난 시험을 당했습니다. 이 문제에 대해서 케임브리지대학 교수 C. S 루이스가 「Problem of Pain」이라고 하는 저서에서 다음과 같이 얘기합니다. 하나님께서는 아브라함을 다 아시면서 왜 시험을 하셨을까—이런 의문이 있지마는 루이스 교수는 이렇게 말합니다. '하나님께서는 알고 계시지만 만일에 그같은 엄청난 시험이 없었다면 아브라함의 순종적인 믿음은 자신도 모르고 아무도 모를 것 아니겠는가. 그가 어떤 믿음을 가졌는지 아무도 모르고, 그 믿음이 나타날 수가 없지 않았겠느냐.' 우리가 어려운 일을 당할 때 말로만이 아니라 행동으로 싸워야 합니다. 현장으로 돌격해들어가야 되는 것입니다. 선한 싸움을 싸우라, 비겁하게 뒤로 물러서지 말고 모든 시험을 잘 극복하면서 싸우라, 적극적으로. 이렇게 임하라, 하는 말씀입니다.

그리고 무엇으로 싸우느냐? "너를 지도한 예언을 따라"라고 말씀합니다. 예언의 말씀을 따라, 이미 들은 말씀, 바울을 통해서 들은 말씀, 구원받을 때 받은 그 말씀으로 나가 싸워 이기라, 하는 말씀입니다. 무기는 말씀입니다. 말씀이 가슴에 있고 말씀이 동기가 되고 말씀이 목적이 되고 말씀이 방법이 되고 말씀이 지혜가 되고 말씀이 힘이 되는 것입니다. 오직 말씀으로 싸워 이겨야 합니다. 이 싸움에서 끝까지 지켜야 할 것이 두 가지 있습니다. 하나는 믿음이요 하나는 착한 양심입니다(19절). 여기 믿음이라는 말, '피스티스'라는 말은 진실이라고 번역을 고칠 수가 있습니다. 믿음 혹은 진실함을 지켜야 됩니다. 성공을 위해서 안달하다가 믿음을 잃어버린 사람 많고 너무 급하게 성공하려고 하다가 그 소중한 믿음을 저버리는 경우가 많습니다. 특별히 진실을 잃어버리는 경우도 많습니다. 사도 바울은 그래서 말씀합니다. '선한 싸움을 싸우되 믿음을 지켜라. 믿음을 가지고 있어라. 믿음만은 절대로 잃어버려서는 안된다.' 우리가 캠페인을 벌입니다. 운동도 하고 경기도 합니다. 이 세상에서 사는 게 싸움입니다. 그러나 이 싸움에서 진실을 잃어버려서는 안됩니다. 진실은 꼭 지켜가야 되는 것입니다. 그리고 착한 양심입니다. 경기장에서 비양심적으로 하면 어떻게 되겠습니까. 또 비겁한 행동을 할 때가 있습니다. 운동에는 어차피 승부가 있게 마련입니다. 그런데 내가 잘해서 이기는 건 좋은데 남 실수하기만 기다리는 사람이 있습니다. 남이 실수하면 좋아하는 것입니다. 못된 심사입니다. 남이 잘못하는 것 안됐다 싶고, 내가 잘해야겠다, 그것만 생각해야 되는데 남이 잘못하는 걸 마치 내 승리인 양 여기고 통쾌해하는 못된 심사가 있습니다. 성품상 문제가 있는 사람입니다. 선한 싸움을 싸우라, 다른 사람 잘못하는 거 보고 기뻐하지 마라, 착한 양심을 가지라―양심적으로 경기하라, 그 말씀입니다. 어떤 착한 농부가 무 농사를 했습니다. 가을이 되어 무를 수확해보니 유난히 큰 무가 하나 있습니다. 아주 잘생기고 큽니다. 이거 하나를 손에 들고 그는 더없이 기뻐합니다. "아이고, 이렇게 큰 무가 나오다니… 이건 우리가 먹고말 수가 없지. 이것은 원님께 갖다드려야겠다." 그래서 원님한테 그걸 들고 갔습니다. "제가 무 농사를 하는데 수십 년 했지만 이렇게 큰 무는 처음 봤습니다. 하도 귀해서 이걸 원님 드리려고 가져왔습니다." 그랬더니 원님이 기분좋아합니다. "어허, 착한 농부로고." 원님은 옆을 돌아보고 묻습니다. "요새 백성들이 가져온 선물 중에 뭐 좀 좋은 거 없나?" "예, 며칠 전에 어떤 분이 황소 한 필을 가져온 게 있는데요." "어, 그거 이 사람 주게나." 이 농부, 무 하나 갖다바치고 황소 한 필 얻어왔습니다. 이 소문을 들은 어느 심술고약한 사람이 "옳지! 내가 황소 한 필을 갖다드리면 황소 열 필은 주겠지." 그래서 좋은 황소 한 필을 끌고갔습니다. "이 황소가 하도 크고 실하여 원님 드리려고 끌어왔습니다"하고 원님에게 말했습니다. "오, 착한 농부로고." 원님은 아랫사람에게 물어봤습니다. "요새 들어온 것 가운데 뭐 좀 좋은 거 없나?" 아랫사람이 대답합니다. "큰 무가 하나 있습니다." "그거 이 사람 주거라." 이래서 이 고약한 사람은 황소 한 마리 갖다바치고 무 하나 얻어왔다는 얘기입니다. 사람이 비양심적이면 못씁니다. 마음이 착해야 합니다. 착한 양심이 필요한 것입니다. 그래서 '믿음을 지키고 착한 양심을 지켜라. 싸움터에 나가서 한평생을 살 때 언제나 신실하게, 그리고 착한 양심을 따라 살아야 된다.' 사도 바울은 이렇게 명령합니다.

그리고 오늘본문에 보면 이제 좀 부정적인 면, 사도 바울의 마음속에 있었던 어두운 면을 하나 말씀합니다. "어떤 이들이 이 양심을 버렸고 그 믿음에 관하여는 파선하였느니라" 하였습니다. 믿는 사람들 가운데 양심과 믿음을 다 버린 사람이 있다는 것입니다. 그는 지금 분명히 '믿음의 아들'에게 말씀합니다. '믿음과 양심을 지켜라. 그런데 어떤 이들은 믿음과 양심을 버렸노라.' 그리고 좋지 못한 경우를 예로 들었습니다. 양심을 버렸다―왜? 질투하는 마음 때문에, 자기자랑 하는 마음 때문에, 자기를 높이는 마음 때문에 그만 페어플레이를 하지 못했습니다. 양심을 버렸습니다. 너무 급한 마음에 양심을 버렸습니다. 깊이 생각하여야 됩니다. 우리가 교회봉사 하면서도 그렇고, 선한 일 하면서도 그렇습니다. 경쟁심이 발동하든가 사람들에게 알려지고 싶고 사람에게 보이려는 마음이 딱 걸리는 순간 뻔히 잘못된 줄 알면서 양심을 속이게 됩니다. 양심이 말해주고 있지 않습니까. 그 양심을 버렸습니다. 나아가 믿음까지 버렸습니다. 믿음의 사람으로서는 그럴 수가 없습니다. 하나님을 믿는 사람이 어떻게 그렇게 하겠습니까. 그것은 믿음 없는 짓입니다. "믿음에 관하여는 파선하였느니라." 심지어는 이름까지 거론하고 있습니다. 후메내오와 알렉산더. 그런데 후메내오라는 이름은 디모데후서 2장 17절에도 나타납니다. "저희 말은 독한 창질의 썩어져감과 같은데…"라고 말씀합니다. 사도 바울이 목회하는 중에는 선한 사람들이 많았습니다. 그를 도와준 사람들, 이를테면 아굴라와 브리스길라, 디도, 디모데… 그 이름들이 많이 나옵니다. 그 여러 사람들의 이름을 성경에 밝히고 있습니다. 그런가하면 바울이 마음에서 지울 수 없는 섭섭한 사람이 몇 있습니다. 바로 후메내오와 알렉산더는 그런 사람들입니다. 알렉산더에 대해서는 디모데후서 4장 14절에도 나타납니다. '저들이 나를 괴롭혔느니라' 합니다. 참 끈질기게 괴롭혔습니다. 예수님께는 가룟 유다가 있었습니다. 가룟 유다에 대한 섭섭한 마음이 예수님께 늘 있었습니다. 성만찬예식을 행하시면서도 예수님 분명히 말씀하시기를 '발만 씻어도 깨끗하니라. 그러나 다는 아니니라' 하셨습니다(요 13:10). 그 가운데 가룟 유다가 있었거든요. 아무리 가르치고 아무리 충고해도 회개하지 않는 인간이었습니다. 양심을 버리고 믿음을 버린 그 가룟 유다로해서 심히 섭섭해하시는 예수님의 모습을 요한복음 13장에서 볼 수 있습니다. 그런데 바울에게도 후메내오와 알렉산더가 있었던 것입니다. '그 말이 독한 창질의 썩어져감과 같은' 후메내오 한 사람 때문에 많은 사람이 썩거든요. 많은 사람에게 악영향을 준 것입니다. 디모데후서 4장같은 것은 사도 바울의 유서라고도 합니다. 맨마지막에 쓴 편지입니다. 거기서도 말씀합니다. "알렉산더가 내게 해를 많이 보였으매 주께서 그 행한대로 저에게 갚으시리니 너도 저를 주의하라." 그 이름을 지적하고 있습니다. 여러분 한번 생각해보십시오. 교역자의 마음속에 여러분은 어떤 분으로 기억되고 있습니까? 교역자가 생각할 때 '내가 목회하는 중에 누구누구는 참 고마운 분들이다. 누구누구가 있어서 내가 목회하는 데 크게 힘이 되었다' 하고 기억될만한 분이 있는가 하면 '그 사람은 참 지독하게 나를 괴롭혔지' 하고 가시로 기억될 사람이 있는 것입니다. 사도 바울은 '후메내오와 알렉산더'라고 이름을 댔습니다. 끝까지 회개하지 않고 끝까지 괴롭힌 사람을 이렇게 지적하면서 디모데에게 경계를 줍니다. 이런 사람을 경계하라, 합니다. 그리고 말씀합니다. 결론을 내립니다. 사단에게 내어주었다고요. 이 말씀은 고린도전서 5장 5절에도 있습니다. "이런 자를 사단에게 내어주었으니 이는 육신은 멸하고 영은 주 예수의 날에 구원얻게 하려 함이니라." 그런데 오늘본문에서는 사단에게 내어준 이유가 "저희로 징계를 받아 훼방하지 말게 하려 함이니라" 하였습니다. 훼방하지 말게 하기 위해서 사단에게 내주었다―더는 그들에게 긍휼을 베풀지 않는다, 좀더 구체적으로는 그들을 위해서 기도하지 않는다, 곧 '하나님이여, 그에게 은총을 베풀어주시옵소서'라는 기도를 아니한다는 것입니다. 내버려둔다는 것입니다. 더는 그들을 내가 기억치 않겠다, 그들에 대하여 마음을 쓰지 않겠다는 것입니다. 징계를 받으라, 이것입니다. 오히려 저런 사람은 징계를 받아야 되겠어요. 그들이 불행한 길로 가는 데 대해서 내가 더는 신경을 쓰지 않겠다는 것입니다. 사단에게 내어주었습니다. 예수님께서 가룟 유다에 대해서도 '네가 하고자 하는 일을 하라' 하셨습니다. 사단에게 내어주신 것입니다. 더는 권면하지 않습니다. 더는 그를 위해서 안타깝게 기도하지도 않습니다. 그로해서 마음상할 것도 없습니다. 사단에게 내주었습니다. 그리함으로 징계를 받아 훼방하지 말게 하려 함이니라―아주 중요한 문제를 일깨워주고 있습니다. 간혹 우리는 양심을 잃어버린 이런 사람, 믿음에 관하여 파선한 사람에 대해서 너무 신경을 많이 쓸 때가 있습니다. 왜 그랬을까, 어떡하면 좋은가, 저를 구원하여야겠는데, 하고 신경을 많이 쓰다보면 아무 일도 할 수가 없어집니다. 가끔 그런 경우의 사람들이 "아니, 성경에 보면 잃어버린 양 한 마리 찾아 헤맨다고 했는데 왜 나를 찾아오지 않습니까?" 하기도 합니다. 그런 사람 있습니다. 그럼 제가 이렇게 대답을 합니다. "아, 그거는 99마리 양이 무사할 때의 얘기지. 99마리 양은 나 몰라라, 하고 한 마리를 찾아간다는 말은 아니지. 그리고 양 한 마리가 구원받기 위하여 내 도움을 필요로 할 때 내가 돕는 거지, 일부러 도망가는 놈을 어떡하누?" 오늘 사도 바울은 준엄하게 말씀합니다. 오히려 이것이 디모데에게 그 목회생활에 큰 용기와 자유함을 주는 것입니다. '알렉산더와 후메내오 같은 사람 잊어버려. 그런 사람 때문에 쓸데없이 신경쓰지 마라.' 사단에게 내주었다, 그런고로 잊어버리라—얼마나 서슬퍼런 말씀입니까. 목회서신입니다. 목회자에게 주는 중요한 교훈입니다.

    선한 싸움을 싸우라, 합니다. 하루하루 시간시간 이런 싸움을 하고 있습니다. 아주 멋진 플레이, 그리고 믿음과 착한 양심을 지켜가는 그러한 신앙생활이 되어지기를 바랍니다. △

구원의 보편적 은혜

그러므로 내가 첫째로 권하노니 모든 사람을 위하여 간구와 기도와 도고와 감사를 하되 임금들과 높은 지위에 있는 모든 사람을 위하여 하라 이는 우리가 모든 경건과 단정한 중에 고요하고 평안한 생활을 하려 함이니라 이것이 우리 구주 하나님 앞에 선하고 받으실 만한 것이니 하나님은 모든 사람이 구원을 받으며 진리를 아는 데 이르기를 원하시느니라 하나님은 한 분이시요 또 하나님과 사람 사이에 중보도 한 분이시니 곧 사람이신 그리스도 예수라 그가 모든 사람을 위하여 자기를 속전으로 주셨으니 기약이 이르면 증거할 것이라 이를 위하여 내가 전파하는 자와 사도로 세움을 입은 것은 참말이요 거짓말이 아니니 믿음과 진리 안에서 내가 이방인의 스승이 되었노라
(디모데전서 2 : 1 - 7)

구원의 보편적 은혜

　오늘 귀한 말씀을 본문에서 봅니다. 믿음의 아들 디모데에게 사도 바울이 권면하는 말씀입니다. 모든 사람을 위하여 기도하라, 하였습니다. 여기에는 깊은 신앙과 사명의식, 또 교회론적인 깊은 배려가 담겨 있습니다. 우리는 늘 기도를 합니다. 기도하는 자가 그리스도인입니다. 예수믿는 사람이란 단적으로 말해서 예수님 이름으로 하나님께 기도하는 사람입니다. 그 사람이 예수믿는 사람입니다. 우리가 예수님 이름으로 하나님께 기도해서 응답을 받는 하나님의 자녀 되는 바로 거기에 그리스도인의 본질이 있는데, 오늘 믿음의 아들 디모데에게 사도 바울은 모든 사람을 위하여 기도하라는 귀중한 부탁을 합니다. 우리는 기도할 때마다 꼭 나 자신을 위해서 기도하게 됩니다. 이렇게저렇게 하다가도 돌아서서는 꼭 나를 위해서입니다. 그리고 내 자녀를 위해서, 내 가정을 위해서, 내 나라를 위해서입니다. 그 기도의 내용이 너무도 이기적이고 자기중심적입니다. 그런데 오늘본문에 사도 바울은 중요한 교훈을 합니다. '믿음의 아들 디모데야, 너는 모든 사람을 위하여 기도하라.' 기도의 의미와 영역을 넓히라는 것입니다. 참으로 이것은 놀라운 권면의 말씀입니다. 그래서 사도 바울은 이렇게까지 말씀합니다. "내가 첫째로 권하노니…" '첫째로'라고 번역된 헬라말 '프로톤'에는 가장 중요하다, 라는 뜻이 있습니다. 시간적으로 첫째라는 것만은 아닙니다. '가장 귀중한 것을 내가 네게 부탁한다. 모든 사람을 위하여 기도하라. 나 자신을 위하여 기도하는 마음으로부터 모든 사람을 위하여 기도하는 마음으로 영역을 넓혀라' 하는 말씀입니다. 그렇게 되어야 성숙한 그리스도인입니다. 여전히 현재를 위해서, 물질을 위해서, 나 자신을 위해서—이렇게만 머물러 있는 동안 그 믿음은 자랄 수가 없습니다. 사실 사랑이라는 것이 뭡니까? 우리는 사랑이라 할 때 가끔 물질적인 구제 같은 것을 생각하기 쉽습니다. 지내보시는대로 물질이 오고가고 하는 것은 별로 큰 의미가 없습니다. 또 사랑을 물질로 표현하려고 애써봐도 잘 표현되지도 않고 잘 전달되지도 않습니다. 정말로 사랑하는 것은 바로 위하여 기도하는 것입니다. 저를 위하여 간절히 기도하는 것입니다. 이보다 더 큰 사랑은 없습니다. 적어도 우리 신앙인으로 볼 때는 가장 높은 값어치, 높은 가치의 사랑은 위하여 기도하는 것입니다. 보십시오. 정말 남편을 위해서 기도하고, 아내를 위해서 기도하고, 자식을 위해서 간절히 기도해보십시오. 그 기도가 정말로 확실할 때 여타의 모든 문제는 다 해결되는 것입니다. 기도가 없기 때문에 문제입니다. 사랑, 그것도 기도입니다. 또 봉사한다는 것도 우리는 그저 물질로 봉사하고 시간으로 봉사하고 몸으로 봉사한다고 생각하지만 봉사하는 것도 역시 기도하는 것입니다. 위하여 기도하는 것, 그게 봉사입니다. 헌신하는 것도 기도입니다. 위로하는 것도 기도입니다. 모든 사람을 위하여 기도하라—그 이유는 오늘성경에 암시된 것같이 다같이 하나님의 형상으로 지음받았기 때문입니다. 나만이 하나님의 형상이 아니고 저도 하나님의 형상이요 내가 하나님의 자녀 된 것처럼 저들도 하나님의 자녀 되어야 하기 때문입니다. 그뿐 아니라 저들은 중요한 이웃입니다. 저들이 편안치 않으면 나도 편안치 않습니다. 사실 알고보면 더불어 평안해야 평안한 것 아닙니까. 왜 이렇게 기도해야 되는고하니 "이는 우리가 모든 경건과 단정한 중에 고요하고 평안한 생활을 하려 함이니라" 합니다. 고요하고 평안한 생활을 하려면 나 혼자만 복받아서 됩니까. 다같이 복을 받아야지요. 나만 잘살아서 되겠습니까. 다같이 잘살아야지요. 그런고로 우리는 모든 사람을 위해서 기도하여야 되겠다는 것입니다. 이웃이니까. 이웃을 내 몸과 같이 사랑하라, 하십니다. 나 자신을 위하여 기도하는 것처럼 저들을 위해서 기도하여야 되겠다, 그런 말씀입니다. 제가 유아세례 줄 때 세례문답을 합니다. 그 문답집에 이런 질문이 있습니다. '부모가 자신을 위하여 기도하는 것처럼 자식을 위하여 기도하겠느뇨?' 내가 나를 위해 기도하듯이 저를 위해서 기도하고 또 내가 내 믿음을 위해 힘쓰는 것처럼 저의 믿음을 위해서 힘쓰겠는가―그런 질문입니다. 내가 나를 위해서 기도하는 것처럼 이웃을 위해 기도함으로 다같이 더불어 평안한 생활을 하게 하기 위해서 모든 사람을 위하여 기도하라―또한 이것이 하나님의 뜻입니다.

오늘본문 4절에 "하나님은 모든 사람이 구원을 받으며 진리를 아는 데 이르기를 원하시느니라" 하였습니다. 모든 사람이 구원받기를 원하십니다. 모든 사람이 구원받고 진리 앞에 나오는 것이 하나님의 소원입니다. 우리가 이 하나님의 뜻을 알고 또 하나님의 자녀 되었으면 마땅히 하나님의 뜻이 이루어지도록 모든 사람을 위해서 기도하여야 될 것 아니겠습니까. 그것이 모든 사람을 위하여 기도하여야 될 이유입니다. 모든 사람이 다 구원을 받는 것, 그것이 하나님의 뜻이기 때문입니다. 고린도후서 5장 18-19절을 보십시오. 그리고 요한복음 3장 16절을 보십시오. "하나님이 세상을 이처럼 사랑하사…" 하나님께서는 세상을 사랑하십니다. 모든 사람을 사랑하십니다. 그것을 알기 때문에 우리는 모든 사람을 위해서 기도하여야겠다, 하는 말씀입니다. 여러분, 사람이 자기만을 위해서 기도하고 자기 민족만을 위해서 기도한다면 선교가 되겠습니까. 어떻게 될 것 같습니까. 우리가 이렇게 복음을 받아서 예수믿고 구원을 받고 이 나라, 이 민족도 복을 이만큼 누리고 사는데, 생각하면 이 나라를 위해서 선교해준 분들 얼마나 고맙습니까. 머나먼 나라, 지금으로부터 100년 전 그 깜깜한 나라를 무엇하러 찾아옵니까. 무엇하러 여기까지 와서 그 숱한 고생을 했습니까. 그걸 알아야 합니다. 여기 왔던 선교사 가운데는 너무나도 주위환경이 무서워서 정신착란을 일으켜 죽은 사람도 있습니다. 그렇지 않겠습니까. 말도 안통하지요, 품성도 안통하지요, 이상한 사람들이거든요. 그 편안한 나라에서 왜 이 땅을 찾아왔겠습니까. 모든 사람을 위하여 기도하던 사람들이 기도의 응답을 받고, 기도 중에 명령을 받고 이 땅에 온 것입니다. 이제 깊이 생각하여야 됩니다. 모든 사람—내가 아는 사람만이 아닙니다. 모르는 사람, 나와 상관이 없는 사람, 그 모든 사람을 위해서 기도하여야 됩니다. 기도하는 중에 응답을 받아 선교사를 보내기도 하고 선교사가 가기도 하는 역사가 이루어져서 오늘 우리가 예수믿게 된 것 아니겠습니까. 중요한 자료가 하나 있어 여러분에게 소개합니다. 1885년 4월 5일 부활절 아침에 이 나라에 처음 오게 되어 인천항에 상륙했던 언더우드박사—여러분 잘 아는대로 연세대학교 설립자입니다. 연세대학교 가면 거기에 동상이 있습니다. 이 언더우드박사가 이 땅에 와서 하나님 앞에 기도한 기도문이 있습니다. 얼마나 절절한가, 그 기도문의 내용을 들어보십시오. '오 주여, 지금은 아무것도 보이지 않습니다. 메마르고 가난한 땅, 나무 하나 시원하게 자라오르지 못하고 있는 땅에 저희들을 옮겨와 앉히셨습니다. 그 넓고넓은 태평양을 어떻게 건너왔는지 그 사실이 기적입니다. 주께서 붙잡아 뚝 떨어뜨려놓으신 듯한 이곳, 지금은 아무것도 보이지 않습니다. 보이는 것은 고집스럽게 얼룩진 어둠뿐입니다. 그들은 왜 묶여 있는지도, 고통이라는 것도 모르고 있습니다. 고통을 고통인 줄 모르는 자에게 고통을 벗겨주겠다고 하면 의심부터 하고 화부터 냅니다.' 그랬을 것 아니겠습니까. '조선의 마음이 보이지 않습니다. 그러나 주님 순종하겠습니다. 겸손하게 순종할 때 주께서 일을 시작하시고 그 하시는 일을 우리들의 영적인 눈이 볼 수 있는 날이 있을 줄 믿나이다. "믿음은 바라는 것들의 실상이요 보지 못하는 것들의 증거니"라고 하신 말씀에 따라 조선의 믿음의 앞날을 볼 수 있게 될 줄 믿습니다. 지금은 우리가 황무지 위에 맨손으로 서 있는 것같사오나 저들이 우리의 영혼과 하나인 것을 깨닫고 하늘나라의 한 백성 한 자녀임을 알고 눈물로 기뻐할 날이 있을 것을 믿나이다. 지금은 예배드릴 시간, 예배당도 학교도 없고 그저 경계와 의심과 멸시와 천대함이 가득한 곳이지만 이곳이 머지않아 은총의 땅이 되리라는 것을 믿습니다. 주여, 오직 제 믿음을 붙잡아주소서.' 얼마나 절절합니까. 이 깜깜한 황무지에, 무엇에 묶여 있는지도 모르는 죄악의 도성에 찾아왔습니다. 왜 찾아왔겠습니까. 모든 사람을 위해서 기도하는 사람들이 이같은 역사를 이루게 된 것입니다. 내가 아는 사람, 내가 기억하는 사람—이렇게 국한할 것이 아닙니다. 모든 사람을 위해서 기도하는 그런 마음을 가져야 한다, 하는 말씀입니다.

　모든 사람이라는 것은 높은 사람 낮은 사람, 권력 있는 사람 없는 사람을 아우른 말입니다. 그런데 사람들은 이상하게도 낮은 사람을 위해서는 기도하기를 쉽게 합니다, 불쌍히 여기는 마음으로. 병든 사람, 가난한 사람, 그 사람들을 위해서는 기도 잘합니다. 그런데 나보다 높은 사람을 위해서는 안합니다. 거기는 질투가 있거든요. 모르는 사이에 권력자를 위해서는 기도하지 않습니다. 왜요? 피해의식이 있거든요. 여러분, 이 점을 잊지 말아야 합니다. 나보다 못한 사람을 위해서 기도할 뿐더러 나보다 잘나고 똑똑하고 또 권력도 있는 사람을 위해서 기도하여야 합니다. 유명한 사건이 있었습니다. 1930년대에 미국에 세계적인 경제공황이 일어났을 때 광산이 많은 피츠버그의 광산노동자들이 파업을 했습니다. 공산당사상이 막 휩쓸고 돌아가는 때여서 파업을 해가지고 어느 달 어느 날까지 자기들의 요구를 들어주지 않으면 광산을 폭파해버리겠다고 위협했습니다. 그렇게 선언을 해버렸습니다. 그리고 시간이 흘러갑니다. 좌우간 얼마나 격했던지 교회에서 대표기도를 못했습니다. 장로님이나 목사님이 기도를 할라치면 여기저기서 "아, 저건 노동자를 위한 기도다, 안돼!" "아, 저건 사주를 위한 기도다." 소리를 질러대는 것입니다. 기도 못했습니다. "다같이 묵상으로 합시다, 아멘"하고 설교로 들어가는데 설교도 제대로 못했습니다. 설교 가만히 들어가면서 노동자 편이냐 사주 편이냐, 하다가 한쪽에서 소리를 지르는 통에 또 설교를 해낼 수가 없는 것입니다. 이 정도가 되었습니다. 교회마다 난리가 났습니다. 그런 때에 유명한 슈메이커 목사님이 노동자 대표들을 한 자리에 모았습니다. 수십 명이 모인 그 자리에서 기도회를 가졌습니다. 다같이 묵상으로 기도했습니다. 그러고 목사님이 성경 몇 절을 찾아 읽어주었습니다. 그러고나서 주기도문으로 기도하고 돌아들 갔습니다. "내일 또 만납시다." 또 모였습니다. 또 모였습니다. 또 모였습니다. 이제 광산 폭파될 날이 가까웠습니다. 며칠 안남았습니다. 그런데 이렇게 기도하는 동안에 노동조합 책임자의 한 사람이 이렇게 얘기하는 것입니다. 이렇게 기도하고 가만히 생각해보니 우리가 지금 노동자들을 위해서 기도했다, 이것입니다. 사주들을 위해서는 기도한 바가 없다는 것입니다. 저 공장 사주들, 광산주인들이 바르게 해주십시오, 정치가들이 바르게 해주십시오, 그들을 건강하게 해주십시오, 라는 기도는 한 바가 없다는 것입니다. 우리는 속으로 '망해라' 하는 마음만 있지 그들이 잘되게 해주십사 하는 기도는 한 번도 해본 일이 없다는 것입니다. "그게 내 마음에 걸립니다." 파업은 파업대로 하겠지만 그들을 위해서 기도하지 않았다는 것이 마음에 걸린다는 것입니다. 이에 다른 사람들도 "나도 같은 마음입니다" "나도 같은 마음입니다" 하였습니다. 마침내 그들은 손에손을 잡고 사주를 위해서 기도했습니다. "우리 사장님을 위해서 기도합니다. 우리 대통령을 위해서 기도합니다." 간절히 기도했습니다. 눈물로 기도했습니다. "그동안 기도 안한 것을 자복합니다. 웃사람을 위해서 기도하지 아니한 것을 회개합니다." 이 운동이 좍 퍼져나가고 그들은 파업을 중단했습니다. 이는 슈메이커가 쓴 유명한 책 「Effectual Prayer」에 나오는 실화입니다. 보십시오. 우리가 종종 '위해서' 기도한다고 말합니다. 불쌍한 사람을 위해서는 기도합니다. 나를 괴롭히는 시어머니를 위해서는 기도 안합니다. "에이, 저건 안돼." 이것입니다. 이래서는 안된다는 것입니다. 나를 괴롭히는 시어머니를 위해서 기도하여야 합니다. 나를 괴롭히는 상관을 위해서 기도하여야 합니다.

　그옛날 악명높은 로마황제 도미티아누스가 기독교인들을 박해하고 있을 때입니다. '알렉산드리아의 글레멘드'라고 하는 신학자가 있었습니다. 글레멘드라는 이름이 여럿이므로 구별하여 알렉산드리아의 글레멘드라고 부릅니다. 이 글레멘드가 고린도교회에 써보낸 서신에 이런 기도문이 있습니다. '주 하나님, 당신의 말할수없는 능력으로 우리 군왕들에게 통치권을 주셨으니 당신께서 그들에게 주신 영예에 대해 당신의 뜻에 위반되지 않는 한 그들에게 순종하오리다. 주여, 그들에게 건강과 평화와 안정을 주시고 당신이 맡기신 국사에 실수 없게 하옵소서.' 보십시오. 바야흐로 그 군왕이 기독교인들을 마구 박해하고 죽이고 하는 때입니다. 그런데 그 군왕을 위해서 기도한 것입니다. 건강을 주시고 저들이 실수 없이 일을 감당하게 해주십시오—우리는 깊이 생각하여야 합니다. 웃사람을 위해서 기도하여야 됩니다. 그것이 중요합니다. 아랫사람 웃사람, 또 선한 사람 악한 사람을 위해서 기도하여야 됩니다. 왜요? 지금은 선하게 악하게 보이고 있지만 그것은 내 눈으로 보는 것이고 하나님께서 어떻게 보실는지는 모릅니다. 오늘은 선하고 악하지만 장차 어떻게 될 건지 나도 모르는 것입니다. 그렇게 악하고 모질던 사울이 변해서 사도 바울이 되지 않았습니까. 그러니 오늘 악하다고해서 내내 악한 것도 아니지 않습니까. 그런고로 악한 사람을 위해서도 기도하고 선한 사람을 위해서도 기도할 것입니다. 내가 판정할 것은 없습니다. 내가 저거 망하라고 할 수가 없는 것입니다. 피에르 반 포센이라고 하는 분이 있습니다. 나치독일이 유대사람들을 많이 죽일 때 그 수용소에 들어갔다가 살아남은 사람입니다. 그가 수용소에 있을 때 라이비라라고 하는 네덜란드 목사님하고 같이 갇혀 있었답니다. 나치독일군인들의 행패와 박해가 극심했습니다. 이제 머지않아 다 죽게 되었는데 그때, 그럼에도 불구하고 이 목사님은 나치독일을 위해서 기도하는 것입니다. 나치독일군사들을 위해서 기도하는 것입니다. 그래 하도 어이없어서 "목사님, 예수님 배반한 가롯 유다보다도 더 나쁜 저 사람들 위해서 왜 기도합니까? 어차피 우리는 이제 죽을 건데 뒤에서 주먹질이라도 하지 왜 저들을 위해서 기도하는 것입니까?"했더니 이 목사님이 무슨 소리냐며 펄쩍뜁니다. 저 사람들이 다 나쁜 사람이냐, 지금 나쁜 일에 붙들려 있을 뿐이다, 가롯 유다도 뉘우쳤는데, 구원받았는지 안받았는지 그것은 모르나 어쨌든 그가 한 일을 뉘우쳤는데 어떻게 우리가 저 사람들을 위해서 기도하지 않겠느냐, 하고 말하는 것입니다. 자, 나치독일이 그 많은 사람을 죽이는 때도 거기 갇혀 있는 목사님은 나치독일군인을 위해서 기도하고 나치독일을 위해서 기도했더라는 말씀입니다. 이것이 그리스도인입니다. 모든 사람을 위해서 기도하라고 사도 바울은 가르칩니다. 하루는 아브라함이 상수리나무 밑에 있는데 한 나이많은 미디안사람이 지나갑니다. 그것을 보고 원래 손님대접 하기를 좋아하는 아브라함인지라 "어서 오십시오. 좀 씻고, 점심을 대접할 테니 잡수시고 시원한 데서 휴식을 취하고 가십시오"하고 청했습니다. "아이고, 고맙습니다"하고 그 사람이 천막에 들어왔습니다. 아브라함이 음식을 준비하여 갖다놓고 또다른 음식을 가져오려고 갑니다. 아브라함의 생각에는 음식을 놓고 하나님 앞에 간절하게 기도하고 먹으려 했는데 다른 음식 가지러 간 그동안에 이 사람은 벌써 먹고 있었던 것입니다. 아브라함이 화가 났습니다. 아니, 하나님 앞에 감사기도를 하고 먹어야지 어떻게 감사도 없이 그냥 먹느냐고 역정을 냈습니다. "나는 하나님을 모르는데요? 그저 배고프기 때문에 먹었습니다." 그 사람이 이렇게 말하자 "짐승같은 네놈을 대접한 게 잘못이지. 너는 하나님께 감사할 줄도 모르느냐!"하고 아브라함은 호통쳤습니다. "그래요? 아이구, 죄송합니다"하고 그 사람은 나가버렸습니다. 나갈 때 인사도 안 했습니다. 그날밤 하나님께서 아브라함에게 말씀하십니다. "아브라함아, 너 왜 그 사람 내쫓았느냐?" "아, 그자가 감사기도를…" "나는 그 사람을 50년 동안 기다려서 너희집에 보내주었다." 아브라함은 무릎을 꿇고 하나님 앞에 눈물로 회개했다는 것입니다. 우리가 지금 보기에는 저 사람이 악해보입니다. 그러나 그 깊은 속에 오늘의 선도 있고 미래적인 선이 있는 것입니다. 선한 사람을 위해서도 기도하고 악한 사람을 위해서도 기도하고 핍박하는 자를 위해서도 기도하는 것입니다. 나를 핍박하는 사람을 위해서 더 간절하게 기도하여야 됩니다. 모든 사람을 위해서 기도하라, 합니다. 그리스도인은 그리스도인을 위해서도 기도하고 기독교인 아닌 사람들을 위해서도 기도합니다.

오늘본문에 중요한 네 가지의 기도형태를 가르쳐주고 있습니다. 간구와 기도와 도고와 감사입니다. 간단지마는 이것은 기도학에 있어서 교본적인 말씀입니다. '간구'의 헬라말 '데이세이스'는 영어의 requests, petitions에 해당합니다. 이것은 엄격히 말하면 꼭 종교적 용어만은 아닙니다. 누구에게나 가서 간구할 수 있습니다. 필요한 것을 달라고 요청할 수 있습니다. "내게 이게 필요합니다. 주세요. 이것이 필요합니다. 주세요. 나를 좀 도와주세요." 내게 필요한 것을 숨김없이 요청하는 것입니다. 이것은 basic prayer입니다. 기본적인 기도입니다. 별다른 설명 없이 그저 '내가 원하는 것, 내게 필요한 것 주십시오'하고 달라, 하는 것입니다. 사람에게도 그리할 수 있고 하나님께도 그리할 수 있습니다. 그런데 우리의 기도가 대체로 뭘 주세요, 뭘 주세요, 이것 주세요, 저것 주세요, 간절히 바랍니다, 하는 것입니다. 이게 다 간구하는 내용이거든요. requests, petitions입니다. 이것은 사람에게도 할 수 있고 하나님께도 할 수 있는, 필요한 것을 요청하는 그런 간구적인 기도입니다. 기본적인 것입니다. 그리고 '기도'—이것은 '프로슈케'라고 하는 말인데 영어로는 prayer라고 번역합니다. 이것은 확실한 기도의 대상을 알고 그 앞에 구하는 것입니다. 역시 구하는 것이지만 간구하고는 다릅니다. 간구는 그 발상이 나 자신에게 있습니다. 이게 필요합니다, 저게 필요합니다, 하는 것이고, 기도는 발상이 하나님의 뜻에 있습니다. 그가 먼저 아십니다. 그가 나를 알고 계십니다. 내 소원도 알고 내 운명도 알고 계십니다. 그가 나를 아신다고 하는 사실을 다 알고 그 신앙고백과 함께 하나님 앞에 구하는 것입니다. 그러므로 기도란 하나님과 우리 사이의 대화다, 라고 말하는 것입니다. 하나님의 뜻을 살피면서, 하나님의 속성과 그의 사랑을 확인하면서 그에게 간구하는 것입니다. 이것이 기도입니다. 사람에게 기도한다고는 말하지 않습니다. 하나님께만 기도한다는 말을 합니다. 그리고 '도고(禱告)'란 헬라말로 '엔 세이스'인데 영어로는 intercessions입니다. 대단히 중요한 말입니다. 이것은 남을 위한 기도입니다. 순전히 다른 사람을 위하여 기도하는 것입니다. 중보적, 중재적 의미가 있습니다. 성경에 보면 아브라함이 롯을 위해서 기도합니다. 소돔과 고모라가 망할 것을 알고 거기 사는 롯을 위해 아브라함이 간절하게 기도합니다. '의인 열 명이 거기 있다면 그래도 멸망시키시겠습니까?'라고까지 간절하게 기도합니다. 성경은 분명히 말씀합니다. '아브라함을 보시고 롯을 구원하시니라.' 롯에게는 의가 없습니다. 그러나 그를 위해서 기도한 아브라함의 중재적, intercession이 있었던 것입니다. 또 모세가 백성을 위하여 기도합니다. 하나님 앞에 심판받을 이스라엘을 위하여 목숨을 걸고 '하나님, 정히 이 백성을 심판하시려거든 내 이름을 생명책에서 지워버려주십시오. 나는 이 백성 망하는 것 보고 싶지 않습니다. 그들과 같이 죽겠습니다'하고 기도합니다. 이런 중보적인 기도가 있습니다. intercession입니다. 위하여 기도하되 내 의와 내 선과 내 생명까지 대신 바치면서 기도하는 것입니다. 이것이 '도고'입니다. 또한 '감사'라는 것, 헬라말로 '유카리스티아스'입니다. 은혜에 대한 감사입니다. 이렇게 보면 기도는 간구, 기도, 도고, 감사로 계단이 점점 올라갑니다. 감사가 최고입니다. 감사의 기도가 최고의 기도입니다. 모든 사람을 위하여 기도하되 모든 사람을 생각하며 감사할 수 있어야 합니다. 모든 사람을 생각하며 감사의 기도를 할 수 있어야 됩니다. 높은 수준의 기도입니다. 아내를 생각하며 남편을 생각하며 자식을 생각하며 이웃을 생각하며 교회를 생각하며 '아, 하나님 감사합니다. 이래 감사하고 저래 감사합니다. 이런 좋은 이웃을 주시고 좋은 나라를 주시니 감사합니다'합니다. 좋은 소식을 주시니 감사하고요. 감사가 가장 높은 수준의 기도라는 것을 알아야겠습니다. 모든 사람을 위해서 우리는 간구와 기도와 도고와 감사를 할 것이고, 이제 그의 응답을 주시는대로 우리는 또한 순종을 하여야 할 것입니다. 거기서 하나님의 크고 위대한 뜻이 이루어지기 때문입니다. △

조용히 배우라

그러므로 각처에서 남자들이 분노와 다툼이 없이 거룩한 손을 들어 기도하기를 원하노라 또 이와 같이 여자들도 아담한 옷을 입으며 염치와 정절로 자기를 단장하고 땋은 머리와 금이나 진주나 값진 옷으로 하지 말고 오직 선행으로 하기를 원하라 이것이 하나님을 공경한다 하는 자들에게 마땅한 것이니라 여자는 일절 순종함으로 종용히 배우라 여자의 가르치는 것과 남자를 주관하는 것을 허락지 아니하노니 오직 종용할지니라 이는 아담이 먼저 지음을 받고 이와가 그 후며 아담이 꾀임을 보지 아니하고 여자가 꾀임을 보아 죄에 빠졌음이니라 그러나 여자들이 만일 정절로써 믿음과 사랑과 거룩함에 거하면 그 해산함으로 구원을 얻으리라

(디모데전서 2 : 8 - 15)

조용히 배우라

　오늘본문에 나타난 말씀은 어쩌면 바울서신 중 가장 해석하기 어려운 부분이자 문화신학적인 색채가 가장 짙은 부분입니다. 난해한 말씀이어서 오해하기도 쉬운 말씀입니다. 그러나 이 말씀을 경건과 믿음으로 대하면 어려울 것이 없습니다. 성경해석의 기본은 언제나 이 성경이 본래 무슨 말씀으로 기록된 것인지, 그 성경이 가진 본뜻을 겸비하게 이해하는 것입니다. 그래서 original meaning, 원초적인 의미, 성경이 기록되는 2000년 전 바로 그때에 주신 본래적 의미를 먼저 생각하고, 그 다음에 돌아와서 그것이 오늘 우리에게 주는 의미를 생각하면 됩니다. 본래적인 의미만 생각하고 오늘 우리에게 주는 뜻을 생각하지 않으면 그 말씀은 효력이 없습니다. 그런가하면 2000년을 그냥 넘어서서 오늘 우리 입장에서만 이해하려고들면 많은 오해가 생깁니다. 그 말씀을 기록하던 그때의 본뜻은 무엇일까를 먼저 생각하고 그 다음에 돌아와서 오늘의 생활 속, 우리에게 주는 교훈은, 오늘 내게 주는 의미는 무엇일까를 이해하고 소화하고 받아들일 때, 성령 안에서 이 말씀 한 구절 속 한 구절 속에서도 내게 주님께서 개별적으로 말씀하시게 되는 것입니다. 칼 바르트의 유명한 말이 있습니다. 'Word of God waits for us in the Bible.' 저는 이 말을 참 좋아합니다. '하나님의 말씀이 성경 안에서 우리를 기다린다.' 성경 안에서 기다리고 있습니다. 우리가 경건과 믿음으로, 기도와 성령의 감화로 대할 때 내가 성경을 읽는 것이 아니라 성경이 내게 말씀하는 것입니다. 성경 안에 있는 말씀이 내게로 다가옵니다. 내게 말씀합니다. 그것이 성경이요 또 성경해석입니다. 오늘본문은 그런 의미에서 좀더 겸손하게 신앙적으로 이해하여야 되겠습니다.

 본서는 목회서신입니다. 사도 바울은 어느 시간 어떻게 사형을 당할는지 모르는 채 감옥 안에 있습니다. 언제 이 한 편의 편지를 더 보낼 수 있을는지, 못보내는 채 죽을는지 알 수 없는 종말론적인 위기감 속에서 유언과도 같이 신중하게 한 말씀 한 말씀을 교훈으로 줍니다. 목회자인 디모데, 믿음의 아들 디모데에게 '너는 교회를 이렇게 인도하라' 하는 교회론적 교훈임을 잊지 말아야 합니다. 어느 개인을 대상으로 한 말씀이 아닙니다. 어디까지나 교회에 주는 교훈이요 디모데에게 주는 교훈입니다. 그래서 교회를 이러저러한 방향으로 인도하고 가르쳐라, 하고 말씀합니다. 본문 10절에 그 핵심이 있습니다. "이것이 하나님을 공경한다 하는 자들에게 마땅한 것이니라" 하였습니다. 마땅하다는 것, 이것이 기독교윤리의 기본입니다. 기독교 윤리라면 우리가 이렇게 살아야 되고 저렇게 살아야 되고 의롭게 선하게 어떻게, 하지만 그 모든 기독교윤리적 생활규범의 핵심은 뭐냐하면 경건에 마땅한 행위입니다. 우리가 이것을 지켜서 상받고 이것을 지켜서 하나님의 진노를 면하고 이것을 지켜서 복을 받고… 그런 얘기가 아닙니다. 당연히 그러해야 한다, 하는 얘기입니다. 보십시오. 하나님의 자녀이면 당연히 그러해야 됩니다. 하나님의 부르심을 받은 사람이면 당연히 그러해야 됩니다. 예수님말씀이 '내가 너희를 사랑한 것같이 너희가 서로 사랑하라. 너희가 내 사랑을 받았으면 너희는 마땅히 서로 사랑하여야 한다. 내가 너희를 용서했으니 너희는 서로 용서하여야 된다. 너희가 내게 은혜를 받았으니 너희도 서로 은혜를 베풀어야 한다.' 마땅한 것입니다. 당연한 것입니다. 용서받은 사람이 용서하는 게 당연하지요. 사랑받은 사람이 사랑하는 거 당연하지요. 하나님의 자녀가 하나님을 사랑하고 하나님의 말씀을 따라 순종하는 것, 백번 당연하지요. 사도 바울은 '내가 복음을 전하지 않으면 저주를 받을 것이다'라고 고백한 바 있습니다. 그것도 당연한 것입니다. 왜요? 바울이 예수믿는 사람을 해치고 또 해치기 위해서 다메섹으로 가던 사람 아닙니까. 그런, 당장 벼락을 맞아 지옥으로 떨어져야 될 사람이 이제 하나님의 은혜로 구원을 받고 사도가 되고 복음을 전하는 사람이 됐습니다. 자, 이런 사람이 복음을 전하지 않는다면 어떻게 되겠습니까. 말이나 됩니까. 이런 사람이 복음전하기를 게을리해서는 안되지요. 하나님의 은혜를 많이 입은 사람은 당연히 충성을 해야지요. 당연한 것입니다. 마땅하다― 이게 바로 기독교윤리입니다. 그리스도께서 위하여 죽으신 형제를 식물로 망하게 하지 말라―기독교윤리의 중요한 요절입니다. 가치관에서 말씀하는 것인데, 보십시오. 그리스도께서 위하여 죽으신 형제, 우리가 그리스도의 거룩한 사랑을 받고 살면서 어떻게 대하여야 되겠습니까. 여기도 마땅한 행위규범이 있는 것입니다. 하나님의 자녀로서 하나님을 공경하는 사람들이라면 적어도 마땅히 이러하여야 한다―당연한 것이다, 말씀합니다.

먼저 남자에 대해서 말씀합니다. 남자들은 교회에서 어떻게 하여야 되겠느냐? 이것은 유대사람들의 종교적인 생활을 배경으로 해서 하는 말씀입니다. 우스운 얘기지만 우리는 가끔 이런 혼란에 빠집니다. 여러분이 기도할 때 눈감고 기도합니다. 눈감고 기도하는 게 옳습니까, 눈뜨고 기도하는 게 옳습니까? 성경 어디에 눈감고 기도하라고 했습니까. 그런데 우리 교회학교 선생님들 가르치다가, 가만히 보다가 아이들 눈뜨고 있으면 "눈감아!"하는데, 아이들이 "선생님도 떴잖아요?" 합니다. 아니, 내가 눈뜨고 감은 걸 어떻게 아노? 저도 떴으니까 알지. 말이 안되거든요. 그러나 우리가 눈감는 것은 이것도 사실 우리네 문화습성입니다. 눈에 보이는 것들에 생각이 끌리지 않고 집중적으로 신령한 세계를 생각하게 하기 위해서 눈을 감는 것입니다. 그러나 히브리사람들은 그렇지 않습니다. 기도할 때는 일반적인 기도방법이 서서 기도하는 것입니다. 지금도 히브리사람들의 회당에서 예배드려보면 알 수 있습니다. 우리는 어떻습니까. 우리 신교도들은 찬송부를 때는 일어서서 부르고 기도할 때는 앉아서 기도하고, 대개 그렇습니다. 말씀들을 때도 앉아서 듣고. 지금은 우리가 다 의자에 앉아 있지만 원래 옛날교회에는 의자가 없었습니다. 베드로성당같은 데 가보면 의자 없습니다. 서서 예배드립니다. 히브리사람들의 소위 예루살렘성전도 마당에 서서 예배드리는 것입니다. 여러분이 편하게 앉아서 날씨 좀 덥다고 부채질하는데 나 거 주보로 부채질하는 거 맘에 안듭니다. 여기 많은 사람들 중에 자기만 덥나? 나도 덥지. 나는 특히 스포트라이트를 받기 때문에 땀이 날 정도로 덥습니다. 설교하는 목사도 좀 생각할 것입니다. 그거 다 경건치 못함입니다. 원래 이 예배는 마당에 서서 드리는 것입니다. 성전에 의자도 없습니다. 이 의자 생긴 지가 얼마 안됐습니다. 그런데 요새는 이렇게 의자 놓고 시원하게 해주고 합니다. 이건 특별한 것입니다. 본래 성당에 에어컨이 어디 있습니까. 난방이 어디 있습니까. 전혀 없습니다. 그냥 서서 예배드리는 것입니다. 어쨌든 이스라엘사람들은 지금도 하나님말씀 들을 때 앉아서 듣고 찬송도 앉아서 부르는데 "기도합시다" 하면 벌떡 일어납니다. 그렇게 하고 기도하는 것을 볼 수가 있는데, 2000년 전 그 옛날에 이스라엘사람들은 기도할 때는 반드시 서서 두손을 쳐들고 합니다. 하나님께서 복을 주시면 받아야 될 것 아닙니까. 그러니까 받는 자세를 하고 기도했습니다. 손을 쳐들어 손바닥을 위로 하고 하늘을 쳐다보면서 눈을 뜨고 기도하였습니다. 이제 지나가는 말로 한 말씀 드립니다. 여러분, 이 강대상을 보십시오. 강대상의 이 다리가 이렇게 휘어져 있지요? 이게 뭐냐하면 기도하는 손입니다. 기도하는 손을 상징한 것입니다. 제가 디자인한 것입니다. 좌우간 여기는 만민의 기도하는 집입니다. 우리의 기도가 여기에 모여 있는 것입니다. 그래서 이렇게 만들었습니다. 오늘본문에 "거룩한 손"이라 하였습니다. 그전에 하나 더 말씀드리겠습니다. 이스라엘사람들은 이렇게 손을 들고 손바닥을 위로 하고 기도하였는데, 터툴리안이라고 하는 감독은 '이건 아니다. 아무래도 이건 잘못됐다' 해서 팔과 손을 십자가에 돌아가시는 예수님의 모습으로 했습니다. 축도할 때 손을 드는 것이 바로 거기서부터 비롯됐다, 하는 일부 학설도 있습니다. 이는 이 순간 우리가 십자가에 달렸다는 의미를 가지는 것입니다. 그래서 터툴리안은 십자가에 달리는 모습으로 손을 들고 기도하는 것이 가장 훌륭하고 경건한 기도다, 하고 또하나의 전통을 만들었습니다. 어쨌든 서서 기도하고 손을 들고 기도하는 그런 풍속이 있었습니다. 그런데 오늘 사도 바울은 본문에서 거룩한 손을 들어 기도하라, 합니다. 거룩이 뭡니까. 깨끗한 손입니다. 이사야 1장 15절에 보면 "너희가 손을 펼 때에 내가 눈을 가리우고 너희가 많이 기도할지라도 내가 듣지 아니하리니 이는 너희의 손에 피가 가득함이라"하였습니다. 남을 해치고 남을 억울하게 만든 그런 손을 들고 복을 달라고 비니 내가 복을 주지 않겠노라, 하시는 말씀입니다. 그러므로 여기서 '거룩한 손'이라 한 것은 회개하고 깨끗하게 씻은 손, 모든 사람을 용서하고 모든 사람과 화해한 손을 말씀하는 것입니다. 우리가 기도할 때는 누구를 억울하게 했어도 안되지만, 누구를 미워했어도 안되지만, 지금 누구의 미움을 받고 있어도 안되는 것입니다. 그것을 잊지 말아야 합니다. 화해하고 용서하고 깨끗한 관계를 이룬 깨끗하고 거룩한 손을 가지고 하나님 앞에 기도하라, 하는 말씀입니다.

또한 "분노와 다툼이 없이"라고 말씀합니다. 분노가 무엇입니까. 용서하지 못한 마음입니다. 분한 마음, 미워하는 마음, 아주 억울하게 생각하는 마음입니다. 나는 저 인간 때문에 못살아, 저 원수 때문에 나는 못살겠어—이런 마음으로는 안되는 것입니다. 오로지 이걸 깨끗이 비워가지고 감사하는 마음으로, 용서하는 마음으로 기도하여야 됩니다. 그래야만 되는 것입니다. 제가 언젠가 한번 어느 가정에 심방을 갔을 때입니다. 그집 남편이 교회를 안다녔습니다. 그리고 어지간히도 아내를 속썩입니다. 그래서 제가 물어봤습니다. "남편이 교회 나올 때가 가까워졌습니까?" "아, 그 원수 교회 안나가요"하기에 "그러면 당신은 남편을 어떻게 생각하십니까?" 물었더니 "내게 주신 십자가라고 생각합니다" 하는 것입니다. 그래서 제가 말했습니다. "기도 많이 하시고요 남편은 내게 주신 가장 큰 은사라고, 은혜의 선물이라고 마음에 생각될 때까지는 당신남편이 교회 안나올 거요." 여러분, 잊지 마십시오. 누구든 미워해서는 안됩니다. 누구하고 불화해도 안됩니다. 내 마음 속에 한이 있으면 안됩니다. 한이 맺혀 있는 그런 마음으로 기도해서는 아무리 손을 펴고 기도해도 하나님께서 듣지 않으십니다.

그리고 '다툼'이라는 것, 이에 대해서는 조금 해석이 필요합니다. 헬라말로는 '디알로기스모스'라고 하는 이 말은 말다툼하는 것을 이릅니다. 말다툼, argument, 이것을 이르는 것입니다. 다시 다른 말로는 의심, doubting입니다. 하나님 앞에 기도하면서 두 마음으로 기도하면 안됩니다. 한 마음이어야 합니다. 의심이 있어서는 안됩니다. 오직 믿음이어야 합니다. 조금 더 나아가 하나님과 말다툼을 해서는 안됩니다. 하나님과 싸우는 사람도 있더라고요. 소리소리 지르는데 "그럴 수 있습니까? 그럴 수 있습니까, 하나님?" 이러더라고요. 왜 그러나 물어봤더니 본인이 이렇게 대답합니다. "야곱이 얍복강변에서 하나님과 씨름하던 것을 흉내내느라고요." 그래서 제가 앉혀놓고 설명해주었습니다. "그 당시의 장면을 가만히 생각해보세요. 야곱이 형님과 아버지를 속이고 아람으로 갔다가 20년만에 돌아옵니다. 지금 형님이 400명을 거느리고 온답니다. 죽일는지 살릴는지 모르겠는, 큰일입니다. 그때에 얍복강변에서 처자식을 다 건네보내고 자기 혼자 남아서 밤을 새웁니다. 천사가 나타났습니다. 이제 묻습니다. 야곱이 그때 소리를 크게 질렀겠습니까, 못질렀겠습니까?" 그랬더니 이 사람, 대답을 잘하더라고요. 머리가 잘돌아갑디다. "숨도 크게 못쉬었겠구만요." 어느 안전입니까. 한번 내려치시면 죽는데 어디다 대고 소리를 질러요? 그런 두렵고 떨리는 가운데서 하나님 앞에 붙들고 기도하여 응답을 받은 것입니다. 어쨌든 하나님과 변론하지 말아야 됩니다. 하나님 보고 따지지 말 일입니다. 하나님 보고 공격하지 말 일입니다. 하나님하고 말싸움을 하지 말 일입니다. 어떤 사람들은 제멋대로 그냥 "주여, 주실 줄을 믿습니다, 아멘"하고돌아갑니다. 참 잘못된 기도입니다. 저는 그 "주여 주여 주여!" 삼창하는 서 영 맘에 안듭니다. 우리 교인들은 그런 것 잘 모를 것입니다.

그런 것 아는 사람들이라면 딴 교회 왔다갔다 한 사람들입니다. 우리 교회에서는 해본 적 없으니까요. 우리 교회만 나온 사람은 모르는 것입니다. 다른 부흥회 가본 사람들이면 "주여! 주여! 주여!" 삼창하는 것 보았을 것입니다. 영 맘에 안드는 것입니다. 하나님과 말싸움을 벌이지 마십시오. 하나님과 변론하지 말 것입니다. 우리 마음속에 그런 것이 있어서는 안됩니다. 그런 의심이 있어서는 안됩니다. 모든것을 은혜로 받아들이고 감사하는 마음으로 기도하여야 합니다. 분노도 없이 다툼도 없이 깨끗하고 거룩한 손을 들고 하나님 앞에 기도드려야 합니다. 그렇게 교회를 인도하라, 하고 바울은 가르칩니다.

이제 여자들에 대해서 말씀합니다. 여자들이란 좀 복잡합니다. 여자들의 문제는 언제나 복잡합니다. 그런데 이것은 유대배경에서 이해하여야 됩니다. 역시 2000년 전 당시에 회당에서 드리던 예배를 생각하여야 됩니다. 2000년이 흘렀지만 아직도 유대교에서는, 유대교에도 보수파가 있고 자유파가 있습니다. 네 파가 있는데 그 중 보수파교회에 가보면 지금도 남녀를 구별합니다. 오늘의 우리네같이 이렇게 남녀가 섞어 앉는 것이 아닙니다. 우리나라교회도, 제가 옛날 어렸을 때 다니던 교회도 기억자 교회였습니다. 옛날은 교회를 기억자 꼴로 지었거든요. 문이 양쪽으로 나 있어 한쪽으로는 남자가, 한쪽으로는 여자가 들어오고 여자와 남자는 서로 볼 수가 없었습니다. 목사님만 저 코너에 서서 양쪽을 다 볼 수가 있었습니다. 남녀가 서로 보면 안될 일이었습니다. 그렇게 하고 예배를 드렸습니다. 그 다음에는 또 예배당을 지어놓고 가운데다 휘장을 쳤습니다. 휘장을 쳐서 목사님만 양쪽을 보면서 설교하고 교인들은 양쪽 서로를 못보는 것입니다. 부부간에도 교회 나올 때는 같이 못나왔습니다. 남자가 앞서고 여자는 저만치에 뒤따라왔습니다. 이렇게 남녀가 유별했습니다. 어쨌든 그 옛날, 지금도 그렇지만 히브리 보수파들은 가운데서 남자들만 앉아 예배드리고 여자들은 바로 옆에서 방청하는 데가 있었습니다. 여자는 방청동참교인인 셈입니다. 구경하더라고요. 제가 갔을 때는 공교롭게도 어디서 많이 보던 여자가 거기 앉아 있기에 자세히 봤더니 엘리자베스 테일러입니다. 그리고 저 뒤에는 이방사람이 앉습니다. 저는 뒤에 앉았지요. 거기는 아예 방청석으로 만들었습니다. 앞에만 남자들이 떡 머리에다 모자 쓰고 앉아서 랍비와 더불어 예배드립니다. 그랬습니다. 이런 때를 한번 생각해보십시오. 남자만 예배하고 여자는 방청했습니다. 옛날기록에 보면 랍비는 거리를 지나갈 때 여자라고는 보지도 않지만 여자가 인사를 해도 받지를 않습니다. 왜요? 시험에 빠질까봐. 그리고 남들이 이상하게 볼까봐. 경건에 손해볼까봐. 그래서 인사를 안받았습니다. 심지어는 자기 아내와 딸이 인사를 해도 안받았습니다. 딸인지 아내인지 모르니까요, 다른 사람들이 볼 때. 누가 됐든 여자의 인사는 도대체 안받는 것입니다. 저도 우리교회 교인들 잘 모릅니다. 자세히 안보니까 누가 누군지 모릅니다. 어쨌든 여자를 안봅니다. 인사도 안받습니다. 이게 당시의 풍속이었습니다. 그래야 잘믿는다는 사람이었습니다. 그런가하면 헬라사람들은 어떠냐하면 여자 혼자서 밖에 나가는 걸 절대 허락지 않았습니다. 남자하고 같이 나가야 했습니다. 지금도 저 아랍사람들 가보면 여자들이 뭘 쓰고 다니지 않습니까. 다닐 때 얼굴 안보이게 하려고 눈만 내놓고 다닙니다. 거리에는 전부 남자입니다. 백화점에 가봐도 전부가 남자입니다. 지금도 그런데 2000

년 전이니 오죽했겠습니까. 이렇게 큰 차별이 있었습니다. 그런데 이제 교회에서는 문을 열었습니다. 그리스도 안에 형제자매가 다 하나다, 하고 활짝 열어버렸거든요. 남녀가 같이 예배를 드립니다. 특별히 종과 노예가 주인과 같이 예배를 드립니다. 종은 사람으로 치지 않았거든요. 물건처럼 팔고샀었는데 이제 종과 주인이 그리스도 안에서 형제여, 자매여, 하면서 예배를 드립니다. 이런 엄청난, 정말 혁명적인 기독교공동체가 되었단말입니다.

자, 이렇게 갑자기 자유가 주어지니까 문제가 생깁니다. 여기서부터 이해하면 오늘본문은 잘 소화가 될 수 있습니다. 잘 이해가 될 수 있습니다. 보십시오. 큰 자유를 누릴 때, 갑자기 큰 자유가 주어질 때 자유가 방종으로 기우는 것입니다. 분방하게 되는 것입니다. 자유의 의미를 모르고 그저 날뛰게 되는 것입니다. 여기서 한계를 넘습니다. 못누렸던 자유를 얻으니까 봇물처럼 터져서 교회에서 여자들이 분수에 넘치도록 떠들게 되었습니다. 이래서 문제입니다. 자유는 스스로 제한할 수 있을 때 그 소중함을 지킬 수 있는 것입니다. 보십시오. 가난하기만 하던 자가 어쩌다 돈푼이나 만지게 되면 그로 인해서 경제적인 자유를 얻습니다. 그렇다고 일 아니하면 되겠습니까. 공부 안해도 되겠습니까. 그러나 너무 가난하고 어렵던 사람이 돈 좀 생기면 일 안합니다. 이제는 세상만사가 다 자기 마음대로 될 줄 압니다. 황금만능주의로 빠집니다. 돈에 미쳐버리는 것입니다. 돈으로 인한 자유가 지금 잘못되고 있는 것 아닙니까. 그와 같습니다. 이제 여자에게 주어진 자유, 이 얼마나 소중한 것입니까. 예수께서 우리에게 주신 자유인데 소중히 여기고 그 자유를 스스로 제한하면서 간직할 수 있는 법을 익혀야 되는 것입니다. 그런데 그렇지 못했습니다. 그냥 마음대로 떠들었습니다. 그리스도 안에 하나인데, 그리스도 안에 자유인데, 하면서 혼란에 빠졌습니다. 교회는 고린도 교회 얘기 들어보면 숫제 와글와글 여자들만 떠듭니다. 남자들 말할 시간도 없습니다. 결국은 말씀을 배우려고도 하지를 않습니다. 여기서 문제가 된 것입니다. 오늘본문에 보니 여자는 그래서 "아담한 옷을 입으며 염치와 정절로 자기를 단장하고…" "이것이 마땅하니라" 하였습니다. 선행으로 단장하라, 사치와 방종으로 빠져서는 안된다, 하였습니다.

그리고 오늘본문에서 중요한 말씀은 "종용히 배우라"한 것입니다. 새로운 자유 안에 있는 질서를 배우라―얼마나 중요한 얘기입니까. 저는 우리 교회로 난 골목을 자동차 타고 들어올 때마다 좀 골치아픕니다. 일방도로 아닙니까. 그런데 거꾸로 들어오는 사람이 많습니다. 그래서 제가 길을 막아놓고 일러주면 "그래서?"하고는 들어옵니다. 당신이 뭔데 나더러 이래라저래라 하느냐, 그것입니다. 자유―차타고 어딘들 못가겠습니까. 그러나 교통법을, 질서를 지킴으로 자유할 수 있는 것이지 내 마음대로 할 수 있는 게 아니거든요. 여자에게 자유가 주어졌습니다. 그러나 우리는 원초적 질서를 지켜야 합니다. 여자에게 권리가 주어졌습니다. 그러나 나는 한 남자의 아내요 자녀들의 어머니입니다. 이것을 망각해서는 안되는 것이지요. 그렇기 때문에 오늘 자유 안에 있는 새 질서를 수용하라는 것입니다. 그런고로 종용히 배우라, 합니다. 못가졌던 자유 가졌으니 공부 좀 해라, 교회에서 떠들지 말고 못배우던 하나님의 말씀 조용히 배우고 전에 모르던 율법과 법도를 조용히 지켜가라, 하는 것입니다. 그전에는 남편이 이래라저래라 함으로써 했습니다. 그러나 이제는 내 스스로 판단하면서 배워야 합니다. 교회에서 배울 것입니다. 누가 이래라저래라 해서가 아니라 스스로 성경을 배우고 진리를 배워가면서 새로운 질서를 몸에 익히도록 제자훈련을 하여야 되겠다는 얘기입니다. 그래서 "조용히 배우라"하고 말씀하는 것입니다.

맨끝으로 이제 "해산함으로 구원을 얻으리라"하는 중요한 말씀을 합니다. 여기서는 구원이 뭐냐, 하는 것을 알면 됩니다. 구원이 천당가고 지옥간다는 차원의 얘기가 아닙니다. 구원이란 wholeness입니다. 온전한 인격을 말하는 것입니다. 구원받은 인격을 말하는 것입니다. 원만한 그리스도인의 인격을 말하는 것입니다. 원만한 그리스도인의 인격을 구원이라고 할 때 "해산함으로 구원을 얻으리라" —확실히 그렇습니다. 여자는 역시 여자입니다. 그런 면에서 결혼도 하고 사랑을 하기도 하고 받기도 하고, 특별히 자녀를 낳습니다. 한 남자를 섬겨보기도 합니다. 그러면서 사람이 되는 것입니다. 참 놀라운 것이 있습니다. 영국수상을 지낸 대처 여사도 그렇습니다마는 세계적으로 유명한 여걸들 있지요. 여자학자도 많고 여자인물들이 많은데 대체로 그런 사람들이 독신이 아니라는 것입니다. 가정을 가진 사람들입니다. 저는 그런 것을 볼 때마다 "아멘"합니다. 이걸 아시겠습니까? 독신으로는 어딘가모르게 정신이 기울어집니다. 편견으로 빠지기 쉽습니다. 해산함으로 구원을 얻으리라—결혼해서 아이를 낳고 하면서 여성이 여성되고 원만한 그리스도인의 인격에 도달할 것이다, 하는 말씀입니다. 대단히 중요한 요절입니다. 그리고 이에 대해서는 많은 해석이 분분합니다. '무슨 뜻일까?' 그러나 구원이라는 말의 뜻을 wholeness라고 풀이하고 보면 이의 뜻은 쉽게 해석이 됩니다. "해산함으로 구원을 얻으리라"—여자는 사랑을 받

고 사랑하고 아이를 낳고 키우고 하는 동안에 그 속에서 온전한 인격에 이른다, 그런 말씀입니다. △

교회지도자의 자격

미쁘다 이 말이여, 사람이 감독의 직분을 얻으려 하면 선한 일을 사모한다 함이로다 그러므로 감독은 책망할 것이 없으며 한 아내의 남편이 되며 절제하며 근신하며 아담하며 나그네를 대접하며 가르치기를 잘하며 술을 즐기지 아니하며 구타하지 아니하며 오직 관용하며 다투지 아니하며 돈을 사랑치 아니하며 자기 집을 잘 다스려 자녀들로 모든 단정함으로 복종케 하는 자라야 할지며 (사람이 자기 집을 다스릴 줄 알지 못하면 어찌 하나님의 교회를 돌아보리요) 새로 입교한 자도 말지니 교만하여져서 마귀를 정죄하는 그 정죄에 빠질까 함이요 또한 외인에게서도 선한 증거를 얻은 자라야 할지니 비방과 마귀의 올무에 빠질까 염려하라

(디모데전서 3 : 1 - 7)

교회지도자의 자격

　오늘 주신 이 말씀은 여러분 잘 아시는대로 우리가 장로투표 할 때 투표지 뒤에 써놓는 말씀입니다. 장로의 자격은 이러한 것입니다, 성경에 있는대로, 이대로 한번 읽어보고 여기에 합당한 사람을 내가 기도하는 가운데 투표하도록 합시다, 하는 기준입니다. 교회일 하는 사람의 기준을 말씀하고 있습니다. 초대교회에 있었던 직분을 보면 감독이 있고 장로가 있고 집사가 있습니다. 그런데 옛날 그 직분이, 그 기능이 오늘도 그대로 이어지는 것만은 아닙니다. 초대교회에 있었던 직분 가운데 '감독'이라는 것은 지금으로 말하자면 목사에 해당하는 것입니다. 헬라말로 '에피스코포스'입니다. 감리교에서도 '감독'이라는 말을 합니다. 영국국교에서도 '감독'이라고 말합니다. 이 직분은 지금와서는 마치 교황과도 같은 직분입니다. 우리 장로교에서는 총회장같은 그런 직분입니다. 그러나 초대교회에서 감독이라 한 것은 뒤에와서 목사라는 이름으로 바뀌는 그런 직분입니다. 뒤에 '장로'라는 말도 나오는데 이는 헬라말로 '프레스부테로스'이고 영어로는 엘더(elder)라고도 번역합니다. 이것은 교회에 있어서 '어른'을 말합니다. 교회 다스리는 분들은 말하는데 알고보면 이것은 이스라엘사람들이 그 회당에 있었던 장로, 그것을 교회구조로 옮겨오면서 같게 부른 명칭입니다. 꼭 지금의 장로와 같은 것만은 아닙니다. 사도 요한도 "나도 장로요" 하는 말을 하고, 디도서에도 보면 디도를 장로라고 부릅니다. 사도를 향해서 어른이라는 뜻에서 이렇게 부르기도 하고 또 목사님을 향해서 장로라고도 불렀습니다. 아직 교회제도가 확립되기 전에 되어진 일이기 때문에 감독, 장로, 하는 이 말들의 개념은 일정하지를 않습니다. 분명한 것은 '교회의 어른' 이라는 것입니다. 본문에서 우리가 느낄 수 있는 게 또하나 있습니다. 이 직분은 profession임을 말하고 있지 않다는 것입니다. 전문직이 아니라는 것입니다. 지적인 의미에서의 전문직이 아닙니다. 요새는 대학을 나오고 신학을 나오고 목사고시 합격하고 2년 동안 훈련을 받고 그리고 청빙을 받고… 이렇게 해야 목사가 되는데, 기본은 공부를 해야 한다는 것입니다. 전문가란 그에 필요한 훈련을 쌓아야 합니다. 그렇지만 오늘본문에는 그런 얘기 없습니다. 대학을 나오고 신학을 나오고 대학원을 나오고… 그런 얘기가 없습니다. 아직은 그런 제도가 없고 또 그런 것을 필요로 하지도 않았습니다. 교육적인, 혹은 지적인 전문성을 여기서 말씀하고 있지 않습니다. 다만 기본적인 것을 말씀하고 있습니다. 감독이 되는 사람에게는 가장 기본적인 것을 요구합니다. 높은 수준의 어떤 것을 요구하지 않습니다. 전문성을 말씀하고 있지 않습니다. 그런가하면 또 굉장히 의로운 사람, 특별한 능력이 있는 사람을 말씀하고 있지도 않습니다. 오히려 평범한 사람이면서 기본적인 요건이 갖추어진 사람을 말씀하고 있습니다. 그래서 오늘본문의 내용은 너무나도 소극적인 것같아보입니다. 그러나 이것이 중요합니다. 기본이니까요. 이런 기본적인 자격이 있는 사람을 장로로 세우라, 감독으로 세우라, 라고 말씀합니다. 이 편지는 목회서신입니다. 지금 디모데는 사도를 대신하고 있습니다. 바울의 직무를 대신하고 있습니다. 그런고로 바울이 세운 교회에서 이제 그 교회의 직분을 세워야겠으므로 이런 사람을 집사로 세우고 이런 사람을 감독으로 세우라, 하는 것입니다. 왜요? 디모데도 여기서 떠나야 되거든요. 또다른 교회를 세웠으니까 그리로 옮겨가야 되는 것입니다. 그러면 이미 세워놓은 교회를 누가 맡아볼 것입니까. 지도자가 필요하거든요. 그래서 지도자로서 감독을 세우라, 세울 때에 이러이러한 자격을 보고 세우라, 하는 것입니다. 아무리 읽어봐도 이것은 몇 가지를 빼놓고는 기본적이고 상식적이고 소극적인 이야기를 하고 있습니다. 이것만은 반드시 지켜져야 한다, 갖추어져야 한다, 하는 뜻으로 말씀하는 것입니다.

　콜럼비아대학의 국제연구기관에서 소위 '최고경영자'에 대해서 많은 연구를 했습니다. 각 나라의 세계적인 사람들을 상대로 해서 '최고경영자에게 가장 필요한 자질이 무엇인가?'를 묻고 연구했습니다. 최고경영자라 하면 회장, 사장, 전무… 이런 사람들이지요? 어디까지나 경영자는 돈버는 사람입니다. 사업가입니다. 사업을 하는 이런 사람, 이 최고경영자들에게 가장 필요한 기본적인 자질은 무엇일까? 물어보았더니 결론적으로 응답자의 88%가 이거다, 하고 말했는데 그게 뭐냐하면 '윤리성'입니다. 오늘본문에도 윤리성을 언급하고 있습니다. 지도자에게 필요한 것은 윤리성입니다. 그의 능력이 아니더라고요. 돈버는 능력, 머리회전이 빠른 것, 말 잘하는 것, 외교술이 능한 것, 다 좋으나 이것은 겁나는 일입니다. '최고경영자의 기본은 윤리성이다' 하였습니다. 실리콘밸리라고 하는 미국의 첨단기술집결지가 있지 않습니까. 거기 첨단벤처사업을 하는 분들, 그 가운데서도 가장 성공한 사람들, 그 사람들을 상대로 연구를 해보았습니다. '과학적인 일, 벤처사업을 하는 데 가장 기본적이고 가장 근본적인 힘은 무엇인가?' 그런데 거기서도 '정직성과 윤리성'을 들었습니다. 이것이 빠지면 아무것도 안된다는 것입니다. 그것이 기본이라고 말하는 것입니다. 재주도 좋고 능력도 좋은데 정직하지 못하면 소용이 없습니다. 윤리성이 없으면 소용이 없는 것입니다. 여기서 우리는 기본이 윤리성이라는 것을 다시한번 명심하여야 합니다. 재주좋다는 사람, 겁나는 존재입니다. 똑똑한 사람, 무섭습니다. 결국은 기본이 윤리성이라는 그 점을 생각하여야 합니다.

오늘본문에도 그런 기본적인 것을 말씀하고 있습니다. 윤리성을 말씀하고 있습니다. 보십시오. "책망할 것이 없으며"하고 말씀합니다. 무흠해야 한다는 것입니다. 요새도 그렇습니다마는 전에부터 이런 게 있습니다. 장로가 투표로 됐습니다. 투표에서 장로가 되겠지마는 노회에서 심사를 할 때 꼭 물어보는 것이 있습니다. "빚이 있습니까?" 이에 "지금 빚을 많이 지고 있습니다" 하면 안됩니다. 그러면 장로자격이 없습니다. 이러고야 앞으로 교회일 하는 데 여러 가지로 어려움이 있을 테니까요. 그래서 심지어는 "빚 다 갚을 때까지는 보류합시다"하는 경우도 있습니다. 그래야 되는 것입니다. "책망할 것이 없으며"하였습니다. 또 세금을 안냈다거나 군대 안갔다왔다, 하면 이런 것도 문제됩니다. 그런 것은 국민의 의무이기 때문입니다. 저는 이런 목사님 한 분을 압니다. 한국에서 한 10년 목회 잘하여 교회가 부흥하고 했는데 사표를 냈습니다. 그리고 캐나다로 갔습니다. 왜 가느냐고 아주 간절하게 물어봤더니 "사실은요"하고 털어놓는 얘기가 이러했습니다. 어머니하고 둘이서 월남을 하여 저 부산시장에 가 살았는데 군대 가게 됐습니다. 그래 '내가 군대 나가면 이 나이많은 어머니 어떡하나?' 해서 군대 안나가려고 요리조리 피해다녔습니다. 여러 번 어려운 고비를 넘겼습니다. 그리고 목사가 됐습니다. 목회 중 제일 어려울 때가 군대 나가는 청년들이 와서 기도해달라고 할 때였다는 것입니다. 군대 나가는 아이들이 와서는

"기도해주십시오. 말씀해주십시오. 가서 어떻게 하면 좋겠습니까?" 하는 데는 진땀을 뺐다는 것입니다. 결국은 한국에 못있겠다 싶어 사표냈습니다. 말하자면 흠이 있었다는 것입니다. "책망할 것이 없으며"—흠이 없어야 한다는 말씀입니다. 이것은 기본적인 자질입니다. 국법상 흠이 없어야 되고, 경제적으로 흠이 없어야 되고, 또 무흠교인이어야 한다는 것입니다. 우리 장로교 헌법에는 '무흠 7년 교인'이라는 자격규정이 있습니다. 흠이 없어야 한다—가장 기초적인 기본입니다.

다음으로 "한 아내의 남편이 되며" 하는 말씀, 조금 이상하게 들리지요? 아내가 많은 사람도 있는가, 싶은 것입니다. 그래 어떤 번역에서는 이렇게 말씀합니다. '한 번 장가간 사람이어야 한다.' 사실 옛날에는 아내가 많이 있을 수 있었습니다. '한 아내'라는 말이 2000년 전에는 이상하게 들리는 얘기가 아니었습니다. 우리나라에도 옛날에는 양반깨나 되었으면 대체로 일부다처였지요. 여러분은 이것 아십니까? 우리나라 여성들이 세계에서 가장 권력이 많습니다. 왜요? 돈주머니를 쥐고 있거든요. 이건 세계의 다른 데는 없는 현상입니다. 돈주머니를 딱 쥐고 앉아 있는 아내한테 아침마다 사정을 해 가지고 돈 몇푼 얻어 나가는 남편, 기가 막히거든요. 그런데 어떻게 되어 이 꼴이 되었는가—역사를 연구해봤더니 옛날양반들이 조강지처 외의 소실이 몇 있어놓으니 조강지처에게 영 미안하니까 광열쇠를 맡겼습니다. 이거나 맡아 있으라, 한 것입니다. 그게 지금까지 영향을 미치고 있는 것입니다. 그래서 돈주머니가 그리로 가버렸습니다. 그거 양반들이 잘한 일인지 역사적인 실수를 한 것인지… 일이 그렇게 돼가지고 한국여성들이 제일로 권력이 많아진 것입니다. 아무튼 옛날에는 웬만큼 돈도 있고 명예도 있는 사람이면 처가 여럿이 었습니다. 그런가하면 중국을 보면 거기는 또 여자 하나에 남자가 넷이기도 합니다. 지금도 시골에 가보면 그런 사람들 있습니다. 한 여자에 남자가 여럿인 이런 데도 있는 것입니다. 2000년 전으로 돌아가보면 사람들이 예수를 믿기 시작했는데 아직도 윤리생활이 정리되지를 않았거든요. 그래서 "한 아내의 남편"이라는 말씀도 하는 것입니다. 일부다처인 경우가 많은데 적어도 교회지도자라고 하면 아내가 여럿인 그런 사람이어서는 안되겠다, 하는 것입니다. 구체적으로 이렇게 지시하고 있는 것입니다.

다음으로 "절제하며 근신하며 아담하며"라고 하였습니다. 절제란 극기를 이릅니다. 자기감정 자기욕망을 자제할 줄 알아야 합니다. 욕심을 자제할 줄 알아야 합니다. 그게 중요합니다. 명예욕, 물질욕, 이것이 많으면 지도자될 수 없습니다. 공부에 '지도력'이라고 하는 분야가 있습니다. 제가 지금 여기저기서 그에 관한 강연을 많이 하고 있습니다. '리더십'이라고 하는데, 거기 보면 지도자의 훌륭한 자격 가운데 하나가, 제1조가 정열인데 자유로운 정열입니다. 돈과 명예를 초월하는 것입니다. 돈벌고자 하는 마음, 명예를 추구하는 마음을 벗어나야 비로소 지도자될 수 있다고 합니다. 그것이 '절제'입니다. 생각해보십시오. 돈생각이 앞서면 어떤 일이든지 전혀 할 수가 없습니다. 능력이 그만 거기서 말라버립니다. 그것을 알아야 합니다. 돈이 목적이 되어서는 안됩니다. 또 명예가 목적이 되어서는 안됩니다. 사람 추해집니다. 이 두 가지를 벗어나고야 그때가서 그 영혼이, 그 인격이 자유로워질 수 있습니다. 우리가 다 돈벌고 먹고살고 하지마는 거기에 붙들려버리면 사람 추해집니다. 돈과 함께 살지만 돈의 노예, 수전노가 되어서는 안되는 것입니다. 자신의 욕망을 조절할 줄 아는 것, temperance, 그것이 필요합니다. 그리고 "근신하며"—이것은 신중히 하라는 것입니다. 몸을 삼가서 서두르지 않습니다. 모든것을 신중히 할 줄 알아야 합니다. 발끈발끈한다면 지도자가 될 수 없습니다. 또한 "아담하며"라는 말씀은 단정하라는 뜻입니다. 옷을 입는 것이나 행동하는 것에 단정함이 따라가야 합니다. 이 세 가지가 다 self-control에 해당합니다. 자신을 다스릴 줄 아는 그런 사람이어야 한다는 것이 지도자의 자격입니다.

이어서 또 중요한 말씀이 있습니다. "나그네를 대접하며…" 지금도 나그네가 많지만 옛날에는 나그네가 더 많았습니다. 요새같은 교통편이 있는 것도 아니어서 걸어서 휘적휘적 길가다가 해가 지면 어느 마을에고 들어가 신세를 져야 했습니다. 어느 집에나 들어가서 "하룻밤 신세를 집시다" 하면 "들어오세요" 하는 것입니다. 웬만큼 덕이 있는 집은 으레 나그네를 위한 사랑방 하나를 갖추고 있었습니다. 그게 아주 호텔방 수준이었습니다. 우리네도 자랄 때 보니 늘 그런 사랑방 하나가 준비돼 있었습니다. 가는 사람 오는 사람 들어와서 쉬게 했습니다. 그 정도는 돼야 지도자가 되는 것입니다. "나그네를 대접하며"—긍휼히 여길 줄 알아야 한다는 것입니다. 이는 또한 낯선 사람을 대할 줄 알아야 한다는 의미를 띠고 있습니다. 이 또한 중요한 일입니다. 흔히들 아는 사람하고만 친하려고 합니다. 거기에 큰 결점이 있습니다. 모르는 사람하고도 친해야 합니다. 나그네라고 하는 얘기가 나오니 지나가는 말로 합니다마는 참 중요한 일이 있는데 잘못하고 있는 것이 있습니다. 해외에서 지금 노동자들이 많이 와 있지 않습니까. 수십만 명이 여기 와 있는데, 그 사람들이 공휴일

같은 때는 갈 데가 없습니다. 이 사람들 한둘씩 여러분 집에 초청을 해서 대접을 하고 같이 지내고 한다면 참 좋은 일입니다. 제가 왜 이런 말 하는고하니 제가 바로 그런 대접을 받아봤거든요. 미국에서 공부할 때 보니 주말이나 크리스마스나 부활절휴가 같은 때 우리는 갈 데가 없습니다. 다들 놀러 가는데 우리는 기숙사에서 멍하니 앉아 있는 것입니다. 그런 때에 각 교회 여전도회에서 우리를 초청합니다. 그레이하운드버스가 와서 그걸 타면 그냥 갑니다. 가면 둘씩 둘씩 각 집에 나누어집니다. 제가 예수 안믿는 척하고 따라가봤다니까요. 아주 잘 대접을 하는 것입니다. 자기네와 같이 지내게 하고 주일날 아침이면 "우리는 교회를 가는데 혹 같이 가시겠습니까?"합니다. "가시기 싫으면 이 집에서 그저 텔레비전이나 보고 계시지요. 갔다와서 점심을 대접하겠습니다." 이러더라고요. 이것은 손님 대접하는 것, 특별히 낯선 사람 대접하는 것입니다. 장로나 집사나 교회지도자들은 모름지기 낯선 사람하고 친할 줄 알아야 합니다. 그걸 잊지 마십시오. 오늘도 우리가 교회에 나와 자리에 앉을 때 낯선 사람을 보면 "안녕하십니까? 누구시죠?"하고서 "옆에 앉으세요"하는 정도가 돼야지 친한 사람만 요리 오라, 요기 앉으라, 자리 잡아놨다, 그래가지고 속닥속닥, 예배드릴 때 자기얘기 하고⋯ 이래서는 지도자가 되지 못합니다. 그러면 그 교회 처음 간 사람은 뭐라 하겠습니까. 그 교회, 사랑이 없더라, 저들끼리만 친하더라, 그럴 것 아니겠습니까. 제가 늘 말하지만 우리 장로님쯤 되면 교회 와서 그 사모님하고 나란히 앉아서는 안됩니다. 집에 가서 같이 앉고 여기서는 삼갑시다. 둘러보아서 낯선 사람을 찾을 것입니다. 오늘은 이 사람하고 앉고 내일은 저 사람하고 인사하고⋯ 이렇게 하여야 됩니다. "나

그네를 대접하며"―꼭 무슨 물질로만 대접하는 게 아닙니다. 낯선 사람, 생전처음 보는 사람, 이런 사람과 잘 친교할 수 있는 그 사람이 지도자가 되어야 교회가 부흥하는 법입니다. 편견적이고 협소한 마음으로 지내는 사람들이어서는 안됩니다.

또 "가르치기를 잘하며"하였습니다. 옛날에는 다 가르쳤습니다. 장로님이 가르치고 감독이 가르쳤습니다. 가르치는 은사도 아무에게나 있는 것이 아닙니다. 그런 은사가 있어야 되겠다, 하는 말씀입니다. 이어서 "술을 즐기지 아니하며"하였는데, '조금은 먹어도 되는가보다. 즐기지만 않으면 되는가보다' 싶습니다. 이스라엘사람들의 식사는 우리가 밥 먹고 김치 먹는 것처럼 고기 먹고 술 먹거든요. 포도주가 거기 음식입니다. 이거 빼면 음식이 없습니다. 구약성경 보십시오. 포도주틀에 복을 주겠다, 하는 말씀이 있습니다. 예수님께서 잔칫집에 가셨다가 포도주가 모자란다고 물로 포도주 만드시는 이적까지 보이셨습니다. 예수님 참 좋으신 분이지요. 포도주 모자란다고 포도주 만들어주시는 분이니… 그런데 문제는 이것입니다. 이 술은 음식으로 먹어야 되는데 취하거든요. 자제력이 없거든요. 그러면 안된다, 이것입니다. 술에 인박이지 않은 사람, 술을 즐기지 않는 사람이어야 한다는 것입니다. 이걸 어떻게 숨기겠습니까. 음식에 노예가 되는 것, 그건 좋은 것이 아닙니다. "술을 즐기지 아니하며"―이게 바로 인격입니다. 술을 즐기고 술에 취하고 술에 매이고 술이 아니면 못살고, 해서는 안되는 것입니다. 그 자제력을 잃어버렸다면 그 사람은 지도자 자격이 없는 것입니다. 그리고 "구타하지 아니하며"하였습니다. 누구를 때린다는 건지 모르겠으나 구타한다는 것은 곧 억제능력이 없다는 것을 말합니다. 자기감정을 억제할 줄 모릅니다. 욱 치받치면 정신을 못차립니다. 이런 사람은 교회에서 문제거리가 됩니다. 그래서 지도자가 될 수가 없다, 하는 것입니다. 감정을 억제할 수 있어야 합니다. 구타하는 것도 하나의 병증입니다. 그냥 발작을 하는 것, 참 고치기 어려운 것입니다. 그러므로 "구타하지 아니하며"라는 것은 감정억제능력이 있는 사람이라야 한다는 말씀입니다. 어느 교회에 문제가 좀 있다고 해서 제가 수습하러 갔던 적이 있는데, 문제가 된 그 장로님 참 성질 대단합디다. 이렇게저렇게 잘 의논하십시다, 하고 이런 얘기 저런 얘기 하는데 어느 순간 한번 화를 내더니 심지어는 "다 해먹어라"하고는 휑 나가버립니다. 일순간에 분위기가 싸늘해지는 것입니다. 무슨 교회가 이 모양이 됐나, 싶더라고요. 이런 급한 분, 매질은 하지 않았지만, 구타하지는 않았지만 말로 구타하는 거나 같습니다. 감정억제를 못하는 것입니다. 이렇게되면 지도자가 될 수 없다, 하는 것입니다. 그리고 "관용하며" —너그러운 바가 있어야 한다는 말씀입니다. 크게 볼 줄 알고 전체를 볼 줄 알고 멀리 볼 줄 알아야 하는 것입니다. 순간만 보는 게 아니라 전체를 볼 줄 아는 너그러움이 있어야겠다는 것입니다. 이어서 "다투지 아니하며"라고 한 것은 승부욕, 누구와 경쟁하는 마음, 이기려드는 것, 질투하는 것인데, 아주 좋지 않습니다. 교회에서도 보면 그런 경쟁심이 많습니다. 심지어는 선한 일에도 경쟁심이 있습니다. 자기만 하려고 듭니다. 다른 사람은 못하게 합니다. 내가 해야 된다, 합니다. 이런 다투는 마음은 자기우월감에서 비롯됩니다. 자기를 낮추는데 다툼이 있습니까. 스스로 자기를 낮추면 다툼이 없는 것입니다. 자기를 높이기 때문에 다툼이 있는 것입니다. 빌립보서 2장 3절에도 "각각 자기보다 남을 낮게 여기고"라 하였습니다. 하나되는 비결이 그것입니다. 자기를 낮추면 싸움은 없습니다. 자기를 높이려고 하니 탈입니다. 우리교회에서는 가령 재정부장이라든가 무슨 부장 같은 거 다 2년씩밖엔 맡아하지 않습니다. 아예 그것은 관례가 돼서 2년 하면 또 딴 분이 하고 딴 분이 하고, 합니다. 이렇게 하니까 아주 편안하고 좋읍디다마는 어떤 교회는 보니 그렇지 않읍디다. 재정부장을 16년 했더라고요, 한 사람이. 다른 사람은 감히 손도 못대게 합니다. 그래놓으니 여기서 파벌이 생기고 합니다. "다투지 아니하며" ―경쟁심이나 승부욕에 매이지 않아야 됩니다. 그런 사람이라야 지도자가 될 수 있습니다. 만일에 이런 다투기를 좋아하는 사람이 지도자가 되면 교회가 시끄러워집니다. 이런 사람 세우지 말라, 하는 말씀입니다. 또한 "돈을 사랑치 아니하며" 하였습니다. 돈의 노예가 되는 것, 이것은 예사문제가 아닙니다. 제가 어느 때 한번 심방을 갔었습니다. 그 여자분 교인, 심방간 그 집의 여집사님이 '돌았다'고들 합디다. 정신이 좀 돌아갔다는 것입니다. 그래서 가봤는데 사연이 있읍디다. 이 사람이 계주를 하다가 그만 계가 깨졌습니다. 그런데 이 사람이 지금 어떤 상황이냐―돈묶음을 들고 돈세기만 자꾸 하고 있습니다. 이거 뺏으면 울어버립니다. 내버려뒀습니다. 하루종일 돈을 만집니다. '돌아도 이상하게 돌았구만' 했는데, 돈 때문에 정신이 이렇게 돌아버리는 정도로 돈에 노예가 되어서야 되겠습니까. 여기 중요한 말씀이 또 있습니다. 자기집을 잘 다스려야 되겠다, 합니다. 자녀교육이 문제입니다. 자기자식, 자기집을 다스리지 못하는 자가 어떻게 교회를 다스리겠느냐, 함입니다. "사람이 자기집을 다스릴 줄 알지 못하면 어찌 하나님의 교회를 돌아보리요." 가정이 화목하여야 합니다. 가정이 하나가 되어야 합니다. 그렇지 않으면 지도자

자격이 없는 것입니다. 자녀는 부모의 얼굴이라고 합니다. 그 부모가 어떤가, 어느 정도인가 하는 것은 자녀를 보면 압니다. 자녀가 부모를 보고 자랐으니까요. 지도자는 참으로 가정이 화평하고 건전하여야 되고 가정을 잘 다스리는 사람이어야 합니다. 그야말로 '수신제가치국평천하(修身齊家治國平天下)'입니다. 가정을 제대로 다스리고야 천하를 다스릴 수도 있는 것입니다. 중요하고도 기본적인 얘기입니다. 그리고 "새로 입교한 자도 말지니"하였습니다. 처음 믿는 사람을 열심히 믿는다고해서 장로나 감독으로 세워놓으면 "교만하여져서" 마귀의 시험 받기가 쉬우므로 기본적으로 겸손을 배워야 된다, 이것입니다. 지도자가 되려면 기본이 되어 있어야 합니다. 겸손이 먼저입니다. 우리교회에서도 가만히 얘기되는 걸 들어보면 알 수 있습니다. 아주 겸손해져야 됩니다. 아주 겸손해져야 장로투표가 되지 잘났다는 사람은 안찍어줍니다. 겸손하고 겸손하고, 내려가고 내려가서 밑바닥까지 내려간다, 해야 됩니다. 우리교회 장로님 한 분이 이런 얘기를 합디다. 장로 물망에 오르면 장로투표지에 사진 넣지 않습니까. 사진을 일곱 번 넣었는데 일곱 번 떨어지고 여덟번 째에야 됐다고 합니다. "그동안에 뭘 했소?" 물었더니 "한 계단 한 계단 내려갔지요"합니다. 정말입니다. "새로 입교한 자도 말지니"— 왜? 교만해지니까. 우리 장로교헌법에 '세례교인 무흠 7년'이라는 조항이 그래서 있습니다. 7년 이상 무흠이어야 한다는 말입니다. 그 동안에 겸손을 배우고 또 덕을 쌓고 또 교회봉사를 배워야 합니다. 그런데 좀 열심이 있다고해서 지금 예수믿은 지 얼마 안된 사람이 교회지도자가 되면 교만해져서 온 분위기를 망가뜨린다, 그런 말씀입니다. 그래서 안되겠다는 말씀입니다. 또한 "외인에게도 선한 증거를 얻은 자라야 할지니"하였습니다. '외인'이란 non-Christian을 이릅니다. 믿지 않는 사람입니다. 교회에서 존경받을 뿐만 아니라 교회 밖에서도 존경을 받아야 된다, 이것입니다. 직장에서도 존경을 받고 이웃으로부터도 존경받는 사람이어야 합니다. 참믿음의 사람이라면 안믿는 사람으로부터도 존경을 받습니다. 사도행전 3장에서도 볼 수 있습니다. 성령 충만한 초대교회, 어땠습니까. 유무상통, 사랑이 넘칠 때 믿지 않는 사람들까지도 교인들을 존경했습니다. 교인들을 칭찬했습니다. 정말로 예수 잘믿으면 사랑을 받습니다. 직장에서도 사랑받고 어디서든지 사랑받습니다. 꼭 사랑받습니다. 설사 어떤 때는 예수믿는다고 핍박할는지 모르지만 겉으로는 핍박해도 속으로는 존경합니다. 외인, 믿지 않는 사람들로부터도 칭찬과 존경을 받는, 그런 선한 증거를 가진 자라야 합니다. 교회에서는 칭찬을 받는데 사회에서는 비방을 받는다면 선교가 막힙니다. 전도가 막힙니다. 그래서 안된다는 것입니다. 우리 믿는 사람, 지도자가 아니더라도 누구든지 참으로 잘믿는 사람은 교회 안나오는 사람으로부터도 호감을 삽니다. 이런 사람을 하나 보았습니다. 그는 교회 안나와도 그의 부인은 교회 잘나옵니다. 그런데 재미있는 것은 이 안믿는 사람도 며느리감으로는 반드시 믿는 사람이라야 된다고 하는 것입니다. 왜 그러냐니까 그 아들 보고 이렇게 말하는 것입니다. "나 봐라, 나. 내가 이렇게 못되게 놀아도 너의 어머니가 예수믿는 사람이라서 나를 사랑해준단다. 그러니 너도 교회는 안나가지만 결혼은 꼭 예수믿는 사람하고 해라." 결국에는 그러다가 교회 나옵디다마는 얘기는 그렇지 않습니까. 모름지기 안믿는 사람으로부터도 존경과 신뢰를 받아야 합니다.

이상의 열다섯 가지가 어느것 하나 전문성은 없습니다. 장로 되고 집사 되고 감독 되는 데 특별해야 된다는 게 없습니다. 알고보면 전부가 다 기본적인 것입니다. 상식적인 것입니다. 문제는 거기 있습니다. 기본적인 것만 갖추면 나머지는 하나님께서 맡으시고 들어 쓰십니다. 그 다음의 일은 걱정할 필요가 없습니다. 여기까지만 우리가 가지면 그 다음에는 하나님께서 필요한대로 능력을 주십니다. 뭐 굉장한 능력 가령 방언을 한다거나 이적을 나타낸다거나 금식기도를 한다거나 하는 것이 본문에는 없습니다. 공부를 많이 하고 성경을 많이 알고—그것도 없습니다. 이것은 뭘 말하는 것입니까. 가장 기본적인 신앙, 기본적인 윤리를 갖추어가지고 헌신하면 다음의 일은 하나님께서 다 허락해주시고 필요한대로 주신다는 것입니다. 그것이 주의 일 하는 사람의 모습입니다. 내가 특별해서 주의 일 한다고도, 특별해야 된다고도 생각지 마십시오. 가장 기본적인 신앙적 자세를 가지고 나갈 때 하나님께서는 귀하게 쓰신다는 것을 잊지 말기 바랍니다. △

집사된 사람의 자격

이와 같이 집사들도 단정하고 일구 이언을 하지 아니하고 술에 인박이지 아니하고 더러운 이를 탐하지 아니하고 깨끗한 양심에 믿음의 비밀을 가진 자라야 할지니 이에 이 사람들을 먼저 시험하여 보고 그 후에 책망할 것이 없으면 집사의 직분을 하게 할 것이요 여자들도 이와 같이 단정하고 참소하지 말며 절제하며 모든 일에 충성된 자라야 할지니라 집사들은 한 아내의 남편이 되어 자녀와 자기 집을 잘 다스리는 자일지니 집사의 직분을 잘한 자들은 아름다운 지위와 그리스도 예수 안에 있는 믿음에 큰 담력을 얻느니라

(디모데전서 3 : 8 - 13)

집사된 사람의 자격

　지난 시간에 우리는 감독의 자격에 대해서 공부했습니다. 감독이라 하면 지금의 장로님같은 그런 분들입니다. 그러나 그때는 전문적인 교역자가 없을 때이므로 그분들이 설교도 하고 정치도 하고 교회를 다스리는 교회의 가장 귀중한 어른들입니다. 이들을 감독이라 불렀습니다. 다른 성경에서는 '장로'라고 부르는데 이 디모데서에서는 '감독'이라고 일컫고 있습니다. 그 감독에 대해서 지난 시간에 공부했습니다. 이제 오늘은 '집사'에 대해서 말씀하고 있습니다. 헬라말로 '디아코노스'라고 하는 것입니다. 케루세인, 디아코니아, 코이노니아는 교회의 3대 직무입니다. '케루세인'이란 '전파한다'는 말입니다. 영어로는 proclamation입니다. '디아코니아'는 '봉사'입니다. 교회가 지닌 기능이요 교회가 해야 할 일입니다. '코이노니아'는 fellowship, '친교'입니다. 전도, 봉사, 친교—이 세 가지가 교회의 기본적인 기능이요 의무입니다. 봉사하는 사람을 '디아코노스'라고 말합니다. 이것이 '집사'입니다. 우리나라에도 옛날에 집사라는 직이 있었습니다. 특수한 직입니다. 그냥 일꾼이라는 것 하고는 다릅니다. 일꾼이란 말도 있고 종이라는 말도 있으나 집사라는 말은 특별한 말입니다. 왜 그러냐 하면 집사라고 하면 타율적인 면도 있고 자율적인 면도 있기 때문입니다. 종이라고 하면 무조건 타율적입니다. 가라 하면 가고 오라 하면 오고, 심지어는 저 사람을 죽여라, 해도 죽입니다. 이 사람은 아무런 자기선택의 권리가 없습니다. 아예 자기선택이란 없습니다. 그저 순종만 합니다. 이럴 때 이것을 종이라고 합니다. 노예라고 합니다. 선택의 여지 없이 그저 따라 순종만

하는 것입니다. 집사에게도 그런 면이 있습니다. 위에 주인이 있고 주인이 명령을 하면 그에 따라 순종을 합니다. 절대순종입니다. 그런가하면 또 한편으로 자율성이 있습니다. 그래서 옛날로 말하면 집사는 그 집에 있는 모든 하인들, 종들, 그것까지 다 총괄해서 다스리는 권한이 있습니다. 또 주인의 재산을 관리하는 권한이 있습니다. 보통의 종이 아닙니다. 종 위에 있는 종입니다. 위를 보면 주인이 있고 그 주인 앞에서는 종이지만 밑에 있는 사람에 대해서는 마치 자기가 잠깐 주인인 것처럼 행세를 하는 것입니다. 주인같이 일하는 것입니다. 주인이 자리를 비울 때는 더더욱 주인같이 일을 합니다. 이것이 자율성입니다. 주인의 명령을 받들어 순종도 하고 또 창의적으로 자기가 일할 뿐더러 종에게 일을 시켜야 됩니다. 너는 이걸 해라, 오늘은 밭을 갈아야겠다, 오늘은 씨를 뿌려야겠다, 오늘은 날씨가 이러니 너는 이걸 해라… 일을 맡기고 감독하고 관리하는 걸 전부 집사가 하는 것입니다. 그러니까 집사의 직분에는 타율적인 면과 자율적인 면의 두 가지가 다 있는 것입니다. 그러므로 더욱 중요한 존재입니다. 우리가 오늘 교회에서도 '집사'하면 이것은 일반직장에서나 가정에서나 있는 집사가 아니고 교회에서의 집사이지만 그 성격은 같습니다. 위에는 당회장도 있고 장로도 있습니다. 그리고 교회의 모든 계획에 따라서 수고하고 순종합니다. 그러나 그 맡겨진 분야에 있어서는 자율적입니다. 내가 선택해서 내가 일을 만들어서 합니다. 꼭 누가 이래라저래라 하는 것이 아닙니다. 가능하면 타율성보다 자율성이 더 많아야 합니다. 그래야 좋은 교회입니다. 당회장도 여러 가지랍니다. 어떤 당회장은 아주 강하게 조직, 행정을 해서 이거 해라 저거 해라, 하고 보고받고 합니다. 하지만 소망교회는 자율성이 높기로 유명합니다. 다 내어맡기고 상관 아니합니다. 스스로 판단해서 하도록 합니다. 그것이 소망교회 행정의 특징입니다. 뭐든지 자발적으로 자율적으로 하라, 이것입니다. 억지로 하는 것은 하나님 앞에 합당치 않다, 더구나 하고 싶지 않은 일 억지로 하는 것은 오히려 하나님 앞에 욕되는 것이다, 라고 생각합니다. 그러므로 모든것은 자율적으로 자발적으로 하는 것이 더 옳겠습니다. 집사 중에서도 자율성이 높은 사람은 높은 집사요 훌륭한 집사이고, 타율에 의해서 마지못해 하거나 두 가지 하라면 한 가지 하거나 십 리 가라면 오 리 가거나 하는 것이면 이 사람은 좋은 집사가 못된다고 볼 수 있겠습니다.

  오늘본문에서는 집사의 자격으로 일반적으로 하는 말씀을 다시 합니다. 아주 기본적인 것입니다. 먼저 '집사들도 단정하고'하였습니다. 감독에게도 집사에게도, 남자집사에게도 여자집사에게도 다같이 요구하는 게 "단정하고"입니다. 엄숙하고 모든 일에서 아담해야 된다는 것입니다. 또 어느 정도 자기 스스로 근엄한 그런 위치에 있어야 한다, 다는 것입니다. 두 번째 요구하는 것이 재미있습니다. "일구이언을 하지 아니하고…" 헬라말원문에는 '디로구스'라고 하였습니다. '디'란 둘, double이라는 뜻입니다. 두 말 하지 않아야 한다는 말씀입니다. 무슨 말을 하는데, 이렇게 말해놓고 또 저렇게 말하고 하여 종잡을 수 없는 사람이 있습니다. "예" 아니면 "아니오"하여야 합니다. 그런데 "글쎄요"해버리거든요. 두 가지 마음이 있는 것입니다. 언제나 일꾼은 한마디로 말하여야 합니다. "예"했으면 하는 것이고 "아니오"했으면 안하는 것입니다. 예와 아니오가 분명하여야 됩니다. 이것이 일하는 사람의 모습입니다. 두 가지 마음을 가져서 적당하게 "예"해놓고는 아니하고, 이 사람한테는 이렇게 말하고 저 사람에게는 적당히 저렇게 말한다면 그 사람에게는 일을 시킬 수가 없습니다. 일하는 사람이 그래서는 안되는 것입니다. 우선 말을 조심하여야 됩니다. 말과 행동이 일치하여야 할 뿐더러 말에 무게가 있어야 되고 신실성이 있어야 한다, 하는 말씀입니다. 데이라고 하는 유명한 분은 말하기 전에 아주 깊이 생각하고 통과하여야 될 세 황금문이 있다, 하였습니다. 아주 그 뜻을 높여서 '황금문'이라고 하였습니다. 세가지 문을 통과해서 말을 하라, 황금문 셋을 통과해야 훌륭한 인격의 사람이 되겠다, 하는 것입니다. 첫째가 '참말이냐?'입니다. 무슨 말을 하려거든 '참말이냐?' 한번 생각하고 말하라는 것입니다. 두 번째는 '꼭 필요한 말이냐?'입니다. 이거 꼭 내가 해야 될 말이냐, 지금 해야 될 말이냐, 이것을 생각하여야 한다는 것입니다. 보아하면 쓸데없는 말 많이들 합니다. 또 내가 안해야 할 말도 공연히 합니다. 별로 덕되지도 않는 말, 이롭지도 않은 말, 꼭 필요치도 않는 말을 합니다. '꼭 필요한 말이냐?' 생각하고 말하여야 되는 것입니다. 세 번째는 '친절한 말이냐?'입니다. 같은 말이라도 친절을 담아서 친절과 함께 말하여야 합니다. 친절을 떠난 말은 소용이 없습니다. 사랑이 떠난 말은 소용이 없습니다. 웃음을 떠난 말은 효력이 없습니다. 참말이냐, 필요한 말이냐, 친절한 말이냐— 이 세 가지가 곧 말하기 전에 통과하여야 하는 황금문이라는 것입니다. 이렇게만 살면 틀림없이 성공할 수 있습니다. 야고보서에는 말에 실수가 없으면 그는 위대한 사람이라고 하였습니다. 말이 그만큼 어려운 것입니다. 특별히 하나님의 일 하는 사람은 말에 무게가 있어야 하겠다, 그러므로 일구이언 하지 말 것이다, 하고 말씀합니다. 그 다음으로 또 재미있는 말씀을 하였습니다. "술에 인박이지 아니하고…" 지난 시간에 말씀드린대로 술은 음식인데 술에 노예가 된 사람, 습관적으로 술취하는 사람은 집사가 되어서는 안되겠다는 것입니다. 또한 "더러운 이(利)를 탐하지 아니하고"하였습니다. 이것은 사회생활을 말씀하는 것입니다. 사회생활에서 우리는 서로 물질을 주고받고 살아가는데, 그런데 더러운 이득을, 합당치 못한 이득을, 남에게 손해를 끼치면서 얻는 이득을 탐해서는 안된다는 것입니다. 이를테면 '주가조작(株價造作)' 같은 것입니다. 더러운 이를 취한 것입니다. 정당한 이득이 아니고 잘못된 이득을 취하는 것, 거기에 경고를 합니다. 그런 사람은 주의 일 하기에 합당치 않다, 합니다. 유대 랍비 시후라는 랍비인데도 검소하게 살면서 부업으로 조그마한 가게를 하고 있었어요. 그럴 생업으로 하여 경제를 조달하고 또 하나님의 말씀도 가르친 그런 랍비였습니다. 어느날 한 여인이 와서 옷을 하나 골라 가지고 "이걸 사겠습니다. 얼마입니까?"하므로 "열 데나리온입니다" 하고 값을 말했습니다. 했더니 그 여인은 그 옷을 자꾸 만지작거리면서 "다섯 데나리온이면 안될까요?"하고 반이나 깎자고 듭니다. 랍비는 절반이나 깎자는 데 기분이 좀 언짢아져서 "안팝니다. 당신 같은 사람한텐 안팔아요. 이게 원래 원가가 비싸게 먹힌 거라고요. 깎을 수 없소"하고 보내버렸습니다. 그런데 그냥 돌아간 그 사람은 (여자 분들이 그런 사람 많다면서요?) 밤새껏 그 옷꿈을 꾸는 것입니다. '그거 꼭 사서 입어야 되겠는데…' 결국 남편을 졸라서 다섯 데나리온 더 만들어가지고 다음날 아침에 그 옷을 사러 갔습니다. 열 데나리온을 내놓고는 "그 옷 주세요"하였습니다. 그런데 사실은 랍비도 손님을 박절하게 대한 데 대해서 뉘우치고 있는 터입니다.

그 사람이 너무 많이 깎으니까 기분이 나빠서 "안됩니다"하고 말았지만 한푼도 깎을 수 없을 만큼 원가가 비싼 거라 한 것은 거짓말이었습니다. 본전 밑진다는 것, 그건 거짓말이었던 것입니다. 그래서 그걸 또 뉘우친 터입니다, 밤새껏. 그래 '내가 좀 손해보더라도 그분이 꼭 저걸 사고 싶어하니 다시 오면 다섯 데나리온에 팔아야겠다'하고 있는 참입니다. 랍비는 열 데나리온 내놓는 여인 보고 "다섯 데나리온만 받겠습니다. 그래야 할 이유가 있습니다. 그건 내가 간밤에 회개했기 때문입니다"하였습니다. 이것 보십시오. 간간이 보면 거짓말 해가면서, 본전 밑진다고 해가면서 돈을 버는데 그건 회개하여야 됩니다. 누구를 그리 해롭게 하지 않은 거짓말이라 하겠지만 아닙니다. 하나님 앞에 잘못하고 있는 것입니다. 아무튼 더러운 이를 탐해서는 안됩니다. 랍비 시몬 샤프라도 역시 생활이 어려웠습니다. 그런 중에도 제자들을 모아놓고 하나님말씀을 가르치고 있었는데 어느 날 제자들이 스승 고생하는 걸 보고 생각했습니다. 그래 돈을 모아서 당나귀 한 마리를 사다드렸습니다. "이걸 타고 다니십시오." 제자들이 사주는 거라 이 분은 고맙게 받아들였습니다. "고맙네." 이제 그 당나귀를 타고 다니면서 보니 방울이 딸랑딸랑하는데 그 방울밑을 가만히 보니 거기에 작지않은 보석이 하나 달려 있는 것입니다. 그래 제자들을 불러서 "자네들, 이 방울밑에 이 보석이 붙어 있는 걸 알았나?"하고 물었습니다. "몰랐지요." "이걸 판 사람이 이걸 알고 팔았나?" "아무 말도 안하던데요." "그럼 몰랐을 거 아니냐." "아, 그랬겠지요." "이 보석 얼마짜리겠느냐?" 계산해보니 이것이면 이 랍비가 일 아니하고도 10년 동안 먹고살 수 있을 정도였습니다. 자, 이제 어떡하면 좋겠습니까. 제자들은 말했습니다. "하나님이 선생님을 귀히 보시고 이렇게 귀한 선물을 주셨구만요." 그러나 랍비는 "무슨 소리냐! 나귀 판 사람은 보석이 달려 있다는 걸 모르고 팔았으니까, 또 나는 나귀를 샀지 보석을 산 게 아니니까 이 보석 돌려줘"하였습니다. 이에 제자들은 "그동안에 많은 것을 배웠지만 오늘 가장 큰 것을 배웠습니다"하고 돌아갔다 합니다. 더러운 이를 탐내지 않는다, 거짓말하고 돈벌지 않는다, 다른 사람 해롭게 하면서 내가 이롭게 살지 않는다, 남의 것 뺏어가면서 부자되지 않는다, 곧 '사기쳐서' 돈버는 것 아니라는 말입니다. 또하나, 공짜 좋아하는 것, 이거야말로 더러운 이를 탐하는 것입니다. 내가 땀흘려서 얻는 것만 내것입니다. 교회일 하는 사람, 하나님의 일꾼은 그런 면에서 특히 깨끗해야 된다는 것을 알아야 하겠습니다.

이어서 9절 보면 깨끗한 양심을 가져야 한다, 하였습니다. 깨끗한 양심이 아니면 병든 양심, 더러운 양심이지요. 의와 불의를 판단하는 기준이 되는 양심이 깨끗하여야 합니다. 어떤 욕심에도 끌리지 않고 깨끗한 양심을 가져야 하나님의 일을 할 수가 있습니다. 우리가 하나님의 일 하면서 양심이 흐려지면 엄청난 실수를 하게 됩니다. 이어서 "믿음의 비밀을 가진 자라야 할지니"하였습니다. 아주 신비로운 말씀입니다. 믿음의 비밀이란 헬라말로는 '무스테리온 피스테오스'입니다. '무스테리온'은 영어로 mystery입니다. 비밀, 신비를 말합니다. 믿음의 신비— 단적으로 말하면 기도의 신비를 아는 것입니다. 하나님과 나만이 아는 비밀이 있습니다. 하나님과 나만이 아는 신비로운 기쁨이 있습니다. 기도하는 중에 하나님과 나만이 아는 응답이 있고, 성경 보는 중에 하나님께서 내게 말씀하시는 것이 있고, 설교말씀 듣는 중에 시간시간 내게 들려주시는 하나님의 말씀이 있습니다. 비밀입니다. 그것은 나만의 것입니다. 나와 하나님과의 관계입니다. 이러한 마음을 가지고 살아가는 것이 하나님의 사람의 모습입니다. 우리교인들은 착실하고 훌륭한 교인들이라고 저는 늘 자부하고 있습니다. 미국 뉴욕의 World Trade Center가 폭파되는 테러가 있었습니다. 큰 사건이 나서 온세계가 들끓고 있습니다. 이런 사건이 나니까 우리교인들이 벌써 '오늘 목사님께서 무슨 해답을 주실 거다'하고 나왔었다고 합니다. 그런데 보니 그에 대해서는 아무 말씀도 아니하더라는 것입니다. 그래서 어느 둘이 한 얘기가 있습니다. 한 사람은 "목사님이 뭐라고 했을 거같은데 왜 그 문제에 대해서 아무 말씀 안하실까?"하고, 한 사람은 "당신은 아이큐가 좀 모자라는구만, 목사님이 충분히 말씀하셨는데…"하였습니다. 어느 쪽입니까? 여러분, World Trade Center가 무너진 데 대해서 내가 뭐라고 말했습니까 안했습니까? 아무런 언급도 안한 것같습니까? 그렇다면 이거 큰일났네요. 나는 일껏 말씀을 드렸는데 못알아들었으니 어떡하면 좋습니까. 다음 주일날 또 해야겠습니다. 아무래도 2단계로 해야겠습니다. 꼭 저 쌍둥이빌딩이 무너졌습니다, 하고 표현해야만 합니까? 그건 유치한 것입니다. 은근하게 얘기했지 않습니까. 뭐라고 했습니까. 사슴이 뿔 걸려… 라고 했지 않습니까. 그만하면 알아들어야지요. 그렇습니다. 기도하든 하나님말씀 듣든 내게 주시는 말씀이 거기 있습니다. 비밀하게 나만이 깨닫고 기쁘고 감사하고 통쾌하고… 그런 것입니다. 믿음의 비밀을 가진 자라야 한다, 하였습니다. 또 10절에 "먼저 시험하여보고"라는 말씀이 있습니다. 시간을 두고, 너무 급하게 아니고, 많은 사건을 통해서 그 자신의 믿음의 성숙도가 노출되거든요. 그걸 다 보고나서 집사로 세우라, 하는 것입니다.

이어서 "여자들도…"하고 말씀하는데, 이거 굉장히 중요한 말씀입니다. 그때 벌써 '여자집사도…'라는 말씀입니다. 내가 바로 2, 3년 전에 브라질에 갔었습니다. 브라질 상파울로에 제일장로교회라고 장로교회로는 그곳에서 제일 큰 교회가 있습니다. 브라질의 장로교회역사가 한국교회의 역사와 비슷합니다. 그런데 제일 큰 교회 목사요 또 총회장입니다. 거기 총회장은 4년씩을 하는데 이 분은 연임을 했기 때문에 8년을 했습니다. 아주 대단한 분입니다. 제가 개인적으로도 가까이 지내는 터라 언제 한번 한국에도 오겠다고 해서 내가 비용을 내어서 한번 모셔왔던 일이 있습니다. 얼마전 강성일선교사님이 신학대학을 세우고 그 첫졸업식 할 때 제가 갔더니 그분이 거기에 축사하러 왔습니다. 그래 얘기를 나누다가 한가한 시간에 이런 말 합디다. "한국 장로교에선 지금 여자장로, 여자목사, 그런 거 있다며요?" 그렇게 법이 통과되어 여자장로, 여자목사 나왔다고 했더니 "원더풀"이라 하는 것입니다. 거기도 지금 여자집사를 두느냐 어쩌느냐, 그거 생각하는 중이라는 것입니다. 여자집사도 아직은 없다고 합니다. 집사는 남자뿐입니다. 그러니까 이 세상, 지구촌이라는 게 그런 것입니다. 우리 여자장로, 대단한 것입니다. 우리가 앞서가는 것이지요, 어떤 의미에서는. 세계가 다 그런 것은 아닌 것입니다. 브라질 거기는 여집사두는 법, 아직도 통과 못됐다고 합니다. 큰 걱정을 하더라고요. 그런데 오늘본문에 보니 2000년 전에 벌써 '여자집사는…'하고 말씀합니다. 굉장히 중요한 의미가 있지요. 특별히 노예제도가 있을 때입니다. 그리고 여자를 천대할 때입니다. 그런데 교회에서 벌써 남자와 똑같이 여자들도 집사를 했다는 것입니다. 대단히 중요한 의미를 가집니다.

그런데 여자분들에 대해서는 "참소하지 말며…"하였습니다. 말, 말조심하라는 것입니다. 말에 실수가 있어서는 안되겠다 하는 말씀입니다. 역시 덕스러운 말을 하는 분이라야 되겠다는 것입니다. 요나단이라고 하는 신앙좋은 분의 딸이 밖에 나갔다가 손님을 한 분 모시고 들어왔습니다. 그 손님은 돌아다니면서 장사하는 사람인데, 뭐라고 소리지르는고하니 "장생불사약을 팝니다"하는 것입니다. 그래서 딸이 그를 모셔온 것입니다. "이 분이 장생불사약을 판답니다." 아버지 요나단에게 말하니 요나단은 무슨 약인지 적이 궁금했습니다. 그 장사꾼은 성경요절 하나 쓴 것을 내놓는 것입니다. "생명을 사랑하고 좋은 날 보기를 원하는 자는 혀를 금하여 악한 말을 그치며 그 입술로 궤휼을 말하지 말고— 베드로전서 3장 10절"— 이렇게 써가지고 다니면서 팔더라는 것입니다. 사실 그렇습니다. 여러분 장수하기를 바라거든, 정말로 오래 살려거든 거짓말하지 마세요. 참소하지 마세요. 남 흉보지 마세요. 덕스럽지 못한 말을 하지 마세요. 오래 사는 사람의 특징이 하나 있습니다. 남을 흉보지 않습니다. 아시겠습니까? 남 나쁜 말 하지 않습니다. 나쁜 것 보지도 않습니다. 그게 오래 사는 사람의 특징입니다. 보약을 먹는다고 오래 사는 게 아닙니다. 말조심해야 오래 삽니다. 참소하지 말라, 하였습니다. 그리고 절제하라, 하였습니다. 절제란 자기욕망을 다스리는 것입니다. 먹고 싶다고 다 먹는 게 아닙니다. 가지고 싶다고 다 갖는 거 아닙니다. 내 욕망을 내가 다스리고 내 마음을 내가 self-control할 줄 알아야 합니다. 이거 못하면 안됩니다.

그런가하면 "모든 일에 충성된 자라야 할지니라"합니다. 믿을 수 있어야 합니다. 믿을 뿐만 아니라 믿을 수 있는 사람이어야 합니다. 도산 안창호 선생의 명담이 있습니다. '농담으로라도 거짓말을 하지 말라. 꿈에라도 성실을 잃었거든 회개하라.' 내가 어떤 사람이 기에 꿈에 이런 생각이 다 나는가? 그만큼 안창호 선생은 성실을 강조했습니다. 충성되어야 합니다. 믿을 수 있어야 됩니다. 경제, 사회, 문화, 기술 교육 다 해봐도 기본이 신뢰입니다. 믿어야 합니다. 믿을 수 있어야 합니다. 믿을 수 없으면 다 소용없습니다.

그 다음으로 "집사의 직분을 잘한 자들은…"하고 부수적인 상급을 말씀하고 있습니다. 결과를 말하는데 첫째, 아름다운 지위를 얻는다, 합니다. 아름다운 지위, 아름다운 position을 얻습니다. 작은 일에 충성했기 때문에 큰일을 맡기십니다. 실제로 그렇습니다. 집사 일을 잘하면, 교회일을 잘하면 사실 사회적으로도 지위를 얻고 세상에서도 존경을 받습니다. 그리고 교회에서도 더 큰 일을 맡깁니다. 작은 일을 맡겨서 잘 하면 더 큰 일, 더 중요한 일, 이렇게 맡겨나가는 것입니다. 예수님 친히 말씀하시기를 작은 일에 충성했으므로 내가 큰 일을 맡기리라, 하셨습니다. 내가 큰 일 맡겠다고 한다해서 맡습니까. 작은 일을 잘할 때 큰 일을 하나님께서 맡기시는 것입니다. 두 번째로, 믿음에 큰 담력을 얻는다, 하였습니다. 이것은 참 중요한 요절이랍니다. 많이 강조하는 것입니다, 이것은. 믿음에 큰 담력을 얻는다— 일을 함으로 담력을 얻는 것입니다. 가만히 앉아 있다고 담력을 얻는 게 아닙니다. 성령 충만도 앉아서 얻는 게 아닙니다. 핍박을 받으며 현장으로 갈 때 충만함을 얻습니다. 힘은 일하는 자의 것입니다. 그런데 우리는 때때로 힘을 얻어가지고 일하려고 합니다. 그렇지 않습니다. 현장에 뛰어들어야 힘을 얻게 됩니다. 그래서 집사일을 잘하면, 충성되이 맡겨진 일을 잘하면 담력을 얻는다, 하였습니다. 사실 그렇습니다. 제가 이런 학생을 보았습니다. 장로님 아들인데 이 아이가 교회를 들락날락합니다. 잘 안다닙니다. 다녔다 말았다 합니다. 그래서 장로님이 늘 걱정이었습니다. "목사님께서 좀 권면해주세요" 합니다. 그랬는데 어느날 기차를 타고보니 누가 떠드는 소리가 나는데 어디서 듣던 음성입니다. 그래서 슬쩍 봤더니 그 장로님 아들이 제 친구들한테 전도를 하고 있는 것입니다. 하나님이 어떻고 교회가 어떻고… "야 이놈들아, 교회 나가야 돼!" 열심히 전도하더라고요. 그래 내가 못들은 척하고 있다가 차에서 내릴 때 어깨를 탁치고 한마디 했습니다. "너 전도 참 잘하더라." 그랬더니 이 녀석 뭐라고 하는지 아십니까. "내가 이렇게 예수 잘믿는 줄 나도 몰랐습니다" 하는 것입니다. 여러분, 전도해보십시오. 용기가 생깁니다. 봉사해보십시오. 지혜가 생깁니다. 가만히 앉아 있으니까 점점 이상한 생각만 나지요. 그걸 알아야 합니다. 집사의 일을 잘하고 열심히 하고 부지런히 해보십시오. 담력도 얻고 용기도 얻고 지혜도 얻습니다. 사실은 이렇게 일할 때에 하나님께서 물질적인 복도 주십니다. 그것을 잊지 말아야 합니다. △

진리의 기둥과 터

내가 속히 네게 가기를 바라나 이것을 네게 쓰는 것은 만일 내가 지체하면 너로 하나님의 집에서 어떻게 행하여야 할 것을 알게 하려 함이니 이 집은 살아 계신 하나님의 교회요 진리의 기둥과 터이니라 크도다 경건의 비밀이여, 그렇지 않다 하는 이 없도다 그는 육신으로 나타난 바 되시고 영으로 의롭다 하심을 입으시고 천사들에게 보이시고 만국에서 전파되시고 세상에서 믿은 바 되시고 영광 가운데서 올리우셨음이니라

(디모데전서 3 : 14 - 16)

진리의 기둥과 터

　오늘본문의 말씀은 사도 바울이 하나님의 사자로서 교회를 얼마나 사랑하며 또 교회를 어떻게 봉사해야 할 것인가를 말씀해주는 대단히 중요한 본문이라고 생각합니다. 교회란 진리의 기둥과 터다— 이렇게 말씀하고 있습니다. 우리가 교회를 섬길 때 언제나 교회가 무엇인지 알고 섬겨야 합니다. 그 점이 중요합니다. 아시는대로 어떠한 봉사라도 내가 봉사하는 자가 누구인지, 그가 무엇을 원하는지, 그것을 모른다면 내 일방적인 수고란 아무 의미도 없습니다. 여러분 잘 알지 않습니까. 내가 누구를 사랑합니다. 사랑한다고해서 하는 일인데 결국은 상대방에게 기쁨을 주지 못할 때가 있습니다. 그러면 그것은 사랑도 아닙니다. 그래서 사랑이 피곤한 것이고 힘든 것입니다. 그러나 알고보면 피곤한 것도 힘든 것도 아닙니다. 중요한 것은 내가 정말로 누구를 사랑하느냐입니다. 정말로 사랑하면 그의 뜻이 더 소중합니다. 내 뜻보다 그의 뜻이 소중합니다. 그의 의견이 더 소중합니다. 그의 마음이 더 소중합니다. 그 이름이 더 소중합니다. 마음가짐을 이렇게 하면 섬김은 아주 쉬운 것입니다. 섬김이나 사랑은 아주 원리적인 것입니다. 사랑이라는 말처럼 흔한 말도 없습니다. 우선 유행가 가사가 다 사랑 타령 아닙니까. 그런데 문제는 이 사랑의 개념입니다. 누구를 사랑하며, 누구를 위하여 좋은 울리는 것입니까. 그걸 깊이 생각하여야 합니다. 교회를 섬기는 자는 교회가 무엇인지를 알아야 합니다. 저는 많은 목사님들 모이는 자리에 나가서 강의를 할 때가 많습니다. 그런 강의 할 때 제가 늘 얘기하는 바가 있습니다. "어떻게 하면 교회가 부흥이 될까요?"하는 질문에 대해서 저는 늘 간간하게 대답을 합니다. "교회로 교회되게 하라. 교회가 무엇인지를 알고 참교회의 본질로 돌아가서 이해만 해도 교회는 부흥이 된다." 그런데 내가 교회를 섬긴다 하고 충성을 다한다 하는데 교회가 뭔지 모르고 있다면 그 봉사는 요새말로 부도난 것입니다. 의미가 없는 것입니다. 그런고로 우리는 언제든지 공부부터 먼저 하여야 됩니다. 여러분 혹 이런 생각 해보았습니까? 남편을 사랑하는데 남편을 공부해보았습니까? 아내를 사랑하는데 아내를 공부해보았습니까? 그 공부가 없으면 안됩니다. 예컨대(문화인류학에 나오는 얘기입니다) 사람은 40세가 넘어가기 시작하면 4세 때 먹던 음식을 좋아한다고 합니다. 아시겠습니까? 그러니 남편을 어떻게 대접하여야겠습니까. '저 사람이 네 살 때 뭘 먹었나?' 그걸 연구하여야 됩니다. 친척들한테라도 돌아가며 다 물어가지고 그때 가난하게 살았나 부하게 살았나, 무얼 먹고 살았나… 그걸 연구하여야 됩니다. 제가 어느 재벌 댁에 가서 마침 점심때라 같이 식사를 하게 되었는데 그 재벌, 눌은밥 먹더라고요. "재벌까지 돼가지고 점심에 눌은밥이 웬말입니까?" 그랬더니 "나는 이게 좋아요"라고 말합니다. 이것 보십시오. 남편은 눌은밥을 좋아할 정도로 어렸을 때 가난하게 산 사람입니다. 그 남편을 위하여 음식을 만들면서 아내가 이렇게 말한다면 어떻게 되겠습니까. 유치하게시리, 촌스럽게시리 그게 무어야, 비프스테이크를 먹어야지… 이러면 대접이 되는 것입니까. 이게 사랑하는 것입니까. 아닙니다. (지금 밖이 좀 시끄럽지만 신경을 쓰지 마세요. 채근담에 이런 말이 있습니다. '고요한 중에 고요한 것은 고요함이 아니다. 소란한 중에 고요한 것이 진정한 고요함이다.' 소란한 중에도 나 나름의 concentration이 있어야 합니다. 전철을 타고도 책을 보는 것입니다. 시끄러운 시장바닥에서도 조용히 명상하고 기도할 수 있는 것입니다. 그러니까 이 시끄러움 잊어버리세요. 괜찮아요. 그렇거니 하세요. 세상이 그런 거 아닙니까. 다 몰라서 그러는 거니까요. 그저 불쌍히 여기세요. 다 몰라서 그러는 것입니다. 그렇다고 이해하면 됩니다.) 사랑한다, 봉사한다, 할 때 언제든지 공부부터 먼저입니다. 저분이 누구냐, 저분이 좋아하는 게 뭐냐, 저분의 본체가 뭐냐… 이는 본질적인 것입니다. 저분의 정체와 본체와 본성이 뭐냐, 속성이 뭐냐, 그리고 저분의 소원이 뭐냐, 이걸 알아야 합니다. 그리고 섬겨야 합니다. 그래야만 바른 봉사가 되는 것이지 나 나름대로 내 주관대로 내 의견대로 고집을 한다면 그건 봉사도 아니고 사랑도 아니고 희생도 아닙니다.

사도 바울은 오늘본문에서 교회를 말씀합니다. 교회를 섬긴다, 그러려면 교회가 뭔지 알아야겠다, 교회는 이것, 이것, 이것이다— 이렇게 말씀하고 있습니다. 귀중한 것입니다. 두고두고 생각하여야 될 소중한 말씀입니다. 특별히 교회봉사 하는 분들이라면, 교회를 섬기고자 하는 분들이라면 마땅히 생각하여야 될 말씀입니다. 하나님을 사랑하는 것은 곧 교회를 사랑하는 것입니다. 하나님을 섬긴다—어떻게 하는 것입니까. 구체적으로는 교회를 섬기는 것입니다. 그것을 알아야 합니다. 그런데 오늘본문 14절에는 사도 바울의 유명한 time concept, 시간개념이 나옵니다. 너무나도 아름답고 겸손한 신앙고백의 하나입니다. 보십시오. "내가 속히 네게 가기를 바라나 이것을 네게 쓰는 것은 만일 내가 지체하면 너로 하나님의 집에서 어떻게 행하여야 할 것을 알게 하려 함이니…" 간단한 말씀같지요? 하나의 평범한 편지같아보이지요? 그러나 아주 중요한 말씀입니다. 시간개념이 여기 있습니다. 보십시오. 무슨 일이 되려면 기본적으로 네 가지 요소가 있어야 합니다. 자본이 있고 지식이 있고 경험이 있고 노력이 있어야 합니다. 이거 없이 되는 일 없습니다. 작은 일이건 큰 일이건 자본이 있어야 됩니다. 지식이 있어야 됩니다. 지식만 있으면 되나요? 숙련된 기술이 있어야 됩니다. 나아가 노력이 있어야 합니다. 정열적 노력이 있어야 합니다. 노력이 빠져도 안되지 않습니까. 이 네 가지는 기본입니다. 그러나 그것으로 다는 아닙니다. 시간이 있어야 합니다. 지식은 있는데 그만 늙고 건망증이 생겼다면 소용없습니다. 내가 뭘 하고 싶은데 시간이 모자란다면, 시간이 없다면 안되는 것 아닙니까. 그 시간은 누구것입니까. 이는 내것이 아닙니다. 하나님의 것입니다. 내 시간에다 하나님 맞춰달라고 할 수는 없습니다. 하나님의 시간에 내가 따라가야 합니다. 하나님의 경륜, 하나님의 그 큰 시간에 내가 나 자신을 복종시켜나가야 되는 것입니다. 그러므로 무슨 일을 하든지 고집부리면 안됩니다. 적어도 이건 잊지 말아야 합니다. 하나님의 뜻이면 가고 하나님의 뜻이면 오고 하나님의 뜻이면 되고 하나님의 뜻이 아니면 안되고—그 여유, 그 신앙, 그 겸손은 필수적인 것입니다. 그래서 오늘본문에 말씀합니다. "내가 속히 네게 가기를 바라나…" 소원은 있습니다. hope, 소망은 있습니다. 그러나 못갈 수도 있다는 것입니다. 왜요? 죽으면 못가는 것입니다. 그뿐입니까. 사고나도 못갑니다. 환경이 바뀌어도 못갑니다. 좀 우스운 얘기지만 제 개인적인 간증을 하나 하겠습니다. 제가 설교를 할 때, 여러분 아시는대로 저는 그리 원고가 많지 않습니다. 이 메모지 하나가 다입니다. 요만큼 원고를 가지고 설교를 합니다. 그러나 저는 믿습니다. 여기 내가 생각했던 것보다 생각하지 아니한 부분은 3분의 2입니다. 3분의 1은 여기 준하고 3분의 2는 이 시간에 하나님께서 내게 감동해주시는대로, 또 이 시간에 성령 안에서 생각나는대로 말씀하게 됩니다. 설교하고난 다음에 생각해보면 그게 얼마나 귀한 말씀인지, 내가 일생 생각하지 못했던 귀한 말씀을 내가 전했습니다. 그리고 내려가서는 제가 여기다가 막 써놓습니다. 왜요? 내가 이대로 죽으면 사람들이 오늘설교를 모를 것 아닙니까. 내일아침에 다시 깨어날 수 없을 수도 있다는 것을 잊지 말아야 합니다. 사람은 언제나 이대로 죽을 수 있는 것입니다. 그래서 적어도 일 년에 한번은 유서를 써라, 합니다. 언제 죽을지 모르기 때문입니다. 잠자리기도도 할 때 뭐라고 기도하십니까? "잠 잘자고 일어나서 건강하게 내일 일 하게 해주십시오." 엿장수 마음대로입니까. 진짜 이스라엘사람들의 잠자리기도는 그렇지 않습니다. 모범적인 기도문은 이렇습니다. "내 영혼을 아버지 손에 부탁하나이다, 아멘." 그리고 자야 됩니다. "이대로 죽어도 하나님 앞에 부탁합니다." 그게 종말론적인 기도가 아니겠습니까. 오히려 실제적인 기도입니다. 사도 바울은 말씀합니다. '하나님이 내게 힘주어서 꼭 갈 줄로 믿는다. 믿습니다, 주여.' 이렇게 말하지 않았습니다. 가고 싶습니다. 내가 내 길 가기를 원합니다. 그러나 못갈 수도 있습니다. 혹은 지체할 수도 있습니다. 내가 워낙 핍박을 많이 받는 사람이라 어디서 순교할는지 모릅니다. 그럼 못갈 것 아닙니까. 못가면 다 깨지고 마는가? 아닙니다. 그럴 수 있기 때문에 편지를 쓰는 것입니다. 나는 못가도 이 편지는 가는 것입니다. 편지는 남는 것입니다. 닫힌 문이 보이거든 닫힌 문 앞에서 기다릴 것이 아니라 열린 문으로 가야 합니다. 닫힌 문 앞에서 열어달라고 목이 터지게 외칠 것 없습니다. 이것이 지혜입니다. 시간에 관한 한 우리는 하나님뜻에 맡겨야 합니다. "가기를 바라나"하는 소원이 있으나 하나님의 뜻이 아니면 못갈 수도 있고 혹은 늦어질 수도 있다—사실은 로마서가 바로 이 믿음 때문에 씌어진 것입니다. 로마서 공부할 때 이미 말씀드린 바와 같습니다. 내가 로마에 가기를 바란다, 간절히 바란다, 그러나 못갈 수도 있기 때문에 나는 이 편지를 쓰노라, 이 편지로 대신하기를 바라서—로마서가 씌어진 이유입니다. 나는 꼭 갈 줄로 믿습니다, 하나님께서 꼭 가게 하실 줄로 믿습니다—고집부리지 않았습니다. 하나님께서 막으시면 못가는 것 아닙니까. 그렇다하더라도 내가 할 일은 내가 해야 되거든요. 가능한 것을 가능케 합니다. 지혜는 뱀같이 합니다. 지혜는 뱀같이—그래서 어떻게 할 것을 편지로 썼습니다. 편지로 써서 행할 것을 가르쳐줍니다. 못가도 괜찮습니다. 못가도 소정의 일은 이룰 것입니다.

또한 교회가 무엇인가, 하는 것을 말씀하고 있습니다. 첫째로, 교회는 하나님의 집이다, 하였습니다. 하나님의 집—헬라말원문은 '오이코스 테우'입니다. 집이라고 말할 때는 꼭 생각나는 게 있습니다. 여러분, '천당' '천국' 어느 쪽이 옳습니까? 옛날사람들은 천당, 천당, 하였는데 요새사람들은 천국, 천국, 하나님의 나라, 그러거든요. 이것은 옛날사람들이 하나님의 나라, 하나님께서 다스리는 나라를 생각할 때 '헤 바실레이아 투 테우'하는 kingdom of God, 하나님의 나라를 생각했는데 동양사람들은 나라라는 개념이 좋지를 않습니다. 왕이라면 항상 뭘 뺏어가고 못살게 굴고 하는 존재쯤으로 인상지어졌습니다. 세금내라 하고 자꾸 쳐들어오고 폭정을 많이 했기 때문에 나라에 대한 개념이 좋지 않은 것입니다. 그러나 좋은 개념이 하나 있습니다. '집'이라는 것입니다. house. 그러나 여기서 말씀하는 집은 그냥 건물로서의 집이 아니고 '집안'이라는 집입니다. household. 가문이요, 가정을 말하는 것입니다. 그 집이 좋지 않습니까. '천당' 하면 한자로 하늘 천, 집 당입니다. 곧 '하늘 집'이라는 뜻입니다. 여러분은 젊은사람들의 요샛말로 feel이 어떻습니까? 천국이 좋습니까, 천당이 좋습니까? '하나님의 집' 그것이 좋습니까, '하나님의 나라'가 좋습니까? 미안하지만 제 박사논문에 이것이 나옵니다. '우리의 개념에는 하나님의 집이 좋다. 그래서 옛날어른들이 '천당'이라고 번역을 했다.' 이렇게 말하고 있습니다. 그렇게 제 나름대로 논리를 전개하고 있습니다. 이제 보십시오. 교회는 뭐냐? '하나님의 집이다.' 집, 그것은 가정입니다. 가정, 좋은 가정, 이보다 더 행복한 것이 없습니다. 이것은 하나님께서 우리에게 주신 하나님나라의 상징입니다. 가정은 곧 하나님나라의 그림자인 것입니다. 그래서 유명한 하지는 이렇게 말합니다. '예수믿는다는 게 뭐냐? 하나님을 아버지로, 나를 하나님의 자녀로, 이웃을 나와 같은 형제로…' 바로 이것입니다. 그러니까 하나님을 아버지로―fatherhood, 나 자신을 하나님의 자녀로 sonship, 나는 하나님의 아들이다, 하나님의 딸이다, 하는 정체감, 그리고 이웃을 볼 때는 나도 하나님의 아들이요 저도 하나님의 딸이요 우리는 형제자매다―바로 이 세 마디 속에 기독교신앙이 전부 담긴 것입니다. God's family, 하나님의 가정, 하나님 아버지, 하나님의 자녀, 이웃은 형제―인도주의로는 모자랍니다. 친구라는 것만으로도 안됩니다. 우리는 형제애가 있습니다. 피를 나눈 형제라는 것을 잊지 말아야 합니다. 하나님은 아버지십니다. 율법적이면서 사랑이십니다. 진노 속에 사랑이 있는 하나님 아버지십니다. 아주 귀한 말씀입니다. 주기도문을 잘 보십시오. 그 속에 '하나님'이라는 말이 없습니다. 요새 여러분도 무슬림에 대해서 많이들 생각하시지요? 알라신이라고 해서 알라, 알라, 합니다. 알, '알리'라는 말이고 히브리말로는 '엘'입니다. '알' '엘' 비슷합니다. 이 사람들은 모음이 비슷해서 같은 하나님을 '알' '엘'이라고 말합니다. 그런데 주기도문에는 '하나님'이라는 말이 없습니다. 오직 '하늘에 계신 아버지'입니다. 아주 다정스런 말입니다. '하늘에 계신 우리 아버지'—그것이 바로 우리의 기도의 대상입니다. 그런데 '하나님 아버지'는 율법적이면서 사랑입니다. 진노 안에 사랑이 있고 공의로우시면서 자애로우신 분입니다. 그리고 우리에게는 하나님의 자녀라고 하는 정체가 있습니다. 그러면 그 하나님을 아버지로 모시고 우리는 모두 한 형제자매가 되어서 평안한 것입니다. 그 집입니다, 집. 아주 대가족입니다. 그래 이스라엘사람들에게는 원래 가족개념의 영역이 넓습니다. 내 자식이든 남의 자식이든 상관없습니다. 이스라엘만 되면 다 내 자식이고 내 형제입니다. 그렇기 때문에 '키부츠'가 가능한 것입니다. 다른 나라 사람들은 이런 것 절대로 못합니다. 다 형제자매라고 생각합니다. 회당이라고 하는 것은 철저하게 한 가족입니다. 큰 가정입니다, 이게. 제가 어느 회당에 가서 예배드릴 때 보았더니 예배드리고 나온 다음에 그 전부가 모여가지고 춤을 추는데, 할아버지가 대여섯 살, 일여덟 살 되는 손자 손녀, 어린아이들 손목을 잡고 돌아가면서 춤을 추는 것입니다. 자신의 손주들이건 남의 집 아이들이건 상관없이 다 우리 가정이라고 생각하는 것입니다. 교회란 원래 그런 의미가 있는 것입니다. 하나님의 집, 하나님의 가정, 여기에 사랑이 있고 무궁무진한 은혜와 새로운 질서가, 가정질서가 있는 것입니다. 생각해봅시다. 우리의 가정, 좋은 가정을 생각합시다. 좋은 가정이 넓어지는 것입니다. 우리집에서도 어렸을 때 보니 할아버지 할머니 아버지 어머니… 이렇게 해서 여덟 식구가 되는 집에서 살았습니다. 그럴 때 보니 할아버지가 왕이더라고요. 할아버지 앞에 우리 아버지, 꼼짝을 못하십니다. 할아버지가 "이리 들어와"하시면 예순된 아버지가 꼼짝을 못하는 것입니다. 할아버지 앞에서 무릎을 꿇고 있습니다. 할아버지가 뭐라고 말씀하면 그저 "예, 예, 알았습니다. 예예, 예에 예, 그렇게 하겠습니다" 해놓고는 문열고 나오실 때 밖에 서 있는 나를 보시면 "아버님도 참 나 원 점… 나 원 점…" 이러시더라고요. 내가 옆에서 "나 원 점…"하고 장단을 맞추었더니 "얘, 이놈!"하십니다. 절대순종입니다. 이의를 제기할 수가 없습니다. 그러나 거기에 무궁무진한 사랑이 있습니다. 이상하게도 할아버지하고 손자하고는 사이가 좋거든요. 저는 할아버지 앞에서 마음대로였습니다. 할아버지는 절대로 저를 나무라지 못하십니다. 만일에 할아버지 보시는 데서 아버지가 저를 나무랐다가는 아버지가 기합받아야 합니다. 아주 그 큰 사랑의 테두리 안에서 모두가 행복한 것입니다, 모두가. 무릇 잘된 가정은 아버지가 왕이고 어머니는 여왕이고 아이들은 왕자들입니다. 그것이 가정입니다. 모두가 엄격한 아버지의 질서 안에 있으면서도 모두가 자유롭습니다. 아주 자유롭습니다. 행복합니다. 가정입니다. 교회는 그런 것이다, '하나님의 집'이다—그렇게 말씀하고 있습니다.

그리고 두 번째는 "교회요"라고 표현하였습니다. '에클레시아'라는 것입니다. 원래 에클레시아라는 말은 헬라말로 이것은 옛날 아덴에 있었던 시의회같은 것입니다. 백성이 투표로 선택을 해서 시의

회를 만들었습니다. 민주주의가 거기서 시작되지 않습니까, 역사적으로. 그 시의원들이 선택된 사람들로서 시의 모든 문제를 의논했습니다. 그 모임을, assembly를 가리켜 에클레시아라고 하는 것입니다. 그 이름이 그대로 신약에 와서 교회를 가리키는 것으로 불리게 됩니다. 그렇기 때문에 이것은 일반적인 모임이 아닙니다. 선택된 모임입니다. 많은 사람 중 특별히 주의 이름으로 선택된 사람들의 모임, 공동체를 교회라고 하는 것입니다. 그런데 오늘 여기서는 특별히 뭐라 하는고 하니 "살아계신 하나님의 교회"라 하였습니다. 소유격을 잘 보십시오. 하나님의 교회입니다. 다른 누구의 교회가 아닙니다. 가끔 우리는 착각을 할 때가 있습니다. 교회가 누구의 것이냐? 하나님의 것이지 여기에 유공자도 없고 '개국공신'도 없습니다. 어느 누구의 것도 아닙니다. 우리 소망교회도 24년이 됐습니다마는 이 교회를 세우신 분은 하나님이실 뿐입니다. 곽목사가 세운 것도 아니고 그 누가 세운 것이 아닙니다. 나도 이 교회 세우겠다는 생각도 안했습니다. 저는 사실 여기 처음 올 때 압구정동이라는 데가 북쪽에 있는지 남쪽에 있는지도 모르고 왔습니다. 어떤 사람들은 이렇게 말합니다. "아, 곽목사는 재주도 좋아. 그 좋은 압구정동을 딱 차지하다니…" 압구정동이 어디 있는지 나는 알아본 일도 없습니다. 이 교회는 하나님께서 세우신 것입니다. 저를 심부름시켜 세우신 것입니다. 우리 모두가 다 섬긴 것뿐, 봉사한 것뿐입니다. '하나님의 교회'—이것을 잊지 말아야 됩니다. 왜 교회가 시끄러우냐고요? 하나님의 교회라는 사실을 잊어버렸기 때문입니다. 하나님의 교회—언제든지 잊지 마십시오. 하나님의 교회—백번 천번 생각해야 됩니다. 하나님의 교회입니다. 또한 '살아계신 하나님의 교회'입니다. 살아계신 하나님께서 여기 역사하고 계십니다. 이 서울에 있는 어느 교회에서, 좀 죄송하지만 장로님 한 분이 좀 못되게 굴었습니다. 주일날 예배드리고나면 목사님에게 막 욕설을 하고 시끄러웠습니다. 다 말려도 말을 안듣습니다. 아주 못되게 굴었습니다. 그래서 걱정이었습니다. 그렇다고해서 무슨 조치를 취할 수도 없고… 그랬는데 그 장로님, 집에 돌아가서 점심식사 하다가 "억!"하고 갔습니다. 그러고나니 교회가 조용해졌습니다. 잊지 맙시다. 하나님의 교회, 하나님께서 지켜주십니다. 교회는 거룩하게 지켜져야 합니다. 이 교회 안에서는 언제나 거룩한 마음이 앞서야 됩니다. 살아계신 하나님의 교회입니다. 살아계신 하나님께서 주인되시는 교회, 하나님께서 주인이 되신 교회라는 것을 잊지 말아야 합니다. 그런 줄 알고 우리는 하나님을 생각하며 교회를 섬기는 것입니다. '교회사랑' 하면 지금도 늘 기억하는 한 분이 있습니다. 지난번에 고향에 갔을 때, 교회는 다 무너져서 없지마는 교회 있던 자리를 바라보며 한참 서서 기도하고 생각을 해보았습니다. 박장로님이라고 하는 분이 있었습니다. 장마철 어느날 비가 막 쏟아질 때 박장로님, 문득 '혹시 교회가 비가 새면 어떡하나?'하고 밤중에 교회에를 갔습니다. 가봤더니 아니나다를까 양철로 된 그 집이 비가 뚝뚝뚝뚝 새는 것입니다. 답답한 나머지 천장에 올라가서 어떻게 해보려고 애쓰지만 막을 수가 있습니까. 참 유치하기도 하지마는 이분이 엿을 사가지고 갔습니다. 엿을 여기저기 틈서리에 발랐습니다. 그러나 될 일이 아니었습니다. 박장로님, 속상했습니다. 그냥 엎드려서 "주여, 내가 죽일놈입니다. 장마철이 됐다고 우리집 샐까봐는 돌아보면서 교회 새는 것을 생각 안했습니다. 내가 죽일놈입니다." 그러더라고요. 그리고 울었습니다. 여러분 생각해보십시오. 그렇게 교회를 열심히 섬기더니 그 아들은 목사였습니다. 모름지기 우리는 하나님의 집, 하나님의 교회, 살아계신 하나님의 교회, 주인은 하나님이시라는 것을 언제나 마음에 두고 있어야 됩니다. 하나님 거기에 현존하시고 하나님께서 통치하시고 하나님께서 지휘하시는 것입니다. 그 교회임을 알아야 합니다.

세 번째는 "진리의 기둥"이라 하였습니다. 집이다 할 때 기둥 없는 집은 없습니다. 그러나 요새는 기둥 없는 집도 있습니다. 아예 벽돌로 쌓아올리니까요. 이런 때이니 부득불 옛날에 있었던 기둥이 뭔지를 생각하여야 됩니다. 2000년 전 그때는 기둥이 뭐였을까? 특별히 이 편지가 가는 에베소에는 사도행전 19장 28절에 보는대로 아데미 신전이 있었습니다. 지금도 거기 기둥이 남아 있습니다. '아데미'란 헬라말이고 라틴말로는 '다이아나'입니다. 여신 이름입니다. 여신 곧 사랑의 신을 말하는 것입니다. 그런 신전이 있었습니다. 그 유적에 남은 기둥이 몇 개냐 하면 127개입니다. 127개의 기둥이 즐비하게 서 있습니다. 그 기둥이 전부 대리석입니다. 대리석에다 군데군데 보석을 박았습니다. 그리고 중요한 기둥은 또 금으로 쌌습니다. 이런 기둥 127개가 죽 서 있습니다. 그 기둥은 참 중요하지요. 요새도 그렇지요. 잘 지은 집들은 그 기둥이 집을 받치고만 있는 게 아닙니다. 그게 바로 그 집의 영광입니다. 집은 기둥을 보기 좋게 해놔야 됩니다. 우리 교회도 앞에 기둥 두 개를 세워놨습니다. 요새도 건축하는 사람들이 기둥을 만들지 않읍디까. 기둥은 진리를 받치고 있을 뿐만 아니라 진리의 영광입니다. 진리의 영광이 곧 기둥이요, 진리의 영광이 곧 교회라는 것입니다. 그래서 교회로 인해서 진리가 서고 교회로 인하여 진리가 빛이 나는 것입니다. 이것이 교회입니다. 교회가 진리를 전합니다. 종교개혁자 마르틴 루터는 종교개혁 중에 이런 말을 하고 있습니다. "이 마을의 모든 기왓장이 나를 거스른다 할지라도 나는 진리를 추구하겠습니다." 오직 진리, 그리스도의 진리, 생명의 진리를 추구하겠다고 말합니다. 교회는 진리의 기둥이 됩니다. 이어서 오늘말씀은 동시에 '진리의 터'라고 하였습니다. 터란 헬라말로는 '헤드라요마'라고 하는 말인데 '기초'라고 하는 뜻입니다. 며칠전에 뉴욕의 '쌍둥이 빌딩'이 폭파됐습니다. 그 집을 짓고 있을 때 제가 지나가다가 일부러 차를 내려서 거기 있는 분에게 양해를 구하고 한번 공사하는 데를 들여다봤었습니다. 기초공사 할 때입니다. 보니 얼마나 깊이 팠던지 저 밑에서 일하는 사람이 꼭 개미만하더라고요. 가물가물 보이더라고요. 얼마나 기초를 깊이 팠는지 모릅니다. "어떻게 저만큼이나 팔 수 있나?" 했더니 대답인즉 바위이기 때문에 팔 수 있다는 것이었습니다. 흙이면 와르르 무너지겠지만 전부가 바위라는 것입니다. 바위를 뚫고 들어가서 그리 판 것입니다. 그리고서 110층이 올라간 것입니다. 기초는 대개 보이지를 않습니다. 그러나 기초가 집을 받치고 있는 것입니다. 예수님 말씀하시기를 반석 위에 지은 집은 흔들리지 않는다고 하십니다. 기초가 문제입니다. 진리의 기초가 교회입니다. 교회를 떠난 진리는 진리가 아닙니다. 교회 떠난 진리를 진리인 줄 알고 따라가다가 나라도 망하고 개인도 망했습니다. 그게 바로 공산주의라고 하는 이데올로기입니다. 프롤레타리아의 독재, 이 이데올로기, 이게 좋은 줄 알고 생명을 걸어 따라가다가 보니 그게 아니더라고요. 교회를 떠난 진리는 진리가 아닙니다. 이걸 잊지 말아야 합니다. 교회가 진리의 터입니다. 과학의 터요 학문의 터요 철학의 터요 예술의 터입니다.

보십시오. 좋은 음악이 다 어떤 음악입디까. 하나님을 찬양하는 음악 아닙니까. 제가 늘 감사하는 것이 있습니다. 주일날 아침에 교회 나와서 전축을 틀면 KBS FM에서 성가가 나옵니다. 아주 좋은 성가가 나옵니다. 그때마다 '오 하나님, 감사합니다. 국영방송에서 성가를 틀고 있습니다' 합니다. 그런데 왜 그러한가—그것밖에 틀 것이 없거든요. 솔직히 말해서 유교를 틀겠습니까, 불교를 틀겠습니까. 진짜음악은 교회음악밖에 없거든요. 그 새벽에 그 아름다운 성가가 척 나오는데 그 담당 PD가 아마도 교인인가봅디다. 그 시간에는 특별히 "잘 못들으시던 성가를 듣겠습니다" 하고 트는데 그때마다 참 고맙게 생각을 합니다. 좋은 음악도 기초가 교회입니다. 진리도 철학도 학문도 과학도, 기초가 교회랍니다. 진리의 터, 곧 교회다—이렇게 말씀합니다.

이제 16절로는 찬송이 기록되어 있습니다. 그리스도로 인하여 계시된 하나님의 영광을 찬양하는 내용입니다. 그대로 읽으면 됩니다. "그는 육신으로 나타난 바 되시고 영으로 의롭다 하심을 입으시고 천사들에게 보이시고 만국에서 전파되시고 세상에서 믿은 바 되시고 영광 가운데서 올리우셨음이니라." 이걸 읽으면서 느끼는 게 사도신경입니다. 사도신경적인, 사도들의 고백적인 것이 여기에 다 나타나고 있습니다. 그리스도를 찬양하는 것입니다. "육신으로 나타나시고 영으로 의롭다 하심을 입으시고 천사들에게 보이시고 만국에서 전파되시고 세상에서 믿은 바 되시고 영광 가운데서 올리우셨음이니라." 그리스도를 찬양하는 것이지요. 그것이 교회입니다. 그리스도의 영광으로 충만한 그것이 교회입니다. 이 영광 가운데 우리가 있음을 알아야 합니다. 우리는 교회의 지체입니다. 우리가 다 교회의 한 부분 지체로 존재합니다. 그 크신 종말론적 영광을 바라보면서 그리스도의 몸 된, 교회의 지체 된 자기정체를 분명히하여야 할 것입니다. △

감사함으로 받으라

그러나 성령이 밝히 말씀하시기를 후일에 어떤 사람들이 믿음에서 떠나 미혹케 하는 영과 귀신의 가르침을 좇으리라 하셨으니 자기 양심이 화인 맞아서 외식함으로 거짓말하는 자들이라 혼인을 금하고 식물을 폐하라 할 터이나 식물은 하나님이 지으신 바니 믿는 자들과 진리를 아는 자들이 감사함으로 받을 것이니라 하나님의 지으신 모든 것이 선하매 감사함으로 받으면 버릴 것이 없나니 하나님의 말씀과 기도로 거룩하여짐이니라
(디모데전서 4 : 1 - 5)

감사함으로 받으라

　오늘본문에 나타난 이 말씀은 기독교인의 세계관, 따라서 기독교인의 윤리를 단편적으로 말해주는 대단히 중요한, 신학적이고 윤리적인 그런 교훈입니다. 또는 실제적인 것입니다. 우리는 하루하루 사는 현실적인 생활 속에서 이 말씀의 의미가 무엇인지를 알고 또 생활에 옮겨가야 할 것입니다. 복음을 전한다고 할 때 그리스도인의 신앙, 이것은 선교지(혹은 피선교지) 곧 복음을 받아들이는 그 나라나 민족과 그 문화에, 그 가치관과 세계관, 인생관에 부딪치게 됩니다. 이것을 알아야 합니다. 예수를 그냥 믿는 것이 아닙니다. 믿음으로 예수를 받아들이게 될 때 그 속에서 변화가 일어납니다. 사람이 변하고 마음이 변하고 가치관이 변하고 특별히 생활양식이 변합니다. 큰 변화가 오는 것입니다. 변화가 오면서 기존문화와 다시 들어가는 개혁적인 새로운 문화 사이에 갈등이 생깁니다. 예수를 믿으려고 할 때 그게 쉽지를 않습니다. 하나를 버려야 합니다. 하나를 버리고야 예수를 믿을 수가 있습니다. 그런 복잡한 문제가 있습니다. 마침 추석때가 돼서 지금 여러분은 아직도 온 가정이 온 문중이 다 믿지 않는 집에서는 적이 큰 갈등이 있었을 것입니다. 한쪽에서는 제사를 드린다 하고 나는 드리지 않겠다 하고 예수를 믿으면 제사드리지 말아야 되는데… 그것은 합당치 않은 방법이니까. 부모에게 효도하는 방법이 여러 가지 있겠지만 그 방법은 아니다, 이것입니다. 이것은 확실히 잘못된 오랜 관행에서 생긴 미신적인 방법이거든요. 이 방법 자체를 개혁해야겠는데 이걸 개혁 못하는 것입니다. 그러니까 기독교신앙으로 이걸 개혁하려고 할 때 부딪치는 것입니다. 큰 갈등이 생기는 것입니다. 이런 문화충돌 혹은 문화의 변혁, innovation, 혹은 transformation, 이런 큰 개혁적인 일이 생기게 된다, 그 말씀입니다. 그럴 수밖에 없지요. 빛이 들어가면 어둠이 물러가야 되니까요. 빛이 있는 곳에 어둠은 있을 수 없는 것이니까요. 그 어두운 일들, 어둡게 행하던 일들이 다 물러가게 된단말입니다. 그러니까 빛을 환영하는 사람에게는 문제가 없지만 그 낡은 옛생활에 매여 있는 그런 생활에서 벗어나기 어려워하는 사람들이 많습니다. 그래서 언제든지 소위 말하는 보수파와 개혁파가 있고, 새로운 물결 받아들이는 사람이 있고 못받아들이는 사람이 있고, 고치는 사람이 있고 못고치는 사람이 있는 것입니다. 그래서 예수를 믿으면서도, 교회에 나오고 교회생활 하면서도 지금 아주 생각을 확 바꿔가지고 복음적으로 명랑한 신앙생활 하는 사람이 있는가하면 교회는 나오고 세례도 받았지만 옛생활을 완전히 버리지 못해서 여기 왔다 저기 갔다 하는 사람이 있습니다. 과감하게 자기개혁을 일으키지 못하는 그런 사람들을 많이 볼 수 있습니다.

무릇 새로운 문화 혹은 문화의 개혁, 이것은 가치관의 변화이므로 이것을 value-orientation이라고 하는데, 가치관의 큰 변화가 오려고 할 때는 세 가지 방법으로 이뤄집니다. 첫째가 뭐냐하면 양자택일입니다. alternative입니다. 이건 둘 중에 하나입니다. 이걸 버려야 저걸 받아들일 수가 있습니다. 우상을 버리고야 예수를 믿을 수가 있습니다. 미신 버리고 예수믿는 것입니다. 한 번은 교회 나가고 한 번은 무꾸리하고… 그러는 것 안될 일입니다. 둘 중에 하나를 버려야 됩니다. 그런 요소가 많이 있습니다. 우리는 지금 상당히 많이 밝아진 것같습니다. 제가 심방을 못해서 어떤지 모르겠습니다마는, 제가 이 소망교회에 와가지고도 귀신당지기 불놓는 거 많이 했습니다. "예수믿겠는데 저는 손을 못댑니다." 조상때부터 내려오는 거 가지고 있고 부적도 있고 그런데 그거 떼면 뭐 죽는다나 어떻게 된다나, 그래서 알았다 하고는 제가 가서 의자 놓고 올라가서 뗐습니다. 그거 떼고 또 가져다가 다 불태우고, 이렇게 하는데 이제 문제가 있습니다. 이걸 내가 떼고나서 그 다음날 내가 감기라도 걸리면 큰일나는 것입니다. 그래서 목사는 건강해야 되는 것입니다. 이런 일을 하니까. 그런 걸 다 하고나서 떡 거뜬해야 '아 과연, 과연 세다. 목사님이 부적보다 세다'하게 되는 것입니다, 이리돼야지 내가 부적 떼가지고 가다가 차사고라도 나면 되겠습니까. 어쨌든 양자택일입니다. 한쪽은 버려야 되거든요. 버려야 될 게 많습니다. 둘 중에 하나입니다. 예수를 영접하려면 저건 버려야 됩니다. 여러분의 가정이나 생각에, 의식 속에 아직도 남아 있는 게 많습니다. 벌써 깨끗이 버려야 할 것인데 못버린 것들이 있습니다. 그게 바로 두고두고 문제를 일으키는 것입니다. 그래서 여러분의 신앙생활이 명랑해지지를 못합니다.

그런가하면 다 버릴 것은 아닙니다. 어려운 학술적 용어를 쓰겠습니다. functional substitute라는 것이 있습니다. 이것은 뭐냐하면 기능대치 하는 것입니다. 그 형식은 놔두고 의미를 바꾸는 것입니다. 모든 일에서, 우리가 사랑한다 할 때 혹은 우리가 가진 문화생활 속에 그런 문제가 있거든요. 사랑한다 할 때 사랑의 표현이 있고 사랑의 내용이 있지 않습니까. 서양사람들은 사랑한다, 하면 만나자마자 끌어안고 키스도 하고 합니다마는 우리네는 그렇게 안하거든요. 그러면 예수믿을 때 꼭 그래야 되느냐? 그럴 필요는 없지요. 어느 목사님이 고집스럽게 해서 예식장을 참 불편하게, 모든 사람의 마음을 불편하게 만들었다고 하는 얘기를 들었습니다. 몇번 그런 얘기를 들었습니다. 어느 목사님이 미국가서 공부를 하고 좀 오래 살았는지 모르겠는데, 그런데 거기 미국사람들 결혼할 때는 결혼 끝나고나서 "신랑과 신부 됨을 선언합니다"하면 하자마자 둘이 탁 끌어안고 키스를 하거든요. 이 사람이 이걸 좋게 봤던가봅니다. 그래 한국에 나와가지고도 신랑 신부 그렇게 하라고 했습니다. 그런데 이걸 합니까. 저희끼리 으슥한 데 가서나 하지 식장에서 못하는 것입니다. 목사님이 아무리 하라고 해도 안하는 것입니다. 그런데 이런, 또 목사님도 고집이 세지 그걸 30분이나 졸랐다는 것입니다, 30분을. 그러니 거기 앉았던 사람들이 얼마나 민망했겠습니까. 당자들도 땀나지요. 그거 못된 고집이지요. 아무튼 30분 후에 신랑신부는 마지못해 그리하는 척했다는 것입니다. 그래서 무사히 넘어갔다고 하는 얘기입니다. 그런데 그렇게 할 필요는 없지요. 여기서는 우리네 방법이 있는 것입니다. 우리는 우리 방법대로, 그리고 내용만 바꾸는 것이지요. 내용은 같고, 바꾸지마는 형식은 바꾸지 않습니다. 그런 게 많이 있습니다. 그거 아주 좋은 것입니다. 기능대치 하는 것입니다. 지금 우리는 여기 남녀 섞어 앉았습니다. 이것도 사실 제가 40년 목회하는 중에 생긴 굉장한 일입니다. 제가 처음 목회 시작할 때만 해도 남자 여자 딱 갈라 앉았습니다. 그리고 제가 어렸을 때 다니던 교회는 아예 교회가 기역자로 되어 있었습니다. 한쪽에는 남자, 한쪽에는 여자, 들어가서 이렇게 떡 자리하게 되고 목사님만 양쪽을 보는 것입니다. 남녀가 어딜 같이 다녀요? 부부간에도 남자가 앞에 가고 여자는 저만치 뒤에 따라다녔거든요. 그랬던 것 아닙니까, 우리가. 그러면 서양사람들이 우리네 교회에 와서 복음을 전한다고해서 "우리 식대로 합시다. 남녀 같이 앉으세요"할 수 있나요? 아니지요. 그건 우리 방법대로입니다. 우리는 남녀유별이니까요. 그런 걸 무리하게 그럴 필요가 없는 것입니다. 지금 여러분은 의자에 앉았지마는 얼마전까지만 해도 땅에 앉았습니다. 땅에 앉는 문화니까 땅에 앉아라, 의자에 앉게 되니까 의자에 앉아라, 할 일입니다. 지금 여기 보니 모두들 양복을 입었네요. 한복을 입은 사람은 내가 얼른 보기에는 없습니다. 그럼 옷도 바꿨지 않습니까, 벌써. 다 바뀐 것입니다. 알게모르게 그저 바뀌었습니다. 또 머리 보면 머리 다 잘라버렸지 않습니까. 다 지져버리고… 얼마나 많이 바뀌었습니까. 옛날에야 이런 머리가 어디 있었습니까. 남자들은 상투를 틀어야 되고 갓을 써야 되고… 이랬지 않습니까. 어쨌든 그런 것, 우리가 가진 오랜 전통의 문화 그 형식, 문화형식은 바꿀 필요가 없습니다. 그 속내용만 바꾸면 되는 것입니다. 이것을 '기능대치'라고 합니다. 우리 문화 속에서 우리가 가진 형식대로 하되 속의 의미를 바꿔나가는 것입니다. 이런 것이 있는 것입니다.

그런가하면 또 종교언어로 사용하는 경우가 있습니다. 그래서 지금 우리가 쓰는 "예배합니다"하는 말도 이것은 우리말입니다. "설교합니다"하는 말은 '설법(說法)'에서 나온 말입니다. 지금은 '설교'라 하지만 옛날에는 '강도'라고 했습니다. 도(道)를 강(講)하는 것이다, 해서 말입니다. 발음이 이상해서 그거 안쓰지만 제가 처음 목회자 되었을 때 '강도사'였습니다. 설교하는 사람이다, 이것입니다. 하지만 한문으로는 말이 되는데 발음이 이상하지 않습니까. 우리가 설교라는 말을 평범하게 쓰고 있지만 사실은 '설교'는 설교가 아닙니다. 교리를 설명하는 것이 아닙니다. 말씀을 전하는 것입니다. 설교학을 30년이나 가르쳤지마는 설교라는 말 자체가 마음에 안듭니다. 그렇지 않습니까. 설명만 하고 있는 게 아닙니다. 하나님의 말씀을 전하고, 이 강론을 통하여 여러분의 마음속에 말씀을 심는 것이거든요. 이것이 설명하는 정도로 될 수 있는 일이 아니지요. 설법하는 정도만 가지고 되는 게 아니거든요. 자, 어쨌든 그만큼 우리가 가지고 있는 언어, 소위 religious language, 종교언어를 우리가 그냥 사용을 합니다. 그럴 수밖에 없지요. 우리가 가지고 쓰던 말이니까요. 보십시오. 우리가 지금 '하나님의 나라'라고 말하지요. 옛날어른들은 '천당'이라 하였습니다. 하늘 집- 천당, 하나님의 나라. 이런 얘기도 결국은 우리가 쓰던 말을 쓰는 것입니다. 또 '하나님' '하늘'하는 이런 말들도 다 우리말입니다. 그걸 굳이 우리가 외국어로 쓸 필요가 없지요. 그리고 또하나의 문제가 있습니다. 우리가 지금 "아멘"하는데, 이는 히브리말입니다. 그럼 '아멘' 안하기로 하면 뭐라고 해야 좋겠습니까? 아멘은 원래 '진실'이라는 말입니다. "그렇습니다"하는 말입니다. "그 말은 참말입니다"라는 뜻입니다. 이제 여러분, '아멘'을 무슨 말로 하면 좋겠습니까? 어느 젊은 목사는 "그렇지"하여야겠다고 합디다. 그래 기도하고나서 "그렇지"하여야겠습니까? "아멘"이 낫지요, 그것은. '할렐루야'도 그렇습니다. 부득불 우리가 외래어를 그대로 사용하는 경우도 많습니다. 그래서 말입니다. 이런 종교언어 문제로 그 선교지의 토착언어를 복음전파의 tool로, 기구로, 언어로, 그릇으로 사용하게 되는 것입니다. 거기에 개념상 많은 문제가 있지마는 그렇게 하는 것이 최선의 길입니다.

그런데 여기에 신학적 문제가 있습니다. 이렇게 번역을 해나가고 단어를 고치고 형식을 취하기도 하고 버리기도 할 때 여기에 신학적으로 발생하는 문제가 많이 있습니다. 이것이 목사님들의 몫이요 교인들의 몫이요 교회가 여러분께 가르치는 주제요 내용일 것입니다. 그런데 오늘 1절에 보니 그래서 말씀합니다. "믿음에서 떠나"라고 하였습니다. 에베소사람들에 믿음에서 떠난 사람들이 있더라는 것입니다. 우리나라 문화로 보면 무속문화, 불교문화, 유교문화, 그리고 식민지문화, 이런 것들이 바탕이 되고 있습니다. 그런데 이제 복음을 받았습니다. 그러면서 우리의 본래 가졌던 문화의식과 문화형식과 문화언어와 종교적인 언어와 복음 사이에 중요한 해석이 필요해졌습니다. 이게 바로 신학적 문제라는 말씀입니다. 이는 두고두고 풀어야 할 과제입니다. 그런데 믿음에서 떠나는 일이 있어서는 안되거든요. 이게 중요한 것입니다. "자기양심이 화인맞아서"라 하였습니다. 사람은 부득불 둘 중에 하나입니다. 어느 쪽으로든지 종이 되는 것입니다. 하나님의 종이냐 마귀의 종이냐, 죄의 종이냐 은혜의 종이냐—어차피 인간은 자유가 없습니다. 그런데 오늘본문에 보면 이마에 화인을 맞았다, 하였습니다. 화인이라는 것이 뭐냐하면 옛날에 노예들 이마에 '영영 내 노예로 만들어야겠다' 생각하여 불에 달군 화인을 찍어버렸던 그것입니다. 그럼 어디 가나 이 사람은 내 이름으로 불림을 받는 것이지요. '이건 내거다'하는 그런. 여기 화인맞았다는 말씀은 양심에 화인, 마귀의 화인, 마귀의 도장이 찍혀버렸다는 것입니다. 이 사람은 영영 바른 길에 설 수 없는, 그런 사단의 종이 돼버렸다, 하는 말씀입니다. 처음에는 믿음이 있는듯이 보였지요. 그러나 세월이 가면서 점점점점 악한 세대에 빠져들어가더니 필경은 마귀사단의 화인을 맞았습니다. 이제 마귀의 종이 되어버린 것입니다. 그러면 선택권이 없고 판단력도 없고 회개할 능력노 없습니다. 이런 아주 본질적으로 악한 사람이 교회에 들어와 있더라는 것입니다. 그리고 교회에 들어와서는 신앙을 교란시킵니다. 잘믿는 사람들의 믿음을 흔들어놓는단말입니다. 이게 문제입니다. 교인이라는 이름으로, 때로는 교역자라는 이름으로 교회 들어와서 교회를 흔들어놓는 것입니다. 사도 바울은 이 문제를 두고 "성령이 밝히 말씀하시기를" 이렇게 전제하고나서 '미혹케 하는 영과 귀신의 가르침을 좇는 것이다. 그는 양심에 화인을 맞았다, 그런 돌이킬 수 없는 악한 무리들이 교회 들어와서 교회를 혼란케 하고 있다. 그것을 잊지 말라'하는 것입니다. 이렇게 가르치면서 오늘본문에 기독교의 윤리에 대한 아주 중요한 교훈을 하고 있습니다.

 오늘 이 본문은 에베소로 보내는 것입니다. 왜냐하면 지금 디모데가 에베소에 있기 때문입니다. 에베소에 있던 사상 가운데 소위 헬라철학의 이원론적 세계관이 있습니다. 이원론—도대체 이 우주에 뿌리가 둘이라는 것입니다. 악마와 하나님과 또 세상과 저 앞에 있는 영원한 세계와—이렇게 완전히 둘로 나누어서 이원적으로 생각을 하는데, 그 대표적인 예가 소위 노스틱주의입니다. 노스틱주의라고도 하고 영어로 그노시스라고도 합니다. 그노시스, 노스틱, 노스틱주의라는 게 뭐냐하면 이렇습니다. 그저 간단하게 말씀드리겠습니다. 헬라철학은 어디까지나 철학입니다. 그런데 철학이 종교화한 것입니다. 철학이 종교가 되어버렸습니다. 이게 노스틱주의입니다. 헬라철학, 그 이원론사상이 종교화하면서 어떤 교리를 만드나 보십시오. 이렇습니다. '영적인 것은 다 선한 것이다. 물질적인 것은 악한 것이다. 신령한 것은 다 선한 것이고 육체적인 것은 다 악한 것이다'라고 생각합니다. 이렇게 악하다고 전제하고나니 뭐가 됩니까?

육체로 말미암은 것은 다 악한 것입니다. 그러니까 먹고 싶은 본능도 나쁜 것이고 자고 싶은 본능도 나쁜 것이고, 게다가 남자가 여자를, 여자가 남자를 좋아하는, 성욕같은 것은 더더욱 나쁜 것이다─이렇게 생각합니다. 그러니까 자연히 염세주의가 됩니다. 그래서 본능을 죄악시하고 음식도 죄악시하고 결혼생활도 죄악시하지요. 이런 노스틱주의에 영향을 받은 사람들, 이런 사람들은 결혼을 하지 않습니다. 검소하게 삽니다. 더구나 모든 본능을 다 죄악시하고 욕망 자체를 죄악시하기 때문에 염세주의자가 되고 세상에 대해서는 부정적인 그런 자세를 가지게 됩니다. 이런 사상이 기독교에 들어왔습니다. 이것이 문제입니다. 밖에 있는 이런 사상이 기독교에 들어와서 '예수를 믿는다'하면서 자기가 더 잘믿는다고 합니다. 자기가 더 거룩하게, 깨끗하게 믿는다, 하면서 생겨진 것이 뭐냐하면 소위 수도원 운동입니다. 요새도 그런 종교들 많이 있습니다. 요새도 여러분 관심있게 보면 산에 수도원들이 많습니다. 거기 올라가서는 '나는 신령하다. 저기 남대문시장에서 사는 건 얼마나 죄악인가. 가정생활 하느라고 얼마나 복잡한가. 아이구 불쌍하다'라고 생각합니다. 산에 올라가서 기도하고 찬송하는 그것만 아름다운 것입니다. 그런데 거기서도 먹긴 먹어야겠으니 죄악세상에서 번 돈 가지고 가더라고요. 이거 영 모순이지요. 아무튼 옛날에는 이런 것이, 더구나 4세기에는 많은 소위 수도사들이 있었습니다. 그러니까 일반적인 사회생활 하는 것이 아니고 예수를 믿으면서 아예 산 속에 들어간 것입니다. 저 유럽에 가보면 그 많은 수도원들, 옛날 수도원들, 무너진 수도원들, 현재도 있는 수도원들, 사람 없는 수도원 많습니다. 제가 며칠동안 차를 타고 일부러 다니면서 수도원 유적을 살펴본 적이 있습니다.

참 많읍디다. 그렇게 수도원 속에 들어가서 믿어야 잘믿는 것이라고 생각을 했던 것입니다. 대표적인 예 몇 가지만 들겠습니다. 아예 애굽광야, 그 뜨거운 광야에 나가서 삽니다, 일부러. 그리고 세상사람과 만나지를 않습니다. 만나면 죄짓게 되고 보면 죄짓게 되고 사귀면 죄에 빠지게 되니까 안된다, 이것입니다. 사람 결별하고 산 속이나 혹은 광야에 나가서 사는데, 보십시오. 음식이라고 만든 음식은 절대로 먹지 않습니다. 전부 생식만 합니다. 소나 짐승처럼 말입니다. 왜요? 맛있게 만드는 게 죄다, 이것입니다. 맛없게 먹어야지 맛있게 먹는 것, 거기에 취해들어가고 하느라면 예수님 잃어버리고 하나님 잃어버리니까 안된다, 이것입니다. 맛없게 먹어야 된다는 것입니다. 그래서 요리하는 건 금물입니다. 죽지 않을 만큼만 먹으면 되는 거지 맛있게 먹어서는 안된다는 것입니다. 맛있다는 것 그 자체가 죄라는 것입니다. 여기까지 생각을 합니다. 그리고 심지어는 주상(柱上)의 성자라고해서 기둥을 광야에다 세워놓고 그 기둥을 타고 올라가 그 기둥 위에 쪼그리고 앉아서 한평생을 산 사람도 있습니다. 왜? 잠자지 마라, 그것입니다. 먹지도 않고 자지도 않겠다는 것입니다. 사람들이 음식을 던져주면 먹고, 아니면 굶고. 거기 쪼그리고 앉아서 한평생을 산 그런 소위 주상의 성자, 아주 유명한 얘기입니다. 이게 뭐냐하면 자는 것이 죄라는 것입니다. 육체를 편안하게 하는 것은 죄다, 그것입니다. 또 있습니다. 일부러 몸을 더럽게 했습니다. 여러분 상상이 갑니까? 내 몸 더럽게 해서 사람들이 나를 멀리하게 되어야지 내가 깨끗해서 사람들이 나를 가까이하면 안된다는 것입니다. 사람들이 나를 싫어하게 돼야 한다는 것입니다. 나도 사람이 싫고 사람도 나 싫고… 일부러 더럽게 합니다. 거기에 이런 희한한 명언이 있습니다. '깨끗한 몸은 결국 더러운 영혼이라는 뜻이다.' 그러니까 몸이 더러워야, 몸에 대한 잘입고 깨끗하게 하고 편안하게 하고 잠들고 하는 것 다 지워버려야 영혼이 깨끗해진다는 것입니다. '깨끗한 영혼은 육체적으로는 오히려 더러울 수밖에 없다'하는 역설적인 이론을 가지고 있습니다. 이렇게 살았단말입니다. 그러니까 오늘본문에도 이런 말씀이 나오지 않습니까. "혼인을 금하고 식물을 폐하라 할 터이냐"—바로 그 얘기입니다. 혼인을 금하고 식물을 폐하라—잘믿으려면 음식먹는 것 맛있게 먹어도 안되고 잘먹어도 안되고 잠 많이 자도 안되고 좋은 옷을 입어도 안된다는 것입니다. 교회에 나오든가 해도 좀 화려한 옷을 입었거나 깨끗한 옷을 입었으면 "무슨 신앙의 사람이 저 모양인가?"하게 되고… 그렇지 않습니까. 혼인을 금하고 식물을 폐하라—이것이 노스틱주의자들의 주장입니다.

그러면 오늘 사도 바울은 이 문제에 대해서 어떻게 말씀하나 보십시오. 이제 이렇습니다. "식물은 하나님이 지으신 바니 믿는 자들과 진리를 아는 자들이 감사함으로 받을 것이니라." 몇 가지로 말씀하고 있습니다. 모든것이 선하다—근원적으로 하나님께서 창조하실 때 선한 것이었습니다. 사람들이 죄를 지어서 그게 더러워진 것은 사실이지만 그러나 근원적으로, 본래적으로, original meaning은 아름다운 것입니다. 하나님께서 천지를 창조하시고 보시니 선하더라—아름답더라, 그 말씀입니다. 아름다운 것입니다. 깊은 세계에서 보면 아름다운 것입니다. 구원받고 저 하늘나라로 갈 때, 저 끝에 가서 종말론적으로 볼 때 아름다운 것입니다. 모든것은 선합니다. 그런고로 하나님께서 지으신 모든것, 몸도 아름다운 것이고 육체도 아름다운 것이고 먹고 싶은 마음도 아름다운 것입니다. 입맛도 하나님께서 주신 선입니다. 그것을 잊지 말아야 합니다. 음식만 축복이 아닙니다. 좋은 입맛이 선한 것입니다. 우리교회 장로님 한 분이 식사할 때 보면 늘 나는 절반도 못먹었는데 벌써 다 먹어버리고 맙니다. 국제신사가 그게 뭐냐고, 좀 천천히 잡수라고 몇번 그랬더니 "목사님, 내가 왜 그걸 모르겠습니까. 목사님하고 속도를 맞춰서 천천히 먹어야 될 줄 알지만 요걸 입에다 넣으니까 너무 맛이 있어가지고 쏙 넘어가는 걸 어떡합니까?" 그래서 제가 "당신은 참 복이 많소"하였습니다. 한평생 소화제를 먹어본 일이 없다고 합니다. 그거 복이지요. 그렇지 않습니까? 여러분, 음식보다 중요한 게 입맛입니다. 이거 하나님께서 주신 복입니다. 건강도 하나님 주신 복이지요. 특별히 치아같은 것, 이가 좋아야 음식을 잘 씹어서 맛있게 먹을 수 있을 것 아닙니까. 그거 복입니다. 오복(五福)에 치아 얘기는 없습디다만 어쨌든 치아는 건강을 말하는 것입니다. 그게 건강의 한 상징입니다. 하나님께서 우리에게 주신 모든 욕망, 사실은 그 욕망 자체가 아름다운 것입니다. 특별히 여러분, 성욕이 없다면 자식 낳겠습니까. 자식이 귀하다면 성욕도 귀한 것입니다. 하나님께서 우리에게 주신 아름다운 것입니다. 그런고로 이 모든것을 예술화할 줄 알고 인간화할 줄 알고 신앙화할 줄 알고, 나아가서는 신학화할 줄 알아야 되는 것입니다. 하나님께서 주신 것입니다. 아름다운 것입니다. 모든것은 선합니다. 두 번째로, 믿는 자 그리고 진리를 아는 자에게는 선한 것입니다. 믿는 자, 내가 구속받은 것을 알고 내가 죄사하심받은 것을 알 때 다 아름다운 것이 됩니다. 더구나 예수 그리스도께서 말씀해 주신 진리를 알면 모든 율법적인 속박으로부터 자유합니다. 그런고로 진리를 아는 자에게 이 모든 일은 선한 것입니다. 먹는 것도 아름다운 것이고 일하는 것도 아름다운 것이고 자는 것도 아름다운 것입니다. 전부가 아름답고 선한 의미를 가지게 됩니다. 또한 "감사함으로 받으면"하고 말씀합니다. 감사함으로 받으면 다 아름다운 것입니다. 음식도 그렇지 않습니까. 감사함으로 받으면 맛이 있는 것입니다. 감사하는 마음이 빠지면 소화도 안됩니다. 이게 문제가 되는 것입니다. 미국의 의학학회지에 발표된대로 보면 1990년 미국사람들의 사망원인 1위가 심장병이고 2위가 간암이고 셋째가 뇌졸중입니다. 그런데 이건 병명으로입니다. 그런데 생활습관으로 분석해보면 이 죽은 사람들의, 소위 심장병, 간암, 뇌졸중으로 죽은, 이 사람들의 평소 생활습관을 깊이 연구해보면 흡연, 과식, 운동부족, 음주입니다. 이것을 알아야 합니다. 담배를 많이 피웠습니다. 과식하고 운동을 안했습니다. 그리고 술을 많이 먹었습니다. 좀더 심리학적으로 깊이 연구해보면 이건 또 왜 했느냐—좋아서 한 게 아닙니다. 죽고 싶어서 한 것입니다. 그걸 알아야 됩니다. 술마시는 사람이 '술이 맛이 있어서 좋다'해서만 먹는 게 아닙니다. '에라, 죽을 테면 죽으라지'하고 먹는 것입니다. 술도 음식인데 적당히 먹어야지 저렇듯 코가 비뚤어질 때까지 먹는 건 만성자살행위입니다. 이렇게되면 돈 없어지지 몸 상하지 병들지요. 알아요. 이거 먹으면 죽는다는 거 압니다. 먹으면 죽는다는 걸 알기 때문에 그 생각 잊어버리려고 먹는 것입니다. 정말입니다. 제가 전에 미국에서 여름방학 동안에 공장에 가서 일을 했습니다. 저와 같이 일하던 사람이 위암수술을 받았습니다. 의사가 말하기를 "너는 술마시면 죽는다"하였다고 합니다. 그런데 이 사람이 일주일에 한 번씩 술 마시더라고요. 그래 제가 "너 술마시면 죽는다는데 왜 마시냐?"했더니 "술 마시면 죽는다는 말이 너무 괴로워서 마십니다"합니다. 이걸 알아야 됩니다. 흡연이고 과식이고 음주고, 무절제한 생활은 정신적 자살입니다. 그 자체를 즐기기보다 자기자신을 일부러, 생명을 학대하는 것입니다. 다시 말합니다. 여기에 감사가 없습니다. 하나님께 감사하는 마음이 없습니다. 형제와 이웃과 사랑하는 사람 앞에 감사하는 마음으로 먹어야 됩니다. 그리고 행동을 해야 되는데 그게 없습니다. "감사함으로 받으면"—보십시오. 모든 일을 하나님께 감사합니다. 그러면 하나님께 영광되고 본인에게 은혜되고 복이 되는 것입니다. 감사함으로 받으면 다 선한 것입니다.

귀한 말씀이 또 있습니다. "말씀과 기도로 거룩하여짐이니라." 말씀과 기도로—계속 하나님의 말씀을 듣고 깨달으면서 거룩해집니다. 재해석이 나옵니다. 좀더 감사하게 되고 좀더 깊이 감사하게 됩니다. 그리고 "기도로"—기도가 무엇입니까. 하나님의 뜻을 헤아리는 것입니다. 그런고로 하나님 앞에 기도하는 마음으로 감사합니다. 하나님, 이 음식을 주셔서 감사합니다, 귀한 가정을 주셔서 감사합니다, 또 오늘 이렇게 귀한 가정생활을 주셔서 감사합니다, 합니다. 이 얼마나 중요한 것입니까. 모든 일이, 감사함으로 받으면 다 아름다운 것입니다. 어느 분이 랍비인데, 부인이 아주 못됐습니다. 너무너무 못돼서 속을 썩힙니다. 그런데 랍비는 그 여자를 잘 사랑하고 삽니다. 친구들이 물어봤습니다. "도대체 우리가 보기에도 딱한데, 동네에서도 문제요 모든 사람에게 미움받는 그 아내를 어떻게 그렇게 사랑하고 사는가? 참 자네는 정말 성자일세." 그러니까 "뭐 성자라고 할 것까지는 없네. 다만 이게 하나님의 뜻임이 분명하네. 나같이 참을성이 많은 사람이기에 저 사람 데리고 살지 만일에 내가 참을성이 좀 부족한 사람이었으면 벌써 결딴이 났겠네. 하나님께서 저 사람하고 나하고 딱 궁합을 맞춰주셔서 나는 지금 이렇게 행복하게 산다네. 또 저 사람이 저렇게 못되게 굴기 때문에 내가 더 기도하고 내가 더 참고 자네들 말대로 성자는 못돼도 성자 비슷하게 살아간다네"하고 말하는 것입니다. 아주 중요한 것입니다. 기도함으로 거룩하여짐이니라—모든 관계가 기도함으로 거룩해집니다. 말씀과 기도로 거룩해집니다. 그리고 다시한번 생각하여야 됩니다. "감사함으로 받으면…" 경제생활, 사회생활 직장생활, 모든것이 다 그렇습니다. 감사함으로 받으면 선하고 아름다운 것이 될 것입니다. 우리는 염세주의나 혹은 세상을 부정적으로 보는 그런 세계에 머물러서는 안됩니다. 기독교인에게는 모든 역사, 모든것이 하나님의 세계요 하나님께서 주신 축복입니다. 하나님께 감사하십시오. 특별히 여러분, 음식을 먹을 때 이런 것이나 저런 것이나 음식이 좋든나쁘든 상관할 것 없습니다. "하나님, 참으로 감사합니다"할 때에 그것은 선한 것입니다. 여기에 의가 있고 아름다움이 있고 은혜가 있는 것입니다. 또한 건강도 있는 것입니다. △

경건의 유익

네가 이것으로 형제를 깨우치면 그리스도 예수의 선한 일군이 되어 믿음의 말씀과 네가 좇은 선한 교훈으로 양육을 받으리라 망령되고 허탄한 신화를 버리고 오직 경건에 이르기를 연습하라 육체의 연습은 약간의 유익이 있으나 경건은 범사에 유익하니 금생과 내생에 약속이 있느니라 미쁘다 이 말이여 모든 사람들이 받을 만하도다
(디모데전서 4 : 6 - 9)

경건의 유익

말씀드린대로 이 디모데서는 목회서신입니다. 디모데는 사도 바울의 믿음의 아들이며 바울이 세운 교회를 계속 맡아서 인도하고 있는 분입니다. 충성된 사도 바울의 제자요 동역자입니다. 이 후배에게 이렇게 지금 교훈을 하고 있는데, 아마도 오늘본문에 나타난 말씀은 가장 개인적인, 아주 친근한 관계로 주는 충고요 또 교육이요 또 권면이라고 생각합니다. 아주 친절하게, 하나님의 일꾼으로, 하나님의 사람으로 어떤 자세로 살아가야 되겠는가, 어떤 자세로 주의 일을 해야 될 것인지를 가르쳐줍니다. 오늘본문말씀은 그래서 주로 교역자들에게 가서 강연, 설교할 때에 많이 사용합니다. 저도 교역자들, 목사님들 앞에 가서 강의할 때 이 본문을 가지고 강연할 때가 참 많습니다. 오늘본문에서 아주 중요하게 몇 가지 요점을 찾아볼 수 있습니다. 첫째가 뭐냐하면 'how to instruct others'입니다. 다른 사람을 어떻게 교육해야 하나, 어떻게 가르칠까, 하는 것입니다. 남을 가르친다는 것이 얼마나 어렵습니까. 내가 낳은 자식을 놓고 가르쳐도 잘 안되거든요. 말을 안듣습니다. 내 뜻이 제대로 전달되지 않습니다. 그래서 교육심리학에서 이렇게 말합니다. 아무리 말을 잘하고 아무리 설득력이 강한 사람도 남을 가르칠 때는 가르치는 바로 그 시간에 한 테마를 놓고 얘기할 때 25%만 전달할 수 있으면 성공이라고 합니다. 그러니까 100% 전달이 되리라고는 생각하지 마십시오. 우리가 남에게 무슨 말을 할 때 내가 생각하는대로 다 그대로 이해해주리라고 생각하지 마십시오. 한두 마디 해가지고 되는 일이 아닙니다. 남의 생각을 내 생각으로 끌어당기는 것, 그렇게 바꾸어놓는 것이 그렇게 어려운 일입니다. 교육이라는 것은 말로 하는 것도 아니고 머리로 하는 것도 아닙니다. 가장 중요한 것은 인격으로 하는 것이고 가슴으로 하는 것입니다. 그 가슴이 열리고 가슴에 전달이 될 때까지 이 얼마나 어려운 일입니까. 그러고야 교육이 되는 것입니다.

오늘말씀에는 간단하면서도 중요한 교훈을 합니다. 어떻게 가르쳐야 되느냐, 할 때 '깨우치라'하였습니다. 깨우친다— '휘포티데메노스'라고 하는 이 말은 좀 특별한 의미를 가졌습니다. 가르친다는 것과 깨우친다는 것은 다릅니다. 우리말도 상당히 원문에 가까운 뜻을 가졌습니다. 깨우친다, 영어로 이것을 직역하면 suggest입니다. instruct가 아니고 suggest입니다. instruct는 가르친다는 뜻입니다. 교육한다는 뜻입니다. suggest는 암시한다, 하는 말입니다. 그 생각을 이끌어낸다, 그 말입니다. 그 생각을 내가 생각하는 방향으로 끌어낸다, 말하자면 시사한다, 암시한다, 이런 말입니다. 넌지시 그의 생각을 끌어당긴다, 그런 뜻입니다. 그러니까 이것은 뭐냐하면 대상을 놓고 강제로 명령하는 것이 아닙니다. 앉아라, 서라, 가라, 오라, 이래야 된다 아니면 벌 받는다, 잘하면 상주고 못하면 매를 맞는다, 당근이다, 채찍이다, 이래가지고 되는 것이 아닙니다. 아시다시피 사람의 마음을 돌린다는 게 얼마나 어렵습니까. 이게 바로 교육인데, 어렵습니다. 강권적으로 가능한 게 아닙니다. 강권적이어서는 억지로 순종하는 듯하지만 마음은 점점 멀어집니다. 그런고로 깨우쳐야 됩니다.

특별히 오늘본문에는 뭐라고 말씀하는고하니 "형제를"이라 하였습니다. 대상이 누구냐? 형제입니다. 너와 나는 형제다, 하는 그런 관계에서, 그 관계성부터 바로 세우면서 깨우쳐야 됩니다. 형제이지 웃사람 아랫사람이 아닙니다. 나와 그는 수평관계입니다. 너와 나는 같습니다. 같은 배를 탔습니다. 같은 운명을 가졌습니다. 같은 아버지 어머니 슬하의 형제입니다. 같은 하나님 아버지, 같은 그리스도로 말미암아 구원받았습니다. 그리고 같이 영원한 나라에 갈 것입니다. '형제'—아주 중요한 말씀입니다. 하나님을 아버지로 이웃을 형제로—이 관계를 분명히하면서, 절대로 타인이 아닌 형제관계로, 하고나서 suggestion을 하는 것입니다. 깨우치는 것입니다. 알도록, 받아들이도록, 따라오도록, 그리고 본인이 스스로 깨닫도록 깨우치는 것입니다. 제가 아이들을 키우면서 말하자면 깨우쳤던 일이 있는데, 이젠 다 커서 너무 어렸을 때 일이므로 자신들도 기억 못할 것입니다. 왜냐하면 사람은 네 살 이전의 일은 기억 못하기 때문입니다. 자, 어떤 일이 있었느냐—옛날 겨울이면 너무 추워서 방에다 난로를 놨거든요. 소위 구공탄난로를 방에다 떡 놨습니다. 그런데 아이들에게는 이게 중요한 장난감이었습니다. 자꾸 만지려고 덤빕니다. 그래서 어떤 집에 가보면 그 난로 둘레로 돼지우리처럼 울타리를 넓직하게 해놓았습니다. 가까이 못오게. 거기다가 빨래도 널고 그랬습니다. 옛날사람들만 아는 일이지요. 젊은사람들은 무슨 말인지 못알아들을 테니까 그저 그랬거니 생각을 하십시오. 그런데 아이들이 이 '울타리'에 올라갔다가 떨어져서 데이곤 했습니다. 그런데 우리집에서는 이 난로를 가운데다 떡 놔두고 울타리를 하지 않았습니다. 교인들이 왔다가 보고 깜짝놀랍니다. 아이구, 울타리 해야지 어린애들도 몇 있는데 이거 되겠느냐, 큰일난다, 하면 "걱정없습니다. 걱정 붉어누세요. 우리는 안그렇습니다" 하였습니다. 왜요? 난로가 처음에 따끈따끈해올 때 아이들을 끌어다가 손을 한번씩 대게 했거든요. 그러면 "악"하고 울었습니다. 다시는 안갑니다, 이제는. 이것 보십시오. 아이들 보고 "난로에 가까이 가지 마라. 가까이 가면 매맞는다"하는 식으로 되나요? 내가 한번 손을 데야지 따끔해서 "앙"하고나면 다시는 안가는 것입니다. 이게 바로 깨우치는 것입니다. 스스로 깨닫도록 하는 것입니다. 그게 해결의 길입니다. 말을 많이 한다고 되는 것이 아닙니다. 그런고로 이 깨우침이라는 것은 가르치는 자에게 굉장히 사랑도 있고 인내도 있고 너그러움도 있고 경험도 있고 그리고 지혜가 있어야 됩니다. 그래야 깨우치게 할 수 있습니다. 지혜가 없는 어머니들은 가라, 오라, 아이가 뭐 이러냐 저러냐, 하는데 이것 가지고는 안되는 것입니다. '어떻게 해야 이게 될까?' 깨우치는 것입니다. 제가 한번―이것은 우리나라에서는 없는 얘기입니다. 미국에서 어떤 때 한번 다큐멘터리 텔레비전 프로가 나오는 것을 보았습니다. 고등학교 2학년 정도 되는 아이들이 서로 연애를 했습니다. 열심히 뜨겁게 연애를 해놓고는(정말 자유세계지요) 그 남자아이가 제 애인을 데리고 부모님 앞에 딱 가서 "나 얘하고 결혼할랍니다"하고, 또 여자아이도 "나 얘하고 결혼할래요"하고는 결혼을 서두르는데 시아버지 시어머니, 아버지 어머니가 보니 큰일났거든요. 어떡할 것같습니까? 이런 경우에 이 정도면 "정신이 있냐 없냐!" 이렇게 나올 건데 아닙니다. "그래?" 딱 물읍니다. 여자아이 보고 "너 왜 결혼하려 하느냐?" "사랑하기 때문이에요." "사랑하기 때문에 결혼하느냐?" "그럼요. 같이 있고 싶으니까요." "그럼 좋다. 그러면 앞으로 일생동안 살 건데 한 일주일만 먼저 연습 좀 하자"합니다. 그러자고 해서 "우리집에 와." 이래서 방을 하나 정해주고 같이 밥을 먹고 같이 지내게 됩니다. 잠만 따로 자고. 그 다음에 아침에 일어나 밥을 하는데 "도와라. 빨래도 해야 된다." 이것도 하게 하고 저것도 하게 하고… "이게 다 결혼생활이라는 거다, 알겠느냐?" 이렇게 한 사흘 하니까 "나 결혼 안할래요"하고 가버리더라고요. 이 얼마나 중요한 것입니까. 가만 생각해보십시오. 우리같아서는 그 정도면 애가 정신이 들었냐 나갔냐, 이러고 나올 것입니다. 그건 깨우치는 게 아닙니다. 모름지기 깨우치는 것입니다. '결혼이라는 게 뭐냐?' 이것을 다 알고나면 '아, 지금은 안되겠다'하고 나오는 것입니다. 스스로 깨닫도록 그렇게 유도하여야 되는 것입니다. 그래서 성경은 말씀합니다. 교인들을 가르칠 때 깨우쳐라, 형제를 깨우쳐라, 합니다.

그 다음에는 가르치는 자의 마음가짐에 대해서 말씀합니다. 이 또한 중요한 말씀입니다. 가르치는 사람. 흔히들 가르칠 때는 나는 항상 가르치려고만 생각을 합니다. 그러나 그것은 아닙니다. 가르치면서 배우는 것입니다. 항상 배우는 마음으로 가르쳐야 됩니다. 그 걸 잊지 말아야 합니다. 우리가 누구를 가르치면서 자기자신을 또 가르쳐야 됩니다. 남에게 진실하라, 하면서 내 진실을 묻고 나 보고도 진실하라고 해야 되는 것입니다. 나는 항상 가르치는 입장에만 있다고 높이 서서 하향식으로 명령하려고 해서는 안되는 것입니다. 똑같은 것입니다. 다같이 그리스도 안에서 배우는 것이고 다같이 성장을 해야 되고 다같이 깨우쳐야 되는 것입니다. 그런고로 스스로 양육받는다는 마음을 가져야 됩니다. 남을 양육하면서 나도 양육받는 것이요, 남을 가르치면서 나도 가르침을 받는 것입니다. 배우는 마음, 스스로 가르침을 받는 그 마음을 항상 지녀야 됩니다. 부모로 말하면 아이들에게 "진실하라"할 때에 나 보고도 진실하라고 해야 됩니다. 남에게 "부지런하라"하는 순간 나도 또 부지런해야 됩니다. 남 보고만 이래라저래라 해서는 안되는 것입니다. 그래서 사도 바울은 말씀합니다. '믿음의 말씀과 네가 좇은 선한 교훈으로 스스로 양육을 받아야 된다.' 아주 중요한 말씀입니다. 여러분, 환자를 보는 의사도 환자라고 합니다. 의사라고 남의 병만 고치는 게 아닙니다. 자신도 환자입니다. 환자일 수 있습니다. 그와같이 우리는 언제든지 남을 가르친다고 하지만 나도 또 배워야 되는 입장에 있습니다. 칼뱅 선생은 말합니다. "우리는 끊임없이 기도해야 하는 죄인이다." 다같은 죄인입니다. 다같이 회개하고 다같이 진실을 묻고 다같이 정직해야 합니다. 그런고로 가르치는 자라고 가르치는 위치에만 있는 게 아닙니다. 오늘본문은 우리에게 자세히 말씀합니다. "믿음의 말씀과 네가 좇은 선한 교훈으로 양육을 받으리라." 나 자신이 양육을 받는다—내가 남을 가르치면서, 남을 깨우치면서 내가 양육을 받는 것입니다. 그거 중요한 것입니다. 가르치는 사람들이 언제나 남을 가르치는 중에 자기자신을 가르쳐서 전혀 다른 사람으로 나타나게 되는 것을 볼 수가 있습니다.

　세 번째는 뭘 말하는고하니 남을 가르치는 자, 특별히 교역자는 피할 것이 있다, 하였습니다. 뭘 피하느냐? "허탄한 신화를 버리고"하였습니다. 허탄한 신화를 버리고—디모데전서 1장 4절에서 이미 이 말씀을 언급한 바가 있습니다. "신화와 끝없는 족보에 착념치 말게 하려 함이라 이런 것은 믿음 안에 있는 하나님의 경륜을 이룸보다 도리어 변론을 내는 것이라." 변론입니다. 말싸움만 벌이는 것입니다. 그런고로 신화를 버리라, 합니다. '신화'라고 하는 말의 헬라어 원뜻은 '늙은 노인의 이야기'입니다. 원문대로 직역을 하면 늙은 노인의 이야기 같은 허탄한 이야기, 쓸데없는 이야기 늘어놓지 말라, 하는 것입니다. 다시말하면 논쟁을 하지 말라, 이것입니다. 말 싸움을 벌이지 마라, 하는 것입니다. 정말 그렇습니다. 너무 말을 많이 해서 문제를 해결하려고 하는 그런 의도는, 또 말로 이겨보려고 하는 그것은 잘못입니다. 역시 가르치는 자는 인격으로 가르치고 그 가슴으로 가르치는 것입니다. 결코 말로 가르치는 게 아니라는 것을 언제나 잊지 말아야 합니다. 특별히 허탄한 신화, 이게 뭡니까. 꾸며낸 이야기입니다. 끝없는 꾸며낸 이야기, 이런 것은 효력이 없다, 이런 건 다 버리라, 그건 피하라, 논쟁을 피하라, 이야기를 피하라, 하였습니다.

그리고 직접적으로 "경건에 이르기를 연습하라" 하였습니다. '유세베이아' '유세보스' '유세베스'라고 하는 헬라말이 경건이라는 뜻입니다. 하나님의 속성을 말할 때 딱 한마디로 말하라고 하면 '거룩'입니다. 거룩함. 그리고 하나님께 대한 우리의 자세를 한마디로 말하면 '경건'입니다. 영어로는 고어로 piety라 하고 요새영어로는, 현대어로는 godliness입니다. '하나님 있는 자세, 하나님 있는 마음' 그것이 바로 경건입니다. 하나님 앞에 있는 것. 그런데 이 경건을 연습하라, 훈련하라, 하였습니다. 이건 생각으로만 되는 게 아닙니다. 경건을 온몸에 익혀야 됩니다. 생각, 감성, 의지, 생활습관에까지, 심지어 내 문화생활에까지 경건이 완전히 젖어들어야 합니다. 그래서 "경건을 연습하라" 하였습니다. 아시는대로 연습이라는 것은 그 생각에 있는 것을 행동으로 옮기고 내 생활 속에 옮겨가는 것을 말하거든요. 우스운 얘기입니다마는 제가 운동삼아서 볼링이라고 하는 것을 합니다. 우리 부목사님들, 젊은 목사님들이 같이할 때가 있습니다. 우리 교회 온 지 얼마 안된, 한 일 년 된 분들이 처음으로 볼링을 배워가지고 하는데 아무래도 나하고 당할 수가 없지요. 그건 제가 잘하거든요. 그런데 언젠가 저를 보고 말합니다. "목사님, 우리가 열심히 하려고, 똑바로 하려고 하는데 왜 안될까요?" 그래 제가 그랬습니다. "지금 김목사가 잘되면 나는 17년 했으니 내게 대한 모독이지. 내가 그동안에 밑천 얼마나 들였는지 아나? 돈을 얼마나 들이고 시간을 얼마나 들여서 했는데 이제 처음 시작한 자네가 잘된다면 난 뭐야? 그건 잘못된 거지." 안되는 게 당연한 것입니다. It takes enough time, 시간이 많이 걸리는 것입니다. 연습이라는 거 하루아침에 되는 것이 아닙니다. 마음이야 간절하지만 어림도 없습니다. 그 단순한 운동 하나를 익히는 데도 17년이 걸렸습니다. 하물며 쉬운 게 어디 있습니까. 또 가끔 이런 분을 봅니다. "새벽기도 오고 참 좋기는 한데 한번 새벽기도 나갔다 들어오면 정신이 없어요. 하루종일 정신을 못차리겠어요." 그것도 훈련이 필요한 것입니다. 얼마나 걸리느냐고요? 3년이 걸립니다. 3년만 개근을 해보십시오. 그 다음부터는 이것이 얼마나 중요하고 얼마나 쉽고 얼마나 편한지 모릅니다. 왜 아직도 그게 힘들어가지고 들락날락하느냐? 연습이 부족하기 때문입니다. 아직도 훈련이 부족한 것입니다. 그걸 알아야 합니다. 경건을 연습하라, 하였습니다. 연습이라는 게 뭐냐? 첫째는 반복입니다. 똑같은 것을 반복해야 됩니다. 아시다시피 성가대 저 정도 하려면 연습 꽤 많이 했을 것입니다. 그 연습이 또 뭡니까? 같은 것을 하는 것입니다. 같은 거 또 하고 같은 거 또 하고 또 하고… 그게 연습입니다. 한번 부르고 지나가는 건 연습이 아닙니다. 백번 천번 부릅니다. 연습을 많이 해야 합니다. 좀 우스운 얘기입니다마는 옛날에 하도 교회 일꾼이 없어서 제가 저 오르간을 반주해 돈벌어가지고 공부했습니다. 그런데 제가 주일날 나가서 찬송가 하는 걸 잘 쳤습니다. 그러니까 저 보고 "서울대 음악대학 몇회 졸업생입니까?" 그러더라구요. 뭐 본 거같다나, 학교에서. 그래서 제가 "저는 간판도 못 봤습니다" 하였습니다. 그럼 어떻게 하느냐? 그날 칠 게 있지 않습니까. 몇 장 몇 장 한다는 거 그것을 일주일 동안 연습했습니다. 계속 반복적으로 연습을 해서 다 외어가지고 나갔습니다. 찬송가책 볼 것 없습니다. 그냥 쳤습니다. 이건 반복입니다. 반복이라는 걸 잊지 마십시오. 지루할 정도로 반복해야 됩니다, 똑같은 일을. 계속 반복해서 익히는 것입니다. 한두 번 하고서 된다 안된다, 하는 것은 말도 안되는 소리입니다. 죽을 때까지 해야지요. 반복. 그 다음에는 '속독' 그것도 하다말다 해서는 안됩니다. 계속 반복해야 됩니다. 속독, 지속, 꾸준하게 해야 됩니다, 꾸준하게. 그래야 이것이 연습이 되고 익혀지는 것 아니겠습니까.

또 "육체의 연습은 약간의 유익이 있으나" 하였습니다. 또 여기 유익하다, 할 때 꼭 유익이 적다, 하였습니다. 육체의 연습이라는 게 뭡니까? 우리가 훈련을 받지 않습니까. 육체의 연습―운동. 운동도 confidence, concentration, courage의 세 가지, '3C'가 필요하다고 합니다. 먼저 마음이 평안해야 됩니다. 마음 평안하게 가지는 그것도 훈련입니다. 운동하는 사람이 이 생각 저 생각, 이거 보고 저거 보고 가슴이 흔들리면 안됩니다. 마음이 편안한, 마음을 잡는, mind-control, 이것이 운동하는 사람에게 중요합니다. 요새 박세리가 골프 잘합디다마는 대단한 아가씨입니다. 그 자리에 나가서 마음이 편안해하는 것입니다. 들떠 돌아가면 안되는 것이거든요. 그린가하면

concentration입니다. 오직 그것만 생각하는 거지 '여기 누가 왔나. 여기 뭐 있나. 상금이 얼만가? 일등인가 이등인가?' 그 생각 하면 안 되는 것입니다. 벌써 그건 틀린 것입니다. 집중력 훈련입니다. 그리고 용기가 있어야 됩니다. 배짱이 있어야 됩니다. 좌우간 뭐, 박세리 그 아가씨 때문에 다리 굵은 사람이 유명해졌다고 합니다, 이제는. 전에는 다리 굵어가지고 내놓지도 못하고 다니던 아가씨들이 이제는 보란듯이 내놓고 다닙니다. "봐라. 이게 박세리다, 이게." 그렇지 않습니까. 다리 가는 아가씨는 요새 안돼, 안돼 — 그 정도 돼야 됩니다. 이 용기 — 굵다고 하든 가늘다고 하든 상관 안합니다. 용기가 필요합니다. 이것도 연습입니다. 하루아침에 되는 게 아니거든요. 많은 시간 흘러서 육체의 연습을 하게 되고, 육체를 연습하게 될 때 정신적으로도 건강하고 육체도 건강하고 하지 않습니까. 특별히 남녀 간에 요새는 '골다공'이라는 게 많다고 합니다. 그건 게으른 사람의 병입니다. 움직이지 않아서 생기는 것입니다. 그건 약으로 치료할 수 있는 게 아닙니다. 결국은 필요한 만큼의 운동을 안했기 때문에 멀쩡한 몸이 그렇게 텅비고 돌아가는 것입니다. 이거 문제 아닙니까. 연습입니다. 꾸준하게 건강을 위해서도 훈련을 쌓아가야 되는데, 정신적으로 경건, 경건의 훈련, 중요한 것입니다. 기도하는 것 훈련입니다. 성경보는 습관도 훈련입니다. 예배하는 자세도 훈련입니다. 찬송가 한 장을 부르는 것도 훈련입니다. 많은 시간 반복적으로 열심히 꾸준하게 훈련해서 거기에 도달하고 해야 우리가 마지막에 정신이 오락가락할 때도, 세상떠날 때에도 맑은 정신으로 주를 찬양할 수 있는 게 아닙니까. 주께 감사할 수 있는 게 아니겠습니까. 그런 훈련이 필요합니다. 그런고로 항상 목적을 새롭게 하고 꾸준한 인내가 있어야 되고 절제가 있어야 합니다. 절제의 훈련이 있어야 합니다. 그래서 경건에 도달하게 되는 것입니다. 경건은 훈련입니다. 경건을 연습하라, 경건을 훈련하라, 이렇게 말씀합니다. 무엇이건 너무 쉽게 하루아침에 되리라고 생각하지 마십시오. 운동선수들이 저만큼 되려면 얼마나 많은 연습을 했겠습니까. 피아노치고 음악하는 사람들도 그들의 말을 들어보면 하루에 다섯 시간씩 연습을 한다고 합니다. 하루를 연습하지 않으면 자기가 알고 이틀을 연습하지 않으면 평론가가 알고 사흘을 연습하지 않으면 벌써 청중이 안다고 합니다. '연습 안했구나.' 얼마나? 하루에 5시간 연습입니다. 그러고야 소위 '음악가' 소리를 들을 수가 있는 것입니다. 그런데 우리가 만사를 그렇듯 쉽게 생각해서 되겠습니까. 생각으로는 쉽지마는, 내 생활의 너머에 내 성품에까지 완전히 익혀서 성숙한 경건, 거기에 도달해야 됩니다. 그럼 경건은 어디 도달하는 것이냐? 사랑에 도달하는 것입니다. 사랑—경건에서 사랑을 훈련하는 것입니다. 이런 사람도 사랑하고 저런 사람도 사랑하고 모든 사람을 사랑할 수 있는 수준에 도달해야 합니다. 모름지기 훈련입니다. 「행복한 위선자」라고 하는 재미있는 소설이 있습니다. 저자는 막스 비어라는 분인데 여기 주인공 로드 조지 헬은 마음이 고약한 사람입니다. 전형적으로 악질적인 사람으로 나타납니다. 그러다보니 얼굴도 험상궂습니다. 온동리, 모든 사람이 그를 싫어하고 저주하고 합니다. 아주 미움받는 그런 사람이었습니다. 그런데 어느날 그가 미어리라고 하는 소녀를 만납니다. 이 소녀가 너무도 예뻐보입니다. 그걸 놓칠 수가 없어서 찾아가 아주 통사정으로 구애를 합니다. 그러나 소녀는 그를 안만나줍니다. 안만나주다가 마지막에 만나주면서 하는 말이 "솔직히 말해서 나는 당신 얼굴을 볼 수가 없어요, 흉악해서. 얼굴을 보는 동안 마음이 불안하고 괴로워서 당신의 마음은 어떤지 몰라도 영 나는 당신을 사랑할 수가 없습니다." 이 말을 듣고 이 사람 뒤로 물러설 수가 없습니다. 절대로 포기할 수가 없습니다. '어떡하면 좋을까?' 가만히 생각하다가 가면을 만들었습니다. 아주 인자한 얼굴의 가면을 만들어 썼습니다. 그 가면을 쓴 채로 가서 이 소녀를 만납니다. 그런데 소녀가 그 가면을 보고 정 그렇게 사랑한다면 그 가면 쓴 채로 결혼하자고 합니다. 결혼을 했습니다. 이제 이 사람 헬은 이 여자를 사랑하기 때문에 친절하게 온유하게 겸손하게 착한 사람으로 나타나려고 백방으로 노력했습니다. 많은 세월 동안 그렇게 지냈습니다. 얼마후에 이 조지 헬의 친구가 찾아왔다가 부인하고 같이 앉아서 얘기하는 시간에 그 가면을 확 벗겨버렸습니다. 그런데 놀란 것은 어느 사이에 헬의 얼굴이 인자한 얼굴로 바꾸어져 있더라는 것입니다. 그 흉악하던 얼굴이 아주 부드러운 얼굴로 바꾸어져 있었습니다. 소설 얘기는 그것입니다. 많은 것을 시사해주고 있습니다. 마음이 바뀌게 될 때 그 흉악하던 얼굴도 달라지더라는 것입니다. 훈련입니다. 경건에 이르는 훈련입니다. 또한 경건이라는 것은 '충성'을 말합니다. 하나님께 충성을—충성도 하루아침에 되는 게 아닙니다. 맹세한다고 되는 게 아닙니다. 하루아침결심 가지고 되는 게 아닙니다. 오랜 시간 훈련을 합니다. 충성에 대한 훈련. 진실에 대한 훈련. 거짓말에 익숙해진 사람이 이제와서 진실하려고 해도 진실하기 어렵습니다. 진실도 훈련입니다. 또 특별히 '순결'이 훈련입니다. 순결의 훈련을 쌓아야 합니다. 깨끗하게 사는 훈련을 쌓아나가야 되는 것입니다. 감리교창시자인 요한 웨슬리는 경건을 위해서 언제나 자기자신에게 일곱 가지를 물었다고 합니다. 여러분도 한번 저와 같이 물어보시기 바랍니다. 첫째로, '나는 항상 기도하고 있는가?'입니다. 내가 항상 기도하고 있는가? 기도하는 마음으로 살아가고 있는가? 그걸 물었습니다. 두 번째는 '너는 순간마다 하나님 앞에서 즐거워하고 있는가?'입니다. 하나님 앞에서 즐거워하고 있는가? 하나님 앞에 있는 기쁨이 내 마음에 있는가, 그 말입니다. 셋째는 '너는 모든 경우에서 감사하고 있는가?'입니다. 우리가 감사 대신 원망이 나오면 그건 경건이 아닙니다. 경건은 감사하는 마음입니다. 감사도 훈련입니다. 너는 항상 모든 경우에서 감사하고 있는가, 하고 물었습니다. 스스로 물었습니다. 넷째는 '너는 욕심을 내는 것이 없는가?' 입니다. 돈에 대해서, 명예에 대해서, 물질에 대해서 욕심내지 않았는가? 내 마음에 욕심이 없는가? 그것을 늘 물었습니다. 다섯째는 '너는 두려워한 일이 없는가?'입니다. 두려움은 불신앙입니다. 믿음 안에 두려움이 없습니다. 그런고로 내 마음에 두려워한 일이 없는가? 물었습니다. 여섯째는 '너는 연속적으로 하나님의 사랑을 느끼고 있는가?'입니다. 오늘도 이런 일 저런 일 다 보면서 하나님의 사랑을 계속 느끼고 있어야 되는데, 혹이라도 하나님의 사랑을 잊어버린 일이 없는가? 그것을 물었습니다. 마지막으로 '말이나 행동에서 하나님을 기쁘시게 한다고 자신있게 말할 수 있는가?'입니다. 내 말과 내 행동이 하나님을 기쁘시게 하고 있다고 자신있게 말할 수 있는가? 이렇게 늘 일곱 가지를 자기에게 물었습니다. 그리고 자기자신을 훈련시켰습니다. '경건'에로의 훈련입니다.

　여러분, 오늘 이 시간에 사도 바울은 중요한 교훈을 주고 있습니다. "망녕되고 허탄한 신화를 버리고 오직 경건에 이르기를 연습하라." 많은 시간이 필요합니다. 꾸준하게 연습할 것입니다. "미쁘다 이 말이여 모든 사람들이 받을만하도다 이를 위하여 우리가 수고하고 진력하는 것은 우리 소망을 살아계신 하나님께 둠이니 곧 모든 사람 특히 믿는 자들의 구주시라"하였습니다. 이 경건의 금생과 내생에의 유익함—금생에서도 유익하고 내생에서도 유익합니다. 이세상과 저세상까지 유익한 것이 경건입니다. 오늘도 다시한번 경건을 점검하여야 하겠습니다. 다시 시작하여야겠습니다. 경건의 훈련을 말입니다. 여기에 하나님의 약속이 있기 때문입니다. △

믿는 자의 본이 되라

이를 위하여 우리가 수고하고 진력하는 것은 우리 소망을 살아 계신 하나님께 둠이니 곧 모든 사람 특히 믿는 자들의 구주시라 네가 이것들을 명하고 가르치라 누구든지 네 연소함을 업신여기지 못하게 하고 오직 말과 행실과 사랑과 믿음과 정절에 대하여 믿는 자에게 본이 되어 내가 이를 때까지 읽는 것과 권하는 것과 가르치는 것에 착념하라 네 속에 있는 은사 곧 장로의 회에서 안수받을 때에 예언으로 말미암아 받는 것을 조심 없이 말며 이 모든 일에 전심전력하여 너의 진보를 모든 사람에게 나타나게 하라 네가 네 자신과 가르침을 삼가 이 일을 계속하라 이것을 행함으로 네 자신과 네게 듣는 자를 구원하리라
(디모데전서 4 : 10 - 16)

믿는 자의 본이 되라

　오늘본문에서도 우리는 귀한 말씀을 다시 보게 되었습니다. 지도자가 된 믿음의 아들 디모데, 교역자요 지도자요 그리고 바울에게는 후계자요 또 바울이 세운 교회를 대신 맡아서 봉사, 목회하고 있는 디모데에게 가장 실제적이고 또 효과적인 그런 훈계를 하고 있습니다. 지난 시간에 우리는 '경건에 이르기를 연습하라. 너는 남을 가르치기 전에 자기자신을 가르치고, 남을 바로 인도하려고 애쓰기 전에 자신을 먼저 훈련하라. 경건에 이르도록 훈련하라. 이것이 먼저다. 자기자신을 먼저 훈련하고 경건에 이르도록 연습하라' 하는 바울의 말씀을 들었습니다. 그리고나서 바울은 이제 '너는 남을 명하고 가르쳐라' 하였습니다. 그렇습니다. 내가 나를 먼저 가르치고 그 다음에 남을 가르칩니다. 내가 먼저 경건에 이르고 다른 사람을 경건의 길로 인도하게 되는 것입니다. 내가 먼저 경건에 이르기 전에는 교인들을 경건한 길로 인도할 수 없는 것입니다. 그래서 선생과 목회자는 다릅니다. 선생은 어떤 의미에서 말로 가르치기만 잘하면 됩니다. 그러나 목회자는 그렇지를 않습니다. 나 자신이 먼저 앞서가면서야 비로소 교인들을 거룩한 길로 인도할 수가 있기 때문입니다. 그래서 이제 "네가 이것들을 명하고 가르치라"하였습니다(11절).
　그 다음에 아주 재미있는 표현이 하나 있습니다. "네 연소함을 업신여기지 못하게 하고…" 제가 이 나이에 대해서는 생각이 많습니다. 제가 스물일곱 살에 목사가 됐거든요. 인천제일교회에 가서 목회를 하게 되었는데 제가 당회장이 되었을 때가 서른두 살때입니다. 그 당시로는 인천제일교회가 전국적으로 두 번째로 큰 교회였습니다. 목사가 되긴 했는데 한 20명 되는 장로님들이 다 나보다 나이가 많았습니다. 여전도사님도 나보다 나이가 많고 남전도사님도 그랬습니다. 언제나 내가 제일 어렸습니다. 그래놓으니 어떤 사람은 나보고 '어린 목사' '젊은 목사'라 하고 좀 심한 사람은 '꼬마목사'라 하더라고요. 그래서 속으로 저는 '이거 빨리 늙어야지 안되겠다, 이거. 어서 나이가 많아져야 뭘 할 수 있지 젊으니까 이거 안되겠구만' 하였습니다. 그랬는데, 어서 늙어야겠다 했는데 너무 늙었어요. 그렇더라고요. 정말 처음에는 참 힘들었습니다, 너무 나이가 어려서. 그런 일이 있었는데, 그러나 오늘본문대로 업신여김을 받지 말아야 합니다. 나이가 어리다고해서 업신여김을 받지 마라—이 무슨 말입니까. 이것은 권세있는 목회자가 되라, 함입니다. 또 확실한 지도자상을 수립하라는 것입니다. 나이가 어리다고 그렇게 무시당할 필요가 없습니다. 무시당해도 안되고 무시해도 안되고요. 그걸 잊지 말아야 합니다. 나이에 대해서는 제가 꼭 할말이 하나 있습니다. 영락교회의 한경직 목사님께서 제가 서른세 살이던 그때 저보고 "우리교회에 와서 한번 부흥회 인도하라우" 하기에 제가 "저같은 어린 사람이 어떻게… 제가 인천제일교회 목회하는 것도 힘들고 나이어려서 힘든 게 많습니다. 그런데 감히 한목사님이 목회하시는(그 당시 영락교회가 제일 큰 교회였습니다) 영락교회에 가서 제가 어떻게 부흥회를 인도하겠습니까?" 하고 나왔더니 한목사님이 껄껄 웃으면서 "몇 살인데?" 그래요. 그래서 제가 "서른세 살입니다" 그랬더니 "허 참, 이상한 사람이구만. 아, 예수님께서는 서른세 살에 일을 마치셨는데…" 하므로 "가죠, 뭐. 가요" 하고 갔었고, 가서 제가 정말 담대하게 겁없이 부흥회를 인도했던 그런 기억이 있습니다. 아무튼 연소함으로 업신여김을 받지 마라, 하였습니다. 권세있는, 능력있는 지도자 상을 세우라, 하였습니다. 그런데 궁금한 게 하나 있습니다. 디모데가 이때 몇 살이었을까, 도대체 몇 살이었기에 이런 나이걱정을 한 것일까? 마흔 살이었습니다. 사도 바울이 볼 때 어리게 보는 거지 진짜로 어린 것은 아닙니다.

그리고 이제 중요한 말씀을 합니다. 업신여김을 받지 말고 확고한 지도자 상을 세우라, 하고 첫째훈계가 뭐냐하면 본이 되라, 하는 것입니다. 본이 되라—일부러 본이 되는 것이 아닙니다. 본되도록 살라는 것입니다. 짐짓 그리하라는 게 아닙니다. pretend하라는 것이 아닙니다. 기도 많이 하는 듯이, 성경 많이 읽는 듯이, 봉사하는 듯이 '쇼'를 하라는 것이 아닙니다. 그리고 '나를 따르라'하고 그 짓 하라는 것이 아닙니다. 본이 되도록 앞서가라는 것입니다. '모든 문제에서 네가 앞서가라'하는 것입니다. 이제 보십시오. 빌립보서 3장 17절에 보면 "나를 본받으라" 하였습니다. 바울의 위대한 선언입니다. "너희는 함께 나를 본받으라." '본받으라'하였고 오늘본문에서는 '본이 되라'하였습니다. 나를 본받으라, 그리고 모든 교인에게 본이 되라, 하는 것입니다. 본이 된다—억지로 나타낸다는 뜻이 아닙니다. 자연스럽게 한걸음 앞서가라, 이것입니다. 본이 되도록, 존경의 대상이 되고 또 우러러보면서 따라갈 수 있도록, 또 교인들이 모방하고자 하는 마음을 가지도록 하는 지도자가 되라, 함입니다. 원래 이 modeling이라고 하는 것은 굉장히 중요한 의미를 가졌습니다. 교육치고 가장 효과적인 교육이 바로 모델링입니다. 본이 되는 것입니다. 본을 보이는 것입니다. 본을 따라가게되면 학습효과가 있습니다. 그가 많은 세월 동안 배우고 배우고 익혀서 저런 수준에 도달했습니다. 내가 그를 오늘 이 시간 본받게되면 그의 거룩한 생활에 내가 편승하는 것입니다. 제가 북한에 가서 이걸 가르쳐줬습니다. 그리고 그 다음에 갔더니 말합니다. "곽목사님이 가르쳐주신 것을 우리가 좌우명으로 외우고 있습니다." "뭔데요?" "기술은 편승하는 것입니다." 제가 그렇게 말해줬거든요. 100년 뒤떨어졌다고해서 또 100년 따라가는 것이 아닙니다. 100년 걸려서 그 수준에 올라간 것을 내가 이 시간에 열심히 배우기만 하면 3년 내에 따라갈 수가 있습니다. 기술은 편승하는 것입니다. 마치 버스에 올라탄 것과도 같습니다. 가끔 이런 말들을 하지요. 일본과 우리가 몇년 떨어지고 미국과 우리는 몇년 떨어지고… 몇년 떨어졌다고 몇년 걸려야 따라가는 것이 아닙니다. 우리가 바른 자세로 임하기만 하면 편승을 할 수가 있는 것입니다. 모방이라는 것은 바로 지식의 편승을 말하는 것입니다. 인격의 편승을 말하는 것입니다. 보십시오. 내가 존경하는 분이 여기 있습니다. 그분이 거기까지 도달하는 데 40년 걸렸습니다. 그러나 내가 그를 진정으로 존경하고 사랑하면 나는 일 년 동안에 그와 같은 사람이 될 수 있습니다. 이 얼마나 놀라운 것입니까. 얼마나 굉장한 소득입니까. 그렇습니다. 모방처럼, 본받는다는 것처럼 귀중한 교육은 없습니다. 그런가하면 모방하면 학습촉진효과도 있습니다. 쉽거든요. 뭐, 비판할 것 없습니다. 내가 저분을 존경하니까 저분이 하는 게 옳을 거다, 하고 그냥 따라가는 것입니다. 이 얼마나 좋습니까. 일이 이런 것을 일일이 비판을 하다니요. '가만히 보자. 비판 좀 해보고 따를 건 따르고 배울 건 배우고 그만둘 건 그만두고…'해서야 되겠습니까. 어떤 분이, 다른 교회 장로님인데 이런 말 합디다. 나는 설교들을 때 50%밖에 안든는다, 합니다. 그래서 제가

"참 예수 힘들게 믿누만요"하였습니다. 안그렇습니까? 음식을 들 때도 그렇습니다. 식탁에 내놓은 것 이거 다 나 먹으라고 준 거다, 좋은 거다, 믿고 그냥 먹는 것입니다. 이렇게 해야 좋지, 가만있자, 하고 은수저 들고 요건 먹을 건가 안먹을 건가, 독약이 있나 없나, 영양가가 있나 없나, 캐고 돌아가서야 어디 명대로 살겠습니까. 며칠이나 살겠습니까. 요컨대 믿음입니다. 그래서 학습촉진효과가 있습니다. 그냥 받아들이니까요. 얼마나 쉽습니까. 또한 결과에 대한 불안감이 없습니다. 무슨 말인고 하니 '이렇게 따라가서 잘될까 못될까? 그 운명이 어떻게 되나?' 걱정할 필요 없습니다. '내가 믿고 존경하니까 저분이 가는대로 내가 가겠다. 저분이 사는대로 살겠고 저분이 죽는 모습으로 나도 죽겠다.' 그런 마음으로 확 밀어붙이면 아무 걱정이 없습니다. 결과를 두려워할 게 하나도 없습니다. '이렇게 나가면 장차 어떻게 되나?' 어떻게 되긴 뭐가 어떻게 되니까. 그분이 계신 곳에 나도 있는 거지. 결과에 대한 불안 없이 배우고 익히고 행한다는 것처럼 확실한 것은 없는 것입니다. 요새 흔히들 우리는 '전인교육'이라는 말을 듣습니다. 이런 말은 많이 하는데 정작 전인교육은 이루어지지 않고 있습니다. 왜냐하면 전인적으로 본받을 대상이 없기 때문입니다. 요새 학생들이 선생님을 볼 때, 선생님이 학생을 볼 때, 전인적 관계인가 말입니다. 학생이 선생님을 무조건, 그분의 말씀을 100% 믿고 따라가고 있느냐? 어림도 없습니다. 또 선생 자신도 나를 따르라, 할 수가 없습니다. 항상 입으로만 전인교육, 전인교육, 합니다. 말만 했지 전인교육은 10%도 안되고 있습니다. 교육이 잘못되는, 어지러워지는 원인이 여기에 있는 것입니다. 윌리암 바크레이라고 하는 신학자가 재미있는 말을 했습니다. '교회에 나오는 사람도 있고 잘 나오다가 교회에서 떠나는 사람도 있다. 교회에 나오는 사람은 신앙적 이론에 설복이 되어서 나오는 것이 아니고 그리스도인의 사랑을 보고 나오는 것이다. 또 교회 나왔다가 물러나는 사람은 성경 안에 있는 믿음을 가질 수 없어서, 성경이 의심스러워서 떠나는 것이 아니고 교인들의 모습에서 거짓을 보았기 때문이고, 추한 모습을 보았기 때문이다.' 다시말하면 본을 잘못보인 것입니다. 교회에 나오는 것은 좋은 본을 따라서이고, 교회에서 떠나는 것은 교인으로부터 상처를 받아서입니다. 추한 모습을 볼 때 그는 교회를 떠나게 되는 것입니다. 참으로 무서운 일입니다. 모름지기 항상 좋은 본을 보여야 됩니다. 그러므로 '나를 닮으라' 하는 것처럼 위대하고도 효과적인 교육은 없습니다. 예수님께서도 말씀하십니다. "아가파테 알렐루스 카도스 헤가페사 휘마스." 유명한 말씀입니다. "내가 너희를 사랑한 것같이 너희도 서로 사랑하라(요 13:34)." 내가 사랑의 본을 보였다, 서로 사랑하라, 이것입니다. 본을 보여야 됩니다.

미국의 세계적인 부호 록펠러의 어머니는 그 아들을 가르칠 때 이렇게 세 마디를 가르쳤습니다. "교회에 나가거든 맨 앞자리에 앉아라." 그 어머니가 늘 앞자리에 앉았습니다. 지금 저 이층에 올라가 계신 분들, 좀 미안하지만 나 저분들 좋아 안합니다. 저기 올라가서 내려다보고 '방청'하고 있는 것입니다. 아래층에 자리가 있어도(꽉 차서 올라가는 것은 할수없지만) 새벽에도 꼭 저기 올라가는 사람이 있습니다. 거 이상한 사람입니다. 앉아보면 압니다. 뒤에 앉아보고 앞에 앉아보면 은혜가 다른 것을 압니다. 해보면 알 것입니다. 전혀 틀립니다. 그런데 아예 오면서부터 꼭대기에 가 앉는 사람이 있는 것입니다. 그걸 내가 어떻게 좋게 보란말입니까. 앞에 앉은 분은 예배 드리러 왔고 뒤에 앉은 분은 예배 보러 왔습니다. 그게 다른 것입니다. 록펠러의 어머니는 늘 앞자리에 앉았습니다. "교회 나가거든 꼭 앞자리에 앉아라." 이게 첫째였습니다. 둘째는 "수입의 십일조를 반드시 드려라" 한 것입니다. 그 어머니가 평생 십일조를 드리면서 '십일조를 드려라' 한 것입니다. 본을 보였습니다. 세 번째는 "설교를 들을 때는 오직 하나님의 말씀으로 들어라" 한 것입니다. 이 어머니가 자식에게 준 세 가지의 교훈이었습니다. 그런 교훈을 받은 자식이니 훌륭한 일 많이 한 세계적으로 유명한 재벌이 된 것입니다. 본을 보인다—어머니가 자식에게 본을 보이는 것, 이보다 더 귀한 일이 없습니다. 모든 면에서 본을 보여야 됩니다. 오늘말씀에도 '본이 되라' 하였습니다. 본을 보이려고 일부러 애쓰라는 것이 아니고 본받을만한 존재로 살아가라, 그 말씀입니다.

본이 되라, 말씀하고나서 이제 무엇에 본이 될 것인지 구체적으로 다섯 가지를 말씀하고 있습니다. "말과 행실과 사랑과 믿음과 정절에 대하여"라고 말씀합니다. 진실한 말을 하고 온유한 말을 하고 신앙적인 말을 해야 됩니다. 미국에서 사는 가정이 있습니다. 그 집 아들 하나가 지금 고등학생인데 한국말을 잘 못합니다. 그런데 한국에서 할아버지가 오셨습니다. 아주 반갑게 맞아서 대접을 합니다. 어느 시간에 할아버지를 모시고 다른 집으로 가야 했습니다. 그 아버지가 좀 바빠서 이 아들 보고 "얘, 네가 할아버지 좀 pick up해드려라" 하였습니다. 미국에서는 모시고 가는 것을 'pick up'이라 합니다. 이 아들은 "Yes, I do." 대답하고 할아버지를 차에 모시고 갔습니다. 그런데 다 가서 이 녀석, 할아버지 보고 "야, 내려" 하더라고 합니다. 이 아이가 아버지로부터 들은 한국말은 그것밖에 없었던 것입니다.

"야, 내려." 그러니까 할아버지 보고 "야, 내려" 그랬지. 이게 좋은 말인지 나쁜 말인지 알 리가 없지요. 그 말밖에 배운 게 없으니까요. 그래도 저딴에는 한국말 한답시고 한 것입니다, 그게. 그러니까 말에 본이 되어야 합니다. 듣는대로 배우고 배운대로 말하는 것 아니겠습니까. 먼저 믿은 사람들이 말의 본을 보여야 됩니다. 말을 온유하고 진실하게 해야 합니다. 또 행실에 본을 보여야 됩니다. 언행에 일치가 있어야 합니다. 말만 하고 행동은 없으면 안되는 것입니다. 본을 보인다는 게 무엇입니까. 행동으로 나타내는 것입니다. 행함으로—실천적 의지를 가지고 있어야 합니다. 그래서 인내하고 절제하고 봉사하고 행동으로 본을 보여야 합니다. 아주 중요한 것입니다. 역사가 콘(Kohn)박사가 영국역사를 썼는데, 처칠에 대해서 그는 이렇게 말합니다. '2차대전 말기에 영국은 다 망한 거나 다를 바 없었습니다. 경제, 정치, 문화, 모든 면에서 비참했습니다. 그러나 처칠 수상의 고집스러운 의지가 기둥이 되어 영국을 건졌습니다.' 그리고 한 예를 들었습니다. 어느날 수상 처칠이 의회에 불려가서 질문을 받습니다. 심한 힐난이 쏟아졌습니다. 나라를 어찌 이 모양으로 만들었느냐 저 모양으로 만들었느냐, 마구 비난을 하는데 처칠경은, 그 수상은 태평으로 얼굴을 팔에 묻은 채 눈을 감고 있습니다. 고개를 척 숙이고 있는 것입니다. 이 모습에 의장이 화가 났습니다. "이 나라의 중대사를 의논하는데 수상이라는 당신은 졸고 앉았소?" 그는 소리를 질렀습니다. 그러자 처칠경이 고개를 들고 말합니다. "하나님께서 우리 조국을 지켜달라고 기도하는 중입니다." 모든 사람이 숙연해졌습니다. 여러분, 행동의 본을 보여야 합니다. 기도하는 모습으로 나타나야 합니다. 범사에 경건함을 나타내는 그러한 생활로 본을 보여야 합니다. 또 사랑이 있습니다. 그리스도의 마음으로 사랑하는 것입니다. 원수도 사랑합니다. 어떤 경우도 사랑이 먼저입니다. 사랑의 본을 보이고 또 믿음의 본을 보입니다. 성서적 믿음, 전통적 믿음, 굳건한 믿음―믿음에 본을 보입니다. 또 정절을, 순결을 지키는 본이 있습니다. 죄악세상에 살면서도 죄악에 물들지 않습니다. 불의와 타협하지 않습니다. 그런 생활의 본을 보여야 되겠다, 하는 말씀입니다.

그리고 오늘본문에 보니 "착념하라"하였습니다. 무엇에? 읽는 것과 가르치는 것에. 읽는 것은 성경을 읽는 것입니다. 성경 열심히 읽고 하나님의 말씀을 받고 들어서 그 다음에는 가르치라―"읽는 것과 권하는 것과 가르치는 것에 착념하라"하였습니다. 그리고 14절에는 좀 특별한 말씀이 있습니다. 안수받을 때 가졌던 그 마음에 대해서 말씀하고 있습니다. "네 속에 있는 은사 곧 장로의 회에서 안수 받을 때에 예언으로 말미암아 받는 것을 조심 없이 말며…" 마침 우리 장로성가단이 저기 있어서 이 말씀이 오늘 적절한 말씀이 됐습니다. 제가 어느 교회에 가서 장로안수식을 할 때, 장로장립식을 할 때 방지일 목사님이 나와 방금 장로된 사람들에게 권면을 하였습니다. 방지일 목사님은 딱 한마디 하는 걸로 유명합니다. 절대로 길게 하지 않습니다. 써가지고 나와서 딱 한마디 하고 들어갑니다. 그것으로 유명합니다. "장로 되기 전에는 집사였을 것입니다. 장로 되기 전 바로 마지막 집사 일 년 동안의 그 마음 그대로 한평생 사세요." 이 한마디 하고 들어갔습니다. 알아들었습니까? 장로 되기 전 일 년이 제일 열심이 있거든요. 장로되자마자 달라지거든요. 그러니까 안수 받을 때, 장로되는 바로 그때의 마음으로 살아가는 게 중요하지요.

그럼 목사는 또 어떠냐. 목사로 안수받을 때, 정말로 그렇게 안수받을 때 울지 않는 사람 없습니다. '하나님 앞에 일생을 바치겠습니다' 하는, 헌신하는 마음이 있습니다. 그 마음 그대로 한평생 살아라, 이것입니다. 그 순간에 가졌던 그 마음이 얼마나 중요한지 모릅니다. 그 마음이 변질되기 때문에 문제입니다. 그래서 디모데에게 말씀합니다. '네가 안수받을 때, 장로회에서 안수받던 그때의 그 마음으로 조심 없이 말라. 그 마음 그대로 지켜가지고 죽을 때까지 살아라.' 이렇게 간단하게 말씀합니다. 대단히 중요한 말씀입니다.

그 다음에 마지막 권면이 있습니다. "너의 진보를 모든 사람에게 나타나게 하라." 진보—헬라말로 '프로코페'라는 이 말은 영어로 'advance'입니다. advance—진보, 발전상을 말하는 것입니다. 그렇습니다. 경제에 대해서도 성장률이라는 말이 있지요. growth rate. 몇% 성장했느냐, 그걸 말하는 것입니다. 현상유지 가지고는 안됩니다. 조금씩조금씩 더 올라가야 합니다. protage, growth rate가 문제인 것입니다. 우리의 신앙생활에도 성장률이 있습니다. '밤낮 그 모양' 가지고는 안됩니다. 한 단 더 성장해야 합니다. 그 성장이 꼭 필요한 것입니다. 그런데 보아하면 항상 제자리걸음이란말입니다. 아니, 뒤로 물러서고 있습니다. 이건 안되는 것입니다. 그래서 디모데에게 말씀합니다. '본이 된다는 게 뭐냐. 진보를 보여주라. 달라진 것을 보여주라. 발전된 것을 보여주라.' 확실하게 매일매일 달라지고 있는 것, 더 거룩해지고 더 진실해지고 더 충성되고 있는 그런 진보를, advance를 보여주라—얼마나 귀한 말씀입니까. 여러분, 지난 일 년 동안에는 얼마나 성장했습니까? 얼마나 성장했다고 평가받을 것 같습니까? 바로 그것이 문제입니다. 성장했어야 많은 사람들이 존경하게 되고 본을 받게 되는 것입니다. 진보의 본이 되어야 합니다. 진보의 본. 모든 면에서 한걸음 더 앞으로 나가는 것을 보여주라—아주 중요한 말씀입니다. 그런데 그러기 위해서는 전심전력하라, 합니다. 재미있는 일화가 있습니다. 어떤 날 젊은 신하 하나가 임금님에게 말하기를 "참 이렇게 권세를 얻고 신하가 되고 장관이 되고보니 참 유혹이 많습니다. 이런 유혹 저런 유혹이 참 많은데 어떻게 하면 이 모든 잘못된 유혹을 물리치고 깨끗하게 살아갈 수 있겠습니까?" 하였습니다. "어, 그래? 내가 가르쳐줌세." 임금님은 이렇게 말하고 컵을 하나 갖다가 "여기다 물을 부어라" 하였습니다. 물이 가득 채워지자 왕이 말합니다. "이거 좀 손에 들어라." 신하가 그 물컵을 손에 들었습니다. "이걸 들고 온 시내를 한바퀴 빙 돌아서 여기까지 돌아오라. 한 방울이라도 물을 흘리면 사형에 처할 게야." 어명이니 어찌하겠습니까. 그만 이상한 질문 한마디 했다가 큰일 만난 것입니다. 이걸 들고 온 시내를 돌아다닙니다. 뒤에는 군사가 칼을 들고 따라다닙니다, 한 방울이라도 물이 떨어지면 그대로 목을 치려고. 신하는 발발발발떨면서 온 시내를 다 돌아 궁중에 다시 돌아왔습니다. 한 방울도 흘리지 않았습니다. 왕은 아주 크게 웃으면서 말합니다. "아이구 수고했구만. 내 자네한테 한 가지 묻겠네. 이걸 들고 시내를 돌아올 때 예쁜 여자들 봤나?" "못봤는데요." "술집은 봤나?" "못봤는데요." "많은 사람들을 봤나?" "못봤는데요." "마차는 봤나?" "못봤는데요." "그럼 뭘 봤나?" "아무것도 못봤습니다. 이 컵만 봤습니다." "그게 바로 전심전력일세. 자기가 하는 일에 전심전력하면 유혹이란 없는 거야. 유혹이란 보이지도 들리지도 않는 거야." 그리고 왕은 호탕하게 웃었다고 합니다. 보십시오. 내가 할 일을 전심전력합니다. 내가 한걸음 더 진보하기 위해서 전심전력합니다. 보다 더 나은 신앙생활을 하기 위하여 전심전력합니다. 그러는데 유혹이 어디 있습니까. 시험이 어디 있습니까. 한숨을 쉬고 낙심할 겨를이 어디 있습니까. 미안하지만 이렇게 전심전력하면 감기걸릴 시간도 없습니다. 아플 일도 없습니다. 걱정거리도 없습니다. 이걸 잊지 말아야 합니다. '전심전력하라. 그리고 네가 보다 더 성장하고 성숙하고 거룩해짐을 교인들이 알아볼 수 있게 하라' 하였습니다.

이렇게되면—마지막에 결론이 있습니다. "네가 네 자신과 가르침을 삼가 이 일을 계속하라 이것을 행함으로 네 자신과 네게 듣는 자를 구원하리라." 디모데에게 하는 말씀입니다. 교역자에게 하는 말씀입니다. 이렇게 하면 네가 너를 구원하고 네가 남을 구원할 것이다, 너도 구원하고 남도 구원얻게 할 수 있을 것이다—얼마나 귀한 말씀입니까. 다시 말합니다. '본을 보이라. 본이 되도록 살아라.' 여러분, 나 하나만을 위해 사는 것이 아닙니다. 왜 '본'이겠습니까. 여러분, 내 마음대로 아프다고 할 수 있습니까? 내 마음대로 한숨쉴 수 있는 것입니까? 내 마음대로 게으름피워도 되는 것입니까? 부모된 도리로 생각해보십시오. 나 하나가 잘못될 때 자식들이 다 잘못됩니다. 나 하나가 실수할 때 엄청난 파급결과가 오는 것입니다. 절대 혼자가 아닙니다. 안그렇습니까? 원컨 원치 않건 우리는 벌써 본이 되고 있는 것입니다. 절대로 혼자가 아닙니다. 그런고로 우리는 적극적으로 정말로 본받을 수 있는, 정말로 사모하며 존경하며 본받을 수 있는 그런 본의 대상이 되도록, 모델링의 대상이 되도록 살라, 하는 말씀입니다. △

하나님께 소망을 둔 일꾼

늙은이를 꾸짖지 말고 권하되 아비에게 하듯 하며 젊은이를 형제에게 하듯 하고 늙은 여자를 어미에게 하듯 하며 젊은 여자를 일절 깨끗함으로 자매에게 하듯 하라 참 과부인 과부를 경대하라 만일 어떤 과부에게 자녀나 손자들이 있거든 저희로 먼저 자기 집에서 효를 행하여 부모에게 보답하기를 배우게 하라 이것이 하나님 앞에 받으실 만한 것이니라 참 과부로서 외로운 자는 하나님께 소망을 두어 주야로 항상 간구와 기도를 하거니와 일락을 좋아하는 이는 살았으나 죽었느니라 네가 또한 이것을 명하여 그들로 책망받을 것이 없게 하라 누구든지 자기 친족 특히 자기 가족을 돌아보지 아니하면 믿음을 배반한 자요 불신자보다 더 악한 자니라… 만일 믿는 여자에게 과부 친척이 있거든 자기가 도와 주고 교회로 짐지지 말게 하라 이는 참 과부를 도와 주게 하려 함이니라
(디모데전서 5 : 1 - 16)

하나님께 소망을 둔 일꾼

　오늘본문에 있는 말씀은 우리가 현실적으로는 이런 사건을 보기 어려운 특별한 말씀입니다. 그러나 당시, 초대교회 그 당시로 돌아가보면 그것이 무엇을 의미하는가를 알 수 있고, 또한 그 의미가 오늘 우리에게도 많은 부분에서 적용되고 있다고 하는 점도 깊이 생각을 해야 할 것같습니다. 본문은 역시 목회서신입니다. 믿음의 아들 디모데, 사도 바울이 세운 교회를 대신 맡아서 목회하는 그 목회자에게 보내는 목회서신입니다. 특별히 교회에서 어떻게 처신할 것을, 또 교회를 어떻게 치리해나갈 것을 자상하게 일러주는 말씀입니다.
　먼저 교인들과의 관계입니다. 교역자가 교인들과 어떤 관계에 살아가야 되느냐 하는 것입니다. 먼저 "늙은이를 꾸짖지 말고 권하되"하는 말씀이 있습니다. 여기서 '늙은이'라고 하는 것은 남자를 말하는 것입니다. 늙은 남자, 좀 과욕도 있고 노추도 있고 혹은 주책도 있고 실수할 수도 있겠지요. 나이많음으로해서 오는 실수가 많은데, 그걸 꾸짖지 마라, 그리고 권하라, 하였습니다. 여기서 우리는 생각을 하여야 됩니다. 제가 오래전에 「타임」지에서 읽었던 article이 있습니다. 그 논문에 저는 아주 큰 충격을 받았습니다. 제목이 이렇습니다. 'How to Teach Your Parents'—부모를 어떻게 가르칠까?'입니다. 부모도 가르쳐야 됩니다. 시대가 변하면서 나이많은 분이 새로운 세대에 대해서 잘 모릅니다. 그래서 실수를 많이 합니다. 또 주책없는 말 할 수도 있습니다. 그러면 젊은이들이 부모를 가르쳐야 합니다. 부모가 자식을 가르치는 것만이 아닙니다. 자식이 부모를 가르쳐야 됩니다. 그건 이렇습니다, 그 일은 이렇습니다—부모를 가르치는 자녀, 가만히 생각해보십시오. 얼마나 귀한 것인가. 그게 진짜 효도입니다. 몰라서 이렇게 생각도 하고 저렇게 말하는데 그걸 무조건 비판만 해서야 되겠습니까. '부모를 가르친다. 어떻게 가르쳐야 할까?' 그런 내용의 논문인데, 대단히 귀한 논문을 읽었다고 생각했었습니다. 오늘본문에서도 '교회에 늙은이들이 많다. 늙은 노인들, 남자노인들이 있다. 그들에게 책망할 것이 있더라도 책망할 것이 아니라 권면하라. 그리고 아버지를 대하듯이 하라.' 참 중요한 말씀입니다. 한마디 말 속에 많은 것이 내포되어 있습니다. '아비에게 하듯.' 또 늙은 여자는 어떻게 할 것이냐? 늙은 여자에 대해서는 어머니를 대하듯이 하라, 하였습니다. 지금 디모데의 나이가 40여 세 된 것같습니다. 이런 연배이니 여러 모로 어려움이 있을 것입니다. 그래서 나이많은 분들은 아버지처럼, 어머니처럼 대하고 젊은 여자에 대해서는 일절 깨끗하게 "자매에게 하듯이 하라"하였습니다. 자매를 대하듯이 젊은 여자를 대하라, 합니다. 다시말하면 가정을 생각해서, 가정으로 생각해서 젊은 사람은 자매 대하듯이, 혹은 동생 대하듯이 하고, 나이많은 사람은 부모를 대하듯이 하라는 것입니다. 원래 히브리사람들의 회당개념이라는 것은 가정을 그대로 확대해놓은 것입니다. 히브리사람들의 가정개념이 우리보다 훨씬 높은 데가 하나 있습니다. 그것은 뭐냐하면 누가 같은 회당의 일원이 되면 그를 자기식구와 똑같이 생각한다는 점입니다. 그래서 지금도 키부츠(Kibbutz)라고 하는 특별한 공동체가 가능한 것입니다. 그것이 좋은 것인 줄, 좋은 교육법인 줄 알면서도 아직 다른 어느 나라에서도 그같은 것을 실천하지 못합니다. 흉내낼 수가 없습니다. 그것은 같이 사는 것입니다. 공동으로 같이 삽니다. 그렇게 같이 살면서 아이들도 같이 키웁니다. 내 아이 남의 아이 할것없이 같이 한 동네에서 키우는데 한 집에서 고등학교 나올 때까지 남녀 같이 키웁니다. 그래도 아무 문제가 없습니다. 왜요? 어렸을 때부터 같이 발가벗고 자랐기 때문에 다 남매가 돼버린 것입니다. 다 친형제가 돼버린 것입니다. 공동체, 교회라고 하는 공동체, 회당이라고 하는 공동체 속에서 똑같이 생각하는 것입니다. 그래서 심지어는 같은 키부츠 속에서는 결혼이 이루어지지 않습니다. 아이들이 커가지고도 연애가 안되는 것입니다. 그래서 다른 키부츠의 사람끼리 결혼을 하게 됩니다. 그 얼마나 그 관계가 철저하게 가정관계로 유대가 확실해졌는가를 의미하는 것입니다. 오늘본문의 교회라는 것이 회당과 같습니다. 나이많은 분들은 아버지 어머니처럼, 젊은 사람은 자매처럼 동생처럼 그렇게 대하라, 하였습니다. 그러니까 우리 교회라고 하는 공동체 속에서 우리가 가진 협소한 의미에서의 가정, 내 자식 내 자녀 내 딸 내 손자… 그게 아니고 넓게 생각을 해야 합니다. 제가 퍽 고맙게 생각하는 분이 있습니다. 자기의 아들이 대학에 합격하여 입학등록금을 내게 됐습니다. 많은 사람들이 대학에 들어가려고 하다가 떨어지고 하는데 그 아들은 재수 삼수 해서 용케 들어간 것입니다. 참으로 고마웠습니다. 그래서 이런 헌금을 가져온 것입니다. "내 아들녀석이 재수하고 삼수해서 기어이 대학에 들어가고 이제 등록금을 내게 되니 얼마나 기쁜지 모르겠습니다." 이러고는 "그런데 합격을 해놓고도 돈이 없어서 못들어가는 사람이 있을 것입니다. 목사님, 이 돈을 그런 사람에게 주셨으면 좋겠습니다"하고 돈을 내놓은 것입니다. 자기자녀의 등록금, 그리고 등록금 못내는 사람을 위한 등록금—이 얼마나 아름다운 마음입니까. 내 자녀만 자녀입니까. '대학을 들어가놓고 등록금이 없어서 못가는 사람, 얼마나 마음이 아플까.' 이 생각을 하고 있습니다. 우리가 지금은 교회가 커서 그런 걸 일일이 돌보지는 못합니다만 그러나 여러분, 여러분 주변에, 구역에, 혹은 교구에 등록금이 없어서 고생하는 사람이 있다면 내 자녀와 같이, 내 자녀를 위해서 걱정하는 것처럼 그를 걱정하고 그를 위해 기도하고 한다면 이 얼마나 아름다운 일이겠습니까. 그래서 늙은이들을 대할 때는 부모처럼, 젊은사람들을 대할 때는 자매처럼 형제처럼 그렇게 대하라, 하는 것입니다. 이럼으로 교회라고 하는 공동체는 그 규모가 좀 커진, 넓어진, 영역이 커진 하나의 가정이 되는 것입니다. family system, family concept로 이해하라, 하는 것이 총론입니다.

그 다음에 여기 우리가 잘 안쓰는 말씀이 있습니다. 좀 이해하고 들으세요. 과부들이 '과부'라는 말을 싫어합디다. 하지만 과부인 걸 어떻게 하겠습니까. 남편 여의었으면 과부지 과부가 따로 있습니까. 그러니 그렇게 쓰는 용어에 대해서 너무 마음을 쓰지 마십시오. 그런데 오늘본문에는 특별한 말씀이 있어요. "참과부"—요게 참 묘한 말씀입니다. 과부는 과부인데 진짜과부가 있고 가짜가 있다, 이것입니다. 그걸 아시겠습니까? 오늘본문 자세히 보십시오. 한 번 결혼했고 남편이 죽었는데 그 다음에 또 결혼했고 또 그 남편이 죽었습니다. 이런 과부가 가짜과부입니다. 한 번 결혼했다가 과부되고서 그것으로 끝나야 참과부입니다, 성경에 말씀하는대로는. 그 왜 그런지 알겠지요? 그러니까 여기 성경에서는 지금 참과부가 누구냐, 이것입니다. 교회에서 이 참과부를 교회 참과부 명단에 올렸습니다. 명부에 떡 기록해놓고 이제부터는 그분의 생활을 교회에서 책임지는 것입니다. 그분이 사는 것, 먹고사는 것 걱정할 것 없습니다. 넉넉한 것은 아니지만 최소한의 생활비를 교회에서 주었습니다. 그분이 세상떠날 때까지의 생활을 교회에서 보장하였습니다. 이렇게된 사람을 참과부라고 하는 것입니다. 일단 명부에 떡 올리면 계속해서 교회에서 다달이 생활비를 주는 것입니다. 그런 것이 요새말로 말하면 full-time ministry입니다. 그러나 전문직은 아닙니다. 전도사라든가 목사라든가 교사라든가, 이런 것은 아닙니다. 직이 있다면 과부라니까요. 그것뿐입니다. 그러나 교회에서는 일단은 구제하는 것입니다, 이분을. 명부에 한번 올리면 교회가 그의 생활비를 보장하는 것입니다. 생활을 보장합니다. 이런 사람들을 말씀함입니다. '그는 참과부여야 한다' 하는 것입니다. 지금의 우리 식으로 말하면 마치 수녀와도 같은 것입니다. 수도사, 수녀라고 하면 꼭 가톨릭을 생각하게 되는데, 유럽 독일같은데 가보면 신교도 수녀가 있습니다. 신교수녀. 이분들은 과거에 결혼을 했든지 안했든지 그것은 중요하지 않습니다. 이제부터는 완전히 수도원에 들어가서 봉사하는 것입니다. 전적으로 봉사하고 그렇게 사는 분들을 볼 수 있습니다. 제가 바슐레아 슈링크가 하고 있는 메테르하우스에도 가봤습니다. 일부러 가봤습니다. 거기 한국사람도 셋 있습니다. 그런데 한 200명되는 여자만 있습니다. 수도사들입니다. 명단에 올린 참과부, 마치 그것을 연상하게 합니다. 거기서 생활 다 보장해줍니다. 새벽부터 밤까지 기도하고 명상하고 봉사하고 하는 것을 봅니다. 제가 가서 하루를 지내면서 그 생활하는 걸 죽 같이 해봤는데 대단히 바빴습니다. 수도사라고 그렇게 한가한 것이 아닙니다. 새벽부터 밤까지 계속 일을 합니다. 아무튼 그 뒤에는 수녀같은, 수도사같은, 수도원같은 그런 것이 된 것같습니다. 오늘의 우리 권사란 여기서 아주 거리가 멀지요. 옛날기록을 보면 이 참과부는 세 가지의 일을 했습니다. 오늘본문에도 이것이 잘 나타납니다. 첫째, 계시를 기다리는 과부가 있습니다. 항상 기도합니다. 항상 명상을 합니다. 한마디로 시간만 있으면 기도하는 것입니다. 기도를 많이 하고 있어서 이제 하나님께서 응답하실 때 그분에게 응답을 하십니다. 그분을 통해서 응답하시는 것입니다. 그래서 계시를 기다리는 그런 과부가 있었습니다. 또하나는 중보기도를 아예 본업으로 하는 분이 있습니다. 항상 기도하고 있는데, 많은 사람들이 이분에게 기도요청을 합니다. 기도부탁을 하는 것입니다. "내가 좀 바빠서 기도 못하겠는데 요 제목으로 좀 기도해주세요." "알았습니다." 이분이 그걸 기도합니다. 기도요청을 받고 다른 사람을 대신하여 중보기도를 하는 것입니다. 이것 또한 중요한 일입니다. 우리 교회도 저 뒤에 기도실이 있고 거기에 기도 요청하는 글을 쓰는 데가 있습니다. 거기다가 '지금 내가 이러이러한 사정이 있으니 기도해주세요"하고 쓰면 담당권사님들이 들어가서 기도할 때 그것을 보고 기도하는 것입니다. 그게 다 그런 뜻입니다. 아예 전문으로 기도청부 맡아가지고 기도만 하는 사람이 있습니다. 참과부, 교회에서 먹을것은 주고 하니까 바쁜 사람들 부탁받으면 대신 위해서 열심히 기도합니다. 이런 일을 참과부들이 했습니다. 세 번째는 환자를 방문하는 것입니다. 또한 장례식을 이분들이 주도했습니다. 지금도 독일에 가보면 여자수도사들이 많은데 어디 장례식이 있다하면 그분들이 우 달려갑니다. 장례식을 온통 맡아서 해줍니다. 그래서 이런 수도원이 있는 근처의 교회들은 아주 부흥되는 것을 볼 수가 있습니다. 그런데 오늘도 우리가 이것을 합니다. 우리교회 권사님들도 장례식이 났다하면 아주 새까만 옷을 입고 우 가서 도와주지 않습니까. 그것 참 좋은 일입니다. 옛날부터 있던 일입니다, 그것은. 교회에서 생활비 받으면서 환자심방을 하고 또 장례라든가 하는 어려운 일 당한 분들 위로하는 것을 전문적으로 하는 그런 분들이 있었던 것입니다. 계시를 기다리는, 그리고 명상하는 분, 그리고 중보기도 하는 분, 환자를 방문하는 분—이렇게 세 가지 부류의 과부들이 있었다, 그것입니다.

이제 이 과부들의 자격을 여기서 봅시다. 첫째는 "60세 이상"이라 하였습니다. 나이 육십이 덜 되지 아니한 자라야 한다—뭡니까? 이 세상에서 하는 일, 자녀들을 위해서나 뭐 하는 일이 많이 있으나 나이 60쯤 되면 다 끝났습니다. 요새말로 하면 retire한 것입니다. 은퇴한 것입니다. 이제 끝났습니다. 그러므로 '이제 나는 모든것을 다 버리고 교회를 위해서 봉사하겠습니다. 오직 교회봉사만 하겠습니다'하면 참과부의 명부에 올라가게 되는 것입니다. 그때의 나이는 60세 이상. 그리고 오늘본문에 중요한 말씀 한마디가 또 있습니다. 하나님께 소망을 두어야 한다, 하였습니다(5절). "하나님께 소망을 두어"—오직 하나님께. 이제 뭐 사람을 원망할 것도 없고 사람에 대해서 기대할 것도 없습니다. 오직 하나님께만 소망을 두었습니다. 이런 사람, 이런 과부를 말씀하는 것입니다. 그러니까 기도하고 봉사하는 것 외에는 아무 걱정이 없습니다. 먹을까 말까 죽을까 병날까 무엇을 마실까, 그런 걱정 할 것 없습니다. 직업도 필요없으니까. 이런 분들을 말하는 것입니다. '하나님께 소망을 둔 자라야 한다.' 사실은 그렇지요. 참으로 봉사하는 사람은 하나님께만 소망을 둔 사람이라야 됩니다. 그리고 6절말씀 보면 "일락을 좋아하는 이는 살았으나 죽었느니라"합니다. 심각한 말씀입니다. 나이 60이 되고 과부가 되고 교회봉사 한다—이 정도 된 사람이 이제와서 일락을 좋아한다면, 세상 낙을 좋아한다면 살았으나 죽었느니라, 한 것입니다. 이제쯤은 정신을 차릴 때가 됐습니다. 그때가서 세상 낙을 찾아봤댔자 찾을 수도 없거니와 그것은 살았으나 죽은 것과 같다는 것입니다. 세 번째는, 자기자녀를 잘 기른 사람이라야 한다는 것입니다. 이 또한 심각한 말씀입니다. 8절 "누구든지 자기친족 특히 자기가족을 돌아보지 아니하면 믿음을 배반한 자요 불신자보다 더 악한 자니라" 하였습니다. 그러니까 여기 참과부 명부에 올라가는 사람은 누구냐? 자기자녀를 잘 길러낸 사람이라야 됩니다. 자기자녀나 가정에 대한 의무를 다하지 않고 교회봉사 하겠다고 뛰어들어서는 안되는 것입니다. 자격이 없는 것입니다. 자녀를 낳아서 잘 키웠습니다. 그 뒷바라지를 다 했습니다. 의무를 다하고 이제 시집장가 다 보냈습니다. 그러고나니 나 혼자입니다. 한가하거든요. '이제는 나는 조용히 교회일만 하겠다'하고 교회로 들어오는 것입니다. 그런데 자녀를 잘 키우지 못했습니다. 자녀봉사를 잘 못해서 자녀들이 잘못됐습니다. 가정에 대한 의무를 다 못했습니다. 그런 사람은 무자격입니다. 자격이 없다는 것입니다. 이 얼마나 귀한 말씀인지 모릅니다. 자, 다시한번 생각해봅시다. "자기 가족을 돌아보지 아니하면 믿음을 배반한 자요 불신자보다 더 악한 자니라." 여러분, 교회봉사 한다고 하면서 가정을 소홀히해서는 안됩니다. 저 인천 가까이 부천이라는 데가 있습니다. 언젠가 한번 거기 어느 교회 남전도회연합회 설교를 하러 갔었습니다. 제가 가겠다고 약속을 했는데 남선교회 회장서껀 장로님 둘이, 굳이 여기까지 오겠다는 것입니다. 모시러 오겠다고 합니다. 그럴 필요 없다고, 내가 차타고 간다고 하니까 "그러면 우리가 가서 목사님 차를 타고 오겠습니다"합니다. 참 답답한 사람들이었습니다. 그러라고 했더니 두 사람이 왔습니다. 그리고 제가 운전을 하는데, 차타고 가면서 꼭 할말이 있다고 합니다. 무슨 말이냐? 설교주문 하려고 그러는 것입니다. 여러분 아시겠습니까? 설교주문입니다. 요런 말 해주십시오, 그것입니다. 무슨 말 해달라느냐, 그랬더니 자기는 남선교회 회장이고 자기부인은 여전도회 회장이라 합니다. 그런데 이 여전도회 회장, 도대체 얼굴을 볼 수가 없다는 것입니다. 아들 둘밖에 없는데 라면 끓여먹기가 일쑤라는 것입니다. 도대체 가정일을 안보는 것입니다. 교회일 한다고, 여전도회일 한다고 참기름 팔러 다니고 밤 팔러 다니고, 전도부 헌금 모금한다고 돌아다니고… 이렇게 밤낮없이 나다니기 때문에 도대체 만날 수가 없는데, 저녁에 늦게 들어와서 남편이 "아 여보, 밥도 좀 해줘야 되고 빨래도 해줘야지 이래서야 되겠는가?"하면 똑바로 딱 쳐다보고 "이 장로가 시험에 들었나? 마귀에 씌웠나? 나 지금 하나님의 일을 하는데 왜 잔소리가 많은 거야?"하고 면박한다는 것입니다. 그래서 나더러 설교할 때 그 얘기 좀 해주라는 것입니다. 그렇게 하지 말라고. 그걸 부탁하러 왔더라고요. 제가 그 청을 정말 받아들여가지고 가서 그랬습니다, 오늘본문대로. "자기가족을 돌아보지 아니하면 믿음을 배반한 자요 불신자보다 더 악한 자니라." 내 그랬습니다. 마땅히 가정을 잘 돌보아야 됩니다. 그러고나서야, 그걸 졸업한 다음에 하나님의 일 있고 그렇습니다. 가정에는 아직 의무가 많은데 이건 다 버려두고… 교회 간다고, 교회일을 빙자해서 가정일을 소홀히하는 것은 절대로 안될 일입니다. 있을 수 없는 일입니다. 오늘성경에 그것을 강하게 말씀합니다. '교회에서 말년에 모든 일을 다 깨끗이 저버리고 교회에서 봉사하고 싶다. 참과부가 되고 싶다, 할 때 과거경력에 가정을 잘 돌보았느냐, 자녀교육을 잘 했느냐, 다 시집장가 보내고 다 출가시켰느냐를 보아서 그랬다면 되지마는 가정을 잘 돌보지 못한 사람이라면 교회봉사 할 자격 없다, 이것입니다. 이것이 오늘본문에 나타난 말씀입니다.

 그 다음에는 선행의 증거가 있어야 한다, 하였습니다. 선행이라는 것은 하루아침에 이뤄지는 것이 아닙니다. 선행도 훈련을 받아야 됩니다. 긴 시간 동안의 훈련이 있어야 됩니다. 하루아침에 선한 마음 먹었다고 선한 일이 되는 것이 아닙니다. 또 그런 선행은 상대방을 기쁘게 하지 못합니다. 다시말해서 선행이 성품이 되고 체질이 되어야 합니다. 하루아침에 좋은 일 하고 싶다고 해서 되는 것이 아닙니다. 우리 할아버지가 제게 가르쳐준 것이 있습니다. 어떤 부잣집에 아들 하나가 있는데 불효자라고 소문이 났습니다. 그런데 옆집의 사람은 또 효자라고 소문이 났습니다. 이 둘이 친구입니다. 불효자의 아버지가 아들보고 늘 말하기를 "야, 야, 너는 왜 온동네에 불효자라고 소문이 났느냐? 효자소리 좀 들으면 안되느냐?" 아들이 듣고 가만히 생각해보니 '그렇겠구만' 싶습니다. 효자로 소문난 친구한테 가서 "야, 그 효자 어떻게 하는 거냐?" "효자? 아 그거 쉽지 뭐. 아침에 일찍 일어나서 그 겨울 추울 때 아버지 일어나시기 전에 몰래 들어가서 아버지옷을 입고 쭈그리고 앉았다가 아버지가 기침할 때쯤 되면 벗어놓고 나오지." 그러면 아버지가 입을 때 따뜻할 것 아닙니까, 젊은사람이 입었다가 벗어놓았으니. 그렇게부터 시작을 한다고 하니까 "간단하구만"하고는 이 불효자, 그 다음날 아침에 아버지옷을 척 입었는데 아버지가 눈을 부릅뜨고 일어나 이 녀석 아버지

옷을 입고 도망가려고 한다고 야단을 치는 것입니다. 그러니까 이 녀석이 나오면서 하는 소리가 "맞아! 애비가 남의 애비 같아야 효자 노릇도 하지"하고 투덜거렸다는 것입니다. 효자도 하루아침에 되는 것이 아닌 것입니다. 선행도 오랜 경력을 쌓고쌓아서 거기까지 나가는 거지 오늘 당장 결심한다고 선한 일 되는 것이 아닙니다. 오히려 선한 일 한다고 남 괴롭히기 십상입니다. 그래서 오늘본문에 이제부터 일생을 바쳐서 선한 일을 하겠다고 한다면 선한 경력이 있어야 한다, 하였습니다. 그래서 선한 행실의 증거가 있는데 "혹은 자녀를 양육하며 혹은 나그네를 대접하며 혹은 성도들의 발을 씻기며 혹은 환난당한 자들을 구제하며 혹은 모든 선한 일을 좇은 자라야 할 것"이라 합니다. 벌써 일생동안 사는 가운데 선한 증거를 가진 사람, 선에 대하여 오리엔테이션이 되어 있는 사람, 이 사람이 되어야 하는 것입니다. 이런 사람이라야 참과부가 될 수 있다, 그렇게 말씀하고 있습니다. 또한 "성도들의 발을 씻기며"하는 말씀은 뭡니까. 궂은 일 한다는 것입니다. 이제부터 결심하고 궂은 일 하기로 한 것입니다. 대접받으려는 게 아닙니다. 원래 선행은 남 안하는 것, 남이 하기 싫어하는 것, 궂은 일 하는 것입니다. "발을 씻기며"하였습니다. 그 말은, 그 맥락의 뜻이 남들이 싫어하는 것, 하기 싫어하는 일을 한다는 것입니다. 남은 해는 그런 일 하다가 죽겠다는 것입니다. 그래야 참과부입니다. 또하나는, 13절을 가만히 읽어보면 말을 조심해야 됩니다. 망령된 폄론을 하면 안됩니다. 말을 만드는 사람도 안됩니다. 입 조심해야 됩니다. 봉사하는 사람은 입조심해야 됩니다. 그리고 오늘 여기 주신 말씀 보니 부지런해야 됩니다. 게으르면 주의 일 할 수가 없습니다. "게으름을 익혀 집집에 돌아다니고 게으를 뿐 아니라…"

하였습니다. 게으른 자는 선한 일 할 수가 없습니다. 부지런해야 됩니다. 이렇듯 봉사하는 사람들을 교회에서 과부명부에 올리고 생활비를 주라, 그리고 남은 생애 하나님 앞에 온전히 헌신하게 하라, 하였습니다. 우리가 깊이 생각하여야 합니다.

시카고에서는 해마다 'The mother of the year(이 해의 어머니)'라고 하는 상을 주는 풍속이 있다고 합니다. 그런데 어느 해에 도미닉 살비노라고 하는 부인이 '이 해의 어머니'로 아주 높은 상을 받았습니다. 그는 독실한 기독교인입니다. 그런데 이분은 이렇게 생각을 했다고 합니다. 이웃에 있는 사람은 아이가 여덟이고 가난한 마을에 삽니다. 아주 빈민굴에 삽니다. 그래 '나는 아이가 넷이니 하나님께서 내게 시간의 여유를 주셨다. 이 시간의 여유를 가지고 봉사를 해야겠다. 저 집 부인은 60세고 나는 49세이니 내게는 기회가 많다. 그러니 열심히 일해야겠다. 우리 가정 어렵기는 해도 모두가 다 건강하니 더 바랄 것이 없다. 은혜로 생각하고 저 집 위해서 일해야겠다' 하고 일 년에 평균 1600시간, 매주 30시간을 무료봉사 했습니다. 무보수로 사회봉사를 했습니다. 그래서 상을 받았던 것입니다. 상을 주면서 보니 그 집, 조그마한 오막살이집인데 그 집 아주머니가 사는 방에 큰 간판이 붙어 있습니다. 뭐라고 썼어 있는고 하니 '도미닉 살비노를 이 거리의 사회사업가로 임명함—예수그리스도' 라고 썼더라는 것입니다. 도미닉 살비노 자신이 써놓은 것입니다. 예수 그리스도께서 임명하셨다는 것입니다. 이렇게 해놓고 봉사하고 있더라고 합니다. 이 얼마나 아름다운 얘기입니까. 백만장자로서 유명한, 소위 '백화점 왕'이라고 불리는 존 와너메이커에 대한 일화가 전해지고 있습니다. 어떤 날 대통령으로부터 연락이 왔는데, 장관으로 임명을 한다는 것입니다. 와너메이커가 거절했습니다. "왜 거절합니까?" "나는 매주일 교회에 가서 아이들을 가르쳐야 됩니다. 교회학교 선생으로서 어린이들을 가르쳐야 되니까 장관 못합니다." 그러자 대통령이 매주일 교회학교에서 가르칠 것을 허락하는 조건으로 장관 하라고 하였습니다. 그가 장관 하면서 유명한 말을 했습니다. "교사는 본업이요 장관은 부업이다. 교사는 종신직이요 장관은 임시직이다." 이것 보십시오. 교회봉사란 본직입니다. 그리고 그것은 일생 하는 것입니다. 오늘 여기에 참과부가 누구입니까. 60세 넘어서 남은 생을 그대로 하나님께 바치겠다는 사람들입니다. 기도하고 명상하고 봉사하고—이것으로써 남은 생을 끝내겠다고 생각하는 사람들입니다. 그래서 이분들을 교회에서 받아들이고 교회에서는 그들의 생활비를 주라, 그리고 봉사하게 하라, 하였습니다. 이것이 믿음의 아들 디모데에게 당부하는 목회서신입니다. △

네 자신을 정결케 하라

잘 다스리는 장로들을 배나 존경할 자로 알되 말씀과 가르침에 수고하는 이들을 더할 것이니라 성경에 일렀으되 곡식을 밟아 떠는 소의 입에 망을 씌우지 말라 하였고 또 일군이 그 삯을 받는 것이 마땅하다 하였느니라 장로에 대한 송사는 두 세 증인이 없으면 받지 말 것이요 범죄한 자들을 모든 사람 앞에 꾸짖어 나머지 사람으로 두려워하게 하라 하나님과 그리스도 예수와 택하심을 받은 천사들 앞에서 내가 엄히 명하노니 너는 편견이 없이 이것들을 지켜 아무 일도 편벽되이 하지 말며 아무에게나 경솔히 안수하지 말고 다른 사람의 죄에 간섭지 말고 네 자신을 지켜 정결케 하라

(디모데전서 5 : 17 - 22)

네 자신을 정결케 하라

　오늘본문에 교회생활에서 우리가 어떻게 교인생활을 해야 하겠는가, 하는 것을 좀더 실제적으로 말씀하고 있습니다. 많은 분들이 예수를 믿고 구원을 받고 하나님의 자녀 되고 교회에 들어와서 교회생활을 합니다. 그런데 하나님을 찬송하고 하나님의 말씀을 듣고 기도하고 그 영혼이 중생하고 성화하는 그런 문제에 대해서는 일반적으로 훌륭하게 그 과정이 진행된다고 생각하고, 또 믿음이 성숙해나가는 것을 볼 수 있습니다마는 문제가 하나 있습니다. 그것은 교회생활입니다. 교회생활로 인해서 시험당하는 분들이 많이 있습니다. 이렇게 볼 때 좀 죄송하지마는 우리교회에는 좀 덜한 편이고 제 생각에는 그런 일이 적다고 생각합니다. 그러나 어떤 교회에서는 교인들이 그 교회생활에서 시험을 받아서 믿음을 잃어버리는, 그리고 낙심하는 일이 참 많습니다. 가령 그 교회에서 서로 의견이 맞지 않아서 분열이 된다든가 분파가 있다든가 하면 많은 시험을 받게 됩니다. 그럴 때 우리가 흔히 위로하는 말이 "하나님 보고 예수믿지 사람보고 믿습니까?"하는 것입니다. 그러나 그렇지 않습니다. 하나님 보고 예수믿고 예수님 보고 예수믿지요. 그러나 사람과의 관계가 아주 중요한 것입니다. 교회생활에 있어서 우리가 하나님 앞에 충실할 뿐만 아니라 사람과의 관계, 이게 잘돼야, 그래야 교회생활이 원만해집니다.
　오늘본문에 보면 그런 말씀이 나타나 있습니다. "배나 존경할 자로 알되…" 그러면 보통관계도 서로 존경하여야 된다는 것입니다. 그런데 보통관계에 이 존경이란 것은 언제나 있어야 됩니다. 사람을 존경할 줄 알고, 우리 성도 간에도 서로서로 자기보다 남을 더 낫게 여기고 존경하는 마음이 있어야 됩니다. 그래서 빌립보서 2장에 보면 언제나 자기보다 남을 낫게 여기라, 하였습니다(빌 2:3). 사람을 존경할 줄 모르면 신앙생활이 그만 다 잘못되는 것을 많이 봅니다. 존경이라는 게 뭡니까. 상대방에 대해서 나를 낮추는 것입니다. 바로 겸손, 겸비합니다. '저분이 나보다 낫다, 나보다 높다, 나보다 더 훌륭하다, 저분이 나보다 더 신앙생활이 높은 수준에 있다.' 그것을 인정해야 됩니다. 그리고 자기를 낮추면서 신앙생활 하면 교회생활이 얼마나 좋은지 모릅니다. 이 사람을 만나도 반갑고 저 사람을 만나도 훌륭하고… 이렇게 되는데, 보면 대개 교만한 사람들, 저가 제일 잘났습니다. 저가 제일 잘믿는 것같습니다. 이 사람에게는 존경이 없습니다. 안하무인입니다. 존경하는 사람이 아예 없습니다. 이렇게 되는 사람이 제일 불행한 사람입니다. 교회에 갈 때마다 그는 마음이 편안치를 않습니다. 성도들을 만날 때마다 반갑지를 않습니다. 이렇게될 때 문제가 됩니다. 그런고로 교회생활에서는 가장 중요한 것이 겸손입니다. 그리고 인간관계, 교인들과의 관계에서는 존경이 중요합니다. 상대방을 존경하는 것입니다. 그런데 오늘말씀은 그 원리 속에서 그 다음 단계로 장로님들에 대하여 말씀을 합니다. 장로님들에 대해서는 배나 존경할 자로 알라, 하였습니다. 배나— 그러니까 일반적으로 다 존경하고 장로님들에 대해서는 배나 존경하고, 그런 얘기입니다. 초대교회에 있어서는 두 장로가 있었습니다. 지금도 그렇습니다. 헌법적으로는 장로가 둘입니다. 하나는 다스리는 장로, 우리가 흔히 말하는 일반적인 장로님이고, 하나는 가르치는 장로, 설교하고 가르치는 장로님입니다. 오늘본문에 보면 그렇게 나옵니다. "말씀과 가르침에 수고하는 이들을…" 말씀과 가르치는 장로가 있습니다. 우리가 지금 쓰는 말로 말하면 장로님들은 다스리는 장로요 목사님들은 말씀과 가르치는 장로인 셈입니다. 그래서 그 가르치는 장로와 다스리는 장로가 함께 모여서 회의를 합니다. 교회에서 가장 중요한 책임을 맡은 회의를 하는데 그 모임이 '당회'라는 것입니다. 가르치는 장로와 다스리는 장로가 함께 모여서 교회일을 의논하는 것이, 그것이 바로 '당회'입니다. 그런데 오늘본문 보면 그래서 '너희들은 일반적으로 존경하라. 서로서로 존경하는 마음으로 성도의 교제를 나누라. 그리고 장로님에 대해서는 배나 존경하라'합니다. 배나 존경하라, 그리고 다음말씀 보십시오. "말씀과 가르침에 수고하는 이들을 더할 것이니라." 거기다 한 번 더 배나. 삼단으로 말씀하고 있습니다. 존경하고, 배나 존경하고, 목사님께 대해서는 더 존경하고―그렇게 자세히 말씀하고 있습니다. 존경한다, 존경할 자로 알라―아주 중요한 교훈입니다. 우리가 부모님께 대해서는 '부모님을 공경하라'합니다. 부모님께 순종하고 부모를 공경하라―부모를 사랑하라, 가 아닙니다. 부모를 공경하라―수직적 관계를 말씀합니다. 공경과 존경이 같은 말입니다, 원문 상으로는. 영어로 honor, 존경하라입니다. '존경과 공경'―높이는 사랑을 말하는 것입니다. 공경이라는 것은 먼저는 중심에서부터 높이 보는 것입니다. 존경하는 마음입니다. 경외(敬畏)입니다. 그 다음에는 그의 상위를 인정하는 것입니다. 그것이 공경입니다. 저분은 나보다 낫다, 나보다 훌륭하다, 나보다 신앙도 더 크다, 더 많이 수고한다―이렇게 나보다 더 높은 위치에 있다는 것을 언제나 인정을 합니다. 또 있습니다. 공경이라는 것은 그의 뜻을 옳다고 인정하는 것입니다. '그의 생각이 나보다 낫다.' 왜요? 다 경험한 분이니까, 또 많이 공부한 분이니까, 많은 경험 속에서 말씀하고 있고 많은 은혜생활 속에서 말씀하는 것이니까, 언제나 그의 뜻은 옳다—그의 뜻을, 그의 생각을 존경하는 것입니다. 그것을 잊지 말아야 합니다. 내가 옳고 저가 틀렸다—그것은 존경이 아닙니다. '지금은 잘 이해가 되지 않지만 저분의 말씀이 옳을 거야.' 옳다고 인정하는 것입니다. '저분은 보다 더 지혜가 높은 분이니 그분의 말씀이 옳을 거야.' 이렇게 생각하는 것이지요. 그것이 공경하는 마음입니다. 또한 그가 나를 사랑하다는 걸 인정해야 됩니다. 저분은 절대로 먼 분이 아닙니다. 어버이와 같이 나를 사랑하는 분입니다. 사랑한다는 그것을 인정할 때 그게 바로 존경하는 것입니다. '자식이 부모를 공경한다.' 그 무슨 말입니까. 부모님이 나를 사랑한다는 것을 인정을 합니다. 그걸 믿고 있습니다. 혹 부모님이 "이래라"하고 "저래라" 말씀하시지만 그건 사랑하기 때문입니다. 때로는 징계도 합니다. 매를 쳐도 그것도 나를 사랑하기 때문입니다. '사랑하기 때문이다'라고 생각하는 그 마음이 공경하는 마음입니다. 우스운 얘기가 있지요. 어떤 아이를 아버지가 때렸더니 처음에는 "아이구 아프다, 아이구 아프다"하더랍니다. 조금 더 때리니까 "아이구 나 죽는다, 나 죽는다"하더랍니다. 조금 더 때리니까 벌떡 일어나더니 "마음대로 때려. 네 아들 죽지 내 아들 죽냐?"하더랍니다. 이런 녀석은 때려도 안됩니다. 소용없습니다. 원수되는 것입니다. '이 매 속에 사랑이 있다.' 존경이요 공경입니다. 이것은 정말로 귀한 것입니다. 감리교의 창시자인 요한 웨슬리의 기록에 이런 말이 있습니다. 그의 어머니가 열아홉 자식을 두었습니다. 자식을 많이 낳았습니다. 그 어머니가 아이들에게 사과를 하나씩 주고 남은 것을 부엌의 높은 데다 두었습니다. 요한 웨슬리가 뭘 놓고 놓고 놓고 올라가서 그걸 훔쳐먹었습니다. 그걸 알고 어머니가 이 아들을 얼마나 때렸는지 피가 날 정도였습니다. 그래서 웨슬리는 이렇게 말합니다. '그때 맞은 그것이 아니었다면 오늘의 내가 될 수 없었을 것이다.' 거기서 그는 엄청난 어머니의 사랑을 느낀 것입니다. 그것이 바로 공경이라는 것입니다. 그렇습니다. 아버지나 어머니, 장로님, 저분들은 나를 사랑한다, 저 윗분들은 나를 사랑한다―나를 사랑한다는 것을 항상 마음에 두고 있어야 됩니다. 그게 공경하는 것입니다. 그런고로 순종적 자세로 임하는 것이 공경입니다. '부모님께 순종하라'―순종하는 것이 공경입니다. 부모님이 가라 하면 가고 오라 하면 오고, 순종하는 것입니다. 순종하는 자세로 대하는 것, 그리고 그 순종을 기뻐하면서 대하는 것, 억지로 하는 게 아니고 기뻐하면서 대하는 것, 그게 '공경'입니다. 장로님들을 존경할 것이고 목사님들을 더 존경할 것이다―그 이유가 있습니다. 장로님들은 우리의 교회를 다스려주는 분들입니다. 우리의 질서를 위해서, 우리의 덕을 위해서 우리의 신앙생활을 바른 길로 인도해주는 분들입니다. 그런데 여기 말씀과 가르침에 수고하는 분, 목사님들은 어떠냐―하나님의 말씀을 내게 전해주는 분들입니다. 신학적으로 말하면 카리스마적 관계라, 그 말입니다. 예수님께서 친히 말씀하시기를 "너희를 영접하는 자는 나를 영접하는 것이요 나를 영접하는 자는 나 보내신 이를 영접하는 것이니라" 하십니다(마 10:40). 그런고로 목사님을 영접하는 것이 바로 그리스도를 영접하는 것이 되거든요. 그를 사랑하는 것이 주님을 사랑하는 것이 된다는 말씀입니다. 이래서 사도 바울은 복음을 전하는 자로서 갈라디아서 4장 14절에서 아주 가슴을 뜨겁게 하는 그런 말씀을 하였습니다. 우리 교역자로서는 제일 중요한 점이 이것이거든요. 여러분이 어떻게 대하느냐, 그게 중요하지 않습니다. 가장 중요한 것은 교역자를 하나님의 말씀 전하는 자로 대하는 것입니다. '저분을 통해서 내가 하나님의 말씀을 듣는다.' 바로 그러한 관계, 그런 카리스마적 관계가 확실해지고 이어지기를 바라는 것입니다. 그 이상도 그 이하도 아닙니다. 가장 중요한 것이 이것입니다. "너희를 시험하는 것이 내 육체에 있으되…"라고 바울은 말씀합니다. 그게 무엇인지 알 수는 없으니 무슨 육체의 병이 있었던 것같습니다. 짐작컨대 간질병으로 인해서 교회에서 설교하다말고 쓰러졌는지도 모르겠습니다. 그렇게 한번 생각해봅니다. 어쨌든 '너희 믿음을 시험할만한 그런 것이 내 육체에' 있습니다. '그럼에도 불구하고 너희는 하나님의 천사와 같이 또는 그리스도 예수와 같이 나를 영접하였느니라.' 얼마나 중요한 얘기입니까. 바울이 병들어 있습니다. 그러니 '남의 병 고칠 생각 말고 제 병이나 고치지' 이렇게 나올 수도 있습니다. '자기 병도 고치지 못하는 주제에 누구에게 복을 준다는 건가?' 할 수도 있습니다. 그렇게 반발할 수도 있는 것인데, 그러나 갈라디아교인들은 그렇지 않았습니다. 사도 바울을 존경했습니다. 높이 존경했습니다. 아주 신앙적으로 존경했습니다. 그래서 "천사와 같이 또는 예수 그리스도와 같이 영접하였도다" 하고 바울이 고마워하는 것입니다. 이 카리스마적 관계에 대하여 감사하고 있습니다. 그리고 같은 갈라디아서 4장의 15절에 보면 "너희가 할 수만 있었더면 너희의 눈이라도 빼어 나를 주었으리라" 합니다. 그만큼 사도 바울은 갈라디아교인들이 자기를 존경하고 지극히 사랑한다는 것을 느끼고 있었습니다. 그 감격을 편지에서 읽을 수 있습니다. 또한 로마서 16장 4절에 보면 브리스가와 아굴라에 대하여 말씀하면서 "저희는 내 목숨을 위하여 자기의 목이라도 내어놓았나니"하고 말씀합니다. 굉장한 말씀입니다. 자기의 목이라도 내어놓을 그만큼 사도 바울을 존경했습니다. 왜요? 바울은 하나님말씀 전하는 분이거든요. 나는 그냥 죽어도 되지만 바울은 죽으면 안되는 것입니다. 나는 별로 큰일을 못하지만 바울은 큰일을 해야 될 분이기 때문에 할 수만 있으면 그 대신 죽을 마음도 있단말씀입니다. 그만큼 사도 바울을 하나님께서 보내신 말씀의 사자로 믿고 인정하고 존경하고 소중히 여겼다, 그 말씀입니다. 그래서 오늘본문에 '존경할 자로 높이 존경하라' 하였습니다. 그렇습니다. 우리가 하나님을 사랑하고 그리스도를 사랑하지마는 교회생활이라는 것은 사실 무엇보다 중요한 것이 교역자와의 관계가 좋아야 한다는 것입니다. 여러분이 어떤 이유로든지간에 교역자를 존경하지 못하면 그 신앙, 엉망이 되고 맙니다. 그건 틀림없습니다. 우리가 앞으로도 허구헌날 하나님 말씀을 그로부터 들어야 될 터이니, 그로부터 받아먹어야 될 터이니 그렇지 않습니까. 그런데 이 관계가 잘못되면 어떻게 되겠습니까. 그러므로 신앙생활 잘하기 위해서는 교역자에 대한 높은 존경을 가지고 있어야 됩니다. 그것이 여러분의 신앙생활에 크게 도움됩니다. 우스운 얘기입니다마는 제가 '부모님이 이러했기 때문에 내가 오늘도 교인들의 사랑을 많이 받는다'라는 생각을 합니다. 할아버지가 장로님이고 어머니가 집사님이고 아버지도 집사님이고 그런데, 좌우간 농사하다가 고구마라도 큰 거 생기면 목사님 갖다드리고 또 사과 하나 좋은 거 따면 갖다드리고, 오이도 예쁘게 생긴 거 나오면 "목사님 갖다드려야지"하고, 무슨 별식을 한다든가 좀 맛있는 걸 하면 또 싸가지고 가거든요. 그런데 어느날 제가 집에 들어갔더니(여러 번 그런 일이 있었습니다) 아버지 혼자 앉아계십니다. 우리집은 나 하나밖에 없으니까 제 밑으로는 동생도 없거든요. 책도 뒤적거리면서 혼자 앉아계시는 아버지 보고 제가 "어머니 어디 갔어요?" 했더니 아버지가 불쑥 한마디 하시는데 "너의 어머니가 말이다, 나를 목사님 위하는 거 반만 위해주면 내가 열녀문 세워준다, 열녀문" 하는 것입니다. 가만히 보니 조금 질투하더라고요. 정말 우리 어머니는 목사님을, 자꾸 바뀌어도, 있다가 가시고 딴 분 오시고 딴 분 오시고, 자꾸 바뀌어도 누가 오시든지 상관없었습니다. 그렇게 정성을 다했습니다. 어쨌든 교회생활에서는 장로님 존경하고 목사님 존경하고 살면 신앙생활이 윤택해집니다. 존경을 잃어버리든가 혹은 조금이라도 존경이 낮아지기 시작하면 신앙생활은 곤두박질합니다. 참으로 불행한 일이 됩니다. 오늘말씀에 장로님 존경하라, 목사님은 배나 더 존경하라, 하였습니다. 그렇게 실제적으로 말씀하고 있습니다.

그리고 이제 교역자에 대해서 '보상하라' 하였습니다. 다시말하면 '생활비를 드리라' 그 말씀입니다. 신명기 25장 4절에 보면 "곡식 떠는 소의 입에 망을 씌우지 말지니라" 하였습니다. 무슨 말인지 잘 모르실 텐데, 농사하는 분들은 잘 압니다. 소가 밭을 갑니다. 밭을 갈 때는, 처음에 곡식을 뿌리기 위해서 갈 때는 아무것도 없는 벌판입니다. 넓은 들녘을 갈지마는 이제 중간에 김을 맬 때도 있고 고랑을 칠 때가 있습니다. 그런 때는 곡식이 꽤 자랐습니다. 그런 중인데 그 사이에 보습쟁기를 들고 가고 소가 그 앞을 지나가거든요. 가운데 사이를 지나갑니다. 소가 그 얼마나 먹고 싶겠습니까. 그러니까 자라는 곡식을 먹지 못하게 하기 위해서 망을 씌웁니다, 그물처럼 만들어가지고. 그걸 입에다 씌워버립니다. 그러면 소가 냄새는 맡고 먹지는 못합니다. 참 불쌍하지요. 일만 죽도록 하고 그 곡식을 못먹는단말입니다. 이에 대해서 성경은 말씀하기를 "곡식떠는 소의 입에 망을 씌우지 말지니라" 하였습니다. 무슨 말씀인고하니 소도 자기가 일했으니 먹을 자격이 있지 않느냐, 그만큼은 먹어야 되지 않겠느냐, 함입니다. 꼭 소에 대해서 하는 말씀이 아닙니다. 이건 비유로 말씀하는 것이고 중요한 것은 '누구에게든지 일을 시켰으면, 일을 했으면 거기에 대가를, 자기가 일하는 만큼은 또 보상을 받아야 될 것 아니겠는가' 하는 말씀입니다. 삯을 받는 것이 마땅하다, 그것입니다. 여기에 교역자의 고민이 있답니다. 때로 우리가 이 일을 하고 월급도 받고 대접도 받고 하지마는 조금 잘못하면 삯을 위해서 일하기가 쉽습니다. 그건 우리 마음입니다. 내가 삯을 위해 일하는지 일하고 삯을 받는 건지, 일하기 위해서 필요한 만큼의 생활비를 받는 건지, 이게 크게 문제가 됩니다. 그렇기 때문에 오늘본문말씀은 '망을 씌우지 마라. 일을 했으니 일하는 만큼 거기에 합당한 보상을 주어서, 대가를 주어서 일꾼으로 하여금 일하는 데 지장이 없도록 해드려라' 하는 것입니다. 그러니까 교회에서는 목사님들에게 생활비를 드려야 되고, 일하기에 합당한 모든 물질적인 여건을 갖추어드려야 한다는 것입니다. 그래야 일할 수 있지 않습니까. 말하자면 이것이 직업이고 이외의 다른 일은 못하니까요. 그런고로 '그만한 대접을 하라' 하는 것입니다.

우스운 얘기입니다마는 제가 인천에서 목회할 때 언젠가 한번 서울에 있는 목사님 한 분을 모셔왔습니다. 이 목사님이 마침 그날 차를 타고 오셨습니다. 그때만 해도 목사님들 차가 별로 없을 때입니다. 어쨌든 차를 타고 오셨습니다. 운전기사와 같이 오셨습니다. 이제 설교 끝내고 가실 때 우리가 늘 그러하듯이 봉투에다가(대개 그때는 '거마비'라고 그랬습니다) '차를 타고 가십시오'하는 뜻의 비용을, 사례금을 넣어서 드렸습니다. 그런데, 목사님은 아무 말도 안하는데 옆에 있던 기사가 그걸 가로채면서 뭐라 그러는고하니 "우리 목사님, 그런 거 안받아요"하는 것입니다. 그러고는 도로 주는 것입니다, 나한테. 되게 기분이 나쁘더라고요. 그런 거 안받는다—그럼 어떻게 되는 것입니까. 받는 사람은 다 '어떻게 된' 것이 됩니다. 다 매도하는 것이 됩니다. 그때 참 제가 난처했었습니다. 이걸 드려야 되나 말아야 되나. "우리 목사님 그런 거 안받아요." 안드렸어요, 까짓것. 안받는다면 안드리지. 그런데 제가 그때 많이 생각했습니다. 그게 많은 돈이라면 또 모르겠는데 정말 얼마 안되는 돈입니다. 길이 머니 차라도 타고 가십시오, 그런 뜻으로 거마비를 드렸는데 이걸 거절한 것입니다. 제가 그때 마음으로 큰 결심을 했습니다. '나는 절대 거절하지 않을 것이다.' 아주 맹세했습니다. 저 보세요. 저는 절대 거절 안합니다. '그 대신에 작다고도 않고 안줘도 불평하지 않는다. 받아서 좋은 일에 쓰면 되잖아.' 그 자리에서 "안받아요. 나는 그 따위 안받아요." 그것도 교만입니다. 거기다가 한술 더 떠서 "우리 목사님 그런 거 안받아요"라니… 그래서 좌우간 저는 여러 목사님들에게도 이렇게 가르칩니다. "절대 거절하지 말고 절대 불만하지 말고. 많아도 그렇고 적어도 그렇고, 그저 있으면 좋은 일에 쓰면 되는 거야." 줄 사람 많지 않습니까, 얼마든지. 그런 것을 "아이구 안받습니다. 뭐 월급받는 사람이 그걸 또 받을 거 있습니까? 안받습니다" 하고 그 자리에서 거절하는 것은 잘못이다, 그것입니다. 그저 받아서 거저 주면 되는 것입니다. 거저 받았으니 거저 주면 되는 것입니다. 그걸 그 자리에서 거절함으로 주는 사람의 마음을 섭섭하게 만들고 해서야 되겠습니까. 오늘성경말씀은 여러 가지 의미를 가집니다. 교역자들에게 마땅한 것을 드리라, 하였습니다. '마땅하니라.' 그리고 그 다음에 교역자는 그걸 가지고 생활하고, 그리고 다른 데 쓸 게 뭐 있습니까? 교역자가 좋은 일에 쓸 일이 많거든요. 얼마든지 많습니다. 그래서 삯을 받아 마땅하다, 합니다. 이렇게 여기서 암시적으로 말씀하고 있습니다.

그 다음으로, 교역자나 장로의 신분에 대해서, 혹은 명예와 그 위상을 지켜가라, 하는 말씀이 있습니다. 위상을 지켜가야 된다, 지켜줘야 된다, 요새말로 말하자면 소위 인기관리 해야 된다는 것입니다. 인기관리를 해줘야 된다, 이것입니다. "장로에 대한 송사는 두세 증인이 없으면 받지 말 것이요" 하였습니다. 어떤 장로님이 어떻고, 어떤 장로님이 어떻고… 이런 말, 여론이 돌아다닙니다. 그러나 그걸 가지고 문제삼지 마라, 하는 것입니다. 확실한 증거가 있어야 됩니다. 그렇지 않고는 장로님에 대한 비평에 대해서는 문제삼지 마라 ― 위상을 지켜드리라, 그 말씀입니다. 그 체면과 위신을 지켜드리라, 그 말씀입니다. 그래야 될 것 아닙니까. 조금만 무슨 소리 들린다고해서 "무슨 일이오?" 하고 물어보고, 무슨 조금 섭섭한 얘기 들으면 책벌하고… 이러면 되겠느냐, 그 말씀입니다. 그래서 증거가 확실해야 되고 그것도 또 두세 증인이, 확실한 증인이 두 명 세 명 있을 때만 문제삼고 보통 돌아가는 말, 이렇게저렇게 돌아가는 여론, 이런 것으로 해서 장로에 대해서 비방하지 마라, 하는 얘기입니다. 그래서 신명기 19장 15절에 보면 '두세 증인이 꼭 있어야 한다'

하였습니다. 왜요? 교회를 위해서입니다. 장로님의 위상이 곧 교회의 위상입니다. 장로님이 비난을 받으면 교회 전체가 흔들립니다. 그렇기 때문에 쉽게 문제삼지 말아라, 하는 것입니다. 이순신 장군이 젊었을 때 군사들을 훈련하는 훈련원에서 봉사할 때가 있었습니다, 아주 말직에서. 그런데 어느날 유전이라고 하는 대신이 거기에 와본즉 이순신 장군이, 아주 젊은 사람이 좋은 전통을 가지고 있는 것입니다. 전통이라는 게 화살을 넣는 통입니다. 가죽으로 만든 좋은 전통을 메고 있는 걸 보고 이 대신, 탐이 났습니다. 그래서 불러가지고 "그 전통 내게 줄 수 없겠나?" 하였습니다. 그때 이순신 장군이 젊은사람으로서 뭐라고 대답했느냐하면 "이까짓 전통 하나, 얼마든지 드릴 수 있습니다. 그러나 내가 이걸 대감에게 드리면 대감께선 높은 지위에 있으면서 하찮은 말직에 있는 제게 권세로 '거 나 좀 주라' 하고 명령한 것이 되고, 나는 또 말직에 있는 사람으로 출세하기 위해서 대감님께 상납한 것처럼 비칠까봐 걱정입니다. 못드리겠습니다" 하였습니다. 왜요? 전통이 문제가 아니라 이것이 오고가면서 위상이 흐려지면 안된다는 것입니다. 그래서 "대감의 위상이 흐려지면 안됩니다. 그래서 드릴 수가 없습니다" 하였고 대신은 "자네 참 옳은 말 했네" 하고 칭찬했다고 합니다. 그렇지요. 우리가 무슨 말이 오고가고 하는데 함부로 얘기해서 위상을 떨어뜨리면 안됩니다. 위신을 낮추면 안됩니다. 그게 중요한 일입니다. 그래 장로님들에 대해서 함부로 얘기하지 마라, 함부로 문제삼지 마라, 하고 말씀하는 것입니다.

그리고 오늘교훈 가운데 마지막을 보면 '편견 없이 하라, 편벽되게 하지 마라, 경솔히 하지 마라' ─ 이 세 가지를 디모데에게 부탁합니다. 편견 없이 하라. 편견, 이게 문제입니다. 전체적으로 볼 수 있는 능력이 누구에게든지 없습니다. 아무래도 한쪽으로 보기가 쉽습니다. 그러나 우리는 절대로 주관에 치우치지 않고 객관적으로 보고 전체적으로 볼 수 있도록 노력을 해야 합니다. 이런 재미있는 얘기가 있습니다. 어느날 해와 달이 둘이서 시비를 벌이더랍니다. 해가 "나뭇잎은 초록색이다"하니까 달이 "은색이다"하더랍니다. 그렇지요? 밤에 보면 나뭇잎이 은색으로 보이지요. 그래서 시비가 났거든요. 또 해가 하는 말이 "사람들은 바삐 움직인다"하니 달이 하는 말이 "사람들은 잠만 잡디다"합니다. 해가 또 하는 말이 "이 세상은 아주 시끄럽다"하니까 달이 하는 말이 "세상은 조용합디다"합니다. 끝도 없지 않습니까. 하나는 낮에 보고 하나는 밤에 봤으니까요. 그 때에 바람이 하는 말이 "제가 낮에도 보고 밤에도 봤더니 둘 다 맞소"하더랍니다. 그렇습니다. 편견인 것입니다. 한쪽에서만 보고 검다, 희다, 옳다, 그르다, 해서는 안되지요. 지도자가 갖춰야 할 가장 중요한 자질은 이것입니다. 시각이 분명해야 됩니다. 객관적 시각을 가져야 됩니다. 편견이 없어야 되고 편벽함이 없어야 됩니다. 그래서 공정해야 되고 편벽 대신 원칙대로 해야 됩니다. 원칙중심의 생각을 할 수 있어야 됩니다. 원칙중심의 목회, 원칙중심의 인사행정, 그게 문제입니다. 원칙을 떠나서는 안됩니다. 그 다음에는 "경솔히 하지 말고 신중히 하라" 말씀합니다.

그리고, 이 모든것 위에 갖춰야 할 것이 있습니다. "자신을 지켜 정결케 하라"하였습니다. 남을 다스리기 전에 자신을 다스리고, 남을 가르치기 전에 자신을 가르치고… 자기자신을 지켜 정결케 하라, 하는 것입니다. 왜? 무릇 지도자에게 제일 어려운 시험이 뭐냐하면 하나가 욕심이고 또하나가 명예입니다. 물질에 대한 욕심, 명예에 대한 욕심, 이것이 작용하면 편벽되게 됩니다. 치우치게 됩니다. 그런고로 공정하게 하며 이(利)를 탐내지 말고 명예를 좋아하지 말고 마음을 비워서 깨끗하게, 정결케 해야 공정하게 하고 원칙대로 하고 신중히 하고, 할 수 있게 되는 것입니다. 모든 욕심으로부터 그 심령이 자유해야 됩니다. 자유해야, 깨끗하게 자유할 때만이 바르게 판단할 수 있고 바르게 인도할 수 있고 또 존경받을 수가 있는 것입니다. 유명한 철학자 파스칼은 말합니다. '하나님의 힘 다음으로 강한 가장 큰 영향력이 있는 힘은 거룩한 생활이다.' 하나님 다음으로 가장 큰 힘은 거룩한 생활입니다. 깨끗하고 정결하고 정직하고 공정할 때 힘이 있습니다. 정결하지 못하면 힘이 있을 수 없습니다. 그래서 사도 바울은 디모데에게 "네 자신을 지켜 정결케 하라"하고 명령하는 것입니다. △

자유인의 윤리

이제부터는 물만 마시지 말고 네 비위와 자주 나는 병을 인하여 포도주를 조금씩 쓰라 어떤 사람들의 죄는 밝히 드러나 먼저 심판에 나아가고 어떤 사람들의 죄는 그 뒤를 좇나니 이와 같이 선행도 밝히 드러나고 그렇지 아니한 것도 숨길 수 없느니라
(디모데전서 5 : 23 - 25)

자유인의 윤리

사도 바울이 믿음의 아들 디모데에게 주는, 그 어느 말씀보다도 가장 개인적이고 또 아주 친절하고, 정말 어버이가 자녀에게 하는 것같은 사랑어린 말씀을 오늘본문에서 봅니다. 사도 바울이 믿음의 아들 디모데에게 지금 건강을 염려해주고 있는 것입니다. 하나님의 일 하려면 무엇보다도 건강해야 된다, 건강에 유의하라, 건강을 지키기 위해서 너는 이렇게 하라, 하는 아주 다정하고도 친절하고 세심한, 그런 배려의 말씀을 읽을 수 있습니다. "물만 마시지 말고 네 비위와 자주 나는 병을 인하여 포도주를 조금씩 쓰라." 포도주를 마셔라, 하는 권고의 말씀을 하고 있습니다. 이렇듯 간단하게 지극히 개인적인 충고를 다정하게 하고 있지마는 그 내용에는 깊은 뜻이 담겼으며, 특별히 그리스도인의 자유에 대해서, 우리가 신앙을 어떻게 지켜가야 할 것인가에 대해서 아주 깊은, 대단히 중요한 가르침을 주고 있습니다.

그리스도인은 곧 자유인입니다. 죄와 사망과 사단과 율법과 진노로부터 자유합니다. 이미 지은 죄로부터 우리는 구원받아서 자유했습니다. 우리는 다시 죄의 저주에 매이지 않습니다. 죄의 노예가 될 필요가 없습니다. 그런가하면 가장 무서운 사망을 우리는 이기었습니다. 사망을 초월해서 삽니다. 사망의 노예가 될 필요가 없습니다. 적어도 죽음은 우리 앞에 전혀 두려운 바가 아닙니다. 그것이 바로 자유입니다. 사단의 유혹, 율법, 특별히 율법주의, 율법의 속박, 그리고 죄에 대한 하나님의 무서운 진노하심—이 다섯 가지로부터 우리는 자유합니다. 그런고로 그리스도인이란 그가 얼마나 자유하고 사느냐에 따라서 신앙이 평가되는 것입니다. 보십시오. 얼마나 죄로부터 자유한가. 얼마나 사망으로부터 자유한가. 최고로 자유한 사람이 순교자가 아니겠습니까. 아무 두려움이 없습니다. 그런고로 그가 누리는 자유, 그것이 바로 그 사람의 신앙, 인격의 수준을 측정할 수 있는 기준입니다.

이제 디모데의 경우로 돌아가서 생각해봅시다. 디모데는 그 어머니가 유대사람이고 외할머니도 같이 있었던 것같습니다. 외할머니도 물론 유대사람입니다. 그들로부터 신앙의 전통을 전수받습니다. 엄격한 유대적 신앙전승을 어머니로부터 물려받은 것입니다. 게다가 디아스포라입니다. 어쩌면 그래서 어머니는 디모데를 더 철저하게 신앙적으로 양육하려 했던 것같습니다. 이방땅에 살고 있습니다. 이방땅에 살면 더 보수적인 사람이 됩니다. 여러분은 이걸 아십니까? 미국이라든가 유럽 같은 데 가서 보면 우리 교포들 많이 사는데 그들의 생활양식 보면 남의 나라에 살지마는 우리보다 훨씬 더 보수적입니다. 제가 미국가서 제일 골치아픈 것이 "식사합시다"하고는 설렁탕집이나 순두부집에 가는 것입니다. 그래서 제가 어떤 때는 좀 기가막혀서 "양식 좀 합시다, 양식"하고 말합니다. 제가 청해가지고 양식 좀 얻어먹고 옵니다. 보면 철저하게 한국식으로 한다고요. 그게 참 놀랍습니다. 제가 언젠가 중국갔을 때 보니 여름에 한창 더운데, 연길 그 쪽에 갔는데, 보니 어머니하고 딸이 아주 분홍색 한복차림으로 손을 잡고 시장에 가는 걸 보고 제가 사진을 찍었습니다. "이건 명물이다." 그렇지 않습니까? 어디 여기서야 그런 것 봅니까. 여름에 어머니하고 딸이 분홍색 치마저고리 입고 손을 잡고 가는 것입니다. 이런 것이 외국에 살 때는 철저하게 더 보수적인 사람이 된다는 반증입니다. 자기가 살고 있는 환경은 전부 배타적으로, exclusive 하게 대한단말입니다. 이건 내 세상이 아니니까 내 정체를 찾는 길은 무조건 남과 달라야 된다는 것입니다. 저 사람들하고 같이 살면 내가 없어지는 것같습니다. 그래 될수있는대로 그의 주변에 있는 사람들하고 다르게 살려고 몸부림을 치는 것입니다. 중국 연길, 연변으로 죽 가면서 보면 지금도 오막살이집이 많습니다. 중국사람들의 집은 벽돌집이고 우리 조선족 집은 초가집입니다. 반드시 가난해서 초가집인 것이 아닙니다. 한국적으로 살자 해서 초가집입니다. '중국사람들의 벽돌집이 맘에 안들어. 우리는 조선사람이야. 조선의 초가집.' 그래서 지금도 가면 초가집마을이 있습니다. 초가집 보면 '조선족이다'라는 것을 알 수가 있습니다. 그만큼 남의 땅에 살 때, 교민으로 살 때는 더 보수적인 의식구조를 가지게 됩니다. 그리고 더 그럴 것이 뭐냐하면 자기가 떠난 이 한국에 대해서는, 본토에 대해서는 지금 교통이 없으니까 모르거든요. 얼마나 변하고 있는지를 모르고 있습니다. 떠날 때의 기억을 그대로 가지고 있거든요. 그러니까 생각이 점점 고루해질 수밖에 없지요. 그와도 같습니다. 의식구조적 문제로해서 사실은 사도 바울이 오히려 예루살렘에 있던 분들보다 훨씬 더 신앙적으로 신학적으로 보수적이었다, 라고 하는 말을 하게 되는 것입니다. 그런데 디모데의 어머니와 또 할머니가 디모데를 키울 때, 더구나 남의 땅에서 사는 것이므로 디모데가 밖에 나가 놀든가 하더라도 "너는 여기 이방사람의 것을 배우지 마라. 저들하고 놀지도 마라. 저들의 풍속을 따르지 마라. 우리는 유대사람이다" 한 것입니다. 그래서 생각이 점점 굳어지고 보수적인 성향을 띨 수밖에 없었습니다. 게다가 더 문제가 되는 것은 아버지가 헬라사람이라는 것입니다. 아버지는 헬라사람인데 그에 대해서는 성경에 계속 언급되지 않는 걸 봐서 많은 학자들이 생각합니다. 짐작컨대 일찍 세상을 떠난 것같습니다. 어쨌든 아버지의 영향을 받습니다. 그러나 아버지가 헬라사람이기 때문에 어머니는 디모데를 더 히브리적으로 키우려 한 것입니다. 비록 나는 여자이지만 내가 낳은 자식은 히브리인이다, 유대사람이다, 어디까지나 히브리사람이다, 하여 히브리종교, 히브리신앙, 히브리전통을 이어받는 그런 아주 철저하게 보수적인 히브리사람으로 키우려고든 것입니다. 그것은 아주 전통적입니다. 지금도 그렇습니다. 이방사람하고 히브리여자하고 결혼하면 거기서 태어난 아이는 철저하게 히브리사람입니다. 그리고 히브리남자가 이방여자하고 결혼했다면 거기서 태어나는 아이는 이방사람입니다. 그들의 신앙은 철저하게 모계입니다.(여자분들, 긍지를 가지세요.) 지금도 전통적으로 모계입니다, 완전히. 히브리여자이기 때문에 자식을 키우면서 '너는 히브리사람이다'하고 율법을 가르칩니다, 철저하게. 그런고로 그 자식은 히브리사람된 정체의식을 가지고 한 평생을 살아가는 것입니다. 아버지가 헬라사람이기 때문에 어머니는 더더욱 철저한 히브리사람으로 디모데를 키운 것입니다. 그러나 아버지의 그 문화를 전적으로 벗어나지는 못합니다. 그래서 헬라사람들이 헬라철학을 종교화하게 될 때 거기서 얻어지는 사상이 하나 있습니다. 그것이 바로 금욕주의라는 것입니다. asceticism. 왜냐하면 헬라사상은 철학자체 세계관자체가 이원론적이기 때문입니다. 물질적인 것은 악하고 정신적인 것은 선하고, 영적인 것은 선하고 육체적인 것은 다 악한 것이다—이런 생각을 합니다. 그게 극단주의로 나가게될 때 금욕주의가 됩니다.

이렇게해서 이제 유대사람의 경건과 헬라사람의 금욕주의가 합쳐진 것이 바로 디모데의 마음속에 있는 낡은 세계관입니다. 다시말하면 예수믿기 전의 디모데라는 사람은 그런 사람이었습니다. 철저히 보수적인 유대적 종교사상과 헬라사람들의 이원론에 뿌리를 둔 금욕주의가 합쳐져서 이 디모데라는 사람을 이루고 있었다는 말입니다. 그가 이제 예수를 믿습니다. 믿지마는 아직도 그는 어렸을 때부터 교육, 훈련받은 그 세계관을 벗어나기가 어렵습니다. 이게 소위 old style이라는 것입니다. 옛날스타일이 있거든요. 그걸 벗어나기가 어렵습니다. 그래서 목적은 하나님께 둘 수 있어도 방법은 옛사람으로 돌아가기 쉬운 것이 인간입니다. 우리네가 예수믿는 걸 봐도 그렇지 않습니까. 소망교회 나왔다가 영 못마땅해서 아주 다른 교회로 가버린 사람들도 많습니다. 그거 왜 그런가? 너무 조용해서 틀렸다는 것입니다. '아멘'소리가 없다는 것입니다. "손뼉도 좀 쳐야지." 아멘, 할렐루야, 하고 "주여" 삼창도 하고 그래야 된다는 것입니다. 무슨 말인지 못알아듣겠지요? 소망교인들은 모를 것입니다. 주여, 주여, 주여, 세 번 소리치고나서 와하고 기도하거든요. '좀 이렇게 화끈하게 돼야 되겠는데 소망교회는 너무 냉랭하다. 너무 조용하다. 도저히 못참겠다.' 가버립니다. 저는 그런 분이 와서 얘기하면 가시라, 합니다. 왜요? 그분은 출신이 무당쪽이거든요. 무당기가 있어놔서 시끄러우면 정신이 들고 조용하면 자는 것입니다. 조용한 건 다 못마땅한 것입니다. 좀 화끈해야 되는 것입니다. 며칠전에도 제가 설교하러 갔는데 보니 나와서 기도하는 분이 참 맘에 안듭디다. 기도가 아니고 협박이오, 협박. 이상한 소리를 내가면서 고래고래 고함지르는데 '어떻게 저렇게 할 수 있을까? 어떻게 저렇게 됐나?'싶어요. 할수없지요. 그분은 그게 '힘써' 하는 것인 줄 알거든요. 그 정도 돼야 하나님께서 들으신다고 생각하는 것입니다. 다들 뭔가 잘못됐더라고요. 아무튼 예를 들어서 우리 한국으로 말하면 불교 다니던 사람들은 교회와서 조용한 게 좋습니다. 그리고 뭐가 좀 앞에 있는 게 좋아요, 없는 것보다. 그래서 가톨릭으로 많이 갑니다. 그런가하면 샤머니즘 있지요? 거기에 있던 사람들 이 무속종교에 있던 사람들은 아주 좀 시끄럽습니다. 그런 걸 좋아합니다. 이런 사람들, 제자리잡는 데 오래 걸립니다. 무당기가 빠지는 데 시간 많이 걸립니다.

오늘본문에 나타난 말씀 보면 디모데가 위장병이 있습니다. '비위'라는 말이 stomach라는 말입니다. 비위가 좋지 않습니다. 바울이 생각할 때는 거기에는 적당하게 포도주를 먹었으면 좋겠는 것입니다. 포도주를 먹으면서 식사를 하면 좋겠는데 '아이쿠, 그건 나 안먹는 거예요. 경건해야지 그거 먹으면 안돼요'하고 고집부리느라 점점 몸은 약해지고 있거든요. 이 편지에서 이렇게 썼지마는 사도 바울이 디모데를 만났을 때 말로 많이 권했을 것입니다. 그러나 디모데가 안듣는 것입니다. 그래 오늘 편지에까지 이렇게 쓰는 것입니다. 이게 어떤 편지입니까. '이 사람아 술 좀 먹어.' 그러지 않습니까. 왜요? '너 그래가지고 되겠느냐.' 이것입니다. 그 뜻을 아시겠습니까? 디모데가 자기 옛생활 스타일에서 벗어나지 못하고 있기 때문입니다. 이제 보십시오. 금욕주의만 하더라도 그렇습니다. 금욕주의라는 건 일단 육체적인 욕망은 다 나쁜 거니까 음식을 조금 먹어야 됩니다. 음식을 안먹어야 됩니다. 굶는 것입니다. 그런가하면 몸을 학대합니다. 몸을 일부러 학대합니다. 제가 러시아 열리자마자 모스크바에 갔을 때 수도원에 가보았습니다. 영하 28, 30도로 추운데 수도원에 난방장치가 없습니다. 와, 존경스럽대요. 난방장치 없습니다, 수도원에. 그런가하면 침대가 그냥 둥그런 막대기입니다. 막대기를 굵게 해놓고 거기서 잡니다. 판자도 아닙니다. 널빤지도 아닙니다. 그냥 굵은 막대기입니다. 왜요? 몸이 편하면 나쁜 생각을 한다, 이것입니다. 몸을 괴롭혀야 한다는 것입니다. 여러분이 지금 의자에 앉아 있습니다. 이거 얼마전만 해도 저만큼이라도 방석은 없었습니다. 지금 많이 좋아졌습니다. 옛날에야 어디 방석 있었습니까. 나무로 했습니다. 나무판자로 했습니다. 그러나 어떤 교회 가보면 굵은 막대기, 둥그런 거, 기다란 거로 해놓았습니다. 좀 배겨야 한다는 것입니다. '배겨야 잠이 안오지, 배겨야 경건하지, 예배드리는 사람이 편해서야 쓰나.' 편하면 안된다, 그것입니다. 그것도 일리가 있지요? 어쨌든 일리가 없지는 않은 얘기입니다. '몸을 괴롭혀야 된다. 몸을 학대해야 된다. 그래야 영혼이 산다. 그래야 영혼이 깨끗해진다'하는 그런 풍속 안에서 디모데는 자랐습니다. 그러므로 오늘 예수믿으면서도 몸을 학대하는 걸 좋아합니다. 그래야 기도가 되는 것만 같습니다. 그리고 음식도 잘 먹지 않고, 그렇게 살아야만 되는 것같습니다. 그것이 디모데였습니다. 그래서 사도 바울이 지금 이렇게 충고하고 있는 것입니다. 얼마나 우리가 이 이야기를 받아들여야 될지 잘 모르겠습니다마는 사실 너무 안일한 것은 문제가 됩니다. 그저 편하게 편하게… 그건 끝도 없는 것입니다. 그런가하면 또 저렇게 학대하는 것도 문제이지요. 제가 통계로 나타난 숫자나 사람의 이름을 대지는 않겠습니다. 한국에서 지금 금식한다고 하다가 죽은 사람 참 많습니다. 제가 잘 아는 친구로 그런 사람이 하나 있습니다. 40일 금식기도를 2번 했어요, 이미. 그런데 물을 마시면서 했거든요. 그런데 성경에 보니 물마시지 말라고 했거든요. 그걸 보고 '아, 지금까지 내가 한 40일기도는 가짜다' 그것입니다. '진짜로 해야지'하고 물도 안마시고 엎드렸는데 열이틀만에 죽었습니다. 자살입니까, 타살입니까? 이 무슨 쓸데없는 짓입니까. 제 친구입니다. 조사해보면 이런 사람 참 많습니다. 특별히 금식 40일씩 하고나면 그 후유증이 무섭습니다. 잇몸이 막 녹아 없어집니다. 뼈마디가 다 물러나고요. 뒤에 무사히 살아가지고도 다리를 절고, 이래집니다. 정신도 몽롱하고요. 영양실조로 뇌에 산소공급이 안돼 뇌세포가 많이 죽어서 멍청해지고… 아주 무섭습니다. 왜 이래야 됩니까. 이게 바로 금욕주의입니다. 사실 그건 기독교가 아닙니다. 기독교 전에 있었던 그런 이러저러한 사상들이 영향을 주어서 거기서 벗어나지 못하는 것입니다. 예수믿으면서 '예수를 믿어도 금식은 해야 돼. 금욕주의적으로 살아야 돼'—이런 마음이거든요. 그래야 믿는 것같고 그래야 뭔가 되는 것 같은 것입니다. 그러나 절대로 잊지 말아야 합니다. 금욕주의나 신비주의는 인본주의입니다. 그걸 분명히 알아야 됩니다. 인본주의입니다. 하나님의 뜻에 조용히 순종하는 것이 아니라 내가 내 마음대로 하나님을 움직여보겠다는 게 아닙니까. 내가 나를 구원해보겠다는 게 아닙니까. 예수은혜로 구원받는 게 아니고 내가 나를 구원하겠다는 것입니다. 성령의 은혜로 내가 죄를 이기는 게 아니라 나 스스로 나를 이기겠다는 것입니다. 이것은 철저한 율법주의요 또한 인본주의라는 것을 잊지 말아야 합니다. 우리가 이 시험에서 벗어나고 자유해야 됩니다. 또 우리가 배경을 한번 거슬러 올라가보면 민수기 6장에서 볼 수 있습니다. "여호와께서 모세에게 일러 가라사대 이스라엘 자손에게 고하여 그들에게 이르라 남자나 여자가 특별한 서원 곧 나실인의 서원을 하고 자기 몸을 구별하여 여호와께 드리거든 포도주와 독주를 멀리하며 포도주의 초나 독주의 초를 마시지 말며 포도즙도 마시지 말며 생포도나 건포도도 먹지 말지니 자기 몸을 구별하는 모든 날 동안에는 포도나무 소산은 씨나 껍질이라도 먹지 말지며 그 서원을 하고 구별하는 모든 날 동안은 삭도를 도무지 그 머리에 대지 말 것이라 자기 몸을 구별하여 여호와께 드리는 날이 차기까지 그는 거룩한즉 그 머리털을 길게 자라게 할 것이며 자기 몸을 구별하여 여호와께 드리는 모든 날 동안은 시체를 가까이하지 말 것이요 그 부모 형제 자매가 죽은 때에라도 그로 인하여 몸을 더럽히지 말 것이니 이는 자기 몸을 구별하여 하나님께 드리는 표가 그 머리에 있음이라 자기 몸을 구별하는 모든 날 동안 그는 여호와께 거룩한 자니라(민 6:1-8)" 자, '나실인'입니다. 그런데 이것은 특징이 몇 가지가 있습니다. 하나님 앞에 특별히 서원하는 바가 있어서 '나실인' 기간을 정하는 것입니다. 그래서 몇 가지 특징이 있습니다. 첫째는, 이게 일생 하는 게 아닙니다. 어느 기간 동안입니다. 40일 동안, 혹은 1년 동안, 특별한 기간을 정하는 것입니다. 또하나는 하나님 앞에 맹세하는 것입니다, 이 기간 동안. 그리고 특별히 자기를 구별합니다. 술도 먹지 말 것이고 건포도도 먹지 말 것이고⋯ 철저하게 이렇게 사치를 금하고 그 다음에는 머리에 삭도를 대지 않습니다. 수염도 깎지 말고 머리도 길게 길러야 됩니다. 또 시체를 가까이 하지 마라, 합니다. 감정을 다스리라는 것입니다. 심지어는 전설대로 보면 부모가 죽어도 상복을 입지 못합니다, 나실인이 되면. 맹세한 동안까지는 하나님께 바쳐진 시간이니까요. 또하나 중요한 것은 나실인은 이 기간 동안 약을 먹지 않는다는 것입니다. 약을 먹지 않아도 나을 줄 알고? 하나님께서 보호해주실 줄 알고? 그것이 아닙니다. 나실인 맹세한 이 기간 동안에 약을 안먹는 이유는 '데려가시려면 데려가십시오' 그것입니다. 하나님께서 '아프라' 하시면 아플 것이고 '죽으라' 하시면 죽을 것입니다. 약을 먹다니, 무슨 소리냐입니다. 이게 바로 철저한 헌신입니다. 그런 기간을 갖는 것입니다. 자, 이런 것이거든요. 생명을 하나님께 온전히 맡기고 오직 하나님만 생각하는 그런 기간을 정하는 것입니다. '나실인의 기간'—이런 풍속이 있었던 것입니다. 그러나 누구나 하는 일도 아니고 꼭 해야 될 일도 아니고 또 한평생 하는 것도 아닙니다. 어느 기간 동안 그렇게 하는 것입니다. 이런 전통적인 풍속이 있었습니다.

지금 저러한 여러 가지 복합적인 일이 작용해서 디모데가 경건을 빙자하고 지금 이렇게 금욕적으로 사느라고 몸이 자꾸 약해지고 있습니다. 그래서 포도주를 마시라고 권합니다. 건강을 관리하라, 그 말씀입니다. 건강을 관리하라—여러분은 여러분에게 주어진 물질을 관리해야 됩니다. 자녀를 책임지고 잘 돌보고 교육해야 됩니다. 이것은 자녀관리입니다. 그리고 소중한 이 몸, 몸이라는 이 건강 내가 관리해야 됩니다. 관리할 책임이 내게 있습니다. 아무렇게나 살면서 '하나님 건강 주십시오'해서는 안되는 것입니다. '건강을 주십시오' 했으면 절제해야 합니다. 또 건강에 대한 상식이 우리에게 있습니다. 상식주시는 대로 실천해야 합니다. 그게 건강관리 하는 것입니다. 제가 건강관리 하나 일러드리겠습니다. 벌써 몇년 전에 책에 보니 그런 게 있습디다. 아침과일은 금이요 저녁과일은 사약이라 합디다. 가만 생각해보니 정말 그런 것같습니다. 저녁에 과일을 먹고 자면 나쁘거든요. 그걸 제가 뒤늦게 깨닫고 맹세했어요, 안먹기로. 저녁에 집에 들어가면 심심하니까 식구들이 과일을 먹다가 나보고 먹으라고 합니다. 저는 속으로 주기도문을 외웁니다. '시험에 들지 말게 하옵소서.' 안먹습니다. 철저하게 안먹습니다. 안먹고 물만 마십니다. 해보십시오. 저녁식사 한 다음부터는 아무것도 안먹는 게 좋습니다. 100% 아무것도 안먹고 물만 마시고… 그렇게 해보십시오. 돈도 안들고 건강관리는 잘되는 것입니다, 이러는 게. 대중없이 먹어놓으면 밤새껏 위장이 죽을고생 합니다. 더구나 노인들은 과식하면 못일어납니다. 그거 소화시키기 위해서 피가 그쪽으로 다 몰립니다. 세게 펌프질하니까 혈압이 올라가가지고 가장 약한 데가 터집니다. 그래서 뇌혈관이 터져서 죽는 것입니다. 이렇게 죽은 줄은 모르고 "죽을라니까 음식을 많이 잡수셨구만"하는데, 그게 아닙니다. '많이 잡수셔서' 죽은 것입니다. 이걸 알아야 합니다. 그런고로 그건 절대로입니다. 이거 간단한 것입니다. 저녁식사는 일찍 해야 됩니다. 그래서 군대는 저녁식사가 5시입니다. 제가 미국에서 공부할 때도 5시였습니다. 일찍 먹습니다. 일찍 먹고 그 다음에는 없습니다. 얼마나 좋은지 모릅니다. 그런데 그것 하나를 지키지 못합니다. 자, 이제 우리에게 주시는 총명과 지혜를 따라서 '이건 건강에 좋다' '일찍 일어나는 게 좋다' '음식은 이렇게 하는 게 좋다'하는 게 있지 않습니까. 알았으면 실천해야지요. 하나님께서 내게 그런 지각을 주셨는데 실천하지 않으면서 '주여 건강하게 해주십시오'해서는 안되는 것입니다. 건강은 관리해야 되는 것입니다. 먼저는 음식 조절해야 됩니다. 적당히 먹고, 과식하지 말고, 과욕부리지 말고, 시간 맞춰 먹고, 굶지도 말고… 아주 중요한 것입니다.

또한 적당한 운동을 해야지요. 운동, 아주 중요합니다. 사람은 운동하지 않으면 못살게 되어 있습니다. 창세기는 이렇게 말씀합니다. 일하지 않으면 못산다고. 일하는 게 운동이니까요. 어쨌든 움직여야 삽니다. 부지런히 움직이세요. 운동의 3대 원칙이 있답니다. 재미없는 운동은 하지 마라, 합니다. 재미가 있어야 됩니다. 둘째, 경쟁심이 강하게 작용하는 운동은 하지 마라, 합니다. 이기려다가 자기가 먼저 죽습니다. 그래서는 안됩니다. 그 다음에는 일주일에 세 번 하지 않는 운동은 운동이 아니다, 합니다. 꼭 72시간 지나기 전에 해야 됩니다. 근육이 가지고 있는 기억력이 72시간입니다. 그런고로 적어도 격일로 해야 됩니다. 계속해야 됩니다. 하다말다 하다말다 하는 것, 일주일에 한 번 등산하는 것, 헛것입니다. 그렇기 때문에 계속해서 하루에 한 시간씩을 해야 된다, 합니다. 운동해야 됩니다. 이거 관리해야 됩니다. 한국사람들 대개 보약을 먹으려고들지만 서양사람들은 뜁니다. 전부 운동으로 건강을 관리합니다.

그런가하면 스트레스로부터 벗어나야 됩니다. 마음관리를 잘해야 됩니다. 절제능력을 가지고 있어야 됩니다.

다음에는 사랑을 해야 됩니다. 사랑보다 더 좋은 건강의 묘약은 없습니다. 사랑하는 마음이 있을 때 아주 고질의 엔도르핀이 팍팍 나오는 것입니다. 그래 건강한 것입니다. 그것은 모든 병을 다 이길 수 있게 합니다. 사랑하고 사랑받는 거, 아주 중요한 것입니다. 이게 건강관리입니다. 그것만은 잊지 마십시오. 내가 누구를 미워하고 있는 것은 자살행위입니다. 엄격하게 말하면 만성자살법입니다. 미워함으로 계속 지금 자기가 죽어가는 것입니다. 이걸 잊지 마세요. 사랑하는 것은 나도 살고 남도 살리는 것입니다. 사랑이 건강관리다— 아주 중요합니다.

이제 다시 생각합시다. 디모데의 입장에서는 경건과 신앙을 빙자해서 건강관리를 포기한 것입니다. 그래서 바울이 이런 편지를 쓰는 것입니다. 우리는 이 문제에 대해서도 신학적 이해가 필요합니다. 확실하게 신학적으로 정리해서 이해해야 됩니다. 신앙이 아닌 잘못된 금욕주의를 신앙으로 착각을 하고 있습니다, 마치 그것이 경건인 양. 사도 바울은 대선배로서 말씀합니다. '이 사람아, 건강관리 해라.' '네 건강 네가 관리해라.' 그래서 조금씩 포도주를 마셔라, 하였습니다. 여러분도 이름대면 알만한 목사님인데, 이 분은 한평생 혈압이 아주 낮았습니다. 그래 의사의 권고로 한평생 저녁에 잘 때마다 포도주 한 잔씩 마셨습니다. 포도주 많이 담가놓고 한평생 포도주 들었습니다. 이 분, 아주 나이가 많도록 살았어요, 건강하게. 그렇습니다. 음식이란 그 목적이 어디 있느냐가 중요하고 방법이 뭐냐가 중요하고 그 결과가 어디 있느냐가 중요합니다. 아름다운 목적으로, 좋은 결과를 위해서 모든것을 감사함으로 받으면 금할 게 없습니다. 고린도전서 10장에 보면 '묻지 말고 먹어라'하였습니다. 묻지 말고 먹는다―자유인입니다. 우상의 제물인지 아닌지 물을 필요가 없습니다. 묻지 말고 감사한 마음으로, 하나님께 감사하고 먹어라―이렇게 권하는 것을 볼 수 있습니다.

이제 24절로 25절에 보면 하나님의 심판에 대해서 말씀합니다. 하나님의 심판은 현재적으로도 있고 점진적으로도 있고 종말론적으로도 있습니다. 드러나지 않을 일이 하나도 없습니다. 악한 일도 반드시 종국에 다 드러날 것이고 선한 일도 아무리 감추어도 다 드러나게 될 것입니다. 언젠가 그런 일이 있었습니다. 구두수선을 하는 할아버지가 있었는데 이 할아버지가 인심을 잘썼습니다. 남들 구제도 많이 하였습니다. 좋은 일 많이 했습니다. "착한 할아버지로고. 저렇게 구두수선 하면서 어이 그리 좋은 일을 많이 한담?"하고 사람들은 말했습니다. 그 이웃집에 사는 부잣집 할아버지는 구두쇠로 소문났습니다. 돈많은 이 할아버지는 구두쇠라고 손가락질받고 돈없는 구두수선할아버지는 인심을 써서 성자라는 말까지 듣고 있었습니다. 그런데 구두쇠할아버지가 죽었습니다. 왠일인지 그때부터는 구두수선 할아버지가 구제를 못하는 것이었습니다. 곡절인즉 이 할아버지가 좋은 일 한 것은 전부 그 구두쇠할아버지가 준 돈으로였습니다. 보십시오. 선행, 이것도 다 드러나게 돼 있는 것입니다. 알아달라, 알아주지 않는다, 조급히 서두르지 마십시오. 악한 일도 다 드러날 것이고 선한 일도 반드시 저 앞에서 백일하에 나타나게 될 것입니다. 그런고로 우리는 하나님의 거룩하신 빛 앞에서 밝게 자유하게 살아가야 하는 것입니다. △

더 잘 섬기게 하라

무릇 멍에 아래 있는 종들은 자기 상전들을 범사에 마땅히 공경할 자로 알지니 이는 하나님의 이름과 교훈으로 훼방을 받지 않게 하려 함이라 믿는 상전이 있는 자들은 그 상전을 형제라고 경히 여기지 말고 더 잘 섬기게 하라 이는 유익을 받는 자들이 믿는 자요 사랑을 받는 자임이니라 너는 이것들을 가르치고 권하라

(디모데전서 6 : 1 - 2)

더 잘 섬기게 하라

　오늘 본문말씀은 얼핏 읽으면 마치 노예제도를 인정하고 노예들에게 '노예들은 이렇게 순종하라'하고 명령하는 것같아보입니다. 그러나 이 말씀은 깊이 읽어보면, 특별히 2000년 전 그 당시로 돌아가서 그 맥락에서 읽어보면 엄청난 의미가 있는 것입니다. 그리고 단순히 노예와 주인의 관계를 넘어서 우리 그리스도인이 사회생활을 하면서 어떻게 살아가야 할 것인지, 그 사회생활에 있어서 그리스도인이 지켜야 할 생활규범, life style, 특별히 삶의 자세 또는 사명을 우리에게 말해주고 있습니다. 아주 구체적입니다. 우리 믿는 사람들이 예수를 믿고 하나님 앞에 바로 서는 것까지 좋은데 특별히 우리에게 부족한 점은 사회생활을 잘못한다는 것입니다. 사회생활에서 그리스도인으로 살아야 됩니다. 그래야 그리스도인입니다. 교회 안에서만 그리스도인이고 교회 밖에서는 그리스도인이 아니어서는 안 되는 것입니다. 그러니까 어디서나 그리스도인으로 살아가면서 비로소 그리스도인의 정체, 좀더 나가서는 그리스도인에게 주는 축복과 행복도 함께 경험하게 되는 것입니다. 그걸 잊지 말아야 합니다. 여러분이 좀 피곤하다면 이것은 바로 여러분이 그리스도인으로 살아가지 못하기 때문입니다. 좀 지칠 때가 있다면 주님의 사람 된 도리를 다하지 못하고 있기 때문입니다. 그걸 잊지 말아야 합니다. 그렇기 때문에 그리스도인의 소위 성취감이라는 것은 사랑을 실천하면서 오는 것입니다. 거기서 '아 이거구나. 삶의 보람이 이거구나. 행복이 이거구나' 이렇게 생각을 해야지요. 그럴 때에 오는 그 행복감이란 말도 못하는 것입니다. 그것이 바로 그리스도인의 성취감이라는 것입니다. 아무튼 사회생활을 바로 해야 됩니다. 기도생활, 교회 출석하는 것, 교회봉사, 그보다 더 중요한 것은 사회생활입니다. 그래서 늘 말씀드리는대로 조금 잘못하면 신앙생활을 교회다니는 것으로 아예 동일시하려 하고 교회봉사 하는 것, 교회에서 시간 많이 보내는 것, 그런 것이 다인 줄로 착각하는 경우가 있습니다. 그래서는 될수 있는대로 교회에서 시간을 많이 보내려고 하는데 그것은 잘못하는 것입니다. 교회에서 말씀을 듣고 은혜를 받았으면 이제 나가서 사회 속에서 그리스도인으로 살아가야 합니다. 그게 중요합니다. 그래서 저는 '잘믿는다' 할 때 그 개념은 교회를 얼마나 출석했느냐, 얼마나 기도를 많이 했느냐, 얼마나 헌금을 많이 했느냐가 아닙니다. '당신이 가정생활을 어떻게 하고 있습니까?' 내가 그걸 묻고 싶습니다. '직장생활을 어떻게 하고 있습니까?' 그걸 묻고 싶습니다. 삼사 년 전인가본데 우리교회 예쁜 여집사님으로부터 정말 예쁜 소리 한번 들었습니다. 참 세상에, 그런 말 한마디가 저를 많이 행복하게 해주었습니다. "목사님, 저는 목사님말씀을 많이 들어오지만 요새와서 특별히 제가 은혜를 많이 받았습니다. 어느날은 좀 특별한 은혜를 받았습니다." "어떤 은혜인데요?" "눈이 확 뒤집혔어요." "어느 방향으로 눈이 뒤집혔는데요?" "제가 결혼한 지 20년이나 됐는데 그리 예쁠 것도 없는 남편이 요새는 예뻐서 못살겠어요. 너무 예뻐요. 요래 봐도 예쁘고 조래 봐도 예쁘고 밥 먹는 것도 예쁘고 자는 것도 예쁘고…" 그래서 또 하나님 앞에 원망했다고 합니다. "하나님, 저렇게 예쁜 얼굴 눈뜨고 보면서 자게 만들지 왜 눈감고 자게 만들었습니까?" 그래서 제가 참 당신 예수 잘믿는다고, 당신 일등교인이라고, 소망교인 중에 일등교인이라고 칭찬을 해주었습니다. 여러분, 이제 묻습니다. 남편이 예뻐 못견디겠습니까? 그렇다면 당신은 잘믿는 사람입니다. 만일에 '저 웬수 저거… 어쩌다가 저런 거 만나가지고 한 평생이 고생인감!' 하게되면 그 사람은 아직도 예수믿는 사람 아닙니다. 아직도 중생하지 못했습니다. 그걸 알아야 합니다. 아무리 기도 많이 했어도 아직도 응답이 오지 않았습니다. 눈이 확 뒤집혀야 그게 응답입니다. 아이들에 대해서도 그렇습니다. 아이들이 막 예뻐 못견딜 정도여야 되는 것입니다. '저건 왜 태어나가지고 말썽이야.' 이렇게 된다면 뭔가 좀 많이 시험에 빠진 것입니다. 그러니까 잘믿는다는 게 뭡니까. 아름답게 보는 것입니다. 심지어는 이 자연까지도 하나님의 아름다움인 것입니다. 좀더 고상하게 신학적으로 말하면 역사, 역사의 흐름 그 자체를 아름답게 보는 것입니다. 역사 속에서 하나님의 영광을 보는 것입니다. 이것이 아주 '확 통한' 그리스도인입니다. 그것을 알아야 합니다.

그런데 오늘본문에서는 우리에게 대단히 중요한 철학적 이론을 말씀하고 있습니다. 성경에 '노예'라는 말이 자꾸 나오는데 예수님께서는 한 번도 '노예제도 없애라. 노예 전부 해방하라. 로마사람 다 물러가라. 남의 나라에 와가지고 왜 시끄럽게 돌아다니느냐" 하는 말씀 하신 일이 없거든요. 똑바로 아십시오. 예수님께서는 무슨 제도에 대해서 흥미가 없으십니다. '제도'라는 말을 철학적 개념으로 바꾸면 요새말로 structure라고 하는 것입니다. 요새 '개혁'이라는 말 많이 하지요. 구조개혁이니뭐니… 개혁이 무엇입니까. 개혁, 개혁, 개혁… 벌써 대통령 몇 사람 지나가면서 밤낮 외치는데 된 거 하나도 없습니다. 왜 안되는 거같습니까? 바로 구조로부터 개인으로 문제를 해결하려고 하기 때문입니다. 구조부터 먼저 고쳐야 될 것이다, 이것입니다. '개인은 힘이 없으니까 공동체와 집단과 구조, 이 structure부터 먼저 해결이 돼야 개인의 문제가 해결이 되겠다'라고 생각하는 것이 일반적인 성향입니다. 그러나 예수님께서는 다르십니다. 성경말씀은 그렇지 않습니다. 구조에 대해서는 아무 이의가 없습니다. 구조라는 것은 사회발전과정에서 그 문화의 흐름에 따라서 물이 흐르듯이 흘러가면서 생겨진 것입니다. 사실은 누구도 막기가 어렵습니다, 구조라는 것은. 이제 문제는 구조 안에 있는 구성원, 개인입니다. 개인도 그 개인의 심령이 문제입니다. 예수님께서는 내적인 세계로 돌아가서 인간을 바꾸려 하십니다. 중생이 중요합니다. 한 사람 한 사람이 비록 더디지마는 중생하는 길이 먼저입니다. 연후에 사회까지 변하고 구조가 변하게 돼 있습니다. 개인이 먼저냐 구조가 먼저냐, 외적인 것이 먼저냐 내적인 것이 먼저냐입니다. 사람들이 집을 한번 이사할 때는 이런 생각을 한다고 합디다. 살던 집에 살 때는 부부싸움도 많았고 문제도 많았고 그저 산다 죽는다 했는데 새 집으로 가면 아, 이제는 새 집에 왔으니까 다시는 싸우지 맙시다, 얼굴을 붉히지 맙시다, 좀 근사하게 한번 살아봅시다, 한다고 합니다. 그런데 이사한 다음날 아침에 싸우더라고 합니다. 이사나 했다고 되나요? 집을 바꿨다고, 환경을 바꿨다고 되더냐고요. 안됐지마는 남편을 바꿔보세요, 뭐가 되나. 그래도 안되는 것입니다. 그래 되는 것이 아닙니다. 문제는 속사람입니다. 속사람의 문제입니다. 삶의 자세, attitude의 문제이지 결코 structure의 문제가 아니라는 것입니다. 그것이 오늘성경에 나타난 것입니다. 그래서 성경에서는 교회제도에 대해서 별말이 없습니다. '노예는 노예대로 잘하라. 주인은 주인대로 잘하라. 남자는 남자대로 잘하라, 여자될 거 없다. 여자는 또 여자대로 잘하라.' 이렇게 되어 있습니다. 남자가 여자될 것도 아니고 여자가 남자될 것도 아니고 노예가 주인될 것도 아닙니다. 노예는 다 주인되고 다 없어지고… 그런 얘기가 아닙니다. 성경은 그렇게 말씀하지 않습니다. 그것이 중요한 점입니다. 철학적으로 매우 중요한 문제입니다. 그러니까 외적인 변화, 구조, 이것에서 문제를 해결하려고 하는 것은 성서적이지 않습니다. 성경은 내적으로입니다. 어느 나라 사람이든 상관없습니다. 어느 시대이든 상관없습니다. 그 속사람이 변하고 중생하고 성화하고 새로워져야 하는 것입니다. 그래서 오늘본문에도 노예를 향해서 말씀합니다. '노예들은 노예생활에서 자유로워져라. 도망해라. 주인으로부터 벗어나라'하는 것이 아닙니다. '노예해방운동을 하라'하는 것이 아닙니다. 노예는 노예대로 살면서 이러이렇게 살아라, 하는 말씀입니다. 당시에는 로마에, 노예가 무려 육천만 명이었습니다. 그렇게나 많았습니다. 좌우간 인구의 3분의 1이 넘었으니까요. 그게 다 노예였습니다. 그러니까 일은 다 노예가 하고 주인들은 다 먹고 놀았습니다. 대략 잡아서 주인된 사람이, 시민이라는 사람이 3분의 1, 노예가 3분의 1, 또 3분의 1이 자유인이었습니다. 지금도 로마에 가보면 원형극장이라든가 하는 유적을 많이 볼 수 있지요? 전부 노예가 이루어놓은 것들입니다. 말하자면 그게 다 노예문화입니다. 수많은 사람이 죽어가면서 만들어놓은 것입니다. 그런데 여기서 생각해야 될 것은 이 노예문화 속에서 일반적으로 노예는 어떠했느냐, 이것입니다. 일반적인 노예는 그 비참함이 이를데없습니다. 인간대접을 못받은 건 사실이고 아예 짐승취급을 당했습니다. 지금은 민망하니까 그림에나 영화에나 노예를 밑을 조금 가린 채 표현하지마는 그 당시 노예는 옷이라는 게 없었습니다. 신발도 없었습니다. 그리고 지푸라기 깔아놓고서 꼭 돼지우리같은 데서 잤습니다. 완전히 동물취급이었습니다. 그 사실은 많은 기록에 나옵니다. 당나귀하고 노예는 똑같다는 것입니다. 노예는 말을 알아듣고 당나귀는 말을 못알아듣는 게 다를 뿐이라 하였습니다. 노예도 태반이 말을 못했습니다. 듣기만 했습니다. 말을 하면 시끄러우니까 말 못하게 한 것입니다. 말을 못하다보니 아예 뭘 못배웠습니다. 듣기만 합니다. 그렇게 비참했습니다. 노예끼리 서로 말 못하게 했습니다, 어렸을 때부터. 그래 말을 못하지요. "가라"하면 "음"하고 갈 뿐입니다. 이렇게 했습니다. 아주 짐승취급 받은 것입니다. 주인 마음대로 팔려다녔습니다. 심지어는 시장에 내다놓고 경매 붙였지요. 사람인 노예를 가리켜 "이거 얼마짜리요?"하였습니다. 이런 정도였습니다. 주인이 마음대로 때릴 수 있고 마음대로 죽일 수 있었습니다. 그런데 만약 노예가 도망을 한다, 합시다. 주인으로부터 도망을 했다면 언젠가는 잡히지 않겠습니까. 잡히면 그 다음에는 주인도 용서하지 못합니다. 노예제도를 지키기 위하여 이건 법적으로 십자가에 못박아 죽였습니다. 내가 주인이 돼서 내가 용서하려고 해도 안됩니다. 노예제도 전체를 지키기 위하여 이건 죽여야 된다, 이것입니다. 십자가에 못박았습니다. 그게 바로 십자가라고 하는 형틀이 생기게 된 연유입니다. 이렇게 노예가 비참했습니다. 그런데 나중에 그리스도인 노예가 생겼습니다. 교회에서는 노예를 사람으로 대접했습니다. 이걸 알아야 됩니다. 오늘도 '예수믿는 노예는 이렇게 하라'하고 말씀하는데 그 배후에는 무슨 소리가 있는고하니 그것이 바로 교회에서 노예를 사람으로, 형제로 취급했다는 것입니다. 이 얼마나 중요한 얘기입니까. 그 얘기가 그 뒤에 깔려 있습니다. 그걸 잊어서는 안됩니다, 절대로. 그러니까 노예제도가 어떻다, 하는 얘기 하는 게 아니라 교회에서 노예를 형제자매로 영접해서 동등하게 대했다는 것입니다. 동등의식이, 평등의식이, 보편의식이, 이게 문제입니다. 그래서 교회 안에서는 노예, 가난한 사람, 여성, 다같이 형제요 자매요, 했단말입니다. 엄청난 얘기지요, 이것은. 상식으로는 있을 수가 없는 일이지요. 이것이 기독교의 본질입니다.

요새 새벽기도회 때 한 번 말씀을 드렸습니다마는 21세기를 살아남으려면 어떤 인간상이 돼야 되느냐, 할 때 적어도 세 가지의 차별의식을 극복해야 된다, 하였습니다. 첫째가 뭐냐하면 인종차별입니다. 이제는 우리가 세계화되어서 까맣든 희든 노랗든 상관없이 인종차별 절대 안됩니다. 어떤 일로든지 인종차별은 안됩니다. 그런 것 우리 마음속에서 싹 빼버리고 살아야 됩니다. 두 번째는 성차별입니다. 남자 여자, 이 경계 완전히 벗어나야 합니다. 여자라고 낮고 남자라고 높고⋯ 그런 생각은 있을 수가 없습니다. 또하나 중요한 것은, 자기자신으로 돌아가서는 교만하지도 말고 열등의식에 사로잡히지도 말고 비굴해지지도 말고 잘난 체하지도 마는 것입니다. 그게 바로 평등의식입니다. 절대 비굴할 필요가 없습니다. 있거나 없거나 높거나 낮거나 상관없습니다. 완전한 평등의식을 가져야 됩니다. 또하나는 연령차별의식입니다. 그래서 요새 외국에서는 이력서를 쓸 때 나이를 쓰지 않아요. 사람을 쓸 때 나이를 묻지 않습니다. 몇 살이 됐든 소정의 일을 할 수 있으면 되는 것입니다. 그러므로 나이많다고 무슨 벼슬인 양 할 것도 아니고 나이적다고 유약해질 필요도 없는 것입니다. 능력대로입니다. 아직도 우리는 봉건문화에 젖어 있어서 '그래도 나이가 있어야지 어린 게 뭐…' 선배가 어떻고 후배가 어떻고, 그럽니다마는 그 선후배 가름이 망조입니다. 왜요? 선배가 꽉 눌러서 후배가 자라날 수가 없는 것입니다. 우리나라가 세계경쟁에 같이 가려면 빨리 그걸 탈피해야 됩니다. 그리고 외국에서는 25세 청년이 큰 회사의 회장도 됩니다. 그런데 우리는 아직도 "그 어린 것이 뭘 하누?" 이렇게 얘기하지 않습니까. 아직도 우리 생각은 잘 안빠져나가거든요. 21세기를 지향하려면 적어도 이런 차별의식을 버려야 되는데 옛날 저 사람들은 굉장한 것입니다. 바로 눈앞에 노예가 있는데, 그 노예제도 속에서 노예를 형제자매로 대했습니다. 얼마나 놀라운 얘기입니까. 아주 엄청난 인간혁명이라고 볼 수 있습니다. 여기 문제가 되는 것은 이것입니다. 그리스도인 노예가 있었습니다. 노예는 그리스도인인데 그가 속해 있는 주인은 믿지 않는 사람입니다. 이럴 경우 어떡하면 좋겠습니까. 이럴 경우가 있다면 오늘 본문대로 더 잘해야 됩니다. 왜요? 사명이 있지 않습니까. 내가 그리스도인이기 때문에 조금 잘못하게되면 예수믿는 게 저따위라고 할 것 아닙니까. 그러니 내가 주장할 권리일지라도 더 양보하면서 더 온유하게 더 충성을 다할 필요가 있는 것입니다. 하나님의 이름을 위하여, 그리스도인의 이름을 위하여.

저는 지난봄 미국에 갔다가 전에도 한 번 본 일이 있지마는 이번에 가서 본 장로님이 하나 있습니다. 이름은 실례가 될까봐 대지 않겠습니다. 그런데 이런 한 사람이 브라질에 이민을 가 브라질에 좀 있다가 미국에 왔는데 전혀 의지할 데가 없어 구둣가게, 구두상점에 취직을 해가지고 아주 진실하게 진실하게 해서 올라가는데 어디까지 올라갔느냐—사장자리에까지입니다. 그런데 그 주인은 유대사람입니다. 이 사람은 기독교인입니다. 가끔 의견이 틀릴 때도 있습니다. 그러면 "나는 이렇게 하게되면 안하겠습니다"하고, 그러면 주인이 말합니다. "자네 참 고집이 세구만." "이것이 내 믿음입니다." "알았어." 그러고 주인이 양보합니다. 어쨌든 그렇게 해나왔는데 얼마전에 팔순된 그 주인이 유서 써놓은 것을 보여주기에 보니 '이 회사를 네게 맡긴다. 이 회사는 네것이다' 한 것입니다. 이 구두회사는 대리점만도 250개입니다. 거기서 나오는 구두는 '프러쉬하임'이라고 미국에서 최고로 비싼 구두입니다. 그 장로님이 그것 네 켤레를 줘서 가져왔습니다, 제가. 제가 지금 신고 있는 게 프러쉬하임입니다. 보통구두가 아닙니다, 이게. 그런데 그 큰 회사를 그냥 준 것입니다. 자기아들도 있는데 자기아들에게 안주고 "이건 네거다. 네가 해라" 한 것입니다. 지금은 부사장인데, 사장은 돌아다니면서 놀기만 하고 일은 부사장이 다 합니다. 유서는 벌써 다 써서 변호사한테 맡겨놨습니다. 사장 죽으면 그대로가 자기이름으로 옵니다. 제가 물어봤습니다, 어떡해서 인정받았느냐고. "물론 내가 정직하게 진실하게 열심히, 부지런히 했지마는, 그것도 중요하지만 저분은 기독교인은 아니어도 하나님을 믿으므로 종종 나하고 토론할 때 '네가 믿는 하나님하고 내가 믿는 하나님하고 같은 거냐 다른 거냐?' 그래요. 그분은 같은 하나님이라고 생각했습니다." 예수를 믿기 때문에 지금 장로님인데 "예수믿는 이것 때문에 나는 출세했다면 출세했습니다. 예수믿은 덕입니다"합니다. 그분이 유대교인이기 때문에 그에게 더욱더 충성했다고 합니다. 나는 기독교인이고 저쪽은 유대교인이니까 내가 좀 양보해야겠다, 해서 더 진실하게 더 충성되게 한 결과 이렇게 됐다고 하는 것입니다. 이걸 알아야 합니다.

옛날로 돌아가봅시다. 기독교인 노예라면 비기독교인 주인에게 어떻게 해야겠습니까. 여기에는 선교적인 목적이 있는 것입니다. 예수믿는 며느리라면 예수 안믿는 시어머니 앞에 어떻게 해야겠습니까. 보통 이상으로 더 겸손해야 될 것 아니겠습니까. 더 잘해야 될 것 아니겠습니까. 좀더 나아가서는 예수믿는 노예와 예수믿는 주인, 여기서 문제가 됐습니다. 오늘본문에 나타난 내용은 예수믿는 노예와 예수믿는 주인에 대해서입니다. 집에서는 노예이고 주인이지만 교회에 오면 형제 자매, 이렇게 돼 있습니다. 완전히 동등하게. 그러니까 우리말로 말하면 집사님 장로님 권사님, 형제, 이렇게 아주 동등하게 대해버렸단말입니다. 노예 없어졌어요, 그 자리에서는. 그리고 집에 돌아갔습니다. 집에 돌아가니까 이제 문제가 되는 것이, 오늘성경말씀에 암시된대로 기독교인 노예들이 기독교인 주인 앞에 '교회 가서는 형제여, 하더니 여기 와서는 이놈 저놈, 하고 좀 이상하네, 이거'—이랬단말입니다. 빌레몬서 1장 16절에 보면 이렇습니다. "이후로는 종과 같이 아니하고 종에서 뛰어나 곧 사랑하는 형제로 둘 자라." 오네시모라고 하는 노예에 대해서 하는 말씀입니다. 노예와 주인 사이에 '형제와 같이 대하라' 하였습니다. 그러니까 여기서 중요한 것이 이것입니다. 주인이 종을 향해서 형제와 같이 대하는 것은 좋습니다. 그런데 종이 주인을 향해서 "형제여" 하면 안되는 것입니다. 그걸 알아야 합니다. 여러분, 동창회 같은 데도 보면 잘 출세한 사람, 높임을 받는 사람이 있어 그가 지금 아주 어려운 형편에 있는 사람을 만나 악수하면서 "이 사람은 내 동창이오. 내 친구요"라고 말하면 그건 그를 높여주는 게 됩니다. 그런데 아주 형편없는 사람이, 감옥에 있던 사람이 "그 장관 내 친구야" 하면 되겠습니까. 그러면 어떻게 되겠습니까. 이걸 알아야 합니다. 사랑이라 하면 내 편에서 사랑을 하는 것이지 상대방에게 사랑을 강요하는 게 아닙니다. 사랑은 강탈하는 게 아닙니다. 강탈할 수 있는 성격이 못됩니다. 그러니까 오늘 예수믿는 노예라면 '노예로서 나는 더 잘해야겠다'하는 마음으로만 하는 것은 좋습니다. 그런데 '주인이, 예수믿는 주인이 저 모양인가? 예수믿는 주인이 안믿는 사람보다 더 나쁘구만. 교회가서는 형제여, 형제여, 하다가 집에 와서는 다르네.' 이런 식으로 나와서는 안된다는 것입니다. 다시말하면 신앙을 빙자해서 내가 게을러지든가 불충성해서는 안되는 것입니다. 바울은 여기서 오묘한 말씀을 합니다. "믿는 상전이 있는 자들은 그 상전을 형제라고 경히 여기지 말고"하였습니다. 형제라해서 경히 여기지 말아라, 가볍게 여기지 말아라, 하고 그 다음을 보니 "더 잘 섬기게 하라"하였습니다. 아주 구체적으로 말씀합니다. "이는 유익을 받는 자들이 믿는 자요 사랑을 받는 자임이니라"하였습니다. 얼마나 재미있는 얘기입니까. 내가 더 잘하면 그가 좋을 것 아닙니까. 내 주인이 좋아할 것 아닙니까. 그 주인이 누구입니까. 기독교인이란말입니다. 내 사랑하는 형제란말입니다. 그런고로 더 잘하라, 이것입니다. '믿는 노예는 믿는 상전에게 더 잘하라. 유익을 얻는 자가 바로 그리스도인이 아니더냐? 그런고로 더 잘할 것 아니냐?' 얼마나 중요한 얘기입니까. 그 유익이 그에게 돌아가고 있으니까 말입니다. 우리가 이걸 알아야 합니다. 어느 직장에 있든 이걸 생각해야 됩니다. 나는 그리스도인입니다. 나의 진실을 다할 것입니다. 나아가 그 상전이 그리스도인이라면 더 잘할 것입니다. 예수믿는 가정을 더 많이 도와줘야 될 것 아닙니까. 더 잘해야 될 것입니다. 특별히 중요한 것은 예수믿는다고해서, 신앙을 빙자해서 게을러지든가 신앙을 빙자해서 상대방에게 인내를 요구해서는 안된다는 것입니다. 내가 참는 것은 좋지만 상대방에게 인내를 요구하는 것, 그것은 잘하는 일이 아닙니다.

 오늘본문에서 우리가 생각해야 될 것은 요컨대 그리스도인의 생활양식은 언제나 하나님의 이름을 생각해야 한다는 것입니다. "하나님의 이름과 교훈으로 훼방을 받지 않게 하려 함이라." 나 때문에 하나님께서 욕을 당해서는 안되지 않습니까. 하나님의 이름이 훼방을 받아서는 안되는 것입니다. 재미있는 얘기가 있습니다. 저 북녘에 철산이라는 곳이 있습니다. 북한사람들은 '털산'이라 부릅니다. 거기에 옛날, 목사님들이 많지 않을 때 최전도사님이라고 하는 분이 있었습니다. 한번은 장티푸스가 돌았어요, 온 마을에. 장티푸스가 돌 때는 장티푸스 걸렸다는 게 확인되면 새끼줄을 딱 치고 '여기 출입금지'—이렇게 하는 것이거든요. 그것밖에 도리가 없어요, 방역방법이. 그렇게 할 때인데 예배당이 있고 교회 앞칸이 기도실이고 그 옆에 방 하나 꾸며가지고 전도사님 방으로 썼습니다. 문 하나 열면 방이고 문 하나 열면 교회입니다. 그런 방이 하나 있는데 거기에 사는 전도사님 부인이 장티푸스에 걸렸습니다. 일본순사가 와서 다 조사해보더니 장티푸스라면서 새끼줄 쳐야겠다고 합니다. 그 어떻게 치겠습니까. 예배당 밖으로 치는 것입니다. 딱 치고는 "예배 못드립니다." 교회집회 불가—이리 됐단말입니다. 그러니까 전도사님이 "아니오. 장티푸스 아닙니다. 감기입니다"하였습니다. 그러니까 그 일본순사가 재미있게 이런 얘기를 했습니다. "그럼 내기 합시다. 내가 이제 일주일 후에 다시 오겠는데 그때 일어나면 감기고 그때 못 일어나면 장티푸스요. 그러면 예배당 불지르겠소." "그러시오." 이렇게 해놨습니다. 순경은 갔습니다. 그 다음에 이 최전도사님이 강단에 딱 엎드려가지고 하나님 앞에 '쵀씨기도'를 했습니다. 최씨가 고집이 있지 않습니까. 뭐라고 기도했는지 아십니까? "하나님, 바꿔놓고 생각해보십시오. 내가 지금 거짓말 안하게 됐소? 거짓말은 내가 했습니다마는 하나님의 영광을 위해서 하나님께서 책임을 지세요." 이렇게 기도한 것입니다. "바꿔놓고 생각해보세요. 내 마누라가 장티푸스가 되면 새끼줄치고 예배를 못드리게 하겠답니다. 하나님의 영광이 가리워지지 않습니까? 그러니 거짓말은 내가 했으나 책임은 하나님이 져야 됩니다." 부득부득 기도했습니다. 그리고 아침이 되었습니다. 딸아이가 와서 아버지를 흔듭니다. "아버지, 아버지, 엄마가 조반 잡수시래요." "아침밥은 누가 했는데?" "엄마가 했죠." 가보니 아내는 벌써 단장을 하고 아침을 차려놓고 기다리고 있는 것입니다. 순간 최전도사님 왈 "그럼 그렇지, 하나님도 최씨 앞에는 꼼짝을 못하는구먼." 그런 얘기가 있습니다. 자, 이분이 이렇습니다. "내 마누라가 죽느냐 사느냐는 중요하지 않습니다. 하나님의 영광을 드러내야죠. 하나님의 교회가 내 마누라 때문에 예배를 못드리게 되어서야 되겠습니까?" 그런 얘기입니다. 꼭 잘한 얘기는 아닙니다마는, 무슨 일이든지 하나님의 이름, 나로 인해서 하나님의 이름이 훼방을 받아서는 안됩니다. '예수믿는 사람이 뭐 저러냐?' 이렇게되면 큰일이지요. 전도가 막히는 일이니까요. 갈라디아서에 보면 사도 바울은 '나에 대한 소문을 듣고 많은 사람이 주께로 돌아왔느니라' 하였습니다. 나에 대한 소문을 듣고—내 하는 일, 한 가지든 조그만 일이든, 사회생활 속에서 한 가지라도 나 하는 일로 인하여 하나님의 이름이 훼방을 받는 그런 입장이 되어서는 안되는 것입니다. 반대로 나 하는 행동을 통해서 선교가 되고 전도가 되고 하나님께 영광이 돼야 하는 것입니다. 그게 바로 우리 사회생활의 기준입니다.

다시 옛날로 돌아가보면 대로마제국이 뒤집혀서 기독교국가가 됩니다. 무슨 가두시위로 그리된 게 아닙니다. 혁명을 한 것도 아닙니다. 거기에는 공로자가 셋 있습니다. 하나는 귀족들입니다. 그들이 먼저 예수를 믿었습니다. 그리고 그리스도인들의 순결이었습니다. 그 순결한 생활이 많은 사람들에게 감동을 주었습니다. 또하나는 예수믿는 노예들이었습니다. 노예들이 예수를 믿었습니다. 여기에 주인들이 감동됩니다. 심지어는 노예가 그 어려운 환경에도 주인을 위해서 기도했습니다. 찬송을 부르며 주인을 위해서 예배하고 주인을 위해서 기도하는 걸 보고 그 노예주인들, 그 장관들, 고관들이 깜짝놀란 것입니다. '저렇게 비참한 가운데 있으면서 어떻게 나를 위해서 기도할 수 있단말인가?' 거기서 그 노예 속에 들어가 선언합니다. "나도 당신들과 같이 예수믿겠소." 이렇게 된 것입니다. 이런 역사가 파급되어 대로마제국이 뒤집힌 것입니다. 이 사실을 기억해 두어야 합니다. 우리는 사회생활 속에서, 가정생활 속에서 어떤 모습으로 살아가야 되겠는가를 확실히 알아야 할 것입니다. △

진리를 잃어버린 사람

누구든지 다른 교훈을 하며 바른 말 곧 우리 주 예수 그리스도의 말씀과 경건에 관한 교훈에 착념치 아니하면 저는 교만하여 아무것도 알지 못하고 변론과 언쟁을 좋아하는 자니 이로써 투기와 분쟁과 훼방과 악한 생각이 나며 마음이 부패하여지고 진리를 잃어버려 경건을 이익의 재료로 생각하는 자들의 다툼이 일어나느니라

(디모데전서 6 : 3 - 5)

진리를 잃어버린 사람

　오늘본문에서는 거짓스승과 참스승에 대해서, 거짓선생 또 잘못된 선생과 좋은 선생에 대해서 비교하여 말씀하고 있습니다. 이 세상을 사는 데 사람은 세 가지 복을 기본적으로 타고나야 한다고 합니다. 어찌생각하면 이것은 내 마음대로 할 수 없는 부분입니다. 할 수 있는 것같은데 할 수 없는 것입니다. 첫째, 부모를 잘 만나야 됩니다. 둘째, 스승을 잘 만나야 됩니다. 유치원선생부터 시작해서 초등학교 중학교 고등학교 선생, 그리고 대학교수에 이르기까지 어떤 스승을 만나느냐, 굉장히 중요한 것입니다. 제가 아는 어느 교수는 사회학을 공부하고 가르치는 사람입니다. 한평생 공산주의를 연구하고 사회주의를 연구했습니다. 그리고 북한에도 갔다오곤 했습니다. 언젠가 참 외나무다리에서 만나듯이 딱 만났습니다. 그래서 제가 긴 말은 하지 않고 또 복잡한 변론을 벌일 필요도 없고해서 이렇게 물어봤습니다. 그는 또 목사님입니다. "지금 하고 있는 일, 가르치는 일, 당신이 주장하는 사회주의, 만족하게 생각하십니까?" 그는 이 질문에 쉬 대답을 하지 않고 한참 생각을 하더라고요. 진지하게 생각하고나서 그는 참 내가 알기에는 가장 정직한 대답을 했습니다. 그가 60년대초 미국 뉴욕의 유니온 세미나리에 처음 유학가서 공부할 때라고 합니다. 어느어느 교수들 이름을 대면서 "내가 거기서 그 분들 잘못 만남으로해서 내 운명이 삐뚤어졌습니다. 저는 그것을 두고두고 후회하고 있습니다" 하고 말하는 것입니다. 그렇게까지 생각하는 줄은 몰랐으므로 저는 내심 놀랐습니다. "교수들 잘못 만났습니다." 이 얼마나 중요한 얘기입니까. 선생님 한 분 잘못 만나면 운명이 곤두박질하는 것입니다. 그런 일은 얼마든지 많습니다. 특별히 감수성이 예민한 중고등학생, 선생님 한 분 잘못 만나면 치명적입니다. 반면에 존경할만한 좋은 선생님을 만났다고하면 그 운명이 좋은 방향으로 달라집니다. 스승을 만나는 것, 그거 내 마음대로 할 수 있을 것같은데 할 수 없는 것입니다. 그것도 주어진 운명이라고 봐야 될 것입니다. 세 번째는 배우자를 잘 만나야 됩니다. 남자는 여자를 잘 만나야 되고 여자는 남자를 잘 만나야 됩니다. 딴에는 '연애'라는 이름으로 어지간히도 고르려고 애쓰는데 그것도 결국에 결혼하고 몇 년 살면서 고백할 수 있는 말이 '운명이었다'라는 것입니다. 잘못걸린 것입니다, 잘못. 어느 목사님 한 분, 장가를 잘못간 것같습니다. 설교를 하고 집에 들어갑니다. 막 하나님말씀을 전하고 여러 가지 생각을 가지고 집에 들어섰는데 아내가 문간에서 면박을 줍니다. "그걸 설교라고 했소?" 그래서 아무 대답도 안하고 그 다음날 저를 만나 하는 말이 "큰일났습니다. 내가 그 소리 들으면서 일생을 살 생각 하니 난감합니다"하는 것입니다. 이거 보십시오. 말 한마디가 얼마나 중요합니까. 요새 출장을 갔다가 돌아오는 남편에게 아내가 던지는 첫마디가 중요하다는 말이 있습니다. "일은 잘 됐습니까? 그동안 건강하셨습니까?" 여기에 한마디 더한다면 "그동안 보고 싶었습니다"하는 것인데, 요기까지만 말해야 되는데 어떤 여자들은 뭐라 하는고 하니 "당신 출장간 동안 잠을 못잤습니다. 입맛이 없어서 먹지도 못했습니다. 죽을 뻔했습니다. 다시는 출장가지 마세요"한다는 것이고, 이런 여자하고는 살지 말라는 것입니다. 왜요? 자기중심적이기 때문입니다. 나만 생각하는 것입니다, 이거는. 상대방의 일이 되었든말았든, 고생을 했건 안했건 그건 알 바 아니고 나만 위하라는 것입니다. 이런 에고이스트하고는 같이 살기 힘들다는 것입니다. 어쨌든 사람은 배우자를 잘 만나야 됩니다.

그런데 오늘본문은 '선생'에 대해서, '가르치는 사람'에 대해서 말씀하는 것입니다. 이런 사람은 잘못된 선생이다, 그런고로 이런 사람은 따르지 마라, 하는 말씀입니다. 이런 사람을 주의하고 이런 사람을 경계하라, 따라가던 중이라도 멈추고 돌아서라, 하는 얘기입니다. 마누라는 못바꿔도 선생은 바꿔라, 그 말씀입니다. 잘못된 선생이거든 돌아서라고 합니다. 그냥 따라가다가는 운명을 망치니까요. 거짓된 선생, 거짓된 랍비에게로부터 돌아서라, 하는 것입니다. 「탈무드」에도 '잘못된 선생이거든 어느 때라도 돌아서라. 좋은 선생이라고 생각했거든 운명을 걸고 따르라'하였습니다. '다시는 의심하지 말고 계속 그와 일생을 같이하라' 하는 교훈인데, 참 옳은 말입니다. 좋은 선생을 만나는 것, 그건 귀한 일입니다. 그건 축복입니다. 그런고로 내 생을 걸고 존경하고 따라야 할 것입니다. 그런데 오늘 본문의 말씀은 그리스도와 경건을 기준으로 하고 있습니다. 좋은 선생은 누구냐? 그리스도 중심적이고 그리스도가 목적입니다. 그리고 그 행위에 있어서는 경건입니다. 하나님께 대한 고백이 거룩이요, 우리 사람에 대한 윤리는 한마디로 경건입니다. piousness 혹은 godliness—이보다 더 중요한 게 없습니다. 그리스도가 중심이고 그리고 경건이 그 생활지침이 되어 있는 것에서 떠났으면 잘못된 스승입니다. 누구든 간에 그리스도께로서 떠나고 경건을 버렸다면 그는 더 볼 것 없다, 그 말입니다. 그 이야기를 오늘본문에서 한마디 한마디 논리적으로 설명해나가고 있습니다.

그 첫째가 뭐냐하면 '거짓된 스승'입니다. 우리는 내가 남에게 배우기도 하지만 내가 남을 가르치기도 합니다. 여러 모로 우리는 부득불 남에게 배우고 또 남을 가르치는 위치에 있습니다. 그리고 생각해보십시오. 잘못된 스승은 첫째특징이 뭐냐하면 교만입니다. 자기자랑을 많이 합니다. 이는 좋은 스승이 아닙니다. 오늘본문은 말씀하기를 그리스도와 경건에서 떠나면 자연히 교만해진다고 합니다. 문맥이 그렇습니다. 교만해집니다. 경건에서 떠나면, 신앙을 벗어나면 교만해질 수밖에 없습니다. 선생의 존재이유는 가르치는 데 있습니다. 어찌생각하면 그가 얼마나 많이 아느냐는 중요하지 않습니다. 학생으로하여금 얼마나 많이 알게 하느냐가 중요합니다. 자기 선생의 그 많은 지식은 그실 아무 소용 없습니다. 효과를, effect를 만들어야 됩니다. 학생으로하여금 얼마나 많이 알도록 하느냐, 얼마나 깨우치도록 하느냐, 그것이 선생의 존재이유입니다. 선생 자신이 많이 안다는 게 무슨 소용 있습니까. 그래서 교수법에 그런 게 있습니다. 제가 한번은 대학교수의 교수법에 대한 강의를 몇학점 들어본 일이 있습니다. 그 많은 교수님들이 교대로 와서 강의하는 중에 그러더라고요. 교수법의 제1조가 겸손이라고 하였습니다. 아는 체하지 마라, 잘난 체하지 마라, 한 시간에 자기 아는 것을 다 말하려고들지도 마라, 합니다. 그럼 무얼 말하느냐? 상대방이 얼마나 듣느냐, 어디까지 아느냐, 그게 중요하다는 것입니다. 그런고로 대상을 연구하고 대상을 이해하고 대상에 대해서 기다리고 대상을 존경하라, 하였습니다. 그렇습니다. 우리가 어린아이들을 가르치는 데도 아이들을 칭찬하고 아이들을 좋아하고 아이들을 이해하고 아이들을 존중해야 됩니다. 예수님께서도 어린아이들을 가리켜 '천국에서는 저들이 가장 크다'하셨습니다. 나보다 위대하다, 나보다 진실하다, 인정하고 가르쳐야 교육이 되는 것입니다. "이거 먹통이구나, 이거 한심하구나" 이렇게되면 벌써 아이들이 받아들이지 않게 됩니다. 그 교육은 빗나가는 것입니다. 그리고 무엇보다 중요한 것은 대상을 사랑하고 또 본을 보여야 한다는 것입니다. 또하나, 교수법의 가장 핵심적인 것이 뭐냐하면 '인내'입니다. 한 시간에 다 가르칠 수도 없고 다 알게 할 수도 없습니다. 기다려야 합니다. 끈기있게 기다려야 합니다. 어떤 아이는 한마디로 알아듣고 어떤 아이는 일곱 마디 해도 못알아 듣습니다. 유치원 선생들이 "내일 그림을 그릴 테니 크레파스를 가져오세요"하지 않습니까. 한마디로 하는 것이 아닙니다. 정확하게 일곱 번 되풀이한답니다. "잊어버리지 마세요. 잊어버리면 선생님 좋아 안해요. 꼭 기억해야 됩니다." 이렇게 하거든요. 그런데 꼭 잊어버리는 놈이 두 놈은 있답니다. 저는 이걸 보고 놀랍니다. 우리교회에서 결혼주례 할 때 제가 이렇게 하거든요. "신랑 들어오세요." 그럼 신랑 들어올 때 다들 박수를 칩니다. "신부 들어올 때는 박수치지 말고 조용히 맞이합시다. 결혼식 끝나고 퇴장할 때 박수를 쳐주세요"라고 광고한 다음 "신부 입장합니다"하는데 짝짝 짝짝… 금방 일렀는데도 박수를 치는 것입니다. 제가 아예 그럴 줄 압니다. 언제나 그런 사람이 꼭 있다니까요. 교육이라는 건 한마디로 되는 게 아닙니다. 또 하고 또 하고 또 하고… 그래야 됩니다. 우리 성가대원 연습하는 것도 그게 하루아침으로 됩니까. 저만큼 부르려면 꽤 여러번 불렀을 것입니다. 또 연습하고 또 연습하고 또 연습하고… 노래는 5분 하지마는 연습은 두 시간 해야 된다, 이것입니다. 이렇게 해서 만들어지는 것입니다. 그러니 교육하는 사람이 조급해서 되겠습니까. 교육자는 절대로 교만하면 안됩니다. 제가 이사장으로 있는

학교가 많습니다. 그런데 고등학교 이사장으로 있을 때 학교의 질을 높이기 위해서 제가 일류대학에 공부를 잘한 그런 우수한 사람들을 데려다가 선생님 시켜봤습니다. 공부가 잘 안됩디다. 그 이유가 있었습니다. 이 선생님들이 공부를 잘하는 사람들이거든요. 수학문제를 풀면서 "이놈아, 그것도 몰라? 나 너희 나이 때는 안그랬다. 그 대가리가지고 공부하겠냐?" 이러고 나옵니다. "그따위가지고 되겠느냐?" 이렇게 자꾸만 구박을 주니 아이들이 주눅이 들어서 점점 더 공부 못하는 것입니다. '아 이러다간 학교가 안되겠다.' 그래서 제가 그런 선생 제했습니다. 그리고 이류대학, 삼류대학, 그것도 삼수해서 들어간 사람들, 대학 들어갈 때 몇년씩 시험을 본 사람을 데려다가 선생을 시켰습니다. 그랬더니 이건 좋아요. 한번 가르치고 모르면 "다시 하자." 세 번 가르쳐도 모르면 "또 하자. 나는 삼수했다. Try again. 다시 하는 거야." 그러니까 아이들이 신바람나서 공부하는 것입니다. 이거 보십시오. 어머니들도 그렇습니다. 똑똑한 어머니가 자식을 망칩니다. 뭘 안다고 가르치면서 자꾸 쥐어박습니다. "이 녀석아, 그것도 몰라? 니 아버지가 그렇더니 니가 또 그 꼴이구나!" 이러고 나오니 아이가 공부되겠습니까. 교만하면 안됩니다. 선생은 절대로 교만하면 안됩니다. 물론 좀더 알지요. 그러나 교만은 금물입니다. 이걸 알아야 합니다. 아주 겸손하여 오히려 대상을 높이고 "너는 나보다 낫다. 내가 너만했을 때는 너만 못했단다" 이러고 나오면 아이들이 신바람나서 공부합니다. "내가 너만했을 때 나는 너만 못했다." 이렇게 말하면 아이들이 열심히 공부합니다. 그러나 "내가 너만했을 때는 야, 천재란 말 들었다"하는 것이면 교육이 안되는 것입니다. 교만, 자기자랑이 있으면 거짓선생입니다.

또한 혼미한 지식, 혼미한 교훈입니다. 모든 진리가 추상적입니다. 무엇을 아는지 무엇을 말하는지 알 수가 없습니다. 여러분, 학교에서도 배워보면 그렇지 않습니까. 어떤 선생님은 참 clear하게, 선명하게 설명을 해줍니다. 그런데 어떤 선생님 말하는 건 뭘 말하는 것은 같은데 종잡을 수가 없고 뭘 아는 것은 같은데 아는 것도 없고, 열심히 귀기울였는데 도대체 뭘 들었는지 모르겠는 것입니다. 이런 선생은 잘못된 선생입니다. 자신도 모르는 소리 하고 있거든요. 또 한 가지는 정리되지 않은 지식입니다. 더 중요한 것은 교수 자신이 이해를 못하고 있다는 것입니다. 선생 자신이 이해를 못하면서 말하고 있습니다. 그러니 깨끗한 설명이 나올 턱 없습니다. 중요한 것이 또하나 있습니다. 그것은 자기경험이 없다는 것입니다. 자기 속에 경험이 있어야 됩니다. 경험이라는 사건에서 스크린되어 나와야 됩니다. 그래야 자신만만하게 설명할 수가 있는데 "말은 들었다마는 거 나는…" 이렇게 하고 맙니다. 확실하지 않은 것입니다. 또 한 가지는 체계가 없습니다. 마음이 혼미하기 때문입니다. 이렇게되면 교수 자신도, 선생 자신도 자기가 무엇을 말하는지 모르고 듣는 사람은 더더욱 알 수가 없습니다. 이런 말이 있습니다. '가르치는 자가 100% 선명해야 듣는 자에게 50% 전달이 된다.' 그런데 본인 자신이 10%도 선명하지 못해요, 아직도. 그러면서 말을 하고 있으니 듣는 자는 더더욱 모를 수밖에요. 이래서 혼미한 지식이 바로 문제가 된다, 하는 것입니다. 본문말씀에 "아무것도 알지 못하고" 하였습니다. 아무것도 알지 못하고 가르치려드는 것입니다.

그 다음에는 '변론과 언쟁을 좋아한다' 하였습니다. 변론이 무엇입니까. 그 뿌리는 자기교만입니다. 자기가 이기겠다는 마음입니다.

언쟁의 목적은 자기성취감에 있는 것입니다. 말싸움을 해서 이기겠다는 것입니다. 바락바락 이기겠다는 것입니다. 보면 대학의 교수님들 가운데도 그런 분이 있습니다. 학생이 질문을 합니다. 질문이라는 것도 좀 삐딱하게 하는 수가 있거든요. 그러면 듣고나서 "아, 그러냐"하고 좀 유머스럽게 대답할 수도 있고 잘 모르는 것이면 "나도 잘 모르겠다. 뒤에 내가 연구 좀 해보고 다시 말할께" 하면 되는데 자존심이 강하고 교만한 교수는 그걸 못합니다. 그래서는 화가 나가지고 "너 퇴학이야!" 소리칩니다. 학생이 "나 이거 질문했다고 퇴학 맞지 않습니다." 요로고 나오니 교수는 시뻘겋게 화가 나가지고 나가버립니다. "너같은 거 안가르쳐!"하고. 반장이 따라나가 "그러지 마시고 들어오십시오"해서 도로 들어옵니다. 얼마나 창피한 노릇입니까. 내 이름만 안댑니다마는 내 아는 사람 중에 그런 사람 몇 있습니다. 이런 사람 참 곤란합니다. 그 잠깐의 기분을 이기지 못하는 것입니다. 학생들과의 대화라 해서 어떻게 학생들을 이길 수만 있겠습니까. 또 결론이 안나는 것도 많거든요. 그러니 그대로 두면 되는 것인데 이걸 꼭 이기려고드는 것입니다. 학생한테도 이기고 학설에서도 이겨야 되는, 소위 debate 중심적인 유형입니다. 계속 말싸움을 벌이는 것입니다. 그건 교육이 아닙니다. 그러다보니 자기만 옳다고 합니다. 자기학설만 옳다 하고 남의 학설은 다 죽여버립니다. 이렇게될 때 이건 잘못된 선생입니다.

또하나는 마음이 부패하여진 인격입니다. "마음이 부패하여지고 진리를 잃어버려…" 마음이 썩었습니다. 지식이라는 것은 지식 플러스 인격입니다. 인격이 따라가는 것입니다. 인격 플러스 감성입니다. 감성 뒤에 또 도덕성이 있습니다. 합쳐서 온전한 지식이 이루어지는 것입니다. 도덕성을 결여한 지식이란 지식일 수가 없습니다. 그건 상품에 지나지 않습니다. 인격이 따라가지 않는 지식은 절대로 설득력이 없습니다. 인격이 함께 가야 됩니다. 이것이 없으면 지식이 소용없습니다. 아무리 좋은 지식이라도 그렇습니다. 인격 없는 지식을 파는 것은 백화점에서 물건파는 거와도 같습니다. 그런고로 사도 바울처럼 "나를 본받으라"하기는 어려워도 어느 정도 그리할 수 있을 때만이 훌륭한 교사입니다. "나를 본받으라." 그렇지 않습니까? 우리 주일학교 선생님들도 학생들에게 "나를 본받으라" 할 수 있어야 됩니다. 내가 시간을 잘 지키고 내가 정성을 다하고 내가 충성을 다하고 내가 부지런하고해서 가르쳐야 됩니다. 선생님이 늦게 오고 선생님이 들쑥날쑥하고 아무 준비도 없이 말하고… 이러면 되겠습니까. 인격과 도덕성, 그리고 훌륭한 감성이 함께 가야 됩니다. 그래야만 좋은 선생입니다.

또한 "투기와 분쟁과 훼방"입니다. 이것은 큰 문제입니다. 경쟁심과 승부욕, 여기에 문제가 있답니다. 자기가 승부욕에 차 있으니까 학생들에게까지도 승부욕을 만듭니다. 요새 많이 달라진 게 있습디다. 전에는 초등학교 1학년때부터 일등 이등 삼등 사등, 그리고 우등생이니 뭐니 하였지만 요새는 그런 거 없습니다. 성적표를 들먹이지 않습니다. 제가 60년대초에 저 미국 시골에 가서 초등학교 졸업식을 봤습니다. 졸업식 성적표가 없습디다. 한 60명 되는 학생 전부에게 상을 줍디다. 너는 음악을 잘하고, 너는 장난을 잘치고, 너는 뭘 잘하고, 뭘 잘하고… 60명 전원에게 상 주더라고요. 그런 걸 보고 '아, 이 사람들이 정말 잘하는구나' 생각했었습니다. 다 등수를 매겨가지고 몇 등이다 몇 등이다 몇 등이다, 해놓으니 사회에 나와가지고도 승부욕에 사로잡혀 추태를 보이는 것입니다. 이기려는 마음입니다. 이기려고만 덤빕니다. 내가 올라서지 못하면 남을 끌어내립니다. 이 세상 이렇게 되는 것이 바로 입시지옥에서부터 비롯합니다. 또 선생님 자신이 승부욕을 조장합니다. "일등을 해라, 일등." 그래 일등 해서 한 게 뭡니까. 참으로 무서운 일입니다. 투기와 분쟁, 이게 참 문제입니다. 제가 인천에서 목회할 때 그런 것을 실제로 보았습니다. 그 집 부인으로부터 심방갔다가 들었습니다. 그 남편이 일류대학을 나오고 고시준비 하다가 안돼서 낮추고낮춰 초등학교 선생을 합니다. 아들 하나 딸 하나가 초등학교 3학년 4학년인데 매일같이 일등을 해야 됩니다. 그리고 시험은 100점을 맞아야 됩니다. 90점만 맞아도 아버지가 때리는 것입니다. "그따위로 했냐?" 하고 때리고⋯ 야단은 났는데 어머니는 그걸 말리지만 말리지 못하는 것이 "당신이 옛날에 공부를 시원찮게 했으니까 아이들이 이 모양이지" 이러고 대드는 바람에 말을 못한다는 것입니다. 어느날 아이들이 90점 맞았는데 아버지가 또 때립니다. 아이들이 "다음은 잘하겠습니다"하고 맞는데 자꾸만 때리는 것입니다. 어머니가 부엌에서 설겆이를 하다가 그만 이성을 잃었습니다. 그 남편 밑에서 꼼짝못하고 살던 사람인데도 자제력을 잃어버리고 문을 확 열어젖히고는 "왜 때려? 뭘 잘했다고 때려?"하고 눈에 쌍심지를 켰습니다. "얘들이 공부를 잘 못하니까" "당신은 어떻게 했어?" "나야 일등 했지." "그래 일등 한 사람이 다 실패하고 내려앉아 셋방살이 하고 그래? 일등 좋아하네." 딱부러지게 말했더니 남편이 발발떨더랍니다. 한참 새파래가지고 떨더니 "내가 잘못했어"하고, 그때부터는 절대로 안때리더라고 합니다. 아이들이 "우리 엄마 구세주다!"하더라고 합니다. 뭘 잘했다고 큰소리입니까. 경쟁, 투쟁 해서 일등이라야 됩니까. 아무 소용 없는 것입니다. 우리집 아이 초등학교 다닐 때 보니 늘 2등은 하는데 1등을 못하는 것입니다. 그래서 제가 "넌 어떻게 1등을 한 번도 못하냐?"했더니 "1등은 하는 거 아니에요"합니다. "왜?" "그건 여학생이 하는 거죠." "왜 여학생이?" "걔는 1등 못하면 죽는대요. 그래서 걔보고 1등 하라고 그러고 나는 그저 2등부터만 해요." 그래서 "잘했다. 잘 생각했다"하였습니다. 여러분 1등에 미쳐버린 것, 소위 top crazy 때문에 사회 전부가 지금 이 모양 되는 것입니다. 그래서는 안됩니다. 「리더스 다이제스트」에서 읽은 얘기입니다. 이거 읽고 저는 놀랐습니다. 발명가라고 하는 사람들을 놓고 IQ테스트를 해봤더니 그들의 IQ가 90에서 110이더라고 합니다. IQ 150이 없습니다. IQ 180 넘은 사람은 주로 감옥에 가 있습니다. 여러분 생각할 때는 발명 같은 거, 머리가 좋아야 될 것같지요? 그렇지 않습니다. IQ에 달린 것이 아니고 인내력에 달린 것입니다. 머리회전 빠른 사람은 사기꾼으로 간다니까요. 그러니 IQ 자랑 하지 마십시오. 어쨌든 투기와 분쟁과 훼방과 승부욕, 이쪽으로 치우치는 것, 이게 다 잘못된 교육입니다.

그런가하면 "진리를 잃어버려…"하고 말씀합니다. 진리—헤라어에 알레테이아, 알레티노스의 두 단어가 있습니다. '알레테이아'는 truth를 뜻합니다. 그런데 진리는 진실이며 진실은 사실에 입각합니다. reality입니다. 거짓은 진실이 아닙니다. 그런고로 진리를 버렸다는 것은 사실을 버렸다는 말입니다. 진실을 버렸다면 아무것도 아니지요. 다 거짓말이니까.

또하나는 '경건이 없는 지식'입니다. 하나님을 두려워하는 마음,

경건이 없다면 그건 지식이 아닙니다. 여호와를 경외함이 지식의 근본입니다. 그런고로 경건이 있고 거기에 참지식이 있는 것입니다. 하나님 없는 지식—공산주의가 그렇습니다. 무신론입니다. 하나님 없는 지식은 다 세상을 망하게 하는 것들이요 인격을 다 망하게 하는 것밖에 없었습니다. 경건이 모든 지식의 근본입니다.

그리고 마지막에 중요한 말씀이 있습니다. "경건을 이익의 재료로 생각하는 자들의 다툼이 일어나느니라." 하나님을 믿는 경건, 하나님을 두려워하는 경건을 이익의 수단으로 삼는 것입니다. '나 예수믿어서 복받겠다.' 이게 경건을 수단으로 삼는 것입니다. 어떤 사람은 교회 처음 나와보고는 '와, 사람많다. 이거 장사 할만하겠는데…' 이리 생각한다고요. 그래서 제가 교회와서 자꾸 물건 팔아달라는 거 절대 안된다고 그러는 것입니다. 교회는 그런 거 하는 데가 아닙니다. 재미있는 얘기가 있습니다. 옛날얘기입니다. 어느날 교인 하나가 목사님한테 와서 하는 말이 "내가 사랑하던 개가 한 마리 죽었거든요. 이 개를 위해서 좀 기도해주세요. 장례식 해주세요"했습니다. 목사님이 "안됩니다. 그런 건 안됩니다"하는데도 하도 매달리니까 "그럼 다른 교회 가보세요. 우리 교회는 그런 거 안합니다"하고 말했습니다. 그래도 집요하게 자꾸만 장례식 해달라고 그러더니 하는 말이 "그러면 제가 돈을 좀 많이 내면 될까요?"합니다. 여기서 그 목사님이 뭐라고 했는지 아십니까? "아, 그럼 진작 예수믿은 개라고 말할 것이지." 여러분, 경건이 이익의 재료가, 경건이 돈벌기 위한 수단이 되어서야 되겠습니까. 경건이 자기의 어떤 이익을 충족하기 위한 수단이 되어서는 안됩니다. 경건은 목적입니다. 결코 경건이 수단이 될 수 없습니다. 그러니 언제든지 조심을 해야 됩니다. 인천에서 목회할 때 4교회에 박목사님이라는 분이 있었습니다. 그분은 일생동안 머리를 길러본 적이 없습니다. 박박깎았습니다. 그리고 일생동안 양복을 안입었습니다. 여름겨울 없이 한복을 그냥 입고 다니고, 한학자이기도 했습니다. 사서삼경을 줄줄 외었습니다. 그런 분이 아주 경건하고 목회를 잘하였습니다. 그런데 하루종일 가도 말을 안했습니다. 어쩌다가 하루에 딱 한 마디 하면 그건 명언이었습니다. 목사님들 모인 자리에 와서도 가만히 앉아 빙긋빙긋 웃기만 하는, 참 덕망있는 목사님이었습니다. 이 분이 언젠가는 가만히 있더니 하는 말이 "목사님 댁에 찾아온 교인이 묵기도 오래 하면 거짓말하러 온 거지요"하는 것입니다. 아시겠습니까? 무슨 말인고 하니 목사님 댁에 처음 찾아와서 묵기도를, 적당히 하지 않고 너무 길게 하는 것입니다. 하고나서 "목사님 안녕하십니까?"하는데, 그때부터 하는 말이 다 거짓말이라는 것입니다. 거짓말하러 온 사람입니다. 바로 며칠전에 식당에서입니다. 어떤 여자하고 남자, 두 사람이 식사하러 왔습니다. 젊은사람들입니다. 그런데 두 사람이 다 기도하더라고요, 잠깐. 남자는 잠깐 기도하는데 여자는 한참 기도하더라고요. 남자가 그걸 이윽히 보더라고요. 그래서 제가 '영 궁합이 안맞누만' 하였습니다. 경건, 좋습니다. 그러나 그 경건이 수단화하면 문제가 있다는 것입니다. 남 보는 데서 묵기도 너무 오래 하지 마세요. 그건 사기꾼의 표지입니다. 경건을 자기 이익의 재료로 생각한다―이 얼마나 무서운 얘기입니까. △

지족하는 마음

그러나 지족하는 마음이 있으면 경건이 큰 이익이 되느니라 우리가 세상에 아무것도 가지고 온 것이 없으매 또한 아무것도 가지고 가지 못하리니 우리가 먹을 것과 입을 것이 있은즉 족한 줄로 알 것이니라 부하려 하는 자들은 시험과 올무와 여러가지 어리석고 해로운 정욕에 떨어지나니 곧 사람으로 침륜과 멸망에 빠지게 하는 것이라 돈을 사랑함이 일만 악의 뿌리가 되나니 이것을 사모하는 자들이 미혹을 받아 믿음에서 떠나 많은 근심으로써 자기를 찔렀도다
(디모데전서 6 : 6 - 10)

지족하는 마음

오늘본문에는 지난번에 이어서 여전히 '경건'에 대하여 말씀하고 있습니다. 경건-'유세베이아'라고 하는 이 말은 우리 기독교에서 사용하는 말이요 또 기독교만이 가지는 독특한 개념으로 사용하는 용어입니다. 신앙생활 전반을 한마디로 총칭하는 말이 경건입니다. '경건한 생활'이라 하면 그것이 신앙생활 전부를 가리키는 말입니다. 경건한 사회생활, 경건한 가정생활, 경건한 기도생활, 경건한 예배… 모든 면에서 경건은 기독교인의 생활, 기독교인의 모습 그 전체를 총칭하는 용어입니다. 하나님을 말할 때는 '거룩함'입니다. '거룩한 하나님'—그 말 속에 모든 뜻이 다 들어 있습니다. 거룩한 하나님—바로 초월성을, 그 능력과 지혜를 다 말하는 것입니다. 그래서 하나님을 지칭할 때는 언제나 '거룩한 하나님'입니다. 그것이 가장 옳은, 가장 확실한, 신앙고백과 같은 표현입니다. 그런가하면 거룩한 하나님 앞에 선 우리 사람의 모습이 바로 '경건'입니다. 그래서 경건이란 경건지향적 삶을 말하는 것이고 경건 자체가 생의 이상입니다. 얼마나 경건하게 살 수 있는가, 얼마나 더 경건하게 살 수 있는가—그것을 우리는 생각하여야 합니다. 우리는 이 세상에 살 때 아무래도 세속적으로 물들며 사는 부분이 많습니다. 그러나 우리는 세월이 가면서 점점 더 점점 더 거룩하게, 점점 더 신령하게, 점점 더 경건하게 그렇게 살아가야 하는 것입니다. 또한 경건이란 바르게 경건한 생활을 하는 사람에게는 가장 신령한 행복입니다. 경건은 결코 무리가 아닙니다. 경건 그 자체가 믿는 사람에게는 행복으로 느껴지는 것입니다. 예컨대 우리가 노래방에 가는 것과 교회나오는 것의 어느 쪽이 행복합니까. 세상에 나가서 지내는 것하고 교회 와서 예배드리는 것하고 어느 쪽이 행복한가, 하는 것입니다. 경건 자체가 행복으로 느껴지는 것, 그것이 진정한 경건의 생활입니다. 경건 자체가 기쁨이 되는 것입니다. 그러니까 예배가 기쁘고 찬송이 기쁘고 교회생활이 기쁘고… 그리되는 것입니다. 통틀어서 경건 자체가 기쁨으로, 행복으로 그렇게 느껴져야 한다는 것입니다.

그런데 경건한 생활을 하려고 할 때 걸림돌이 있습니다. 그것이 바로 이익지향적인 생활철학입니다. 언제나 욕심이 많아서 이익을 챙기는 사람들이 있습니다. 뭐든지 계산속으로 따집니다. 어느 목사님 사모님이 이런 얘기 하는 걸 보고 한참 속으로 웃었던 적이 있습니다. 아이들이 용돈을 달라고 하면 주고나서는 꼭 장부에다가 기록해놓는다고 합니다. 몇월 며칠 얼마, 몇월 며칠 얼마, 하고. 그랬더니 얼마동안 아이들이 용돈타는 거 좀 겁을 내더라고 합니다. '저기 다 기록해놓는다. 용돈타기도 어렵다.' 그러더니 얼마후에는 이러더랍니다. 얼마가 필요합니다, 장차 이자까지 보태서 갚아드릴 테니 주세요—어머니는 깜짝놀란 것입니다. '아이쿠 이게, 이게 전부 계산이 되는구나.' 사랑을 이렇게 계산을 해서야 되겠습니까. 또 부모가 자식에게 주는 것도 계산을 해서야 되겠습니다. 자식이 부모에게 효도하는 것을 계산해서야 되겠습니까. 가끔 이런 경우가 있지요. 내가 양복을 하나 해입는다 하면 아버지께부터 해드려야겠지. 안그렇습니까. 그게 효도하는 마음일 텐데, 계산을 하는 것입니다. '좀 있으면 죽을 텐데 그걸 해드려 뭐하나?' 또 아버지 본인도 이렇게 얘기합니다. "있는 것도 다 못입을 텐데 그걸 해서 뭘 하냐? 그만둬라." 그러나 어떡하면 좋겠습니까. 그래, 며칠 못입을 거니까 그만둘

까요? 계산으로 따지는 것은 비정상적인 것입니다. 모든것을 이렇게 계산적으로, 타산적으로 생각하는 것은 문제가 아닐 수 없습니다. 그러다보니 경건생활마저도 하나님 앞에 예배해서 얼마가 벌려지나, 십일조를 내면 얼마가 돌아오나, 선한 일을 하면 하나님이 얼마나 복을 주실까… 이리 생각한단말입니다. 심지어는 교회나와서 서로 악수하고 할 때도 '이 사람하고 악수해두면 내게 얼마나 이익이 돌아올까?' 합니다. 이익이 돌아올만한 사람하고는 악수를 두손으로 하면서 "반갑습니다" 하고 '보자하니 뭐 저 사람하고 알았다가는 뜯길게 많겠다, 손해가 많을 것같다' 싶으면 보는 척 만 척합니다. 이런 사람, 철저하게 이익지향적인 사람입니다. 잇속을 따지는 것입니다. 결혼을 하나 사랑을 하나 사업을 하나, 심지어는 하나님 앞에 예배하는 것까지도 계산을 하는 것입니다. 그런 머리를 가진 사람, 그런 생각을 가지고 있는 사람은 경건의 유익이 없습니다. 경건마저도 수단화한 것입니다. 욕심이 목적이고 경건은 수단일 뿐입니다. 욕심많은 사람, 그래서 경건하기 어렵다는 것, 지난 시간에 말씀드린 바입니다.

  그렇다면 이제 적극적으로 생각해봅시다. 그럼 어떤 사람이 경건생활 하기가 좋을까? 오늘본문에 말씀합니다. "지족하는 마음이 있으면 경건이 큰 이익이 되느니라." 지족하는 마음이 있으면, 하였습니다. '지족한다'라는 말의 헬라말원문 '아우타르케이아스'에는 특별한 뜻이 좀 있습니다. 지족(知足)한다―이것은 번역이 잘된 편입니다. '스스로 만족할 줄 안다'하는 말입니다. self-sufficiency, 또는 be content에 해당합니다. 어떤 무엇으로 인해서나 환경으로 인해서 만족하는 게 아니고 스스로 만족하는 것입니다. 그 점이 중요합니다. 내 욕망이 채워져서 만족하는 게 아닙니다. 분수를 지키어 만족할 줄 아는 것입니다. 누가 나에게 무슨 보따리를 갖다주어서 내가 만족하는 게 아닙니다. 그런 만족이 아니고 내 분수대로 스스로 만족하는 것입니다. 스스로 만족하도록 해석을 하고 스스로 만족하도록 그 사건을 받아들이고 있는 것입니다. 그런 사람이라야 경건생활이 이익이 된다는 것입니다. 우스운 얘기지만 술 담배, 예수 안믿으면서 그거 안하는 사람들은 예수믿기 쉽습니다. 그러나 그거 하는 사람은 교회 나오면서 술 담배 끊으라니까 참 힘들거든요. 나 그것 때문에 못나가겠다는 사람도 많습니다. 그런가하면 본심이 착한 사람들이 있습니다. 그런 사람들은 예수믿기 쉽습니다. 그러나 좀 세상으로 아주 멀리 갔던 사람은 회개에는 원래 왕복거리가 필요하기 때문에 예수믿는 것도 더 힘이 듭니다. 그런데 특별히 정욕과 욕심, 이걸 스스로 조절할 줄 아는 능력을 가졌다면, 다소라도 조절할 수 있는 능력을 가진 사람이라면 경건에 많이 도움이 되겠습니다. 신앙생활 하기가 쉬워집니다. 새벽기도 안나오면서도 일찍 일어나는 사람 있지 않습니까. 한평생 일찍 일어나는 버릇을 가진 사람이 있습니다. 그런 사람은 예수믿고 새벽기도 나오기가 쉽지요. 그런데 항상 늦잠자는 체질이라면 이제 새벽기도 나오려고 하면 이거 좌우간 죽을 지경이거든요. '예수믿기가 이렇게 힘든가?' 그럴 것입니다. 그러므로 정욕과 욕심, 나의 나약함, 이런 것을 스스로 조절하는 능력을 가진 사람은 경건이 이익이 되겠다, 다시말하면 욕심의 노예가 되지 않은 사람, 욕심에 너무 깊이 노예가 되지 않은 사람은 경건이 도움이 되겠다, 하는 것입니다. 스스로 만족한다는 것은 뭘 말하는 것입니까. 우선 경제에 있어서 스스로 만족합니다. 내가 가진 집 충분합니다. 어떤 사람은 그저 더 좋은 집 더 좋은 집… 그런 생각을 하거든요. 누가 이런 얘기 합디다. 사글세로 다니다가 전세 하나 얻으니까 큰 부자가 된 것같더랍니다. 그런데 그게 일 년이 못가더랍니다. 밤낮 전세로 다니려니까 힘들거든요. '내 집 마련, 내 집 마련'하였습니다. 그래 돈을 모으고 애써서 내 집을 마련했다고 합니다. 집 하나 딱 마련하고나니까 너무너무 좋더랍니다. '이제는 이사 안다녀도 된다. 이건 내 집이다.' 너무도 좋더랍니다. 그런데 그 기쁨이 한 달도 못가더랍니다. '왜 방구석이 이렇게 작아?' 이렇게 불평한다는 것입니다. 여러분 생각해보십시오. 더 가졌으면, 더 가졌으면… 끝이 있을 것같습니까. 스스로 어느 시간에 만족해야 합니다. '집이 좋든나쁘든 크든작든 그건 문제가 아니다. 그보다 중요한 것이 있다. 우리 식구가 다 건강하니 좋다. 남들은 부도났다 어떻다, 하고 빚이 많아서 어떻다, 하는데 최소한 우리는 빚이 없지 않은가.' 큰 부자지요. 요새 빚없는 사람은 부자입니다. 적자가 아니면 부자입니다. 이렇게 스스로 생각을 하는 것입니다. '나는 부자다. 왜? 나는 빚이 없으니까. 그리고 우리 모두가 다 건강하니까.' 이게 바로 스스로 만족하는 것입니다. 스스로 만족한 해석을 내리는 것입니다. 지식에 대해서도 그렇습니다. 뭐든지 다 알아야 되겠습니까? 그럴 것 없습니다. 아무리 많이 공부하고 뭘하고 해도 어차피 별것 아닙니다. 요새 평준화라는 말이 있는데, 어차피 나이 50이 되면 너도나도 평준화합니다. 지식의 평준화입니다. 공부 많이 한 사람이나 못한 사람이나 잊어버리기는 같습니다. 멍청해지기는 똑같습니다. 건망증이 생기기 시작하면 거기서거기입니다. 배운 거 잘난 거 아무것도 없습니다. 지식도 그저 많으면 많은대로 적으면 적은대로입니다.

많으면 복잡합니다. 할일이 많습니다. 적으면 적은대로 그에 마땅한 일을 하게 되겠습니다. 그래서 지식에 대해서도 스스로 만족합니다. 학벌에 대해서도 그렇지 않습니까. 대학을 나온 사람도 있고 대학을 못나온 사람도 있고 일류대학을 나온 사람도 있겠지요. 내가 공부를 못했다고해서 일생동안 그 때문에 열등의식에 사로잡힐 필요는 없습니다. 밥먹고 살기는 다 같지요. 보자하니 다를 것도 없지 않습니까. 그런고로 지족할 것입니다. 내가 남 만큼 공부 못했어도 상관이 없습니다. 바로 그 점입니다. 남보다 못했다 해서 한평생 이것 때문에 괴로워한다면 그 사람은 신앙생활까지도 어렵습니다. 스스로 만족하게 여겨야 합니다. 아브라함 링컨은 정규공부를 하나도 안하고도 대통령 됐다더라, 그러십시오. 금년에 '발명왕'이라고 상을 받은 분 있습니다. 좌우간 여러 가지 발명을 해가지고 '발명왕' 상을 받은 사람이 중학교 나온 사람입니다. 도대체 공부 많이 한 사람들 다 어디 간 것입니까. 이렇게 해석을 내리고 지식이 높든낮든 스스로 만족할 것입니다. 내가 아는 것으로 만족합니다. 건강도 내가 가진 건강대로 만족합니다. 얼굴생김도 키도 생긴대로 스스로 만족합니다. 그 중에 가장 중요한 것이 성이지요. 남자냐 여자냐. 여자는 여자로서 만족해야지 남자 못된 걸 한평생 후회해서야 되겠습니까. 그것은 울어도 못하고 믿어도 못하고 힘써도 못하는 일입니다. 성전환 하겠습니까? 여자는 여자로서 만족할 것입니다. 이게 스스로 만족한다는 것입니다. 남자는 남자로서 만족합니다. 크면 큰대로 만족합니다. 작으면 작은대로 만족합니다. 나이가 많아집니까? 많아지면 많아지는대로 만족합니다. 오히려 젊은사람들을 불쌍히 여깁니다. '너희들 어려운 세상 만나 사느라고 참 고생한다. 나는 다 끝나간다. 걱정하지 마라.' 스스로 만족합니다. 내가 먹은 나이, 내가 처한 처지를 그대로 만족히 여깁니다. 이게 경건에 많은 도움이 됩니다. 또 자기능력, 자기지혜, 자기명예, 자기지위, 어느 처지에 있든지 스스로 만족하게 여깁니다.

그래서입니다. 여기서 지혜를 발견하여야겠습니다. 그 지혜가 뭐냐하면 한계를 미리 아는 지혜입니다. 한계, 이걸 알아야 됩니다. 한계는 있는 것입니다. 아주 유명한 얘기가 있지요. 욕심많은 사람이 있어 땅을 많이 가지는 게 소원입니다. 그를 보고 왕이 말하기를 "네가 이 깃발 세 개를 들고 말을 달려서 저기 가서 하나 꽂고 저기 가서 하나 꽂고 저기 가서 하나 꽂고, 그리고 돌아서 해질 때까지 여기 오면 (그러면 사방이 되지 않겠습니까) 그 범위의 땅을 네게 주마"하였습니다. 이 사람이 시간을 계산해서 저녁에 돌아올 생각을 못하고 마냥 한쪽으로만 말을 달려 갔습니다. 내처 갔습니다. 그래 가지고 돌아오려는데, 이쪽으로 와야겠는데 그게 안되는 것입니다. 간신히 돌아와서 죽었습니다. 그 사람의 묘비에 이런 말이 씌었습니다. '이 무덤 속에 있는 사람은 나라의 절반을 가졌다. 그러나 그날 그는 죽어 한 평밖에 차지하지 못했다.' 그렇게 많이 가졌으면 뭘 하겠습니까. 그럴 필요가 없습니다. 다 먹습니까, 다 가집니까, 다 봅니까. 어떤 사람 보니 무슨 구경을 가도 그저 너무 많이 보려고 합니다. 많이 봐서 뭘 합니까. 제일 우스운 게 사진찍는 것입니다. 거기다 대고 제 얼굴만 찍어요. 경치는 안찍고 제 얼굴만. 찍어서 그거 뭘 하겠습니까. 다시 봅니까, 그거? 다 소용없는 것인데요. 그렇습니다. 다 보지도 말고 다 먹을 것도 아니고, 그렇습니다. 제가 해외집회 나가면 아침시간 집회, 낮시간 집회, 저녁시간 집회, 그리고 오후에 좀 여유가 있거든요. 그럴 때 "목사님, 어디 바람 좀 쐬러 가십시다. 구경가십시다" 합니다마는 저는 잘 안갑니다. "가지고 온 책이 있으니 앉아서 책이나 보렵니다." 그러면 여기 좋은 데가 있고 저기 좋은 데가 있고, 합니다. 제가 그때 하는 말입니다. "어차피 다 봐서 뭘 합니까. 다 볼 이유가 없지 않습니까. 이미 본 것도 많은데…" 여러분, 한계를 인정하여야 됩니다. 결국 스스로 제한선을 그어야 됩니다. 제한할 줄을 알아야 됩니다. 다 벌 것도 아니고 다 가질 필요도 없습니다. 필요가 없으니 스스로 한계를 정하는 것입니다. '요기까지다.' 그 이상은 필요가 없습니다. 여러분은 옷가지가 얼마나 많은지 모르지만 그렇게 많아야 될 이유가 없지 않습니까. 내가 그어놓은 한계까지면 됩니다. 그만하면 됐습니다. 그런데 보아하면 흔히들 한계를 모르는 것입니다, 도대체. 그거는 미련한 것입니다. 그러면 경건에 도움이 되지를 않습니다. 스스로 한계를 정하는 것, 거기에 겸손이 있고 거기에 진실함이 있습니다. 좀더 나아가서는 하나님께서 정해주신 한계를 스스로 깨닫는 것입니다. 이것은 신앙적인 것입니다. 시편 16편 5절로 6절을 보면 "여호와는 나의 산업과 나의 잔의 소득이시니 나의 분깃을 지키시나이다. 내게 줄로 재어준 구역은 아름다운 곳에 있음이여 나의 기업이 실로 아름답도다" 하고 노래합니다. 나에게 줄로 재어주신 구역입니다. 너는 요만큼 가져라, 너는 요만큼만 알아라, 너는 요만큼 살아라―줄로 재어주셨단말입니다. 줄로 재어주신 그 한계 안에서 만족하는 법입니다. 이걸 넘어가려고들면 안됩니다. 불만할 것도 없습니다. 그럴 필요가 없습니다. 하나님께서 내게 주신 한계를 알고 수용하면서 스스로 만족한 사람, 그 사람에게는 경건이 많이 도움되겠습니다. 내게 주어진 한계 안에서 행복할 줄 아는 사람, 스스로 행복할 줄 하는 사람이 지혜로운 사람입니다. 잊지 말 것입니다. 소중한 것을 가지고 있으면서 가진 것은 소중한 줄 모르고 못가진 것에만 마음을 팝니다. 내가 알고 있는 것이 소중한 줄 모르고 모르는 것만 알겠다고듭니다. 다 불행한 것입니다. 부질없는 것입니다. 이미 내게 주어진 것, 아주 귀한 것입니다. 사회학적으로 이렇게 말합디다. 35세가 되면 한계는 이미 정해진 것입니다. 거기서 더는 발전하지 않습니다. 이제는 내게 주어진 그 한계 안에서 충실하게 살 수밖에 없습니다. 그렇게 받아들이는 지혜가 있어야 합니다. 그것을 하나님께서 내게 주신 큰 축복, 가장 아름다운 기업으로 알고 받아들여야 합니다. 그리고 스스로 만족할 줄 알 때 경건이 많이 도움되겠다, 하는 말씀입니다.

　이제 지족할 수 있는 철학을 말씀하고 있습니다. 7절말씀은 마치 일반적인 철학으로 들립니다. "우리가 세상에 아무것도 가지고 온 것이 없으매 또한 아무것도 가지고 가지 못하리니…" 그런고로 주어진 한계 안에서 만족하라, 그 말씀입니다. 아무것도 가지고 갈 수 없습니다. 가지고 온 것도 없고 가지고 갈 것도 없습니다. 유명한 애기가 있습니다. 여러분 잘 아시는 성자 프란체스코, 그는 자신의 세상떠날 때가 언제쯤 된다는 걸 알았습니다. 그래서 떠나기 전에, 운명하기 전에 알몸으로, 일부러 알몸으로 땅바닥에 누웠습니다. 그리고 죽음을 기다렸습니다. 왜요? 적신으로 왔으니 적신으로 간다는 것을 확실하게 하나님 앞에서 인정하고 싶어서입니다. 단 한 오라기의 옷가지마저 입고 가고 싶지를 않았습니다. '적신으로 왔으니 적신으로 가고, 흙에서 났으니 흙으로 돌아가리라.' 그래서 알몸으로 땅바닥에 누워서 갔다는 것입니다. '그래도 한 벌 옷은 입고 가야 하지 않겠나'하겠지만 그래, 입고 간 옷이 그냥 있습니까. 뭘 가지고 가요, 가지고 가길. 가지고 갈 게 아무것도 없습니다. 그런고로 '세상에 아무것도 가지고 온 것이 없고 가지고 갈 것도 없다. 그런고로 현재 있는 동안 하루하루 주어지는대로 만족하게 여기라'하는 것입니다. 어차피 내것이 아니고 어차피 내것이 아니었고 또 앞으로도 내 것이 될 수가 없습니다. 그걸 확실하게 알아야 합니다. 그런고로 본문은 다시 이렇게 말씀합니다. "우리가 먹을 것과 입을 것이 있은즉 족한 줄로 알 것이니라." 먹을 것과 입을 것이 있은즉 족한 줄로 알지니라—참 귀한 말씀입니다. 그저 하루하루 건강하니 좋습니다. 오늘아침에 눈뜨고 일어났으니 행복합니다. 오늘도 교회나와서 찬송 부를 수 있으니 이만큼 행복한 것입니다. 더 바랄 것이 없습니다. 그냥 스스로 만족스러운 것입니다. 항상 주어진 형편 그 모든것을 은사로 받고, 분에 넘치는 은사로 알고 그 속에 귀한 사명이 있는 것도 알고 스스로 만족한 것입니다. 그런 사람이 복이 있겠습니다. 깊이 생각하십시오. "먹을 것과 입을 것이 있은 즉 족한 줄로 알 것이니라." 스스로 만족하라는 것입니다. '적은 것에 만족하지 못한 자를 만족케 할 아무것도 없다.' 이것은 유명한 격언입니다. 작은 것에 고마워하고 만족할 줄 모르는 사람을 어떤 방법으로든지 만족케 할 수 있는 방법이 없습니다. 그러니까 무슨 말입니까. 만족하는 사람은 작은 일에도 만족하고 큰 일에도 만족하고, 불만인 사람은 작은 일에 불만할 뿐만 아니라 큰 일에도 또 불만할 사람입니다. 아무리 주어도, 아무리 자리를 옮겨놔도 마찬가지입니다. 직장생활도 그렇더라고요. 그저 감사하게 생각하는 사람은 어디 가나 일 잘합니다. 불만하는 사람은 어딜 가든지 불만입니다. 결국은 불만 가운데서 세상을 마치고 맙니다. 중생 못한 사람의 심정을 이렇게 말할 수 있습니다. 그런고로 우리는 스스로 만족할 줄 알아야 된다, 하는 것입니다.

 오늘본문에 다시 부언해서 교훈하는 것이 있습니다. "부하려 하는 자들은 시험과 올무와 여러 가지 어리석고 해로운 정욕에 떨어지나니…" 부하려 하는 자들이 빠지는 데가 있다는 것입니다. 부하려 하는 자들은 이런 함정에 빠진다, 하였습니다. 부하려 하는 자, 누구입니까. 무리하게 물질적으로 부자가 되기를 바라는 사람들이 있습니다. 부에 대한 욕심을 가졌습니다. desire to be rich, 부자가 되려고 하는 그런 욕망입니다. 부하려고 할 때는 첫째, 목적을 알아야 됩니다. 돈을 벌려고 합니다. 왜 벌려고 하는 것입니까. 목적이 분명하여야 됩니다. 목적이 없이 돈벌겠다고 하는 것은 그 자체로 벌써 잘못된 것입니다. 두 번째는, 지식이 있어야 됩니다. 무슨 말인고하니 돈이 있으면 돈을 쓸 줄 알아야 한다는 것입니다. 건강이 있으면 건강을 쓸 줄 알아야 합니다. 돈이 있으면 돈을 관리할 줄 알아야 합니다. 돈은 있는데 돈을 쓸 줄 모르는 사람이라면 돈 없는 것만 못합니다. 그 돈 때문에 망하니까요. 돈을 관리할 수 있는, 쓸 수 있는 능력을 가져야 됩니다. 그 다음으로, 부하려 한다면 그에 합당한 노력이 있어야 됩니다. 정당한 대가를 지불해야 됩니다. 물건 사러 갔을 때 정당한 값을 주고 물건을 가져옵니다. 정당한 값을 안주고 가져오면 그 사람은 도둑놈입니다. 그와 같습니다. 부라고 하는 것에는 그에 합당한 값을 지불해야 됩니다. 공짜를 바라는 것은 불한당의 마음입니다. 땀을 흘리지 않고 얻겠다는 것이니 불한당이지요. 언제나 합당한 노력, 합당한 피땀, 합당한 수고를 지불하고 얻어야 됩니다. 공짜로 얻는 것은 내것이 아닙니다. 복권 당첨되는 사람, 잘되는 사람이 없습니다. 공짜가지고는 절대로 행복할 수가 없습니다. 부란 합당한 노력, 합리적 노력을 기울이고 얻어야 한다는 것을 잊지 말아야 합니다. 그 다음으로, 언제나 한계를 알아야 됩니다. 무진장 무한대로 욕심을 부려서는 안됩니다. 너무 욕심이 많아서 망한 꼴들을 많이 봅니다. 너무 욕심이 지나쳤습니다. 그래 실패한 것입니다. 여기서 다시 뒤집어 말하자면 무슨 말이고 하니 목적이 잘못되었을 때는 부가 죄가 됩니다. 그 부에 대한 가치관이 분명하지 않으면 그 부가 내게 해롭습니다. 돈을 바라면서 합당한 노력을 기울이지 않았기 때문에, 돈을 번 것같으나 합당하게 벌지 못했기 때문에 결국은 망하는 것입니다. 그리고 한계를 모르고 무한대로 욕심을 부린 결과, 결국은 아주 기가막히게, 비참하게 망하게 되는 것입니다. 그런고로 부의 실존적 의미를 바로 알아야 합니다. 욕망만 가지고 되는 것이 아닙니다. 욕심이 있다면, 부하려는 마음이 있다면 거기에 합당한 모든 지식과 노력이 함께 따라가야 한다는 말씀입니다. 그런데 이런 것은 없이 그저 부하려는 마음, 부자가 되겠다는 간절한 마음, 이 욕심, 이것만 가지고 있다면 시험에 빠집니다. 올무에 걸립니다. 어리석어집니다. 스스로 자기를 해롭게 하고 침륜과 멸망에 빠지게 한다, 하였습니다(9절). 빠진다는 것은 심판받는다는 말씀입니다. 부하려 하는 마음이 결국은 심판을 받게 되더라, 하는 말씀입니다. 그런고로 부라는 것은 일단 하나님께서 주시는 복이어야 합니다. 그것은 복으로 주어지는 것입니다. 수고는 내가 하지마는 하나님께로부터 은총으로 주어지는 것이라야 합니다. 하나님께서 주시지 않는 것을 받을 자가 어디 있습니까. 내가 아무리 씨를 뿌리고 물을 주고 가꾸고 애를 써도 가을에 추수하게 하시는 이는 하나님이십니다. 내가 아무리 공부를 하고 애써도 내 길을 인도하시는 이는 하나님이십니다. 저는 언젠가 한번 어떤 친구를 만나서 같이 앉아 손을 잡고 울어본 일이 있습니다. 그의 한 친구가 정말 애써애써 노력을 해서 공부를 마쳤습니다. 미국에서 공부를 마치고 그냥 바로 돌아왔으면 좋았을 걸 모처럼 가는 길이라고 해서 그가 뉴욕에서부터 차를 빌려가지고 로스앤젤레스까지 갈 참이었습니다. 주야로 몰면 한 사흘 걸리는 길입니다. 하지마는 여기저기 돌면서 한 보름 동안 구경을 좀 하고, 그리고 LA에서 비행기를 타고 돌아오리라 했는데 며칠 동안 여기저기 명승지를 돌면서 오다가 차사고로 죽고 말았습니다. 이 얼마나 기막힌 일입니까. 그 많은 동안 고학으로 그 고생을 해서 공부했는데 돌아오지 못한 채 세상을 떠난 것입니다. 그의 친구가 그 얘기를 하면서 그렇게 슬퍼하는 것을 보았습니다. 결국은 뭡니까. 복이 있어야 되는 것입니다. 하나님께서 주시지 않는 복을 받을 사람이 없습니다. 그것을 알아야 합니다. 또한 부라고 하는 것은 공유하는 것입니다. 나만을 위하여 있는 것이 아닙니다. 돈을 벌었으면 많은 사람이 함께 그 결과를 누릴 수 있어야 됩니다. 함께 나누며 더불어 행복해야 됩니다. 나만 번다고 되는 게 아닙니다. 다른 사람 벌게 해주면서 벌어야 합니다. 내 욕심만 부리면 안됩니다. 우리나라 기업들의 소위 '문어발식' 확장이라는 것, 잘못된 것 아닙니까. 귀가 따갑도록 듣는 구조조정이라는 것이 뭡니까. 문어발 잘라버리라는 것 아닙니까. 다른 사람 벌게 하고 내가 벌어야지요. 저 사람은 생산하고 나는 유통하고, 이 사람은 이걸 만들고 저 사람은 저걸 만들고… 다 같이 살아야지요. 부를 공유하여야 되는데 다 긁어서 나만 먹겠다고 덤볐습니다. 이게 망조였습니다. 또한 부에 대해서는 자유인이라야 됩니다. 돈이 있어도 돈에 노예가 되어서는 안됩니다. 사업을 하되 사업 때문에 잠을 못자서는 안됩니다. 그럴 정도라면 사업가가 못되는 것입니다. 근심걱정에 매이면 벌써 그는 자격 없습니다. 한계 넘어갔어요, 벌써. 내 인격이 넉넉하여 그런 것 정도는 넉넉하게 커버할 수 있어야 되는 것입니다. 그렇게 노예화하면 안된다는 말씀입니다. 자유인으로서 넉넉하게 다스릴 수 있어야 하는 것입니다.

오늘본문의 마지막에 이제 재미있는 말씀이 있습니다. "돈을 사랑함이 일만 악의 뿌리가 되나니…" 돈을 사랑함이 — love of money, 헬라말로는 '필라르귀리아'입니다. 필라르귀리아 곧 필라스, 필로스, 아르귀리아 — '아르귀리아'가 돈입니다. 수전애(守錢愛)라는 한 단어인데 우리말로는 "돈을 사랑함이"라고 길게 풀이했습니다. 그럴 수밖에 없는 것입니다. 돈사랑 — 돈은 사랑할 것이 아니라 다스려야 하는 것입니다. 돈으로부터 자유해야 됩니다. 그걸 못하니 문제가 되는 것입니다. '부자의 공포'라는 게 있습니다. 무려 15년 동안을 사람만나기 두려워서 집안에만 틀어박혀 있다가 비참하게 세상을 간 사람이 하나 있답니다. 세계적인 재벌이었던 미국의 하워드 휴즈가 그 사람입니다. 미국사람으로서는 휴즈의 땅을 밟아보지 아니한 사람이 없다고 할 만큼 그는 땅을 많이 가지고 있는 부자였습니다. 돈 많은 사람입니다. 그런데 이 사람은 돈많은 자신을 누군가가 죽일 것같아 겁이 나서 집 밖으로 나가지 못하고 15년을 살다가 죽었습니다. 어쩌다가 외출할 때는 자기와 비슷한 사람 10명을 변장시켜서 같이 다녔습니다. 이렇듯 겁이 났습니다. 그러다가 거처인 호텔의 한 방에서 죽었습니다. 보십시오. 재산이 많으면 뭘 합니까. 그것 때문에 누가 날 죽일 것같아서 밖에 나설 수도 없다면 그게 무슨 돈입니까. 참으로 불쌍한 사람이 아니겠습니까. 그러니 돈사랑 조심해야 됩니다. 돈은 죄악이 아닙니다. 그러나 돈은 목적이 아닙니다. 돈은 절대로 우상이 되어서는 안됩니다. 정복자 알렉산더는 젊었을 때 온 유럽을 점령하고나서 정복할 곳이 더 없음을 슬퍼하여 눈물을 흘렸다는 것이 아닙니까. 자기가 할 수 있는 거 다 해봤습니다. 그리고 그렇게도 만족해했습니다마는 서른세 살에 죽습니다. 죽을 때 유언하기를 "내 시체를 넣은 관에다가 나를 넣고 관에다 구멍을 뚫어 내 두 손을 밖으로 내놔라." 그러고 들고 나가니까 두 손이 덜렁덜렁 할 게 아닙니까. 그러나 유언이니까 그렇게 할 수밖에 없었습니다. 많은 사람들이 그걸 보고 무슨 생각을 했겠습니까. '공수래공수거(空手來空手去)'인 것입니다. '저 사람 빈손으로 가는구나. 천하의 알렉산더도 아무것도 못가지고 가는구나.' 이걸 좀 배우라, 그것입니다. 내가 이것을 진작 알았더면 이렇게 일찍 죽지도 않을 뿐더러 이렇게 불행하지 않았을 것이다, 그 말입니다. 그런 메시지가 거기 있는 것입니다. 그런고로 오늘본문 다시 생각하여야 됩니다. 스스로 만족할 줄 아는 마음, 내게 주어진 현실로 만족할 줄 아는 마음이 있으면 경건이 큰 이익이 됩니다. 경건은 물질과의 관계를 먼저 신앙적으로 잘 처리하고 자기형편에서 스스로 만족할 줄 알 때만이 참으로 높은 수준에 이를 수 있는 것입니다. △

선한 싸움을 싸우라

오직 너 하나님의 사람아 이것들을 피하고 의와 경건과 믿음과 사랑과 인내와 온유를 좇으며 믿음의 선한 싸움을 싸우라 영생을 취하라 이를 위하여 네가 부르심을 입었고 많은 증인 앞에서 선한 증거를 증거하였도다
(디모데전서 6 : 11 - 12)

선한 싸움을 싸우라

사도 바울은 지금 로마감옥에 있으면서 감옥 밖에서 바울이 세운 교회를 맡아 목회하고 수고하는 젊은 교역자, 믿음의 아들 디모데에게 확실한 권고와 명령을 하고 있습니다. 오늘 나타난 말씀들은 명령어로 이뤄지고 있습니다. "하나님의 사람아!"하고 정체의식을 확실히 할 것을 강조하고 있습니다. '너는 하나님의 사람이다'하는 것입니다. 사람의 사람이 아니고 하나님의 사람입니다. 목적이 하나님께 있습니다. 또 그를 보우하시는 분도 하나님이시요 그를 사랑하시는 분도 하나님이시요 그와 함께 역사하시는 분이 하나님이시라는 것입니다. 하나님의 종 된 확실한 정체의식은 내가 하나님의 사람이라는 것입니다. 아시는대로 사람이란 자기능력에 의해서 평가되기도 하고 자기조상에 의해서 평가되기도 하고 그의 사회적 신분에 의해서 평가되기도 하지만 그 중에 뺄 수 없는 것이 소속입니다. 어디 속했는가, 하는 것입니다. 여러분이 누구와 만나서 통성명하고 인사를 할 때 명함을 내놓습니다. 그 명함에 보면 나이도 없고 학벌도 없고, 또 특별히 무슨 성격이니 과거니 하는 것 전혀 없습니다. 이력에는 오직 하나, 소속이 있을 뿐입니다. 나 어느 회사 사장입니다, 어느 대학 교수입니다… 소속입니다. 그 소속에 의해서 그 사람이 평가되는 것입니다. 자기자신을 내놓을 때 설명할 수 있는 것은 자신의 소속입니다. 오늘본문은 말씀합니다. '너는 하나님의 사람이다.' 사람을 섬기는 것같으나 하나님을 섬기고, 사람에게 순종하는 것같으나 내심 하나님께만 순종하는 것입니다. 하나님의 사람입니다. 항상 하나님께만 마음을 쓰고 살아야 한다는 말씀입니다. 하나님 앞에 있다고 하는 확실한 의식을 가지고 살아야 한다는 말씀입니다. 그래서 "하나님의 사람아" 하고 말씀합니다.

하나님의 사람이 피할 것이 있고 좇을 것이 있다, 하였습니다. 소극적으로는 피할 것이 있고 적극적으로는 좇을 것이 있다, 하였습니다. 피할 것에 대해서는 '이것들을 피하라' 하고 지난 시간에 공부하였습니다. 필라르귀리아—돈을 사랑하는 마음, 물질로 기울어지는 마음, 물질적 대가를 기대하는 마음, 물질에 대한 욕망, 이것을 피하라 하였습니다. 또 물질이 자칫 잘못하면 어느 사이에 목적이 돼버립니다. 수단이 목적을 배신할 때가 있습니다. 그런고로 이런 것들을 피하라, 하였습니다. 물질에 대한 것 깨끗이 잊어버리고 목회를 해야 되는데 그게 참 문제입니다. 심지어 어떤 선교사는 이런 얘기를 합니다. 선교비를 1200불 받는데 그 중 1000불을 자녀교육에 씁니다. 200불 가지고 먹고 선교를 합니다. 원래 벌거벗고 사는 사람들 속에 들어가 일하는 것이니 돈은 그리 필요가 없거든요. 몇푼 안 가지고도 삽니다. 그런데 어쨌든 그는 마음에 깊은 가책이 있다는 것입니다. 선교하라고 1200불 받았는데 내가 자녀를 위해서 1000불을 쓰고 선교를 위해서 200불을 쓰니… 내가 선교를 위하여 선교비 받는 것입니까, 자녀교육을 위해서 선교비를 받는 것입니까? 이게 걱정인데, 그러나 그것도 1000불이 모자라서 밤낮 돈을 꾸어대고 하는 것입니다. 그래서 결국은 경제문제로 자꾸 마음을 쓰게 되고, 하나님의 일 하는 데 막대한 지장이 있는 것입니다. 물론 교회에도 책임이 있겠지만 어쨌든 돈문제에 대한 것 깨끗이 잊어버리고 그로부터 자유하게 하나님의 일만 힘써야 되는 것입니다. 그래 오늘말씀에 '이것들을 피하라. 돈 사랑하는 마음을 피하라' 하는 것입니다. 그 다음에는 적극적으로 좇을 것을 말씀합니다. '의와 경건과 믿음과 사랑과 인내와 온유'를 좇으라 하였습니다. 이것은 하나님의 사람이 마땅히 지닐 덕목입니다. 하나님의 사람은 그 사람된 자세가, 마땅히 지닐 품성이 이러하다는 것입니다. 하나님의 사람은 우선 의, 경건, 믿음, 사랑, 인내, 온유, 이런 덕목을 좇으라고 말씀합니다. 좇으라—계속적으로 노력하라는 말씀입니다. 이 덕목을 이상으로, 목적으로 삼고 힘써 온정력을 기울이라는 것입니다. 이 노력을 12절에 가서는 상징적으로 말씀하고 있습니다. 전쟁상황으로 설명한 것입니다. "싸우라" 하였습니다. 여러분은 전쟁을 얼마나 겪어봤습니까? 다 그저 뭐 민족적으로 겪었고 또 전쟁 겪지 못한 젊은사람들은 말로만 듣고 전쟁이라는 게 그런것이구나, 하거나 혹 영화로 보고 참 비참하구나, 하는 정도일는지 몰라도 전쟁상황이라는 것은 그런 견문 이상으로 급박한 것입니다. 총소리가 멀리서 따쿵따쿵 할 때는 괜찮습니다. 그 소리 들으면서는 잠도 잡니다. 포소리가 풍풍 나도 괜찮은 편입니다. 정작 급할 때는 언제인고하니 '퐁' 할 때입니다. 총소리가 '퐁'하면 다급해집니다. 한번은 '퐁' 하는데 내 팔이 저 혼자 허공에 펄럭하는 것입니다. '아이쿠, 팔이 도망갔는가보다'하고 봤더니 옷에만 구멍이 뚫렸습디다. 팔은 괜찮았습니다. 그래서 '하나님께서 내게 팔이 필요해서 좀더 붙여주시는가보다' 하였습니다. '퐁'하면 정신없습니다. 그때는 사느냐죽느냐 하는 문제에 부딪힙니다. 잘사느냐 못사느냐, 성공하느냐 실패하느냐의 얘기가 아닙니다. 전쟁상황이란 사느냐죽느냐입니다. 그러니까 온 신경이 생명문제에만 집착을 합니다. 아주 단순한 마음이 됩니다. 이런 생각 저런 생각 할 수 없습니다. 그러나 이거 하나는 잊지 말아야 됩니다. 생명보다 더 중요한 목적이 있습니다. 내가 왜 여기 나온 것인가, 왜 싸우는 것인가, 나라를 위해서, 평화를 위해서, 진리를 위해서 싸우는 것이다, 하는 것, 살고죽는 것보다 더 중대한 그 목적이 있습니다. 그것이 전쟁입니다. 목적 없는 전쟁은 없습니다. 목적 없는 전쟁이라면 그것은 악입니다. 전쟁 자체가 목적은 아닙니다. 살고죽는 것이 목적이 아닙니다. 죽어도 좋다, 하는 정도는 돼야 합니다. 죽어도 이건 해야 된다, 죽어서도 이건 이루어야 된다, 할 수 있어야 됩니다. 살고죽는 문제보다 더 큰 것, 큰 목적이 있는 것, 그게 바로 전쟁상황이라는 것입니다.

사도 바울 자신이 그의 유서라고 하는 디모데후서 4장 7절에서 이렇게 고백하고 있습니다. "내가 선한 싸움을 싸우고 나의 달려갈 길을 마치고 믿음을 지켰으니…" 내가 선한 싸움을 싸웠다, 네가 선한 싸움을 싸우라, 하고 그 믿음의 아들에게 말씀합니다. 바울 자신은 그 일평생 살아온 생이, 특별히 전도사역을 위해서 수고한 생이 바로 전쟁상황이었다는 것입니다. 그래서 자신의 생애 자체를 하나의 전쟁상황으로 비유해서 말씀하고 있습니다. 그것이 어떤 싸움인가 봅시다. 먼저 의를 좇기 위해서 불의와 싸우는 것입니다. 모든 불의를 물리치고 의를 좇아가는 것입니다. 그러한 싸움입니다. 의를 지키기 위해서는 불의를 버려야 되는 것 아닙니까. 마땅히 불의를 버리는 싸움을 하여야 됩니다. 그렇지 않고 의를 이룰 수가 없기 때문입니다. 또한 경건을 따르기 위해서 형식주의와 위선과 싸워야 됩니다. 그것은 내적인 싸움입니다. 보십시오. 경건을 따라—하나님 앞에 있는 경건을 따라가려고 할 때, 사람에게 보이려 하는 마음, 사람에게 인정받고 싶은 마음, 사람에게 칭찬받고 싶은 마음 싹 버려야 됩니다. 그런 생각을 버리는 싸움입니다. 이거 아주 중요한 것입니다. 아주 구체적이고 현실적인 것입니다. 종종 우리는 무슨 조그마한 일을 할 때도 사람에게 보이고 싶어합니다. 사람에게 인정받고 싶어합니다. 칭찬받고 싶어합니다. 이런 마음을 깨끗이 지워버려야 합니다. 깨끗이 지워버리는 것, 내 마음에서의 하나의 싸움입니다. 이런 싸움이 필요합니다. 경건을 위하여 형식주의와 위선을 버려야 됩니다. 사람 앞에 잘보이고 나타내려고 하는 마음, 깨끗이 끊어버려야 합니다. 정히 싸움입니다. 이 싸움에 지면 위선자가 됩니다. 이 싸움에 지면 형식주의자가 됩니다. 아주 추한 인간이 됩니다. 경건을 이익의 재료로 생각하는 사람, 경건을 생활수단으로 삼는 사람이 됩니다. 비참한 일입니다. 바리새인이 그랬고 사두개인이 그랬고 서기관들이 그랬습니다. 저 제사장들이 바로 거기에 실패한 사람들입니다. 하나님을 섬기는 것이 전문인 그들에게 그러나 경건이 없었습니다. 형식주의와 위선과의 싸움에서 진 것입니다. 그런고로 비참해진 것입니다.

다음은 '믿음'입니다. "믿음의 선한 싸움을…"하고 말씀합니다. 믿음을 좇아 살기 위해서 의심을 버려야 합니다. 우리의 마음속에 있는 의심 그것을 지워버려야 됩니다. 의심과 싸워서 이겨야 됩니다. 여러분 혹 사람에 대해서 이런 생각 해보았습니까? 남을 의심하기 시작합니다. 끝도 없습니다. 점점 의심이 깊어집니다. 자꾸만 의심합니다. 이건 아주 큰일입니다. 제가 이름은 대지 않고 얘기합니다마는 실제로 있었던 상황입니다. 어떤 산부인과 의사의 부인이 의부증에 빠졌습니다. 남편을 의심하는데 골똘하게 의심합니다. 간호원과 남편이 병원에서 같이 일하니까 거기에 something이 있다고 생각했습니다. 자꾸 그런 생각을 하고 남편의 귀가가 늦어질 때마다 '지금 수술을 하고 있는 건가, 연애를 하고 있는 건가?' 의심을 하게 됩니다. 잠이 들면 남편이 딴여자하고 열렬히 연애하는 꿈을 꾸는 것입니다. 깼다가 다시 잠들어도 같은 꿈을 꾸는 것입니다. 세 번 거푸 그런 꿈 꾸고나니 '이게 보통꿈이 아니구나. 이건 영감이다!'하는 지경이 됐습니다. 이제는 시나리오를 쓰기 시작합니다. 이렇게 돼서 이렇게 되고 이렇게 되고… 심지어는 그 둘 사이에 아이가 있다고 생각했습니다. 이제 이것을 말로 하기 시작했습니다. 기가막힐 일입니다. 남편은 말문이 막힙니다. 그 부인의 시누이되는 사람이 이 이야기를 듣고 오빠한테 물어봤습니다. "사실이 그래요?" 오빠는 어이없어합니다. "야, 무슨 소리냐. 정신나갔냐!" 가만히 보니 사실이 안 그런 것같습니다. 그래 올케한테 "언니, 오빠가 정말 그런 거야?" 묻습니다. 그렇다는, 증거가 있다는 대답입니다. "그래요? 그럼 병원에 가봅시다. 아이도 있다는 집에도 가봅시다." 하여 같이 갔는데 문간에 딱 가가지고 "아니야" 하는 것입니다. 이런 세상에. 여러분, 의심을 하기 시작하면 의심할만한 꼬투리가 자꾸만 생산됩니다. 그 시나리오를 저 자신이 쓰고 앉는 것입니다. 무서운 일입니다. 여러분, 우리의 이성, 참 좋은 것이지만 구원받지 못한 이성은 결정적으로 의심만 만듭니다. 아주 합리적으로 의심을 만듭니다. 이걸 알아야 합니다. 옛날 D.L. 무디 부흥사는 성경을 읽다가 무슨 의심이 생기면, 우리 같았으면 엎드려 기도한다고 하겠지만 그는 그렇지 않았습니다. 그분이 의심을 이기는 길은 따로 있었습니다. 밖으로 뛰쳐나갑니다. 거리에 나가 아무나 붙잡고 봉사를 하는 것입니다. 지나가는 수레라도 밀어주고, 거지손목도 잡아주고… 무엇이건 봉사를 했습니다. 한 시간을 봉사하고나서 돌아와 성경을 읽으면 이제 의심이 하나도 없습니다. 확실하게 믿어집니다. 그는 이렇게 행동적으로, 봉사생활로 의심을 이기는 나름의 비결을 가지고 있었습니다. 제가 독일에 갔을 때 제일 보고 싶었던 것 가운데 하나가 마르틴 루터가 종교개혁 당시 숨어 지내던 집이었습니다. 그 집, 지금도 있습니다. 참 좋은 경치 속 아주 높은 데 있는 집입니다. 그가 성경 번역했다고 하는 책상도 거기 있습니다. 그걸 꼭 한 번 가보고 싶었습니다. 그래, 작정하고 가서 거기 있는 사람에게 물어본 것이 이것입니다. 성경을 번역하다가 의심이 생겨서 마귀가 눈앞에 왔다갔다 하는 걸 보고 마귀를 향해 잉크병을 탁 집어던져 벽을 때렸기 때문에 벽에 잉크자국이 생겼다고 하는 것을 책에서 읽었다, 그 잉크자국이 어디 있느냐, 하고 물은 것입니다. "저기요"하고 가리키기에 "그런데 왜 잉크자국이 없소?" 했더니 청소했다는 대답이었습니다. 다 닦아버렸다고 하는 것입니다. 오호라, 그건 닦지를 말았어야 하는 건데… 루터는 마귀와 더불어 싸웠습니다. 눈앞에 마귀가 나타날 때 잉크병을 던지는 그런 극단적 용기가 있었습니다. 그래서 루터의 책에는 마귀얘기가 많이 나옵니다. 흰 마귀 검은 마귀… 흰 마귀는 로마교황이고 검은 마귀는 술친구, 세속적인 것입니다. 어쨌든 루터는 역시 율법과 더불어 싸웠습니다. 의심과 더불어 싸웠습니다. 특별히 율법주의자와 싸웠습니다. 믿음으로 구원을 얻는 게 아니라 자신의 공로로 구원받는다, 사람의 의로 구원받는다, 하는 그런 사상과 싸웠습니다. 그뿐입니까. 또한 신비주의와 싸웠습니다. 그럼으로 확실한 믿음을 세우고자 하였습니다. 마르틴 루터의 적이 둘입니다. 하나가 신비주의고 하나가 율법주의입니다. 그것이 종교개혁의 뿌리입니다. '오직 믿음으로 구원얻는다'하는 것입니다. 신비주의도 아니고 anabaptists 곧 재세례파(再洗禮派)도 아닙니다. 그 한쪽의 뜻은 이성주의, 이 두 적을 상대로 해서 아주 용감하게 싸워서 이긴 것입니다. 사도 바울은 '믿음을 지킨다. 믿음을 위하여, 믿음을 좇기 위하여 그 모든것과 싸워 이겼다'하는 것입니다.

경건과 믿음, 그리고 또하나는 사랑입니다. 긴 설명이 필요없겠습니다. 미움을 물리치고 사랑합니다. 누구나 사랑합니다. 언제든지 사랑합니다. 모든 사람을 사랑합니다. 사랑하기 위해서 그는 마음속에 일어나는 미움과 싸워야 했습니다. 그리고 또한 "인내와 온유를 좇으라"하였습니다. 톨스토이의 작품 가운데, 제가 오래전 젊었을 때 읽은 책입니다마는 「재난의 원인」이라고 하는 단편소설이 있습니다. 마치 동화와도 같은, 재미있는 얘기입니다. 담 하나를 사이에 두고 몇대에 걸쳐 사이좋게 이웃하여 지내는 두 가정이 있었습니다. 두 집의 아이들도 서로 친합니다. 그런데 어느날 이쪽집의 암탉 하나가 푸루룽 날아 담을 넘어 저쪽집으로 갔습니다. 거기서 닭장에 들어가 알을 낳고 '꼬꼬댁꼬꼬'하고 나왔습니다. 그걸 이쪽집 아이가 보고 저쪽집 제 친구에게 "우리집 암탉이 니네집에 날아가 방금 알을 낳고 '꼬꼬댁'하고 나왔다. 그 달걀을 가져온"하고 말했습니다. 그쪽 아이가 들어가 닭장을 들여다보더니 "없어!"하고 말합니다. "꼬꼬댁만 했지 알은 없다." "아니다. 분명히 알을 낳았다." 기다, 아니다, 싸웠습니다. 한바탕 싸우는데 양쪽 어머니들이 나와서 아이들 얘기를 듣고나서 이제는 어머니들끼리 "알 가져와라" "못가져온다" "알 낳았다" "안낳았다"하고 아웅다웅 싸웁니다. 양쪽의 아비들이 저녁에 들어오더니 그들끼리 또 싸웁니다. 대판싸움이 벌어졌습니다. 터지게 싸우더니 이쪽집 아비가 홧김에 저쪽집에다가 불을 질러 버렸습니다. 불이 막 타오르는데 공교롭게도 바람이 휙 돌아불었습 니다. 그바람에 이쪽집까지 다 타버렸습니다. 잿더미에 두 가정이 앉았습니다. 기막힌 노릇이지요. 무엇 때문이냐? 이게 지금 문제입 니다. 소설의 핵심은 여기 있습니다. 도대체 무엇 때문에 이렇게 됐 는가? 계란 하나 때문이라고? 그게 아니지요. 계란 하나가 아닙니 다. 원인은 자존심과 교만에 있습니다. 오만한 마음 때문이요 죄 때 문입니다. 결국은 마음속에 온유와 겸손과 인내가 없었던 것입니다. 계란 있다 없다 할 게 뭐 있습니까. 가보면 될 것 아닙니까. 가보지 않고 소리지르는 것입니다. 온유와 인내가 없었습니다. 그 죄 때문 에 두 집이 다 불타고 말았습니다. 재난의 원인이 거기에 있었습니 다. 사도 바울은 말씀합니다. '그런고로 인내와 온유를 좇으라.' 하 나님의 사람은 온유하고 인내해야 됩니다. 그저 참아야 됩니다. 정 말입니다. 죄송하지만 교인들이 목사님을 존경할 때 목사님이 얼마 나 참나를 시험해본다고요. 그 참는 정도를 보고 '오, 저 정도는 역 시 나보다 낫구나'합니다. 그때부터 존경합니다. 이 인내지수가 모자 라면 턱도 없습니다. 안됩니다. 절대 존경 못받습니다. 설교할 때 잘 참지 못하는 목사님, 성급한 목사님, 화 버럭버럭 내는 목사님, 그런 목사님이 있어 "참으세요"하고 설교하니까 저기서 중얼중얼하더랍 니다. "당신이나 참으쇼"하고요. 이거 되겠습니까. 온유와 인내, 아 주 중요한 덕목입니다. 지도자는 인내입니다. 사랑이라는 것은 곧 인내를 말하는 것입니다. 참아주는 것입니다. 사랑은 참아주는 것입 니다. 설교하는 것이 아닙니다. 설명하는 것이 아닙니다. 비판하는 것이 아닙니다. 아무리 옳은 소리라도 필요없습니다. 사랑은 참아주는 것입니다. 믿고 참아주는 것입니다.

그리고 오늘성경은 이제 "영생을 취하라"합니다. 독일작가 레마르크의 작품에 영화로도 나온「사랑할 때와 죽을 때」라는 소설이 있습니다. 유명한 작품입니다. 이 소설의 배경은 이렇습니다. 일차대전에 독일군이 참전을 했는데 독일과 러시아가 싸우다가 러시아전선에서 독일이 졌습니다. 그래 지금 후퇴하고 있을 때 그 패망해가는 독일군 중의 한 군인이 무려 2년 동안을 한 번도 휴가를 나와본 일이 없다가 이제 겨우 3주간 동안의 휴가를 얻어가지고 집에 와봤습니다. 했더니 고향동네가 다 불타버리고 없습니다. 내가 누구를 위해 싸웠단말인가, 고향이 다 불타버렸는데―기가막힌 채 고민하다가 그가 잘 아는 옛날의 교수님을 찾았습니다. 그 교수님은 반전운동을 하다가 피신을 해서 지금 산중에 들어가 있었습니다. 전쟁은 나쁘다고, 전쟁에 대한 비판을 하다가 이렇게 피신을 가 있는 것입니다. 그 분을 찾아갔습니다. 가서 "어찌 이럴 수가 있습니까? 전쟁은 도대체 왜 하는 겁니까?"하고 기가막혀 질문을 합니다. 그때 교수는 조용히 대답합니다. "그 책임은 하나님께서 지셔야지. 그건 하나님께 있는 걸세. 하나님의 심판이지." 그리고 그가 남긴 마지막말은 이렇습니다. "우리 독일이 영혼을 회복하려면 이 전쟁에서 반드시 져야 하네." 영혼을 회복하려면 이 전쟁에서 져야 한다―그것이 이 소설의 주제입니다. "영생을 취하라"합니다. 영생을 얻기 위해서는 우리의 교만, 우리의 자존심, 우리의 고집, 다 무너져야 됩니다. 정말로 폐허가 되어야 합니다. 그리고야 순수한 영생, 영혼의 생명, 영원한 생명을 얻을 수 있는 것입니다. 오늘성경말씀의 결론이 "영생을 취하라"하는 것입니다. 영생은 은혜입니다. 영생은 신학적으로는 '종말론적 영생'과 '현재적 영생'의 두 가지를 말합니다. 우리가 죽어서 하늘나라 가는 것은 종말론적 영생입니다. 영원한 생명, 그리스도와 함께 누리는 영원한 생명, 그것은 오직 은혜입니다. 그러나 그와 연관이 깊은 현재적 영생이 있습니다. 오늘의 영생, 소위 실존적 영생이라는 것은 바로 여기에 있습니다. 선한 싸움에 이기는 순간에 오는 것입니다. 선한 싸움에 이길 때 내 영혼이 기뻐합니다. 아주 기뻐합니다. 믿음의 싸움에서 이길 때 영혼이 기뻐합니다. 그것이 영생입니다. 만일에 선한 싸움에 질 때는 내 영혼이 지옥에 떨어진 것같은 고통을 느낍니다. 그래서 이 현재적 승리에서 오는 참된 기쁨을 영생이라고 말합니다. 그 자유한 영혼을 오늘의 영생이라고 말합니다. 그래서 이 현재적 영생과 종말론적 영생이 함께 잇닿아 있는 것입니다. 오늘도 여러분이 누굴 미워해보십시오. 마음속에 지옥이 이뤄집니다. 그 모든 미움을 다 이기고 손해를 보면서라도 사랑해버리십시오. 위하여 기도하십시오. 그럴 때에 영생을 체험합니다. 보십시오. 야곱이 형과 원수지간입니다. 만 20년만에 그 형을 만납니다. 형이 자기를 죽이러 오는 줄 알았습니다. 400명을 데리고 온다고 해서. 그런데 아니었습니다. 얍복강변에서 간절히 기도한 다음에 만났는데, 반가이 만납니다. 끌어안으면서 만납니다. 입맞추면서 만납니다. 그때 야곱이 뭐라고 말합니까. '내가 형님의 얼굴을 보니 하나님의 얼굴을 보는 것 같습니다.' 바로 그것이 영생입니다. 그 순간이 영생이더라고요. 선한 싸움을 싸우라, 믿음의 선한 싸움을 싸우라, 영생을 취하라, 말씀하고 있습니다. △

빌라도를 향한 증거

 만물을 살게 하신 하나님 앞과 본디오 빌라도를 향하여 선한 증거로 증거하신 그리스도 예수 앞에서 내가 너를 명하노니 우리 주 예수 그리스도 나타나실 때까지 점도 없고 책망 받을 것도 없이 이 명령을 지키라 기약이 이르면 하나님이 그의 나타나심을 보이시리니 하나님은 복되시고 홀로 한 분이신 능하신 자이며 만왕의 왕이시며 만주의 주시요 오직 그에게만 죽지 아니함이 있고 가까이 가지 못할 빛에 거하시고 아무 사람도 보지 못하였고 또 볼 수 없는 자시니 그에게 존귀와 영원한 능력을 돌릴지어다 아멘
(디모데전서 6 : 13 - 16)

빌라도를 향한 증거

오늘본문에는 '본디오 빌라도를 향한 증거'라고 하는 귀한 말씀이 있습니다. 요한복음 19장 5절에 유명한 말이 있습니다. 우리말로는 "보라 이 사람이로다"라고 번역되고 있습니다마는 헬라말원문에는 좀더 강한 표현이 있습니다. "이두 호 안드로포스"—정관사가 있습니다. 영어로는 "Behold the Man"이라고 번역했습니다. 「Behold the Man」이라고 하는, 예수의 생애를 기록한 유명한 책이 있습니다. 그는 예수님께 대해서 연구하다가 이 한 말이 예수님을 잘 나타내는 말이라고 느껴서 책명을 The Life of Christ—예수의 생애'라 하지 않고 「Behold the Man—이 사람을 보라」하였습니다. 이 사람을 보라—참 의미심장한 말입니다. 이것은 빌라도가 지금 예수님을 앞에 하고 하는 말입니다. 예수님을 재판하면서 하는 말입니다. 도대체 이해할 수가 없는 분인 것입니다. 이 예수님이 왜 여기 끌려왔는가입니다. 왜 사람들은 이 분을 죽이겠다고 야단이냐입니다. 무슨 죽을 죄를 지었으며 죽일 죄를 지었느냐입니다. 아무리 생각해도 죄가 없는데, 더욱이 죽을만한 죄는 짓지도 않았는데… 정치적으로나 사회적으로나 빌라도가 볼 때 이 분이 죽어야 될 이유가 없는 것입니다. 그럼에도 불구하고 사람들은 이 분을 죽여야겠다고 합니다. 자신들이 재판을 다 해가지고 왔습니다. 사형집행권이 빌라도에게 있기 때문입니다. '우리의 판결로는 이 사람은 이미 죽을 사람입니다' 하고 빌라도에게 넘기는 것입니다. 빌라도는 예수님을 만났습니다. 그리고 하는 말입니다. "Behold the Man." 이 분을 보라, 도대체 알 수가 없는 분이다, 신비에 싸여 있는 분이다, 하고 말하는 것입니다.

요한복음 19장 10절로 11절을 보십시오. 특별히 그 앞의 8절에 보면 빌라도는 예수님을 두려워하고 있습니다. 여러분 가운데 보신 분도 있고 못보신 분이 있겠습니다마는 제 방에 와보면 제 방에 들어오기 전에 제 비서의 방이 있는데 거기 큰 그림 한 폭이 있습니다. 꽤 오래전부터 거기 걸려 있으나 제가 그건 바꾸지를 않습니다. 왜냐하면 제가 그 방에 들어설 때마다, 내 방에 들어설 때마다 그걸 한 번씩 쳐다보기 때문입니다. 러시아의 이름 모르는 유명한 화가가 유화로 그린 그림입니다. 원본입니다. 빌라도와 예수님께서 만나는 장면을 그린 것입니다. 두 사람의 얼굴만 크게 그렸습니다. 그 인자하신 예수님, 로마군복을 입은 빌라도. 서로 두눈이 마주치는 순간인데 예수님께서는 평온하시고 빌라도는 지금 얼어붙었습니다. 두려워하고 있습니다. 생사여탈권은 빌라도가 가졌습니다. 예수님을 죽일 수도 있고 살릴 수도 있다고 본인이 말합니다. 그러면서도 예수님 앞에 지금 두려움에 떨고 있습니다. 오늘본문에 나타난 이런 장면을 포착하여 화가가 이렇게 그린 것입니다. '이 사람을 보라'—빌라도는 죄수를 앞에한 재판장으로서 오히려 두려워하면서 이렇게 말하는 것입니다. "Behold the Man!" 예수님께서는 당신이 어떻게 되리라는 것을 다 알고 계십니다. 십자가 지실 것을 알고 계십니다. 당신의 운명을 다 알고 계십니다. 그리고 지금 이 시간에 예수님으로서 어떻게 자세를 취해야 될 것인지도 다 알고 계십니다. 왜요? 한마디만 하시면 피할 수도 있으니까요. 한마디만 하시면 예수님께서는 십자가를 안지시고 무죄석방 되실 수가 있습니다. 빌라도는 예수님을 놓아드리려고 무척이나 애를 썼습니다. 그래 예수님께서 뭐라 한마디 해주시길 바랐습니다. 그러면 놓아드리려고 했습니다. 그리고 빌라도가 자기권세를 입혀서 놓아드리고나면 다시 손을 댈 사람이 없습니다. 어떤 의미에서 생명이 보장되기도 합니다. 아주 중요한 시간입니다. 예수님께서는 이것을 다 알고 계시면서도 말씀이 없으십니다. 빌라도가 이 일을 알 수가 없는 것입니다. 가만히 보자하니 예수님께서는 다 알고 계십니다. 빌라도의 마음도 알고 계시고 가야바의 마음도 알고 계시고 이런저런 정황을 환하게 알고 계십니다. 그런 것을 빌라도는 확연히 감지할 수가 있었습니다. 그래서 두려워하는 것입니다. 빤하게 알고 계십니다. 그 되어지는 운명을 환하게 알고 계신 것입니다. 아시는대로 우리 인간들은 무지해서, 몰라서 불행해지는 경우가 많습니다. 몰라서 시험에 빠지고 몰라서 넘어지고 몰라서 실패하고, 그렇지 않습니까. 그러나 예수님께서는 다 아시면서 이 십자가의 길을 가고 계시는 것입니다. 이걸 이해할 수가 없는 것입니다. 또하나는 능력입니다. 예수님께는 능력이 있습니다. 빌라도는 총독으로서 모든 정보망을 통하여 예수님께서 어떤 일을 행하신 분인지를 다 알고 있습니다. 병자도 고치시고 죽은 사람까지 살리신거 다 알고 있습니다. 능력의 사람이라는 것을 환하게 알고 있습니다. 그런데 이런 분이 왜 사서 죽으려고 할까? 왜 그 초능력을 이 자리에서는 행사하시지 않을까? 그걸 알 수가 없는 것입니다. 우리는 힘이 모자라서, 능력이 부족해서, 정 능력이 부족하니까 할수없이 죽는 것입니다. 도망가다 죽기도 하고 안죽으려다가 죽기도 하고 다 죽어가면서도 살려달라고 하면서 죽지요. 그러나 예수님께서는 분명히 사실 수 있습니다. 엄청난 능력을 가지고 계십니다. 예수님 친히 말씀하신대로 열두 영도 더 되는 천사가 내려와서 저들을 다 진멸할 수도 있습니다. 예수님께서는 그 능력을 행사하실 수 있습니다. 십자가 밑에 있는 사람들이 예수님을 조롱하면서 하는 말이 있지요? '뛰어내리라. 그러면 믿을 것이다.' 당장 뛰어내리라, 그러면 믿을 것이다—그러나 예수님께서는 아무 능력이 없는 자인 것처럼 뛰어내리시지 않았습니다. 알고도 모르는 자인 것처럼 십자가를 지셨습니다. 할 수 있으면서도 할 수 없는 자인 것처럼 십자가를 지셨습니다. 당당한 능력을 가지시고도 아무 능력도 없으신 것처럼 초라하게 비참하게 무능하게 십자가를 지셨습니다. 빌라도는 이걸 알 수가 없는 것입니다. 능력이 없어서 죽는 거지 있으면서 왜 죽느냐, 이것이지요. 능력이 없어서 고난을 당하는 거지 능력 있으면서 왜 고난을 당하느냐, 그 많은 능력은 다 어디 갔느냐, 이것입니다. 왜 이렇게 능력을 딱 멈추고 계시느냐, 그것입니다. 그래서 알 수가 없었습니다.

또하나는 그 침묵입니다. 빌라도가 여쭈어보아도 대답이 없으십니다. 얼마든지 하실 말씀이 있을 텐데 말씀이 없으십니다. 이 대답하시고 안하시고에 따라서 죽으시고 사시고 하는데 대답이 없으십니다. 한 말씀이라도 대답을 하셨으면 좋겠다고 빌라도는 생각하고 있습니다. 그러면 어떤 구실로든지 자기권세로 예수님을 석방하리라는 마음이 다 준비되어 있습니다. 심지어는 "내가 너를 놓을 권세도 있고 십자가에 못박을 권세도 있는 줄 알지 못하느냐?" 하기도 합니다. 그러나 예수님 말씀이 '하나님께서 주시지 아니하면 권세를 가질 사람이 없다' 하십니다. 그리고 침묵하십니다. 그 침묵에서 빌라도는 두려움을 느낀 것입니다. 많은 이야기를 들을 수 있는 침묵입니다. 침묵 속에 있는 많은 이야기를 들었습니다. 그런 가운데 빌라도는 두려워한 것입니다.

또하나는, 예수님께서 십자가의 결과에 대해서 다 알고 계시다는 것입니다. 이 십자가 뒤에 어떻게 되리라는 것을 알고 계십니다. 빌라도는 그것을 전혀 이해할 수 없었습니다. 자기소견으로는 죽으면 끝인데, 죽음처럼 비참한 게 없는데, 죽으면 다 망가지고 마는 건데, 당신의 선함도 당신의 의도 당신의 거룩함도 당신의 인기도 죽음과 함께 다 끝나는데 왜 죽으려 하느냐, 이것입니다. 그걸 알 수가 없는 것입니다. 빌라도의 철학은 힘의 철학입니다. 힘은 의입니다. 승리는 의입니다. 승리하면 의가 되고 패배하면 죄인이 되는 것입니다. 그 힘의 철학, Pax Romana, 그 철학에 준해서 본다면 예수님 이 분은 참으로 이해할 수 없는 분인 것입니다. '왜 저렇게 죽으려 하실까?' 도대체 알 수가 없었습니다. 그래서 하는 말입니다. "Behold the Man!"

본문은 말씀합니다. "빌라도를 향하여 선한 증거로 증거하신 그리스도 예수…" 증거라는 말씀이 여기 두 번 나옵니다. 증거하셨다는 것은 '마르투레산토스'이고 '선한 증거'는 '칼렌 호몰로기안'인데 사실은 이 말씀에 아주 깊은 의미가 있습니다. 선한 증거로, 선한 고백으로 증거하셨다는 말씀입니다. '호몰로기안'이라는 것은 confession이라는 뜻입니다. 선한 고백으로 증거하셨습니다. 선한 증거로 증거하셨다고 번역하고 있으나 증거란 사실은 말씀입니다. 그 속에 말씀이 있는 것입니다. 그 증거가 말하는 말씀이 있는 것입니다. 옳다든지 그르다든지 크다든지 작다든지 의라든지 불의라든지… 뭔가 그 속에 말씀이 있을 때 그걸 우리가 증거라고 합니다. 그런가 하면 이건 행동으로 나타난 말씀입니다. 설득을 필요로 하고 있지 않습니다. 설명이 필요없는 것이 행동입니다. 행동으로 나타난 말씀입니다. 이건 리얼리티입니다. 실제적 사실입니다. 십자가라는 사건, 빌라도 앞에 서신 담담하신 예수님, 말없으신 예수님 그 자체가 증거입니다. 곧 말씀입니다. 그 속에 무한한 진리가 담겨 있습니다. 그 침묵 속에 엄청난 하나님의 말씀이 담겨 있는 것입니다. 이것을 읽을 줄 알아야 합니다. 증거를 믿고 증거의 뜻을 읽을 줄 알아야 하는 것입니다. 무엇입니까. 그것이 바로 사랑입니다. 그것이 바로 의입니다. 하나님의 사랑과 하나님의 의, 아가페와 디카이오쉬네—아가페사랑과 의가 동시에 나타난 것입니다. '하나님의 사랑이 이것이다. 하나님의 의가 이것이다.' 보십시오. '사랑은 침묵이다. 사랑은 자기희생이다. 사랑이란 알고도 모르는 것이다. 할 수 있고도 할 수 없는 것이다. 그리고 그대로 죄인의 누명을 쓰는 것이다. 죄인으로 나타나는 것이다.' 이것이 곧 십자가에 나타난 증거요 빌라도 앞에 서신 예수님의 모습입니다. 그런가하면 의가 무엇입니까. 죄인을 살리기 위해서는 의인이 죄인되어야 하는 것입니다. 의인이 죄인으로 죽는 일이 없이는 죄인을 살릴 수가 없습니다. 죄인을 구속한다고 하는 것, 말 한마디로 되는 것이 아닙니다. 여러분이 어떤 때 누구하고 사이에 그만 실수를 했다고 합시다. 그럴 때 "내가 잘못했습니다. 미안합니다"하고 저쪽에서 "아, 괜찮아요"하면 다 됐나요? 이 죄는 하나님 앞에 여전히 죄인 것입니다. 네가 용서하고 내가 용서하고 "I'm sorry" "That's OK"가지고 안되는 것입니다. 하나님 앞에는 여전히 있습니다. 그런고로 빌라도 앞에 선 증거, 이 십자가의 희생이라고 하는 것 아니고는 하나님의 의가 이루어질 수가 없습니다. 그래서 사도 바울은 '십자가 위에 하나님의 의가 나타났다'하는 유명한 말씀을 하였습니다. 십자가 위에 하나님의 의가 계시되었다고 말씀하고 있습니다. 십자가를 그렇게 이해하여야 됩니다. 십자가는 사도 바울의 논조대로 보면 하나님의 능력이요 하나님의 지혜입니다. 십자가는 하나님의 사랑입니다. 그것은 하나님의 의의 계시인 것입니다. 빌라도 앞에 서신, 침묵하고 서 계신 예수님, 십자가를 기다리고 계신 그 예수님, 그 속에 증거가, 무궁무진한 진리가, 우주적 진리가 담겨 있는 것입니다. 예수님 겟세마네동산에 올라가 하나님 앞에 기도하십니다. "내 뜻대로 마옵시고 아버지의 뜻대로 하옵소서." 내 뜻을 포기하셨습니다. 인간적인 뜻을 완전히 포기하시고 하나님의 뜻을 전적으로 받아들이셨습니다. 받아들여서 그 다음에 되는 일이 바로 십자가입니다. 요한복음 18장 11절에 예수님 말씀하십니다. "아버지께서 주신 잔을 내가 마시지 아니하겠느냐." 사랑하는 아버지께서 사랑하시는 아들에게 주시는 사랑의 십자가입니다. 사랑으로 받아들이셨습니다. 그 사랑을 느끼면서 지금 빌라도 앞에 서신 것입니다. 빌라도가 무슨 말을 하든 예수님께서는 상관하시지 않습니다. 베드로가 칼을 들어 제사장의 종을 칠 때 예수님께서는 말씀하십니다. "네 검을 도로 집에 꽂으라 검을 가지는 자는 다 검으로 망하느니라." 그리고 말씀하십니다. '내가 이렇게 십자가를 지지 아니하면 '이 일이 있으리라' 한 성경이 어떻게 이루어지겠느냐(마 26:54).' 예언된 하나님의 말씀의 fulfillment — 성취로 아시는 것입니다. 말씀의 성취, 그 하나님의 예언의 말씀의 성취를 생각하며 이 자리에 서 계신 것입니다. 다시말하면 빌라도 앞에 서시었습니다. 아버지의 뜻을 이루시기 위하여 이 자리에 서시었습니다. 하나님께서 내게 주신 잔을 생각하며, 그 크신 사랑을 생각하면서 이 자리에 서시었습니다. 오랫동안, 수천 년 동안 예언해오신 주님의 말씀이, 그 성경말씀이 이제 '나를 통하여' 이 자리에서 성취되는 것입니다. 그것을 생각하며 이 자리에 서셨습니다. 그런 엄청난 의미를 가지고 빌라도 앞에 서셨습니다. 지금 눈앞에 십자가가 있습니다. 그러므로 예수님께서는 상황에 대해서 아무 거리낌이 없으십니다. 상황을 상관하지 않으십니다. 저 사람이 무슨 말을 하든, 여기서 거짓말로 고소를 하든 말든, 누가 창으로 찌르든말든, 홍포를 입히든 매로 치든 가시관을 씌우든 예수님께서는 그런 것 아무 상관이 없으십니다. 왜요? 예수님의 마음에는 지금도 아버지의 뜻, 아버지가 주신 잔, 성경말씀, 이것들로 차 있습니다. 그것들을 가슴가득히 생각하시며 빌라도 앞에 서 계십니다. 사람들의 하는 꼴, 제자들이 배반하고 간 것, 가야바가 어떻게 하고 제사장들이 어떻고… 상관하지 않으십니다. 로마군인이 어떻게 하든말든 누가 침을 뱉든말든 그런 것은 상관이 없습니다. 이것이 바로 빌라도 앞에 서신 예수님의 증거입니다. 선한 증거입니다. 여기서 예수님께서 죄인되십니다. 무능한 자가 되십니다. 나약한 자가 되십니다. 저주받은 자가 되십니다. 갖은 비방을 다 받으십니다. 그래도 예수님께서는 상관치 않으십니다. 그런 예수님의 모습이 빌라도 앞에 서신 증거입니다. 한때 '복싱의 황제'라고 불렸던 무하마드 알리라는 사람은 권투도 잘했지만 참 많이도 입을 놀리는 떠벌이였습니다. 그는 링 위에서 늘상 "내가 천하제일 강자다"라고 외쳤습니다. 그런 그가 지금은 파킨슨씨병에 걸려서 손도 흔들허우적거리는 부자유한 가운데 살아가고 있습니다. 어느 기자가 그에게 뭐라고 물었습니다. 그는 겸손하게 이렇게 대답합니다. "사람보다 하나님께서 더 강하시다는 것을 입증하기 위하여 내가 병들었다. 내가 한때 링 위에서 최강자라고 으스댔지만 그게 무슨 말도 되지 않는 소리! 하나님 앞에 인간의 초라함이 얼마나 비참한가를 여러분 보세요. 이게 사람의 모습입니다." 그렇게 자기를 나타내고 있습니다.

　이제 다음 단계로 생각할 문제가 있습니다. 그리스도의 종 사도 바울은 지금 믿음의 아들 디모데에게 말씀하고 있습니다. "본디오 빌라도를 향하여 선한 증거로 증거하신 그리스도 예수 앞에서 내가 너를 명하노니…" 내가 네게 명령을 한다, 이 명령을 지키라, 강하게 말씀합니다. 언제까지? 그리스도 나타나실 때까지. 우리의 모든 사명, 모든 윤리범죄의 기준은 그리스도께서 나타나실 때까지, 거기까지입니다. 내 능력의 한계까지가 아닙니다. '그리스도께서 나타나실 때까지 이 명령을 지켜 행하라.' 절대순종을 요구하는 명령입니다. 또한 "점도 없고" 하였습니다(14절). 거룩한 제물 되어야 함을 말씀한 것입니다. 제물은 점이 없어야 합니다. 병신된 건 물론 안되고 샅샅이 뒤져봐서 어디에든 살점 하나에라도 티가 있다든가 하면 안됩니다. 점도 없고 흠도 없어야 합니다. 깨끗해야만 제물로 쓰이는 것입니다. 하나님의 사람은 깨끗하여야 쓰는 것입니다. 사도 바울은 비유로 '부잣집에는 금그릇 은그릇 질그릇 나무그릇 다 있다. 그러나 깨끗한 그릇이면 쓰여진다' 하였습니다. 하나님이 쓰실 때 깨끗한 그릇이라야 쓰시는 것입니다. 점도 없이 순전한 제물로 하나님 앞에 쓰임받아야 하는 것입니다. 또한 "책망받을 것도 없이 이 명령을 지키라" 하였습니다. 명령자에게 기준을 두고 하는 말씀입니다. 내게 기준이 있는 게 아닙니다. 명령자에게 기준이 있습니다. 이것은 군사적 용어입니다. 명령받았으면 지키는 것입니다. 할 수 있다, 없다, 하는 것은 통하지 않는 소리입니다. 군대에는 그게 통하지 않습니다. 저는 어이없는 경험을 한번 해봤습니다. 아마도 듣고 웃을 것입니다마는 저는 심각했습니다. 군대에서 훈련받을 때의 일입니다. 저를 훈련하는 분대장이 밤중에 들어오더니 하는 말이 "일어서!" 합니다. 자다말고 벌떡 일어섰더니 "담배 사와" 합니다. 제가 "네" 하고 서 있었더니 "담배 사오라니까!" 하기에 "돈을 주셔야 가지요" 하였습니다. 했더니 "돈 주고야 누군들 못사냐? 냉큼 사와!" 하는 것입니다. 세상에! 무슨 명령이 이런 게 다 있습니까. 여러분 일본말 좀 아십니까? 제가 어렸을 때이지만 일본사람들 군사훈련을 국민학교 때 받았습니다. '히도쓰군징와요료오혼분도시베시'라고 하는 말이 있었습니다. '히도쓰'—하나, 제일, '군징와'—군인은, 요령을 본분으로 한다, 라는 말입니다. 무슨 말입니까. 가라면 이유없이 가는 것입니다. 요령껏 가라, 이것입니다. 요령을 본분으로 하는 것입니다. 갈 수 있다, 없다—통하지 않는 소리입니다. 최전선에서 총소리가 '퐁 퐁'하면 "돌격!" 합니다. 이때 "지금 안되는데요…" 그따위 소리 하면 안됩니다. '돌격'하면 돌격이 있을 뿐입니다. 딴소리 있을 수 없습니다. 그 훈련입니다, 그게. 그게 훈련입니다. 이걸 알아야 합니다. "책망받을 것도 없이"입니다. 그 명령 앞에 "No"란 있을 수 없습니다. 핑계도 주저도 불허입니다. 명령을 지켜라, 함입니다. 하나님 앞에서, 빌라도 앞에 서신 예수님 앞에서 내가 너를 명하노니 이 명령을 지켜라, 함입니다. 그리고 오직 그에게만 죽지 아니하는 영광이 있다, 하였습니다(16절). 저 앞에 있는 종말론적 영광을 바라고 하나님께 영광돌리는 그런 생을 살아야 한다는 말씀입니다. 프랑스의 저 유명한 '루브르 박물관'에는 천재화가 피카소의 그림이 한 점도 보이지 않습니다. 소장되었지마는 없습니다. 왜요? 죽은 지 60년이 지나야만 거기에 진열할 수 있기 때문입니다. 그가 1973년에 죽었기 때문에 2033년이 되어야 피카소의 그림은 그 박물관에 전시될 수 있다는 것입니다. 무얼 말하는 것입니까. 여러분, 사람을 너무 속히 평가하지 마십시오. 제가 제일 우습게 생각하는 것이 산 사람 동상 세우는 것입니다. 지금 동상 세웠다가 며칠 있으면 또 끌어내리려고? 적어도 죽은 지 60년된 다음에 그때 얘기할 일입니다. 그때가서 평가해야 하는 것입니다. 피카소의 그림도 마찬가지지요. 살았을 때 좋다나쁘다 하지마는 한 60년 지난 다음에 평가해보고 "아, 과연 천재화가로다"하게되면 그때가서 올려놓을 것입니다. 대체로 유명한 박물관에는 한 500년 된 것들, 500년 넘은 그림들이 걸려 있지 않습니까. 이건 유명하거든요. 그 그림 그린 사람의 생애와 더불어 점점 빛이 나는 것입니다.

"그리스도 나타나실 때까지 점도 없고 책망받을 것도 없이 이 명령을 지키라." 얼마나 엄하고 확실한 명령입니까. 전설에 의하면 디모데는 사실로 주후 97년 로마황제 도미티아누스 때 로마에서 순교하였다고 전해지고 있습니다. '이 명령을 지키라. 흠도 없이 책망할 것도 없이 이 명령을 지키라.' 그러면서 빌라도 앞에 서신 예수님의 선한 증거를 생각합니다. △

선한 사업에 부자되라

네가 이 세대에 부한 자들을 명하여 마음을 높이지 말고 정함이 없는 재물에 소망을 두지 말고 오직 우리에게 모든 것을 후히 주사 누리게 하시는 하나님께 두며 선한 일을 행하고 선한 사업에 부하고 나눠 주기를 좋아하며 동정하는 자가 되게 하라 이것이 장래에 자기를 위하여 좋은 터를 쌓아 참된 생명을 취하는 것이니라 디모데야 네게 부탁한 것을 지키고 거짓되이 일컫는 지식의 망령되고 허한 말과 변론을 피하라 이것을 좇는 사람들이 있어 믿음에서 벗어났느니라 은혜가 너희와 함께 있을지어다
(디모데전서 6 : 17 - 21)

선한 사업에 부자되라

오늘본문에서 우리는 초대교회에 있었던 매우 중요한 사실을 발견합니다. 아주 중요한 문제를 우리에게 시사해주는 내용이 있습니다. 그것은 초대교회에 가난하고 병들고 고통당하는 사람들 그리고 노예계층에 있는 사람들만 나온 것이 아니었다는 사실입니다. 잘 아시는대로 예수님께서 세상에 계실 때 주님을 따른 사람들은 대체로 저런 하층계급에 혹은 피압박계급에 속한 사람들이었습니다. 예수님께서 분명히 말씀하시기를 "소경이 보며 앉은뱅이가 걸으며 문둥이가 깨끗함을 받으며 귀머거리가 들으며 죽은 자가 살아나며 가난한 자에게 복음이 전파된다 하라"하십니다(마 11:5). 주로 가난한 사람들이, 그리고 어려움을 당하는 사람들이 예수님을 많이 따랐습니다. 예수님밖에는 의지할 데가 없어서 많은 가난하고 압박받는 계층의 사람들, 고통당하는 사람들이 주로 예수님을 따르는 것으로, 그렇게 우리는 일반적으로 이해하고 있습니다마는 초대교회는 그렇지 않았습니다. 물론 가난한 자도 있었습니다. 그러나 오늘본문에 보는 바와 같이 부한 자들이 있었습니다. 지식이 높은 사람, 로마의 이런저런 권세를 가진 사람, 백부장같은 사람들, 학자에 속한 사람들, 물질적으로도 부유한 사람들이 교회에 나왔습니다. 그래서 가난한 자와 부한 자, 지식이 없는 자와 지식이 높은 사람, 지체가 낮은 사람과 높은 사람이 함께 교회에서 한 형제자매로 친교하면서 하나님께 예배할 수 있었다는 것을 오늘본문에서 엿볼 수가 있습니다. 우리는 지금 이렇게 지나가는 말씀으로 듣고 있지마는 이는 굉장히 중요한 문제입니다. 초대교회에 가난한 사람만이 아니고 부한 사람들이 많이 출석했다는 것입니다. 또 지성인들이 많이 나올 수 있었습니다. 또 교회사적으로 보면 많은 학자들이 예수믿게 됐습니다. 이러한 일들이 선교적으로는 매우 중요한 의미를 지니는 것입니다.

오늘본문에 나타나는 것은 부한 자들에게 주는 메시지입니다. 돈이 많은 사람들, 그런 사람들에게 주는 복음이 오늘본문에 나타나 있습니다. 또 오늘본문을 보면서 두 번째로 우리가 깨달아야 할 진리가 하나 있습니다. 기본적으로 '부'라고 하는 것, 재물을 가졌다는 것, 이런 것을 결코 정죄하고 있지 않다는 것입니다. 당시의 종교적 상황으로 볼 때는 특별히 헬라철학의 영향을 받은 노스틱주의같은 철학사상 혹은 그런 종교사상에 준하면 '부'라는 것은 그 자체가 죄입니다. 물질이 죄이기 때문입니다. 물질을 사랑하고 물질을 많이 가지고 물질을 위해서 몸바치고 하는 이런 것들 자체가 그 당시의 일반적 종교사상으로 볼 때는 죄인 것입니다. 그야말로 황금흑사심입니다. 돈 자체를 악한 것으로 보았습니다. 그래서 거룩하게, 깨끗하게 살려면 가난하게 살아야 되고 아무것도 없이 살아야 된다, 그렇게 아주 탁발적으로 살아야 된다, 라고 생각하는 그런 종교분위기였습니다. 그런데도 불구하고 오늘성경에는 그런 것이 나타나 있지 않습니다. 부 자체를, 또 부한 사람을 정죄하지 않았습니다. 또 재물을 다 버려야 구원받는다고 말씀하고 있지도 않습니다. 그러니까 금욕적인 교리라든가 수도원적인, 혹은 이원론적인 교리, 이런 것을 다 배제하고 있습니다. 그리고 아주 중요하게 깊은 뜻을 가지고 부를 정죄하지 않고 부한 자가 버려야 될 것과 부한 자가 취해야 될 것, 부한 자가 하지 말아야 될 것과 또 해야 할 것을 아주 논리정연하게, 깨끗하게, 분명하게 말씀하고 있습니다. 다시 말합니다마는 재물 자체가 결코 죄가 아니요 부자가 되었다는 것 그것이 또 죄가 될 수도 없다는 것입니다.

그러나 문제가 여기 있습니다. 부한 사람에게는 다른 사람이 가지기 어려운, 부한 사람만이 가지는 시험이 있습니다. 부한 사람만이 겪는 시험이 있었던 것입니다. 그 temptation, 그것을 오늘 여기서 경계하고 있습니다. 자세히 들어봅시다. 부한 사람이 빠지기 쉬운 것 첫째가 뭐냐하면 마음이 부해지는 것입니다. 물질이 부하다는 것과 마음이 부하다는 것은 다릅니다. 돈있다고해서 마음도 높아지는 게 아니거든요. 그런데 사람들은 돈이 있을 때 마음도 높아진 것처럼 생각을 합니다. 그런 착각을 가지게 됩니다. 돈이라는 것이 묘한 속성을 가지고 있어서 사람의 마음을 미혹케 해서 물질과 그 인격을 동일시하게 만드는 것입니다. 그런 미혹이 있습니다. 그걸 알아야 합니다. 예를 들어봅시다. 돈을 가졌을 때 다 가진 것처럼 생각합니다. 돈을 가졌을 때 인격도 가진 것처럼, 도덕성도 가진 것처럼, 심지어는 지식도 가진 것처럼 착각을 합니다. 그래서 돈이 있을 때 돈없이 뭘 많이 안다는 사람 평가하기를 '저 사람은 뭘 알지도 못하면서 많이 안다고 떠들어, 저렇게 가난한 주제에…'합니다. 이런 생각을 한다고요. 돈이 있을 때 우리는 모든것을 다 가진 것처럼 착각을 하는 것입니다. 또하나, 돈이 가지는 매력은 돈이 있으면 하고 싶은 일을 많이 할 수가 있다는 것입니다. 입고 싶은 옷도 입고 먹고 싶은 거 먹고 가고 싶은 곳 갈 수도 있고… 돈이 능력이 많습니다. 이것도 할 수 있고 저것도 할 수 있습니다. 돈없을 때는 못하던 걸 돈이 있기 때문에 할 수 있는 것입니다. 하다보니 돈이면 다 할 수 있는 줄 압니다. 뭐든지 다 할 수 있는 걸로 압니다. 아시는대로 자식 공부를 하도록 책상을 마련해줄 수도 있고 학비를 줄 수도 있고 연필을 사다줄 수도 있고 책 사다줄 수도 있지만 공부는 저 자신이 해야 합니다. 돈 가지고 공부가 됩니까. 공부할 분위기를 만들어줄 수는 있어도 공부는 저 자신이 해야 되는 것입니다. 그런데 돈이 있을 때는 공부도 다 되는 줄 압니다. 공부, 돈만 있으면 된다, 이것입니다. 학원에 보내면 되고 가정교사 두면 되고 뭐 어떻게 하면 되고… '돈 가지고 안되는 것이 있나?' 바로 이것이 시험입니다. 돈 가지고 안되는 게 많습니다. 돈 가지고 건강을 살 수 있던가요? 그렇지 않습니다. 어느 의사가 환자를 수술하려고 하는데 그 환자가 마취 직전에 의사를 붙들고 "선생님 나는 돈이 많습니다. 가정도 있고 직업도 있고 학위도 있고 귀한 자녀도 있고 예쁜 마누라도 있고, 다 가졌습니다. 다 가졌는데 건강 하나만 없습니다. 내 재산을 전부 드릴 테니 내 건강을 찾아주십시오"하고 통사정합니다. 그때 의사가 빙그레 웃고 말합니다. "당신은 지금 거짓말하고 있습니다." 왜요? 건강 하나만 없다 하는데 어떻게 하나만 없는 것입니까. 건강 하나 없으면 다 없는 것인데. 지식이면 뭘 하고 가정이면 뭘 하고 명예면 뭘 합니까. 무슨 소용이 있습니까. 건강은 여러 것 중의 하나가 아닙니다. 건강은 전부인 것입니다. 그와도 같습니다. 우리 사람은 돈이면 뭐든지 다 할 수 있다고 생각하지만 우선 건강 하나도 돈으로 살 수는 없습니다. 물론 지식을 살 수도 없습니다. 인격을 살 수도 없습니다. 돈이면 다 된다하는 황금만능주의, 이것처럼 맹랑한 어리석음이 없는 것입니다. 돈이라는 건 역시 돈일 뿐입니다. 돈으로 할 수 있는 것은 극히 제한적입니다. 어느 '요것'만 할 수 있습니다. 그 외의 것은 못하는 것입니다. 그런데도 불구하고 돈 가졌을 때는 다 할 수 있는 것처럼 그렇게 생각합니다. 이것이 바로 시험입니다. 그래서 "마음을 높이지 말고…"하였습니다. 또한 돈을 가졌을 경우 자기를 특별하다 여기고 스스로를 귀족화하기 쉽습니다. '나와 너는 다르다.' 다를 게 뭐 있습니까. 옷을 입었으니 옷은 다르지요. 옷벗고나면 똑같지요. 더구나 죽을 때 보면 더욱 같지요. 비석이 크든작든 그 속에 있는 것은 다 썩은 것입니다. 마찬가지지요. 그런데도 불구하고 '나는 특별하다'합니다. 그게 바로 돈이 우리를 넘어뜨리는 시험인 것입니다. 엄청난 것이 또 있답니다. 돈을 가졌을 때 스스로를 도덕적으로 선하다고 착각하기 쉽다는 것입니다. 좀더 나아가서 종교적으로도 스스로를 의인이라고 생각합니다. 좀더 나아가서는 스스로 복받았다고 생각합니다. 갖은 못된 짓 다 해서 돈을 벌어놓고도 복받았다고 생각합니다. 엄청난 죄를 범하면서 돈을 벌고도 이것이 축복이라고 생각하는 것, 이것이 돈가진 사람의 잘못된 철학입니다. 그건 복이 아닙니다. 이제 두고보십시오. 그 불의하게 번 돈은 야고보서에 있는 말씀대로 그것이 하나님 앞에 호소합니다(약 5:4). 언젠가는 왕창 무너집니다. 그런데 그걸 모르고 돈 가지고 있는 동안 '나는 선하다, 나는 의인이다, 나는 복받은 사람이다'라고 생각을 하는 것입니다. 그리고 나가서 엄청나게도 가난한 사람을 멸시해요. '얼마나 죄가 많았으면 저 모양으로 살까? 얼마나 하나님 앞에 불의했으면 저렇게 됐을까?' 오히려 가난한 자를 멸시하더라, 그 말씀입니다. 도덕적으로 멸시하고 종교적으로 멸시합니다. 이게 얼마나 무서운 죄입니까. 또, 돈이 많을 때는 수용성이 없어집니다. 돈많은 사람 남의 말 안듣습니다. 어떤 말도 안듣습니다. 예수믿으라는 말 물론 안듣습니다. 잘 안듣습니다. 그리고 스스로 귀족이라고 생각합니다. 막스 베버의 이론대로 봐도 귀족이 따로 없습니다. 양반이라는 게 그 옛날에 돈 많은 사람들이 자기신분을 높이기 위해서 만들어놓은 허상에 불과한 것입니다. 그게 '양반'이라는 것입니다. 원래 양반이라는 것, 옛날에 돈 주고 샀습니다. 그 연후에 몇대 내려가면 '버젓한' 양반이었습니다. 뼈대가 어떻고 하지만 사회학자들의 연구에 의하면 '뼈대'라는 게 별거 아닌 것입니다. 그건 옛날에 좀 부자로 살았다, 그 뜻입니다. 깊이 생각하여야 합니다. 그런고로 오늘성경은 말씀합니다. "마음을 높이지 말고…" 마음이 부해져서는 안된다는 말씀입니다. 예수님 분명히 말씀하십니다. "마음이 가난한 자는 복이 있나니 천국이 저희 것임이요…" 돈은 많아도 마음은 가난해야 됩니다. 그게 중요한 일입니다. 마음은 가난한 마음이어야 합니다. 그래서 또 진리를 들어야 되고 또 말씀을 배워야 되고 또 좀더 진실하게 살아야 되겠다고 하는 간절한 신앙적 욕망이 있어야 합니다. 그런데 '나는 부하다. 더 바랄 것이 없다. 들을 말도 없다'하는 고자세가 되어 있습니다. 이것이 진정으로 잘못된 것이다, 합니다. 그래서 마음을 높이지 마라, 하는 것입니다. 돈은 돈이요 마음은 마음입니다. 돈은 돈이요 인격은 인격이지 돈 때문에, 부 때문에, 재물적인 부 때문에 마음을 높이지 말라는 것입니다. 마음은 여전히 겸손하고, 돈이야 있건없건 겸손하고—그것이 중요하다, 이 말씀입니다.

마음이 부해지지 말 뿐더러 또한 오늘 주신 말씀대로 소망의 문제입니다. 재물에 소망을 두지 말라, 하였습니다. 돈에다가 소망을 둬서는 안됩니다. 소망문제입니다. 우리의 미래는 하나님의 손에 있지 돈에 있지 않습니다. 한시도 그걸 잊지 말아야 합니다. 사람들이 돈만 있으면 모든 미래가 보장된 것처럼 안심합니다. 돈이 없으면 미래가 없는 것처럼 불안해합니다. 바로 그것을 예리하게 심판하고 있는 것입니다. 그렇지 않다는 것입니다. "정함이 없는 재물에 소망을 두지 말고…" 없어지는 것이니까요. 없어집니다. 하루아침에 날아가버리고 맙니다. 어제의 재벌이 오늘 거지가 됩니다. 참 놀라운 일이지요? 재물, 의지할만한 것이 못됩니다. 돈은 믿을 것이 못됩니다. 돈에다가 미래를 걸 수는 없습니다. 돈이 있어서 안정되었다고 생각해서는 안됩니다. 돈으로 소망을 삼지 마라, 돈 때문에 절망하지도 마라, 특별히 돈에다가 내세적 소망까지 걸려고 하는 미련한 생각을 가져서는 안된다, 하는 것입니다. 그러면 이제 적극적으로는 소망을 어디다 두느냐? 하나님께 두라, 하였습니다. 정함이 없는 재물에다 두지 말고 하나님께 소망을 두라, 하였습니다. 하나님께서는 어떤 분이신가 ─ 참 좋은 말씀이 있습니다. "오직 우리에게 모든것을 후히 주사 누리게 하시는" 분이십니다. 주시고 누리게 하신다 ─ "God, who gives us richly all things to enjoy." 참 멋진 말씀입니다. gives ─ 하나님께서 주십니다. 하나님께서 주시지 않는 걸 받을 사람이 어디 있습니까. 하나님께서 주셔야 받습니다. 하나님께서 주시지 않는 걸 받을 사람이 없습니다. 하나님께로서가 아닌 것으로 어쩌다가 잠깐 받는 것처럼 보이는 것은 절대로 복이 아닙니다. 하나님께서 주시되 후히 주십니다. 우리가 쓰고 남게, 먹고 남게 넉넉하게 주십니다. 하나님께서 주십니다. 하나님께서 주셨으니 우리가 땀을 흘려서 농사를 짓고도 하나님께 감사하고, 애써서 돈을 벌고도 하나님께 감사헌금 하는 것입니다. 왜? 하나님께서 주셨기 때문입니다. 우리가 위생을 지키고 수고하지만 그래도 건강 있을 때 하나님께서 주신 건강 하나님께 감사하는 것입니다. 하나님께서 주신 것입니다.

주시는 자는 하나님뿐이십니다. 그런고로 그에게 소망을 둘 것이지 물질 자체에다 두어서는 안된다, 하는 것입니다. 그리고 더욱 중요한 것은 누리게 하신다는 것입니다. to enjoy — 즐기게 하신다, 그 말씀입니다. 물질을 주시고 물질을 즐기게 하십니다. 저는 이 말씀을 너무나도 소중히 여깁니다. 물질 가졌다고 가진 것이 아닙니다. 그 물질 때문에 걱정을 하는 것, 가진 것이 아닙니다. 물질로해서 잠도 못자고 불안에 떨고 한다면 그 물질은 결코 복이 아닙니다. 차라리 가난한 것만도 못합니다. 제가 언젠가도 말씀했습니다마는 여러분이 어디 나갈 때 집을 잠갔나 안잠갔나해서 멀리 갔다가 다시 돌아와서 만져보고 또 나갔다가 '내가 잠근 걸 또 열어놓고 온 건 아닌가?' 해서 또 왔다가 나가고… 왔다갔다 왔다갔다 하는 그런 사람에게 제가 해결책을 주었습니다. 뭐라 했는고하니 "다 가지고 가라, 그리고 마세요" 했습니다. '까짓것 다 가져가라.' 그렇게 하고서 마음을 놓으라고 했습니다. '누가 열고 훔치러 들어가면 어떡하나. 누가 가져가면 어떡하나.' 이 걱정 하다가 어떡할 것입니까. 가도오도 못하지요. '다 가져가라, 까짓것.' 그렇게 마음먹고 살라고, 그렇게 가뿐하게 살라고 했습니다. 하긴 요새는 또 현금이 아니면 안가져가니까 걱정하지 마십시오. 또 다이아몬드라야 가져가지 그까짓 웬만한 건 안가져갑니다. 사람들 똑똑해서 짐되는 건 안가져갑니다. 그야 아무튼간에 우리가 물질에 매여서는 안됩니다. 물질로해서 걱정이 되어서는 안됩니다. 처음 자동차 사놓고보면 그것에 매이는 게 심리학적으로 6개월 간다고 합니다. 처음에는 그걸 닦지요. 닦고닦다가 조금만 상처가 나면 마음이 아픕니다. 괴롭습니다. 또 닦고 합니다. 한 6개월 그러다가 이제 이리저리 찌그러지면 '될대로 돼라, 까짓것. 이거 신발인데 뭐, 찌그러질 테면 찌그러지라지, 까짓것.' 그때부터 자유로 워집니다. 그래야 사고가 덜 나요, 오히려. 자동차 그렇게 너무 아끼는 게 아닙니다. 까짓것인데요. 더구나 저같은 경우는 자동차 손수 운전하니까 압니다. 어디 가서 남에게 주차를 맡깁니다. 거기서 자기가 주차하겠다고듭니다. "가져가." 그러면 또 찌그러진다고요, 보니까. 청년들이 마구 운전해가지고 꼭 찌그러질 때가 있는데, 그걸 어떡하겠습니까. 제가 키를 줄 때마다 그럽니다. "찌그러져라, 까짓 것." 그러고 준다고요. 그거 찌그러질까봐 내가 조심한다면 키를 못 맡길 거 아닙니까. 그러면 들어가서 일보면서도 '가만있자. 저거 안 찌그러졌나?' 할 것이고, 그러면 일 제대로 볼 수가 있나요. 자동차란 그러는 것 아닙니다. 비싼 차든 싼 차든 '까짓것!' 하고 살아야지요. 어차피 밖에다 두는 것 아닙니까. 정 신경이 쓰인다면 방안에다 들여놔야지요. 끌어안고 자야지요. 그러나 그럴 수는 없는 것입니다. 마음을 끊어버려요, 까짓것. 결국은 그것이 나를 자유하게 해야 되는 것입니다. 그것이 나를 즐겁게 해줘야 되는 것입니다. 보십시오. 아무리 돈이 많아도 건강이 없으면 뭘 먹을 수가 있습니까. 한끼의 식사도 제대로 못한다면 그거 되겠습니까. 저는 음식을 먹을 때마다 참 여러 가지로 감사합니다. 중간중간 남모르는 감사를 합니다. 하나님께서 좋은 음식 주셔서 감사하고, 맛있게 식욕을 주셔서 감사하고, 조상 덕분에 이빨이 좋아서 감사하고… 아직 제가 이빨 뺀 게 없으니까 감사하고요. 그리고 하나님께서 좋은 분위기를 주셔서 감사합니다. 그래야 이 한 그릇의 음식이 나를 즐겁게 하지 소화가 안되거나 또 간장이 나쁜 사람들이어서 음식냄새만 올라오면 "윽"한다거나 속이 뒤틀리거나 한다면 어찌 식사가 즐겁겠습니까. 안먹으면 죽겠으니 먹긴 먹어야겠는데 안넘어가고… 그런 싸움을 한다면 이런 비참한 일이 어디 있습니까. 음식을 대할 때마다 꿀맛이다— 요게 얼마나 좋은 겁니까. 그걸 어느 부자에다 비교하겠습니까. 그까짓 부자가 문제 아니지요. 한 그릇의 음식을 맛있게 먹는 사람이 부자인 것입니다. 그러니까 돈만 주어져서는 안됩니다. 돈에 따르는 건강도 주어지고 분위기도 주어지고 사랑도 주어지고 친구도 주어지고, 다 주어져야 음식이 맛있는 것입니다. 또 자녀들도, 아이들도 같이 먹으면 얼마나 맛있습니까. 재미있고… 어떤 사람 보면 혼자 앉자가지고 꾸역꾸역 먹습니다. 힘들어요, 그것도. 못할 짓입니다. 안 그렇습니까. 즐겁게 해줘야 합니다. 물질을 주었으면 물질을 엔조이하게 하는 것, 하나님께서 하시는 것입니다. 그것까지 주시는 것입니다. 그 하나님께 소망을 둬야지 물질 자체에 소망을 두어서 되겠습니까. '하나님께서는 우리에게 물질을 후하게 주시고 또 그것을 누리게 하신다. 엔조이하게 하시는 분이다.' 얼마나 확실한 말씀입니까.그리고 이제 "선한 일을 행하고…"하였습니다. 재물로 선한 일을 하라, 합니다. 재물은 곧 기회입니다. 돈은 기회입니다. 하나님의 일 하라고 하는 기회입니다. 얼마나 좋습니까. 좋은 일 한 번만 해보십시오. 얼마나 아름답고 얼마나 즐겁습니까. 선한 일 하고 그것을 보면서 기뻐하는 것, 그거 얼마 안되는 돈이지만 이것으로해서 너무나도 기쁜 것입니다. 이렇게 좋은 일에 쓰는 것, 이것은 명령이요 동시에 사명입니다. 선한 일 할 수 있는 기회를 하나님께서 주신 것입니다. 돈을 많이 가진 것은 큰 사명을 맡은 것입니다. 큰 일거리를 맡은 것입니다. 동시에 큰 즐거움을 얻게 해주신 것입니다. 그런 기회를 내게 주신 것이다, 하는 말씀입니다. '자선의 황금계단'이라고 하는 도표가 있습니다. 이것은 유대인 마이모니테스라고 하는 분이 만든 도표인데 잘 아는 얘기지만 선행이라는 게 한 단 한 단 보다 더 질높은 선행이 단계적으로 있다는 것입니다. 첫번 단계가 뭐냐하면 주고나서 후회하는 선행입니다. 주고나서 '안줄 걸… 아깝다'하는 요런 생각 하는 것입니다. 줄 때는 줘놓고 뺏질 못해 후회하는, 요게 초보단계입니다. 그러나 줬지요. 어차피 주긴 준 것입니다. 두 번째는, 주기는 주지만 고통당하는 사람의 형편을 돌아보지 않고, 저 사람에게 무엇이 필요한지도 생각하지 않고 내맘대로 준 것입니다. 내가 가졌으니 준 것입니다. 남았으니 준 것입니다. 그 사람에게 무엇이 필요한지 마음으로 생각해가면서 준 게 아닙니다. 그렇게 생각없이 주는 일이 있습니다. 세 번째는, 주기는 주지만 요청하지 않을 때는 안줍니다. 달라고 해야 주지 그냥은 절대로 안줍니다. 이것이 세 번째 단계입니다. 네 번째는, 주기는 주는데 받는 사람의 기분을 나쁘게 하면서 줍니다. 주면서 뭐라고 말을 많이 합니다. 「탈무드」에 이런 말이 있습니다. '선물을 주면서 말을 많이 하면 안주는 것만 못하다.' 여러분, 아이들이 용돈을 달라고 할 때도 안줄 것이면 몰라도 줄 것이면 그냥 "그래? 얼마나? 그래? 그렇구나. 많이 못줘서 미안하다"하고 주십시오. 그냥 주십시오. 오히려 "많이 못줘서 미안하다" 하고 주십시오. 그게 좋은데, 보면 그 시간에 설교를 합니다. "돈 아껴 써라. 공짜로 번 줄 아느냐. 나는 돈을 낳는 줄 아느냐." 한참 잘난소리 하면 돈 받아가지고 나가면서 뭐라는지 아십니까. "돈 벌기 참 힘들다." 잔소리 들어주고야 받아 나가니까요. 그건 잘못하는 것입니다. 아주 어리석은 일입니다. 그 시간에는 설교가 필요없습니다. 설교는 다른 때 해야지 그 시간에 설교하면 안됩니다. 거저

주되 오히려 "더 주고 싶으나 요것뿐이다" 하고 줘야 됩니다. 우리가 구제할 때도 뭘 구제하면서 "이 사람아 게으르니까 그렇게 가난하게 살지" 어쩌고 해가면서 설교하러듭니다. 쥐꼬리만큼 주고 설교가 깁니다. 그래서는 안되는 것입니다. 그래 하는 말입니다. 주기는 주는데 받는 사람으로하여금 수치감을 느끼도록 만들어버린단말입니다. 다섯 번째는 이런 단계입니다. 받은 사람이 준 사람을 압니다, 누가 나에게 줬는지를. 그러나 준 사람은 받은 사람이 누구인지를 모릅니다. 그건 그만큼으로 괜찮은 편입니다. 받은 사람은 고맙게 생각하지만 준 사람은 누구에게 주었는지 모르니까 그 사람의 마음에는 어떤 대가성의 요구가 없습니다. 여섯 번째는 반대로 이런 단계입니다. 준 사람이 받은 사람을 압니다. 내가 누구에게 주었다, 아는데 받은 사람은 누가 줬는지 모릅니다. 그러니 고맙다는 인사를 못하지요. 이런 관계가 있습니다. 이 정도면 상당히 높은 단계입니다. 그 다음으로 일곱 번째는, 준 사람도 받은 사람 모르고, 받은 사람도 준 사람 모르는, 둘 다 서로를 모르는 선행입니다. 어떻게해서 이렇게 되겠습니까. 교회에다 낸 것이기 때문입니다. 교회에다 내고 교회에서 그걸 줬습니다. 교회이름으로 줬습니다. 이쪽에서는 준 사람도 받은 사람도 서로 누구인지 모릅니다. 이는 높은 수준의 선행입니다. 이게 가장 아름다운 것입니다. 그러나 이제 여덟 번째는 더 아름다운 단계입니다. 그것은 어려움당하는 사람을 돌아보면서 미리 자비를 베풀어서 근본적으로 빈곤을 면하게 해주는 것입니다. 거기까지 차원이 높습니다. 이게 최고봉이다, 이렇게 말하고 있습니다. 어쨌든 중요한 것은 선한 일을 해야 된다는 것입니다. 물질 가지고 있을 때 그 물질을 소중하게 아주 귀한 일에 써야 된다, 하는 말씀입니다.

　이제 오늘 세 번째로 주는 교훈말씀은 뭐냐하면 "선한 사업에 부하고"하는 말씀입니다. 여기에 중요한 의미가 암시되어 있습니다. 한 사람은 재물에 부하고 한 사람은 선한 사업에 부하다 합니다. 재물이 많다고 부자가 아닙니다. 선한 일 한 것 만큼만 부자입니다. 누가복음 12장 21절에 보면 예수님께서 '어리석은 부자 비유'에서 말씀하십니다. 거기 보면 분명히 자기를 위해서 부한 자와 하늘나라를 위해서 부한 자가 다르다고 말씀하십니다. 자기를 위해서는 부하고 하늘나라를 위해서는 가난한 사람이 있다고 말씀하십니다. 참 중요한 말씀입니다. 그러니까 하나님께서 보시는 부자는 오직 선한 일에 부한 자입니다. 그 사람만 부자입니다. 자기가 가지고 있는 거 가지고는 부자가 못됩니다. 그것을 잊지 말아야 합니다. 우리교회에 계시던, 이름은 제가 대지 않겠습니다마는, 참 좋은 일 하셔서 여러분 다 아시지만 300억을 과학기술원(KAIST)에 기증을 한 분이 있습니다. 그렇게 선뜻 기증을 했으니 좋은 일 하지 않았습니까. 그래 어느 장로님이 물어봤습니다. "아이구, 어떻게 그리 좋은 생각을 했습니까?" 그랬더니 이 분 대답이 "목사님께서 그렇게 하라고 하셔서 그랬지요"하는 것입니다. "목사님이 뭐라고 하십디까?" "목사님께서 늘 말씀하시지 않았소? 여러 번 말씀들었지요. '그저 먹은 것만 내거다.' 그래 잘 먹어야지요. 먹은 건 내 거니까. 두 번째는 '준 것만 내 거다.' 그래서 나는 줬지요. 오늘이라도 죽는다면 고 300억은 내거요. 내가 주었으니까." 그렇습니다. 준 다음에야 내것입니다. 지금 주겠다고 마음먹고만 있는 것도 내것이 아닙니다. 하나님 앞에 갈 때는 베푼 것, 준 것만 내것입니다. 하늘나라에서는 그것만 계산합니다. 당신이 얼마를 가지고 있다 죽었든 그건 아무 상관이 없습니다. 선한 일에 부하고 선한 일에 쓴 것만 하나님의 치부책에 올라가 있는 것입니다. 그래서 선한 일로 베푼 것, 그것으로서의 부자, 그런 부자가 되라, 하였습니다. 또한 "나눠주기를 좋아하며…"하고 말씀합니다. 나누어주고 불쌍히 여기고 하는 것을 즐기는 것입니다. 현대인이 왜 허무하고 왜 스스로 절망하느냐? 바로 이러한 즐거움을 찾지 못했기 때문입니다. 거기에 문제가 있습니다. 이기주의라는 중독증에 걸려서 베푸는 즐거움을 모릅니다. 자식에게 줄 때 얼마나 좋습니까. 아내에게 줄 때 얼마나 좋습니까. 또 불쌍한 사람들에게 줄 때 내게 얼마나 기쁨이 있습니까. 엔도르핀이 푹푹 나오는 것입니다. 이런 즐거움이 없는 것입니다. 그 즐거움을 맛도 보지 못했습니다. 그러니까 그 영혼 자체가 아주 피곤해지고 마지막에 비틀리는 것입니다. 우리가 사도행전 1, 2장에서 성령충만 한 초대교회를 봅니다. 성령충만 한 사람들의 상태 중의 하나가 뭐냐하면 유무상통입니다. 성령충만 하고보니까 그들의 눈에 보이는 게 있습니다. 가난한 사람, 불쌍한 사람, 배고픈 사람, 어려운 사람… 그래서 유무상통하게 된 것입니다. 이게 성령받은 사람의 증거입니다.

자, 그같은 믿음을 가졌을 때 어떻게 되는지, 오늘본문은 마지막에 중요한 결론을 내립니다. "이것이 장래에 자기를 위하여 좋은 터를 쌓아 참된 생명을 취하는 것이니라." 이 우리나라, 우리가 쓰는 물질, 이 물질생활로 인하여 하늘나라와 관계된다는 말씀은 여기밖에 없습니다. 중요한 본문입니다. "참된 생명을 취하는 것이니라." 그같은 믿음이 그와 같은 상급을 받게되는 결과가 된다, 하는 말씀입니다. 재미있는 얘기가 있습니다. 어떤 때 어떤 참 지독하게 구두쇠요 한평생 인색하게 산 부자가 하늘나라에 갔는데 지금 베드로 앞에 섰습니다. 이제 지옥으로 가느냐 천당으로 가느냐, 하는 순간인데 마귀들이 와서 "한평생 인색하게 살았고 자기를 위해서만 살았고 하기 때문에 이 사람은 내가 지옥으로 데리고 가야 됩니다"하고 나섭니다. 이 사람이 안끌려가려고 "아니오, 아니오. 나도 좋은 일 한 거 있습니다. 나도 선한 일 한 적 있습니다" 하고 자꾸 소리지릅니다, 저만치 끌려가면서. "뭘 했는데?" 물었더니 "내가 어떤 때 불쌍한 사람에게 1불 준 일이 있는데…" 하고 대답합니다. 1불이라도 준 건 준 거니까 그 사건을 가지고 베드로 앞에 갔습니다. "베드로 선생님, 저 사람이 선한 일을 위해서 1불 베푼 일이 있답니다. 어떻게 할까요?" 그러니까 베드로 선생이 1불을 내주면서 "이거 가지고 지옥으로 가라 하여라" 하고 말하더라 합니다. 여러분, 정말입니다. 우리가 하나님 앞에 가서 얼마를 내놓을 수 있을는지, 어떻게 계산이 될는지, 큰 문제입니다. 그런고로 땅에서 부한 게 부한 게 아니요, 하나님 앞에 가서 부하고 선한 일에 부하고 하늘나라의 생명을 취하는, 그런 영원한 가치의, 그런 의미가 있는 생을 살아가야 한다, 하는 말씀입니다. △

거짓없는 믿음

하나님의 뜻으로 말미암아 그리스도 예수 안에 있는 생명의 약속대로 그리스도 예수의 사도 된 바울은 사랑하는 아들 디모데에게 편지하노니 하나님 아버지와 그리스도 예수 우리 주께로부터 은혜와 긍휼과 평강이 네게 있을지어다 나의 밤낮 간구하는 가운데 쉬지 않고 너를 생각하여 청결한 양심으로 조상 적부터 섬겨 오는 하나님께 감사하고 네 눈물을 생각하여 너 보기를 원함은 내 기쁨이 가득하게 하려 함이니 이는 네 속에 거짓이 없는 믿음을 생각함이라 이 믿음은 먼저 네 외조모 로이스와 네 어머니 유니게 속에 있더니 네 속에도 있는 줄을 확신하노라 그러므로 내가 나의 안수함으로 네 속에 있는 하나님의 은사를 다시 불일듯하게 하기 위하여 너로 생각하게 하노니 하나님이 우리에게 주신 것은 두려워하는 마음이 아니요 오직 능력과 사랑과 근신하는 마음이니 그러므로 네가 우리 주의 증거와 또는 주를 위하여 갇힌 자 된 나를 부끄러워 말고 오직 하나님의 능력을 좇아 복음과 함께 고난을 받으라

(디모데후서 1 : 1 - 8)

거짓없는 믿음

　우리가 디모데전서에서 본 바와 같이 바울에게 가장 귀중한, 가장 친근하고 또 사랑스러웠던 믿음의 아들이 있었습니다. 그가 바로 디모데였습니다. 그리고 그는 한평생 바울을 위하여 협력자가 되고 동역자가 되고 그리고 또 후임자도 됩니다. 그리고 전설대로는 그도 바울 다음으로 순교를 하게 되었습니다. 로마의 바울성당에는 바울의 시신이 안치된 바로밑에 디모데의 시신이 안치되어 있다고 합니다. 그만큼 그는 한평생을 바울을 위해 살았습니다. 바울은 파이오니아적인 사람입니다. 개척적인 사람이라서 한 마을에서 전도하고 얼마쯤 기초가 잡히면 바로 이어서 다른 마을로 갑니다. 다른 성으로 갔을 때 이미 세워놓은 교회는 언제나 디모데가 맡아서 목회를 하게 됩니다. 그러니까 바울이 개척해놓은 교회를 늘 뒤따라가면서 목회를 한, 아주 내성적이고 또 어떤 의미에서는 조직적이고 행정적이고 또 지극히 목회적인 그런 사람이었다고 봅니다. 바울을 선교적인 사람이라고 한다면 디모데는 목회적인 사람이었다고 할 수 있는 것입니다. 또 바울이 외향적인 사람이라면 디모데는 내성적인 사람이고, 또 바울을 앞에 선 사람이라 한다면 디모데는 뒤에서 바울을 돕는 중요한 임무를 감당하고 있었습니다. 그래서 오늘본문에서도 "사랑하는 아들 디모데에게"라고 바울은 말씀합니다. 거침없이 아들이라고 불렀습니다. 피 한방울도 섞이지 않은 사이입니다. 그러나 신앙적으로 바울은 아버지요 또 그는 아들이며, 선교적으로 바울이 아버지요 디모데가 아들입니다. 목회적으로 바울이 아버지고 디모데가 아들입니다. 그런 가운데서 오늘본문에 보면 잠깐 비춰는 말씀

중에도 바울이 디모데를 얼마나 사랑했는지를 알 수 있습니다. 동시에 '이것이 사랑이구나' 하게 됩니다. 제가 요새 책을 보든가 혹은 가끔 텔레비전을 보든가 할 때 참 슬프게 생각하는 바가 있습니다. 심리학을 하는 사람들, 교육학을 하는 사람들, 혹은 사회학을 하는 사람들, 이런 분들이 사랑을 두고 말할 때, '사랑' 하고 말할 때, '사랑은 뭐냐' 할 때, 그걸 생리학적으로 설명한다는 것입니다. 뇌파 속에 무슨무슨 호르몬이 나와가지고 그것이 작용을 할 때 사랑이 일어난다, 하는 식입니다. 그리고는 동물 얘기를 하거든요. 동물이 새끼 낳으려고 할 때 수컷이 암컷 좋아하고 암컷이 수컷 따라다니고 하는 장면을 두고 그게 생리적으로 작용하는 것이다, 합니다. 그러고나서는 점잖게 하는 말이 "동물에 비유하는 건 좀 안됐지만 사람도 마찬가지다"하는 것입니다. 이 정도로 말하는데, 이건 영 인간을 타락화하는 일입니다. 사랑은 생리작용이 아닙니다. 적어도 남녀의 사랑까지도 그걸 호르몬분비의 결과라고 생각하려드는 것은 학적용어로 말할 때 지극히 진화론적 발상입니다. 언젠가 한번 덴마크의 젊은사람들 이야기가 텔레비전에 다큐멘터리로 나오는데 그 젊은사람들의 사랑을 묘사한 필름이었습니다. 어떻게 묘사하고 있느냐? 동물 암컷 수컷 친하게 지내는 장면을 죽 보여주고 거기 오버랩시키는 것이 바로 남학생이 여학생 따라다니는 모습이었습니다. 동물이 새끼낳는 것 보여주고 사람 아기낳는 것 보여주고… 그렇게 하는 것입니다. 이게 바로 타락이라는 것입니다. 얼핏보기에는 멀쩡한 것같지요? 사랑을 호르몬분비의 부산물로 생각하는, 이러한 망상을 버려야 합니다. 그런 것은 사랑이 아닙니다. 사실을 알고보면 그러한 생리현상은 격높은 순수한 사랑의 어느 결과로, 그 상징으로 나타날 수 있는 것입니다. 그러나 그것이 동기는 아니요 뿌리도 아니고 원초적인 것이 아니라는 것을 잊지 말아야 합니다.

바울이 디모데를 사랑합니다. 디모데가 바울을 사랑합니다. 이것은 생리학적으로 설명할 얘기가 아니지 않습니까. 이것은 진화론적으로 설명할 수 있는 성격이 아니지 않습니까. 그러나 이 사랑이 가장 고상하고 가장 높은 사랑이더라, 그 말씀입니다. 이것을 우리가 잊어서는 안됩니다. 사랑을 생리학적으로 설명하는 것은 인간을 동물화하는 짓입니다. 아주 잘못된 것입니다. 거기에 문제가 있습니다. 사도 바울은 디모데를 사랑합니다. 디모데가 자기자식도 아닙니다, 생리학적으로는. 그러나 신앙적으로, 교육적으로, 선교적으로, 목회적으로 디모데는 사도 바울의 아들임이 분명합니다. 아들입니다. 오늘본문에 보면 사도 바울은 이렇게 말씀하고 있습니다. "나의 밤낮 간구하는 가운데 쉬지 않고 너를 생각하여 청결한 양심으로 조상 적부터 섬겨오는 하나님께 감사하고…" 그리고 이어서 보면 참으로 절절합니다. "네 눈물을 생각하여 너 보기를 원함은 내 기쁨이 가득하게 하려 함이니…" 사랑입니다. 어떻게? 첫째가 뭐냐하면 '기도하는 가운데 너를 생각한다' 하는 것입니다. 여러분, 기도 중에 생각하는 사람이 진짜 사랑하는 사람입니다. 기도 중에 생각나는 사람이, 그게 사랑하는 사람입니다. 가장 귀한 사랑은 그를 위해서 기도하는 것입니다. 기도할 때마다 그를 생각하는 것입니다. 잠시도 빼놓지 않고 늘, 심지어는 식사기도 할 때도 기도하고 생각합니다. 잠자리기도 할 때도 '나 잠 잘자게 해주세요. 제가 사랑하는 저 사람도 잘자게 해주세요' 합니다. 기도에서 그게 떠날 수가 없습니다. 기도할 때마다 생각합니다. 기도할 때마다 생각납니다. 이것이 사랑입니다.

칼 바르트의 심리적 표현에 보면 사랑이란 원래 세 가지입니다. 생각하는 것이 사랑입니다. 다시말하면 그리워하는 거, 자꾸 생각나는 거, 그게 사랑입니다. 그래서 보고 싶은 것입니다. 보고 싶은 것이 사랑입니다. 또한 서로 마주보는 것이 사랑입니다. 마주보면 행복한 것입니다. 볼 때 행복해지면 그것이 사랑입니다. 그리고 또한 그 앞에서는 무슨 말이라도 다 할 수가 있습니다. 그에게 모든것을 다 말하고 싶습니다. 그 앞에서는 내 비밀이 하나도 없습니다. 뭐든지 다 진솔하게 말하게 됩니다. open mind, 마음이 열립니다. 그것이 사랑입니다. 오늘 사도 바울은 쉬지 않고 위하여 기도합니다. 밤낮 간구하는 가운데 쉬지 않고 그를 기억합니다. 직역을 했는데, 끊임없이 생각한다는 것입니다. 잠시도 잊지 않습니다. 기도하려고 고개숙이면 으레 그가 생각납니다. 이게 사랑입니다. 밥먹을 때만 생각나면 사랑이 아니지요. 생리적 욕구에서만 생각나면 사랑이 아니지요. 전혀 아니지요. 기도할 때 생각나는 사람, 기도할 때마다 생각할 수밖에 없는 사람, 기도할 때마다 그 이름을 부르지 않을 수 없는 사람, 그것이 사랑하는 사람입니다.

　3절에는 다시 "하나님께 감사하고"라는 말씀이 있습니다. 감사하고 기뻐하고… 보십시오. 감사, 하나님께 감사합니다. 그를 생각하면서 감사합니다. 내가 사랑하는 사람이 있습니다. 그를 생각할 때마다 '하나님 이런 귀한 분을 내게 주신 것 감사합니다. 그런 분을 알게 해주신 것 감사합니다. 그런 분의 사랑을 받게 해주신 것 감사합니다'합니다. 우리가 자녀를 볼 때도 "하나님 감사합니다" 하게 되어야 그게 사랑입니다. '하나님, 저런 웬수는 왜 저한테 보내주셨습니까' 하는 것이라면 이게 사랑입니까. 부부간에도 '하나님 왜 이렇게 만나서 한평생 십자가를 지고 고생을 하게 하십니까?' 하게되면 됩니까. 그게 말이 됩니까. 그건 사랑이 아니지요. 사랑하는 사람은 소중하고 사랑하는 사람을 생각하면 행복합니다. 그런고로 감사가 나오는 것입니다. '하나님 감사합니다.' 이렇게 됩니다. 감사하는 마음이 앞서는 것입니다. 그런 마음입니다. 우스운 얘기 하나 하겠습니다. 아담이 하와를 보자니, 아내 하와와 서로 마주보자니 너무나도 예뻐서 "하나님, 어떻게 요리도 예쁘게 만드셨습니까. 하나님, 참 감사합니다" 하였습니다. 이에 하나님 말씀하시기를 "그렇게 예뻐야 네가 사랑하지 않겠느냐?" 하십니다. 아담은 다시 아내 하와를 어루만지면서 "어이 요렇게 보드랍게, 요렇게 육체미가 아름답게 만드셨습니까? 하나님 참 재주도 좋으십니다" 합니다. "그래야 네가 사랑하지 않겠느냐?" 하고 하나님 말씀하십니다. 아담이 한마디 더 했습니다. "그런데 하나님, 요것이 맹할 때가 있거든요. 좀 맹추같을 때가 있는데, 그건 왜 그렇습니까?" 하나님께서 뭐라고 하셨는지 아십니까. "이놈아, 그래야 너같은 걸 사랑하지 않겠느냐" 하시더라는 것입니다. 조금 맹추라야 사랑도 하지. 그렇지 않습니까. 중요한 얘기입니다. 그런데 사도 바울은 사랑을 이렇게 표현하고 있습니다. '기도할 때마다 계속적으로 생각합니다. 그리고 하나님께 늘 감사합니다.' 생각하고 감사하고 생각하고 감사하고―그게 사랑입니다. 생각할 때마다 분하고 기도할 때마다 눈물이고 한이 맺혔다면 그것은 사랑이 아닙니다. 바울은 로마감옥에서 생각을 합니다. '믿음의 아들 디모데.' 기도할 때마다 그 이름을 기억하고 그를 위해서 기도하고 그리고 하나님께 감사하고 또 기쁨으로 가득하게 하려 합니다. "내 기쁨이 가득하게 하려 함이니" 하였습니다. 그렇습니다. 요약해서 말하자면 기도하고 감사하고 기뻐하고, 그것이 사랑입니다.

　사도 바울은 디모데에 대해서 오늘본문에 보면 세 가지를 먼저 말씀하고 있습니다. 디모데 자신의 믿음을 이렇게 평가하고 있습니다. '네 믿음, 네 속에 있는 믿음, 그것은 거짓없는 믿음'이라 하였습니다. '거짓없는 믿음'이라고 한마디로 말씀하고 있습니다. 거짓없는 믿음, 진실한 믿음—무슨 믿음입니까. 진실이란 행동으로 나타나는 것이며 지속성을 가지고 있습니다. 한번 믿는 듯하더니 없어졌다면 그것은 거짓믿음입니다. 또한 사람 앞에 나타내려고 하는 믿음은 거짓믿음입니다. 사람 앞에 거짓말을 하거든요. 하나님 앞에는 거짓말이 안통하거든요. 그런데 사람에게 보이려고 하는 믿음이 아니고 하나님 앞에 정직한 믿음인 것입니다. honest to God, 하나님 앞에 정직합니다. 그래서 거짓없는 믿음이라고 하였습니다. 하나님의 말씀을 말씀대로 가감없이 받아들입니다. 거짓없는 믿음입니다. 그런가하면 철저하게 은혜중심입니다. 그래서 거짓없는 믿음이라 하였습니다. 또하나, 거짓없는 믿음이란 곧 '순종'을 말하는 것입니다. 믿음은 곧 순종입니다. 믿으면 순종하게 됩니다. 믿음이 없다면 순종할 수가 없습니다. 그 속에 진실한 믿음이 있으면 자연스럽게 쉽게 순종의 열매를 맺게 되는 것입니다. 그렇기 때문에 거짓없는 믿음은 행동이 있는 믿음이요 열매가 있는 믿음이요 헌신이 있는 믿음입니다. 그런데 야고보서에 보면 '믿음이 있노라 하고 행함이 없으면 거짓믿음이다. 죽은 믿음이다'하였습니다(약 2:14-17). 정말로 믿으면서 어떻게 행동이 따라가지 않겠습니까. 여러분, 어떤 때 집에 있는데 누가 "불이야!"한다고 합시다. 불이 났다고 하는 그 소리를 믿는 사람은 밖으로 나갈 것이고 안믿는 사람은 안나가겠지요.

그런데 믿고도 안나가는 사람이 있다고 한다면 그건 정신병자지요. 참믿음은 하나님의 말씀을 수용하는 믿음인 것입니다. 하나님의 진리를 사실대로 받아들이는 믿음입니다. 이것을 받아들일 때 어떻게 행동하지 않을 수 있고 헌신하지 않을 수 있고 순종하지 않을 수 있겠습니까. 그래서 사도 바울은 디모데의 믿음을 가리켜 참 귀한 믿음이다, 거짓없는 믿음이다, 하였습니다. 바리새적인 믿음은 위선적인 것입니다. 디모데의 믿음은 진실한 것이었습니다. 그래서 "거짓이 없는 믿음"이라고 칭찬을 한 것입니다. 두 번째는 '전통이 있는 믿음이다' 하였습니다. family background가 좋습니다. family tradition이 좋습니다. 가정적 전승을 가지고 있습니다. 뿌리가 있는 믿음입니다. 자기 혼자만의 믿음이 아니고 할머니와 어머니로부터 이어받은 믿음입니다. 어렸을 적부터 믿었다, 그 말씀입니다. 믿음의 가정에서 자랐습니다. 전통이 있는 믿음입니다. 디모데는 아버지가 헬라사람이요 어머니가 히브리사람이었습니다. 그런데 이스라엘의 전통은 지금도 이렇습니다. 이스라엘사람들끼리 남녀가 결혼을 하는 것이 정상이지만 역시 사랑은 국경을 넘습니다. 그렇게만 되지를 않는 것입니다. 그래서 히브리남자와 예를 들어 한국여자가 서로 결혼을 했다고 합시다. 그 사이에 아이가 태어났다면 그 아이는 히브리사람이 못됩니다. 그것은 이방사람입니다. 한국사람이고 맙니다. 그런데 히브리여자와 한국남자가 결혼을 했다면 거기서 태어나는 아이는 히브리사람이 됩니다. 무슨 말이겠습니까. 신앙은 모계인 것입니다. 이걸 알아야 됩니다. 우리 한국에서는 철저하게 혈통은 부계로 이어지지만 신앙은 모계입니다. 어머니들 책임이 큽니다. 왜요? 여러분 잘 아시지 않습니까. 모세가 어렸을 때, 그가 어렸을 때 어머니 품에 자랍니다. 말도 잘 못하지만 어머니는 '너는 히브리사람이다. 너는 히브리사람이다' 가르쳤습니다. 그가 바로의 궁전에 들어가 40년을 살았습니다. 그러나 그는 속에 히브리전통적 신앙을 가지고 있었습니다. 그걸 잊지 말아야 합니다. 그건 누가 가르쳤습니까. 어머니가 가르친 것입니다. 어머니의 신앙적 교육이 신앙적 전통을 만든 것입니다. 어머니는 참 중요한 것입니다. 그래서 오늘본문에도 "이 믿음은 네 외조모 로이스와 네 어머니 유니게 속에 있더니 네 속에도…" 좋은 전통을 가지고 있습니다. 좋은 신앙의 유산을 이어받은 믿음의 사람이다, 그런 말씀입니다. 대단히 중요한 말씀입니다. 제가 누구라고는 안밝히겠습니다마는 어느 목사님이 대학을 다니는 중에 예수를 처음으로 믿었습니다. 그전에는 좀 세상적으로 살았다고 합니다. 그때부터 예수를 믿고 철저하게 돼서 이제 목사가 됐지마는 그분이 가끔 저를 보고 말합니다. "저는 이렇게 목사가 됐지만 우리 교역자들 얘기할 때 우리 어머니가, 우리 아버지가 장로님이고, 목사님이고, 어머니의 기도가 어떻고… 하는 말만 들으면 그만 복통이 터져요." '나는 어쩌다가 그런 가정에 태어나질 못했나?'싶다는 것입니다. "왜 그렇게 생각을 하나?"했더니 하는 말이 그 이유가 있다는 것입니다. 어렸을 때부터 신앙생활을 한 게 아니기 때문에 가끔가다가 치밀어오르는 무엇이 있다는 것입니다. 가끔 포장마차집 앞을 지나갈 때면 옛날에 가던 곳이라서 들어갈까 말까, 들어갈까 말까, 한다는 것입니다. 어렸을 때부터 죽 믿은 사람은 그런 거 없지 않습니까. 생각해보십시오. 담배를 평생 안피우는 사람은 그거 뭐 끊으려고 애쓸 것도 없지요. 피우려고 애쓸 것도 없고. 그러나 담배를 많이 피우던 사람은 지금 끊고 신앙생활 잘하지만 10

년이 넘고 20년이 넘어서도 아직도 그 냄새가 코에 들어오면 '좋구나' 한다는 것입니다. 요걸 어떡할 것입니까. 그런고로 전통적으로 온 신앙이 중요한 것입니다. 이제라도 내가 믿고 내 아들 손자 죽 믿게 하는 것은 참 중요한 일입니다. 제가 목사된 지 40여 년 되고보니 제가 결혼주례 해준 사람 아이들 물론 유아세례 주지요. 내가 유아세례 준 사람 또 결혼주례 해줍니다, 제가. 거기서 태어난 아이들 또 유아세례 해줍니다. 내 그것까지 결혼주례 해야겠는데 그게 문제이지요. 그렇지 않습니까. 그런데 얼마나 아름답습니까. 지난번에도 크리스마스 때 보니 한 130명쯤인데 그 아이들 바글바글하는 가운데 가만히 보니 아빠 엄마가 전부 내가 결혼주례 해준 사람들입니다. 다 한둘씩 낳아가지고 온 것입니다. 이걸 뭐라고 하는지 아십니까. biological growth라고 합니다. 생리학적 성장이라고 합니다. 교회가 생리학적으로 성장해나가지 않습니까. 그건 아주 튼튼한 것입니다. 오늘본문 보십시오. '외조모 로이스, 어머니 유니게의 그 믿음이 네게도 있구나.' 전통있는 그 믿음을 이렇게 칭찬하고 있습니다. 제가 한 사람을 인용하고 싶습니다. 아우구스티누스의 어머니 모니카, 이 모니카라고 하는 여인은 유명한 사람이지요. 그는 안믿던 남편의 구원을 위해서 16년을 기도했습니다. 아들을 위해서 30년을 기도했습니다. 그래서 남편을 예수믿게 했고 아들을 성자되게 했습니다. 그런데 아우구스티누스가 하는 말을 들어보십시오. '나의 어머니는 내가 어머니의 젖과 함께 구주 그리스도의 이름을 마시고 자라나게 했다.' 어머니는 나에게 젖도 먹게 하셨지만 구주 예수 그리스도의 이름을 먹게 하여 나를 키우셨다, 하는 말씀입니다. 그리고 그가 회심한 후, 신앙에 깊이 들어간 다음에 한 말 가운데 더 유명한 말이 있습니다. '오 주님, 만약에 제가 당신의 자녀라면 그것은 당신이 먼저 당신의 자녀다운 어머니를 제게 주셨기 때문입니다.' 그는 이런 말도 했습니다. '위하여 기도하는 어머니가 있는 자식은 절대로 망하지 않는다.' 자기체험입니다. 외할머니와 어머니의 기도가, 그 믿음이 디모데에게 이어졌습니다. 이렇게 바울은 그 믿음의 전통성을 칭찬하고 있습니다.

그 다음에는 사명감입니다. 사명감에 대해서는 여기 이제 또하나의 아버지가 있습니다. "내가 나의 안수함으로…" 사도 바울이 디모데를 안수했거든요. 그 시간이 아들입니다. 아버지가 아들에게 안수를 했습니다. 그런 관계입니다. 그래서 그는 말씀합니다. "나의 안수함으로 네 속에 있는 하나님의 은사를 다시 불일듯하게 하기 위하여…" 믿음의 아버지가 믿음의 아들에게 선교사로 안수하게되는데 안수하게될 때 특별한 은사가 있었습니다. 성령의 충만함을 받았던 것같습니다. 대개가 그렇습니다. 사실로 우리가 장로로 안수받든지 목사로 안수받든지, 보면 안수할 때 대체로 그때에 감격하지 않는 사람이 없고 또 눈물흘리지 않는 사람이 없습니다. 그때의 결심 참 대단하지요. 그야말로 "죽도록 충성하겠습니다" 맹세하는 시간이거든요. 하나님 앞에 헌신하는 시간입니다. 그때의 그 마음 가지고만 일생을 산다면야 오죽이나 좋겠습니까. 그런데 이게 이제 좀 휘청거리거든요. 바울이 그래서 하는 말씀입니다. '안수받을 때의 그 은사를 오늘와서 불일듯하게 하려 함이다.' 다시 옛날 그때로 돌아가서 일으키게 하려는 것입니다. 처음감격, 처음헌신, 처음결단, 다시 일으켜서, 그래서 철저한 하나님의 사람으로 살아가게 하기 위해서 내가 기도하고 있다, 그래서 이 편지를 쓴다, 하는 말씀입니다.

그 다음으로 "하나님이 우리에게 주신 것은 두려워하는 마음이 아니요 오직 능력과 사랑과 근신하는 마음이니" 하였습니다. 두려워하는 마음—그렇습니다. 잘 하려는 두려운 마음, 충성되지 못할까봐 두려워하는 마음, 실수할까봐 두려워하는 마음, 실적이 없다고 두려워하는 마음, 실패할까 두려워하는 마음… 하나님의 일에는 실패란 없습니다. 두려워하는 마음을 가질 필요도 없습니다. 모든것이 하나님의 능력 가운데서 되는 일이므로, 모든것이 하나님의 사랑 안에서 되는 일이므로입니다. 다만 근신할 뿐입니다. 우리 스스로 판단할 것은 아무것도 없습니다. 온전히 헌신했다면 이렇게 돼도 저렇게 돼도 다 잘되어가는 일일 것입니다. 합동하여 선을 이룰 것입니다. 미완성의 과정 속에서 만족하는 것이 하나님의 사역입니다. 하나님의 일 하는 사람이 뭐 '여기까지 하겠다'하는 것, 교회로 말하면 '만 명 모였으면 좋겠다, 이만 명 모였으면 좋겠다'하는 것, 다 쓸데없는 소리입니다. 그저 하나님 허락하시는 데까지 내가 나로서 충성을 다해갈 뿐입니다. 잘하면 얼마나 잘하겠습니까. 성공하면 얼마나 성공하겠습니까. 하찮은 일입니다. total commitment—완전히 헌신한 사람은 아무런 두려움이 없습니다. 왜요? 벌써 다 알고 있기 때문입니다. 내가 실수한 것도 하나님께서는 성공으로 만드십니다. 내가 잘못한 것도 더 잘된 결과로 옵니다. 이 많은 과정을 거치고나면 아무것도 두려워할 것 없습니다. 다 하나님의 능력 안에서 되는 일입니다. 다 하나님의 사랑 안에서 되는 일이기 때문입니다. 그런고로 부지런히 근신하며 조용히 과정을, 미완성 속에 제자도를 지켜가는 것입니다.

그리고 오늘 사도 바울은 말씀합니다. 감옥에 있으면서 두 가지의 명령을 합니다. 하나가 부끄러워 말라, 하는 것이고 하나는 고난을 받으라, 하는 것입니다. 부끄러워 말라—강한 명령입니다. '갇힌 자 된 나를 부끄러워하지 말라.' 왜요? 믿음의 아들로 바울을 생각할 때 좀 괴롭거든요. 부끄럽거든요. 여러분 잘 모르겠지만 우리교회는 이렇게 새벽기도를 꾸준히 하고 있지 않습니까. 저도 한평생 새벽기도를 하지만 사실은 제가 새벽기도 꼭 해야 구원받는다, 생각하지도 않고 새벽기도 빠지면 큰일난다고 생각하지도 않습니다. 솔직히 말해서 제가 새벽기도를 계속할 수 있었던 것은 북한에서 고생하시는 어머니 때문이었습니다. 그 어머니 생각이 나서 이 설교 준비하면서 88장찬송을 부른 것입니다. 그 찬송은 우리 어머니 찬송입니다. 그저 그거 부르거든 '목사님, 어머니 생각하시는구나'하면 됩니다. 어머니가 그렇게 좋아 부르시던 찬송입니다. 그런데 이거 보십시오. 그 어머니를 생각합니다. 그 어머니가 무너진 예배당터에 가서 그 눈이 오는데 가마니때기 쓰고 거기 엎드려 기도하고 계십니다. 그걸 본 사람이, 제게 여러 사람이 그 얘기를 해주었습니다. 지난번에 가서 어머니가 기도하던 그 터에 서서, 한참 서서 묵상을 하고 생각해 보았습니다. 예배당은 무너졌지만 그 터에 가서 엎드려 기도하고 밤을 새우는 그 어머니의 이 자식이 그래 누워잘 수 있겠습니까. 누워잔다면 몹쓸자식이지요. 정신없는 자식이지요. '그래 너의 어머니는 그렇게 기도하는데 너는 잘 거냐?' 이것입니다. 그런데 그렇다고해서 제가 어머니를 대하기에 합당할 만큼 그렇게 충성과 진실을 다하지 못하지 않습니까. 부끄럽지 않습니까. 오늘 사도 바울의 입장을 보면 이제 알 수 있습니다. 지금 로마감옥에 있습니다. 무진고생을 하고 언제 죽을는지 모릅니다. 믿음의 아버지는 감옥에 있는데 디모데가 충성을 다하느라고 하긴 해도 가끔 게으르기도 하고 실수도 하고, 그렇지 않겠습니까. 그럴 때마다 부끄러운 것입니다. 사도 바울을 대할 때 부끄러운 것입니다. 죄송스럽습니다. 그 아버지의 그 아들이 못되지 않습니까. '아버지, 죄송합니다. 제가 시원치 않아서 아버지는 감옥에서 그 고생을 하시는데 나는 이렇게저렇게 몸이 약하고 게으르고 신실치 못합니다.' 부끄러워하는 것입니다, 지금. 구체적으로 부끄러워하는 것입니다. 그래 하는 말씀입니다. '감옥에 있는 나를 부끄러워하지 말라.' 얼마나 실제적이고 심리학적이고 너그러운 아버지의 말씀입니까. '내가 감옥에 있다고해서 부끄러워하지 말라.' 아버지가 감옥에 있으면 예를 들어 좋은 음식을 먹으려다가도 '아이구, 아버지는 저렇게 고생을 하는데 내가 이 음식이 목에 넘어가나?' 하게 되는데 잘 넘어가요, 또. 이게 부끄럽지요. 그렇지 않습니까. 그렇다고해서 어떻게 살아야겠습니까. 사도 바울이 '야, 부끄러워하지 마라' 합니다. 나는 왜 바울처럼 고생하지 못하나, 왜 나는 감옥에 있지 않는가, 이걸 부끄러워할 것 없는 것입니다. 바울의 깊은 뜻은 이렇습니다. 순교보다 중요한 것은 순교적으로 사는 것입니다. 순교는 일시적으로 가능합니다. 5분이면 끔벅 넘어갑니다. 지난번 북한에서 온 분 한번 만나봤더니 그럽디다. "여러 사람 순교하는데 나만 남았습니다. 아 5분이면 결정이 나는데 나를 안죽여주어서 아직도 살아 있습니다." 그리고 눈물흘리며 기도하는 걸 보았습니다. 순교라는 거, 정말 5분이면 되는 일입니다. 그런데 순교적으로 살기가 힘듭니다. 그게 어려운 것입니다. 꼭 감옥 안에만 순교가 있는 게 아닙니다. 감옥 밖에서도 순교적으로 사는 생활의 기능이 있는 것입니다. 보십시오. 스데반은 죽어서 하나님의 일을 했습니다.

바울은 살아서 하나님의 일을 했습니다. 꼭 감옥에 가야만 하나님의 일 하는 게 아닙니다. 그런고로 사도 바울은 말씀합니다. '내가 감옥에 있고 너는 감옥 밖에 있다고 절대로 부끄러워하지 마라. 그리고 고난을 받으라.' 고난을 받으면 그게 바로 순교다, 그게 순교에 합당한 생활이다, 어떻게? "하나님의 능력을 좇아"입니다. 내가 고난당하는 것, 하나님의 능력이 없어서가 아닙니다. 하나님의 능력이 있기에 고난을 당하는 것입니다. 그 고난은 하나님의 능력으로 능히 이길 수가 있는 것이기 때문입니다. 능력이 있다면 고난을 피하고 고난을 당하지 말아야 할 것처럼 생각하나, 아닙니다. '하나님의 능력을 좇아 고난을 당하라.' 그리고 '복음과 함께 고난을 당하라' 합니다. 베드로전서에 보는대로 애매하게 고난당하는 일이 있고 죄가 있어서 고난당하는 일이 있고 하나님의 영광을 위해서 자진해서 고난당하는 일이 있습니다. 오늘본문에서 말씀합니다. '복음과 함께, 오직 복음을 위하여, 자발적으로, 자원적으로 고난을 당하라' 명령합니다. 부끄러워 말라, 복음과 함께 고난을 당하라—이렇게 간결하게, 확실하게 명령하고 있습니다. △

본받아 지키라

 하나님이 우리를 구원하사 거룩하신 부르심으로 부르심은 우리의 행위대로 하심이 아니요 오직 자기 뜻과 영원한 때 전부터 그리스도 예수 안에서 우리에게 주신 은혜대로 하심이라 이제는 우리 구주 그리스도 예수의 나타나심으로 말미암아 나타났으니 저는 사망을 폐하시고 복음으로써 생명과 썩지 아니할 것을 드러내신지라 내가 이 복음을 위하여 반포자와 사도와 교사로 세우심을 입었노라 이를 인하여 내가 또 이 고난을 받되 부끄러워하지 아니함은 나의 의뢰한 자를 내가 알고 또한 나의 의탁한 것을 그날까지 저가 능히 지키실 줄을 확신함이라 너는 그리스도 예수 안에 있는 믿음과 사랑으로써 내게 들은 바 바른 말을 본받아 지키고 우리 안에 거하시는 성령으로 말미암아 네게 부탁한 아름다운 것을 지키라
(디모데후서 1 : 9 - 14)

본받아 지키라

　오늘본문의 말씀은 아주 짧은 말씀입니다마는 읽으신대로 조금 이해하기가 어렵습니다. 번역상의 문제도 없지 않으나 여러 번 여러 번 묵상하면서 읽어야 알 수 있는 말씀입니다. 또한 그 내용은 복음 중의 복음입니다. 이것은 기록된 복음, 특별히 복음에 나타난 교리를 축소 요약한 것같은 인상을 주는 말씀입니다. 사도 바울이 디모데에게 지나가는 말같이 편지를 쓰고 있습니다마는 역시 바울의 마음속은 복음으로 가득차 있습니다. 다시 신학적으로 말하자면 기독교교리로 가득차 있는 그러한 심령이었기에 이 편지 몇절 쓰는 가운데 기독교교리를 요약하고 있습니다. 놀라지 않을 수가 없습니다. 그래서 이 내용을 소위 'Little gospel—작은 복음'이라고도 이릅니다. 우선 세 단어를 눈여겨봐야 됩니다. 9절에 "하나님이…"라고 말씀합니다. 그리고 좀더 나가다가 이제 11절에 보면 "내가…"라고, 13절에 가서는 "너는…"하고 말씀합니다. 이 세 단어가 오늘본문을 요약하는 핵심말씀입니다. 하나님이, 내가, 너는—이렇게 삼자를 말씀하고 있습니다. 그 속에 복음이 있는 것입니다. 하나님이 누구냐, 하나님 안에 있는 내가 누구냐, 나에게 복음을 들은 너는 누구냐—참으로 중요한 얘기입니다. 하나님, 나, 너—이 관계 안에서 구원의 역사가 이루어집니다. 오늘도 이것을 우리 생활 속에 전용해서 말하면 바로 하나님, 하나님이 누구냐가 중요하고, 그 다음에는 하나님과 나와의 관계에서 내가 누구인가가 중요하고, 나와 이웃과의 관계에서 저와 내가 어떤 관계에 있느냐, 입니다. 이런 문제입니다. 이것이 오늘본문에 아주 간결하게, 확실하게 나타나고 설명되어 있습니다.

먼저 9절에 봅시다. "하나님이 우리를 구원하사" 하였습니다. 하나님께서 구원하십니다. 구원의 주체는 언제나 하나님이십니다. 하나님뿐입니다. 그런데 하나님께서 우리에게 어떻게 역사하시느냐? 먼저 부르셨다고 말씀합니다. 소명입니다. 소명이라 할 때 우리가 뺄 수 없는 중요한 역사적 증거가 있습니다. 바로 아브라함을 부르신 것입니다. 하나님께서 아브라함을 부르십니다. 또 야곱을 부르십니다. 이삭을 부르십니다. 그리고 모세를 부르십니다. 하나님께서 직접 이름을 부르십니다. 아무 조건도 없습니다. 일방적으로 많은 사람들 가운데서 한 사람을 부르십니다. 이것을 '선택'이라 하고 '소명'이라 합니다. 모세가 하나님을 부른 것이 아닙니다. 하나님께서 모세를 부르신 것입니다. 아브라함이 하나님 앞에 어떤 모습으로 섰는지 성경에는 기록이 없습니다. 하나님께서 갈대아 우르에 있는, 우상이 가득한 곳에 살고 있는 아브라함을 부르셨습니다. 이 소명은 어떻게 이루어지는 것인가. '오직 하나님의 뜻으로 영원한 때 전부터'라고 합니다. 하나님의 뜻, 당신의 깊으신 뜻, 그것이 주도적으로 역사하는 것입니다. 우리가 하나님께 나아가 인정을 받고, 우리가 하나님 앞에 선하고, 하나님 앞에 의를 이루어가지고 그 자격이 어디만큼 도달한 다음에 하나님께서 우리를 부르신다는, 그런 얘기가 아닙니다. 오히려 하나님께서 당신의 뜻을 따라 우리를 부르시고, 그리고 그로하여금 부르심에 합당한 사람으로 만들어가시는 것입니다. 존재의 문제보다 중요한 것은 만들어가신다는 것입니다. 우리가 자녀를 낳아보아도 그렇지 않습니까. 자녀를 낳아놓자마자 여기에 뜻이 있습니다. 뜻을 뒀습니다. 저도 제가 처음으로 자식을 뒀을 때

'너는 내가 부르심받아 목사된 것처럼 목사가 되어라'하였습니다. 또 그렇게 하나님 앞에 기도드렸습니다. 그리고 그 방향으로 키웠습니다. 그 방향으로 가르쳤습니다. 너는 앞으로 목사가 될 것이니 이러해야 한다, 이러해야 한다—이런 뜻으로 키웠습니다. 그런데 제 아들도 또 자기 아들딸을 낳아놓고 하는 소리가 둘 다 목사 만들겠다, 하더라고요. 그런 뜻이 있습니다. 그 뜻은 일방적인 것입니다. 우선적인 것입니다. 주도적인 것입니다. 나아가 창조적인 것입니다. 그렇게 부르고 그렇게 지명하고 그렇게 키워가는 것입니다. 이것이 구원의 역사입니다. 우리가 '구원의 역사'라 할 때는 내가 예수믿은 것처럼 착각을 하기 쉽습니다. 그게 아닙니다. 그가 나를 부르시고 나로하여금 믿게 하신 것입니다. 어찌생각하면 안믿을래야 안믿을 수 없도록 강권적으로 역사하신 것입니다. 오직 당신의 뜻, 영원 전부터 정하신 그 뜻에 의하여입니다. '뜻'이라는 말을 좀더 신학적으로 강하게 표현할 때는 '예정'이라고 합니다. 예정은 하나님의 초월하신 구원의 뜻을 의미하는 것입니다. 하나님의 마음속에 있는 의지를 말하는 것입니다. 그 의지가 먼저입니다. 무엇보다도 먼저입니다. 그래서 이런 중요한 교리를 오늘 여기서 말씀하고 있습니다. 또한 그 하나님의 역사는 "그리스도 예수 안에서"입니다(9절). 그리스도 안에서 이루어지는 것입니다. 이것은 놀라운 일입니다. 하나님의 예정하심은 그리스도 안에서 이루어집니다. 에베소서 1장 4절에 보면 "그리스도 안에서 우리를 택하사"하였습니다. 'God chose us in Christ—하나님께서 우리를 그리스도 안에서 예정하셨다'—이렇게 말씀합니다. 거기에 엄청난 신비로운 의미가 있습니다. 이것은 기계론적인 게 아닙니다. 철학적인 게 아닙니다. 운명적인 게 아닙니다.

가장 높은 인격적인 것이자 그리스도론적인 것입니다. 여러분이 지금 말씀드리는 이 내용을 다 이해할 수 있다면 박사 됩니다. 아주 중요한 것입니다. 기독교교리에 있어서 아주 핵심적인 것입니다. '그의 예정하심과 그리스도 안'이라는 말의 뜻을 합해서 종합적으로 이해할 수 있을 때 여러분의 신앙은 확실해질 것입니다. 이것은 어렵지만 우리 소망교회 교인쯤 됐으면 이해하여야 됩니다. 이해하도록 힘을 써야 됩니다. 그래야 흔들리지를 않습니다. 아주 중요한 것입니다. '하나님의 뜻, 그것은 그리스도 안에서 주신 것이다' 하고 사도 바울은 에베소서의 말씀과 같은 맥락의 말씀을 하고 있습니다. 그리고 좀더 실제적으로 설명합니다. '행위대로가 아니고 은혜대로'라 하였습니다. 하나님의 뜻이 운명적인 것이 아닙니다. 은혜적인 것입니다. 율법적인 것이 아닙니다. 은혜적인 것입니다. '그리스도 안에서'란 바로 은혜적인 것을 의미하는 것입니다. 다시말하면 율법이 아니고 은혜입니다. 여기서 우리가 율법주의와 은혜, 그 사이의 관계를 잘 이해하여야 됩니다. 은혜와 율법의 관계, 이것은 기독교신학의 전부라고 말할 수 있습니다. 그런데 오늘본문에 '행위대로가 아니고 은혜대로'라고 말씀합니다. 그리스도 안에서, 그리고 영원하신 경륜—이렇게 설명하고 있습니다. 이제 여기까지 하나님께 대하여 말씀하면서 그의 독특한 기독론을 여기서 폅니다. 너무나도 귀한 말씀입니다. 10절 봅시다. "이제는 우리 구주 그리스도 예수의 나타나심으로 말미암아 나타났으니" 하였습니다. 하나님의 구원의 경륜, 하나님의 구원의 뜻—영원하신 뜻이 나타났습니다. 나타났다—헬라말원문 '파네로데이산'은 영어로 'manifested'입니다. 그리고 "그리스도 예수의 나타나심으로"에서의 '나타나심'은 '에피파네이아스'

로 같은 말입니다. appearance입니다. 그 비밀한 것이 오늘 눈에 보이게 나타났다는 말씀입니다. 이 얼마나 소중한 얘기입니까. 생각해 보십시오. 하나님께서 아브라함을 부르십니다. 그런데 고향을 떠나라, 말씀하십니다. 이 말씀 속에 귀중한 구원론이 숨겨져 있습니다. 이스라엘이 애굽에 보내져서 고생했지마는 그들을 애굽으로부터 구원하십니다. 모세를 통하여 구원하십니다. 홍해를 건너 광야를 지나 요단 강을 건너갑니다. 이런 출애굽사건, 이 출애굽의 역사사건은 굉장히 중요한 말씀입니다. 이게 구원론적이고 교회론적이고 성경론적이고 합니다. 율법과 은혜의 모든 교리가 거기서 다 설명되고 있습니다. 그러나 그것은 그림자적입니다. 그 중에도 제일 핵심적인 것이 레위기입니다. 양을 잡아 제사를 드립니다. 양을 잡아 피를 바칩니다. 그 피를 바치고 지글지글 타오를 때 죄인은 그 앞에 꿇어엎디고 있습니다. 이렇게 양과 소를 잡아서 제사드리는 그 많은 제사행위, 이게 뭡니까. 그건 그림자입니다. 상징입니다. 그 속에 귀한 의미가 있습니다. 그 귀한 구원의 뜻이 예수 그리스도 안에서 나타났다, 하는 것입니다. 나타났다―에피파네이아스, 아주 중요한 얘기입니다. 그러니까 예수 그리스도의 사건을 하나의 인간의 역사로 보는 게 아닙니다. 예수로 말미암아 이뤄놓은 구원의 사건으로 보는 게 아닙니다. 하나님의 계시가 그리스도사건 속에 나타났다는 것입니다. 오랫동안 감춰져 있던 것이 예수사건 속에서 나타났다는 것입니다. 어떻게? 보도록, 알도록, 확실하게 우리가 받아들일 수 있도록 입니다. 바로 우리가 그 세대에 살았다는 게 얼마나 행복합니까.

　이제 중요한 것은 이것입니다. 그렇다면 이제는 그리스도 안에서 우리는 하나님의 뜻을 읽어야 한다는 것입니다. 그리스도 안에서 구약에 나타난 상징을 다 해석할 수 있어야 됩니다. 예수 그리스도 안에서 우리는 역사를 읽을 줄 알아야 됩니다. 새로운 시각으로 역사를 보는 것입니다. 예수 그리스도 안에서 하나님의 계시를 보는 것입니다. 그러므로 예수님의 그 십자가사건을 하나의 계시로, 내게 향한 하나님의 영원한 계시로, 그렇게 받아들이는 것이 예수믿는 신앙의 골자입니다. 그걸 잊지 말아야 합니다. 이것은 반드시 알아야 될 부분입니다. 그리스도사건을 계시로 읽었습니다. 그래서 "저는 사망을 폐하시고 복음으로써 생명과 썩지 아니할 것을 드러내신지라"하였습니다. 예수부활을 말씀하는 것입니다. 부활로 말미암아 우리에게 주어지는 생명의 영원한 약속을 말씀하는 것입니다. 그런데 이것은 율법적 관계가 아니고 은혜입니다. 은혜는 곧 예수 그리스도십니다. 예수 그리스도 안에 은혜의 승리, 영원한 은혜의 승리를 보여주십니다. 그것은 복음이요 그것은 영원한 생명을 말씀하는 것입니다. 여기까지가 복음입니다. 복음—예수 그리스도 안에 있는 영원한 진리가 나타난 그 복음, 그리스도를 통해서 영원한 진리를 다 보고 읽고 깨달아야 됩니다. 깨달을 수 있습니다. 이런 귀한 진리를 우리가 받았습니다. 복음. 그런데 사도 바울은 말씀합니다. 그 복음과 나는 어떤 관계가 있느냐? 언제나 사도 바울은 이런 면에서 아주 훌륭합니다. 추상적인 진리로 말씀하지 않고 증거적 진리로 말씀합니다. 경험적 진리로 말씀한다는 데 생명력이 있습니다. 그렇다더라, 누가 그러더라, 하는 것이 아닙니다. 내가, 내가… 내가 믿고, 내가 증거하고… 나와의 관계, 나를 구속하신 그리스도…

이렇게 설명하는 데 바울의 말씀의 능력이 있는 것입니다. 그렇지 않습니까? 남의 얘기로만 말하고 내가 뒷전에 서서 뭘 하겠습니까. 아이들과 음식을 먹어보면 그렇습니다. 대개 좀 여유있는 집 외아들이 밥을 잘 안먹지요. 그래서는 비쩍 말라 돌아갑니다. 그래 자꾸 "먹어라, 먹어라, 좋으니까 먹어라, 좋으니까 먹어라"하지만 아무리 권해도 잘 안먹어줍니다. 그런데 식구가 많은 집 아이들은 또 먹지 말라고 그래야 됩니다. 서로 먹으려고 대드니까요. 조금 어물어물하다가는 못얻어먹으니까 갖다놓자마자 우 달려드니까요. 결국은 이게 중요합니다. 맛이 있다, 몸에 좋다, 할 것 없이 내가 먹으면 따라 먹는 것입니다. 사실 아이들에게는 입맛이 따로 없답니다. 어머니가 먹는 얼굴 보고 먹는답니다. 어머니가 맛있게 먹으면 아, 맛있다, 벌써 입에 군침이 도는 것입니다. 그런데 어머니 자신은 안먹으면서 아이 보고 먹어라, 하면 되겠습니까. 요새 큰 문제 되고 있는 담배, 그것도 그렇습니다. 아, 아버지가 담배피우는 거 좋거든요. 자기는 피우면서 "피우지 마"하니 아이들이 '아버지 보니까 담배 되게 좋아하던데… 아버지는 줄담배 피우면서. 아, 눈뜨자마자 피우고 밥먹자마자 피우고, 그러던데, 좋은 건가본데 나도 빨리 피워야지'하게 되고, 그래서 초등학생때부터도 피우는 것입니다. 그걸 어떻게 말립니까. '내가'라고 하는 게 이렇게 중요한 것입니다. 이 주관적 체험이라는 것이 엄청나게 중요합니다. 그런고로 예수님께서 '네가 나의 증인이 되리라'하셨습니다. 증인은 경험자입니다. 산 체험에서 설명하는 자가 증인이거든요. 사도 바울은 지금 "내가 이 복음을 위하여 반포자와 사도와 교사로 세우심을 입었노라"합니다. '케뤽스' '아포스톨로스' '디다스칼로스' — 이렇게 세 가지로 말씀합니다. '케뤽스'라는 말은 '케뤼세인'이라는 동사에서 나옵니다. 영어로는 proclaim 혹은 herald라는 말입니다. 군사용어입니다. 군대가 전쟁을 할 때,

저쪽을 향해 쳐들어갈 때, 그냥 막 쳐들어가는 게 아니라 먼저 전령을 보내서 항복을 받으려고 합니다. 자꾸 싸우고 그럴 것 없으니까 항복만 해주면 그냥 다 용서하는 것입니다. 그래서 "항복하라"하고 먼저 사람을, 전령을 보냅니다. 그게 바로 케뤽스입니다. 예수의 복음을 전령자가 되어서 먼저 가서 선포하는 것입니다. "항복하라" 혹은 "새 임금이 오신다. 영접하라. 새로운 임금님을 영접하라"하고 소리를 지르는 것입니다. 왕권을 가지고, 왕의 권세를 대신해서 가서 외칩니다. 이게 바로 전령자입니다. 이런 반포자가 됐다, 하는 것입니다. 두 번째는 '사도'라고 하였습니다. 사도의 권세, 사도권을 말씀하고 있습니다. 예수 그리스도로부터 복음을 받아 전하는 소위 **apostolic authority**, 사도적 권세입니다. 이제 나를 영접하는 것은 그리스도를 영접하는 것이다, 합니다. 바울을 영접하는 것은 그리스도를 영접하는 것이고 바울을 사랑하는 것은 그리스도를 사랑하는 것입니다. 그래서 사도입니다. 보내심을 받은 분이니까 그리스도와 같은 그런 권세를 가지고 임하게 됩니다. 사도권, 이것을 강조합니다. '나는 사도다. 그리스도의 보내심을 받아서 그리스도의 권세로 너희에게 복음을 전하는 자니라.' 사도라 하였습니다. 세 번째는 '교사'라 하였습니다. 디다스칼로스, 이것은 '선생'입니다. 선생은 어떤 것이냐? 진리와 진리를 받은 자의 문화 속에서 가지는 문제를 해석해주는 자입니다. '복음은 당신들에게 이런 의미가 있습니다. 성경은 당신들에게 이런 의미가 있습니다. 우리는 이 복음을 가지고 이렇게이렇게 살아가야 하겠습니다. 헬라문화권 속에서 혹은 히브리문화권 속에서 이 복음은 이렇게 해석되어야 됩니다.' 그 해석을 해서 그 문화 안에서 소화할 수 있도록 해주는 사람입니다. 이게 선생입니다.

무릇 선생님들이 하는 일이 뭡니까. 진리는 어디나 있지마는 이 진리를 그 나이에 맞도록, 그 생활에 맞도록 설명을 합니다. 그래서 자기생활 속에서 이 진리를 받아들이고 소화하고 실천할 수 있도록 가르칩니다. 그게 바로 선생입니다. 사도 바울은 '반포자와 사도와 교사가 되었노라. 이 복음을 위하여 나는 이렇게 살아가고 있다'합니다. 이 문제에 대해서 그는 굉장히 자랑스럽게 생각했습니다. 그래서 오늘본문에 '이 고난을 받되 부끄러워하지 않는다. 내가 이 복음 전하기 위하여 사도로서 고난을 받아도 부끄러워하지 않는다'하였습니다. 로마서에 볼 것같으면 복음을 부끄러워하지 않는다, 하였습니다(롬 1:16). 복음을 자랑스럽게 생각한다, 내가 이 복음의 사도가 되고 복음의 교사가 되어서 어떤 고난을 당하더라도, 아니, 죽는다 하더라도 조금도 부끄러워하지 않는다, 자랑스럽게 여긴다, 하였습니다. 다시말하면 '이 거룩한 사역에 나의 명예와 나의 운명을 다 걸었다'하는 말씀입니다.

다음으로 이제 사도 바울의 위대한 신앙고백이 여기 있습니다. "나의 의뢰한 자를 내가 알고 또한 나의 의탁한 것을 그 날까지 저가 능히 지키실 줄을 확신함이라." 바울의 마음속에 확신이 있습니다. 이 요절은 교역자가 사랑하는 요절입니다. 하나님의 일 하는 사람은 누구든지 이 말씀을 소중히소중히 여깁니다. 나의 의뢰한 자를 내가 알고—내가 의뢰한다— '페피스테우카'라는 이 말은 믿는다는 말입니다. 내가 믿는 분 내가 알고—안다는 것은 계속적으로 아는 것입니다. 누구나 먼저 믿음으로 시작합니다. 그 다음에 자꾸자꾸 계속 알아지는 것입니다. 예수님과 제자들의 대화 속에도 보면 베드로가 뭐라고 합니까. '주는 그리스도이신 것을 내가 믿고 알았습니다'합니다. '믿고 알았습니다.' 알고 믿는다고들 하지만 그렇지 않습니다. 믿고 아는 것입니다. 좀 미안하지만 여러분의 결혼생활도 그런 것 아닙니까. 먼저 결혼부터 해놓고 살아가면서 아는 것입니다. 이게 사랑이구나, 이게 결혼이구나, 이것이 남자구나, 이것이 여자구나… 많은 시간 동안 믿고 믿은 바를 이제는 공부해나가는 것입니다. 깨달음을 통해서 확인하는 것입니다. 확증해나가는 것입니다. 사도 바울은 말씀합니다. '내가 믿는 분을 내가 압니다.' 내가 믿는 분을 내가 점점 더 밝히 알아가고 있습니다, 깨달아가고 있습니다―그 말씀입니다. 그것이 하나님의 사람의 생활자세입니다. 우리가 믿는 바를 이제는 알게 됩니다. 더 자세히 압니다. 그 다음으로 더욱 중요한 것이 있습니다. "저가 능히 지키실 줄을 확신함이라." 내가 믿기로는, 내가 믿는 그분이 나로하여금 그 거룩한 뜻을 이루어가도록 지켜주신다, 하는 말씀입니다. 내가 하는 것이 아닙니다. 나를 부르신 분이 알게 하시고 나와 함께하시는 분이 이것을 가능케 해주신다는 말씀입니다. '능히 지키실 줄을 확신한다.' 얼마나 중요한 말씀인지 모릅니다. 주께서 우리를 부르셨습니다. 일을 맡기셨습니다. 내가 그를 믿습니다. 확실히 믿습니다. 세월을 따라서 점점 믿음이 무엇인지를 알게 되고 마지막에는 이 믿는 것을 그날까지, 주님오시는 그날까지 그가 지켜주시는 것입니다. 내가 지켜가는 게 아니고 그가 지켜주실 줄을 확신합니다. 바울이 여기까지 생각하고 있습니다. 정말로 그리스도께 운명을 바쳤고 뿐만아니라 그리스도께서 나를 지켜주실 것이라고 확실히 믿고 있습니다.

그리고 세 번째로 13절에 "너는"이라고 말씀합니다. 사도 바울이 디모데에게 하는 말씀입니다. "너는 그리스도 예수 안에 있는 믿음과 사랑으로써 내게 들은 바 바른 말을 본받아 지키고…" 아주 귀한 말씀입니다. '본받아 지키라.' 내가 하는 말 대로 해라, 내가 하라는 대로 하라, 하는 것이 아닙니다. 나를 따라서 하라, 그것입니다. 나는 안하면서 남 보고 하라는 게 아닙니다. 내가 먹으면서 먹으라, 내가 가면서 가라, 내가 앞으로 가면서 따라 하라, 함입니다. 본받아 지키라는 말처럼 위대한 교육용어가 없습니다. 요새 학생들이 허우적거리는 이유가 뭔대요. 선생을 아무리 봐도 본받을 게 없는 것입니다. 선생의 말은 좋은데 본받을 게 없어서 걱정 아닙니까. 옛날어른들은 그게 아니었습니다. 가르치는 건 시원치 않아도 그게 아니었습니다. '본받아라' 이것이었습니다. '나를 닮아라' 이것이었습니다. 본받는다는 것처럼 효과적인 교육은 없지 않습니까. 사도 바울은 담대하게 말씀합니다. '본받아 지키라.' 사람은 언제나 그 누구에게 자기가 본이 되고 있다는 걸 잊지 말아야 합니다. 믿는 사람입니까? 믿는 사람 하나하나가 어떻게 행위하느냐 — 참 중요합니다. 저는 우리 아버지께서 가르쳐주신 교훈을 가끔 생각해봅니다. 물건 사러 갔을 때 값을 깎지 마라. 그 사람들도 장사하느라고 고생하는데 그냥 보태주고 오너라, 하시고 "한평생 깎아도 깎은 돈 가지고 집 사는 사람 없다"하셨습니다. 여러분도 아시지요? 한평생 값을 깎아봤댔자, 그 돈 모아봤댔자 그것가지고 될 거 아무것도 없습니다. 괜히 사람만 너절해집니다. 그러니 오늘 이후로 소망교회교인은 물건값 깎지 맙시다. 그냥 줘버리는 것입니다, 좋은 일 하는 셈 치고. 본받아 지키라 — 우리 그리스도인들 어디 가서든지 조심해야 됩니다. 어디 가서 물건값 마구 깎으려들면 뭐라고들 홍보는 지 아십니까. "저따위가 소망교인이라니, 나 교회 안나가!"하는 것입니다. 이게 손해가 얼마입니까. 그런 말 듣고 살아 잘되겠습니까. 그까짓것 몇푼 깎아놓으면 명예가 땅에 떨어집니다. 축복권이 떨어집니다. 조심할 것입니다. 우리가 남에게 본이 되어야 한다는 걸 잊지 맙시다. 알게모르게 본이 되고 있는 법입니다. 어떤 왕이 위대한 학자를 하나 불러놓고 이렇게 물어봤습니다. "소문 들으니 당신 유명한 학자요 성자라고 하는데 나는 바쁜 사람이라 긴 얘기는 모르니 딱 한마디만 가르쳐주시오. 어떻게 하면, 어떻게 살면 훌륭한 사람이 될 수 있겠소? 나도 좀 훌륭한 사람이 되고 싶은데 어떻게 하면 되겠소?" 했더니 이 학자 대답하는 말이 "간단하지요, 뭐. 나쁜 짓 하지 말고 착한 일 하세요" 하였습니다. 나쁜 짓 하지 말고 착한 일 하세요—이 왕이 화가 났습니다. "그까짓소리는 어린아이라도 다 알고 있거늘 그까짓소리 들으려고 당신을 여기까지 불러온 줄 아는가?" 하고 언성을 높였습니다. 이 학자, 빙그레 웃으면서 "그렇지요. 네 살부터 여든까지 이거 모르는 사람은 없습니다. 그러나 실천하지 않기 때문에 거기에 문제가 있는 겁니다" 하고 돌아갔다 합니다. 모르나요? 다 알지요. 나쁜 짓 하지 말고 좋은 일 하면 되지요. 그러나 이거 실천하지를 않습니다. 본받는다—실천한다는 의미입니다. 내가 먼저 실천하고 가르치는 것입니다. 본받아 지켜라, 내가 하니 따라 하라, 내가 가니 너도 가라, 그 말 아닙니까. '나를 따르라. 본받아 지켜라. 내가 지키는 대로 너도 지켜라.' 위대한 말씀입니다. 유명한 애기가 있습니다. 요새 전에없이 쓰는 말 가운데 '멘터(mentor)'라고 하는 말이 있습니다. '선생'이라는 말하고 좀 다릅니다. 그런데 일반적으로 요새는 많이 쓰이는 말입니다. 멘터란 교사 혹은 안내자라든가 후원자, 장려자 혹은 비밀까지 다 말할 수 있는, 믿고 신뢰하는 그런 선생을 말합니다. 그런데 원래 이 '멘터'라는 말은 한 사람의 이름입니다. 거기 무슨 성격이 있는 게 아닙니다. 고대 그리스의 서사시 「오뒷세이아」에 등장하는 사람의 이름입니다. 오뒷세우스 왕이 트로이전쟁에 출전하면서 걱정이 되었습니다. '이번 전쟁에서 내가 죽을는지도 몰라. 전쟁이란 언제나 그런 거지. 혹 내가 죽게되면 내 아들은 어떻게 될까?' 그래서 그는 아들 테레마쿠스를 자기 친구인 멘터라고 하는 사람에게 맡기고 부탁을 합니다. "혹시 내가 죽더라도 자네가 잘 가르쳐서 훌륭한 왕이 될 수 있도록 해주게." 멘터는 이 왕의 아들을 맡아서 정말로 그에게 지식을 주고 교양도 도덕도 심어주고, 다 가르쳤습니다. 인간됨을 잘 키워주었습니다. 책임교육을 한 것입니다. 그리하여 뒤에 그 아들을 훌륭한 왕이 되게 하였습니다. 그래서 그런 선생을 '멘터'라고 하게 되었습니다. 철학자 플라톤에게는 소크라테스라고 하는 멘터가 있었습니다. 알렉산더대왕에게는 아리스토텔레스라고 하는 철학자 멘터가 있었습니다. 헬렌 켈러 여사에게는 설리반이라고 하는 유명한 멘터가 있었습니다. 마이클 조던이라는 유명한 농구선수에게는 필 잭슨이라고 하는 감독이 있었습니다. 첼리스트 장한나에게는 므스티슬라브 로스트로포비치라고 하는 유명한 멘터가 있었습니다. 문제는 mentor입니다. 그런데 더 중요한 것은 mentoree입니다. 그 멘터의 교육을 받는 사람, 지도를 받는 mentoree가 또 좋아야 합니다. 그래서 mentoree와 mentor 사이에 존경과 사랑이 있어야 되고 신의가 있어야 됩니다. 그리고 전적으로 믿고 사랑하고 따라가야 됩니다. 그럴 때에 훌륭한 mentor역사가 이루어지는 것입니다. 그게 바로 본받아 지키는 것입니다. 디모데는 바울을 사랑합니다. 바울을 존경합니다. 사도 바울은 담대하게 말씀합니다. '내가 네게 말한 것, 가르쳐준 것을 본받아 지키라.' 참으로 귀중한 말씀입니다. 내게 들은 바 말씀들을 본받아 지키라. 그리고 오늘본문에 보니 마지막에 "성령으로 말미암아 네게 부탁한 아름다운 것을 지키라"하였습니다. 성령 안에서 지켜라, 하고 말씀합니다. 여러분, 본받아 지키라고 말씀하고 있는 사도 바울도 위대합니다. 그러나 본받아 지키고 따라간 디모데가 또한 훌륭한 것입니다.

다시한번 원점으로 돌아가 생각해봅시다. 하나님, 우리 구원의 하나님, 그리스도 안에 계시하신 하나님, 그리고 그 하나님과 나와의 관계에서 나는 누구냐입니다. 나는 반포자요 사도요 교사요, 오늘 여기서는 성도요 교제요 장로요 성가대원이요 권사요 집사입니다. 나는 지금 그리스도 앞에서 무슨 일을 해야 되는 사람인가? 그리스도 섬김에 있어서 나는 무엇을 할 것인가? 내게 맡겨주신 일이 무엇인가? 그걸 똑바로 알아야 되겠으며 그것을 자랑스럽게 생각해야 됩니다. 이 일을 위하여 고난받는 것은 그대로가 나에게 영광이다─바로 그런 마음으로 임해야 할 것입니다. 그리고 내가 하는 모든 일을 주께서 지켜주실 것이라는, 내가 믿는 분이 있는데 그분이 나의 운명을 지켜줄 것이라는 확신이 있어야 됩니다. 그리고 다시 이웃을 향해서는 우리가 이렇게 말할 수 있어야 됩니다. '내게 들은 바를 본받아 지키라.' 본을 보여야 되겠고 동시에 본을 따라야 되겠습니다. 내가 존경하는 주의 종들을 통해서, 내게 가르치는 분들을 위하여 믿고 따르는 존경하고 본받아 지켜나갈 때 주님의 거룩하신 뜻이 우리 가운데 이루어지는 것입니다. △

나를 유쾌하게 한 자

아시아에 있는 모든 사람이 나를 버린 이 일을 네가 아나니 그 중에 부겔로와 허모게네가 있느니라 원컨대 주께서 오네시보로의 집에 긍휼을 베푸시옵소서 저가 나를 자주 유쾌케하고 나의 사슬에 매인 것을 부끄러워 아니하여 로마에 있을 때에 나를 부지런히 찾아 만났느니라 (원컨대 주께서 저로 하여금 그 날에 주의 긍휼을 얻게 하여 주옵소서) 또 저가 에베소에서 얼마큼 나를 섬긴 것을 네가 잘 아느니라
(디모데후서 1 : 15 - 18)

나를 유쾌하게 한 자

　오늘본문에 '나를 유쾌하게 했느니라'하는, 참 보기좋고 듣기좋은 말씀이 있습니다. "저가 나를 자주 유쾌케 하고…" 오늘본문에서 사도 바울은 한 전도자로서의 휴머니즘을 아주 진솔하게 개진하고 있습니다. 흔히 말하는대로 목회자도 사람입니다. 그 점을 잊지 말아야 합니다. 인간인고로 인간의 감정이 있고 인간이기 때문에 좋은 일도 있고 슬픈 일도 있는 것입니다. 기분좋은 일도 있고 기분나쁜 일도 있습니다. 그걸 잊지 말아야 합니다. 하나님의 일을 하기는 하지만 기쁠 때가 있고 기쁘지 못할 때가 있는 것입니다. 제가 이 자리에서 설교를 합니다. 이것도 그 많은 날, 제가 43년을 하고 있는데, 허구헌날 똑같이 즐거운 마음으로 하는 게 아닙니다. 어떤 날은 기쁨에 충만해서 여기 올라올 때도 빨리 올라가고 싶습니다. '어서 교인들을 만나야겠다. 하나님 말씀을, 이 귀한 말씀을 전해야지.' 그런 충만한 때가 있는가하면 어떤 때는 하고 싶지 않은 때도 있는 것입니다. 그래도 해야지요. 좀 기분이 언짢은 때도 있습니다. 그래도 설교를 해야 합니다. 마치 뭐와 같은고하니 우리가 살기 위해서 음식을 먹되 늘 맛있게만 먹는 것이 아닌 것과 같습니다. 맛있게 먹는 날도 있고 혹 맛없이도 일해야겠으니, 건강해야겠으니 먹는 것입니다. 그와 같은 것입니다. 우리가 교회일 할 때, 교인들은 만날 때 아주 기쁨과 충만함으로 만날 때도 있지마는 혹은 의무적으로 만부득이 만나는 때도 있는 것입니다. 오늘 바울이 그러한 휴머니즘, 하나의 인간의 모습을 아주 솔직하게 보여주고 있습니다. 이걸 우리가 깊이 알아야 됩니다. 내 마음이 그렇다면 남의 마음도 그렇지요. 그럼 우리는 어떤 사람이 되어야겠습니까. 저는 목회자로서 아침마다 기도할 때 꼭 빼놓지 않고, 자꾸 이렇게 기도하게 됩니다. '오늘도 기쁜 마음으로, 충만한 마음으로 일하게 해주십시오. 무슨 일을 하든지 자원하는 마음으로, 즐거운 마음으로 하게 해주십시오.' 그런 마음입니다. '전화를 받든지 누구를 만나든지 어디를 가든지 기쁜 마음으로 하게 해주십시오.' 그런 기도를 드리게 되곤 합니다. 오늘본문에 사도 바울이 교역자로서의, 하나님의 사람으로서의 휴머니즘, 역력하게 그려주고 있습니다. 어떤 선한 일에도 response는, 반사는 같지를 않습니다. 어떤 좋은 일에도 찬성하는 사람이 있고 반대하는 사람이 있습니다. 환영하는 사람이 있고 배척하는 사람이 있습니다. 어떤 일에도 그렇습니다. 여러분이 아무리 좋은 일을 해보아도 누군가는 그 뜻을 알아서 높이 칭찬하는가하면 또 누군가는 비웃습니다. 내가 내 돈 가지고 좋은 일을 하고 내 시간과 정성을 다해도 꼭 한쪽에는 좋게 칭찬하는 사람이 있는가하면 한쪽에는 꼭 비방하는 사람이 있습니다. 참 유감스러운 일입니다. 좋은 말만 들었으면 좋으련만 그렇지를 못한 것입니다. 이걸 우리가 각오해야 합니다. 그런데 그러면서 일하게될 때 자연히 좋은 말을 들으면서 일하면 신바람이 나고 좋지 않은 말을 들으면서 일을 해야 한다면 하릴없이 맥이 빠지는 것입니다. 그러면 아무래도 힘이 나질 않고 또 결과도 좋지 않아집니다.

오늘본문에 '아시아'라는 말이 나옵니다. 이 '아시아'는 우리가 생각하는대로 아시아, 유럽, 하는 아시아, 육대주의 하나인 아시아주를 가리키는 말은 아닙니다. 2000년 전 그 당시에 로마제국을 중심으로해서, 그 큰 로마제국 판도 안에서 '아시아'라고 부르는 것은 소아시아 일대를 말하는 것입니다. 그런 이름입니다. 그러니까 '아시아' 할 때 한국을 생각하면 안됩니다. 에베소를 중심해서 거기 있는 중동지방을 그 당시에 '아시아'라 하였습니다. 거기서 바다를 건너면 바로 빌립보가 있고 고린도가 있습니다. 이쪽은 유럽입니다. 여기서 바다를 건너 아시아쪽으로 오면서 첫번째, 그러니까 유럽과 마주대고 있는, 유럽에서 아시아쪽으로 첫번째로 만나는 곳이 바로 소아시아입니다. 그 일대를 지칭하는 말입니다. 바울이 그쪽에서 전도를 많이 했습니다. 좌우간 바울이 사도행전에 나타난대로만 보아도 에베소를 중심해서 3년 동안 집중적으로 선교한 걸 볼 수 있습니다. 바울이 그렇게 한 곳에 오래 있지 않았거든요. 고린도교회에 1년 반 있은 게 오래 있은 편이고, 에베소에 3년으로 제일 오래 있었습니다. 그러면서 그 인근에 있는 많은 지방에 교회를 세웠습니다. 그런데 오늘 거기에 있었던 이야기를 단적으로 믿음의 아들 디모데에게 이렇게 설명하고 있습니다. '많은 사람이 나를 버렸다. 그러나 오네시보로는 아니다.' 이렇게 말씀합니다. '한쪽에서는 많은 사람이 나를 버렸다. 그런데 또 어떤 사람은 나를 이렇게 환영하고 끝까지 나를 위해서 수고해주고 내 마음을 이렇게 유쾌하게 했느니라.' 이렇게 두 경우를 말씀하는 것입니다. 바울은 똑같은 바울이고 똑같은 복음을 전하고 똑같은 수고를 했지마는 한쪽에서는 많은 사람이 바울을 섭섭하게 했습니다. 그래 오늘본문에 유감스럽고 섭섭한 것을 말씀하고 있는 것입니다. "아시아에 있는 모든 사람이 나를 버린 이 일을 네가 아나니…" '그 중에 누구누구…' 참 마음아파하는 것입니다. '나를 버렸다.' 나를 버렸다는 말씀의 속사정을 좀 생각해볼 필요가 있습니다. 여기서 나를 버렸다는 것은 '예수믿던 사람이 예수 안믿게 됐다. 배교했다'하는 뜻은 아닌 것같습니다. 확실하게는 모르지만 그런 것은 아닌 것같습니다. 아시는대로 사도 바울이 핍박을 많이 받았는데 이 당시에는 로마정부로부터 핍박받은 건 없습니다. 정치적으로 로마사람들로부터 핍박을 받고 순교를 하고 십자가에 못박히고 하지 않았습니다. 그런 때가 아니거든요. 결국 핍박은 거의 다, 특별히 소아시아에서 핍박받은 것은 유대사람으로 인한 핍박이었습니다. 유대인들이 유대교를 신봉하면서 회당에 모이고 사도 바울은 가는 곳마다 회당에 들어가 복음을 전해서 유대인들이 먼저 예수를 믿었습니다. 그런데 유대인 중에도 끝끝내 예수를 안믿는 사람이 있었습니다. 그리고는 바울을 핍박했습니다. 바울에게 못살게 굴고 심지어는 죽이려고까지 했습니다. 왜요? 기득권이 무너지니까. 바울이 이렇게 인기가 높아지고 모든 사람이 예수를 믿게 되니까 유대교가 점점 위축되고 더구나 유대교의 종교적 지도자들 체면이 자꾸 추락하거든요. 이걸 못마땅하게 여기는, 결국은 질투인 것입니다. 시기질투로 인해서 바울을 핍박했습니다. 알고보면 예수님께서도 사정은 같았습니다. 제사장과 바리새인, 서기관들이 질투함으로 인해서 예수님을 십자가에 못박도록 도모하지 않았습니까. 그와 같이 된 것입니다. 바울이 유대사람들로부터 핍박을 받을 때 여기에 좀 유약한 사람들이, 바울 편에 붙으면 자기도 핍박을 받게 되거든요. 많은 불이익을 당하게 되거든요. 사업하는 데, 인간교제에 있어서 여러 모로 핍박을 받게 되고 손해가 나니까 그만 바울을 버렸습니다. 여기서 버렸다는 뜻입니다. 예수를 믿어도 바울을 따르지 않았습니다. 바울 편에 속하지 않았습니다. 그리고 뒤로 물러섰던 것입니다. 바로 그것 때문에 사도 바울은 말씀합니다. '저희가 나를 버렸다. 많은 사람이 나를 버렸다.' 바울과 함께하려면 불이익을 당해야 됩니다. 바울의 제자가 되려면 바울과 함께 핍박을 받아야 됩니다. 손해를 봐야 됩니다. 손해 안보고 예수믿으려 한다면 어떻게 되겠습니까. 바울을 떠날 수밖에. 그래서 바울을 버렸다, 하는 것입니다. 고난당하는 자와 함께하려면, 고난당하는 자를 사랑하려면 내가 고난당할 각오를 해야 합니다. 핍박받는 자와 함께하려면 내가 핍박받을 건 당연하지 않습니까. 그래서 예수님 친히 말씀하기를 '내 제자가 되려면 나와 함께 핍박을 받아라. 나를 괴롭히는 사람이 너희를 괴롭히고 나를 죽인 사람이 너희를 죽일 것이다. 그러니까 고난을 각오하지 않고 내 제자는 될 수가 없다' 하십니다. 그래서 "자기를 부인하고 자기십자가를 지고 나를 좇을 것이니라" 하십니다. 자기십자가를 지지 못하면 예수님을 따를 수 없다고 말씀하십니다. 그런데 오늘 바울을 통해 예수믿는 사람들이 바울과 끝까지 함께하려면 바울이 당하는 것같은 핍박과 고난을 함께 당할 수밖에 없었던 것입니다. 이 핍박과 고난, 이 불이익을 저들이 원치 않습니다. 그래 결국은 바울을 버리게 됐다, 하는 것입니다. 이러한 정황 속에, 많은 사람들이 이 때문에 바울을 따르던 사람들이 지금 주저하고 있고 바울을 떠나는 바로 이런 순간에도 오늘 사도 바울은 말씀합니다. '오네시보로는 아니다.' '오네시보로의 집'이라 하였습니다. 오네시보로와 그의 집, 그의 일가, 그의 친척 모두가 바울 편입니다. 그래서 사도 바울은 말씀합니다. '저희가 나를 유쾌하게 했느니라.' '유쾌하다'라는 말은 '아네푸크센'이라고 하는 말인데, 이 원문 그대로 보면 냉수를 먹고 속이 시원해지는 것같은, 혹은 병자가 약을 먹고 낫는 것같은 기분을 말하는 것입니다. 그래서 이걸 직역할 때는 refreshment, refresh라 합니다. 아주 마음이 시원해지는 것입니다. 통쾌해지는 것입니다. 아주 기분좋은 것입니다. 그런 것을 말합니다. 고린도전서 16장 18절에도 비슷한 말씀이 있지요. "저희가 나와 너희 마음을 시원케 하였으니…" 그 비슷한 단어인데 여기는 유쾌하게 하였다, 합니다. 잠언 15장 30절에 보면 "좋은 기별은 뼈를 윤택하게 하느니라"하였습니다. 좋은 기별은… 멀리 간 사람으로부터 좋은 소식을 들었습니다. 좋은 소식을 듣는 순간 내 뼈가 윤택해진다—아주 의학적으로 설명하는 분들도 많습니다. '뼈가 윤택해진다.' 이 반대가 무슨 말인지 아십니까. '뼈가 마른다'합니다. 골다공이라는 것입니다, 이게. 뼈가 윤택해진다는 것은 꽉 찬다는 말입니다. 뼈가 꽉 차야 건강합니다. 그래야 신경계통도 무엇도 다 건강해지는 것입니다. 그런데 뼈가 말라버리면 어떻게 됩니까. '좋은 기별은, 좋은 소식은 사람의 뼈를 윤택하게 하느니라'—아주 실질적인 말씀입니다. 우리 한번 생각해봅시다. 들어서 좋고 만나서 좋고 생각해도 좋은 사람이 있지 않습니까. 그 사람은 나를 시원하게 하는 사람입니다. 그 사람만 생각하면 내 마음이 시원해집니다. 그 사람만 만나면 걱정거리가 없어집니다. 좀 답답하다가도 그 사람만 보면 내 마음이 탁 트입니다. 용기가 생깁니다. 바로 이런 사람을 두고 '나를 시원하게 했느니라, 윤택하게 했느니라'하는 것이겠습니다. 한번 비교해봅시다. 그와 함께 있으면 아무 말이 없어도 내 마음이 즐겁습니다. 편안합니다. 그냥 가까이만 있어도 편안합니다. 마치 어린아이가 어머니 무릎에 앉으면 편안한 것처럼 편안한 것입니다. 이런 사람이 나를 시원케 하는 자입니다. 반면 만나나마나한 사람, 만나도 그만 안만나도 그만인 사람이 있는가 하면 어떤 사람은 되도록 안만나는 게 좋겠습니다. 만나면 따분해집니다. 그 사람하고 앉아 있으려면 아주 힘이 듭니다. 마주 이야기하려면 가슴이 답답해집니다. 왜요? 말귀를 알아듣나? 제 말만 하지요. 이건 답답하지 않습니까. 속이 터집니다. 이런 사람이 있는 것입니다. '산소같은 여자'가 있는가하면 아마도 질소같은 이런 여자도 있고 탄산가스같은 여자도 있습니다. 자, 우리는 그럼 어떤 사람이 되어야 되겠습니까? 시원하게 하는, 시원함을 주는, 시원한 소식을 나눠주는 그런 사람이 되어야 될 것 아닙니까. 오네시보로는 그런 사람이었습니다. 참 오늘본문은 말씀 자체가 기분좋은 말씀입니다. 그럼 어떻게해서 오네시보로는 바울의 마음을 윤택케, 시원하게 했겠습니까. 보십시오. 첫째 '나의 사슬에 매인 것을 부끄러워 아니한다'하였습니다. 내가 지금 감옥에 있는데 나를 부끄러워하지 않더라—얼마나 중요한 말씀입니까. 우리 할머니가 제게 해준 이야기 한도막을 저는 지금도 종종 생각합니다. 애기해달라 하면 옛날에 했던 애기 또 하고 또 하고 하는데, 하도 많이 들어서 이건 잊어버리지 않는 애기입니다. 아주 가난한 집에 홀로 사는 어머니가 있어 어렵게어렵게 품팔이를 하고 빨래를 하면서 아들을 공부시켰습니다. 아들을 도시로 보내서 공부를 시켰습니다. 그런데 어느날 아들이 너무너무 보고 싶어서 아들 사는 데까지 찾아갔습니다. 걸어걸어서 멀리멀리 가서 그 아들이 다니는 학교 교문 앞에 서 있었습니다. 여러 시간 서 있다가 아들이 나오는 걸 보고 "애야!" 하고 반기는데 아들은 마침 그때 여자친구하고 둘이 나오다가 이 어머니를 본 것입니다. 그 여자친구가 "저 할머니 누구야?" 하고 아들에게 물으니까 "저거? 옛날에 우리집에 있던 식모야" 하고 아들이 대답하더랍니다. 이 말을 듣고 할머니는 돌아오면서 울었다고 하는 애기입니다. "너는 그러지 마라." 할머니가 말씀하시기에 "안그럴께요"했는데… 여러분, 어떻습니까? 그래, 어머니가 보기 싫습니까? 내 어머니가 쭈그렁바가지라서 부끄럽습니까? 내 어머니가 공부 못해서 창피합니까? 내 어머니가 대학을 못나왔다고 창피합니까? 불효자가 따로 없습니다. 지금도 제가 우리 할머니 얘기를 했습니다만 사람은 할머니 할아버지 어머니 아버지를 자랑스럽게 여겨야 합니다, 자랑스럽게. 어떤 분은 보니 "우리 아버지는 머슴이었습니다. 나도 그래서 그 집에서 머슴노릇을 했습니다." 당당하게, 자랑스럽게 여깁디다. 오늘 사도 바울은 감옥에 있습니다. 그걸 부끄럽게 생각지 않습니다. 사도 바울은 로마서 1장에서 말씀합니다. '내가 복음을 부끄러워하지 않는다.' 왜요? 복음이란 곧 십자가를 말하거든요. 십자가는 아주 부끄러운 죄인이, 저주받은 죄인이 죽는 것입니다. 피흘려 죽는 것입니다. 그러니까 예수를 믿는 사람으로서는 잘믿는 사람으로 볼 때는 십자가가 영광되지만 예수를 안믿는 사람으로 볼 때는 "십자가에 죽었다며?"하고, 그의 제자가 된다는 이야기는 부끄러운 것이거든요. 사도 바울이 그래서 하는 말씀입니다. 아주 실질적인 말씀입니다. '나는 십자가의 복음을 부끄러워하지 않는다.' 얼마나 귀한 말씀입니까. 성경에 보면 정말 부끄러움타다가 신통치 않게 예수믿은 사람이 있습니다. 아리마대 요셉, 언제부터 예수를 믿었는지 모르나 마음으로는 믿으면서 겉으로는 믿는다고 내세우지 못했습니다. 왜요? 창피해서입니다. 예수님이 메시야같기는 한데, 말씀하시는 걸 보면 하나님의 아들같기는 한데, 그래 존경을 하면서도 죄인의 친구요, 세리의 친구요, 막달라 마리아의 뭐, 이런 게 걸리는 것입니다. 창피한 것입니다. 그래서 제자이면서도 제자라고 나서지를 못합니다. 또 니고데모같은 사람도 보십시오. 많은 사람 모일 때 같이 앉아서 예배를 드려야지요. 그게 좋지 않습니까. 같이 앉아서 예배드리고 같이 앉아서 말씀을 듣고, 그래야 되는데 그렇지 못했습니다. '창피해서 어떻게 거기 가서 같이 앉아 있나? 어떻게 그 죄인들 하고 같이 앉을 거냐, 내가?' 그럴 수가 없었던 것입니다. 그래서 그는 밤에 몰래 예수님께 와서 "어떻게 하면 영생을 얻겠습니까?"하고 살그머니 질문을 하지 않습니까. 그러니까 속으로는 예수를 믿었습니다. 예수님을 존경했습니다. 그러나 그는 어찌어찌 자기체면이 손상될까봐, 자기위상이 떨어질까봐 예수님과 함께하는 것을 부끄러워했습니다. 예수님의 제자 됨을 부끄러워했습니다. 그러다가 예수님 십자가에 딱 돌아가신 다음에는 안되겠다, 하고 아마도 양심의 가책을 받아서 아리마대 요셉, 니고데모가 예수님의 시체를 얻어다가 장례를 모시는 걸 볼 수가 있습니다. 거기까지는 잘했습니다. 그러나 그는 예수님을 부끄러워한 사람입니다. 여러분은 어떻습니까? "나 예수믿는다" 당당해야 합니다. 부끄러워해서는 안되지요. 당시로 돌아가봅시다. 오늘도 그런 일이 많습니다마는 당시로 돌아가보면 예수믿는 사람들, 교회를 핍박할 때 꼭 그것을 정치적인 문제로 만들었습니다. 종교적인 문제를 정치적인 문제로 만들었습니다. 사도행전에 보면 사도 바울이 복음을 전할 때 이것을 소요를 일으키는 것으로, 반로마제국으로, 위험한 인물로 몰아 문제를 만들거든요. 그래서 순교자를 보면 하나님 앞에서는 예수이름으로 죽지만 정치적으로는 꼭 정치적 이유로 죽였습니다. 그걸 알아야 합니다. 예수믿는다고 죽이는 게 아닙니다. 지금 북한도 그렇습니다. 북한도 많은 사람들, 재작년에만 하더라도 일 년 동안에 400명이 순교를 했다고 합니다. 물어봤습니다. 왜 자꾸 예수믿는 사람들을 죽이느냐고, 착한 사람들이 아니냐고. 그러면 "아니오. 우리는 예수믿었다고 죽인 일 없습니다. 반동분자니까 죽였지"하고 대답합니다. 이걸 알아야 됩니다. 언제나 순교라는 것을 보면 순수하게 '예수믿으니 죽인다'하고 죽여지는 순교란 거의 없습니다. 꼭 다른 구실을 붙여서, 다른 문제를 만들어 씌워가지고 죽입니다. 속으로는 예수믿기 때문에 죽이면서도 겉으로는 정치적인 문제로, 도덕적인 문제로, 사회적인 문제로 포장해가지고 죽이는 것입니다. 그러니까 이런 때에 요샛말로 말하면 억울하지요. 당당하게 "넌 예수믿으니까 죽인다"하고 말한다면야 백번도 죽지요. 그러나 그렇지 않은 것입니다. "정치적으로 문제가 있구만"—그래가지고 죽이는 것입니다. 그러니 감옥에 있으면서도 변명해야 변명이 통합니까. 참 어려운 것이거든요. 바로 그런 문제입니다. 그럴 때에 보십시오. 오네시보로는 어땠습니까. 다른 사람은 바울이 다 죄인이라고 해도 오네시보로는 "아니오. 그는 죄인이 아니오"하였습니다. 다른 사람은 다 그가 잘못했다고 해도 "아니오" 했습니다. 바울이 뭔가 잘못해서 지금 감옥에 갔다고 해도 "아니오. 바울은 진실한 분이오. 절대로 그런 분이 아니오"했습니다. 그의 의와 그의 거룩함을 인정해주었습니다. 모든 사람이 죄인이라고 해도 오네시보로는 바울이 죄인이 아니라고 믿고 인정해주었습니다. 사도 바울은 그래서 고마운 것입니다. 옥중에서 받을 수 있는 가장 큰 위로가 어떤 것이겠습니까. 옥중에서 무슨 음식을 먹는다고 위로가 되겠습니까, 옷을 잘입는다고 위로될 수가 있겠습니까. 감옥에서 받을 수 있는 가장 큰 위로는 그 의에 인정함을 받는 것입니다. 내가 지금 고난당하는 것은 100% 순수하게 예수 그리스도의 이름을 위해서다,

그래서 고난을 당한다고 하는 것을 누군가가 인정해줄 때, 그 인정을 받을 때 기쁜 것입니다. 그래야 마음이 시원해지는 것입니다. 그런데 많은 사람들이 그렇지를 않습니다. 유대사람들과의 관계가 어떻고, 뭐가 어떻고 어떻게 되고, 뭔가 율법이 잘못됐고 율법을 배반했고… 이런 복잡한 문제에 걸려 있거든요. 그래서 많은 사람들이 바울의 제자 됨을 피하려고 했습니다. 기피하려고 했습니다. 바울을 부끄러워했습니다. 그러나 오네시보로는 그렇지 않았습니다. 바울의 중심과 진실을 알아주었습니다. 그런고로 사도 바울은 고마워하는 것입니다. 여러분, 그렇지 않겠습니까. 억울함을 당할 때, 어떤 누명을 썼을 때, 다른 사람들은 다 뭐라고 해도 누군가는 내 중심을 알아줍니다. "당신은 이렇다. 내가 당신을 안다." 이보다 더 고마운 일이 없는 것입니다.

또하나는, 찾아 방문했습니다. 오늘성경에 보면 "나를 부지런히 찾아만났느니라" 합니다. 감옥에 방문해줬습니다. 마태복음 25장에 보면 예수님께서 '양과 염소 비유'를 말씀하실 때 "내가 주릴 때에 너희가 먹을 것을 주었고… 벗었을 때에 옷을 입혔고…"라고 말씀하십니다. 내가 감옥에 있을 때에 방문해주었고―바울은 이런 말씀을 합니다. 감옥에 있는 자를 방문한다는 것, 그건 아주 큰 덕이라는 걸 알아야 합니다. 왜요? 그 감옥에 있는 죄인을 보고 '나는 너를 죄인으로 여기지 않는다' 하는 것이기 때문입니다. 그 의를 인정해주는 것이기 때문입니다. 동시에 그와 내가 이 시간에 하나가 되는 것입니다. 깊이 동정하여 하나가 되는 시간입니다. 그런고로 이것은 유대사람들의 높은 덕목 중에 속하는 것입니다. 덕입니다. 감옥을 방문하고 병원을 방문하는 것은 대단히 중요한 일입니다. 행동적인 선행입니다. 직접 방문하는 것이지요. 말만 하고 기도만 하고 소원만 하고 한다는 얘기가 아닙니다. 직접 방문하는 것입니다. 그리고 어떻게 하나, 한번 봅시다. 정말 멋진 덕행을 보실까요? 미치 앨봄이라는 사람이 쓴 「모리와 함께한 화요일」이라는 책이 있습니다. 한 번쯤 읽어볼만한 좋은 책입니다. 너무나 아름다운 내용을 담고 있습니다. 미치라는 이 사람은 대학을 나왔습니다. 자기가 대학다닐 때의 스승, 존경하는 교수에 모리 슈워츠라는 분이 있는데 그분이 루게릭병이라고 하는 특별한 병에 걸렸습니다. 신경계통에 오는 불치의 병인데 이 병에 걸리면 차츰차츰 근육이 다 풀어집니다. 근육은 단단해야 되는데 자꾸 근육이 풀어져가지고 움직일 수가 없는 것입니다. 일어서지도 못하고 손을 움직이지도 못합니다. 이렇게 더 약해져가다가 결국은 죽는 불치의 병입니다. 이 병에 걸렸습니다. 아직도 좀 덜 심할 때 휠체어를 타고 텔레비전에 나오는 것을 보았습니다. 그때가 대학 졸업한 지 16년째입니다. 저는 이 점이 아름다워보였습니다. 어제 졸업한 게 아닙니다. 대학 졸업한 지 16년이 되었는데 16년 전의 그 교수가 그런 불치의 병에 걸려서 텔레비전에 나타나는 걸 보고 깜짝놀랐습니다. 그리고는 바로 그 교수님을 찾아갔습니다. 가보니 곁에는 아무도 없고 교수님 혼자 누워서 고생을 하고 있는 것입니다. 그래서 그는 자신도 바쁜 사람이지만 매 화요일마다 시간을 정하고 방문했습니다. 매 화요일마다. 그래서 '모리와 함께한 화요일'입니다. 가서는 스승의 이야기를 경청합니다. '인생의 의미는 무엇이냐?' 이것을 주제로해서 말씀을 합니다. 이 옛날학생은 그것을 듣습니다. 교수님은 어려운 중에도 계속해서 자기가 연구했던 것, 자기가 늘 느꼈던 것을 얘기합니다. 그걸 다 받아적습니다. 적고 녹음도 했습니다, 하루종일. 그리고 또 화요일이 되면 또 시간을 내어 왔습니다. 계속 화요일마다 오는 이 옛제자에게 그때마다 자기가 그 동안에 겪고 경험하고 연구했던 것을 말해주는 것이니 모리교수, 얼마나 행복했겠습니까. 얼마나 보람있었겠습니까. 마지막으로 자기가 가졌던 인생관에 대한 모든 이야기를 다 해주는 것입니다. 그러면서 그는 웃습니다. 유머가 풍부해서 웃기면서 즐겁게 옛날제자에게 말을 했습니다. 그런데 열두 번째로 왔던 화요일에 그가 점점 어려워지는 걸 알고 발가락을 손으로 자꾸 문지르면서 마사지를 해줬습니다. 그럴 때에 모리교수는 너무도 행복해서 이런 말을 했습니다. "내 아들이 하나 더 있어서 그것이 자네였으면 좋으련만." 아들이 둘 있거든요. 하나는 저널리스트고 하나는 컴퓨터기술자인데 '바빠서' 못 옵니다. 코빼기도 보이지 않습니다. "자네같은 아들이 하나 더 있었으면 좋으련만…" 열네 번째 방문했을 때는 너무도 고마운 나머지 "내 사랑하는 친구"라고 교수는 말했습니다. "자넨 착한 영혼을 가졌네그려. 나는 자네를 사랑하네." 그리고 헤어졌는데 나흘 뒤에 숨을 거두었습니다. 여러분 한번 생각해보십시오. 16년 전의 교수입니다. 그 노교수가 세상을 떠나게 되는데, 그 외로운 시간에 그 바쁜 시간을 내어 화요일마다 방문했습니다. 벗이 되어주었고 이야기를 들어주었고 그가 하는 말을 소중하게 소중하게 받아챙겼습니다. 그때 들었던 이야기를 정리해서 쓴 책이 「모리와 함께한 화요일」입니다. 얼마나 아름다운 이야기입니까. 방문한다는 것, 참으로 외로운 자를 방문하고 환자를 방문한다는 것, 이것이 덕입니다. 제가 얼마 전에 감옥에 있는 어떤 분을 방문했습니다. 대단히도 고마워합디다. 뒤에 감옥을 나오자마자 그는 내게 전화를 걸었습니다. "그때 오셔서 너무도 반갑고 고마웠습니다." 바울은 이래서 하는 말씀입니다. '너는 나를 유쾌하게 했느니라.' 한 번이 아니었습니다. 오네시보로는 바울을 계속적으로 방문했습니다. 부지런히 방문했습니다.

또한 '내가 에베소에 있을 때 저가 나를 섬겼느니라'하고 바울은 말씀합니다. 디아코니아, 섬겼다, 합니다. 내가 필요로 하는 모든것을 너희가 주었다, 내게 무엇이 필요한지를 알아서 공급해주었습니다. '나를 섬겼느니라'합니다. 「마음을 열어주는 101가지 이야기」라는 책에 보면 이런 재미있는 얘기가 있습니다. '때로는 너의 인생에서 엉뚱한 친절과 정신나간 선행을 실천하라.' 알아들었습니까? 너무 따지지 말고, 너무 똑똑하지 말고, 정신나간 짓 좀 하라, 이것입니다. 얼마나 멋있는 얘기입니까. 그런 101가지얘기 중에서 한두 가지만 얘기를 합니다. 빨간 스포츠카를 탄 예쁜 여자가 베이브리지라고 하는 긴 다리를 지나가는데, 그 다리를 지날 때는 통행료를 내야 했습니다. 이 여자는 통행료로 일곱 사람분을 냈습니다. 그러고는 자기 표 하나 딱 쥐고 나머지를 들어보이면서 "뒤에 오는 여섯 사람분 내가 대신 내줬습니다"하고는 가버립니다. 그 뒷사람들이 지나가면서 통행증을 사려고 하니까 "앞사람이 냈는데요." 그 사람은 달라고 그러니까 "빨간 스포츠카 탄 사람이 냈는데요"합니다. 그 뒷사람들이 가면서 한마디씩 합니다. "오늘 재수좋은 날이군." 그게 바로 정신나간 선행이라는 것입니다. 그런가하면 그 책에는 이런 얘기도 있습니다. 어떤 날 실수해서 자동차를 타고 가다가 잠깐 졸았습니다. 앞에 있는 차를 쾅하고 받았습니다. 나가보니 남의 차가 푹 찌그러졌습니다. 미안해서 "아이구 미안합니다" 했더니 그 차 주인이 떡 나오더니 "괜찮아요. 내가 오늘 되게 기분좋은 날이거든요. No problem at all. 문제될 것 없습니다"하고 "안녕히 가세요"하고는 훌쩍 가버리는 것입니다. 이 사람이 또 차 몰고 가면서 한마디 합니다. "오늘 참 좋은 날이구먼." 정신나간 선행이라는 게 그런 것입니다. 왜요? 내가 정신나간 것같은데 다른 사람을 시원하게 해줬지 않습니까. 다른 사람은 "오늘은 참 좋은 날"이라고 하지 않습니까. 왜 그만한 기쁨을 줄 수 없습니까.

　사도 바울은 이제 이렇듯 시원하게 해준 분에 대해서 감사하고 축복기도를 합니다. 16절 보십시오. 이게 바로 인간적이라는 것입니다. 그렇게 고마우니까 편지 쓰다말고 이랬습니다. "오네시보로의 집에 긍휼을 베푸시옵소서" 그 다음에, 마지막에 또 있습니다. "원컨대 주께서 저로하여금 그 날에 주의 긍휼을 얻게 하여주옵소서." 주께서 저로하여금 그 날에 주의 긍휼을 얻게 기도하지 않습니까. 축복기도가 나옵니다. 이렇게 사랑을 받게되면 축복기도가 나옵니다. 감사하면서 기도하는 것과 짜증내면서 기도하는 것이 같지 않습니다. 이런 좋은 사람을 만나서 그 사람을 생각하면서 '하나님 저 가정에 복을 주세요'하는 이것이 사도 바울의 휴머니즘입니다. 사실이야 누구에게나 복을 빌어야지, 그러나 이건 다릅니다. 이건 시원하면서 기도할 때는 듬뿍한다고요, 듬뿍. 부흥사들 요샛말마따나 흔들어서 주고 넘치도록 주고… 복 비는 태도가 다른 것입니다. 자, 여러분, 어떡해야 복을 받겠는가, 알아서 하십시오. 모름지기 저런 기도가 나와야 복을 받습니다. 억지로가 아닙니다. 어떤 사람들 보면 만나자마자 "목사님, 기도해주세요"하는데 저는 "내가 당신 누군 줄 알고 기도하우?"합니다. 그렇지 않겠습니까. 내 마음을 시원하게 해야 기도가 나가지요. 보십시오. 사도 바울의 휴머니즘입니다, 이것이.

복을 빌지요. 누구에게 빌어야겠지요. 하지만 바울이 이렇게 '너희는 나를 유쾌하게 했느니라. 감옥에 있을 때 방문하고 계속적으로 방문하고 내 모든 쓸 것을 도왔느니라. 하나님이여, 저 가정에 긍휼을 베푸소서." 그렇게 축복기도를 하고 있더란말입니다. △

들은 바를 부탁하라

내 아들아 그러므로 네가 그리스도 예수 안에 있는 은혜 속에서 강하고 또 네가 많은 증인 앞에서 내게 들은 바를 충성된 사람들에게 부탁하라 저희가 또 다른 사람들을 가르칠 수 있으리라
(디모데후서 2 : 1 - 2)

들은 바를 부탁하라

　오늘 주는 말씀, 간단한 말씀입니다. 단 두 절밖에 안됩니다. 짧은 말씀이지마는 이 말씀 속에 귀중한 선교학적인, 혹은 신학적인 복음의 속성이 나타나 있습니다. 깊이깊이 상고하면 정말 얼마나 그 뜻이 크고 위대한 것인가를 알게 됩니다. 복음의 역사란 근본적으로 하나님의 역사입니다. 하나님께서 만백성을 구원하시는 것입니다. 하나님께서 친히 역사하시는 것입니다. 그 점을 잊지 말아야 합니다. 거기서 아가페적인 교리와 에로스적인 교리가 나누어지는 것입니다. 다시말하면 하나님께서 인간을 찾아오시는 것과 인간이 하나님께로 올라가는 것, 그게 다른 것입니다. 이것이 교리적인 성격을 잘 이해하여야 됩니다. 모든 일에서 이 원리는 꼭 여기에 적용이 되어야 합니다. 우리 인간의 노력으로, 우리 인간의 선행으로 하나님께 나아가는 것이, 또 그렇게 나가자고 하는 이야기가 아닙니다. 하나님께서 친히 이 땅에 오셔서 우리를 구원하십니다. 우리가 하나님께로 나아가는 것이 아니라 하나님께서 우리를 찾아오신 것입니다. 그것이 기독교 교리의 핵심입니다. 그런고로 복음의 역사라는 것은 먼저 복음 그 자체입니다. 십자가사건입니다. 십자가가 무엇입니까. 주님께서 친히 우리가운데 찾아오셔서 우리를 만나주셨다는 얘기입니다. 그리고 우리를 위하여 십자가에 돌아가십니다. 자기희생을 하셨습니다. 그 복음 자체가 구원의 역사의 중심이요 핵심입니다. 두 번째는, 이 역사를 이루기 위해서 성령이 감동합니다. 성령의 감동이 아니고는 그리스도를 주라 할 사람이 없습니다. 내 생각으로, 내 머리를 굴려서, 내 지혜로 진리를 이해하는 게 아닙니다. 성령이 감동할 때만 우리 마음문이 열리면서, 믿음이 생기면서 이 귀한 말씀을 믿고 받아들이고 깨닫게 되어 있는 것입니다. 그 점을 깊이 생각하여야 합니다. 성령이 감동해서만이 구원의 역사는 이루어집니다. 그리고 세 번째가 있습니다. 전도자를 통해서 이루어집니다. 왜냐하면 복음이라는 것이 추상적 진리가 아니기 때문입니다. 인격적 진리입니다. 복음이라는 것이 철학적 이론이 아닙니다. 이것은 사람이라고 하는 인격을 통해서 이루어집니다. 인격에 담아서 전해지는 것입니다. 그것을 깊이 생각하여야 합니다. 오늘도 그렇습니다. 중요한 교리는, 중요한 진리는 말로 되지 않습니다. 솔직히 말하면 책만 봐가지고도 안됩니다. 사람을 만나야 됩니다. 사람을 만나면서 그 만남의 관계에서 복음을 받아들이게 돼 있습니다. 아마도 여러분이 예수믿은 것도 그럴 것입니다. 그런 과정을 거쳐서 오늘 예수믿게 된 것입니다. 인격을 통해서 복음은 전해집니다. 그런 것을 일러 우리는 흔히 '증거한다'라고 합니다. 그러면 이제 중요한 문제는 누가 깨달은 진리를 말한다는 얘기가 아니고, 또 누가 자기가 깨달은 철학을 그 누구에게 가르친다는 얘기가 아니라는 것입니다. 다시말하면, 사람으로 말미암은 것도 아니고, 사람을 통해 이루어지는 것도 아니고, 사람이 만든 교리가 아니라는 것입니다. 그러면 무엇입니까. 하나님 자신의 계시로 말미암은 것입니다. 하나님 자신이 initiative를, 주도권을 가지고 찾아오셔서 당신자신이 그리스도 안에서 우리에게 자신을 보여주셨습니다. 그래서 성령을 통하여 이 귀한 진리를 깨닫게 됩니다. 다음으로 또하나는, 이 일을 이루기 위해서 하나님께서 당신의 사람을 고용하신다는 것입니다. 제가 지금 이 자리에서 설교를 하고 있습니다마는 제가 배운 진리를, 제가 깨달은 바를 여러분에게 말씀드리고 있는 게 아닙니다. 그렇게 생각해서는 안됩니다. 그것이 아닌 것입니다. 그러면 지금 여러분이나 제가 생각해야 될 것은, 하나님께서 나를 이리로 보내시어 나를 통해서 여러분에게 말씀하신다는 사실입니다. 그렇게 받음으로만이 교회가 교회되는 것입니다. 이것은 교회론적인 얘기입니다마는 설교가 institute가 되어서는 안됩니다. 이 시간에 말씀드리는 것이 강의가 아닙니다. 성경강해 하고 있는 것이 아닙니다. 지금 어떤 진리를 제가 설명하고 있는 것이 아닙니다. 하나님의 말씀을 '전파'하고 있는 것입니다. 성령 안에서 제가 말씀드리고 있고, 성령 안에서 여러분이 듣고 있는 것입니다. 말하는 자와 듣는 자 사이에 하나님께서 친히 우리에게 말씀하고 계신 것입니다. 이것이 카리스마적 관계라는 것입니다. 그렇게 역사하고 계십니다. 그러니까 말씀자체의 능력에 의하여 말씀자신이 역사하고 있는 것이다―대단히 중요한 신학적 이론일 뿐만 아니라 이것은 우리의 신앙고백입니다. 누가 뭐래도 하나님께서 나를 이리로 보내셨습니다. '압구정동에 가서 교회 세워라.' 그렇게 역사하신 것입니다. 나도 아니고 누구도 아니고, 여기에 아무도 '개국공신' 없습니다. '하나님 친히 역사하신 것이다.' 그것이 우리의 신앙고백입니다. 그리하여 나를 통해서 하나님께서 말씀하시고, 여러분은 저를 통하여 하나님말씀을 듣는 것입니다. 그것이 교회요 그것이 예배요 지금의 이 시간인 것입니다. 하나님께서 당신의 사람을 고용해서 쓰십니다. He employs us. employ하십니다. 고용해서 당신의 뜻을 이루게 하십니다. 그러므로 여기에 기본적인 자세가 있습니다. 오늘본문에 '은혜 속에서 강하라'하였습니다. 엔두나미스, empowering입니다. '하나님의 역사하심에 따라서, 은혜 속에서 강한 힘을 얻으라.

은혜 속에서 강하라." 너무나도 귀한 말씀입니다. 이것이 무엇을 말씀하는 것입니까. 은혜 속에서 강하라—우리의 인간적인 힘을 배제하라는 것입니다. 우리는 육체가 강할 때 강하지요. 건강할 때 강하지요. 또 지식 있을 때 강하지요. 또 알고 있을 때 합리적 이론을 통해서 강해질 수 있습니다. 이보다 더 강한 것이 바로 도덕적 의입니다. 내가 불의한 일을 할 때는 강하지 못합니다. 그러나 도덕적으로 옳을 때 당당할 수가 있지 않습니까. 그런 강함이 있습니다. 요새 보니 도덕적으로 시원치 않아가지고 아예 얼굴을 푹 가리고 숨어다니는 불쌍한 사람 많습니다. 그 사람들 강하지 못합니다. 떳떳치 못합니다. 우리의 용기는 도덕성에 있는 게 사실입니다. 그러나 은혜 속에서 강하라는 것은 도덕적 의를 배제하라는 것입니다. 하나님의 사람의 용기는 자기도덕성에 있지를 않습니다. 도덕성이 중요하지만 거기서 용기가 오는 게 아닙니다. 그렇게 용기가 온다면, 그렇다면 내가 그리스도지요. 내가 예수님이지요. 하나님께서 나를 쓰시는 게 아니거든요. 저는 은혜 속에서 강하다 할 때 꼭 생각하고 싶은 사람이 있습니다. 베드로입니다. 오순절교회의 베드로, 예수님을 세 번이나 부인했지 않습니까. 모른다고만 했나요. 맹세까지 했습니다. 맹세만도 아니고 저주까지 했습니다. 수제자가 이 무슨 꼴입니까. 예수님과 함께 십자가는 못질지언정 예수님을 이렇게 저주하고 부인해도 되는 겁니까. 예수님 부활하신 다음에 얼마나 창피했겠습니까. 얼마나 부끄러웠겠습니까. 그러나 그가 복음을 전하게 됩니다. 성령에 충만해서 복음을 전합니다. 그게 몇달이나 된 것도 아닙니다. 오순절사건이라는 것이 결국은 50일만이거든요. 잘해서 두 달밖에 안 되는 것입니다. 두 달 전에 예수를 세 번이나 부인하고 도망갔던 사람입니다. 그가 두 달 후에 수천 명 앞에서 "예수 부활하시고 예수께서 하나님의 아들이시고 예수께서 메시야시고…" 증거할 때 시쳇말로 무슨 배짱으로였을까요. 창피하지도 않습니까. 아마도 뒤에 앉은 사람들이 그랬을 것입니다. '저 사람 저거 갈릴리어부 아닌가. 저 양반이 며칠전만 해도 예수님 모른다고 했다지 않는가." 비난할 사람들이 얼마나 많았겠습니까. 그 비난의 소리가 귀에 들리지 않았겠습니까. 그래도 그는 강했습니다. 왜? 은혜 속에서 강했던 것입니다. 은혜 속에서입니다. 그걸 잊지 말아야 합니다.

부흥사 무디 선생에 얽힌 유명한 얘기가 있습니다. 무디는 원래 공부한 바가 없는 사람입니다. 구두직공으로 있다가 은혜를 받고 목사가 됐습니다. 옛날얘기 들어보면 퍽 재미있습니다. 주일학교에서 아이들 가르치는데 그는 말을 잘하지 못해서 가르치려고 하면 아이들이 다 도망갔습니다. 그래서 구두직공 해서 번 돈으로 사탕을 사다가 그걸 줘가면서 아이들을 가르쳤다고 합니다. 그런데 그가 은혜를 받고 부흥사가 되고 소위 '무디'라고 하는 교파를 만들 정도로 큰 부흥사가 됐는데 어느날 수천 명 앞에서 설교를 할 때 대학교수 하나가 앞에 앉았었습니다. 그 교수가 설교 끝난 다음에 사무실에 들어와서 하는 말이 "오늘 참 은혜 많이 받았습니다. 그런데 참 유감스러운 것은 영어문법적으로 틀리는 말씀을 열여섯 번을 하셨습니다. 그것만 없으면 진짜 은혜가 되겠는데… 공부 좀 해가지고 그런 실수를 안했으면 좋겠습니다"하는 것입니다. 무디 선생, 껄껄 웃고나서 조용히 말합니다. "잘못 세셨구만요. 제가 알기로는 한 50번 틀렸는데요. 저는 제가 지식이 있고 말을 잘해서 담대하게 말씀을 전하는 것은 아닙니다. 그저 하나님께서 하라고 하시므로, 하나님께서 내게

'이 말씀을 전하라' 하시기에 전할 뿐입니다. 그러나 한 가지 물읍시다. 교수님은 그렇게 똑똑한데 그 지식을 가지고 하나님의 일 한 것이 뭐가 있습니까?" 반문하자 그 교수는 아무 대답도 못하고 돌아갔다, 하는 얘기입니다. 물론 말을 잘하여 실수가 없다면 좋겠지요. 그러나 그런 게 아닙니다. 미안한 얘기입니다마는 방금 올라오기 전에 뉴스를 좀 들었습니다. 뉴스 뒤에 발레리나가 나왔습니다. 인터뷰하는 장면이 나왔는데 "최고를 언제까지 지킬 겁니까?" 했더니 "최고라는 건 없습니다." "그런 완벽을…" "아닙니다. 저는 이 연기 할 때마다, 발레리나로 무대에 설 때마다 실수를 합니다. 실수 안한 때가 한 번도 없는 것같습니다. 그러나 그 실수가 오히려 인간적이지 않겠어요? 그 실수가 무슨 상관이 있습니까. 난 실수 안하려고 하는 생각을 안합니다." 이 대답, 마음에 듭디다. 안그렇습니까? 어떻게 실수 없이 하겠습니까. 실수 안하겠다고 한다면 그 생각이 잘못된 것입니다. 그러면 아무것도 못하는 것입니다. 아무 일도 할 수가 없습니다. 그러면 여기서 생각해봅시다. '은혜 속에서 강하다.' 이것은 자기능력과 자기경험과 자기지식과 자기용기와… 이런 얘기가 아닙니다. 자기의지가 아닙니다, 이것은. 특별히 은혜라는 말은 율법이라는 말의 반대입니다. 율법주의적인 의, 율법주의적인 용기- 내가 선하게 살고 내가 더 많이 알고 내가 더 깨끗하고 내가 선한 일 많이 하고, 그런고로 내가… 그런 용기가 아닙니다. 그 용기라면 사실은 아무에게도 복음을 전할 수가 없습니다. 그런 사람도 없거니와 만약에 그런 용기가 있는 사람이 있다면 그것은 정신병자입니다. 그럴 수가 없습니다. 오직 은혜 속에서 강합니다. 오직 은혜 속에서. 그것도 어떤 은혜입니까. 오늘 여기 분명히 말씀합니다. "그리스도 예수 안에 있는 은혜 속에서"입니다. 예수 그리스도 안에 있는 은혜 속에서 강합니다. 그를 의지해서 강합니다. 이런 사람만이 하나님의 일 할 수가 있습니다. 나를 구원하신 은혜에 감사하고, 나같은 죄인을 통해 역사하시는 하나님께 감사하고, 오늘도 나를 통해 역사하시니 그지없이 감사한 것입니다. 제가 늘 감격하는 게 하나 있습니다. 북한에 갔을 때 어느날 보통강에서 낚시질하는 사람이 있어 지나가다가 조용한 시간에 그 옆에 앉았습니다. 앉으니까 딱 보는데, 벌써 내 얼굴 보면 알지요. 거기는 나처럼 번들번들한 사람이 없거든요. 다 비쩍 마르고 어떻고 한데, 게다가 내가 김일성뱃지도 안붙였으니까 떡 보는 순간 "서울서 오셨구만요"합니다. "예, 그렇습니다. 고기 많이 잡혀요? 뭐 좀 잡았습니까?" 인사를 하는데 떡 쳐다보더니 "곽목사님이구만요"하는 것입니다. "어떻게 아십니까?" "몰래 방송을 듣거든요. 목사님 음성을 저희가 아침마다 듣거든요." 음성 듣고 알더라고요. 저는 그래서 북한을 잊을 수가 없습니다. 못듣는 것같지만 지금도 수많은 사람이 밤에 몰래몰래 방송을 듣고 있습니다. 이 얼마나 놀라운 것입니까. 내가 여기서 설교한 것이 방송에 나감으로 그 속에서 목숨을 걸고 이 말씀을 듣는다, 생각하면 놀라운 얘기가 아닙니까. 그런고로 용기가 있는 것입니다. 은혜 속에서 강하고—어떤 은혜? 하나님께서 나를 구원하셨을 뿐더러 나를 통해 역사하시는, 나를 통해서 많은 사람을 구원하시는 그 거룩한 역사에 나를 사용하고 계시다, 이것입니다. 그것이 은혜입니다.

'오직 은혜, 오직 그리스도 안에 있는 은혜 속에서 강하라' 명령을 하고 이어서 복음 사역의 두 길을 말씀하고 있습니다. 너무나도 귀한 말씀입니다. 오묘한 말씀입니다. 두 길, 하나는 acceptance, 수용하는 길이고, 하나는 transmission, 입니다. 전하는 길입니다. 트랜스미션이라 하면 젊은사람들은 쉽게 알아듣겠습니다. 자동차 변속기, 트랜스미션인데 설명은 좀 어렵습니다. 어쨌든 트랜스미션입니다. 두 길이란 하나는 받아들이는 길이고 하나는 전하는 길입니다. 복음은 들으면서 납니다. 그래서 오늘 이렇게 말씀합니다. "내게 들은 바를 충성된 사람들에게 부탁하라." 내게 들은 바를—먼저 들어야 합니다. 듣고야 말할 수 있습니다. 듣지 못한 사람이 어찌 말하겠습니까. 이것은 기본입니다. 제가 교역자들을 상대로 해서 신학을 강의할 때가 많습니다. 그중에도 요새는 특별히 "어떻게 해야 설교를 잘하나요?"하고, 설교에 대해서 자꾸 부탁들을 많이 해서 제가 설교학이 전공은 아닙니다마는 사방에 다니면서 세계적으로 설교에 대해서 얘기를 합니다. 그때마다 제가 하는 말이 있습니다. '설교는 어떻게 하느냐가 중요한 게 아니라 어떻게 듣느냐가 중요하다.' 하나님의 말씀을 먼저 듣는 것이 중요합니다. 내가 듣고야 말을 하지. 들은 바 없는 말을 어떻게 합니까. 듣지 못하고 책만 뒤지고 있으니까 설교가 안되는 거다, 책도 보고 기도도 하고 체험도 하겠지만 요컨대 영적으로 하나님의 말씀을 내가 먼저 들어야 된다, 교역자는 먼저 들어야 된다—이렇게 말합니다. 듣고야 말을 하지 듣지 못한 깡통이 어떻게 말을 하겠습니까. 남의 말이나 할 뿐입니다. 누가 뭐라고 말하고, 누가 뭐라고 말하고, 몇 페이지에 뭐라고 말하고, 몇 페이지에 뭐라고 말하고… 그게 무슨 소용입니까. 아무 소용 없습니다. 그거 시작하면 벌써 다 졸아버립니다. 다 자버립니다. 안듣기로 결심을 했는데 그게 되겠습니까. 소크라테스가 뭐라고 했건 그게 나와 무슨 상관이 있습니까. 문제는 하나님의 말씀인데, 하나님의 말씀을 전하는 자의 두 길이 있습니다. 하나는 듣고 하나는 전하는 것입니다. 들어야 됩니다. 그런고로 들은 바를 전하라고 하는 것입니다. 들은 바—잘 들어야 됩니다. 무슨 말인고 하니, 내가 깨달은 나의 철학이 아니고 내가 발명한 것도 아니고 내가 발견한 것도 아니고 내가 만든 것도 아니고 다만 들은 것을 전한다는 것입니다. 들어야 됩니다. 듣고 받는 일이 먼저입니다. 하나님의 일 한다고 할 때 어떤 일을 하든지, 복음을 전하든 봉사를 하든 교회학교 선생을 하든 성가대를 하든, 무엇이든지간에 교인된 제1의 기본자세가 뭐냐하면 듣는 것입니다. 잘 들어야 됩니다. 하나님의 말씀을 잘 듣는 것입니다. 듣는 자세가 중요합니다. 요새 학생들이 공부하느라고 저렇게들 애씁니다마는 지금은 워낙 공부할 것이 많아서 힘든 줄은 압니다. 하지만 제가 어렸을 때는, (옛날옛날 애기이니 지금은 말도 안통하겠지만) 제 기억에는 국민학교 중학교 고등학교 다니고 할 때 제가 별로 집에 와서 공부한 게 없는 것같거든요. 수업시간에 잘 들어두면 되는 것입니다. 잘 들어두면 됩니다. 대학을 다니고 신학을 다니고 할 때도 학과공부를 그리 열심히 한 것같지가 않습니다. 읽고 싶은 책을 많이 읽기는 했지만 무엇보다도 강의시간에 잘 들어두면 되는 것입니다. 잘 듣고 잘 소화하면 되는 것입니다. 더구나 젊은 나이에 한번 들으면 그거 다 마음에 담아두는 것이 아닙니까. 요새 저는 신문 볼 때마다 마음이 아픕니다. 오늘도 어느 신문 보니 아이들이 학교는 싫어하고 학원만 좋아한다, 하였습니다. 그게 문제입니다. 학교에서 수업시간에 잘 들어두면 되는데 왜 학원이 필요합니까. 뭔가 지금 많이 잘못돼 있는 것입니다. 선생님과의 관계가 인간적인, 존경하는 관계가 이루어지지를 않았습니다. 학생이 선생님 존경하지를 않습니다. 신뢰가 가지를 않습니다. 그래서 이렇게 된 것입니다. 그러니까 인격과 인격의 만남에서 이뤄지는 교육이 아니고 단순히 시험답안지 푸는 거, 간단한 지식만 어떻게 좀 얻어가지고 문제를 해결하려드는 것입니다. 이렇듯 진실한 교육도 아니고 인격교육도 안되는 것을 참으로 저는 슬프게 생각합니다. 어쨌든 하나님의 말씀을 듣는 자세가 참으로 중요합니다. 잘 들어야 됩니다. 바로 들어야 됩니다. 믿음으로 들어야 됩니다. 전적으로 수락하며 들어야 됩니다. total acceptance, 그게 중요합니다.

또 있습니다. 오늘본문 보면 사도 바울은 이렇게 말씀합니다. "네가 많은 증인 앞에서 내게 들은 바를…" 많은 증인 앞에서 내게 들은 바를—심각한 말씀입니다. 그냥 강의실에서 들은 게 아닙니다. 증인들 앞에서 들었습니다. 바울이 증거하는 걸 봤거든요. 핍박받는 것도 봤고 매맞는 것도 봤고 감옥에 들어가는 것도 봤고 수없이 죽을 뻔한 걸 다 봤거든요. 그 환난과 핍박 속에서 담대하게 하나님말씀 전하는 그 모습을 보았거든요. 동참했으니까요. 그러니까 사도 바울이 디모데에게 전수해준 말씀은 이론이 아니고 철학이 아닌 것입니다. 그대로가 생활이고 그대로가 사건입니다. 말로 증거한 게 아니라 몸으로 증거한 것입니다. 목숨을 걸고 증거한 것입니다. 얼마나 권세있는 말씀입니까. '많은 증인 앞에서 증거한 바를…' 바울의 전도여행에 동참한 디모데로서는 이 한마디가 얼마나 깊은 의미를 가졌는지 잘 알고 있습니다. '실제상황에서, 많은 핍박 속에서 증거한 그 말씀, 그 말씀을 내가 받았다. 받아들였다. 믿었다. 이제 그것을 전할 것이다."

그리고 "부탁하라" 하였습니다. 부탁하라— '파라도우'라고 하는 이 말은 commit하라, 의탁하라, 위탁하라, 하는 말입니다. 잠깐 말로 부탁하는 게 아니라 전적으로 맡기는 것입니다. 내가 전적으로 받은 것처럼 아주 전적으로 '당신이 전하세요'하고 맡기고, 마치 유언을 하듯이 하고 그에게 책임을 떠맡기는 것입니다. 그렇게 부탁하라, 하였습니다. 보십시오. '듣고 받은 바를 다른 사람에게 맡기라. 네가 들은 것을 또 다른 사람에게 전하라. 또 내가 네게 부탁한 것을 너는 또 다른 사람에게 부탁하라. 내가 네게 복음을 맡긴 것처럼 너도 또 다른 사람에게 그것을 위탁하고 부탁하라'하는 것입니다. 놀라운 얘기입니다. 여기도 또한 깊은 신학적 의미가 있습니다. 이 복음, 이 교리는, 이것은 내가 만든 것도 내 전매특허도 아닙니다. 이것이 완전히 내것이 아니라, 이 말씀입니다. 이것은 그리스도께서 내게 주신 것입니다. 사도 바울이 내게 전해준 것입니다. 나는 그대로를 다음사람에게 전하면 되는 것입니다. 전하는 것이 중요합니다. 어느 목사님이 세상을 떠나게 되었습니다. 목사님의 아들도 목사입니다. 그 아들목사님이 아버지목사님의 임종을 지켜보고 있습니다. 아버지가 힘들어하시는 걸 보면서 "아버지, 아버지는 한평생 훌륭한 목사님으로 일하셨습니다. 하나님의 말씀을 많이 전하시고 교회도 많이 세우시고, 참 여러 목사님들 중에서도 귀한 일 많이 하셨습니다. 아버지는 참 훌륭하신 분입니다. 저는 늘 아버지를 존경합니다"하였습니다. 그러자 아버지는 말합니다. "내가 한 일은 아무것도 없다. 네가 생각하는 것처럼 그렇게 굉장한 일을 한 아버지가 아니다. 그러나 나는 오직 예수 그리스도의 복음만 전하려고 애를 썼다. 바라는 것은 너도 예수 그리스도의 복음만을 전하라." 이렇게 말하고 눈을 감았습니다. 여러분, 이 점을 알아야 합니다. 그 업적이라는 게 아무 소용 없는 것입니다. 정말로 복음을 받고 복음을 전했던가? 그걸 아들에게 맡겼습니다. "네가 전하라. 나는 이제 간다. 너는 복음을 전하라"하고 부탁했다는 것입니다. 유대사람들의 전통적인 자녀교육에 대한 이야기가 많은데 그 중에 이런 재미있는 이야기가 하나 있습니다. 아이들을 가르칠 때 하는 이야기입니다. 어느날 영리한 여우가 바다 속에 있는 물고기를 들여다보고 이렇게 일장연설을 했습니다. "여러분, 바다 속이 얼마나 답답합니까? 얼마나 위험합니까? 어부들이 그물을 쳐서 여러분을 잡으려 하고 큰 물고기들이 자꾸 따라다니면서 잡아먹고… 답답하고 괴로울 텐데 그러지 말고 육지로 홀쩍 뛰어 올라오세요. 여기는 그런 일이 없고 편안합니다." 이 말을 듣고 물고기들이 회의로 모였는데 한 물고기가 "정말 이 바다 속에 살기가 힘들어. 그런데 그 여우가 원래 영리하니까 여우가 하는 말이 옳을 거야. 우리 육지로 뛰어올라가는 게 어떨까?"하였습니다. 하니까 다른 한 물고기가 하는 말이 "그렇지 않아. 우리가 지금 어렵긴 하지만 그래도 못살 정도는 아니잖아? 그 여우의 말을 어디까지 믿을 수 있을까? 내 생각에는 그냥 여기 사는 게 더 좋겠어"합니다. 그래 이 말대로 결론을 내리고 여우에게 "우린 육지로 가지 않겠소"하였답니다. 여기까지 얘기하고 이제 아이들에게 물어봅니다. "자, 이제 물고기가 육지에 올라왔다면 어떻게 될까?" 그러니까 "말라죽지요. 다 말라서 죽겠지요. 아니면 여우가 잡아먹고…"라고들 대답합니다. 이야기하는 할아버지는 손자들에게 "바로 그거다. 유대사람은 좀 괴롭더라도 유대사람으로 살아야 한다. 어디가나 유대사람으로 살고 불편하고 괴로워도 유대사람은 유대사람으로 사는 것이다. 유대전통 속에 살아야 한다"하고 교훈합니다. 하니까 아이들은 눈동그랗게들 뜨고 "아, 그렇겠습니다. 유대사람으로 살아야죠" 합니다. 할아버지는 한마디 더 합니다. "이 말은 너희가 앞으로 장가가서 아이를 낳은 다음에 그 아이들에게도 똑같이 말해야 하느니라." 중요한 얘기입니다. "너희가 들은 얘기, 너희도 너희 후손들에게 하라. 그 후손들은 또 그 다음후손들에게 말하라. 계속 이야기하라, 그것입니다. 이것이 바로 tradition이라는 것입니다. 유대사람들의 유명한 이스라엘 tradition, 전승이라는 것입니다. 이스라엘의 마음속에는 이게 있습니다. 아무리 괴롭고 답답하고 핍박이 심해도 이스라엘은 이스라엘로 사는 것입니다. 물고기가 꼭 물에 살아야 하는 것처럼입니다.

오늘본문은 다시 "충성된 사람들에게"라고 말씀합니다. "충성된 사람들에게 부탁하라" 합니다. 이 충성이라는 말, '피스티스'라고 하는 이 말은 영어로 말할 것같으면 believing, loyalty, reliableness, dependance, 이런 것들입니다. 이것은 전적으로 믿는 것이요 여기 충성이 있고 여기 신뢰가 있고 그리고 완전히 믿어줄 수 있는 것이 있습니다. '그들에게 맡기라' 하였습니다. '그러면 그들이 또 다른 사람에게 가르칠 수 있으리라.' 썩 귀한 말씀입니다. '네가 내게 들은 바를 전하라. 그들이 또 다른 사람을 가르칠 수 있을 것이다.' 그렇다면 두 가지가 있습니다. 하나는 하나님의 경륜을 믿어야 한다는 것입니다. 바울 입장에서 생각합니다. 하나님께서 나를 통해 역사하신 것처럼 디모데를 통해 역사하시고 디모데는 생각합니다. 하나님께서 나를 통해 역사하신 것처럼 다시 다음사람을 통해 역사하시고 나를 고용하신 것같이 저를 고용하신다는 것을. 믿어야 합니다. 나만이 아닙니다. 그 다음 그 다음 그 다음 사람을 고용해서 하나님께서 사용하시는 것입니다. 그 하나님을 믿어야 하는 것입니다. 또하나는, 사람을 믿어야 한다는 것입니다. 맡겨야 합니다. 맡기지 못하면 안 됩니다. 전적으로 맡길 수 있어야 됩니다. 그게 바로 지도력이라는 것입니다. 우스운 얘기가 있습니다. 장난꾸러기가 공부는 안하고 장난만 칩니다. 아버지도 걱정이고 어머니도 걱정입니다. 그래서 마침내는 지혜를 냈습니다. 아버지가 이 아들을 불러놓고 "너 오늘은 말야, 내가 주는 숙제를 해라"하였습니다. "하겠습니다." 콩 한 말을, 꽤 많지요, 떡 갖다놓고 "너 오늘 이거 다 세어라. 정확하게 몇 알갱이인지 세고나서 놀아라"했더니 "알았습니다"합니다. 아, 이놈이 대답을 쉽게 한단말입니다. '이거 다 세려면 하루종일 걸리겠는데…' 걱정을 했지마는 그래도 세겠지, 했는데 어머니가 보니 이 녀석이 장난만 치고 놀거든요. 여전히 돌아다니고 친구들하고 논단말입니다. '저녁에 아버지가 돌아오면 벼락이 떨어질 텐데 이 녀석 어쩌자고 저러고 있나?' 그랬는데, 저녁에 아버지가 돌아오니까 이 녀석, 그 앞에 딱 나서더니 콩이 전부 몇 개입니다, 하고 딱잘라 얘기하는 것입니다. "너 그걸 어떻게 다 셌느냐?" "그야 간단하지요. 내가 온 동네 친구들 다 불러와서 나눠줘가지고 세게 해서 합쳤지요." 그래서 그 다음부터는 아버지가 그 아들 보고 공부하라는 말은 안했다고 합니다. '니가 나보다 낫다'—이것입니다. 그 놈은 생산적입니다. 아주 지도력이 있지 않습니까. 그걸 일일이 혼자 앉아서 세고 있을 것입니까. 다 맡기면 되지. 오늘 주신 말씀을 들어보십시오. 이게 바로 산술급수적이냐 기하급수적이냐, 하는 것입니다. 산술적 전법이 있고 소위 기하급수적 전법이 있습니다. 내가 혼자 전한들 몇 사람이나 전하겠습니까. 부탁을 해서 그 사람이 또 전하고 그 다음사람에게 또 전하면 효과적이지요. 이게 생산적인 방법입니다. 그래서 사도 바울은 말씀합니다. "내게 들은 바를 충성된 사람들에게 부탁하라 저희가 또 다른 사람들을 가르칠 수 있으리라." △

면류관을 얻을 사람

네가 그리스도 예수의 좋은 군사로 나와 함께 고난을 받을지니 군사로 다니는 자는 자기 생활에 얽매이는 자가 하나도 없나니 이는 군사로 모집한 자를 기쁘게 하려 함이라 경기하는 자가 법대로 경기하지 아니하면 면류관을 얻지 못할 것이며 수고하는 농부가 곡식을 먼저 받는 것이 마땅하니라 내 말하는 것을 생각하라 주께서 범사에 네게 총명을 주시리라
(디모데후서 2 : 3 - 7)

면류관을 얻을 사람

 오늘본문에는 사도 바울이 믿음의 아들이요 동시에 동역자요 후배인 디모데에게 편지하면서 그리스도인이 어떤 속성을 가지고 있는가를, 또 그리그도인은 어떤 모습으로 살아가야 되는가를 말씀하고 있습니다. 바울 자신이 그렇게 살았다는 뜻도 되고, 디모데에게 이렇게 살아야 한다, 하고 명령하는 것이기도 합니다. 또한 네가 목회하는 중에 교인들을 이렇게 가르쳐라, 이러한 이미지로 가르쳐라, 하는 말씀인 줄 압니다. 여기서 기독교인의 세 가지 이미지가 비사로 나타나 있습니다. 보시는대로 하나는 군인이요 하나는 운동경기자요 하나는 농부입니다. 이 세 가지 이미지를 보여주고 있습니다. 그들의 모습에서 그리스도인의 모습을 발견하게 됩니다. 또 그리스도인의 모습을 그들의 생활 속에서 배워나가야 한다, 하는 말씀입니다.

 먼저 생각하는 것이 군사입니다. '그리스도인은 군사이다.' 죄악과 더불어 싸우고 불의와 더불어 싸우고 세상과 더불어 싸우고 때로는 나 자신과 더불어 싸웁니다. 우리는 이 죄악세상에서 계속 그런 전쟁터에 섬과 같은, 그런 전쟁상황 속에서 살아간다, 하는 것입니다. 전쟁이란 아시는대로 사느냐 죽느냐, 하는 것입니다. 이기면 살고 지면 죽는 것입니다. 그러한 결정적 위기상황에서 살아가는 것이 그리스도인이다, 하는 것입니다. 또 전쟁이라는 것은 중간타협선이 없습니다. 다시말하면 적당히 넘어갈 수가 없는 것입니다. 이기면 영광을 누리고 지면 죽는 것입니다. 그것뿐입니다. 양자택일입니다. 그것이 전쟁상황이라는 것입니다. 그래서 내가 살기 위해 남을 죽여도 되느냐, 하는 것이 종종 전쟁의 큰 도덕적 문제가 되곤 합니다. 거기에 전쟁철학을 생각하는 사람의 고민이 있습니다. 그런데 먼저 '그리스도인은 군사이다' 할 때 오늘본문은 두 가지로 정의를 내렸습니다. "그리스도 예수의 좋은 군사"라 하였습니다. 좋은 군사요 그리스도의 군사다, 이 말씀입니다. 그리스도를 대장으로 한 군사요, 또 그리스도를 위하여 싸우는 군사요, 그리고 좋은 군사이어야 한다, 하는 말씀입니다. 그 배경을 좀 생각할 필요가 있습니다. 옛날에는 용병이라는 게 있었습니다. 군사들의 대부분이 용병이었습니다. 돈을 주고 사다가 자기군대로 만든 것입니다. 자기가 먹이고 자기가 입히고 그의 생활을 책임지면서 전쟁에 나갈 때 함께 싸우게 되는 군사입니다. 고용된 군인이다, 하는 말입니다. 그래 장군쯤 되면 그에게는 적어도 수천 명의 용병이 있었습니다. 왕이면 말할것없이 수만 명의 용병을 거느렸습니다. 군인이라는 것이 당시에는 하나의 직업이었습니다. 그러니까 용병은 얼마간의 보수를 받습니다. 얼마동안 일하면 얼마를 받는다고 돼 있습니다. 로마군인들도 받은 게 많았습니다. 형편 따라서 얼마씩을 받았습니다. 요새말로 말하면 월급도 받고 연금도 받고 했는데 중요한 것은 이렇게 12년 동안을 일하고나면 로마시민권을 얻게 된다는 것입니다. 그것은 특별한 혜택이었습니다. 또 그 다음에 장교로 일하면서 충성을 다하면 이제 아주 높은 신분을 받습니다. 최고로 받을 수 있는 것이 '호민관'이라고 하는, 지금으로 말하면 국회의원과 같은 신분이었습니다. 이런 것들이 다 거기에 관계가 돼 있었습니다. 그래서 용병은 일단 군사를 모집한 사람, 즉 대장과 약속을 합니다. 얼마 받고 일하기로 약속을 하는 동시에 또한 맹세를 합니다. 이렇게 해서 군사가 됩니다. 이렇게 군사가 되는 것은 자기가 자원해서입니다. 돈벌기 위해서, 혹은 어떤 목적이 있어서입니다. 특별히 로마군대의 경우에는 아주 용맹스러운 사람들, 특별히 이방사람들, 노예같은 사람들이 용병이 되었습니다. 왜냐하면 이 길을 통해서 자유인이 될 수가 있으니까요. 사람대접을 못받는 사람으로 살지마는 군대에 들어가 착실하게만 복무하면 이제 자유인이 되고 귀족도 될 수가 있는 것입니다. 그런 것이 약속되어 있기 때문에 자발적으로 용병들이 되었습니다. 이렇게 일단 어떤 목적이 있어서 또 서로 계약이 되어서, 얼마에 약속이 되고 얼마의 기간도 약속되고, 이렇게 조건계약이 된 다음에 일단 용병이 되고나면, 한번 용병이 되면 계약기간 동안은 자유가 없습니다. 이 점이 중요합니다. 이제는 팔린 몸입니다. 돈으로 팔린 것입니다. 그의 대장과 함께 운명을 같이하는 것입니다. 이런 군사가 보통직업인과 다른 점이 뭐냐하면 사사로운 일이 없다는 것입니다. 용병이 됐으면 이제 사생활은 없습니다. 또하나 중요한 것은 목숨을 담보했다는 것입니다. 죽고살고에 대해서 내가 말할 수가 없습니다. 이제 내 목숨은 그 대장의 것입니다. 대장이 이기면 나도 살고 대장이 죽으면 나도 죽고… 그렇게 되는 것입니다. 전쟁에 나가는 용병이라는 것은 이렇듯 약속하는 순간 목숨을 담보하는 것이 됩니다. 어째서 그렇습니까. 군대에 나갔다가 좀 어려워진다고 도망을 가겠습니까. 그렇게 할 수가 없는 것입니다. 용병이 되는 것은 목숨을 대장에게 일단 위탁하는 것이 됩니다.

　그런데 문제는 오늘본문에 "좋은 군사로…"라고 말씀한 것입니다. 좋은 군사 헬라말원문이 '칼로스 스트라티오테스'인데 '칼로스'가 '선한'입니다. '선한' 군사입니다. 군사는 군사인데 선한 군사입니다. 이렇게 얘기가 좀 달라집니다. 선한 군인이 누구냐? 용병이 되었다고해서 돈받는 것만 생각해서 '돈 만큼만 일하자'하고 돈만 바라고 있다가 좀 위험한 일 당할 때는 도망가고 만다면 이런 군사는 나쁜 군사입니다. 악한 군사입니다. 좋은 군사는 그런 군사가 아닙니다. 보수를 약속받았지만 보수만 위하여 일하는 게 아닙니다. 또한 공포에 쫓기는 군사가 있습니다. 한번 군사로 들어갔으면 이젠 주인이 그에게 명령을 하고 또 주인이 벌을 내리기도 합니다. 말을 안들으면 죽여버리기도 합니다. 그러니 무섭지요. 그것이 무서워서, 형벌이 무서워서 벌벌떨면서 순종하는 그런 군사가 있습니다. 그건 좋은 군사가 아니지요. 그러면 참으로 좋은 군사는 어떤 군사인가? 대장을 존경하는 군사입니다. 대장을 존경한 나머지 대장을 위해서 삽니다. 대장 그가 생각하는 것이 옳고 그가 싸우는 목적이 옳고 그의 철학이 옳고… 그래서 그를 위하여 고용된 것을 행복으로 압니다. 이 대장을 위해서 내가 싸울 수 있다, 그 뒤를 따라가며 싸울 수 있다, 하는 것을 큰 영광으로 압니다. 이런 사람이 좋은 군사입니다. 보수를 약속했다고해서 보수에만 신경을 쓰는 게 아니고, 또 복무기간 동안에는 고용되어 있으니만큼 잘못하면 형벌을 받게 되니까 그 벌이 무서워서 따르는 것도 아니고, 진심으로 존경해서 '저 대장과 함께 일하다가 저 대장이 죽는다면 나도 죽을 것이다'하는 마음으로 충성을 다하는 사람, 그게 '좋은 군사'입니다. 그래서 그리스도의 좋은 군사가 되라, 하였습니다. 알렉산더 왕에게 재미있는 일화가 따라가고 있습니다. 그의 어렸을 때입니다. 아버지되는 필립이 아들을 훌륭한 사람으로, 혹은 훌륭한 대장으로 키우기 위해서 그를 당시의 유명한 철학자 아리스토텔레스에게 맡겨서 교육을 시켰습니다. 알렉산더의 아버지 필립도 그 당시에는 큰 나라가 아니었으나 왕이었습니다. 비록 작은 나라의 왕이지만 그 왕의 아들 알렉산더를 아리스토텔레스가 위탁받아서 가르칩니다. 얼마후 필립이 아들을 불러놓고 "그동안 뭘 배웠느냐?"하고 물었습니다. 그러니까 "별로 배운 게 없습니다"하고 알렉산더는 대답합니다. "그러면 어떻게 가르치더냐?" "가르치는 것도 없습니다. 그저 '날 따르라'해서 따라다니기만 했습니다. 종일 따라다니면서 물 떠와라, 나무 해와라, 심부름만 하고 있습니다." 필립이 좀 괘씸하게 생각했습니다. "아니, 왕자요 앞으로 왕이 될 사람인데, 가르치라고 했더니 이 철학자가 그런 심부름만 시키다니 말이 되나? 그만둬라." 그만두게 했습니다. 그 다음에 자기가 전쟁터에 나갈 때 이 아들을 데리고 가서 전장, 현장에서 교육을 하려고 했습니다. 싸울 때 같이 싸우고 또 거기서 하는 모든 일들을 같이하고… 전쟁터에서, 다시말하면 실제교육을 시켰다, 그 말입니다. 어느날 전쟁에서 하루 온종일 싸웠습니다. 그래 지쳤습니다. 다 지쳐 쓰러져서 일부는 피투성이가 된 채 일어나지도 못하고 있고 한쪽에서는 지금 졸려서 죽을 지경들이었습니다. 이럴 때인데 한 사람이 오더니 하는 말이 "지금 적군에 가봤더니 적의 군사들이 다 쓰러져 있습니다. 지금 쳐들어가면 거저 이길 수가 있습니다. 쳐들어갑시다"합니다. "밤중에 기습해서 들어갑시다." 그러니까 다들 그러자, 그러자, 합니다. 이때에 알렉산더, 이 젊은사람 하는 말이 "아니오. 가지 맙시다. 나는 승리를 도적질하고 싶지 않습니다. 내일아침 정정당당하게 싸워 이길 것입니다"하는 것입니다. 아버지가 그 말을 들으니 참 마음에 듭니다. 그래 묻습니다. "너 어디서 그런 걸 배웠느냐?" "아리스토텔레스한테 배웠죠"하고 알렉산더는 대답합니다.

"그 선생이 괜찮은 선생이었구나." 그래서 그 후로 한평생 알렉산더는 아리스토텔레스를 존경했다, 하는 일화입니다. 보십시오. 참군인은 정정당당하여 승리를 도적질하는 비겁한 자가 되지 않는다, 이것입니다. 이게 바로 좋은 군사입니다. 좋은 군사란 고용된 입장에서 먼저 섬깁니다. 집중적으로 섬깁니다. 사사로운 일은 없습니다. 자기가 계약한 요 몇년 동안은, 약속한 그 해 동안에는 사생활이 없습니다. 전적으로 섬길 뿐입니다. 오로지 섬길 뿐입니다. 또한 전적으로 순종합니다. 가라면 가고 오라면 와야 됩니다. 왜 가라느냐, 왜 오라느냐, 물을 것도 없고 생각할 것도 없습니다. 그것이 좋은 군사입니다. 또한 좋은 군사는 잔소리가 없습니다. 말이 많지 않습니다. 따지고 할 게 없습니다. 오로지 순종이 있을 뿐입니다. 그것이 좋은 군사입니다. 또한 희생이 따릅니다. 때로는 죽을 곳에 가야 합니다. 죽어야 됩니다. 죽을 형편에 나설 수밖에 없습니다. 그러나 도망을 해서는 안됩니다. 비겁하게 피해서는 안되는 것입니다. 죽음을 무서워해서는 안되는 것입니다. 이게 좋은 군사입니다. 또한 충성입니다. loyalty입니다. 모집한 자 즉 대장을 위하여 충성을 할 뿐만 아니라 그냥 충성하는 게 아닙니다. 오늘본문에 말씀한대로 "모집한 자를 기쁘게 하려"합니다. 그게 좋은 군사입니다. 보십시오. 대장이 "너 가라"하면 가고 "오라"하면 오고… 그렇게만 해서야 대장이 기쁘겠습니까. 자발적으로 해야 하는 것입니다. 자진해서 일을 만들어 가면서 해야 합니다. 그렇게 자율적이고 자발적일 때 주인의 마음에 기쁨을 주는 것입니다. 그야말로 기계처럼, 혹은 동물처럼, 어떤 짐승처럼 시키는대로만 해가지고는 좋은 군사일 수가 없습니다. 알아서 하는 것입니다. 스스로 생각해서, 스스로 판단해서 능률적으로 자율적으로 일할 때 주인을 기쁘게 하는 것입니다. 그게 주인을 기쁘게 하는 길입니다. 이런 군사가 좋은 군사입니다. 뿐만아니라 주인을 기쁘게 한다는 것은 명예와 의를 주인에게 돌린다는 것입니다. 내가 무슨 수고를 했더라도 "대장님이…"하고 나옵니다. 자기가 수고를 하고도 대장님에게 공로를 돌리는 것입니다. 자기가 공로를 취해서는 안되고 자기가 칭찬을 받아서는 안됩니다. "이건 다 장군님께서 하라시는대로 해서 된 것입니다. 장군님이 훌륭해서 이렇게 된 것입니다." 이렇게 모든 영광을 모집한 자, 대장에게 돌리는 그런 군사입니다. 그리스도 예수의 좋은 군사가 되라, 하고 바울은 비유적으로 말씀합니다.

두 번째 이미지는 '운동경기자'입니다. 경기자에 대해서 오늘본문은 간단하게 말씀하고 있습니다. "경기하는 자가 법대로 경기하지 아니하면 면류관을 얻지 못할 것이며…" 간단한 말씀입니다. 법대로, 규칙대로 해야 된다는 것입니다. 고린도전서 9장 24절에서도 운동선수에 대해서 언급하고 있습니다. 법대로 하는 게 하루아침에 되는 일 아닙니다. 요새도 연휴를 당해서 운전 많이 하면서 생각했을 것입니다. 요새 며칠 운전하면서 나가보니 여느때는 운전 안하다가 '초보운전'이라고 써붙이는 사람들이 많더라고요. 그래가지고 막 끼어들어오는 것입니다. 아주 위험합니다. 연휴 때 운전 조심해야 됩니다. 형편없는 사람들, 용기있는 사람들 있습니다. 원래 무식하면 용기가 많습니다. 막 끼어들어오는 것입니다. '초보운전' 붙였다고 해서 아무렇게나 들어와도 되는 것입니까. 참 문제거리입니다. 그런데 알아야 될 것이 하나 있습니다. 처음부터 법을 잘 지키는 걸 배워야 합니다. 처음이 중요합니다. 면허 얻고 처음 6개월 동안, 처음 시작할 때 아주 법대로 하는 훈련을 받아야 사고 없이 운전을 할 수 있습니다. 운전도 제대로 배우기 전에 변칙부터 먼저 배웁니다. 이래저래 못된 짓만 배웁니다. 빠져나가는 수만 배웁니다. 법을 지키지 않는 그런 것 배워놓으면 일생동안 망조가 됩니다. 준법이란 하루아침에 되는 게 아닙니다. 법 안지키는 사람 많습니다. 제가 제일 마음아파 하는 것이 있습니다. 담뱃불 차창 밖으로 내던지는 사람, 지금 연기가 나고 있는 걸 내던집니다. 그러면 그것이 누구 코에 들어가겠습니까. 먼지가 되어 제 코에 들어갈 거 아닙니까. 화재위험은 없습니까. 자동차 안에 재떨이가 있는데 재떨이 청소하기 싫어서 그걸 밖에다 내던지는 것입니다. 이것은 하루에도 몇번씩 보는 현상입니다. 유치원때부터 준법을 익혀야 됩니다. 오늘 누가 한마디 말한다고 되는 일 아닙니다. 또 그 사람 붙들고 얘기했다가는 싸우자고 대듭니다. 종종 그런 게 있다니까요. 저 앞이 일방도로 아닙니까. 제가 나가다보면 일방 거꾸로 들어오는 사람이 있습니다. 딱 세워놓고 여기 일방도로인데 왜 들어오느냐, 하면 "당신이 뭔데 그래요?"하고 대듭니다. '내가 법을 어기든말든 네가 무슨 상관이냐' 이것입니다. 아주 잘못배웠습니다. 법을 지키는 것, 이거 하루아침에 되는 게 아닙니다. 이거야말로 오랜 훈련이 필요합니다. 교통법규는 물론이고 모든 법, 우리의 사사로운 생활에서도 법이라는 게 하루아침에 지켜지는 것 아닙니다. 법 지키는, 준법훈련이 필요합니다. 훈련으로 익숙하게 익혀서 법을 지켜나가는 것입니다. 법을 어긴 금메달리스트의 부끄러움을 아마도 오래전에 신문에서 보았을 것입니다. 천국에서 지옥으로 떨어지는 것같은 부끄러운 모습으로 비행기를 타고 사라지는 한 사람을 보았습니다. 88서울올림픽경기 때, '인간탄환'으로 불리던 캐나다 단거리육상선수 밴 존슨은 100m경기에서 얼마나 빠르게 뛰었는지 세계기록을 훌쩍 깼는데, 그래 금메달 받았는데, 그러나 그 다음에 도핑 테스트라고 하는 약물테스트에서 약물을 복용했다는 결과가 나왔습니다. 그래서 금메달이 박탈되고 패전군사처럼 부끄러운 얼굴로 돌아가고 말았습니다. 왜요? 규칙을 지키지 않았지요. 법을 지키지 않았더라는말입니다. 아무리 경기를 잘해도 파울이 있으면 안됩니다. 규칙을 어기면 안됩니다. 정정당당해야 됩니다. 운동경기에서야말로 아주 정확하게 법을 지켜야 됩니다. 그러고야 승리가 있는 거지 법을 지키지 않은 가운데 되어진 일은 어떤 일이라도 승리가 될 수 없습니다. 부끄러운 일이지요. 씻을수없이 부끄러운 일이지요. 그런데 이 규칙지키는 것, 법을 지키는 것이 하루아침에 되는 일 아니므로 법대로 하는 훈련이 필요합니다. 마음의 훈련, 정신의 훈련, 나아가서는 몸의 감각을 익혀야 됩니다. 생각으로 내가 아무리 지키고 싶어도 손이 말을 안듣고 발이 말을 안듣는 것은 잘못 훈련이 됐기 때문입니다. 처음부터 바르게 훈련해서 여기 도달해야 되는데 처음부터 훈련이 잘못된 사람은 마음은 원이로되 몸이 따라주지를 않습니다. 그래서 바른 운동선수가 될 수 없습니다. 몸이 잘 따라줘야 합니다. 따를 만큼 훈련을 쌓았어야 되는 것입니다. 가끔 권투선수들 사각 링에서 권투하는 중계방송 보자면 12라운드 중 한 6라운드쯤 지나간 다음에 해설자가 참 좋은 얘기를 해줍니다. "저 사람은 훈련을 잘못 받았습니다"하고 언급하는 것입니다. "처음부터 훈련을 잘받았어야 되는데 잘못 훈련을 받아서 지금 저렇습니다. 저거는 벗어날 수가 없습니다. 생각은 물론이지만 몸이 정규적으로 훈련을 받았어야 되는데 그렇지 못하고 되는대로 해왔습니다. 저런 위기상황에서 저 선수가 빠져나갈 길은 없습니다." 또 어떤 때는 이런 말도 합니다. "지금쯤은 훈련받은 그 감각으로 하는 것이지 제정신은 없을 겁니다." 하도 많이 훈련을 해서 지금은 뭐 정신이 몽롱하지마는 손만은 그냥 나가는 것입니다. 그건 훈련의 결과입니다. 마음과 정신과 몸이 함께 훈련이 되고 익숙해져야 되는 것입니다. 그게 하루아침에 되는 것이 아닙니다. '준법'이라고 하는 것은 훈련이다―그걸 잊지 말아야 합니다. 또하나 중요한 것이 '극기'입니다. 운동선수는 자신의 mind control이 있어야 됩니다. 먹고 싶은 대로 먹고 자고 싶은대로 자고 놀고 싶은대로 노는 것은 절대 안됩니다. 오래전에 신문에서 본 것이지마는 그 생각을 늘 합니다. 권투에서 세계타이틀 한번 얻는다는 게 얼마나 어렵습니까. 그런 WBA 타이틀을 하나 얻었지요, 우리 한국선수가. 그리고 그 1차방어전을 일본에서 했는데 3라운드인가 4라운드에 가서 그냥 보기좋게 KO당하고 말았습니다. 그리고 부끄럽게 돌아왔습니다. 그런데 왜 그랬느냐, 하는 얘기가 더 우리 마음을 아프게 했습니다. 그가 외국에 가기 어려운 때인데 외국 가서 경기하기 전날 술을 먹었다고 합니다. 이러고 경기가 되겠습니까. 어림없는 일입니다. 인간체력의 한계에 도전하는 것인데 운동하기 전날 술먹다니 이게 말이나 됩니까. 마땅히 절제해야 되는 것입니다. 아시는대로 비행기를 타고 높이 올라가는 분들, 고공비행 하는 분들은 절대로 담배를 못피웁니다. 담배피우는 사람 못올라갑니다. 담배피우면 그만큼 체력이 떨어지기 때문입니다. 정신력도 떨어지고 육체도 약해집니다. 저항력이 약해집니다. 운동경기자라고 하면 극기할 뿐만 아니라 마음을 다스려야 되고 감정을 다스려야 됩니다. 경기자에게 감정적인 일이란 있을 수가 없습니다. '화가 나고 분해서, 억울해서…' 그따위 생각이라도 한다면 벌써 경기하기는 틀렸습니다. 그래서는 안됩니다. 경기자는 언제나 냉정해야 됩니다. 자기마음을 스스로 다스려야 됩니다. 흥분은 금물입니다. 언젠가 한번 권투시합을 TV로 보는데 내가 알기에 잘하는 사람이 자꾸 얻어맞더라고요. 뒤로 물러섭니다. 그러니 자꾸 더 맞습니다. 그러니까 해설자가 안타까워서 "저렇게 물러서다가는 더 많이 맞는데요. 저래서는 안됩니다. 앞으로 나가야 될 텐데, 손을 부지런히 뻗쳐야 되겠는데…"하더니 한마디 붙입니다. "저 선수가 과거를 잊지 못해서 저럽니다." 4개월 전에 권투시합을 했는데 그만 한번 잘못맞고 그대로 뻗었습니다. 그리고 4개월만인데 그때처럼 또 쓰러질까봐 겁을 내고 있다는 것입니다. "빨리 과거를 잊어야 합니다." 그래서 제가 "아멘" 하였습니다. 지난날에 실패한 거, 몇달 전에 얻어맞고 쓰러진 거, KO당한 거, 그거 생각하고 있는 한 벌써 틀린 것입니다. 마인드 컨트롤이 안됐습니다. 잊어버려야 합니다. 이겼든 졌든 그 과거는 잊어야 합니다. 과거에 이겼다고 그 생각 하고 있거나 과거에 졌다고 그 생각 하고 있다면 오늘 링에 나와서 어떻게 싸우겠습니까. 깨끗이 잊어버려야 합니다. 마인드 컨트롤이 필요합니다. 그리고 순간적인 힘만 가지고는 안됩니다. 운동선수에 있어서 가장 중요한 것이 지구력입니다. 스태미나입니다. 얼마나 버티느냐가 중요하지 않습니까. 한순간으로 되는 것이 아니거든요. 이래서 정말 '프로'라는 것이 얼마나 대단한가를 느끼게 됩니다. 아마추어권투선수들은 3라운드밖에 뛰지 않는데 3라운드쯤 가서는 벌써 힘이 빠져 허우적거리는 것을 봅니다. 그런데 프로들은 12라운드 뛰지 않습니까. 프로라는 게 참 무서운 것입니다. 얼마나 많은 훈련을 해서 12라운드를 뛰는 것입니까. 꽤 많이 연습했건만 3라운드를 넘기지 못하고 비실비실하는 아마추어를 보면 '아 훈련이라는 게 참 무서운 것이다' 하게 됩니다. 지구력을 키워야 됩니다. 스태미나를 키워야 됩니다. 운동선수의 마지막은 스태미나로 결정됩니다. 그러면 이제 신앙의 경기자, 우리 믿는 사람들 신앙으로 싸울 때도 신앙의 훈련이 필요합니다. 자기극기가 필요합니다. 그리고 냉정함이 필요합니다. 감정에 치우쳐서는 안되며 꾸준한 인내력을 가져야 됩니다. 그리고야 신앙생활에 승리하는 것입니다. 무슨 산(山)기도 몇번 했다해서 "나에게는 이제 시험이 없다" 하는 사람들을 가끔 봅니다. 시험이 왜 없습니까. 또 넘어지지 않습니까. 긴 시간 동안 많은 훈련을 쌓아야 되는 일입니다. 그러고야 넉넉하게 시험을 이길 수 있습니다.

이제 세 번째 이미지는 '농부'입니다. 아주 간단하게 말씀하는데 조금 맥락을 이해하기 어렵게 말씀하고 있습니다. "수고하는 농부가 곡식을 먼저 받는 것이 마땅하니라." 딱 한 절을 말씀하고 있습니다. 농부라고 하면 농부에는 세 가지 원리가 있습니다. 하나는 일하는 것입니다. 부지런히 일하는 게 농부입니다. 농부는 새벽부터 밤까지 부지런해야 됩니다. 부지런히 일하는 게 농부입니다. 또한 농부는 기다려야 됩니다. 농부는 인내의 상징입니다. 야고보서 5장 7절에서도 농부의 인내를 배우라, 하였습니다. 아무리 바빠도 기다려야 됩니다. 오늘 심어놓고 싹이 날 때까지 기다립니다. 오늘 거름을 줘 놓고 자라는 것을 보면서 기다립니다. 가을 추수때까지 기다려야 됩니다. 무던히 기다려야 됩니다. 이삭이 나올 때, 기다려야 됩니다. 이삭이 빨리 안나온다고 잡아당길 수는 없습니다. 기다려야 됩니다. 농부는 일하고 무던히 기다려야 됩니다. 기다리는 훈련이 필요합니다. 우리 손자 손녀들 요새 인내훈련을 하고 있습니다. 내 방에 들어와서들 놀거든요. 거기다가 껌을 몇 개 사놨는데 그거 달라고 조릅니다. "할아버지, 저거 주세요." 그러면 "아니다. 가서 예배드리고 나오너라. 그러면 준다" 합니다. 그게 처음에는 어려웠습니다. 그거 하나 기다리는 게 마음이 안놓여가지고 당장 가지고 가겠다는 것입니다. "안된다. 갔다 오너라." 이제 갔다옵니다. 이게 훈련이 됐습니다. 요새는 "할아버지, 나 예배드리고 오면 저거 나 줄 거죠?" 합니다. "알았다. 준다." 약속이 됐습니다. 그거 한 시간 기다리는 거, 위대한 것입니다. 기다리는 것입니다. 훈련이 됐으니 지금은 받지 못할 줄 어련히 알겠습니까. "예배드리고 나오면 준다." 자신들이 잊어버리고 있더라도 줍니다. 이게 훈련입니다. 지금은 한 시간, 그 다음에는 하루, 그 다음에는 열흘, 그 다음에는 십 년, 기다릴 줄 알게 됩니다. 이것도 훈련입니다. 우리가 지금 아이들한테 잘못하는 게 뭘 달라고 하면 줘버리는 것입니다. 아주 다 줘버립니다. 그뿐아니라 울면 줍니다. 절대로 주면 안돼요. 울 때는 주면 안됩니다. '울면 나오는구나' 생각하게 해서는 안됩니다. 제일 나쁜 게 뭐고하니 자꾸 우니까 귀찮아서 "옛다, 가지고 가라" 하고 마는 것입니다. 그건 아이를 망치는 것입니다. 인내력 훈련 제로입니다. 절대로 하고 싶다는 대로 해줘서는 안됩니다. 법대로 해야 될 뿐만 아니라 인내의 훈련이 필요합니다. 농부는 심어놓고 기다립니다. 아무리 바빠도 농부는 기다려야 됩니다. 그뿐입니까. "수고하는 농부가 곡식을 먼저 받는 것이 마땅하니라" 합니다. 이 말씀은 결과에 대해서 그대로 받아들여야 된다는 말씀합니다. 풍년이 들든 흉년이 들든 불만이 없습니다. 불평해서는 안됩니다. 잘됐든 못됐든 가을추수에 대해서는 그대로 수락해야 됩니다. 그대로 수용해야 됩니다. 그것이 농부의 마음가짐입니다. 그래서 곡식을 먼저 받습니다. 당연합니다. 수고했으니까 받아야지요. 그 받는 데 대해서 그는 그것이 얼마가 되었든지 상관없습니다. 오늘 주신 말씀, 정말 좀 설명을 붙이고 싶습니다. 괄호하고 몇마디 더 있었으면 좋겠습니다. "농부가 곡식을 먼저 받되 그가 어떤 결과든지 그대로 받아야 하느니라." 그대로 받습니다. 누구를 원망하겠습니까. 누구한테 불평하겠습니까. 풍년이 들든 흉년이 들든, 남의 밭에서는 더 많이 나고 나는 추수가 적다 하더라도 불평하지 못합니다. 내가 수고한대로 하나님께서 내게 주신 것으로 받아들입니다. 그래서 농부는 땀흘려 수고하고도 가을에는 감사절을 지키는 것입니다. 하나님께 감사하는 것입니다. 그것이 바로 농부의 마음입니다. 수고한 결과에 대해서 감사로 수용해야 됩니다.

 이제 7절말씀에 보니 위의 세 가지를 합쳐서 결론을 맺고 있습니다. "내 말하는 것을 생각하라 주께서 범사에 네게 총명을 주시리라." 보십시오. '좋은 군사가 되라. 좋은 경기자가 되라. 착한 농부가 되라. 이것들을 잘 생각하라. 그리하면 하나님께서 플러스 알파, 그 위에 총명을 주시리라.' △

말씀은 자유하시다

나의 복음과 같이 다윗의 씨로 죽은 자 가운데서 다시 살으신 예수 그리스도를 기억하라 복음을 인하여 내가 죄인과 같이 매이는 데까지 고난을 받았으나 하나님의 말씀은 매이지 아니하니라 그러므로 내가 택하신 자를 위하여 모든 것을 참음은 저희로도 그리스도 예수 안에 있는 구원을 영원한 영광과 함께 얻게 하려 함이로라 미쁘다 이 말이여, 우리가 주와 함께 죽었으면 또한 함께 살 것이요 참으면 또한 함께 왕 노릇할 것이요 우리가 주를 부인하면 주도 우리를 부인하실 것이라 우리는 미쁨이 없을지라도 주는 일향 미쁘시니 자기를 부인하실 수 없으시리라
(디모데후서 2 : 8 - 13)

말씀은 자유하시다

　지난 시간에는 사도 바울이 기독교인을 세 가지 이미지로 비유하여 말씀한 것을 보았습니다. 그 하나는 '군사'라고 한 것입니다. 우리가 이 세상에 살면서 죄악과 더불어, 마귀와 더불어, 사망권세와 더불어 싸우는 하나의 전쟁상황에 놓여 있다, 하는 것입니다. 생명의 문제다, 하는 뜻입니다. 전쟁이란 죽기 아니면 살기입니다. 잘 살고 못살고 오래 살고 일찍 가고… 그런 얘기가 아닙니다. 출세하고 못하고… 그런 얘기가 아닙니다. 전쟁상황에서는 오직 사느냐 죽느냐가 있을 뿐입니다. 그리스도인이란 이런 전쟁상황에 사는 것이라 하였습니다. 죄악과 더불어 싸워나가는 하나의 군사로, 하나의 정예군인으로, 아주 훌륭한 그리스도의 군병으로 살아가야 한다, 군인정신으로 살아야겠다, 하는 비유의 말씀입니다. 또하나는 '경기자'입니다. 경기장에 나가서 뛰는 사람은 경기규칙을 잘 지켜야 됩니다. 경기규칙은 하루아침에 마음먹는다고 지켜지는 게 아닙니다. 처음부터 오래도록 정규적으로 훈련을 받아야 됩니다. 정식으로 훈련을 받아야 됩니다. 좋은 스승에게서, 좋은 본을 따라서 규칙을 잘 지키는 가운데서 훈련을 받아야 됩니다. '반칙왕'이라는 말이 있는데 못된 것입니다. 배운 것이 그런 것뿐이거든요. 안될 일입니다. 정규적으로 하는 그러한 훈련을 쌓아야 실전에 들어갈 때, 결전에 임할 때 거의 감각적이 됩니다. 생각하고 따지고 하는 게 아니라 자연스럽게 감각적으로 규칙을 잘 지켜갈 수가 있는 것입니다. 그런 훌륭한 운동선수가 돼야겠다, 신앙생활도 하나의 경주와 같은 것이다, 그렇게 설명했습니다. 세 번째는 '농부'입니다. 농부는 겸손합니다.

하나님께서 하시는 모든 역사 앞에, 딸거리 앞에, 일기 앞에 겸손합니다. 그리고 인내합니다. 그리고 어떤 결과가 오든지 그에 대해서 감사하는 마음으로 감수합니다. 인내와 겸손이 농부의 마음입니다.

저러한 세 가지 이미지를 말씀하면서 사도 바울은 오늘 그에 대한 중요한 결론을 맺고 있습니다. 좋은 군사가 되기 위해서, 훌륭한 경기자가 되기 위해서, 또 훌륭한 농부가 되기 위해서는 어떠해야 되겠는가, 하는 것입니다. 오늘본문에서 말씀합니다. "예수 그리스도를 기억하라." 이렇게 말씀하고 있습니다. 군사이되 내가 누구의 군사냐, 그것입니다. 나는 그리스도의 군사입니다. 그런고로 그리스도를 기억하여야 됩니다. 그리스도를 자꾸 생각하여야 됩니다. 또한 경기자이되 그리스도를 목표로 하는 경기자입니다. 그리스도를 목적삼고 가는 것입니다. 농부가 하늘을 향하여 비를 기다리는 것도 있지마는 역시 그도 모든 경우에서 예수를 생각하여야 된다, 하는 얘기입니다. '예수를 생각함으로만이 좋은 군사도 될 수 있고 또 좋은 경기자도 될 수 있고 좋은 농부도 될 수 있다. 승리의 비결은 예수를 생각하는 것이다'—이렇게 바울은 간파하고 있습니다. 실제로 그렇습니다. 모든 경우에 예수를 생각하여야 합니다. 그래야 그동안의 모든 고난, 모든 어려움, 모든 고통을 다 이길 수 있는 것입니다.

그러면 예수를 생각하되 어떤 예수를 생각하느냐—오늘본문에 아주 논리적으로 설명하였습니다. 어떤 예수냐? 이게 바로 기독론입니다. 예수를 어느 각도에서 보느냐가 중요합니다. 어느 측면에서 보느냐에 따라서 내용이 달라지기 때문입니다. 보십시오. "죽은 자 가운데서 다시 살으신 예수"라 하였습니다. 죽은 자 중에서 부활하신 예수, 그 예수를 생각하라, 하였습니다. 우리 앞에는 많은 고통이 있습니다. 그 고통이 아무리 심해도, 아무리 크다 하더라도 결국은 죽음에까지밖에는 못갑니다. 그러나 우리 그리스도인은 죽은 자 가운데서 부활하신 예수를 믿습니다. 이걸 잊지 말아야 합니다. 이게 복음의 핵심입니다. 기독론에 큰 세 방향이 있답니다. 하나가 뭐냐 하면 예수님의 생애에 초점을 맞춘 것입니다. '예수님의 말씀, 참 좋은 말씀이지. 예수님은 병도 많이 고치셨지. 예수님께서는 못고치시는 병이 없었대…' 자, 이제 생애에다 초점을 맞추면 어떻게 됩니까. 예수믿으면 병도 낫고, 예수믿으면 지혜로워지고, 예수믿으면 아주 훌륭한 사람 되고, 예수믿으면 성공하고… 그런 얘기가 됩니다. 틀린 것은 아닙니다. 그러나 이 예수는 하나의 스승 예수일 뿐입니다. 훌륭한 성현이요, 훌륭한 선생님입니다. 훌륭한 선생님이지요. 단연 훌륭한 선생님이지요. 그러나 이렇게 믿는 예수는 복음이 아닙니다. 십자가와 부활, 그 예수를 믿는 것입니다. 이것을 캐뤼그마적 신앙이라고 말합니다. 오늘도 보면 그런 분들 많습니다. 예수믿어서 출세하고, 예수믿어서 잘되고, 예수믿어서 마음이 편안하고, 또 예수믿어서 성공하고… 그거 다 좋은 얘기로 들리지만 엄격히 따져볼 때 그래, 예수믿어가지고 사업 실패하면 어떡할 것입니까. 예수믿어가지고 병이 낫기는커녕 마지막에 죽었다면 어떡할 것입니까. 예수믿는다고 다 성공하길 바라나요? 그것은 아니거든요. 이제 '예수를 어떻게 믿느냐?' 할 때 예수의 소위 생애에다 초점을 맞추려고 하는 것, 심지어는 '예수를 본받아서' 예수님처럼 살아보겠다고 가난한 사람 속에 살기도 하고 거리에서 불쌍한 사람 도와주고 하는데 그거 다 좋지마는 사실 그 속에는 그리스도가 없습니다. 그 속에는 전도가 없습니다. 그리고 은근히 예수를 닮아서 내가 예수가 되는 것입니다. 내가 작은 예수가 되겠다는 것입니다. 이게 문제입니다. 좀 신학적인 말씀을 하나 하겠습니다. 일본교회가 영 부흥이 안됩니다. 우리는 교회가 한 100년 됐지마는 일본교회는 200년 됐습니다. 그런데 교회가 부흥이 안됩니다. 지금 우리는 25%가 기독교인이라 하지만 일본은 1%도 안됩니다. 왜 안될까, 도대체가. 이것은 큰 수수께끼입니다. 제가 일본에 해마다 한 번씩 가서 그곳 목사님들하고 같이 세미나를 합니다. 물론 강의를 할 때 나 나름대로 강의를 합니다. 하지마는 조용한 시간에도 "왜 일본교회는 부흥이 안될까요?"하고 아주 진지하게 물어보는 분들이 있습니다. 숙소까지 따라와서 밤늦게까지 앉아서 진지하게 물어봅니다. 정 진지하게 묻는 분에게는 내가 이렇게 말할 때가 있습니다. "정말 알고 싶습니까?" "소우데쓰네." "그러면 내가 무슨 말을 하든지 그대로 받아들이겠소?" "그러겠습니다." "내 개인적 견해이니 확실한 건 아니지만 내가 이해하는 대로는 이렇소." "…" "처음부터 일본에는 교회가 없었습니다." 가만히 있더라고요. 이윽고는 "소우데쓰네"하고는 울기까지 합니다. 그 사람들 그런 면이 좀 있지요, 얕은 맛이. 아예 울면서 "아, 그렇습니다"하는 것입니다. 왜요? 구제기관만 있었거든요. 애시당초 기독교가 처음 시작할 때 구제기관만 세웠습니다. 가가와 도요히꼬니 우찌무라 간소니 하는 사람들이 전부 뭘 했느냐? 빈민구제 했습니다. "예수님을 본받아서…" 이래가면서요. 이거 어떻게 보면 잘한 거같지요? 그게 아닙니다. 오늘도 가만히 보면 안믿는 사람들은 기독교를 볼 때 이런 생각을 합니다. "기독교, 뭘 하는 거요? 예배당만 짓고. 구제해야죠, 구제. 불쌍한 사람들 도와줘야지. 불쌍한 사람들 이렇게 많은데 그걸 안도와주고 교회만 자꾸 비대해지고말야. 물량주의에 빠지고말아." 이렇게 막 비판을 하거든요. 대답하기 참 어렵습니다. 교회가 구제를 안하는 게 아닙니다. 해야지요. 하지만 구제가 목적은 아닙니다. 보십시오. 죽은 자 중에서 부활하신 예수십니다. 우리는 십자가와 함께 죽고 그리스도와 함께 부활하는, '십자가와 부활' 거기에다 초점을 맞추고 예수를 믿는 것입니다. 그걸 기억하라는 것입니다. 그러니까 살아도 좋고 죽어도 좋습니다. 살아서 믿는 자는 영생을 얻을 것이고 죽어도 삽니다. 사나 죽으나 그리스도의 것입니다. '십자가의 예수, 부활하신 예수' 거기에다 초점을 맞추고 플러스 알파, 하나가 더 있습니다. '재림하시는 예수'입니다. '십자가, 부활, 재림'—여기에 중심을 두고 믿는 신앙이 바로믿는 신앙입니다. 그렇게 믿는 신앙이 초대교회적 신앙이요 캐뤼그마적 신앙입니다. 거기에 생명력이 있습니다. 자, 이제 생각합시다. 예수를 생각하자, 예수를 기억하라—어떤 예수? 십자가의 예수, 부활하신 예수, 재림하실 예수, 그 예수를 바라보라, 하는 것입니다.

또한 '다윗의 후손으로'라 하였습니다. 이것은 성서적 맥락을 말씀하는 것입니다. 성경에서 수천 년 전부터 그리스도께서 다윗의 후손으로 오시겠다, 하였습니다. 다윗의 후손—이것은 왕권을 말씀하는 것입니다. 예수는 십자가에 죽으시고 부활하시고 사라져버린 것이 아닙니다. 우리 마음속에 관념적으로 남아계시는 그리스도가 아닙니다. 오늘도 우리 안에 계셔서 왕권을 행사하시는 예수십니다. 그래서 제가 제일 귀한 말씀이라고 생각해서 여러분이 예배를 마치고 나갈 때 꼭 한 번씩 읽어보고 나가라고 저 뒤에다가 써붙인 것입니다. '볼지어다 내가 세상 끝날까지 너희와 항상 함께 있으리라.' 이것은 철학적 용어가 아닙니다. 생명을 말씀하는 것입니다. 그리스도의 생명이 우리와 항상 함께하시고 우리를 다스리고 계신 것입니다. 우리는 그 그리스도께 충성을 다하고 있는 것입니다. 그는 왕으로서 오늘도 우리 가운데 계십니다. 그 왕권을 믿어야 합니다. 이것을 잊지 말아야 됩니다. '다윗의 후손으로'라고 한 것은 그의 영광과 그의 왕권을, 그의 다스리심을 말씀하는 것입니다. 그가 역사를 다스리시고 나를 다스리시고 오늘도 이 세상을 다스리고 계십니다. 영적으로 지배하고 계신 것입니다. 그리스도의 영원한 왕권, 그것을 믿는 것입니다. "예수 그리스도를 기억하라"—아무리 고난을 당해도 주님께서 함께 계십니다. 아무리 모순된 일이 있어도 다 주님께서 합동하여 선하게 되게끔 만드십니다. 그야말로 'Don't worry, be happy'—아무 걱정 할 필요가 없습니다. 그가 지배하고 계시기 때문입니다. 그걸 믿는 것입니다. "예수 그리스도를 기억하라."

또한 '복음을 생각하라'하였습니다. 그 예수는 복음의 주가 되시거든요. 그래서 복음으로 인해서 고난을 받습니다. 바울이 말씀하기를 '나의 복음'이라고도 하고 오늘본문에서 "복음을 인하여"라고 합니다. 나의 복음, 복음을 인하여—'유앙겔리온' 곧 gospel이라는 말을 강조하고 있습니다. 십자가와 부활, 재림, 그것이 바로 나에게 주는 복음입니다. 나의 복음이 무엇입니까. 여러분은 여러분이 가지고 있는, 스스로 고백할 수 있는 복음이 무엇입니까? 출세입니까? 잘사는 것입니까? 명예얻는 것입니까? 나의 복음은 오직 그리스도일 뿐입니다. 그리스도와 함께한다는 사실, 그리스도께서 나를 구원하신다는 십자가의 복음, 이것일 뿐입니다. 그 그리스도의 능력이 오늘 우리 안에 있어서 우리의 구원을 이루는 사역을 복음이라고 합니다. '예수를 생각하라. 십자가와 부활의 예수, 오늘도 다스리시는 예수,

그리고 우리에게 복음을 주시는 예수, 복된 소식으로서의 예수, 행복으로서의 예수, 그를 생각하라'―그리하면 모든 문제가 풀리는 것입니다.

　이제 사도 바울은 더 신비로운 말씀을 합니다. 바울은 지금 로마 감옥에 있습니다. 쇠사슬에 묶여 있습니다. 진짜인지 가짜인지 모르겠지만 바울을 묶었던 쇠사슬이 지금도 거기에 있습니다. 좌우간 있습니다, 거기 가보면. 지금 그 쇠사슬에 묶여서 지하실에 있습니다. 그 돌로 된 음습한 지하실에 앉아 있습니다. 상상해보십시오. 이 상황에서 그는 편지를 쓰고 있습니다. 그러므로 너무나도 현장감이 있는 말씀입니다. "복음을 인하여 내가 죄인과 같이 매이는 데까지 고난을 받았으나"―어떻습니까. '죄인들과 같이 고난을 받고 있다.' 나는 죄인이 아닙니다. 그러나 죄인과 같이, 다른 사람들 묶여 있는 것처럼 나도 묶여 있다, 다른 죄수처럼 나도 묶여 있다, 이 말씀입니다. 같은 죄인인 것처럼 묶여 있습니다. 꼼짝못합니다. 나가지도 들어오지도 못합니다. 실례지만 잠깐 화장실에 가려고 해도 간수하고 같이 가야 됩니다. 손을 묶어가지고 둘이 같이 가야 됩니다. 이렇게 불편하게 삽니다. 거기는 요새처럼 이부자리가 있는 것도 아니고 침대가 있는 것도 아닙니다. 외양간이나 돼지우리처럼 지푸라기들을 갖다 깔아놨습니다. 돌바닥 위 거기서 잠을 자야 합니다. 얼마나 괴롭겠습니까. 이렇게 매여 있습니다, 지금. 자유가 없습니다. 몸은 완전히 매여 있습니다. 그런데 바울은 신비로운 고백을 합니다. "하나님의 말씀은 매이지 아니하니라." 이 말씀, 그야말로 원더풀입니다. '하나님의 말씀은 매이지 않느니라. 내 몸은 여기에 매여 있지만 하나님의 말씀은 자유하다.' 그 말씀입니다. 하나님의 말씀은 자유합니다. 나는 여기 매여서 꼼짝을 못하고 있지마는 복음전파는 여전히 이루어지고 있습니다. 하나님의 말씀은 이렇게 자유합니다. 아마도 스데반이 죽던 때를 생각했는지도 모릅니다. 스데반이 복음을 전하다가 돌에 맞아 죽었습니다. 그래 이젠 일이 끝난 줄 알았는데 아닙니다. 사도 바울을 통해서 복음이 전해지고 있습니다. 스데반은 갔습니다. 그러나 복음의 역사는 절대로 매이지 않았습니다. 더 활발하게 이루어지고 있는 것입니다. 복음전파는 전혀 지장을 받지 않았습니다. 이 점을 깊이 생각하여야 합니다. 우리는 실패하기도 하고 성공하기도 합니다. 건강하기도 하고 병들기도 합니다. 그러나 이 모든 일을 통해서 하나님의 선교사업은 성공적으로 이루어지는 것입니다. 보십시오. 전도 안하던 사람 병원에 가서 몇달 있다 나오면 전도 잘합니다. 인색하던 사람이 헌금도 잘합니다. 생전 교회봉사 안하던 사람이 봉사도 합니다. 어떤 사람은 이런 얘기도 합니다. "목사님, 기적이 많지요?" "많지요." 무슨 말 하려나 했더니 "첫째는 내가 예수믿는 게 기적이고요, 둘째는 내가 새벽기도 나오는 게 기적이거든요. 나는 내 아내가 새벽기도 나가는 걸 늘 방해했었습니다. '아, 잠 좀 자자, 남 잠 못자게 새벽부터 부스럭대고, 뭐야?' 하고 새벽마다 다퉜지요." 새벽기도 갔다오면 싸웠습니다. 그래서 부인이 몰래 옷을 가지고 살금살금 옆방으로 가서 도둑처럼 해가지고 입고 나오고… 이 짓을 했다는 것입니다. 그걸 알면서도 어떤 때는 눈감아주지만 대체로 한바탕씩 싸웠다는 것입니다. "이제는 그러던 내가 새벽기도 나오거든요. 왜요? 병원에 가서 죽을 뻔하고 나왔지요. 그러다보니 새벽기도 나가던 사람하고 싸우던 내가, 나가지 말라고 싸우던 내가 이젠 새벽기도 나오게 됐지요. 이게 기적 아닙니까. 기적은 분명히 있습니다." 그러더라고요. "확실히 있구만." 제가 그랬습니다. 보십시오. 사람에게는 실패가 있습니다. 하나님의 사업에는 실패가 없습니다. 말씀은 매이지 않습니다. 아주 놀라운 얘기입니다마는 중국이 통계학적으로 보면 너무나도 엄청납니다. 여러분 상상을 해보십시오. 좀전에 말씀드린 것처럼 일본이 저렇게 200년 동안을 선교했지만 교인이 아직도 백 명에 한 사람밖에 없습니다. 일본에 가보면 제일 마음아픈 것이 아무리 다니면서 봐도 교회가 보이지 않는다는 것입니다. 십자가가 안보이는 것입니다. 슬픈 일입니다. 그런데 중국은, 저 넓은 땅 중국이 공산당치하에 40년 동안 얼마나 고생을 했습니까. 얼마나 많은 사람들이 죽고 얼마나 많이 고생을 했습니까. 그 문혁(文化革命)때의 고생은 말도 못합니다. 수만 명이 죽어가고 했는데도 참 놀라운 것은 지금 통계상으로 인구의 7.8%가 기독교인입니다. 지금 10%에 육박하고 있습니다. 7.8%는 정부통계입니다. 그 외에도 지하에는 더 많습니다. 아무튼 7.8%인데, 어떤 성(城)은 성 하나에 (특별히 어느 성이라고는 대지 않겠습니다. 정치적인 문제가 되니까) 11%가 교인입니다. 교인이 특별히 많습니다. 한 성의 인구가 물경 오천오백만, 어느 한 마을이 아닙니다. 우리나라보다도 큽니다, 성 하나가. 성장(城長)이라하면 굉장한 분입니다. 우리교회 늘 초청해서 오시지 않습니까. 성장 여러분을 제가 초대했었는데, 그분들이 여기 와서 예배드리고 가면 그 성이 얼마나 좋아지는지 모릅니다. 성 하나의 인구가 오천오백만인데 여기 그리스도인이 11%라, 그 말입니다. 어떻게 이게 가능했느냐? 왜 다른 성보다 여기는 교인이 더 많으냐? 그 대답이 눈물겨운 것입니다. "문혁때 이 성에서는 유난히 순교자가 많이 나왔습니다." 기독교인 많이 죽었습니다. 다른 데보다 더 기독교인들이 많이 죽었습니다. 그 성이 오늘은 가장 그리스도인이 많은 성이 된 것입니다. 이것을 보십시오. 환난과 핍박, 고난, 순교, 이건 절대로 실패가 아닙니다. 하나님의 말씀은 자유합니다. 아무 데도 매이지 않습니다. 매이지 않고 그 역사는 이루어지는 것입니다.

빌립보서 1장 12절에 사도 바울이 말씀하지 않습니까. "나의 당한 일이 복음의 진보가 된 것을 너희가 알기를 바라노라." 내가 당한 일이 복음의 진보가 됐다, 합니다. '말씀은 자유하다.' 왜요? 이 고난 속에서 복음이 순수해집니다. 우리가 전하는 복음도, 목사님의 설교도 사실은 순복음에서부터 조금씩 내려온 것입니다. 순복음이 십자가와 부활이지요. 그런데 그 다음복음이 있습니다. '예수믿으면 병낫는다.' 그것도 복음은 복음입니다. '십일조 바치면 장사가 잘된다.' 그것도 복음입니다. 하지만 그런 것은 좀 변두리복음입니다. 그렇지요? 지엽적인 복음들이 많습니다. 또 심지어는, 교회에도 그런 게 있지요. 교회학교 고등부학생들 보면 대개 고등부 3학년만 되면 교회 안나옵니다. 그런데 우리교회의 특별한 자랑거리이지만 우리교회에서는 '고3'이 제일 많이 나옵니다. 왜요? 고3때 교회를 나와야 대학 들어가거든요. 그렇게 다 인식이 됐습니다, 지금은. 고3이 제일 많이 나옵니다. '대학 들어가려면 교회 열심히 나가야 된다.' 복음이지요, 분명히. 하지만 변두리복음입니다. 그런데 환난과 핍박 속에서는 순수한 복음만 되는 것입니다. 환난과 핍박 속에 예수믿어서 잘살겠습니까. 공산당치하에서 잘살기를 하겠습니까. 출세를 하겠습니까. 공부가 되겠습니까. 뭘 하겠습니까. 오로지 예수믿고 천당 가는 것밖에 없습니다. 그러니까 순수하거든요. 그렇기 때문에 환난과 핍박 속에서는 변두리, 지엽적인 복음은 다 사라지고 아주 핵심적인 복음 그것만이 전파가 되는 것입니다. 그러니까 교회가 부흥이 되는 것입니다. 그런가하면 또 독실하고 진실해집니다. 또한 효과적으로 전해집니다. 복음전하는 자도 용기있게 목숨을 걸고 전하게 됩니다. 그래서 선교의 네 가지 절대조건이 있습니다. 첫째, 순수한 말씀, 성령의 감화, 복음전하는 자의 헌신 그리고 고난이라고 하는 환경적 상황입니다. 이상하게도 잘살고 편안해지면 예수믿기 힘듭니다. 흔히들 경제부흥, 경제부흥, 하지만 저는 경제부흥을 위해서는 잘 기도 안합니다. 경제부흥 많이 되면 교회 안나오거든요. 게다가 일주일에 이틀 놀게 되고 사흘 놀게 되면 다 산으로 바다로 나가버리고 맙니다. 다 골프장으로 가버리고 교회 안나옵니다. 그게 걱정이 돼서 저는 사실 경제적으로 부흥하게 해주십시오, 라는 기도는 안합니다, 안해요. 교회가 텅텅빌 게 훤히 보이는데 왜 그런 기도 하겠습니까. 그것은 중요한 게 아니니까요. 선교에 있어서는 말씀과 성령과 사역자와, 그리고 필수적으로 고난이 있습니다. 그러니까 사도 바울은 말씀합니다. '내가 지금 감옥에 있긴 하지만 복음은 매이지 않는다.' 마지막 목적은 예수 안에 있는 구원입니다. 그리고 플러스 알파가 있습니다. 영원한 영광과 함께 구원도 간신히 얻는 구원이 아닙니다. 고난과 함께 얻을 수 있는 것은 순교자의 영광입니다. 영광스러운 구원입니다. 옛날어른들은 재미있게 말했습니다. '예수를 믿어가지고 천당을 턱걸이해서 간다' 하였습니다. 간신히 들어간다는 것입니다. 그래서야 되겠습니까. 또 가기는 가도 아주 부끄럽게 가서 고개숙이고 앉아 있어서 되겠습니까. 좀 영광스럽게 주 앞에 가야지요. 그리스도의 날에 너희가 나의 자랑이 되고 내가 너희의 자랑이 되리라—그리스도 앞에 가서의 좀 자랑스러운 교인이 돼야지 저 천당문턱에서 우두커니 들여다보고 앉아 있으면 어떡하겠습니까. 단순한 구원 가지고가 아니라 영원한 영광과 함께 그날을 바라보고 있습니다. 10절에서 말씀합니다. "그러므로 내가 택하신 자를 위하여 모든것을 참음은…" '택하신 자를 위해 참는다.' 이러한 목적, 이러한 뜻을 알고 예수를 바라보고 있으니까 예수를 생각하는 자로서 참는다는 것입니다. 참는다—자발적으로 하는 희생을 말하는 것입니다. 자원적 희생을 말합니다. 고난도 참고 모순도 참고 불의도 참고 멸시도 참습니다. 인내, 아주 중요한 것입니다. 인내라고 하는 희생을 지불해야 됩니다. 그러고야 이 모든 영광을 얻을 수가 있다, 하는 말씀입니다. 뉴턴의 유명한 말이 있습니다. '내가 발견한 것 중에 가장 귀중한 것은 인내다.' 참고야 어떤 결과가 오는 것입니다. 11절로 13절에 있는 말씀은 순교자의 찬송시입니다. 본문말씀, 얼마나 귀한 말씀입니까. "주와 함께 죽었으면 또한 주와 함께 살 것이요 참으면 또한 함께 왕노릇 할 것이요…" 주와 함께 죽으면 주와 함께 살고 주와 함께 참으면 주와 함께 영광을 누린다는 것입니다. 그리고 13절에 말씀합니다. '주는 미쁘시다.' 주는 믿을만하다는 것입니다. 신실하십니다. 사람은 못믿어도 주님은 믿을 수가 있습니다. 그런고로 그의 약속을 믿고 우리는 참고 나가는 것입니다. 특별히 '그리스도와 함께'라고 했습니다. 이 단어가 중요합니다. 예수 이름으로 사는 것을 '그리스도와 함께'라 하고, 그리스도를 생각하면서 사는 것을 '그리스도와 함께'라고 말하고, 더 그리스도인으로 순결한, 그리고 그리스도의 거룩한 본을 따라갈 때 그것이 바로 '그리스도와 함께'입니다. '그리스도처럼'—이런 말씀입니다. 빌라도 앞에 서서 말없이 참으신 예수님, 그 모든 모순과 불의함을 참고 십자가에 돌아가신 예수님의 그 침묵, 그것을 본받는 것을 '그리스도와 함께'라고 하는 것입니다. 그리스도와 같은 매너, 그리스도와 함께하는 그런 사랑, 그리스도와 같은 그런 믿음, 그리스도와 같은 그런 소망을 가질 때가 '그리스도와 함께'입니다. 그리스도를 생각하면서 우리가 고난을 당할 때 그리스도께서 우리와 함께하시는 것입니다. 세상 끝날까지 우리와 함께하시는 것입니다. 그리스도와 함께 죽으면 그리스도와 함께 살고 그리스도와 함께 참으면, 어떤 억울함이라도 그리스도를 생각하면서 참으면 그리스도와 함께 왕노릇 할 것이다―이 얼마나 귀한 복음입니까. △

자신을 드리기를 힘쓰라

너는 저희로 이 일을 기억하게 하여 말다툼을 하지 말라고 하나님 앞에서 엄히 명하라 이는 유익이 하나도 없고 도리어 듣는 자들을 망하게 함이니라 네가 진리의 말씀을 옳게 분변하며 부끄러울 것이 없는 일군으로 인정된 자로 자신을 하나님 앞에 드리기를 힘쓰라 망령되고 헛된 말을 버리라 저희는 경건치 아니함에 점점 나아가나니 저희 말은 독한 창질의 썩어져 감과 같은데 그 중에 후메내오와 빌레도가 있느니라 진리에 관하여는 저희가 그릇되었도다 부활이 이미 지나 갔다 하므로 어떤 사람들의 믿음을 무너뜨리느니라

(디모데후서 2 : 14 - 18)

자신을 드리기를 힘쓰라

　디모데후서는 바울의 유언이라고 별명지어 부르고 있습니다. 바울이 감옥에서 쓴 편지 중 마지막 편지요 사랑하는 믿음의 아들 디모데에게 마지막으로 써보낸 편지입니다. 그래서 이 편지의 내용 가운데는 '마지막으로 쓴다'하는 그런 유언적인 성격이 구석구석에 나타나는 것을 볼 수가 있으며, 구절구절에서 심각성을 더하는 말씀들을 볼 수 있습니다. 믿음의 아들이요 후계자요 동역자인 디모데에게 지금 교훈하는 중인데 어떤 것은 설명을 하고 혹은 설득을 하기도 하고 논리적으로 말하는 것도 있지마는 어떤 것은 아주 명령을 합니다. '이렇게 하라' 합니다. 여러분, 우리가 어떤 의견은 "내 생각에는 이렇다" 하고 말할 수가 있습니다. "네 생각은 어떠냐. 좋으면 따르고 맘에 안들면 그만둬라." 이렇게 아주 약하게, mild하게 요청할 수가 있습니다. 내 생각에는 이렇다, 내가 아는대로는 이렇다―이 정도로 말할 수가 있지마는, 어떤 진리에 대해서는 그렇지를 않습니다. 여기는 절대적 권위를 얹어서 말하게 됩니다. 이것은 반드시 이렇습니다, 이건 절대적인 것입니다, 하고 강하게 말합니다. 또 어떤 말의 경우는 양보할 수 없는 명령입니다. 명령으로 못박습니다. 이렇게 하라, 합니다. 왜 그럴 것같습니까. 반드시 지켜야 될 것이기 때문입니다. 이미 검증된 진리이기 때문입니다. 이 진리를 내가 깨달았을 뿐만 아니라 생활 속에서 검증됐습니다. 이건 확실한 것입니다. 반드시 이러해야 되겠더라고요. 한평생 지내오면서 깨달았습니다. 이거 하나 깨달았습니다. 이렇게 확실하게 검증된 진리를 말하는데 거기 무슨 설명이 필요합니까. 그건 명령인 것입니다. 한평생

술을 많이 먹고 그것 때문에 망조가 들었던 사람이 있습니다. 그것만 아니었으면 참 좋은 사람입니다. 그런데 그가 유언하는 자리에 제가 있었습니다. 임종을 보게 된 것입니다. 정말 술꾼다운 유언을 합디다. 아들 둘을 보고 딱 한마디 하는 것이 "술 먹지마"였습니다. 그리고 죽었습니다. 설명은 없습니다. 그러나 그 한마디는 아주 중요한 말 아닙니까. 거기에는 사실 길고 긴 이야기가 있겠지요. 내가 결심하면서도 못끊었다, 술 때문에 이런 일이 있었고 저런 일도 있었다—할말이 많지요. 그 다 아들들이 알고 있습니다. 다 알고 있습니다. 그런데 이 아버지는 한마디로 그렇게 명령을 하더라고요. 그와 같습니다. 우리가 어떤 이론은 다 이해도 안되고 나 자신도 자신이 없고 확신이 안가는 것이 많습니다. 그러나 우리가 신앙생활에서 검증되고 또 확증된 것, 이건 양보할 수가 없지 않습니까. 이건 마치 귀한 보배와도 같은 것입니다. 한마디가 아주 중요한 것입니다. 이런 건 명령입니다. 들어둬라, 지금 납득이 안가더라도 들어둬라, 아니, 순종하라, 순종해두면 언젠가는 알게 될 것이다—이것이 부모님의 마음 아니겠습니까? 그러니까 우리가 진리를 말할 때도 조금 여유있게 설명하는 진리가 있지마는 명령형식의, 그런 내용의 교훈이 있다는 것을 알아야 합니다. 오늘본문에는 아주 간결하게 말씀합니다. "너는"하고 말씀합니다. 너는 이렇게 하라, 합니다. "너는 저희로 이 일을 기억하게 하여…" 그런데 "이 일"이라는 게 뭡니까. 지난 시간에 보았습니다. "미쁘다 이 말이여, 우리가 주와 함께 죽었으면 또한 함께 살 것이요 참으면 또한 함께 왕노릇 할 것이요 우리가 주를 부인하면 주도 우리를 부인하실 것이라 우리는 미쁨이 없을지라도 주는 일향 미쁘시니 자기를 부인하실 수 없으시리라." 복음 중의 복음입니다. 주와 함께 죽으면 주와 함께 왕노릇 할 것이다. 얼마나 귀중한 진리입니까. 바로 이것을 기억하게 하라는 것입니다. 복음의 진수를 기억하게 하라, 우리가 예수믿는다는 것은 주님과 함께 죽는 것을 말하는 것이고, 그래서 주님과 함께 영광을 얻는 것을 말하는 것이다, 이 일을 기억하게 하라, 복음의 핵심에다가 중점을 두고 그것을 실천하게 하라, 네가 받고 또 네가 전하고 모든 사람이 이 믿음 안에 살도록 하라—이것은 명령인 것입니다.

그리고 그 다음으로 구체적인 몇 가지 교훈을 합니다. 첫째로 "말다툼을 하지 말라" 하였습니다. 말다툼을 하지 말라—엄히 명합니다. 말다툼을 하지 말라고 엄히 명하라! 이것도 명령입니다. 내가 네게 명령하고 너도 명령을 해라, 말다툼을 하지 말라고. 여기 '로고마케인'이라고 하는 헬라어원문은 fight with words라는 뜻입니다. 말로 싸운다는 것입니다. 말다툼이 아니라 말싸움입니다. 다툼보다 싸움이 더 심각한 것입니다. 말싸움을 하지 말아야 됩니다. 말로 싸우지 마라, 이건 아무 유익이 없느니라, 합니다. 여러분, 가정에서든 직장에서든 어디에서든 말싸움은 하지 말 것입니다. 말은 언제나 유하고 순하게 부드럽게 할 것이지 싸움조의 말을 해서는 안됩니다. 전쟁조의 말을 해서는 안됩니다. 남을 이기려고 하는 의도에서 말해서는 안됩니다. 남의 의견을 꺾으려는 생각, 그런 의도에서 말해서는 안됩니다. 우리, 말 좀 배워야겠습니다. 말하는 법을 좀 배워야겠습니다. 우리는 무슨 말을 하게되면 꼭 내 생각대로 관철해버리려고 듭니다. 그야말로 흑백논리로입니다. 죽기 아니면 살기입니다. 무슨 소리 한마디 해놓고는 이걸 꼭 이루고 모든 사람이 다 거기에 따라오기를 바랍니다. 그래서는 안됩니다. 절대로 싸움하듯이 말하지 말 것입니다. 가끔 보아하면 그것도 경상도사람들 특별히 그렇습디다. 말소리는 커서 한창 사투리로 싸우면 도대체 무슨 말 하는지를 모를 지경입니다. 재미있는 얘기가 있지요. 전철에서 경상도사람들끼리 한바탕 저쪽에서 말을 주거니받거니 하는데 별말도 아닌 것을 두고 너무 크게 합니다. 하도 시끄러운지라 한 청년이 다가가서 "좀 조용하십시오" 하였습니다. 그랬더니 그 쪽에서 대거리하는데 "이기 다니끼가?" 하는 것입니다. 그러니까 이 청년, 돌아와서 하는 말이 "거봐, 일본사람이잖아!" 하더라는 것입니다. 일본사람인지 한국사람인지 분간 안가는 소리 많습니다. 꼭 싸우는 것만 같습니다. 그거 다 사실 교양없는 모습입니다. 원래 교양있는 사람은 음성이 낮습니다. 소리가 커서는 안되는 것입니다. 가끔 참 상식없는 모습들을 많이 봅니다. 남이 듣든말든 그냥 있는대로 소리지르고 떠들고, 합니다. 그러는 것이 아닙니다. 자기가 세상을 전세낸 것도 아닌데요. 그래서는 안되는 것입니다. 아무튼 말이야 좋은 말이면 해서 좋겠지요. 문제되는 것은 싸우듯이 말하는 것입니다. 그 내용 자체가 상대방을 이기려고 하는 것입니다. 이것이 문제입니다.

그런데 중요한 것은 바울이 왜 이런 말씀을 할까입니다. 바울이 경험이 있는 것입니다. 어쩌면 일생토록 경험한 것입니다. 그가 복음을 전하는 데 있어서는 그 방법이 여러 가지였겠습니다. 그러나 바울이 항상 빠지기 쉬웠던 자기성향이 하나 있었습니다. 그는 공부를 많이 한 사람입니다. 지식이 많습니다. 헬라철학에 능통합니다. 그래놓으니 어디 가서 좋이 전도하다가도 상대방이 좀 유식한 사람이라도 되면 자기가 좀 안다고 그걸 가만두지 않았습니다. 말싸움을 벌였습니다. 그 싸움에 이겼습니다. 결국 말싸움은 이겼는데 전도는 안된 것입니다. 그 사람이 말싸움에 지고 집으로 가면서 뭐라 하는지 아십니까. "두고보자!"하는 것입니다. "거, 말은 되게 잘하네." 그러고 가지 그 사람이 예수믿게 되지는 않습니다. 이런 것을 경험했습니다. 아덴에서뿐만 아니라 여러 곳에서 그랬던 것같습니다. 특별히 아덴에서는 아리오바고에 가서 헬라철학자들하고 아예 변론을 벌였습니다. 말싸움을 했습니다. '내가 질소냐, 내가 누군데…' 이래가지고 열심히 며칠동안 나가서 싸워봤는데… 해석학상으로는 결과가 이랬습니다. 아덴에 교회를 세우지 못했습니다, 당시에는. 가는 곳마다 교회를 세운 그가 아덴에서는 그리 못했습니다. 실패했습니다. 그래 고린도교회에 가서 낙심하고 주저하고 있다가 다시 하나님께서 두려워하지 말라고 강하게 명령하심으로 다시 전도자로 일어나게 된 것입니다. 그때에 되어졌던 일들을 회상하면서 그는 고린도전서 2장에서 이런 말씀을 합니다. "내가 너희 가운데 거할 때에 약하며 두려워하며 심히 떨었노라." 왜 그랬을 것같습니까? 그는 핍박을 무서워하는 사람이 아닙니다. 감옥을 무서워하거나 순교를 겁내는 사람이 아닙니다. 인간의 지혜를 의지하고 자기방법대로 하다가 이렇게 낙심하게 되고 실패하게 되었던 것입니다. 그리고 특별히 유대사람들, 유대주의자들, 바리새인, 서기관, 이런 사람들과 만났다하면 변론을 했습니다. 여기서도 실패했습니다. 이래서 그가 한평생 전도생활을 하면서 크게 느꼈던 것입니다. '말싸움하지 말아야겠다. 그것은 무익하구나.' 소용없다, 이것입니다. 그건 깊은 경험에서입니다. 검증된 진리입니다. 그런고로 설명이 필요없습니다. 절대로 말싸움 못하게 하라, 너도 하지 말고 교인들도 말싸움하지 않게 하라, 토론케 하지 말라, 하는 것입니다. 원래 진리라는 것은 설명을 기다리지 않습니다. 우리가 옳다고 하면 어떻고 옳지 않다고 하면 어떻습니까. 사실은 사실인데. 사실이라고 하는 엄연한 진리는 우리의 성원이나 우리의 설명을 기다리지 않습니다. 기다릴 필요가 없기 때문입니다. 그래서 진리는 긴 설명이 필요없습니다. 사실이기 때문입니다. 이걸 알아야 합니다. 언제나 말많은 말은 거짓말입니다. 거짓말은 사설이 길고, 사설이 길면 거짓말입니다. 이걸 알아야 됩니다. 그런고로 진리 자체가 엄연한데 뭣때문에 말싸움을 벌이느냐, 하는 것입니다. 또한 말싸움을 하다보면 자기도모르게 자기교만이 노출됩니다. 내가 안다는 말은 남은 모른다는 말과 같은 말입니다. 저 잘났다고 하는 것은 남 못났다는 것이 됩니다. 언중언(言中言)이라 내가 뭘 잘 안다고 할 때는 넌 그것도 몰라, 하는 것이 됩니다. 상대방을 무시하는 것입니다. 그러면 그 무시당한 사람이 마음문을 열어주겠습니까. 결국은 커뮤니케이션이 차단되고 맙니다. 그런고로 자기자랑을 해서는 안됩니다. 또한 이기겠다는 승부욕이 작용하면 안됩니다. 말싸움을 해서 내가 이기겠다는 것이지만 거기서 이긴다고 이겨지는 것입니까. 승부욕은 절대로 전도의 방법이 될 수가 없습니다. 좀 흥보는 얘기입니다마는 가끔 우리 국회의원들, 국회에서 회의하는 거 TV에 나오는 걸 가끔 보는데 대정부질문 하는 게 있습디다. 질문을 했으면 그 대답을 들어야 될 거 아닙니까. 그런데 질문만 해놓고 대답듣는 시간에는 다 나가버립니다. 내가 그걸 볼 때마다 참으로참으로 유치한 사람들이라고 생각합니다. 말이라는 것이 물었으면 듣고, 들은 다음에는 또 묻고 해야 되는 건데, 질문해놓고는 나가버리는 것입니다. 장관 혼자서 빈 자리 대고 대답하고 있습니다. 이게 뭡니까, 이게. 도대체가 아이들 볼까봐 창피해서도 못보겠습디다. 진지해야지요. 질문했으면 대답하고 대답하면 들어야지, 듣는 사람이 없다니 이 무슨 해괴한 일입니까. 언제나 말에 있어서 그 속에 자기교만과 자기승부욕이 작용해서는 안되는 것이며, 자기자랑을 해서는 안되는 것입니다. 자기자랑을 하는 순간 상대방을 무시하는 게 되고 상대방을 멸시하는 게 되는 것입니다. 그런고로 또다시 마음문이 닫히고 마는 것입니다. 지식에는 논리적인 지식이 있고 정서적 지식이 있습니다. 보십시오. 머리로 아는 것이 있는가하면 가슴으로 아는 것이 있지 않습니까. 사랑은 가슴으로 아는 것이지 머리로 아는 것이 아니지요. 따져서 알 수 있는 것이 아니지요. 알고보면 중요한 일은 대체로 가슴으로 이해되는 것이지 머리로 이해되는 것이 아닙니다. 보면 대체로 머리로는 옳다고 생각하는데 실천을 하지 못합니다. 가슴으로 이해한 진리가 머리로는 이해가 안되는 때가 있습니다. 그러나 그건 실천을 할 수가 있습니다. 이것을 알아야 됩니다. 그런데 말싸움을 벌이게되면 머리로는 이길 수 있을는지 몰라도 가슴은 싸늘해지고 맙니다. 그러면 진리를 받아들일 수가 없게 됩니다. 복음을 전할 수가 없게 됩니다. 얼마나 중요한 이야기입니까. 그런고로 '너는 말다툼을 하지 마라. 말다툼을 하지 말라고 엄히 명하라' 말씀합니다. 저는 가끔 질문을 받습니다. 성경공부 시간같은 때 보면 질문에 대답해야 될 때도 있기는 합니다. 그러나 여러분, 이걸 잊지 마십시오. 다 설명이 됐다고해서 반드시 믿음이 가는 것은 아닙니다. 믿음은 별도입니다. 설명이 안되면서도 믿음은 가는 때가 있습니다. 설명은 다 되는데, 다 안 것같은데 가슴은 움직이지 않는 때가 있습니다. 그 점을 잊지 말아야 합니다. 좀 미안하지만 여러분 결혼할 때 남녀간에 서로 다 따지고 다 알아보고 했습니까? 보니 대개가 그렇지 않읍니다. 불쑥 해놓고는 나중에 가서야 이렇다저렇다 합디다. 왜요? 미래를 누가 압니까? 건강진단서 갖다줬다고 아는 것입니까. 도대체 앞으로 어떤 일이 있을지 누가 압니까. 어쩌면 전적으로 믿는 것이지 어떻게 미래를 다 알고둡니까. 현재도 모르는데요. 어쨌든 사랑은 가슴에 있는 것이지 머리에 있는 것이 아닙니다. 가끔 우리네 어머니들이 자식이 좋아하는 짝이 마음에 안들어서, 그때 그 사람은 참 좋은 사람인데 왜 마다하고 이 사람은 멍청한데 왜 이 사람하고 결혼하겠다는 거냐, 하고 나오면 딸이 하는 말이 "내가 살 거지 엄마가 살 거야?" 합니다. 내 가슴은 이쪽으로 가고 있는데 머리는 이쪽인 것입니다. 그게 아니거든요. 그런고로 말싸움을 하지 마라, 합니다. 말다툼을 하게되면 가슴을 잃어버립니다. 그런고로 무익하다, 하는 것입니다. 사람을 잃어버리게 된다는 것입니다. 싸움은 이기되 사람은 잃어버리게 됩니다. 마음을 잃어버리게 되니까 전도할 수 없게 되지 않느냐, 그런고로 말싸움을 하지 말라, 하는 것입니다.

두 번째 교훈이 있습니다. 말씀을 옳게 분변하라, 하였습니다. 말씀을 옳게 분변하라―말씀을 handling하는데 right way, 바른 길로 바르게 요리하라, 하는 말씀입니다. 보십시오. 우리가 말씀을 부득불 해석해야 되거든요. 헬라말원문 그대로를 보면 무슨 뜻인고하니 'cutting straight'가 됩니다. 바르게 자른다, 하는 뜻입니다. 굽게 자르는 것이 아니고 바르게 자른다, 다시말하면 하나님의 말씀을 우리가 이해하는 데 있어서 바르게 이해하여야 된다는 것입니다. 그 이해가 왜곡되어서는 안되니까요. 먼저는 하나님의 말씀을 바르게 이해하고, 그 다음에는 또 바르게 해석해야 됩니다. 바르게 해석하고, 그 다음에는 또 바르게 적용해야 됩니다. 이 세 단계를 거쳐야 되는 것입니다. 어떤 젊은 목사님이 내게 묻기를 "목사님도 설교하실 때 보니, 설교집을 많이 읽어보니 맨처음에 예화를 들고 설교 끝에 가서 또 예화를 들고 하시던데, 왜 그렇게 하시는 겁니까?" 합니다. "자꾸 읽어보면 알겠지." 이렇게 대답하면 "아, 잘 모르겠으니까 물어보는 것 아닙니까?" 그래서 제가 "정 알고 싶으면 내가 일러주지요. 맨처음에 이야기를 하는 것은 서로 공통점을 찾아서 마음문을 열자는 거요. 맨마지막에 하는 것은 적용이오. 들은 바 말씀을 이렇게 실천하는 사람이 있습니다, 하고 실천하는 길을, 말씀의 application, 응용을 가르쳐주는 거요. 사랑, 막연하게 사랑하라는 것만으로 되겠소? 이렇게 사랑을 한 사람이 있소, 하고 이렇게 사랑하라, 그걸 일러주는 거요" 하고 대답했습니다. 오늘도 역시 우리는 생각하여야 됩니다. 말씀을 잘 이해하고 잘 해석하고 그 다음에는 잘 가르치고, 그리고 잘 응용을 해야 됩니다. 바르게 생활 속에서 실천을 해가도록 해야 되는 것입니다. 그것이 바로 진리입니다. 그러니까 먼저 스스로 이해하고 바르게 해석하고 바르게 가르쳐야 되겠습니다. 그러므로 말씀을 옳게 분변하라, 하고 말씀하는 것입니다. 사실입니다. 먼저 말씀에 대한 바른 이해가 그렇게 중요한 것입니다.

이제 세 번째는 아주 실제적인 말씀입니다. "자신을 하나님 앞에 드리기를 힘쓰라" 하였습니다. 하나님 앞에 드리기를 힘쓰라─드린다는 말씀의 헬라말원어는 그 뜻이 하나님 앞에 제물로 드린다는 말씀입니다. 하나님 앞에, 하나님의 거룩하신 보좌 앞에 제물로, 자기자신을 제물로 드리기를 힘쓰라, 그런 말씀입니다. 그런데 원문상에는 계속적으로 드리라는 뜻이 들어 있습니다. 매일같이 드리라,

하는 것입니다. 한 번 드리고 말 것이 아니고 또 드리고 또 드리고 또 드리라, 하는 것입니다. 저는 언젠가 이런 분을 만나보았습니다. 「기네스북」에도 오른 사람인데 결혼식 스물다섯 번 한 사람입니다. 이해가 됩니까? 아내를 스물다섯 번 바꿨다는 게 아니고 한 사람하고 스물다섯 번 결혼식을 올린 것입니다. 해마다 결혼식을 한 것입니다, 해마다. 그때마다 아내가 면사포를 쓰고 처음 결혼식 할 때와 꼭 같이 하는 것입니다. 결혼식을 할 뿐더러 이어서 신혼여행까지 갑니다. 처음만 신혼여행이고 그 다음 것들은 구혼여행이겠지 싶으나 어쨌든 꼭 여행을 간다는 것입니다. 다시 밀월여행을 며칠 동안 갔다오는 것입니다. 그렇게 하기를 25년입니다. 그래서 「기네스북」에 오른 것입니다. 한국사람입니다. 이런 별난사람도 있더라고요. 하지만 나는 그분을 여러 번 만났는데 참 존경스럽습디다. 그 부인도 봤습니다. 아무튼 대단합디다. 그러기가 쉽지 않은데, 그런데 그분들의 얘기는 그걸 1년 동안 기다린다는 것입니다. 기다렸다가 그때마다 사진을 찍는다고 합니다. 결혼사진이 25장 있는 것입니다. 그리고 신혼여행을, 만사 제치고 며칠 동안 같이 한다는 것입니다. 아주 금실좋기로 유명한 이런 가정이 있는 걸 보았습니다. 이 말씀 드리는 것은 역시 사랑도 다시금다시금 계속해서 확인해야 되는 것이기 때문입니다. 허리띠를 다시 매듯이, 느슨하게 풀어지니까 맸던 허리띠도 다시 매듯이 사랑은 다시 또 고백해야 되는 것이다, 하는 말도 있습니다. 다시 확인해야 되는 것입니다. 하나님 앞에 헌신했습니다. 다시 또 헌신 해야 됩니다. 사도 바울은 그래서 안수받을 때 가졌던 마음 그대로를 다시 가지고 살도록 하라고까지 말씀한 바 있습니다(딤전 4:14-15). 우리가 처음에 하나님 앞에 안수받을 때, 하나님 앞에 헌신할 때 눈물로 헌신하고 정말 하나님의 뜻대로 살겠습니다, 맹세하지요. 그러나 어느 사이에 시들시들하고 자꾸만 퇴색되고 멀어집니다. 그러므로 다시 건져내야 합니다. 그래서 여기에 드리기를 힘쓰라, 하였습니다. 이미 드렸습니다. 이미 교역자입니다. 이미 하나님의 일을 전문적으로 하고 있습니다. 그래도 다시 자신을 드리기를 힘쓰라, 하는 것입니다. 그렇습니다. 자신을 드린다는 게 참 어렵습니다. 어떤 목사님이 이런 이야기를 합니다. 참 싱싱한 고백입니다. 정직한 고백입니다. 시골서 목회하는데 "목회하기 위해서, 목회를 위해서 결혼을 했습니다. 그러나 이제와서는 내가 아주 고민이 많습니다. 교회에서 얼마간의 월급을 주는데, 이거 가지고 잘 잡수시고 건강도 지키고 책도 사서 보고 여행도 하고, 그러면서 충실한 메시지를 설교해주십시오, 하고 준 거 아닙니까? 그런데 아이가 다섯이다보니 학비가 모자라서 그저 월급 다 갖다바치고도 모자랍니다. 그것 때문에 쩔쩔매고 돌아가다보니까 책 살 돈이 어디 있습니까." 신문 볼 돈도 없다고 합니다. 그러다보니 "내가 교회를 위해서 목회하는 건지 목회를 위해서 가정을 가졌는지" 알 수가 없다는 것입니다. 내가 가정을 위해서 목회를 하는 건지 목회를 위해서 가정을 가졌는지, 목적과 방법이 뒤바뀐다, 합니다. 그래 참으로 괴롭다는 것입니다. 내가 오직 하나님을 위하여, 오직 하나님의 교회를 위하여, 라고 했는데, 어느 결에 결국은 '내게 이거 직업이 된 거 아닌가, 내가 누구를 위해 일하는 건가.' 고민이 된다고 합니다. 여러분, 이걸 알아야 합니다. 우리는 헌신했습니다. 다시 헌신해야 됩니다. 다시한번 원점으로 돌아가서 생각을 해야 됩니다. 알버트 슈바이처는 여러분 잘 아시는대로 철학자요 의사요 음악가요 신학박사입니다. 그리고 선교사입니다. 아프리카 그 오지에 가서 한평생을 수고함으로 흔히 말하기를 '밀림의 성자'라고 부릅니다. 그의 기록 가운데 보면 그는 아침마다 이렇게 기도하고 있습니다. '주여, 여기 나의 인생이 있나이다. 그것을 오늘도 당신의 제단에 드립니다. 당신 뜻대로 사용하시옵소서.' 오늘도 당신의 제단에 드립니다, 당신의 뜻대로 하시옵소서, 이제 이렇게 되든 저렇게 되든 저는 상관없습니다, 당신의 제단에 다시 바칩니다—매일아침 이렇게 기도했다고 합니다. 우리가 하나님 앞에 이미 드렸습니다. 다시 드려야 합니다. 결심했습니다. 다시 결심해야 됩니다. 사랑을 고백했습니다. 다시 고백해야 됩니다. 다시 확인해야 됩니다. 해이해지기 쉽고 나태해지기 쉽기 때문입니다. 그래서 자신을 하나님의 제단 앞에 계속적으로 드리기를 힘쓰라, 합니다. 어떻게입니까. "일군으로 인정된 자로 자신을 하나님 앞에 드리기를 힘쓰라"합니다. 충실한 일군입니다. 하나님의 일군이요 교회의 일군입니다. 내가 목적이 아니고 교회가 목적입니다. 내가 정말 일군이냐, 인정된 일군이냐, 확인해야 되겠습니다. "부끄러울 것이 없는 일군"이라 하였습니다. 당연한 일을 못하면 부끄러운 것입니다. 일을 게을리해서는 부끄러운 것입니다. 목적에 어긋난 일을 했으면 부끄러운 것입니다. 부끄러울 것이 없는 자로, 그런 일군으로 하나님 앞에 오늘도 다시 헌신하라, 헌신하기를 힘쓰라, 말씀합니다.

이제 오늘본문의 끝에가서 보면 헛된 말을 버리라, 하였습니다. "망령되고 헛된 말을 버리라." 깊은 해석이 좀 필요한 말씀입니다. 여기에 지금 헛된 말을 하는 사람들이 있습니다. 이름을 구체적으로 들어서 말씀합니다. "그 중에 후메내오와 빌레도가 있느니라" 하였습니다. 이런 사람들이 헛된 말을 하고 있는 것입니다. 여기에 미혹되지도 말고 저들과 말싸움하지 마라, 그런 말씀입니다. 저들은 이미 부활이 지나갔다, 라는 말을 한다고 합니다. 말하자면 어디까지나 이단입니다. 오순절사건 속에 부활이 지나갔다, 라고도 말하고, 세례받을 때 중생하는 것이 그게 바로 부활이다, 라고 영적으로 풀이해보려고 하는 사람도 있고, 심지어는 자녀들을 통해서 생명이 이어지는 것이다, 하는 생각들도 하고… 여러 가지로 예수 그리스도의 부활, 그 역사적인 부활을 사실대로 믿지 않고 왜곡해서 이 말 저 말로 철학적으로 감상적으로 심리학적으로 설명해보려고 합니다. 그것은 잘못된 사상, 이단 교리에 속합니다. 톨스토이의「부활」이라고 하는 소설이 있지요. 부활이라 하니까 기독교의 부활을 말하는가보다, 착각을 하는데 그게 아닙니다. 이 소설에 나오는 '부활'이라는 것은 immortality입니다. resurrection이 아닙니다. 예수 그리스도의 부활사건만 부활입니다. 그 외에 어떤 사람이 술 먹다가 술 안먹는다고 부활했다 하면 안되고, 집나갔던 남편이 돌아왔다고 부활했다 해도 안되고, 가출했던 아이가 돌아왔다고 애가 중생했다고 해도 안되는 것입니다. 그런 것은 아닙니다. 옛날에도 저러한 이단들이 있었습니다. 부활진리를 추상화해버리는 그런 사람이 있기에 사도 바울은 말씀합니다. "망령되고 헛된 말을 버리라." 생각지도 마라, 물론 저 사람들하고 변론하지도 마라―그런 의미를 담았습니다. 여러분, 사도 바울이 지금 믿음의 아들 디모데에게 간곡히 부탁하는 말씀입니다. '말다툼을 하지 마라, 말씀을 잘 분변하라, 그리고 자신을 하나님 앞에 계속적으로 드리기를 힘쓰라.' △

귀히 쓰는 그릇

그러나 하나님의 견고한 터는 섰으니 인침이 있어 일렀으되 주께서 자기 백성을 아신다 하며 또 주의 이름을 부르는 자마다 불의에서 떠날지어다 하였느니라 큰 집에는 금과 은의 그릇이 있을 뿐 아니요 나무와 질그릇도 있어 귀히 쓰이는 것도 있고 천히 쓰이는 것도 있나니 그러므로 누구든지 이런 것에서 자기를 깨끗하게 하면 귀히 쓰는 그릇이 되어 거룩하고 주인의 쓰심에 합당하며 모든 선한 일에 예비함이 되리라

(디모데후서 2 : 19 - 21)

귀히 쓰는 그릇

　'인생을 어디다 비유하느냐?'하는 것이 소위 '인생관'이라고 합니다. 그래서 우리가 인생관, 가치관, 세계관, 이렇게 세 가지 관(觀)을 바로 세워야 한다, 그렇게 말합니다. 그래서 이것을 중국에서는 '3관운동'이라고 말합니다. '3관 개념운동'이라 합니다. 인생관, 세계관, 가치관, 그것은 아주 중요한 것입니다. 사람을 어떻게 보느냐, 내가 도대체 누구냐, 내가 무엇이냐, 하는 것입니다. 인간이 동물입니까? 동물적인 요소가 있습니다. 그러나 우리는 영원한 존재요 영원을 지향합니다. 그런 갈등 속에 있습니다. 흔히들 인간을 만물의 영장이라고 말합니다. 모든 생물 중에 가장 으뜸이다, 해서 만물의 영장이다, 라고 말하지만 요새는 세상이 너무 타락하고보니 만일에 동물들이 모여서 마음대로 사람처럼 회의를 할 수 있다면 동물들은 사람을 비웃을 것입니다. "만물의 영장 물간 지 오래됐다" 할 것입니다. 왜요? 동물만도 못한 게 많으니까요. 동물보다 더 더러운 것도 많으니까요. 동물보다 더 썩은 것이 많으니까요. 동물보다 더 열심히 싸우니까요. 이런 웃기는 얘기가 있답니다. 실화입니다. 아프리카에는 식인종이 있었습니다. 정말로 사람을 잡아먹는 인종이었습니다. 그 식인종들 사이에 들어가서 선교하는 선교사가 있었습니다. 참 위험한 일이지만 오랫동안 좋은 관계를 유지하는 가운데 그 추장하고 친해졌습니다. 추장의 초대를 받기도 하고 오며가며 지내는데, 어느날 선교사가 추장 앞에서 큰걱정을 했습니다. "지금 우리 고향에서는 1차세계대전으로 수많은 사람이 죽고 있습니다. 수많은 사람을 죽인답니다." 그랬더니 식인종 추장은 묻습니다. "그래, 몇 명이

나 죽이는데요? 열 명이오?" "아니지요." "백 명이오?" "아니지요." "천 명이오?" "아니지요." "얼마나 죽이는데요?" "만 명을 죽였답니다." 그러니까 아프리카 추장 하는 말이 "거 참 이상하구만. 사람의 고기도 안먹으면서 왜 자꾸 죽이나?" 하는 것입니다. 생각해보십시오. 식인종만도 못한 사람들 아닙니까. 식인종은 저 먹자고 그저 몇몇 사람만 죽이는데… 도대체 그 사람들은 왜 사람을 그렇게 많이 죽이느냐, 이것입니다. 그러니 동물들이 사람을 얼마나 비웃겠습니까. 동물들은 서로 그렇게 잡아먹는 것같아도 절대로 배부르면 사냥을 아니합니다. 그런데 사람은 배부르고도 더 가지고 더 챙기고 합니다. 먹지도 못하는 걸 자꾸 긁어모읍니다. 그러니까 사람이 뭡니까, 도대체가. 악마입니까, 동물입니까, 물질입니까, 고깃덩이입니까. 잠깐 있다 없어지는 담배연기같은 것입니까. 요새 아주 재미있는 걸 신문에서 보았을 것입니다. '걸레스님'이라는 사람이 있지요? 자타가 걸레라고 부르는 이름의 중인데 본인 자신이 "나는 걸레다" 하고 다녔습니다. 아주 별난 분입니다. 그분이 세상을 떠났습니다, 얼마 전에. 떠나면서 마지막으로 한 말이 너무도 재미있는 것입니다. "괜히 왔다간다." 그렇습니다. 도대체 인생이 무엇입니까. 그 사람은 인생을 걸레라고 하였습니다. "괜히 왔다간다." 인생이 무엇입니까? 이에 대해서 사도 바울은 여러 곳에서 여러 모양으로 말씀하는데, 오늘본문에도 특별한 비유를 들어서 말씀하고 있습니다. 고린도후서 4장 7절과 연결을 합니다. '이 보배를 질그릇에 가졌다' 하였습니다. 이 중요한 비사에 심오한 뜻이 있습니다. 인생관입니다. 질그릇입니다. 사람은 질그릇이다, 그러나 그 속에 보화가 있다, 보배를 담은 질그릇이다─이렇게 말씀합니다. 질그릇이라는 게 뭡니까.

흙이라는 말입니다. 흙으로 만든 것입니다. 그렇습니다. 사람은 분명히 흙덩이입니다. 특별히 구약성경의 창조 이야기를 원문대로 살피면 대단히 재미있는 말이 있답니다. 흙을 히브리말로 '아다마'라 합니다. 여성명사입니다. 그리고 사람을 '아담'이라고 합니다. 한 사람의 이름이 '아담'입니다. 또 흙색이 누렇지 않습니까. 그 누런색을 가리켜 '에돔'이라고 합니다. 그러니까 이게 다 같은 말입니다. "아담아" 하면 원문대로는 "흙덩이야" 하는 말이 됩니다. 흙은 흙입니다. 흙으로 만들어졌으니까요. 흙으로 빚어 만들어졌거든요. 그리고 생기를 넣으심으로 사람이 됐습니다. 그래서입니다. 우리교회 묘지에 제가 써놨습니다. '너는 흙이니 흙으로 돌아갈지니라.' 그렇게 썼습니다. 성경에 있는 말씀입니다. '너는 흙이다. 흙이니 흙으로 돌아가라.' 흙에서 나서 흙에서 난 걸 먹고살다가 흙으로 돌아가는 게 사람입니다. 그러나 이건 그릇입니다. 그 흙덩이 속에 보화가 있습니다. 이걸 우리는 생각해야 됩니다. 보배가 있습니다. 구약의 창조 이야기를 들어서 말하자면 만들어진 부분이 있고 창조된 부분이 있습니다. 창세기 1장, 2장을 자세히 읽어보면 '흙으로 빚어서 사람을 만드셨다' 하고 그 뒤에 '하나님께서 사람을 남자와 여자로 창조하셨다'라고 돼 있습니다. 창조된 부분은 하나님의 형상이요 만들어진 부분은 육체입니다. 복합적 존재입니다. 그러니까 창조된 하나님의 형상이 만들어진 흙덩이로 된 질그릇에 들어 있는 것입니다. 그러다가 이 질그릇이 낡아지면 또 꿰매고 깁고 합니다. 요새 수술할 때 째고 또 다른 거 좀 보충도 하고 합디다. 그러다가 마지막에 정 낡아 못쓰게 되면 영혼은 하나님 앞으로 가는 것입니다. 하나님의 형상, 그 생명체는 그대로 하나님 앞으로 가게 돼 있습니다. 그런 면에서 하나님의 형상인 그것이 본 존재이고 그것을 싸고 담고 있는 흙덩이가 있습니다. 이것을 비유해서 '질그릇에 보화를 담았다' 하는 것입니다. 그게 인간이다, 하는 것입니다. 질그릇이, 흙덩이가 있는데 그 속에 보화가 있다면 문제는 그 흙덩이의 가치는 그 속에 있는 내용물에 달렸다는 것입니다. 그 속에 무엇이 담겼느냐가 중요한 것입니다. 흙덩이는 중요하지 않습니다. 여러분, 사람을 놓고 볼 때도 이 흙덩이 육체를 가꾸느라고 애를 많이 씁니다. 그렇지요? 요새 뭐 찜질방에도 가고 마사지도 하고, 한술 더 떠서 가죽을 벗기기도 하고 별짓 다 합니다. 아무리 해봐도 결국은 속에 있는 마음이 문제입니다. 속에 있는 것, 속에 있는 알맹이가 기쁨으로 환하면 겉도 밝아지는 것이지 아무리 찍고발라도 그것으로는 될 일이 아닙니다. 속과 겉이 있고 속이 중요한 것입니다. 속이 결정하는 것입니다. 얼마전에도 말씀드렸지만 사람이 쉰 살 넘으면 외모가 평준화합니다. 잘났어도 못났어도 쉰 넘으면 다, 더구나 우리 한국사람들 감자같이 생겨서 밋밋합니다. 거기서 거기로 똑같습니다. 젊은이들은 확실히 예쁘고 안예쁘고 한데 나이가 들고보면 거기서 거기입니다. 그런데 이것 하나는 분명합니다. 밝은 얼굴이 있고 어두운 얼굴이 있습니다. 지금 제가 우스운 얘기 한다고 여러분이 웃는데 다같이 웃는 가운데서 아예 안웃기로 작심한 사람이 있습니다. 저는 도대체 그걸 모르겠습니다. 그것을 알고 싶습니다, 왜 그러고 앉았는지. 밥을 굶었는지 한바탕 싸우고 나왔는지 알 수가 없거든요. 그건 속이거든요, 속. 겉이 아무리 화려하면 뭐 합니까. 속이 썩었으면 썩은 것입니다. 속에 귀한 것이 있으면 귀한 것입니다. 속에 썩은 것이 있으면 썩은 것입니다. 깊이 생각할 것입니다. 가치는 그 내용물에 의해서 결정되는 것입니다. 하나님의 형상이 깨끗하게 살아 있을 때 그 흙덩이는 소중한 가치를 지니게 되는 것입니다.

그런데 오늘본문에는 한 단 더 나아가 하나의 사명적 차원에서 인간을 분석하고 있습니다. "큰 집에는 금과 은의 그릇이 있을 뿐 아니요 나무와 질그릇도 있어 귀히 쓰는 것도 있고 천히 쓰는 것도 있나니…" 이렇게 말씀하고 있습니다. 그릇인데 그릇이 하나가 아니고 다양하다는 것입니다. 속은 같은데 그릇은 다릅니다. 여러 모양이 있습니다. 여기서는 일반적 가치를 말씀하고 있는데, 그릇이란 일반적으로 평가할 때 그 자료에 따라서 평가됩니다. 원자재에 따라서 평가되는 것입니다. 금으로 만든 것은 금그릇, 은으로 만든 것은 은그릇, 나무로 만든 것은 나무그릇이더라, 이것입니다. 흙덩이로 구워 만든 것은 아무리 좋아도, 요새는 도자기니뭐니 하고 높이지만 역시 질그릇은 질그릇입니다. 흙은 흙이니까 어디까지나 그건 금그릇일 수 없습니다. 흙입니다. 그릇은 언제나 그릇일 뿐입니다. 이것을 잊지 말아야 됩니다. 중요한 것은 내용물입니다. 그 속에 무엇이 담겼는가가 근본적으로 중요한 것입니다. 이것에 의해서 평가됩니다. 이것은 고린도서에 있는 말씀이고 오늘분문에서는 다시 그 기능에 의해서 평가합니다. 인간을 놓고 봅시다. 인간도 가만히 보면 그릇입니다. 그릇인데 그릇모양이 다 다릅니다. 다양하다는말입니다. 신체도 큰 사람 작은 사람이 있습니다. 그런데 이상한 것이 하나 있습니다. 몸이 큰 사람, 몸만 큰 사람, 속은 변변치 않고 하면 뭐라고 그럽니까? 거인이라고 합니다. 그리고 몸은 크든작든 속이 크면 그걸 가리켜 거물이라고 합니다. 왜 그렇게 말하는지는 모르겠습니다. '거물급'이니 뭐니 하지 않습니까. 거물급이다, 저 사람 참 물건이

다, 라고 말합니다. 몸이 크다고 다 좋습니까? 나폴레옹은 키가 고작 1.55미터에 불과했습니다. 꽤 작았지요? 등소평은 1.50미터였습니다. 얼마나 작습니까. 그러나 이 조그마한 양반이 세상을 바꾸어놓았습니다. 그가 미국을 방문했을 때입니다. 미국의 물색없이 키큰 백인들이 다가와 인사합니다. 인사하면 악수를 해야 되는데 어떻겠습니까. 키가 작으니까 손을 올려야 되겠지요. 그러나 그는 올리지 않았습니다. 낮췄습니다. 그러니 미국사람들이 어떻게 했겠습니까. 악수는 해야겠으니 할수없이 제 몸을 푹 숙여서 악수를 했다는 것 아닙니까. 번번이 이렇게 한 것입니다. "아니, 각하, 어떻게 손을 이렇게 하지 않고 그렇게 하십니까?" 하고 누가 말하면 "무슨 소리! 내 발 밑에 13억이 있는데…" 내가 13억을 대표하는 사람이다, 이것입니다. 키가 작건크건이 문제냐, 나하고 악수하려면 굽혀야지— 이, 큰 사람 아닙니까. 키는 작아도 속은 큽니다. 어쨌든 알고보면 그것도 그릇입니다. 그래서 신체 상이 다양하지요 지능도 다양하지요 감성도 다양하지요 능력도 다양하지요, 다 다릅니다. 여러분, 이것은 매우 중요한 것입니다. 문화신학적으로 다 다르다는 것만 알아도 인간은 반은 성공한 것입니다. 우리는 자꾸 어디서부터 잘못되느냐하니 다르다는 걸 인정하지 않으려고 하는 데서입니다. 그리고 같아져야 한다고만 생각합니다. 다른대로 두십시오. 부부간에 왜 싸우는지 아십니까? 남자를 여자 만들려드니까 그렇고 여자를 남자 만들려드니까 그렇습니다. 남자는 남자 그대로 놔두십시오. 여자는 여자 그대로 놔두십시오. 성격이 급한 사람은 급한대로 놔두십시오. 그건 그것대로 필요한 것입니다. 온유한 사람은 온유한대로 놔두십시오. 그저 말없이 얌전한 것만 칭찬하고 좀 장난기가 심한 것 보고는 "저

것은 무엇이 되려고 저럴까?" 하니 말썽입니다. 요새는 '괴짜를 키워라'고들 하지 않습니까. 현대교육의 특징이 그렇습니다. 원래 정신병자와 천재는 비슷하거든요. 종이 한 장 차이입니다. 그러니까 나와 다른 점, 그 특별히 다른 점, 그걸 그대로 인정을 해야 하는 것입니다. 그런데 이걸 인정하지 않으려드니까 문제가 생기는 것입니다. 그래서 우리생각같아서는 자녀들도 앉아라, 서라, 할 때 고분고분 앉고 서고, 공부하라 할 때 공부하고 자라 할 때 자고, 했으면 좋을 것같은데 그러하다면 그것은 완전히 구조적으로 어떻게 굳어진 인간입니다. 아무짝에도 못쓸 인간입니다. 사실은 장난기가 좀 심하고 가출도 하고, 하는 편이 괜찮습니다. 아무튼 여러 모양의 사람이 있다는 것, 다 나와 같지 않다는 것, 나와 같을 수도 없고 같아서도 안 된다는 것, 이것을 인정해야 됩니다. 그릇에는 여러 가지 그릇이 있습니다. 큰 그릇 작은 그릇 긴 것 짧은 것… 많습니다. 요새보면 별로 쓰지도 않는데 갖다놓고 구경하는 그릇도 있습디다. 무슨무슨 도자기라고 해서 예술품으로 두고봅니다. 오늘 이 자리에도 이렇게 꽃꽂이 해놓은 거 보면 그릇을 가지고 했습니다. 요새는 더더욱 또 재주가 많아서 여기 올라오는 것도 보면 아주 희한한 그릇들 많더라고요. 그릇은 여러 가지입니다. 그릇은 여러 모양입니다. 그걸 인정해야 됩니다. 다 머리가 좋아야 될 필요 없습니다. 그럴 필요도 없습니다. 또 다 그렇게 커야만 된다거나 다 작아야 된다거나, 그런 것이 아니지 않습니까. 여러 모양의 그릇이 필요하듯이 여러 모양의 사람이 필요합니다. 중요한 점은 이것입니다. 주인에게는 다 필요하다는 것입니다. 주인 쓰기에 합당해야 되고, 주인 보기에는 다 필요합니다. 용도대로 쓰는 것입니다. 어떤 것은 부엌에서 쓰고 어떤 것은 방에서 쓰고 어떤 것은 화장실에서 쓰고… 다 용도대로 쓰게 돼 있습니다. 주인에게는 다 필요합니다. 그래서 여러 모양의 그릇을 가지고 있게 마련입니다. 그와 같습니다. 우리는 다 필요한 존재입니다. 그러므로 누가 누구를 정죄해도 안되고 누가 누구를 낮춰 평가해도 안됩니다. 그대로 가치를 인정할 줄 알아야 됩니다. 내게는 필요치 않지만 주인에게는 필요합니다. 저런 큰 그릇이 뭐에 필요한가, 하지만 주인에게는 필요해서 있는 것입니다. '저 작은 건 왜 필요한가?' 주인에게 필요해서입니다. 주인이 쓰기에 필요해서입니다. 주인의 뜻대로 필요합니다.

그런데 문제가 여기 있습니다. 오늘본문의 핵심이 여기 있습니다. 귀히 쓰는 것도 있고 천히 쓰는 것도 있다, 하였습니다. 자, 귀히 쓰는 것과 천히 쓰는 것, 문제는 여기에 있습니다. 귀하게 쓰임받아야 되겠다는 말씀입니다. 왜요? 그 속에 귀한 것이 담길 때마다 귀한 것이 되거든요. 귀하게 쓰이면 귀한 그릇입니다. 그런데 오늘본문의 내용을 보면 그것이 은이냐 금이냐 상관이 없습니다. 이것을 알아야 됩니다. 우리는 자기자신의 가치를 생각합니다. '나는 금이다.' '나는 은이다.' 이걸 자랑하고 있습니다. 그러나 그릇이란 그렇지 않습니다. 금이라면 때려가지고 그냥 금판대기 만들어서 팔면 되지만 그게 아닙니다. 그릇이거든요. '그릇'이라는 특수목적이 있습니다. 금이라고 하는 것과는 관계가 없습니다. 내가 재주있고 아이큐 높고 지식 있고 어떻고 하지만 그게 문제가 아닙니다. 요컨대 주인에게 어떻게 쓰임받느냐입니다. 귀히 쓰이느냐 천하게 쓰이느냐입니다. 예컨대 아무리 금그릇이라도 술을 담았다고 합시다. 그래가지고 술잔으로 돌리면 그건 천한 그릇입니다. 그러나 뚝배기요 질그릇이라

할지라도 사람을 살리는 좋은 약을 담았다면 이것은 귀한 그릇입니다. 생명을 살리는 그릇이 아닙니까. 하나는 생명을 살리는 그릇인데 질그릇이요 하나는 사람을 미치게 만드는 건데 금그릇입니다. 그러면 문제는 자체의 질, 재질을 놓고 금이냐 은이냐, 비싸냐 싸냐, 하는 교환가치에 의해서 평가할 것이 아니고 주인의 뜻대로 주인의 필요에 따라서 귀히 쓰는 것도 있고 천하게 쓰는 것도 있다는 것입니다. 그런고로 우리는 귀하게 쓰이어야 되겠다, 하는 것입니다. 다시말하면 귀한 목적에 쓰이는 것입니다. 선한 목적에 쓰이면 선한 것이 된다는 말씀입니다. 사람도 그렇지 않습니까. 좋은 일에 쓰이는 사람, 좋은 사람입니다. 귀한 존재입니다. 그러나 나쁜 일에 쓰인다면 아무리 재주가 좋고 머리가 좋고 지식이 많더라도 그건 나쁜 사람입니다. 칼을 놓고 보더라도 칼이 사람을 죽일 수도 있고 살릴 수도 있습니다. 수술하는 사람의, 의사의 손에 들린 칼은 사람을 살리고 있지만 강도의 손에 들린 칼은 사람을 죽이고 있는 것 아니겠습니까. 칼은 같은 칼이지만 귀하게 쓰이는 것이 있고 천하게 쓰이는 것이 있는 것입니다. 사람도 아주 귀하게 쓰이는 존재가 있는가 하면 천하게 쓰이는 존재가 있더라, 하는 말씀입니다.그러면 이 귀천의 기준이 어디 있느냐? 그것은 재질에 있지도 않습니다. 금이냐 은이냐 흙이냐, 그것이 아닙니다. 인간에 비유한다면 아이큐냐 지식이냐 건강이냐 능력이냐 재능이냐와도 관계가 없습니다. 오늘본문의 두 번째 핵심은 여기에 있습니다. 깨끗하면 귀히 쓰인다, 하였습니다. 깨끗하면―사실입니다. 우리가 그릇이 깨끗하면 질그릇이라도 소중하게 쓸 수 있습니다. 금그릇이라도 더러우면 쓸 게 못되는 것입니다. 아무리 똑똑한 사람도 속이 더러우면 못쓰겠더라, 이것입니다. 좀 부족한 데가 많은 것같으나 그 사람이 속이 깨끗하다면 소중하게 쓰인다, 그 말씀입니다. 귀하게 쓰인다, 그런 말씀입니다. 우리가 많은 사람을 대하고 살지 않습니까. 우리 인간관계 속에서 보면 정말 똑똑한 사람 있습니다. 재주있는 사람도 있어요. 여러 가지 사람이 있는데, 그러나 그와는 별도로 쓸만한 사람이 있고 쓰지 못할 사람이 있습니다. 일을 시킬 수가 없는 사람이 있습니다. 그러나 어떤 사람은 좀 무능하기는 해도 그를 아주 귀하게 쓸 수 있습니다. 그 사람에게 일을 맡기면 틀림없으니까요. 깨끗한 그릇이지요. 깨끗한 그릇은 깨끗하기 때문에 그 속에 귀한 것을 담을 수 있다는 얘기가 됩니다. 그릇은 어디까지나 용기입니다. 귀한 것을 담으려고 하는데 더러운 그릇에야 귀한 것을 담을 수가 없지 않습니까. 그럼 어찌해야 되겠습니까. 그릇을 비워야지요. 그릇을 깨끗하게 해야 합니다. 일단 깨끗하게 하고 볼 것입니다. 내가 금은 못돼도, 질그릇같은 존재라 해도 깨끗하면 좋습니다. 나무그릇이라도 깨끗하면 좋습니다. 깨끗이 비웠고 정결하기만 하다면 어느 때에라도 귀한 물건을 담을 수 있다, 귀한 일에 쓰일 수 있다, 하는 말씀입니다. 그릇은 쓰임으로 가치가 발동하니까요. 사람도 하나님의 손에 쓰임받음으로 가치가 드러나거든요. 여러분은 어떤 일에 쓰이고 있습니까? 나는 오늘 무슨 일을 했습니까? 내가 무엇을 위하여 일하는 것입니까? 귀한 일에 쓰이기 위해서 부득불 우리가 갖춰야 할 것은 깨끗함입니다. 내가 금이 될 수도 없고 은이 될 수도 없습니다. 질그릇이라도 좋습니다. 깨끗하기만 하면 쓰입니다. 그런 말씀입니다. 깨끗하다는 것, 그것은 속이 비었다는 뜻입니다. 깨끗하게 비어 있습니다. 뭔가가 거기 담겼다가 쓰여진 바가 있으니까 그걸 깨끗이 씻어야 됩니다. 이

전에 쓰이던 바에서 새로운 목적으로 쓰일 때는 깨끗이 씻어야 됩니다. 이전에 담았던 그것이 흔적이 없어야 됩니다. 흔히 하는 말이 있지요. '익숙한 것으로부터 결별하라. 고정관념을 버려라. 편견을 버려라. 고집을 버려라.' 이게 무슨 말입니까. 옛날 내 마음속에 담고 있던 것 다 비우라, 그 말입니다. 그래야 새로운 세계를 맞이할 수가 있습니다. 오래전에 신문에 났던 일입니다. 어떤 어린아이가 이웃 구멍가게에 가서 조그마한 과자를 하나 사가지고 왔습니다. 그걸 먹고 죽었어요. 동네가 발칵 뒤집혔습니다. 어떻게 된 건가? 왜 죽었나? 아무리 살펴도 알 수가 없습니다. 마지막에 보니 그 어린아이가 버린, 그 과자를 쌌던 봉지가 농약봉지였습니다. 구멍가게 할머니가 아무 생각 없이 농약 쌌던, 농약이 묻어 있는 그 봉지에 과자를 싸준 것입니다. 농약이 약간만 묻었지마는 이거 가지고 가서 먹고 아이가 당장 죽었습니다. 이게 뭘 말하는 것입니까. 그릇이 잘못된 것입니다. 그릇이 깨끗지를 못했습니다, 깨끗한 그릇이라야 되는데. 오늘도 그렇습니다. 이 자리에서 우리가 하나님말씀을 듣습니다. 똑같은 시간에 같은 말씀을 듣는데도 깨끗한 마음그릇을 가진 분은 100% 깨끗하게 받습니다. 그리고 귀하게 선하게 아름답게 은혜를 위해 쓰입니다마는 그 마음속에 뭔가 담았던 것이 있고 좀전의 언짢았던 것, 비뚤어진 것, 이런 전이해(前理解)가 남아 있거든요. 그러면 말씀이 들어가서 굴절작용을 받습니다. 말씀이 순수하게 역사할 수가 없습니다. 그러면 한마디로 말해서 천하게 쓰이는 것입니다. 귀하게 쓰이려면 깨끗해야 됩니다. 깨끗하다는 것은 비었다는 것이요 진실을, 충성을 뜻합니다. 혼합물이 없는 것, 혼합될 그런 요소가 없는 순수함을 뜻하는 것입니다. 이런 얘기가 있습니다. 신문에 났던 애기입니다. 김용배라는 피아니스트가 미국에 유학하던 시절의 이야기를 수필로 신문에 썼던 것이 있습니다. 실내악수업을 하는데 학기말 시험을 보게 됐습니다. 실내악이라는 과목이기 때문에 시험이라는 것은 연주를 하는 것이었습니다. 그래서 피아노 3중주를 연습했습니다. 피아노를 잘 연습하고 바이올린을 연습하고 다 연습하는데 여러 날 동안 해서 학기말시험으로 연주를 하게 되었습니다. 시험관의 한 사람인 노교수가 "자네 피아노 칠 때 내가 옆에서 그 악보를 넘겨주겠네"합니다. 노인이 그러는데 거절할 수도 없어서 "그러시죠"하고 시작하는데 이 노교수가 옆에 떡 앉았습니다. 이 김용배선생이 피아노를 치는데 벌벌 떨었습니다, 처음에는. 그러나 이내 척척, 때맞추어 딱딱 넘겨주는데 정확하게 넘겨줍니다. 아주 좋았습니다. 안도감이 생겼습니다. 오히려 의지가 되었습니다. 이제 피아노를 계속 연주해나갑니다. 그런데 어느 순간, 넘겨야 할 대목에서 안넘겨주는 것입니다. 중단을 할 수도 없어 본인이 급하게 넘겼습니다. 그리고 그 다음부터 교수님이 잘 넘겨줬습니다. 끝나자 교수님이 이렇게 말합니다. "자네는 악보를 보고 연주를 하지마는, 그렇게 해도 되겠지만 그렇지만은 않네. 적어도 몇 줄은 암기하고 있어야지. 연주하는 동안에 어떤 일이 생길는지 모르니까, 어떤 상황이 생길는지 모르니까 미리미리 몇 줄은 머리속에 암기되어 있어야 하네. 그런고로 100%가 아니라 200%를 연습해야 되네." 왜요? 악보를 옮기기만 해서는 안되는 것입니다. 적어도 내가 외운 바가 있어야 합니다. 절반은 외우고 쳐야 합니다. 그래 한 장 못넘겼다고 뚝 못치는 형편이 되어서는 안된다, 이 말입니다. 말하자면 잘 준비된 마음, 충성되고 진실된 마음이 필요한 것입니다. 무엇보다도 충성과 진실, 그 순수성이 먼저입니다. 사도 바울은 디모데전서 1장 12절에서 말씀합니다. "나를 충성되이 여겨 내게 직분을 맡기심이니…" 내 충성을 인정받아서 주께서 내게 직분을 맡기셨다―그것은 깨끗한 그릇입니다. 깨끗한 그릇이기 때문에 귀하게 쓰였던 것입니다. 주인이 쓰시기에 합당한 그릇은 금그릇 은그릇이 아니라 깨끗한 그릇입니다. 오늘도 깨끗한 사람을, 깨끗한 그릇을 주님께서 쓰신다는 것을 잊지 말아야 합니다. 그의 쓰심에, 귀하게 쓰심에 내 그릇된 인간의 가치가 결정되는 것입니다. △

주의 종의 마땅한 도리

 또한 네가 청년의 정욕을 피하고 주를 깨끗한 마음으로 부르는 자들과 함께 의와 믿음과 사랑과 화평을 좇으라 어리석고 무식한 변론을 버리라 이에서 다툼이 나는 줄 앎이라 마땅히 주의 종은 다투지 아니하고 모든 사람을 대하여 온유하며 가르치기를 잘하며 참으며 거역하는 자를 온유함으로 징계할지니 혹 하나님이 저희에게 회개함을 주사 진리를 알게 하실까 하며 저희로 깨어 마귀의 올무에서 벗어나 하나님께 사로잡힌 바 되어 그 뜻을 좇게 하실까 함이라
(디모데후서 2 : 22 - 26)

주의 종의 마땅한 도리

　이미 말씀드린 바와 같이 디모데후서는 사도 바울의 유서라고도 불립니다. 왜냐하면 그의 많은 편지 중에서 맨마지막 편지이기 때문입니다. 로마감옥에서 임종이 가까워온 것을 알고 있습니다. 병들어 죽는 게 아니고 상황이 순교하게 될 것을 내다볼 수 있게 되었기 때문입니다. 로마에 가보면 바울이 목베임을 당한 그 자리를 볼 수 있습니다. 관광코스에 들어 있지 않아서 좀 특별히 시간을 내야만 가볼 수 있습니다. 처형당한 그 자리에 지금 조그마한 성당을 지어놨습니다. 그리고 성당 안에 그의 유품들이 보관되어 있습니다. 바울은 거기에서 목베임을 당합니다. 요새 우리나라에서 흔히 사극에서 보는 것처럼 앉혀놓고 칼을 치든가 한 것이 아니고 커다란 나무통 위에 머리를 걸쳐놓고 도끼로 내려쳤습니다. 이렇게 해서 그 머리가 세 번 굴러가 이른 그곳에 샘물이 나왔다 하고, 지금도 그 샘물의 흔적이 있습니다. 이렇게 사도 바울은 순교하게 되는데 이렇게 처형당할 시간이 점점 가까워오고 있다는 걸 그는 알고 있습니다. 그런 가운데서 그 추운 겨울을 지냅니다. 이때 쓴 편지가 디모데후서입니다. 그래서 마지막 장에 보면 "겨울 전에 너는 어서 오라"하고 겉옷과 책을 가져오라, 하는 말씀까지 하는 것을 볼 수 있습니다. 그런 절박한 시간에 주는 마지막 교훈, 후계자 디모데에게 주는 교훈이 디모데후서입니다. 생생하고 절실하고 아주 절절한, 대단히 무게가 실린 그러한 마지막 교훈이라고 생각됩니다.
　24절에 보면 간곡히 당부하는 말씀 중에 이런 말씀이 있습니다. "마땅히 주의 종은…" 주님의 종이라면 당연히 이러해야 한다, 하는 것입니다. 바울은 '종'이라는 말씀을, '그리스도의 종' '주의 종'이라는 말씀을 자신의 자랑스러운 이름인 양 사용하고 있습니다. 주의 종, 그리스도의 종, 예수 그리스도의 종—이런 말씀이 그의 편지 중에 무려 150번이나 나옵니다. 그는 언제나 종된 의식으로 살았습니다. '나는 그리스도의 사람이다. 그런고로 나는 자유가 없다.' 우리는 여기서 중요한 아이러니를 읽을 수가 있습니다. 그는 종입니다. '나는 자유가 없다. 모든 자유는 다 주님의 것이다. 목적도 방법도 운명도 생명도 다 주의 것이다. 영광도 다 주의 것이다.' 주께 다 바쳐버려놓고 그 종됨을 즐기고 있는 것입니다. 거기에 문제가 있습니다. 종을 부끄럽게 생각하지 않고 종을 마지못한 숙명처럼 생각하지 않았습니다. 그리스도의 종 되었다는 것을 자랑스럽게 여겼습니다. 종이면서 주인의 의지를 자기의지로 선택한 것입니다. 굉장히 중요한 의미가 여기 있습니다. 여러분, 어떤 처지에 있든지 우리는 뭐든 우리마음대로 못합니다. 생각해봅시다. 여러분은 뭘 여러분마음대로 할 수 있다고 생각하십니까? 벤자민 프랭클린이 나이많았을 때 이런 얘기를 했습니다. '일평생을 되돌아보니 세 가지 사실을 알 수 있다." 첫째는 매사가 내맘대로 안되더라는 것이다.' 어디 맘대로 된 것 있습니까? 대단히 미안하지만 어디 하나하나 생각해보십시오. 자식농사가 마음대로 됐습니까. 아내된 분들, 그 남편이 본래 맘먹었던 사람입니까? 어느 것 하나 마음대로 된 것이 없습니다. 세월이 갈수록 내 영역은 자꾸 작아지고 안되는 것만 많습니다. 다 안됐습니다. '두 번째는 매사를 하나님께서 당신마음대로 하시더라는 것이다.' 다 하나님의 뜻대로만 이뤄집니다. 내 뜻은 묵살당하고 하나님의 뜻이 이루어질 뿐입니다. '세 번째는 그 하나님의 뜻을 따르는 만큼의 행복이 있고 성공도 있더라는 것이다.' 프랭클린은 이렇게 토로하고 있습니다. 그러니까 우리는 주의 종입니다. 내게 자유가 없습니다. 그러나 주님의 뜻을 따르는 그 자유는 있거든요. 이런 말이 있지요. '사랑은 노예다. 노예는 노예인데 즐거운 마음으로 따르기 때문에 사랑의 노예다.' 사랑의 노예는 그걸 피곤해하지 않습니다. 무리라고 생각지 않습니다. 사랑하기 때문에 노예되는 걸 기뻐하는 것입니다. 노예됨을 기뻐합니다. 예속되는 걸 기뻐합니다. 바울은 언제나 그리스도의 종 된 것, 그리스도께 예속된 것을 자랑스러워했습니다. 그것이 바울의 위대한 점입니다.

오늘본문에서도 말씀합니다. '주의 종은, 마땅히 주의 종은 이러할 것이다' 하였습니다. 주의 종이기 때문에 자, 도리를 한번 봅시다. 소극적으로는 먼저 청년의 정욕을 피하라, 하였습니다. 자, 이제 생각해야 됩니다. 청년이라고해서 종이 종 안되는 건 아닙니다. 청년이든 장년이든 노인이든 주의 종은 주의 종입니다. 자기신분을 분명히할 것입니다. 청년은 청년대로 주의 종이고 장년은 장년대로 주의 종입니다. 그런고로 청년이라고해서 '청년인고로 이것은 용납된다' 하는 것이 통하지 않습니다. 청년이든 노인이든 주의 종은 마땅히 이러해야 할 것이다, 함입니다. 그럼 청년이 빠지기 쉬운 게 무엇입니까? 강한 의욕입니다. 뭐든 내맘대로 하려고듭니다. 또 할 수 있을 것만 같습니다. 그러나 아시는대로 나이가 많아지면 '안되는구나. 내맘대로는 안되는구나' 깨닫게 되지요. 철이 나는 것입니다. 어떤 사람은 40에 철나기도 하고 어떤 사람은 50에 나기도 하고 80에 나는 사람도 있습니다. 철나고 다음날 죽습니다. 안되는구나, 마음대로 안되는구나—이게 철나는 것이거든요. 청년의 정욕—청년은 뭐든지 다 할 것만 같습니다. 그때만은 그렇습니다. 그러나 사실을 알고보면 어리석은 것입니다. 또한 성취욕에 사로잡힙니다. 뭔가를 만들어보고 싶습니다. 뭔가 될 것도 같고 또 해야겠다고 생각을 합니다. 꿈이 많습니다. 계획도 많고 설계도 많습니다. 또한 청년의 잘못된 것은 성급하다는 것입니다. 뭐든지 급하게 처리하려 합니다. 좀더 기다리는, 1년 2년 10년 기다리는 그런 마음은 없습니다. 젊은 이의 약점은 바로 인내부족입니다. 속전속결이어야 됩니다. 그렇게 해결하려고듭니다. 그저 단숨에 문제를 끝내려고듭니다. 그러나 그렇게 되는 법은 없는 것입니다. 그래서 '청년의 정욕을 피하라' 하는 것입니다. 또한 청년이기에 정치적 욕망이 많습니다. 남을 다스리려고듭니다. 내가 남에게 순종하기보다는 뭔가 다스리는 위치에 있어보려고 합니다. 그러면서 많은 시험에 약합니다. 돈에 약하고 이성에 약하고, 그렇습니다. 이 모든것들 다 합해서 청년의 정욕입니다. 청년이기 때문에 가지는 그런 정욕인 것입니다. 디모데는 젊습니다. 그런고로 사도 바울은 말씀합니다. '이것을 피하라. 너는 주의 종이다. 청년이라고 하는 것에서 오는 속성들이 너와는 상관이 없다. 그 모든것을 피하라.'

그리고 적극적으로는 "의와 믿음과 사랑과 화평을 좇으라"하였습니다. 썩 귀중한 말씀입니다. 하나님께 대해서는 '의'입니다. 언제나 의를 찾아가야 됩니다. 이것은 한치의 양보도 없습니다. 의는 기본입니다. 의가 적선이 아닙니다. 의는 기본적인 것입니다. 우리가 길에 나가면 교통법규를 지켜야 됩니다. 그건 의입니다. 그걸 잘지켰다고 상줄 것도 아니고 상받을 것도 아닙니다. 기본인 것입니다. 우리가 가지고 있는 하나님의 말씀에 따라 살아야 하는 의가 있습니다. 그것이 바로 율법이요 율법에 따르는 의입니다. 의. 그 다음으로 자기자신에 대해서는 '믿음'입니다. 믿음이란 헬라말로 '피스티스' 입니다. 다시 번역을 바꾸면 '진실'이라는 말씀입니다. 자기자신에 대해서는 진실이 기본입니다. 모든 문제에서 진실해야 됩니다. 특별히 지도자는 그렇습니다. 요새 우리는 살 만큼 살고 경제도 이만하면 괜찮다고 하나 마음들은 불안합니다. 우리의 마음은 편하지를 않습니다. 왜요? 거짓말을 많이 하니까요. 도대체가 지도자들이 거짓말을 밥먹듯이 합니다. 이게 문제가 되고 있습니다. 요새 흔히 '정치적'이라는 말을 쓰는데 이 말을 사전에다 옮기면 아마 이리 될 것입니다. '될 것도 안될 것처럼 안될 것도 될 것처럼 말하는 것이다.' 그게 '정치적'이라는 말입니다. 참 묘한 말이지요. 경제논리니 정치논리니 하는데 아리송합니다, 그게. 그저 거짓말인 줄 알면 됩니다. 별말 아닙니다. 이게 도대체 뭡니까. 그렇다면 정치는 죄지요. 그런 정치는 몹쓸것입니다. 인도의 간디는 유명한 말을 했습니다. 오직 나라를 위해서, 나라가 독립되고 민족이 독립되기 위하여 한평생을 감옥에서 고생하고 수고했지마는 그는 이렇게 말했습니다. '내가 거짓말을 한마디 함으로 내가 평생 꿈에도 바라는 우리의 독립이 온다 하더라도 나는 거짓말을 할 수 없다.' 왜요? 거짓말해서 세워진 나라는 무너지기 때문입니다. 유명한 말입니다. 진실입니다. 나 자신에 대해서는 진실이 우선입니다. 진실하고야 힘도 있고 용기도 있는 것입니다. 거짓말하는 사람은 말이 복잡합니다. 사실도 기억해야 되고 거짓말한 것도 기억해야 되거든요. 두 가지 다 기억하고 얼마 또 지나가다보면 "가만있자. 어디까지가 사실이더라?" 저도 몰라집니다. 이렇게 헷갈려가지고 복잡하거든요. 이건 안된다는 것입니다. 진실만이 제일 용기가 됩니다. 단순하지 않습니까. 봤다 안봤다, 사실이다 아니다, 끝, 하면 됩니다. 죽든살든 상관없어요. 나중이 어떻게 되든 개의치 않습니다. 그러면 간단한 것입니다. 이렇게 오리엔테이션이 되고 이런 가운데서 성숙해나가면 사람이 담대해집니다. 거짓말하는 사람은 눈동자부터가 다릅니다. 뱅글뱅글 돌아갑니다. 그거 못쓰는 것입니다. 자신에 대해서는 '믿음'입니다. 믿음, 신실, 충성, 진실, 이것이 피스티스입니다. 자신에 대해서는 믿음입니다.

의와 믿음, 그리고 이웃에 대해서는, 이 세상 사람들에 대해서는 '사랑'입니다. 모든것을 사랑으로 보고 모든 사람을 사랑합니다. 사랑의 반대는 미움이지요? 우리는 미워할 권리가 없습니다. 사랑받았기에 사랑해야 됩니다. '내가 너희를 사랑한 것같이 너희도 서로 사랑하라'하신 주님말씀대로입니다. 우리는 이미 사랑에 빚을 졌습니다. 이제 우리는 아무도 미워할 권리가 없고 아무도 비판할 권리가 없습니다. 오직 사랑의 의무가 있을 뿐입니다. 이것을 명심할 것입니다. 그래서 사랑을 좇으라, 하였습니다. 그 다음에 교회에 대해서는 '화평을 좇으라'하였습니다. 우리교회의 기본이 화평입니다. 옛날에 한경직 목사님, 목사님들과 같이 앉은 자리에서 좌담을 하는데 이 말씀 저 말씀 귀한 말씀 많이 하시는 중 언젠가 이러십디다. "어떻게 해야 교회가 부흥되나요?"하고 젊은사람이 물어보니까 가만히 계시더니 "꼭 알고 싶소?"하십니다. "그러믄요. 교회가 부흥돼야 하니까요." 목사님, 빙그레 웃으면서 딱 한마디 하십디다. "싸우지 않으면 되지." 심각한 말씀입니다, 그게. 화평하면 되는 것입니다. 교회가 부흥이 안된다면 something wrong입니다. 안으로 지금 싸우고 있는 것입니다. 서로 시기하고 질투하고 서로 헐뜯고⋯ 이 난리를 치니까 안되는 것입니다. 화평입니다. 진실한 화평이 있는 곳이면 뭐 그렇게 특별한 전도운동 안해도 됩니다. 저절로 부흥되게 돼 있습니다. 화목이 깨지면 인간의 어떤 노력으로도 교회는 부흥될 수가 없고 또 부흥됐다해도 될만하면 또 싸웁니다. 될만하면 또 갈립니다. 이것은 교회의 본질을 잃어버린 것입니다. 그런고로 사도 바울은 기본을 말씀합니다. '하나님께는 의, 자신에 대해서는 진실, 이웃에 대해서는 사랑, 교회에는 화평, 이것을 좇으라.' 이게 기강입니다. 그러고나서 그 방법으로 먼저 '변론하지 마라. 변론을 버리라'하였습니다. 변론이 뭡니까. 경쟁심입니다. 승부욕입니다. 자기명예를 높이거든요. 잘난 척을 하는 것입니다. 그것이 앞서면 변론이 되는 것입니다. 구원하겠다는 마음이 아니고 사랑하는 마음도 아닙니다. 내가 이기고 싶은 마음입니다. 이것이 변론으로 가는 것입니다. 재미있는 얘기가 있습니다. 어느 마을에 공부를 많이 한 두 사람이 있어 한 사람은 유신론자고 한 사람은 무신론자입니다. 그들은 만날 때마다 하나님이 있다 없다, 싸웁니다. 이러다보니 이 두 사람 때문에 동네사람들도 서로 만나기만하면 하나님이 없다 있다, 하게 되었습니다. 온마을이 이렇게 됐습니다. 이거 안되겠다, 하고 어느날은 동네사람들 다 모여 두 사람을 세워놓고 공개토론을 했습니다. 한 사람은 하나님이 있다고 하면서 하나님이 없다 하는 사람을 공격하고, 하나님이 없다 하는 사람은 하나님이 있다 하는 사람을 공격하고… 두 사람은 원래 사이가 좋은 터수인데 한참 토론을 하다가 보니 마지막에는 유신론자이던 사람은 무신론자가 되고 무신론자이던 사람은 유신론자가 돼버리는 것입니다. 어쨌든 결론은 필요없는 것입니다. 이론으로는 변론이 있을 수 있습니다. 그러나 이론이 강한 곳에 정서는 흩어지고 마는 것입니다. 마음은 싸늘해지는 것입니다. 말로 싸움이 커지면 가슴이 싸늘해집니다. 사랑이 식습니다. 그러면 아무 소용도 없습니다. 재만 남습니다. 이기면 뭐하고 지면 뭐합니까. 그런고로 말싸움을 하지 마라, 변론하지 마라, 그건 절대로 하지 마라, 하는 것입니다. 서로 변론하는 그것만이 아니라 사실은 설교도 성경강해도 변론식의 이야기가 되어서는 안됩니다. 그러면 머리만 복잡해집니다. 많이 들은 것같은데 들은 게 없습니다. 가슴은 싸늘해집니다. 그러므로 '변론하지 마라, 그것은 바로 자기집착에서 오는 것이다'하고 분석해주고 있습니다.

또한 "모든 사람을 대하여 온유하며…"하고 '온유'라는 말씀을 반복해서 합니다. 온유라는 덕은 하나님께도 통하고 사람에게도 통하는 덕이랍니다. 겸손은 사람에게만 통하는 것입니다. 하나님을 가리켜 겸손한 하나님이라고는 하지 않습니다. 그러나 '하나님의 온유하심'이라는 말은 합니다. 그만큼 넓게 깊은 뜻으로 사용되는 것이 '온유'입니다. 온유함, 모든 사람을 온유하게 대하라, 합니다. 온유가 아니면 뭡니까. '거칠게 대하지 마라. 속단하지 마라. 비판하지 마라'하는 말씀입니다. '온유'라 하면 뺄 수 없는 사람이 모세입니다. 모세가 하나님 앞에 범죄했습니다. 확실히 잘못했어요, 모세가. 그러나 모세를 비난하는 것이 바로 그 누나였습니다. 미리암누나가 비난하고 많은 사람이 비난했습니다. 모세는 잠자코 있었습니다. 왜 그랬을까? 그런데 하나님께서 뭐라고 말씀하시는고하니 "이 사람 모세는 온유함이 지면의 모든 사람보다 승하더라(민 12:3)"하셨습니다. 하나님께서 모세를 칭찬하셨습니다. '가장 온유한 자니라.' 그 누나가 비방하고 주위사람들이 마구 비난을 하는데 모세는 온유했습니다. 하나님께서 모세를 칭찬하셨습니다. 그리고 미리암을 치셨습니다. 이제 한번 생각해봅시다. 모세의 온유함이 어떤 것입니까. 충분히 짐작이 가지요? 모세의 마음은 이랬을 것같습니다. '죄인 보고 죄인이라는데 무슨 할말이 있노.' 가만히 있는 것입니다. 내가 잘못한 걸 잘못했다고들 하는데 내가 무슨 말을 하랴, 이것입니다. 여기서 문제가 됩니다. 온유가 뭔지. 잘못은 했지요, 누가 비방을 하건말건. 그걸 몇배로 부풀려 나는 한 가지 잘못했는데 열 가지 잘못했다고들 하고 나는 일시적으로 잠깐 실수했는데도 불구하고 아주 본질적으로 잘못됐다고들 하고, 뭐 침소봉대, 확대해가지고 무슨 소리를 하든 잘못한 건 잘못한 것이 아닙니까. 그러면 가만히 참아야지요. 절대 상대방을, 비방하는 자를 비방해서는 안되거든요. 흔히들 잘못해놓고도 "너 잘못했다"하고 나오면 "너는?"하고 대들지 않습니까. 잘못된 것입니다. 온유하지 못한 것입니다. 온유한 자는 어떤 소리를 들어도 듣는대로 가만히 새깁니다, 부드럽게. 왜요? 잘못했으니까. 모세가 잘못했거든요. 구스여자를 소실로 맞았거든요. 잘못한 건 잘못한 것입니다. 그러나 온유할 때 하나님께서는 모세편을 들어주십니다. 크게 칭찬하십니다. '온인류 중에, 온세상사람들 중에 모세같은 온유한 사람이 없다'하십니다. 그런데 모세가 가만히 보면 온유하지 못할 때도 있었습니다. 혈기가 많은 사람입니다. 꽝 때려부수기도 했습니다. 그런데 어째서 이렇게 칭찬을 받았을까? 이는 정말 두고두고 생각해볼 문제입니다. 그러나 잊지 말아야 됩니다. '모든 사람을 대하여 온유하라.'

스위스의 교육학자요 교육가인 페스탈로치의 말에 이런 말이 있습니다. '인내심이 없으면 교육자로서는 낙제다. 애정과 기쁨을 가져야 한다.' 오늘말씀에도 인내하라, 하였습니다. 방법적으로는 하나님 앞에 의롭고 자신에 대하여 진실할 때, 모든 사람을 사랑으로 대할 때 인내하게 되는 것입니다. 지도자의 기본자세입니다. 여러분, 어느 때나 보십시오. 심지어는 여러분 앞에 있는 어린아이들을 가르칠 때도 인내를 하여야 됩니다. 속단하면 안됩니다. 잘 참아야 됩니다. 너무 속단하지 마십시오. 이런 여집사님이 있습니다. 남편이 밖으로 돕니다. 술도 많이 마시고 속을 좀 썩입니다. 아들은 잘 키워보려고 하는데 이 아이가 또 말썽을 부립니다. 그래 당장 무슨 생각을 하는고하니 '요것도 지 애비 닮아가지고…'하는 것입니다. 이 녀석, 밤낮 여자아이들하고만 놉니다. 벌써부터 여자밝힘증이 있다면서 나한테 와가지고 걱정을 하는 것입니다. "그 애가 몇 살인데요?" 물었더니 초등학교 4학년이라 합니다. 인내가 없습니다. 여러분, 오래 참고 보십시오. 너무 속단하지 마십시오. 다 장난하는 것같아도 그게 발명가가 되는 싹수일 수 있습니다. 말썽꾸러기인 것같아도 그건 자유의지가 있다는 얘기일 수 있습니다. 자기의지가 있는 거라고요. 여러분생각에는 앉으라면 앉고 서라면 서고 가라면 가고 자라면 자고, 그랬으면 좋을 것같지요? 아무짝에도 못씁니다. 교육은 인내해야 되는 것입니다. 오래 참고 기다려야 됩니다. 역시 24절에 "가르치기를 잘하며"라고 말씀합니다. 가르치려면 어떠해야 됩니까. 이해해야 합니다. 이해력이 있어야 가르칠 수 있습니다. 설득력이 있어야 가르칠 수 있습니다. 또 사랑의 교감이 있어야 가르칠 수 있습니다. 사랑이 서로 통하지 않고는 절대로 교육은 이루어지지 않습니다. 그래서 25절에 "거역하는 자를 온유함으로 징계할지니"라고 하였습니다. 그런데 여기 징계에 대해서 신학적으로 깊이 생각할 중요한 말씀이 있습니다. 자세히 들어보면 이렇습니다. "거역하는 자를 온유함으로 징계할지니 혹 하나님이 저희에게 회개함을 주사 진리를 알게 하실까 하며…" 징계한다고 다 되는 것이 아니고 가르친다고 다 되는 것이 아닙니다. 혹시 이 방법을 통해서 하나님께서 저를 회개시키실는지도 모른다, 이 말씀입니다. 다시말하면 내가 할 일을 할 뿐입니다. 그 다음은 하나님께서 하시는 것입니다. 가르치든 징계하든 뭘 하든 하나님께서 나를 통해 역사하신다고 하는, 그런 신학적인 정체의식을 가지고 있어야 합니다. 내가 가르치면 되고 사랑을 베풀면 되고 내가 인내하면 되고 내가 징계하면 되고—아닙니다. 다 할 수 있습니다. 그러나 마지막 결정은 저분이 하시는 것입니다. 그것을 잊지 마십시오. 나를 통해 가르치고 나를 통해 징계하시는 것이지 내가 저의 운명을 결정할 수 있는 건 아닙니다. 그러한 온유와 겸손이 있어야 됩니다. 그래서 언제나 우리는 잊지 말아야 합니다. 하나님께서 하실 일이 있고 내가 할 일이 있습니다. 나는 내가 할 일만 하는 것입니다. 그 다음은 기다립니다. 저는 아우구스티누스를 늘 마음에 두고 있습니다. 누가 와서, 우리아들이 집을 나갔습니다. 우리 애가 이러저러합니다, 하고 걱정을 하면 그때마다 이렇게 말해줍니다. "아우구스티누스는 13년 동안을 방탕했습니다. 그러나 그의 어머니는 낙심하지 않았습니다." 아직 열세 살도 안됐는데 뭘 그렇게 걱정하십니까, 기다리세요, 온유한 마음으로 기다리세요, 인내함으로 기다리세요, 이해하는 마음으로, 사랑의 시각으로 기다리세요, 합니다. 주의 종은 그러해야 한다는 기본자세를 바울은 말씀하고 있습니다. 아브라함 링컨은 학교교육이란 1년도 받아보지 못한 사람입니다. 20세까지는 손에서 도끼자루를 놓아본 일이 없다고 합니다. 부지런히 일을 해야 했습니다. 도끼를 들고 나무를 패고… 그렇게 산 사람입니다. 가진 직업도 다양해서 뱃사공, 농부, 노동자, 장사꾼, 품팔이, 인쇄소직공, 군인, 우체국직원, 측량사, 변호사, 주의원, 상원의원, 그리고 대통령… 참 많이도 바꿨습니다. 안해본 일이 없다 할 정도입니다. 그런데 아브라함의 믿음은 아주 유명합니다. 정말로 훌륭합니다. 모든 사람으로부터, 어쩌면 모든 인류로부터 존경을 받는 어른입니다. 그는 온유하고 겸손했습니다. 그는 이해심이 많았습니다. 그 아버지가 구두수선 하는 사람이었습니다. 이렇게 '무식한' 사람이 상원에 가서 연설을 할 때 귀족이자 공부 많이 한 상원의원 하나가 아브라함 링컨을 보고 "당신같이 무식한 대통령을 우리가 모시게 됐다는 거 참으로 부끄러운 일입니다"하고는 자기 구두를 벗어서 들고 "이 구두는 당신아버지가 만들어준 거요. 당신도 구두만들 줄 알겠구려"하고 비웃습니다. 그러나 아브라함 링컨은 그를 전혀 언짢아하지 않고 대답을 뭐라고 했는지 아십니까? "내가 아버지에 대해서 오랫동안 잊어버리고 있었는데 그 훌륭한 제 아버지를 의원님이 생각나게 해줘서 감사합니다." 그랬습니다. 온유하게 대답을 한 것입니다. 그뿐이 아닙니다. "아버지 등너머로 제가 구두 깁는 법을 배웠습니다. 당신구두가 떨어지거든 제게 보내세요. 제가 수선해드리겠습니다"하였습니다. 장내가 숙연해졌습니다. 그는 온유했습니다. 그는 겸손했습니다. 그리고 충분히 사건과 사람을 이해하는 사람이었습니다. 그래서 많은 사람으로부터 존경을 받았지요. 그는 항상 이렇게 말하고 있습니다. '나는 항상 배우는 사람이다. 모든 사건을 통해 배우고 모든 사람을 통해 배운다. 오늘도 또 배운다.' 여러분, 그것이 온유요 그것이 겸손입니다. 남을 가르치는 사람은 가르치기 전에 배우는 것입니다. 시간시간 생각하면 다 배울 거리입니다. 너무 많습니다. 그 배우는 마음이 바로 온유요 겸손입니다. 또한번 배우고 또한번 깨닫습니다. 또한번 새로워집니다. 그럴 때만이 남을 가르칠 수가 있습니다. 사도 바울은 그래서 믿음의 아들 디모데에게 말씀하는 것입니다. '너는 의와 믿음과 사랑과 화평을 좇으라. 모든 사람을 온유함으로 대하라. 신앙적으로 대하라. 인내하라.' 이렇게 권면하고 있습니다. △

말세인의 속성

 네가 이것을 알라 말세에 고통하는 때가 이르리니 사람들은 자기를 사랑하며 감사치 아니하며 거룩하지 아니하며 무정하며 원통함을 풀지 아니하며 참소하며 절제하지 못하며 사나우며 선한 것을 좋아 아니하며 배반하여 팔며 조급하며 자고하며 쾌락을 사랑하기를 하나님 사랑하는 것보다 더하며 경건의 모양은 있으나 경건의 능력은 부인하는 자니 이같은 자들에게서 네가 돌아서라
(디모데후서 3 : 1 - 5)

말세인의 속성

　디모데후서는 사도 바울의 유서라고 불리어집니다. 그것은 바울이 세상을 떠나기 전에, 아니 순교하기 전에 맨 마지막으로 쓴 그런 편지이기 때문이요 특별히 믿음의 아들이요 후계자인 디모데에게 사사롭게, 때로는 목회적인 뜻을 담은 목회서신적인 내용으로 주는 간곡한 교훈의 말씀이기 때문입니다. 아마도 바울은 이렇게도 생각했을 것입니다. '내가 이 길로 순교하고나면 순교한 나는 편하다.' 이는 빌립보서나 로마서나 고린도후서에서도 말씀한 바입니다. '내가 떠나 그리스도와 함께 있는 것이 좋다.' 늘 그런 말씀을 합니다. 이 세상에 오래 사는 것이 능사가 아닙니다. 빨리 떠나 하나님나라에 가서 그리스도와 함께 지내는 것이 아주 좋은 일이다, 간절히 사모한다―그렇게 늘 말씀합니다. 그런데 그날이 가까웠습니다. '내가 달려갈 길을 다가고 믿음을 지켰으니 이제 내 앞에 면류관이 있다(딤후 4:7-8).' 운동장에서 뛰는 사람으로 말하면 지금 저 앞에 결승점이 보인다는 말씀입니다. 골인지점이 보입니다. 그 순간에 막바지로 뛰어가는 그런 상황이기 때문에 그는 생각합니다. '요 며칠만 지나면 나는 평안할 것이고 행복할 것이고 자유할 것이다.' 그러나 뒤에 두고 가는 디모데를 생각합니다. 고생이 많을 것같습니다. 내가 지내온 생보다 다음의 생은 더 어렵거든요. 바울이 고난을 많이 당했지마는 이렇게 생각합니다. '내가 살아온 생보다, 그 세상보다 내 믿음의 아들 디모데가 사는, 살 수밖에 없는 그 세상이 더 어려운 세상이요 더 많은 고통이 있겠다.' 이렇게 내다보고 있습니다. 그런고로 세상떠날 기약이 가까이 오니 이 믿음의 아버지는 자기를 생각지 않고 오히려 남게되는 디모데를 생각합니다. 그 후계자를 생각하여 오늘본문과 같이 염려하고, 예언적이고 애정넘치는 경고의 말씀을 하고 있습니다.

도적이 오는 것은 괴로운 일입니다. 환난이 오는 것도 괴로운 일입니다. 질병을 당하는 것도 괴로운 일입니다. 뭐든지 고난은 어려운 것이지만 그러나 먼저 알 수만 있다면 설사 대비책이 없다 하더라도 그 고난을 훨씬 가볍게 당할 수가 있습니다. 도적이 올 것을 미리 안다면 그 도적은 이미 도적이 아니지요. 손님이지요. 병이 올 것을 미리 안다면 그에 대한 충분한 대비를 할 수가 있지요. 무엇이든 지간에 반드시 있어야 할 일을 미리 안다는 것, 매우 중요한 것입니다. 그러면 대책이 없다 하더라도 적어도 마음가짐은 바로할 수 있지 않겠습니까. 내가 세상은 바꾸지 못해도 내 마음은 내가 바꿀 수가 있는 것입니다. 마음의 자세, 바른 세계관, 바른 가치관, 바른 신앙을 가지고 대처해야 될 것입니다. 그런고로 오늘 이렇게 미리 일러주는 것입니다. 예수님께서도 마태복음 24-25장에 보는대로 말세에 이런 일이 있겠다, 하고 제자들에게 경고하셨습니다. 전쟁이 있고 재난이 있고 배신이 있고 사랑이 식어지고 지진이 있고 많은 어려움이 있을 것이다, 하고 미리 말씀하셨습니다. 그러나 이런 재난이 있을 때 놀라지 마라, 있을 일이 있는 것일 뿐이고 그런 건 재난의 시작이다, 하셨습니다. 아직도 멀었다, 더 어려운, 상상도 할 수 없는, 우리가 지금껏 겪어보지 못하고 들어보지도 못했던 엄청난 일이 있을 것이다, 예언하셨습니다. 그것도 제자들을 위해서 미리 말씀해주신 것을 볼 수 있습니다. 오늘본문에서도 사도 바울은 믿음의 아들 디모데에게 앞에 있을 것을 일러주고 있습니다. 한마디로 말세에 고통하는 때가 올 것이다, 하는 것입니다. "말세에 고통하는 때가 이르리니…" 여기서 말씀하는 '고통하는 때'는 우리가 피동적으로 겪을 수밖에 없는 것입니다. 대책이 없습니다. 피할 수가 없습니다. 반드시 있을 일입니다. 이러한 세대가 오겠다는 것입니다. 이것을 네가 알라, 고통하는 때가 이르리라, 이것을 미리 알아야 할 것이다, 알고 생각하고 대처하고 살아야겠고, 그리고 전도해야겠다, 라고 말씀합니다. 유대사람들의 시간개념에서는 the age and the age to come 이라고 말합니다. 오늘의 이 세대, 지금 있는 이 세대와 또 앞에 올 세대, 쉽게 말하여 현세와 내세, 이렇게 두 세대로 나누어 생각합니다. 이것이 그네들의 시간개념의 기본입니다. 시간에 대한 이론이 여러 가지 있지마는 유대사람들은 딱 현세와 내세, the age and the age to come을 연결해서 생각합니다. 그래서 흔히 이것을 '직선적 시간개념'이라고 합니다. 그러니까 이 세대가 있고 이 세대에 그 다음 세대가 이어지는 것입니다. 왜 이 말 하는지 아십니까? 이것이 아닐 때는 시간개념이 무시간개념입니다. '그저 가는대로 가는 거고 흘러 가는대로 가는 거다' 합니다. 그런 게 아닙니다. 또하나, 윤회적인 것이 있지요. '시간은 돌고도는 것이다.' 성경에서는 그렇지 않습니다. 히브리사람의 개념도 그렇지 않습니다. 창조가 있고 말세가 있습니다. 그리고 내세가 있습니다. 성경이 말씀하는 시간개념은 창조가 있고 현세가 있고 말세가 있고, 그리고 이어서 내세가 있는 것입니다. 이런 lineal concept, 직선적 세계관을 가지고 세계를 봅니다. 사도 바울이 오늘 여기서 말씀하는 것이 내세로 향하는 바로 그 순간, 내세 직전에 다음 세상으로 넘어가는, 우주적으로 넘어가는 바로 그 직전의 상황이 이러할 것이다, 하는 것입니다. 마치 뭐와도 같은고

하니 가령 밤이라는 것을 한번 봅시다. 여러분, 밤이라는 것이 다 캄캄하게 어두운 것같아도 밖에서 뜬눈으로 밤을 새워보면, 가령 군대 나가서 밤새워 보초 서보면 아는대로 공기가 맑을 때 초저녁은 달빛도 있고 어떤 때는 별빛도 흰한데 이상하게도 새벽이 가까워져서 서너 시쯤 되면 별빛 하나 없이 깜깜해집니다. 그런 때가 옵니다. 깜깜해졌다가 저 동쪽이 흰해지면서 새벽별이 반짝반짝 나타나는 걸 볼 수 있습니다. 신비롭습니다. 보초 서보면 그거 하나 참 신비로운 것입니다. 그런데 이걸 알아야 됩니다. 사도 바울은 로마서 13장 12절에 말씀합니다. "밤이 깊고 낮이 가까웠으니…" 밤이 깊었다는 것은 낮이 가까웠다는 것이요 아침이 가까워온다는 것은 더 어두워진다는 것을 의미합니다. 놀라운 초월적 역사의식입니다. 밤이 깊었다는 것은 아침이 가까워온다는 것입니다. 여러분 개인적으로도 일이 어려워지거든 이제 해결될 때가 온 것을 아십시오. 밤이 깊고 그리고 아침이 옵니다. 아침이 오기 직전에는 아주 깜깜하게 어두워지는 혼란의, 혼돈의 시간이 있다는 것입니다.

바로 그 시간에 있을 일을 말씀하고 있습니다. 그때에 나타날 19개의 특징을 말씀합니다. 그 첫째가 사람들이 자기를 사랑하겠다, 하는 것입니다. 자기사랑 곧 '필아우토스'입니다. '필리아'의 '필'과 '아우토스(자신)'가 합친 것입니다. 자신을 사랑하는 것입니다. 자기사랑에 빠지겠다는 것입니다. 자기사랑이 아니면 뭡니까? 이웃사랑이지요. 자기사랑을 넘어서면 하나님사랑입니다. 하나님사랑, 이웃사랑, 그 다음에 자기사랑인데 이건 자기사랑밖에 모르는 것입니다. 이런 세상이 되겠다, 합니다. 톰 브라운이라고 하는 시카고대학의 교수가 쓴 글에 보면 이 세대가 이렇게 파혼이 많고 이혼이 많고 비혼(非婚)이 많아 가정이 마구 파괴되어가는데 세상에 가장 조용하고 무서운 혁명이 바로 가정파괴라는 것입니다. 도대체 문명국가에서는 결혼대상에서 결혼하지 못하는 사람이 40%입니다. 그러니까 요새는 어쨌든간에 결혼 한번 한다는 것만으로도 그 사람은 특별한 사람입니다. 안하기도 하고 못하기도 합니다. 왜 이래지느냐? 왜 못하고 안하느냐? 또 했다가도 파괴되고. 우리나라에도 지금 이혼율이 50%에 육박한다고 합니다. 왜 이래집니까. 가정이 막 파괴돼나갑니다. 그게 얼마나 불행하다는 걸 저들도 잘 압니다. 왜 이래지는가? 이에 대해서 톰 브라운은 이렇게 말합니다. 첫째는 이기주의 때문입니다. 모두가 자기밖에 모릅니다. 자식도 생각지 않습니다. 옛날에는 할머니들이 손자손녀 봐주는 게 낙이었습니다. 요새는 손자손녀 봐달라고 하면 "택도 없다. 네 자식 네가 키워라" 합니다. 안봐줍니다. 손자손녀 봐주는 것 다 옛날얘기입니다. 손자손녀는 올 때 반갑고 갈 때 더 반갑다, 하는 말까지 합니다. 지독하게 이기주의입니다. 그렇게 손자손녀를 외면하고 이제 뭘 하는 것입니까. 병원에 다니지요. 찜질방 다니고. 문제 아닐 수 없습니다. 그 나이에도 할일이 많은데 이기주의거든요. 철저하게 이기주의입니다. 둘째는 commitment가 없다는 것입니다. 수고하고 희생하는 게 없습니다. 희생하고 싶지를 않습니다. 내가 왜 손해보나, 이것입니다. 절대 안보겠다는 것입니다. 그게 글쎄올시다. 손해를 안보고는 행복을 얻을 수가 없는데요. 손해를 안보고는 삶의 보람을 찾을 수 없는 게 인간된 본질입니다. 그런데 철저하게 손해 안보겠다, 이것입니다. 희생을 안하겠다는 것입니다. 그러면 어떻게 됩니까. 제가 결혼주례 할 때면 늘 얘기하지만 결혼이라는 것도 알고보면 그렇습니다. 사랑이 뭡니까. 사랑이 희생입니다. 보십시오. 독신으로 살 때 제멋대로 살다가 결혼하니까 밥도 해야 하고 빨래도 해야 하고 돈도 벌어야 하고… 다 희생이지요. 희생 아닌 게 어디 있습니까. 문제는 희생을 기쁨으로 바꾸느냐에 있습니다. 그런 것을 기뻐하고 즐거워하다보면 그 속에 보람도 있고 행복도 있는 것인데 절대로 희생할 수가 없다, 손해볼 수 없다, 하다니요. 보아하면 똑똑한 여자들이 노처녀가 됩니다. 왜요? 손해볼 수가 없으니까요. 공부도 해야겠고 뭣도 해야겠는데 무슨 소리야? 내가 지금 얼마나 바쁜데 남의 집에 가서 아이낳고 살아? 안한다―그러다보니 때가 지난 것입니다. 철저하게 total commitment가 없어요. commitment, 그 헌신 속에 있는 미스터리를 몰랐다는 것입니다. 이게 현대의 비극입니다. 아울렌이라고 하는 유명한 신학자가 있습니다. 그는 '죄의 성격은 이기심과 자기중심주의다' 하였습니다. 그것도 같은 말입니다. 자기중심, 나만 알고, 그것이 죄로 이어지는 것입니다. 자기중심, 자기가 우주의 중심이라 하는 거기서부터 모든 죄가, 모든 불행이 비롯됩니다. "자기를 사랑하며…" 그런데 오늘 사도 바울의 논리는 뭐냐하면 자기사랑 불가입니다. 자기사랑은 있을 수가 없습니다. 자기사랑 하면 고독해지지요? 고독은 죄입니다. 또 행복이 없습니다. 당연하지요. 그리고 허무주의에 빠집니다. 나이 많이 든 다음에 와보면 나는 무엇을 위해 살았던가, 싶습니다. 아무 것도 한 게 없습니다. 허무한 것입니다. 정말로 허무한 것입니다. 이래서 이기주의는 스스로 파놓은 함정이라는 것입니다. 로마서 14장 7절로 8절을 봅시다. "자기를 위하여 사는 자가 없고 자기를 위하여 죽는 자도 없도다 우리가 살아도 주를 위하여 살고 죽어도 주를 위하여 죽나니 그러므로 사나 죽으나 우리가 주의 것이로다" 하였습니다. 여러분은 자기를 위해 살 수 있습니까? 자기를 위해 죽을 수 있습니까? 자기만 위하고 행복할 수 있습니까? 이기주의 불가입니다. 이기주의 불가론을 알아야 됩니다. 이걸 모르기 때문에 문제가 됩니다. 이것을 너무 늦게 깨닫기 때문에 되돌아올 수가 없는 것입니다. 철저하게 이기적인 사람은 철저하게 비참해집니다. 그걸 잊지 말아야 합니다. 손해 좀 보십시오. 희생까지는 못가더라도 손해를 각오하십시오. 손해를 좀 보십시오. 그것이 뒤늦게는 행복으로 되돌아올 것입니다.

두 번째 특징은 돈을 사랑한다는 것입니다. "돈을 사랑하며…" 사람들이 돈을 사랑합니다. 말하자면 물질사랑을 대표적으로 표현함입니다. 돈이 뭡니까. 물질 아닙니까. 돈으로 살 수 있는 건 물질이거든요. 돈사랑 곧, '필아르구로스' 곧 금전욕입니다. 마모니즘, 물질만능주의에 빠지는 것을 말합니다. 재미있는 얘기가 있습니다. 어떤 아버지와 아들이 있어 아버지가 먼저 죽었는데 얼마뒤 아들이 또 죽었습니다. 이들 부자가 지옥에서 만났습니다. 아버지가 지옥에서 고생을 하다가 아들이 들어온 걸 보고 "야 이놈아, 너 지옥에 오지 말라고 내가 못할짓 다해가면서 돈벌었는데, 너 도적질하지 말고 착하게 살라고 내가 돈벌어주고 왔는데 왜 지옥에 왔냐! 너 사람답게 살라고 내가 죄지어가며 지옥까지 왔으니 너는 지옥에 오지 말아야 될 것 아니냐"했더니 아들 하는 말이 "가난하게 살았더면 나도 어쩌면 천당갔을 건데 아버지가 공짜돈을 많이 벌어줘서 그거 쓰고 돌아다니다가 죄짓고 여기 오지 않았소?"하는 것입니다. 돈이라는 게 좋은 일에 쓰면 기가막히게 좋은 것이지만 그보다는 사람을 못쓰게 만드는 경우가 더 많습니다. 돈에 대한 기본철학은 돈을 사랑하면 못

쓴다는 것입니다. 돈을 지배하지 못하고 돈을 사랑하는 데 문제가 있습니다. mammon worship입니다. 돈을 우상으로 섬기는 것입니다. 돈이면 다 되는 것으로 압니다. 황금만능주의지요. 돈사랑이 현대인의 특징이다―생각을 하여야 되겠습니다.

그리고 "자긍하며 교만하며…" 사람들이 교만합니다. 이기주의에다 교만하기까지 합니다. 이건 정신적 이기주의입니다. 현대인들 교만합니다. 교만은 멸망의 선봉입니다. 교만하고 망합니다. 겸손하고 망하는 법 없습니다. 개인이건 나라건 교만하면 망합니다. 그런데 교만이 말세에 있는 인간속성의 특징입니다. 전부 저 잘났습니다. 다 교만합니다. 그 마음속에 엄청난 교만이 있습니다. 오늘의 복잡한 사회문제가 다 교만 때문입니다. 그리고 시기와 질투입니다. 교만하고보면 시기하고 질투합니다. 유대랍비의 교훈에 재미있는 것이 있습니다. 한 천사가 세상에 내려와 사람의 모습으로 나타나서 사람들 속에 살아가고 있는데, 여행을 떠나 먼 길을 가다 보니 두 사람이 길을 가고 있습니다. 천사는 그들을 따라 함께 갔습니다. 한참을 가다가 천사는 말했습니다. "나는 사람이 아니고 천사요. 이제 헤어질 때가 되었으니 당신들 만난 인연으로 두 사람이 각각 한 가지씩 소원을 말하시오. 내가 그 소원을 꼭 들어주겠소. 먼저 말한 사람의 소원도 들어주지만 나중에 말하는 사람의 소원은 곱배기로 들어줄 것이오." 자, 이제 두 사람이 소원을 말할 것같습니까? 먼저 말하면 손해 아닙니까. 나중에 말해야 배를 받는다는데… 둘 다 입을 닫고 있습니다. 서로 말 안하는 것입니다. 한 사람은 욕심꾸러기이고 한 사람은 질투꾼입니다. 시기질투가 많은 사람입니다. 이러니 서로 말 안하는 것입니다. 욕심꾸러기는 내가 더 많이 얻어야 되겠으니 말할 수가 없고, 질투꾼은 저 사람이 나보다 곱배기로 갖는 것 못보지요. 그러다가 이제 정말로 헤어질 시간이 됐습니다. "아, 이제는 기회가 없는데요." 천사가 말하니까 욕심많은 사람이 질투 많은 사람 멱살을 잡고 "이놈아, 네가 먼저 말해. 안하면 죽인다"하고 위협합니다. 질투꾼이 뭐라고 대꾸했는지 아십니까? "나 그럼 말할게. 천사여, 내 눈을 하나 뽑아주세요"라고 말한 것입니다. 어떻게 됐겠습니까. 그의 한 눈이 빠지는 동시에 욕심 많은 사람 두 눈이 다 빠졌습니다. 사람 참 못됐지요? 사람들이 욕심 많은 것도 몹쓸일인데 거기에 플러스 질투라니요. 자긍하며 교만하며 욕심내며 질투하며… 이런 세상입니다. 이게 말세의 징조입니다.

또한 "훼방하며 부모를 거역하며…" 모두들 자기가 앞서고 도덕과 윤리와 기준을, 기본적인 기준을 상실했기 때문입니다. 부모를 거역하며—정말 그렇습니다. 옛날에는 부모에게 순종했으나 요새는 부모를 거역합니다. 부모를 거역한 사람 양심을 거역합니다. 도덕률을 거역합니다. 진리를 거역합니다. 어렸을 때 부모에게 순종하지 못한 사람 커서 어느 누구에게도 순종하지 못합니다. 거역체질화하고 반항체질화하는 것입니다. 부모에게 순종하는 것이 기가막힌, 중요한 윤리의 기초가 되는 것입니다. 또 "감사치 아니하며…" 고마워할 줄 모릅니다. 요새사람들 참 고마운 줄을 모릅니다. 우리가 지금 꽤 좋은 여건에 있는데도 고마운 줄 모르고 사는 사람들이 있습니다. 불행한 사람들입니다. 작은 일에도 고마워하는 것, 그것만한 행복이 없습니다. 행복이 따로 없습니다. 고마워하는 그것이 행복입니다. 요새사람들은 또 복수를 잘합니다. 본문에도 보니 "원통함을 풀지 아니하며…"라고 합니다. 원한을 맺고 한에 맺히고 복수하는 마음으로 삽니다. 이런 얘기가 있습니다. 어느 부부가 있어 부인이 지금 죽어갑니다. 이젠 죽는다, 생각해서 남편 앞에 회개하는 말을 했습니다. 유언 겸 죄의 자복입니다. 죽는 시간에는 진실을 말하는 것 아닙니까. 부인은 남편에게 이런 말을 합니다. "내가 당신금고에서 몰래 일만 불을 꺼내가지고 당신친구와 놀아났습니다. 그리고 당신 애인을 이 동네에서 추방한 것도 내가 한 짓이었습니다. 당신이 탈세를 했다고 세무서에 고발한 것도 내가 한 짓입니다. 모든것이 내 잘못이었습니다." 부인은 눈물을 흘리면서 마지막 회개를 했습니다. 그리고 "미안합니다"하였습니다. 남편은 또 뭐라고 말했는지 아십니까? "여보, 조금도 미안해할 것 없소. 당신에게 독을 먹인 것은 나 자신이니까." 이렇게 말했습니다. 그 남편에 그 아내지요. 여러분, 원한을 풀지 않는 거, 그 한을 풀지 않고 사는 것, 얼마나 무서운 일입니까. 또한 오늘본문에서 중요하게 말씀하는 것이 있습니다. "참소하며 절제하지 못하며 사나우며 선한 것을 좋아 아니하며…" 잔인합니다. 요새 그런 걸 많이 봅니다. 글쎄올시다. 비교하긴 어렵습니다마는 요새 영화같은 것을 보면 얼마나 잔인합니까. 그러나 나는 압니다. 일본 가서 보니 일본영화 엄청나게 잔인합니다. 깜짝깜짝 몸서리가 치게 잔인한 짓을 합니다. 왜 이래야 됩니까. 그것은 감각이 둔화됐기 때문입니다. 평범한 것에서는 느낌이 없습니다. 아주 잔인한 걸 보아야 조금 느낌이 오거든요. 섬 섬 합니다. 말하는 것도 그렇고 행동하는 것도 그렇고 범죄하는 것도 그렇고 처단하는 것도 그렇습니다. 얼마나 잔인한지… 이것이 말세의 한 징조라고 말씀합니다. 잔인하다는 것은 악을 즐긴다는 말입니다. 처음에는 어떤 목적이 있어서 악을 행합니다. 그러나 악을 반복하는 가운데 습관이 됩니다. 그 다음에는 악을 즐깁니다. 사람 죽이는 걸 즐깁니다. 전쟁을 즐깁니다. 강도하는 것도 즐깁니다. 이 '잔인성'이 말세인간의 속성입니다. 그리고 "배반하며 팔며 조급하며…" 조급하다는 말을 할 때마다 제가 오래전에 읽은 책의 한 구절이 늘 생각납니다. 인도철학에 대한 것을 한번 보는 중에 그런 말을 듣고 오래오래 기억하고 있습니다. '사람의 인식 속에서 공간인식과 시간인식은 반비례한다' 하였습니다. 좀 설명을 하겠습니다. 여러분이 혹 답답해서 여행을 합니까? 세계여행을 합니까? '답답해 못견디겠어'하고 여행을 해보십시오. 이 나라 저 나라 많이 다녀보고 돌아와보십시오. 어떻습니까? 이제는 다 봤으니 '괜찮다' 할 것같습니까? 한 달 후에 또 나가야 됩니다. 나갔던 사람 또 나가고 또 나가고 합니다. 이게 뭐고하니 인식의 공간이 넓어지면 시간에 대한 것이 자꾸 초조해지는 현상입니다. 자꾸 좁아지는 것입니다, 시간폭이. 옛날사람들, 이를테면 이마누엘 칸트같은 사람은 한평생 마을밖을 나가본 일이 없다고 합니다. 그러나 그저 가만히 앉아 있으면 하루종일 있어도 괜찮습니다. 시간이 길게 인식되기 때문입니다. 그래서 많은 구경을 한 사람이 오히려 마음이 편치 않습니다. 초조하고 불안합니다. 너무 구경다니러 덤비지 마십시오. 그냥 안방에 앉아서 가만히… 요새는 텔레비전도 말썽입니다. 텔레비전이 사람의 생각공간을 넓히거든요. 이거 보고 저거 보고 하자니 채널을 이리 돌리고 저리 돌리고… 그것도 성에 안차서 텔레비전을 10개 들여놓고 사는 사람도 있습니다. 미친 짓이지요. 하나나 제대로 볼 것이지. 왜 이리 되는지 아십니까? 이게 뭐고하니 인식의 공간이 넓어질 때 시간이 짧아지는 현상입니다. 초조해지고 불안해지는 것입니다. 옛날사람들, 도를 닦는다는 게 뭡니까. 동굴 속에 앉아가지고 가만히… 하루종일 있어도 되고 며칠 있어도 되는 것입니다. 시간에 대한 인식이 멀리 가야 사람이 초조하지 않고 불안하지 않습니다. 왈 도를 닦는다는 겁니다, 이게. 그런데 우리가 공간의 인식이 넓어지면서 자꾸만 불안해졌습니다. 견딜 수가 없어요. 미치는 것입니다. 인도철학에 그런 이론이 나옵니다. 현대사람들, 정말이지 달나라를 가느니 영화니 비디오니 인터넷이니 해가지고 인식의 공간이 너무 넓어졌습니다. range가 너무 넓어졌습니다. 반대로 속은 점점 초조해지는 것입니다. 불안해지고 초조해지고 시간인식이 짧아졌습니다. 못견뎌하는 것입니다. 마지막에 자살까지 하지 않습니까. 현대인의 특징은 조급함입니다. 그리고 쾌락주의에 빠졌습니다. "쾌락을 사랑하기를 하나님 사랑하는 것보다 더하며…" 더 말할 것도 없지요. 쾌락의 방법이 너무너무 동물적이고 잔인하고 속보입니다. 갈 데까지 간 쾌락주의입니다. 그리고 마지막으로 사도 바울은 말씀합니다. "경건의 모양은 있으나 경건의 능력은 부인하는 자니…" 경건생활, 종교생활까지도 경건의 모양은 있는데 경건의 내용은 없습니다. 경건은 능력입니다. 경건은 외형이 아닙니다. 기도하는 모습이 아닙니다. 기도하는 시간의 길이도 아닙니다. 경건은 곧 능력입니다. 얼마나 세상을 이기느냐, 나 자신을 이기느냐, 얼마나 영혼을 지향해서 넉넉하게 여유있게 이웃을 사랑할 수 있느냐―이것이 경건의 척도입니다. 저는 생각합니다. 경건은 가장 큰 행복이라고. 신령한 행복감입니다. 그런데 그것이 없습니다. 모양만 있습니다. 형식주의에 빠져버렸습니다. 그런고로 사도 바울은 결론으로 말씀합니다. "이같은 자들에게서 네가 돌아서라." 세상은 이렇게 변하고 이렇게 가겠지만 너는 이같은 자들에게서 돌아서라,

거기에 빠지지 말라—이렇게 말씀하고 있습니다. △

어리석음의 실종

저희 중에 남의 집에 가만히 들어가 어리석은 여자를 유인하는 자들이 있으니 그 여자는 죄를 중히 지고 여러 가지 욕심에 끌린 바 되어 항상 배우나 마침내 진리의 지식에 이를 수 없느니라 얀네와 얌브레가 모세를 대적한 것같이 저희도 진리를 대적하니 이 사람들은 그 마음이 부패한 자요 믿음에 관하여는 버리운 자들이라 그러나 저희가 더 나가지 못할 것은 저 두 사람의 된 것과 같이 저희 어리석음이 드러날 것임이니라 나의 교훈과 행실과 의향과 믿음과 오래 참음과 사랑과 인내와 핍박과 고난과 또한 안디옥과 이고니온과 루스드라에서 당한 일과 어떠한 핍박받은 것을 네가 과연 보고 알았거니와 주께서 이 모든 것 가운데서 나를 건지셨느니라 무릇 그리스도 예수 안에서 경건하게 살고자 하는 자는 핍박을 받으리라
(디모데후서 3 : 6 - 12)

어리석음의 실종

 오늘본문에 이어 13절 한 절을 계속해서 봅니다. "악한 사람들과 속이는 자들은 더욱 악하여져서 속이기도 하고 속기도 하나니…" 오늘본문에는 어리석은 사람에 대한 말씀이 있습니다. 어리석은 사람의 실상에 대해서 자세하게 또 누누이 말씀해주는 것을 읽을 수 있습니다. 지난 시간에 우리는 이런 말씀을 보았습니다. '말세에는 많은 어려운 일들이 있겠는데 그 가운데서 특별히 사람의 심성이 변하겠다. 심성이 좀더 악해지고 간사해지고 사특해지면서 세상으로 기울겠다. 그래서 사람들이 사나워지고 배반하고 그리고 조급하고 특별히 쾌락을 사랑하고… 이러한 특별히 악한 세계, 특별히 인간심성이 악해지겠다.' 그런 예언의 말씀이 있고 특별히 신앙인들에게까지도 경고의 말씀이 있었습니다. "경건의 모양은 있으나 경건의 능력은 부인하는 자니…" 경건의 모양은 있으나 경건의 능력은 부인하더라, 다시말하면, 거룩한 것도 같고 기도하는 것도 같고 봉사하는 것도 같고 선하게 사는 것도 같은데, 경건의 그러한 형식적인 모양은 있는데 내용이 없습니다. 그것은 능력이 없습니다. 자기를 이기지 못하고 죄를 이기지 못하고 세상을 이기지 못합니다. 그러한 나약한 존재가 되겠다, 합니다. 위선자들이지요. 참신앙의 사람이 될 수가 없는 것이지요. 이렇게 경고하고 그에 이어서 오늘 "남의 집에 가만히 들어가 어리석은 여자를 유인하는 자들이 있으니 그 여자는" 하고 말씀합니다. 집집마다 방문하면서 그리스도인들을 유인하게 되겠다, 그럴 때에 시험에 빠지는 사람도 있는데 시험에 빠지는 자나 시험하는 자나 다같이 불의의 사람들이다, 그 말씀입니다. 이런 사람들, 아주 어리석은 사람들이다, 하였습니다. 7절에서는 "항상 배우나 마침내 진리의 지식에 이를 수 없느니라" 하였습니다. 아주 무서운 말씀입니다. 중요한 경고입니다. 항상 배우나 마침내 진리의 지식에 이르지 못한다—이게 무슨 말입니까. 어리석음에서 헤어나지 못한다는 것입니다. 우리가 배우는 것은 지식을 얻고자 함이요 지혜를 얻고자 함인데 항상 배우지만 소용없다는 것입니다. 참으로 유감스러운 일입니다. 그렇습니다. 항상 배우되 끝까지 진리를 모르는 사람이 있습니다. 대표격인 자가 가룟 유다입니다. 예수님의 그 귀한 말씀을 다 들었지요. 3년 동안 예수님의 전도여행에 동참했지요. 또 심지어는 3년 동안 예수님께서 행하시는 그 모든 능력, 굉장한 능력을 다 체험했습니다. 목도했습니다. 어쩌면 두 사람씩 전도하러 나갔을 때 가룟 유다도 갔을 것같습니다. 예수이름으로 귀신 내쫓는 일도 했을 것같습니다. 그러나 그는 끝까지 예수님을 배우지 못했습니다. 진리에 이르지 못했습니다. 참으로 유감입니다. 그래서 저는 생각합니다. 거기다 비할 것은 아니지만 '세상에 제일 불쌍한 사람이 누구냐?' 할 때 '교회나와서 졸다 가는 사람'이라고요. 차라리 안나온 사람은 그렇다치고 여기 와서, 아버지 집에 와서 한잠 푹 자고 가는 사람, 그걸 어떡하면 좋겠습니까. 참 유감된 일 아닙니까. 그리고 이것은 그저 형식적인 얘기이고, 예수 오래 믿는데, 직분도 있는데 가만히 보면 중생하지 못했습니다. 진리를 배우지 못했습니다. 진리가 그 마음속에 들어가지를 못합니다. 그 많은 날 하나님의 말씀을 들어도 그 사람은 여전해서 끝끝내 정말 가룟 유다와 같이 진리에 이르지 못하는 유감된 심령이 있습니다. 이게 목회자의 고민입니다. 때때로 이런 일이 있을 때마다 '내가 목회를 잘못하나, 설교를 잘못하나, 기도가 부족한가?' 많이 뉘우친답니다. 그러나 마지막에 가서 받는 위로가 딱 하나 있습니다. 제가 이것을 목회선배에게 물어보았었습니다. "이렇게 애쓰고 애써도 안되는 사람, 그건 어떻게 됩니까?" 그랬더니 두 가지를 가르쳐주더라고요. 하나는 '요나를 기억하라' 하는 것입니다. 요나는 사실 좋은 마음으로 전도한 게 아니거든요. 설교를 잘한 것도 아니고, 심성이 고약합니다. 니느웨 성이 회개하길 바랐던 것도 아닙니다. 그저 고래뱃속에 들어갔다 나와서, 또 도망가다가는 이번엔 호랑이뱃속에 들어갈 것같아서 그럴 수도 없고 그저 할수없이 다니면서 '40일 후엔 망한다. 40일 후엔 망한다' 하고 소리질렀지 회개하길 바랐던 건 아닌데 니느웨 성은 회개했습니다. 그리고 구원을 받았습니다. "요나같은 사람을 통해서도 구원받을 사람은 구원받아. 그러니까 걱정할 것 없네." 두 번째는 '가롯 유다를 생각하라' 하는 것입니다. 예수님께서도 그를 회개시키지 못하셨다, 이것입니다. "그렇다면 자네가 어떻게 하겠나?" 아, 그건 참으로 중요한 위로였습니다. 그때부터 제가 용기를 얻었습니다. '예수님께서도 못하신 걸 내가 할 수는 없지.' 안그렇습니까? 내가 할 일만 하는 것입니다. 예수님께서도 못하는 건 못하셨습니다. 하물며 내가 이 시간에 여기서 설교하는데도 끝까지 조는 사람을 내가 어떻게 하겠습니까. 졸았으니 안들었고 안들었으니 아무것도 없는데, 뭘. 그걸 어떡하겠습니까. 하긴 조는 사람이 다음 시간에 와서 제대로 들으면 되지요. 그런데 그게 아닙니다. 끝까지 마음에 뭔가 비틀려 있습니다. "항상 배우나 마침내 진리의 지식에 이르지 못한다" 합니다. 항상 배우나—시간시간 나와도 마찬가지라, 이것입니다. 항상 배우나 마침내 진리의 지식에 이르지 못한다—참으로 유감된 일입니다.

그럼 왜 그럴까. 이에 대해서 말씀합니다. 그것은 이미 심판받은 심령이기 때문입니다. 이미 심판을 받았습니다. 그렇기 때문입니다. 호세아 4장 6절에 말씀하십니다. "내 백성이 지식이 없으므로 망하는도다. 네가 지식을 버렸으니 나도 너를 버려…" 지식을 버렸습니다. 배우는 것같지만 배우지 않습니다. 듣는 것같지만 안듣습니다. 순종하는 것같으나 순종하는 것 아닙니다. 목적이 다릅니다. 그런고로 아주 뿌리가 다릅니다. 가룟 유다, 아무리 그 많은 은혜 속에 같이 살아도 그는 처음부터 아니었습니다. 본질적으로 아니라고 예수님께서 판단해버리십니다. 그런 사람이 있는 것입니다. 심판받은 심령이 있습니다. 심판—종말론적인 심판, 역사끝에 있는 심판이 있고 현재적 심판이 있습니다. 심판은 받고 집행유예로 사는 것입니다. 형집행 연기받고 사는 것입니다. 그런 사람들이 있습니다. 이것은 매우 중요한, 심각한 문제입니다. 그에게는 중생이 없습니다. 중생할 수가 없습니다. 허구헌날 말씀을 들어도 들리지 않습니다. 그래서 8절에 결론적으로 말씀합니다. "믿음에 관하여는 버리운 자들이니라." 얼마나 무서운 말씀입니까. 말씀이 들리질 않으면 끝난 것입니다. 끝끝내 말씀이 들리질 않을 때는 심판받았다는 걸 알아야 합니다. 그럼 왜 그럴까? 여기 몇 가지로 아주 논리정연하게, 어쩌면 심리학적으로 설명하고 있습니다. "죄를 중히 지고…(6절)" 죄에 깊이 빠졌다, 하는 뜻입니다. 죄에 깊이 빠져서 헤어나질 못합니다. 동시에 이제 무감각해졌다는 뜻입니다. 죄를 지고도 죄인 줄 모른다, 이 말입니다. 그런고로 회개하지 않습니다. 죄를 죄인 줄 모르면 회개하지 않지요. 그러면 구원이 없는 것입니다. 죄—처음은 죄를 짓고 그 다음은 죄를 반복하고 그 다음은 죄를 정당화하고 그 다음은 죄를 남에게 떠맡깁니다. 전가시킵니다. 이렇게 발전합니다. 회개하지 않을 때 점점 죄를 죄 아니라고 말하는 것입니다. '내가 왜 죄인인가. 아니, 나만 죄인인가?' 회개를 못하는 것입니다. 회개할 수가 없어요, 이렇게 되면. '내가 죄인입니다' 할 때 회개가 되는 것입니다. 누구 때문입니다, 이게 되겠습니까. 깊이 생각해야 됩니다. 혹시라도 지금 내 잘못에 대해서 내가 뉘우치고 있습니까. 누가 내게 지적하고 있습니까. 그냥 하나님 앞에 무릎을 꿇어야 됩니다. '누구 때문인가? 누가 이런 말을 시작했나? 누가 고자질을 했나?' 또 심지어는 '너는 누군데? 너는 뭐 잘났냐?' 이렇게 속에서 반발하는 마음이 생기면 회개 못합니다. 그 회개 못하는 것이 반복되면 마지막에는 강퍅해집니다. 강퍅해지고나면 이제 심판이 있을 뿐입니다. 그래서 말입니다. 믿음이 있어야 회개도 하고, 회개는 은혜입니다. 회개할 기회를 줘야 회개하지요. 회개할 마음을 줘야 회개하지요. 그러니 회개는 은혜입니다. 또한 회개할 용기가 있어야 회개합니다. 가슴을 치면서도 회개 못하는 것은 용기가 없기 때문입니다. 그옛날 다윗왕은 참 훌륭한 사람입니다. 그가 결코 우연이 아니지만 하나님의 사랑을 많이 받았습니다. 사람의 이름 중 성경에 제일 많이 나오는 이름이 '다윗'입니다. 신구약에 800번 이상 나옵니다. 그런데 그가 의인이 아니지 않습니까. 그는 큰 죄인입니다. 그러나 나단 선지가 와서 '당신이 그 사람입니다' 하고 죄를 지적할 때, 여느 왕같았으면 "저놈 끌어내다 목을 베라" 할 것인데 다윗은 그렇지 않았습니다. "내가 죄를 지었나이다" 합니다. 그의 시편 가운데 참회록을 보면 단 한 번도 밧세바를 원망하지 않습니다. 형편을 탓하지도 않습니다.

오직 내가 죄를 지었나이다, 할 뿐입니다. 그는 용기가 있는 사람입니다. 회개의 용기가 있는 사람입니다. 반대로 바로 왕같은 사람 보십시오. 그는 마음이 강퍅해졌습니다. 죄의 지배를 받아서 회개할 자유를 잃어버렸습니다. 이런 사람은 항상 배우나 마침내 지식에 이르지 못합니다. 그럴 것 아니겠습니까.

또한 "여러 가지 욕심에 끌린 바 되어"라고 말씀합니다. 욕심이 문제입니다. 욕심이 많으면 되는 일이 없습니다. 욕심이 지나치면 욕심밖에 아무 생각도 없습니다. 욕심의 노예가 된 인간군상은 우리를 슬프게 합니다. 욕심에 노예되고보면 진리를 들어도 들리지 않습니다. 보아도 보이지 않습니다. 예수님 친히 말씀하신대로 가시덤불이 있는 밭과 같습니다. 가시덤불이 있어서 그 속에 씨앗이 들어가도 씨앗이 자랄 수가 없습니다. 욕심에 끌리는 사람들, 이게 문제입니다. 지나친 욕심에서 자연히 질투가 생깁니다. 남을 원망하게 됩니다. 그러면 무엇이 되겠습니까. 우리가 일상적으로 쓰는 말 가운데 '마음을 비우라' 하는 말이 있습니다. 조금전 여기 올라오기 전에 제가 잠깐 뉴스를 보느라고 텔레비전을 켰더니 낚시질 얘기가 나옵니다. 바다낚시를 갔을 때의 주의사항은? 마음을 비워야 한다는 것이었습니다. 바다낚시 처음 나가는 사람도 있고 익숙한 사람도 있는데 그들을 앞혀놓고서 하는 훈시 중 딱 한마디가 마음에 들어옵디다. "마음을 비우세요." 꼭 잡겠다 하지도 말고 큰 거 잡겠다고도 하지 말고 그저 한번 구경나간 마음으로 하세요, 합니다. 낚시질도 마음을 비워야 된다는 것입니다. 무엇이건 욕심부려서 되는 일은 없습니다. 공부는 더더욱 그렇습니다. 이 공부 해가지고 돈벌고 출세하겠다고들면 공부하기는 다 틀렸습니다. 공부는 역시 마음을 비워야 됩니다. 성경공부도 그렇더라고요. 마음을 깨끗이 비워가지고 공부하면 되는데 이것 공부해가지고 돈벌려고 하거나 여기 무슨 복 받는 길이 없나? 출세하는 길이 없나? 이렇게 눈을 부비고 보니 무엇이 들려오겠습니까. 참 잘못입니다. 욕심이 지나치면 안되는 것입니다. 정욕의 노예가 되었을 때 그는 항상 배워도 소용없습니다.

또 8절에 "그 마음이 부패한 자요"라는 말씀이 있습니다. 마음이 썩어버렸어요, 아주. 무슨 말씀입니까. 이제 더는 가능성을 기대할 수가 없다는 것입니다. 마음이 다 썩어버렸습니다. 그러면 이제는 앞에 심판이 있을 뿐입니다. 마음이 가지는 기능, 이성이 가지는 비판기능, 추리기능 다 없습니다. 더 깊은 진리를 추구하는 그런 기능도 다 없어졌다는 것입니다. 이렇게 될 때는 아무리 공부를 해도 소용이 없습니다. 오늘 여기서는 예를 들어서 말씀합니다. '얀네와 얌브레'라고, 출애굽기 7장 11절, 8장 7절, 9장 11절에도 나타난바 모세를 대항했던 술객들에 대한 얘기가 잠깐 언급됩니다. 이 술객들은 모세를 대항해서 모세가 행하는 능력을 저희도 하는 것처럼 했습니다. 몇번 해봤지만 안됐습니다. 어느 한계에 가서는 그만 손들고 말았다, 그래서 모세를 대항했다, 모세를 대적했다, 진리를 대적했는데 이것은 마지막에 그대로 멸망될 수밖에 없었다, 하는 것입니다. 진리를 대적하는 것, 얼마나 어리석은 일입니까. 진리에 따르고 진리에 순응해야지 진리를 대적하고 나아가서는 진리를 이용하려고 하는 것은 참으로 어리석은 것이다, 하는 말씀입니다. 아주 악명높은 사람으로서 오래오래 기억되고 있는 사람이 있습니다. 볼테르라고 하는 프랑스의 무신론자입니다. 1694년에서 1778년까지 있었습니다. 대학교수로 있었는데 철저한 무신론자였습니다. 성경을 부인하고 하나님을 부인하는 것까지도 모자라서 사방 돌아다니면서 전도를 합니다. "앞으로 100년이 지나면 하나님 믿는 사람이 하나도 없을 겁니다. 어리석은 짓들 하지 마세요." 파리 한가운데 큰 길을 지나가면서 하나님을 저주하고 하나님을 욕하고 다니는 것입니다. 그리고 하는 말이 "봐라. 내가 이렇게 하나님을 저주해도 하나님이 벼락을 때리지 않지 않느냐. 하나님이 조용하다. 내가 이렇게 하나님을 원망하고 하나님께 욕을 돌리는데도 하나님은 아무 반응이 없지 않느냐. 그런고로 하나님은 없다." 이토록 못되게 놀았습니다. 그러나 하나님께서 오래 참으셨습니다. 이 작자가 나이많아서 죽게 됐습니다. 죽을 날이 가까워오니까 다급했습니다. 병상에서 의사를 붙잡고 "6개월만 더 살게 해주십시오. 그러면 내 재산을 다 드리겠습니다"하고 간청을 했습니다. 그 의사는 말합니다. "6개월이 아니라 여섯 시간도 안되겠는데요. 지금 닥쳤습니다." 그때 이 볼테르, 마지막으로 유명한 말을 했습니다. "나는 지금 지옥으로 떨어지고 있구나." 그리고 죽었습니다. 이건 뭘 말하는 것입니까. 너무나도 유명한 얘기로 전해지고 있습니다. 마음이 부패해졌습니다. 한번 부패해지기 시작하면 이제는 헤어날 길이 없어서 점점 발악을 합니다. 상식 이하로, 상상할 수 없는 악의 구렁으로 빠져들어갑니다. 이런 사람들은 진리를 알 수가 없습니다. 또한 진리를 대적하는 사람이 그러합니다. '결국은 어리석음에 들어가게 된다'하는 말씀입니다. '어리석은 사람' 하면 또 한 사람 바로 왕이 있습니다. 모세를 통하여 하나님께서 이적을 보이셨습니다. 열 가지 재앙 아닙니까. 우리 생각에는 한 가지 재앙이나 두 가지 재앙, 세 가지 재앙까지는 몰라도 좀 고집스럽게 하다가 네 번째쯤 되면 아, 손들고 말지 그거를 그래 열 가지 재앙까지 다 받을 게 뭐 있습니까. 그 얼마나 어리석은 사람입니까. 얼마나 미련한 사람입니까. 그것뿐입니까. 장자 죽는 재앙까지 다 겪고나서야 '아이구 다 나가라' 해방을 시켰다가 '안되지' 하고 또 따라갔지 않습니까. 결국은 어디 갔습니까. 홍해에 가서 빠져 죽지 않았습니까. 세상에 어리석은 사람입니다. 이 잔학함이, 이 회개 못 하는 강퍅함이 얼마나 어리석습니까. 그래서 히브리서에 보면 "너희 마음을 강퍅케 하지 말라(히 3:15, 4:7)" 하였습니다. 마음이 항상 부드럽고 비워져 있어야지 이게 욕심으로 정욕으로 그리고 또 시기 질투로, 게다가 악한 마음으로 가득차면 항상 기도해도 소용없고 항상 공부해도 소용없고 아무리 애써도 그는 진리에 이르지 못한다, 하는 말씀입니다. 그리고 앞서 13절을 읽었습니다. "악한 사람들과 속이는 자들은 더욱 악하여져서 속이기도 하고 속기도 하나니…" 아주 재미있는 말씀입니다. 악한 사람들이 꼭 그런 짓을 하거든요. 남을 속입니다. 속이기만 하는 게 아니라 속습니다. 남을 잘 속이는 사람치고 속지 않는 사람 없습니다. 참 이상한 것은, 사기꾼이 제가 사기당하거든요. 꼭 어리석어지는 것입니다. 이게 어리석음입니다. 어리석어 함정에 빠지는 것입니다. 남을 괴롭히고 남을 손해입히고 저는 잘살 것같아도 어림없습니다. 속이기도 하지만 속기도 합니다. 만일 여러분이 누구한테 속은 때가 있거든 가만히 '내가 남을 속이지는 않았나?' 생각해보십시오. 분명히 언젠가 속였을 것입니다. 대개 속이는 마음이 있을 때 속는 것입니다. 심리학적으로도 그렇습니다. 속이는 마음으로해서 언젠가는 내가 속게 됩니다. 똑똑한 척하지만 어리석은 것입니다. 그런고로 속는 자도 어리석고 속이는 자도 어리석은 것입니다. 이렇게 어리석음을 잘 분석해서 말씀해주고 있습니다.그리고 이제 우리에게 부탁하는 말씀이 있습니다. "무릇 그리스도 예수 안에서 경건하게 살고자 하는 자는 핍박을 받으리라." 중요한 요절입니다. 경건하게 살고자 하는 사람이 이 세상에서 핍박을 받지 않는다면 그게 이상한 것입니다. 하나님을 섬기는 사람이 이 세상에서 어떻게 핍박을 받지 않겠습니까. 선을 지향하는 사람이 악한 사람 속에서 어떻게 핍박을 받지 않겠습니까. 악한 사람으로부터 칭찬받는 사람은 악한 사람입니다. 악한 사람으로부터 욕을 당하는 사람이 선한 사람입니다. 당연한 일입니다. 악한 세대에 살면서 경건하게 살고자 하는 사람은 핍박을 받게 돼 있습니다. 예수님 친히 말씀하십니다. '많은 사람이 나를 핍박하고 있다. 그런고로 내 제자를 핍박하는 것은 당연하다. 그런고로 너희가 핍박을 당할 때 걱정하지 마라. 너희를 핍박하는 것이 아니라 나를 핍박하는 것이다. 너희를 대적하는 것은 나를 대적하는 것이다.' 내가 십자가에 죽는데 어떻게 내 제자가 이 세상에서 환영받겠느냐! 무릇 경건하게 살고자 하는 자는 핍박을 받으리라—잊지 말 것입니다. 꼭 핍박을 받게 돼 있습니다. 그게 당연한 것입니다. 이 핍박을 이상하게 생각할 필요가 없습니다. '내가 진리대로 살고 바르게 사는데 왜 사람들은 나를 칭찬하지 않나? 왜 알아주지 않나?' 쓸데없는 생각 하지 마십시오. "경건하게 살고자 하는 자는 핍박을 받으리라." 핍박을 받게 돼 있습니다. 가까이든 멀리든, 친구에게든 그 누구에게든 간에 핍박의 요소가 있음을 잊지 마십시오. 하나님을 섬기려고 할 때 우리가 그리스도의 제자이기 때문에 핍박을 받고 의를 좇기 때문에 불의한 세상에서 핍박을 받는 것이 당연합니다. 또한 의롭게 경건하게 살고자 할 때 아무 말 없이, 말없이 경건하게 살아도 불경건한 사람, 악한 사람을 우리가 심판하고 있는 것이 됩니다. 지극히 심리학적인 것입니다. 다 불의한데 한 사람이 선하다 합시다. 결국은 다같이 불의하면 그 불의가 상당히 감소되는데, 아닙니다. 한 사람은 의롭게 살고 있으므로 저들이 심판을 받습니다. 이걸 알아야 됩니다. 다른 사람들은 다 할수없다, 이런 때는 부득불 죄질 수밖에 없고 이런 때는 불의와 타협할 수밖에 없다, 하는데 한 사람은 타협하지 않습니다. 그런고로 저들의 불의함이 다 노출되는 것입니다. 노출이 됩니다. '거짓말 안하고 살 수 없다. 거짓말 안하고 장사 못한다.' 그런다고 합시다. 꼭 그래야 됩니까. 그러나 여기 예수 잘믿는 사람은 거짓말 안하고도 장사하고 불의와 타협하지 않고 살아가고 있지 않습니까. 그 사람 때문에 나머지 사람이 전부 정죄되는 것입니다. 다 죄인이 돼버리는 것입니다. 그게 괴로워서 의로운 사람을 핍박하기 마련입니다. 꼭 핍박하려고 합니다. 가끔 학교에서 그런 수가 있지요. 다들 뭐 컨닝도 하고 뭣도 하고 놀러도 가고 이럴 때 하나가 유독히 경건 진실하게 바르게 한다면 그 하나는 핍박을 많이 받지요. 왜요? 그 하나 때문에 다른 학생들 다 정죄되기 때문입니다. 우리 예수믿는 사람은 말없이 가만히 있어도 경건하게 진실하게 살아가노라면 말없이 세상을 심판하는 것이 됩니다. 이미 심판하고 있습니다. 저들은 심판을 당한다는 것을 느끼고 있습니다. 그런고로 돌아서서 무는 것입니다. 또하나 뺄 수 없는 것은 하나님의 높은 경륜과 지혜를 따라서, 핍박을 통해서 진리는 드러나게 되고 믿음의 질은 높아진다는 것입니다. 이것은 사실입니다. 예수믿는 사람은 좀 미안하지만 적당히 핍박을 받아야 열심이 생깁니다. 여러분이 지금 열심이 뚝 떨어졌습니까. 핍박이 없어서 그렇습니다. 좀 핍박을 받아야 됩니다. 어떤 사람이 말합디다. 남편은 예수를 안믿고 부인만 예수를 믿었습니다. 그때는 부인이 뭐 새벽기도다 철야기도다 전도다 봉사다, 어떻게나 열심인지… 남편이 예수를 믿었어요, 따라서. 그랬더니 그 부인이 이제 또 저녁예배 안나간대요, 늘어져가지고. 그건 핍박체질입니다. 좀 핍박을 받아야 열심이 생기는데 이제는 또 칭찬해주니까 게을러지고 맙니다. 사실은 교회는 핍박이 있을 때 부흥합니다. 핍박이 있을 때 질적으로 부흥합니다. 그걸 잊지 말아야 합니다. 핍박이 없으면 교회는 조금 잘못하면 타락합니다. 세속화하기 쉽습니다. 그런가 하면 핍박을 통해서 선교의 역사가 이루어집니다. 환난과 핍박을 통해서, 순교자의 그 거룩한 희생을 통하여 하나님의 사역은 점점 확장되어가는 것입니다. 더구나 환난 중에 있는 분들이 이 요절을 아주 중요하게 여깁니다. "무릇 그리스도 예수 안에서 경건하게 살고자 하는 자는 핍박을 받으리라." 여러분, 되는대로 죄와 타협하고 불의와 타협하고 바람부는대로 그렇게 살면 핍박받을 게 없습니다. 오늘 롤러장 가자고 그러면 거기 가고, 오늘은 골프치러 가자고 하면 거기 가고 하다가, 또 비오는 날에나 교회 나오고 하면 핍박이란 없지요. 사랑하는 친구들이 아무리 가자고 해도 "안돼. 나는 안가. 주일날은 절대 안된다"하면 "거 유별나게 그러는구먼. 다른 사람들은 예수믿으면서도 다 안그러던데, 당신만은 왜 이상하게 믿나?" 합니다. '이상하게' 믿자면 핍박받을 수밖에요. '무릇 경건하게 살고자 하는 자는 당연히 핍박을 받으리라.' 그걸 잊지 말아야 합니다. 핍박이 없다면 오히려 이상한 것입니다. 그건 내가 뭔가 잘못하고 있다는 반증이니까요. △

구원에 이르는 지혜

  악한 사람들과 속이는 자들은 더욱 악하여져서 속이기도 하고 속기도 하나니 그러나 너는 배우고 확신한 일에 거하라 네가 뉘게서 배운 것을 알며 또 네가 어려서부터 성경을 알았나니 성경은 능히 너로 하여금 그리스도 예수 안에 있는 믿음으로 말미암아 구원에 이르는 지혜가 있게 하느니라 모든 성경은 하나님의 감동으로 된 것으로 교훈과 책망과 바르게 함과 의로 교육하기에 유익하니 이는 하나님의 사람으로 온전케 하며 모든 선한 일을 행하기에 온전케 하려 함이니라

            (디모데후서 3 : 13 - 17)

구원에 이르는 지혜

오늘본문에서 사도 바울은 믿음의 아들 디모데에게 개인적이고 따뜻하고 친절한 훈계를 하고 있습니다. 그의 사람됨과 그의 가정과 그의 애정을 다시한번 환기하면서 그의 장래를 또 생각하게 하고 있습니다. 그래서 아주 개인적인 교훈을 하고 있습니다. 디모데의 가정사정까지 다 알고 있기에 이와같이 감동적인 훈계를 하는 것이라고 생각합니다. 바울이 당부하는 말씀은 이렇습니다. "너는 배우고…" 헬라말원문에는 '메네 엔 오이스 에마데스'로 돼 있습니다.(제가 가끔 이렇게 헬라어를 쓰는 것은 옛날에 신학대학에서 제가 헬라어를 가르쳤고, 그래서 좀 그루터기가 있어서 가끔 헬라원어성경을 보는데 좀더 깊게 좀더 친절하게 우리에게 가르쳐주는 바가 있어서 그렇습니다.) "너는 배우고…" 이렇게 번역돼 있지만 원문대로 직역을 하면 '네가 배운 바 안에 계속 머물러 있으라' 하는 뜻입니다. 이것을 조금 더 의역하면 '배웠지마는 그 배운 바에서 떠나는 게 아니라 배운 바 그것을 계속 배우라' 하는 말이 됩니다. 우리가 배운다고 하면서 가끔 보면 이거 한번 배우다가 또 저거 배우다가, 하지 않습니까. 피아노 배우다가 성악 배우다가 그림 배우다가 또 어디로 가 버리는지 모릅니다. 이렇게 배우라는 게 아닙니다. 이미 배운 바가 있습니다. 거기에 딱 머물러서 그 목적과 그 방향에서 계속 배우라, 그 말씀입니다. 다시말하면 전공 바꾸지 마라, 그 말씀입니다. 내용을 바꾸지 마라, 하는 것입니다. 이미 배운 바 안에서 더 깊게 더 확실하게입니다. 그렇게 배우라는 말씀입니다. 오늘도 우리가 너무 여러 가지 배우다가 아무것도 모르는 사람 많이 봅니다. 전부 다 피상

적일 뿐 뭐 하나 제대로 배운 게 없습니다. 이것도 좀 해보고 저것도 해보고… 대체로 재주많다는 사람들이 그렇습니다. 재주많은 사람들이 마지막에는 무재주로 끝납니다. 한 가지만 그저 죽어라 하고 한 평생을 해야 되는데, 그렇지 못한 것입니다. 이것도 좀, 저것도 좀… 이러다보면 잘못 배우는 것입니다. 오늘말씀은 그것을 경계하는 것입니다. '네가 배운 바 그 안에 머무르고 계속적으로 그것을 배우라' 하는 것입니다. 얼마나 깊은 뜻이 있습니까. 그냥 '배우라' 하는 말하고는 다르지 않습니까. 헬라어 할만하지요? 그런 것입니다. 그래서 좀더 깊은 뜻을 찾아서 우리가 읽어야 됩니다. 배웠어요. 이미 배운 바가 있습니다. 지금도 알고 있습니다. 또 가르치기도 합니다. 디모데는 지금 목사 아닙니까. 가르치거든요. 가르치고 배우고, 배운 바 바로 거기에 머물러서 계속 배우라, 그것입니다. 얼마나 중요합니까. 유명한 간디는 이런 말을 했습니다. 현대인의 죄악에 세 가지가 있는데 그 하나는 '배우지 않는 것'이라 하였습니다. 다 안다고 교만합니다. 다 아는 척하고 진지하게 배우지 않는 그것이 문제입니다. 둘째는 '배운 바를 행하지 않는 것'이라 하였습니다. 현대지성인들이 더더욱 그렇습니다. 말만 많고 뭘 안다고만 했지 실천에 옮기지를 못합니다. 요새 한창 담배가 해롭다는 말 다들 합디다. 안하는 사람 하나도 없습디다. 그러나 끊지는 못합니다. 그게 바로 멍청한 것입니다. 뭘 알든지 아는 바를 생활에 옮겨야 됩니다. 실천의지가 동반되어야 됩니다. 세 번째는 '가르치지 않는 것'이라 하였습니다. 배웠으면 또 가르쳐야 합니다. 그 소중한 걸 나 혼자 가지고 있어서는 안됩니다. 이스라엘사람들의 덕목 가운데 첫째가 뭐냐하면 가르치고 배우는 것입니다. 가르치는 것, 그 얼마나 중요합니까. 돈보따리만 구제입니까. 지식을 주는 것이 구제입니다. 이른바 '노하우'를 주는 것입니다. 수십 년에 걸쳐 자기가 경험해서 깨달은 바를 다른 사람에게 물려줘야 합니다. 이어나가게 해야 합니다. 내가 그 많은 시련 속에서 이 소중한 것 하나 깨달았는데 그걸 나 혼자서 가지고 사장시켜서 되겠습니까. 가르쳐야 합니다. 그러니까 이 가르친다고 하는 것이 얼마나 높은 구제인지, 얼마나 큰 선행인지를 잊지 말아야 합니다. 그래서 사도 바울은 디모데에게 말씀합니다. '계속적으로 배우라. 항상 배우는 자세로 임하라.' 그것은 곧 겸손을 말하는 것입니다. '계속적으로 배워야만 한다는 자세를 가지고 임하라.' 공부 안하면 안됩니다. 뭐든지 공부를 해야 됩니다. 공부 없이 되는 일이 없습니다. 공부 없이 되는 일은 다 잘못된 것입니다. 깊이 생각하고 공부해야 됩니다. 배워야 됩니다. '나는 배워야 한다. 나는 늘 부족하다. 읽은 성경 또 읽어야 한다. 배우고 또 배워야 한다.' 그런 겸손한 마음을 가지고 계속적으로 배우라. 말씀합니다.

이제 다시 옛날로 돌아가서 말씀합니다. '너는 어디서부터 배운 걸 네가 알고 있다. 어머니로부터 배웠다. 어렸을 적부터 배웠다.' 어렸을 적부터 배워왔습니다. 또 이제는 가르치고 있습니다. 그러나 계속 배우라, 합니다. 얼마나 실제적이고 중요한 말씀입니까. 한번 배웠다고 가만히 있으면 다 잊어버립니다. 그 다음에는 실천하지 못하게 됩니다. 자꾸 배우고 또 집중적으로 배워야 모든 진리 외의 일들을 다 물리칠 수 있어요. 방해를 물리칠 수 있습니다. 요샛말로 꽉차게, 꽉차게 나가야 되는 것입니다. 어떤 진리를 놓고 '이럴까? 저럴까? 혹 그럴까? 그럴 수도 있을까?' 이렇게 되어서는 안되는 것입니다. 그러니까 확신한 일에 거해야 되는 것입니다.

그 다음으로 성경에 대해서 말씀합니다. '디모데가 아는 성경' —이거 참 중요한 말씀입니다. 여기에 유대사람 어머니에 대한 얘기가 있습니다. 유대사람들은 자녀에게 특별히 어렸을 때부터 성경을 가르칩니다. 성경을 읽어줍니다. 어머니가 가르칩니다. 그래서 Jewish mother라 하면 아주 유명합니다. 유대어머니라는 것은 성경 가르치는 어머니, 신앙을 물려주는 어머니입니다. 신앙은 어머니로부터 유래합니다. 그래서 이스라엘사람 된다는 것은 부계가 아니고 모계입니다. 그만큼 이스라엘여자들이 자녀들에게 어려서부터 하나님의 말씀을 잘 가르칩니다. 생각나는 일이 있습니다. 한경직 목사님이 97세쯤 됐을 때입니다. 저 남한산성에 계시는데 제가 한번 방문을 했습니다. 했더니 한목사님이 저더러 이렇게 말씀을 하십니다. "곽목사, 거 이상한 것이 있어." "무엇이 이상합니까? 무슨 계시라도 받았습니까?" "아니, 그런 게 아니고 잘 들어두라우." 그러더니 하는 말이 뭐냐하면 "곽목사 알다시피 내가 영어를 좀 하잖아." "그렇습니다." 옛날에 숭실대학 영문과를 나왔고 미국가서도 다시 영어를 공부했습니다. 대학을 또 나왔습니다, 가서. 그리고 프린스턴신학을 나오고 그랬습니다. 영어를 잘하십니다. 그분의 영어가 보통영어가 아닙니다. 공부를 많이 하시고 정식으로 영문과를 한 그런 영어입니다. 그래서 통역도 많이 하시고 성경책도 본인말씀이 한국말 성경보다 영어성경을 더 많이 읽었다는 것입니다. 그것이 뜻이 잘 들어와서 얼마전까지도 영어성경을 많이 읽었는데 어느날 갑자기 영어가 싹 없어지더라는 것입니다. 한 단어도 생각이 안난다는 것입니다. 거짓말처럼 영어를 싹 잊어버렸다는 것입니다. 그래서 제가 "그래요?" 했더니 그 다음말씀이 중요합니다. 다 잊어버렸던 어머니와의 어릴 적 대화가 생각난다는 것입니다. 그때일만 생각나는 것입니다. 참 기가 막히지요? 그래서 옛날얘기 많이 하는 사람은 늙은 사람입니다. 저기 '갈렙부' 회원들 밤낮 옛날 얘기만 합니다. 그때 어떻고 그때 어떻고… 그것만 있습니다. 근자의 것은 없습니다. 그걸 알아야 됩니다. 그게 이제 결점이거든요. 또 한 사람 얘기할까요? 제 친구, 동기동창 친구목사님인데 갑자기 몸이 좋지 않아서 병원에 입원을 했는데 글쎄, 그 사모님이 나보고 웃더라고요. 놀려요. 왜 그런고하니 딱 가니까 날 알아보거든요, 환자가. 그런데 이상한 것은 20년 전에 알던 분들은 다 안다는 것입니다. 근자에 알던 분들은 모른다고 합니다. 얼마나 모르는지 아십니까? 지금 시무하고 있는 교회 장로님들도 모릅니다. 아, 이거 어떡하면 좋습니까? 나는 가니까 알아봅니다. 옛날분은 다 알아봅니다. 근자에 만난 것은 싹 빠졌습니다. 그래서 사모님이 저 사람 저런다고 오히려 웃는 것입니다. 나이가 자꾸 많아지면 요 근자의 것은 다 빠져나갑니다. 그 칩이 고장나서입니다. 그리고는 옛날것만 압니다. 그러니 노인들은 만났다하면 옛날얘기만 합니다. 제가 언젠가 나이많은 목사님 한 분이 오셨기에 점심 대접했었습니다. 하도 이야기가 길기에 "목사님 그만하시죠"했었습니다. 이 압구정동에 대해서 아는 게 많더라고요. 압구정동 나루터에 대해서 얘기를 하는데 끝이 안나요, 끝이. 압구정 거기가 어떻고 정자가 어떻고 뭐가 어떻고 갈매기가 어떻고… 그래 "아이 목사님, 그만합시다. 식사합시다" 했는데 이거 보십시오. 그래 생각해봤습니다. 어렸을 때 하나님 배우는 게 얼마나 중요합니까. 우리가 나이들어 성경 외운다 뭘 한다 해봐야 그거 입력이 잘 안됩니다. 그냥 새나갑니다. 그러나 어렸을 때, 아주 어렸을 때 어머니로부터 들은 하나님의 말씀은 자리를 떡 잡고 있는 것입니다. 우리네는 아이들을 가르칠 때 맨처음 뭘 가르칩니까. 아빠, 엄마, 그거 가르치지요. 그 다음 뭡니까. '아빠가 좋으냐? 엄마가 좋으냐?' 뭐 그런 것입니다. 그거 못된 것입니다. 그러면 아이들이 착해가지고 "둘 다 좋아" 하지 않습니까. 이건 잘못하는 것입니다, 교육적으로. 어쨌든 어렸을 때 이것저것 가르치는데 이스라엘사람들은 하나님부터 가르칩니다. 율법부터 가르칩니다. 그래서 유명한 말이 있습니다. '자기이름을 알기 전에 먼저 하나님을 알고, 자기이름까지 잊어버려도 율법은 잊어버리지 않는다.' 유명한 격언입니다. 자기이름은 잊어버려도 예수님은 안잊어버려야 되는 것이지요. 그만큼 깊이 자리잡고 있어야 됩니다. 뉴턴이 나이많아 죽을 때쯤 됐을 때입니다. 그는 다 잊어버렸습니다. 그 유명한 과학자가 아무것도 모릅니다. 자기나이도 자기이름도 모릅니다. 찾아오는 사람 물론 모릅니다. 하도 기가막혀서 "선생님, 그럼 지금은 뭘 아십니까?" 하고 누가 물었더니 이렇게 대답합니다. "아는 거 있지. 내가 죄인이라는 것과 예수님이 내 구주시라는 것, 그 두 가지는 알고 있구만." 다 잊어버려도, 비록 내 생일 내 이름은 잊어버릴지라도 예수님을 잊어버려서는 안되는 것입니다. 그와같이 되면 어찌해야 하느냐? 어렸을 때부터의 교육이 필요합니다. 아주 어렸을 때 그 마음속에 깊이 각인을 해야 됩니다. 마음속에 다 새겨놔야 됩니다. 어렸을 적부터 성경공부를 시켰다는 것, 말씀을 들려줬다는 것은 이렇게도 중요한 것입니다. 조금전 '어머니의 성경책…' 찬송을 불렀습니다마는 제 어머니가 좋아하시던 성경, 저는 사실 지금도 생각하면 어머니가 읽어주어서 기억된 성경이 더 많습니다. 성경이야기는 옆에서 성경을 읽어주시니까 어떤 때는 그냥 누워서 들을 수 있었는데 그렇게그렇게 들은 것이 항상 마음속에 깊이 담겨 있습니다. 또 어머니가 부르시던 찬송, 그것이 귀에 항상 쟁쟁하게 들리는 것입니다. 디모데의 어머니는 유대사람이고 디모데의 아버지는 헬라사람입니다. 그러나 아버지는 누구인지도 모릅니다. 어머니가 믿음을 넣어주어서 이 사람은 유대사람이 됐습니다. 어머니가 하나님의 말씀을 어렸을 적부터 가르쳐줬습니다. 네가 어렸을 때부터 성경을 배웠나니—어머니와 외할머니로부터 배웠습니다.

이제 다시 돌아가서 오늘성경은 말씀합니다. 그러면 성경은 무엇이냐? 유명한 성경론입니다, 이것이. 성경의 목적—요한복음 20장 31절에 말씀합니다. "오직 이것을 기록함은 너희로 예수께서 하나님의 아들 그리스도이심을 믿게 하려 함이요 또 너희로 믿고 그 이름을 힘입어 생명을 얻게 하려 함이니라." 성경 기록한 목적을 요한이 설명하고 있습니다. 예수를 믿어 생명을 얻게 하고 영생을 얻게 하기 위함이다, 하고 말씀합니다. 다른 말로 말하면 '구원'입니다. 오늘성경에는 바울의 성경관이 나옵니다. '성경은 뭐냐? 구원에 이르게 하는 지혜다. 성경은 뭐냐? 하나님의 사람을 온전케 하는 것이다.' 구원에 이르고 온전케 하는 것이다—아주 확실하게 성경의 목적을 말씀하고 있습니다. 특별히 유대사람에게 있어서는 지혜에 대한 관심이 많습니다. 그래서 성경은 '구원에 이르게 하는 지혜를 준다' 하였는데 유대사람들은 늘 생각하기를 지혜는 하나님께서 주시는 거라고 생각합니다. 지식은 우리 노력으로 얻을 수 있고 지혜는 하나님이 주시는 거라고. 그것을 신학적 용어로 '조명'이라고 합니다. 성령의 계시가 있고 성령의 조명이 있습니다. 소위 illumination, inspiration, 이렇게 나누는데 여기서 그 성령이 우리 마음에 임해서 조명을, 빛을 비추어줌으로써 지혜를 얻는 것이다, 이렇게 생각합니다. 지식은 우리 노력으로 얻을 수 있지만 지혜는 하나님께서 위로부터 주시는 것이다, 그렇게 생각하고 있습니다. 그 관념에 의해서 생각해야 됩니다. '성경은 구원에 이르는 지혜를 준다' 하였습니다. 유명한 토머스 칼라일은 말했습니다. '인간에게 가장 무서운 것은 행운이나 행복이 없다는 것이 아니라 지혜가 없다는 것이다.' 참으로 그렇습니다. 지혜는 엄격히 말하면 미래에 대한 지식입니다. 오늘도 보니 시행착오가 많지 않습니까. 정치인들도 경제인들도 교육자들도 시행착오가 많습니다. 실수를 많이 합니다. 왜요? 미래를 몰랐거든. 앞을 몰랐거든. 좀더 앞을 보지 못했거든. 그렇지 않습니까? 바로 그것 때문에 문제입니다. 우리나라도 사실 손해 많이 봤습니다. 김정일씨 온다고 해가지고, 꼭 올 거라고 생각해가지고, 올 줄 알고 모든 계획 세웠는데 안왔지 않습니까. 그게 문제입니다. 지혜가 없는 것입니다, 지혜가. 모든 일을, 미래를 우리가 바라볼 수 있어야 되거든요. 있어지지 아니할 일을 있을 줄로 생각한다면 그거 멍청한 것이지요.

  그 다음으로 성경관이 여기 있습니다. 이 성경관은 짧은 말씀이지만 많이 인용되고 있는 신학적 논리입니다. "모든 성경은 하나님의 감동으로 된 것으로 교훈과 책망과 바르게 함과 의로 교육하기에 유익하니…" 여기 '감동'이라는 말은 '영감'이라고도 합니다. 그런데 이 말의 헬라말원문은 '테오프뉴마토스'입니다. '테오스'라는 말은 '하나님'이라는 말이고 '프뉴마'라는 말은 '영'이라는 말입니다. '영'을 여기서는 동명사로 사용합니다. 하나님께서 영을 불어넣어주셨습니다. '하나님께서 영을 불어넣어주심으로 되어지는 지혜, 지식' 이것이 곧 '영감'입니다. 하나님께서 영을 불어넣어주셨습니다. 영을 불어넣으신다하면 생각나는 게 있지 않습니까. 우리 인간이 처음 창조될 때 하나님께서 우리를 흙으로 빚어 만드시고 생기를 불어넣으셨습니다. 그와 같이, 우리 인간에게, 우리 죄악된 인간에게 하나님께서 특별계시로, 특별한 목적으로, 우리 백성을 구원하시기 위하여 어떤 특수한 사람에게 영감을 강하게 불어넣으셨습니다. 그래서 성경을 쓴 것입니다. 성경은 아무나 쓰는 게 아닙니다. 하나님께서 지명하신 사람, 누가 뭘 발견했다고해서, 누가 뭘 깨달았다고해서, 누가 유명한 진리를 깨달았다고해서 성경이 되는 게 아닙니다. 성경은 하나님께서 '테오프뉴마토스' 곧 영을 불어넣어주셔서 쓰게 하신 것입니다. '영감설'이라 할 때 거기에는 몇 가지가 있습니다. 첫째는 '목적 영감설'이라는 것입니다. 중요한 내용, 목적적인 것은 영감되고 그것을 쓰는 것은, 기록하는 것은 자기마음대로 자기생각대로 쓴 것 같다―이렇게 생각하는 것입니다. 영감에 대한 뜻을, 그 의미를 많이 낮추는, 희석시키는 것입니다. 또하나는 '기계적 영감설'입니다. 본인은 아무것도 모르고, 본인은 그저 만년필과 같이 붓과 같이 되고 하나님의 손이 그를 붙들고 그 사람의 손을 붙잡고 쓰셨다는 것입니다. '축자 영감설'이라고도 합니다. 그렇게되면 이건 문제가 되는 것이 그러면 성경에, 만약 그렇다면 성경에 사람의 이름 같은 건 나오지 말아야지요. 그 사람의 지식이나 인간관계같은 것은 여기 나올 수가 없지요. 다만 이래라, 저래라, 하고 십계명처럼만 말해야지요. 그러므로 그것도 옳은 얘기가 아닌 것입니다. 그래서 이제 신학적으로는 어떻게 설명하느냐? 가장 좋은 생각은 소위 'organic inspiration' 혹은 'total inspiration'이라는 것입니다. 이른바

'유기적 영감설'입니다. 혹은 '인격적 영감설'입니다. 그것은 이런 뜻입니다. '하나님께서 영감을 주실 때 그 사람의 환경, 지식, 경험, 그 사람의 감정까지 다 하나님께서 인격적으로, 전적으로(totally) 고용해서 당신의 뜻을 전하셨다.' 이것이 곧 유기적 영감설입니다. 그러니까 가끔 저자들의 자기의견이 있을 수도 있습니다. 그러나 그 위에 하나님께서 그 사람의 의견을 사용하셨습니다. 거기에 인간적인 애기도 있습니다. 그러나 자세히 읽어보면 그게 아닙니다. 하나님의 뜻이 있어서 그와 같이 역사하셨습니다. 사건도 계시적이고 기록하는 역사도 영감적이더라, 그 말입니다. 그렇게 기록한 것이 바로 성경입니다. 그래서 성경은 하나님의 영을 특별한 인간에게 불어넣으시어 그로 하여금 우리를 향한 하나님의 뜻을 전하게 하셨다, 하는 것입니다. 아우구스티누스는 유명한 말을 합니다. '성경이란 하나님께로서 우리에게 온 긴긴 편지이다. 우리구원을 위해서 주어진 편지다.' 그런고로 우리는 이제 성경을 읽을 때 반드시 성령 안에서 읽어야 됩니다. 그 성경을 기록할 때 강하게 역사했던 성령과 같은 그 성령의 조명을 받아서 이제 이 성경을 통하여, 그 내용을 통해서 그리스도를 만나고 하나님의 음성을 듣게되는 것입니다. 그것이 성경본래의 뜻입니다.

그 다음으로 성경이 주는 유익에 대해서 말씀합니다. 어떻게 유익하냐? 먼저 교훈에 유익하다, 하였습니다. 교훈—디다스칼로스, 이것은 지식입니다. 가르치는 데 유익하다는 것입니다. 하나님을 경외함이 지식의 근본이다, 하였습니다(잠 1:7). 지식의 근본이다—성경을 알고야 모든 지식이 지식이 될 수 있습니다. 그걸 잊지 말아야 합니다. 성경 모르고 얻는 지식은 지식이 아닙니다. 성경 떠난 지식은 지식일 수가 없습니다. 저는 공산주의사회를 여행하면서 이런 말을 많이 들었습니다. 우주과학도 잘하고 자본도 많고 지식도 많은데 왜 안되느냐? "하나님을 떠났더니 우리가 가진 지식이 다 소용이 없습디다. 그래서 못살고 망하게 됐습니다."하고 고백하는 것을 보았습니다. 여러분, 이것을 알아야 됩니다. 성경은 교훈의, 디다스칼로스의, teaching의, 가르치는 일의 근본이요 목적이요 뿌리가 되는 것입니다. '어떤 교육도 하나님말씀 교육이 함께하지 않으면 교육될 수 없다' 하는 것입니다. '하나님 없는 교육이란 약삭빠른 악마를 생산하는 것이다.' 자녀교육에 있어서도 성경을 알고 그 다음에 뭘 배우도록 해야지 "애, 교회가지 말고 공부해라" 하는 것이라면 망조드는 줄 아십시오. 그건 지식이 아닙니다. 그래서 '하나님의 말씀이 교훈하기에 가장 유익한 것이다' 하는 것입니다.

그 다음으로 "책망과…" 하고 말씀합니다. 책망, 하나님의 말씀은 책망하는 데 유익하다, 합니다. 책망이라는 거 잘못하면 사람이 빗나갑니다. 신앙적 경고가 아니면 징계도 무효입니다. 모든 책망, 그것도 성경으로 말미암는 것입니다. 성경 안에서 이루어져야 됩니다. 또한 "바르게 함과…" 하였습니다. 여러분은 얼마나 스스로 자신을 바르게 해봤습니까? 교정해봤습니까? 이건 correction입니다. correct—교정하는 것입니다. 내 성격을 교정하고 내 습관을 교정하고 바꿔보려고 애쓰지요. 바꿔집디까? 성경이 아니고는 절대로 단 한 가지도 못바꿉니다. 단단히 알아야 됩니다. 내 성품이나 부족한 행위, 교정을 해야 되겠는데 그 교정 하는 데 가장 유익하고 효과적인 것은 성경입니다. 성경만이 이것을 가능케 합니다. 누가 담배를 끊으려고 애를 씁니까? 성경 보면 저절로 끊어집니다. 내 행동을 좀 고치고 싶습니까? 나쁜 버릇을 끊어버리고 싶습니까? 성경에 심취하십시오. 그러면 어느 사이에 내가 딴사람이 되어 있을 것입니다. 또 "의로 교육하기에 유익하니"—이건 적극적입니다. 의가 뭡니까? 어떻게 의로 지향할 수 있습니까? 어떻게 의롭게 살아갈 수 있습니까? 이것도 성경을 통해서 되는 일입니다. 우리가 존경하는 도산 안창호 선생은 이렇게 말합니다. '우리 백성이 다 성경을 손에 쥐는 날에야 나라가 바르게 설 수 있을 것입니다.' 우리에게 이런 귀한 분이 있습니다. 저는 그래서 저 도산공원을 좋아합니다. 거기에 있는 분이 바로 이 분입니다. '우리 백성이 다 성경을 읽어야 그때가서야 나라가 바로될 것입니다.' 그는 깊이 깨달은 바가 있어서 이런 말을 하고 있습니다. 유명한 미국의 실업가요 YMCA운동가였던 J. 워너메이커, '백화점 왕'이기도 했던 이 사람이 언젠가 유명한 사업가이기 때문에 대통령이 볼 때 저 사람이 장관을 해줬으면 좋겠다 싶어서 체신부장관을 해달라고 정식으로 요청했습니다. 그랬더니 그가 이렇게 답변을 했습니다. "별로 원치 않지만 말씀하시니 순종할 마음도 있습니다만 내가 50년 동안 주일학교 선생을 했습니다. 장관은 못해도 이건 해야 됩니다. 주일마다 와서 성경 가르치는 주일학교 선생을 할 수 있도록 허락해주시면 장관 하겠습니다." 그 허락 받고 장관 했습니다. 주일날은 반드시 와서—장관이 꼭 교회에 와서 아이들에게 하나님말씀을 가르쳤습니다. 왜요? 이것이 더 중요하니까. 장관하는 것보다 더 중요하니까. 이보다 더 중요한 일이 없으니까. 그가 이렇게 한 데는 이유가 있었습니다. 아홉 살 때 성경을, 너무 돈이 없어서 월부로 샀다고 합니다. 아홉 살 때부터 사서 읽은 성경을, 다 해진 성경을 손에 들고 "이 성경 때문에 오늘 내가 있습니다. 그런고로 이 귀한 유산을 우리 후진들에게, 우리 후손들에게 물려주고 싶습니다. 그래서 나는 성경을 꼭 가르쳐야 됩니다. 장관을 못해도 주일학교 선생은 해야 됩니다" 한 것입니다. 그런 훌륭한 이야기가 있습니다. 결국은 "하나님의 사람으로 온전케 하며…" 온전, wholeness, 구원의 완성을 말하는 것입니다, 현실적으로. 이를 가능케 하는 것은 하나님의 말씀이요 하나님의 말씀이 주는 지혜요 하나님의 말씀이 주는 능력이요 영감인 것입니다. △

네 직무를 다하라

하나님 앞과 산 자와 죽은 자를 심판하실 그리스도 예수 앞에서 그의 나타나실 것과 그의 나라를 두고 엄히 명하노니 너는 말씀을 전파하라 때를 얻든지 못 얻든지 항상 힘쓰라 범사에 오래 참음과 가르침으로 경책하며 경계하며 권하라 때가 이르리니 사람이 바른 교훈을 받지 아니하며 귀가 가려워서 자기의 사욕을 좇을 스승을 많이 두고 또 그 귀를 진리에서 돌이켜 허탄한 이야기를 좇으리라 그러나 너는 모든 일에 근신하여 고난을 받으며 전도인의 일을 하며 네 직무를 다하라

(디모데후서 4 : 1 - 5)

네 직무를 다하라

　사도 바울의 이 마지막 서신도 이제 마지막 대목에 왔습니다. 내용적으로 보면 1, 2, 3장으로 그 내용을 마치고 어쩌면 4장은 부록적인 의미를 가졌습니다. 마지막으로 주는 개인적인 당부가 기록되어 있습니다. 너는 네 직무를 다하라, 복음을 전파하라—이렇게 마지막으로 집약해서 강한 명령을 하고 있습니다. 이것은 권면이 아닙니다. 이것은 명령입니다. 심각한 명령, 강한 명령으로써 이 편지를 마무리하고 있습니다. 그 명령의 성격은 한마디로 말해서 종말론적입니다. 우리는 깊이 생각하여야 합니다. 우리의 신앙생활은 근본적으로 종말론적인 것입니다. 우리는 이 땅에 살면서도 관심과 생각은 언제나 하늘나라에 있습니다. 특별히 전도자의 마음은 그렇습니다. 복음 전하는 사람의 생각은, 그 생각의 중심이 하늘나라에 있지 땅에 있지를 않습니다. 그래서 영원지향적으로 현재를 사는 것입니다. 영어로는 소위 eternal now, 영원을 향한 현재, 영원지향적인 현재를 살아가는 것입니다. 한순간도 순간으로 있는 게 아닙니다. 이 순간에 대한 다음다음을 생각하여야 합니다. 그것이 신앙생활입니다. 저는 차를 운전하면서 가끔 그런 생각을 해봅니다. 운전을 잘할 수 있는 비결이 어디 있습니까. 운전을 능숙하게 한다면 그 사람에게는 무슨 특징이 있겠습니까. 제가 운전을 40여년 하지만 꼭 주의할 것이 있습니다. 운전을 능숙하게 하는 사람은 남보다 멀리 보는 사람입니다. 바로 요앞만 보는 사람은 운전을 할 수가 없습니다. 멀리 보는 사람입니다. 100미터 앞, 200미터 앞, 적어도 300미터 저 앞까지 보는 것입니다. 멀리 보는 그런 시야를 가져야만 빠른 차를 운전할 수가 있습니다. 눈앞만 보는 사람은 운전을 할 수 없습니다. 인생도 그렇습니다. 보다 멀리 봐야 합니다. 왜? 그 먼 것이 앞으로 다가오고 있지 않습니까. 먼 것이 먼 데만 있습니까. 앞에 있지요. 언제부터 갖다났는지 모르지만 요새는 고속도로에 나가보면 출구표시 해준 것을 볼 수 있습니다. 아주 잘 해놨습디다. 전에는 출구 한쪽에만 써 놨기 때문에 가다가 놓치는 경우가 많았습니다. 그것을 경고하기 위해서 300미터 앞에서부터 표시를 했더라고요. 300미터 앞에 파란 것을 세워놓고 거기다가 하얀 줄 세 개, '여기서부터 300m'라는 표시입니다. 그 다음에는 또하나 세워놓고 하얀 줄 두 개, 그 다음에는 하나, 이렇게요. 그러니까 그 표시판을 보면, 파란 표시가 딱 나타나면 출구가 가까웠습니다. 그게 300미터 바로 앞입니다. 그 다음에 200미터, 100미터, 그 다음에는 출구가 나옵니다. 출구 지나치는 사람들 지나치지 않게 하기 위해서 이렇듯 친절하게 표시해놓은 걸 보면서 오늘도 저는 '그거 참 잘했다. 똑똑하다. 그거 참 친절하게 잘 해놨다'라고 생각을 합니다. 자, 보다 더 멀리 봐야 합니다. 먼 데 있는 것이 멀리 있는 게 아니거든요. 지금 먼 데 있지만 곧 발부리로 다가오지 않습니까. 먼 데 있는 것이 점점 가까워지고 있지 않습니까. 영원이라는 것이 영원이 아닙니다. 현재입니다. 잠시후에는 바로 눈앞에 다가오는 것입니다. 죽음이라는 것이 먼 얘기가 아닙니다. 바로 눈앞에 다가오지 않습니까. 곧 멀리 있는 것이 바로 현재적 의미를 가지는 것입니다. 그래서 보다 멀리 보고, 멀리 있는 것을 현재로 볼 줄 알고 현재로 느낄 줄 아는 그것이 바로 '종말론적 인식' 입니다. 우리 젊은사람들 젊다고해서 항상 젊은 생각만 해서는 안되지요? 젊음이 그대로 있습니까. 이제 곧 서른이 되고 마흔되고 쉰되고 예순될 거란말입니다. 그러니 그때를 생각하면서 오늘을 살아야지요. 명심할 것입니다. 신앙인이란 보다 더 멀리 생각하는 사람입니다. 또 오늘 여기 본문에 나타난대로 교역자는 누구인고하니 교인보다 더 멀리 생각하는 사람입니다. 그 사람이 높은 신앙의 사람이다―그렇게 말할 것입니다. 이것을 '종말론적 인식'이라고 합니다. 바울은 '심판주 앞에서'라고 엄히 말씀합니다. "하나님 앞과 산 자와 죽은 자를 심판하실 그리스도 앞에서… 엄히 명하노니"―아주 엄숙한 종말론적 선언을 하고 있습니다. '산 자와 죽은 자를 심판하실 것이다.' 이 얼마나 엄중합니까. '산 자와 죽은 자를 심판하실 것이다. 그 그리스도 앞에서 내가 명령하노라. 또 그 그리스도 앞에 있다는 것을 의식하고 이 말을 들으라' 하는, 그런 뜻입니다.

산 자와 죽은 자를 심판하실 그리스도―그리스도는 우리의 구주십니다. 우리를 위하여 오셨고 우리를 위하여 십자가를 지셨습니다마는 이제는 그게 아닙니다. 지금은 하나님 우편에 계시고 역사끝에 우리를 심판하러 오실 것입니다. 이 점을 잊지 말아야 합니다. 그는 구주시면서 동시에 심판주가 되십니다. 우리가 예수를 믿을 때 세상에 오신 예수만 믿는 것이 아닙니다. 오시기 전에 그는 말씀이셨습니다. 그 말씀이 육신이 되어 우리 가운데 오셨습니다. "호 로고스 사륵스 에게네토"―말씀이 육신이 되어 우리 가운데 오셨습니다. 태초에 말씀이 계셨습니다. 그래서 그리스도의 소위 '선재설'을 믿습니다. 오시기 전 예수, 오시기 전 성부, 성자, 성자되신 예수, 그 존재를 믿습니다. 그분이 육신을 입고 이땅에 오셨습니다. 그래서 높은 의미가 있는 것이며, 십자가를 지시고 부활하신 그 엄청난 계시를 통하여 우리에게 사랑을 확증해주시고 지금 보좌 우편에 계시는데 장차 오실 것입니다. 그래서 우리가 사도신경 늘 외우지 않습니까. '전능하사 천지를 만드신 하나님 아버지를 믿사오며…' 그러나 그 내용의 골자는 '예수를 믿사옵고'입니다. 그 다음에 십자가에 죽으신 예수를 믿고 다시 오실 예수를 믿습니다. 다시 오실 예수, 그리고 성령을 믿고… 이렇게 믿는 것입니다. 그게 우리의 신앙고백이거든요. 그렇다면 이 심판하실 주님, 그 심판대 앞에 우리가 서게 될 것입니다. 모두가 다 서게 될 것입니다. 바로 그 시간을 생각하면서 오늘을 살아야 되는 것입니다. 그 시간을 생각하면서 전도하고 살아야 되는 것입니다. 마태복음 25장에 보면 예수님께서 달란트비유를 말씀하십니다. 주인이 와서 심판하시는데 달란트를 남긴 종에게는 "착하고 충성된 종아 네가 작은 일에 충성하였으매 내가 많은 것으로 네게 맡기리니 네 주인의 즐거움에 참예할지어다"하고, 맡겼던 한 달란트를 그대로 가지고 온 사람에게는 "악하고 게으른 종아" 하고 꾸짖지 않습니까. 언젠가 우리가 다 주님 앞에 가서 심문을 받아야 합니다. 지난 주일날 낮예배 때 말씀드린대로 '왜 최선을 다하지 않았는가? 최선을 다했는가?' 하고 물음받을 것입니다. 여기에 뭐라고 대답해야 하겠습니까? 그 대답을 오늘 마음에 두고 살아가야 됩니다. 언제나 그 시간을 잊어서는 안됩니다. 우리는 언제나 죽을 때를 생각하고 살아야 합니다. 죽는 시간을 생각하고 살아야 합니다. 마찬가지로 우리는 주님의 심판을 생각하고 살아야 됩니다, 주님 앞에 설 때를. 물으실 것입니다. 우리는 '착하고 충성된 종아'하는 칭찬을 듣겠습니까, 아니면 '악하고 게으른 종아'하는 꾸중을 듣겠습니까. 그것을 늘 생각하여야 됩니다. 사도 바울은 그래서 이 귀한 편지 마지막에 '심판하실 주님 앞에서 내가 너에게 명령한다. 그때를 잊지 말아라. 바로 그 순간을 늘 생각하면서 오늘을 살아라' 하고 말씀합니다.

그리고 두 번째는 "그의 나타나실 것과"하고 말씀합니다. 나타나심 — '에피파네이야'는 재림을 말하는 것입니다. 지금 우리 눈에 보이지 않습니다. 그러나 주님 재림하실 때는 눈에 보일 것입니다. 지금 우리 마음에 오시고 충만하여 계시지만 우리 육안으로 보지는 못합니다. 이제 주님께서 재림하실 때 모든 사람이 일시에 주님을 뵙게 될 것입니다. 우리가 이것을 재림이라고 말합니다. 다시 오신다, 하는 거기에 중요한 문제가 있습니다. 선교는 다시 오신다고 하는 거기에 초점을 맞추고 있는 것입니다. 왜요? 다시 오실 때까지 전도하는 것이니까. 이 기간을 신학적 용어로 '인테림'이라 합니다. 주님 십자가를 지시고 부활 승천하신 다음부터 재림하실 때까지의 그 기간이 아주 중요한 기간입니다. 이 기간이 죄인에 대해서는 집행유예 기간이요, 의인에 대해서는 고난당하는 기간입니다. 하나님의 일하는 사람들에게는 선교기간입니다. 지금 볼 때 악한 사람이 잘사는 걸 보지 않습니까. 마음엔 못마땅해요, 그것이. '저런 걸 하나님께서는 왜 안불러갈까?' 하지요. 아주 나쁜 사람 우리 눈에 보입니다. 하나님께서는 아시겠지만 참 나쁜 사람 있습니다. 저 사람 없었으면 참 좋겠다 싶은 사람 있습니다. 그옛날 시골에서는 그런 사람 볼 때마다 은근하게 무서운 욕을 하더라고요, 어른들이. "남산의 호랑이는 뭘 먹고사나?" 은근하지만 무서운 소리였습니다. 좌우간 이상하게 악한 사람이 있습니다. 악한 사람이 득세합니다. 왜 이럴까? 이 세상은 왜 이럴까? 이게 바로 '인테림'입니다. 그 속에서 하나님의 놀라운 초월적인 역사가 이뤄지고 있습니다. 그걸 잊지 말아야 합니다. 절대로 하나님께서 방임하시는 게 아닙니다. 그런가하면 선한 사람이 고난을 당하지요, 순교자가 나오지요, 착한 사람들이 손해를 보지요, 억울함을 당하지요. 이런 일이 많지 않습니까. 그러나 그것도 가만히 깊은 세계에서 보면 그냥 지나갈 일이 아닙니다. 의인의 고난을 통해서 복음이 전파됩니다. 고난을 통해서 진실해지고 고난을 통해서 강해지고 고난을 통해서 선교가 가능해집니다. 오묘한 역사가 이루어집니다. 잠시잠깐 볼 때는 그저 괴롭기만 한 것같고 모순적인 것같지만 그렇지를 않더라고요. 우리가 세상을 살아가면서 점점 깊이 깨닫는 것이 바로 이것입니다. 그런가하면 이것은 선교기간입니다. 이 기간에 선교하는 것입니다. 이제 주님 오시면 선교는 끝나는 것입니다. 그래서 '주의 나타나실 것'이라 말씀합니다. 선교역사에 볼 것같으면 모든 선교는 주님 재림을 바라보며 했습니다. 주님의 재림이 임박했다고 하는, 심지어는 아주 임박한 재림을 의식하면서 서둘러 선교를 했습니다. 그것이 선교열입니다. 선교의 열정이 바로 이 재림대망사상에 있습니다. Messianic expectation, 재림하시는 주님을 대망하면서 선교는 이루어지는 것입니다. 거기에 초점이 맞춰져 있다는 것을 잊지 말아야 합니다. 그래서 여기 '심판하실 주님, 그리고 그의 나타나심을 생각하라. 그 나타나심을 두고 내가 엄히 명령하노라' 하고 말씀합니다. 선교학적으로 아주 중요한 의미가 여기 있습니다.

또한 "그의 나라를 두고 엄히 명하노니" 하였습니다. 선교가 뭡니까. 하나님의 나라를 확장하는 것입니다. 하나님의 나라를 전하는 것입니다. 하나님의 나라를 넓히는 것입니다. 이제 보십시오. 하나님의 나라는 주님께서 세상에 오시면서, 말구유에 오시면서 임합니다. 하나님의 나라가 왔습니다. 그래서 '회개하라 천국이 가까웠느니라' 하고 말씀하시는데 그때의 그 임하심을 말하는 것입니다. 하나님의 나라는 주님과 함께 임했습니다. 그리고 하나님의 나라는 복음 전파와 함께 확장됩니다. 그래서 예수님 말씀하시기를 '하나님의 나라가 여기 있다 저기 있다고도 못하리니 하나님의 나라는 너희 안에 있느니라' 하십니다. '너희 안에'라 하는 말을 우리는 '내 마음에'라거나 유식하게 '심중천국'이라는 식으로 말하려고 하지만 그런 뜻이 아닙니다. '너희 안에'의 '너희'는 복수입니다. among you, 엔토스 휴몬, 복수입니다. 그러니까 '너희들 사이에'라는 말인데 인간관계를 말하는 게 아닙니다. 예수님께서 많은 사람들에게 둘러싸여 계시면서 하시는 말씀입니다. '하늘나라가 여기 있다 저기 있다 하지 말라. 여기 이 자리에 있지 않느냐. 너희들 속에 있지 않느냐.' 예수님 자신을 가리키는 것입니다. 그리고 예수님의 복음이 확장된 것을 말씀하심입니다. 어떤 날 예수님께서 귀신들린 아이를 고치셨습니다. 고치서서 귀신에 붙들려 벙어리되고 고생하다가 깨끗해졌습니다. 낫는 순간 또 바리새인들이 거기다가 악의에 찬 해석을 붙였지요. 바알세불을 힘입어서 저렇게 했느니라 뭐니라, 하고요. 예수님 말씀하시기를 '만일에 내가 하나님의 영을 힘입어 귀신을 내어쫓은 것이면 하나님의 나라가 이미 너희에게 임하였느니라' 하십니다(마 12:28). 해석학적으로 한 말씀 드리겠습니다. '만일에'라고 subjunctive mood, 가정법을 쓰시는데, 이 가정법이 헬라어에는 두 가지가 있습니다. 사실을 놓고 가정하는 게 있고 추상적인 가정이 있습니다. 추상적 가정이라는 게 뭐냐하면 예를 들어 내가 분명 남자인데 "만일에 내가 여자라면 나는 요렇게 화장을 하겠소, 요런 옷을 입겠소" 한다면 이건 추상적인 가정입니다. 있을 수 없는 일이지만 생각을 해 보는 것입니다, 그렇게. 가정해보는 것입니다. 이건 헬라어에서 '에안'이라고 합니다. 그리고 사실을 놓고 가정할 때가 있습니다. 이런 것입니다. "내가 만일에 목사라면 내일아침 거기에 전도하러 가겠소." 이렇게 나오는 것입니다. 사실을 놓고 가정하는 것입니다. 그때는 '에이'라고 씁니다. '에이'하고 '에안'의 두 가지가 있는데 예수님께서 "내가 만일에 성령을 힘입어 귀신을 쫓아내는 것이면"하고 말씀하시는 경우는 '에이'입니다. '에이'를 썼습니다. 마귀가 예수님을 시험할 때도 "네가 만일 하나님의 아들이면" 했는데 그때도 '에이'입니다. 이렇게 달라집니다. 예수님 오심으로 하나님나라가 임했고 예수님께서 말씀을 전하시고 귀신을 내쫓으시고… 이런 역사를 행하시는 동안에 하나님의 나라가 확장되는 것입니다. 계속 하나님의 나라가 커지고 있는 것입니다. 다음에 예수님 재림하심으로 인하여 완성되는 것입니다. 이것은 우리가 깊이 신학을 연구하지 않아도 꼭 알아두어야 될 문제입니다. 예수님께서 오심으로 하나님의 나라가 임했고 예수님의 말씀이 전파되면서 하나님의 나라가 확장되고, 그리고 예수님 재림하심으로 완성되는 것입니다. 그렇다면 선교가 뭡니까. 하나님의 나라를 넓히는 것입니다. 보다 더 많은 사람이 구원받도록 우리가 역사하는 것입니다. 그래서 이걸 예수님께서는 농사비유를 들어서 말씀하십니다. 이제 씨를 뿌립니다. 하나님의 나라가 임한 것입니다. 씨뿌린 것이 점점 자랍니다. 가지를 펴고 점점 자라는 것입니다. 확장되는 것입니다. 노랗게 익은 다음에 추수하게 됩니다. 추수가 재림입니다. 추수가 많아지려면 어떠해야 되느냐? 잘 자라야 됩니다. 농촌에서 모내기 할 때 보면 좀 비가 오지 않든가 해서 늦게 모내기를 하는 경우 그 모종을 여러 개 꽂아야 됩니다. 그러나 보다 더 일찍 하려고 애를 쓰는데 일찍 하게되면 하나나 두 개만 꽂아놔도 됩니다. 왜요? 시간이 많기 때문에 가지를 많이 칩니다. 햇볕이 좋고 물이 따뜻해지고 하면 가지를 많이 칩니다. 분명히 하나 꽂아놨는데 이게 30개도 됩니다. 이게 자라서 이삭을 내는 것입니다. 그러니까 씨는 하나를 뿌렸지만 이것이 충실하게 자라고 가지를 많이 쳐야 됩니다. 그리고 건강하게 자라야 됩니다, 건강하게. 지나가는 얘기로 말씀드립니다마는 지금 북한에 농사가 잘 안돼서 참 어렵고 식량문제가 어렵다고 하는데 그 식량문제를 걱정해서 '옥수수박사'라고 하는 김순권장로님이 거기 가서 많이 수고를 합니다. 평양서 가끔 만났습니다. "잘돼갑니까?" 물었더니 걱정을 합니다. 왜 걱정하느냐? 그 땅이 그만 전부 산화되고 박토가 돼버려서 옥수수를 심었더니 좋은 종자니까 잘은 자라는데 어느만큼 올라와가지고는 이삭이 안나오고 맙니다. 땅기운이 모자라서입니다. 비료를 줘야 되는데, 좋은 비료를 많이 줘서 땅기운이 넉넉해져야 이게 잘 자라서 이삭이 나오겠는데… 자라다가 이삭이 안나온다고 아주 사색이 돼서 걱정을 하더라고요. 저보고 자꾸 비료 보내달라고 합디다. "비료 많이 줍시다" 하기에 "아이구, 우리도 하는 일 많은데 그건 장로님 다른 데 가서 말씀하세요. 저하곤 얘기하지 마세요" 했었습니다. 어쨌든 농사의 이치가 그렇습니다. 좋은 종자라해도 그 종자가 잘 자라야 되는 것입니다. 가을되기 전에요. 가을되면 딱 성장을 멈춥니다. 어려운 말 한마디 할까요? 이건 농과 전공하는 사람한테 들은 얘기입니다. '출아기'라고 하는 것입니다. 그때가 되면 어느 시간에 선들바람이 딱 나면서 올 스톱합니다. 그러면 지금까지 자란대로 결실하고 맙니다. 작으면 작은대로 크면 큰대로, 그대로 심판받고 마는 것입니다. 여름동안에 많이 자랐으면 많이 거둘 것이고 못자랐으면 거둘 게 없습니다. 그래서 여름 더울 때 덥다는 소리 농사꾼들은 못한답니다. 밥먹고 사는 사람은 덥다는 소리 하면 안됩니다. 우리 할아버지 말씀입니다. 왜요? 더워야 먹을 것이 있거든요. 정신없이 더워야 됩니다. 하루라도 더 더워야 됩니다. 될수있는대로 더 많이 더워야 됩니다. 그래야 이삭이 충실해지는 것입니다. 될수있는대로 많이 자랐다가 선들바람이 싹 불어오면 올 스톱, 딱 멈추고 결실하고 맙니다. 많이 자라 있으면 추수할 것이 많고 많이 자라지 못했으면 추수할 것이 적습니다. 그러니까 여름에 더운 것, 밥먹고 사는 사람은 참아야 됩니다. 많이 더울수록 좋으니까요. "아이구 더워서 못살겠다. 더워 죽겠다." 방정맞은 소리입니다. 밥먹고 사는 사람이 그따위 소리 해서는 안됩니다. 이제 보십시오. 주님께서 오셨습니다. 하나님나라는 이뤄졌습니다. 하나님나라가 확장돼야겠습니다. 넓혀가야겠습니다. 영토를 넓혀가야겠습니다. 하나님나라가 확장, 확장, 땅끝까지 확장되고 그제야 끝이 오리라고 예수님 말씀하십니다. 그러니까 이 기간은 선교기간입니다. 사도 바울은 그래서 말씀하는 것입니다. '그의 나타나실 것을 두고'―좀더 의역을 하면 '주님 나타나시기 전까지 그때가 기간이 아니냐' 하는 것입니다. 그러므로 좀더 서둘러서 주님 재림하시기 전에 한 사람이라도 더 많이 구원하도록 애써야 될 것 아니겠는가―그런 뜻으로 명령을 하는 것입니다.

이제 명령하는 내용을 봅시다. 그의 재림 앞에서 엄히 명합니다. 선택의 여지가 없습니다. 비판의 여지도 없고 생각의 여지도 주지 않습니다. 엄히 명하노니 너는 복음을 전파하라, 너는 네 직무를 다

하라—강하게 명령을 합니다. 첫째명령이 "복음을 전파하라"입니다. 그렇습니다. 여러분, 복음 전파하는 일보다 더 중요한 일은 없습니다. 때때로 우리는 구제를 생각하기도 하고 선행을 생각하기도 하고 착한 일을 생각하기도 하지만 아닙니다. 가장 귀중한 일은 복음 전파하는 일입니다. 제가 사랑하는 제자 한 분이 저 시골서 목회하면서 겪은 일을 이야기합니다. 개척교회입니다. 자기집에서 교회까지 가는 길에 논두렁같은 데를 지나갑니다. 거기에 움막집이 하나 있는데 어떤 날 신음소리가 들려오더랍니다. 들어가보니 땅을 파고 만든 움막집인데 폐결핵 3기환자가 각혈을 하고 있는 것입니다. 기침을 하면서 피를 쏟고 헤매는 걸 보고 불쌍해서 다 치워주고 "어떻게 된 거요? 부인은 없소?" 물었더니 "장사하러 갔죠"하고 대답합니다. "애도 없소?" "없습니다." "약은 먹어봤소?" "무슨 돈이 있어 약을 먹겠소?" 그래 '내가 좋은 일 하나 해야겠다' 생각을 하고 친구의사한테 가서 부탁을 해가지고 '파스'라고 하는 폐결핵약을 얻어다 줬습니다. 약을 주고 설렁탕도 사다주고 떡도 생기면 갖다주고… 이러면서 하루에 한 번씩 들러 돌봐주었답니다. 그랬더니 한 번도 약을 먹어보지 않은 사람이라서 그런지 이 약이 듣더랍니다. 그 사람 병이 나았습니다. 많이 건강해졌습니다. '됐다' 싶고 '내가 목사인 줄 아니까 저가 알아서 교회 나오겠지' 했습니다. 저도 체면이 있지 내가 목사인 줄 알면서 안나오겠나 하고 기다렸는데 안나오더랍니다. 그래도 '언젠간 나오겠지' 하고 있었는데 어느날 겨울에 그 부인이 찾아와 목사님한테 뭐라고 했는지 아십니까? "당신이 내 남편을 죽였소" 하더랍니다. 깜짝놀라서 "내가 6개월 동안을 애써서 살려놨는데 무슨 소리요?" 했더니 "병들었을 때는 그런대로 좋은 남편이었습니다. 밖에서 들어오면 수고했다고 위로하는 착한 남편이었는데 당신이 건강하게 만들어놓으니 술먹고 돌아다니다가 얼어죽었어요" 하는 것입니다. 이 목사님, 이제서 생각한 것입니다. '내가 왜 예수 믿으란 말을 안했지?' 그는 시각이 바뀌었다고 말합니다. '구제고 봉사고 중요하지 않다, 오직 전도다 전도. 내가 왜 전도를 하지 않았던가. 왜 예수믿으란 말을 못했던가?' 그렇게 마음이 아프다고 합니다. 여러분, 우리가 아무리 선한 일 한다 뭘 한다 하더라도 그건 다음 얘기고 가장 핵심적인 것은 전도입니다. 복음을 전해야 됩니다. 로마서 10장 14절에 보면 여러분 잘 아시는 말씀이 있습니다. "듣지도 못한 이를 어찌 믿으리요 전파하는 자가 없이 어찌 들으리요." 그런고로 복음전하는 자의 발이 아름답다고 찬양하고 있습니다. 에스겔 3장에 보면 파수꾼의 얘기가 있지 않습니까. 나팔을 불라, 이것입니다. 보초서는 사람이 적이 올 때 나팔을 불어야 될 것 아니냐, 나팔을 불었는데도 군인들이 깨지 않았다든가 준비를 안했다면 그건 그 사람들의 책임이고 너는 너의 할일을 다했다마는 만일에 파수꾼 네가 나팔을 불지 않았다면 그 피값은 네 손에서 찾으리라, 합니다. 그로해서 많은 사람이 죽었으니까요. 여러분, 내가 복음을 전해야 할 사람이 있다는 것을 잊지 맙시다. 반드시 전해야 됩니다. 복음전하는 일은 절대로 게을리하면 안됩니다. 때를 얻든지 못얻든지 ― 뭡니까? 무조건적입니다. 다른 말로 말하면 계절이 오든지 안오든지입니다. 그런 뜻입니다, 원문의 뜻대로는. 때가 있든지 없든지, 또 듣든지 안든든지 내가 할 일은 해야 됩니다. 내가 전할 것은 전하고 볼 것입니다. 왜요? 당장 믿을 사람도 있고 몇년 후에 믿을 사람도 있으니까요. 우리는 "예수믿으세요" 하면 당장 "예 믿겠습니다. 다음 주일날 교회 같이 나가죠" 하고 응해주길 바라지만 안그런 것입니다. 어떤 분 보니 설교 카세트테이프를 자기의 사랑하는 사람에게 보내주었는데 3년을 보내니까 예수믿더랍니다. 너무 쉽게 생각하지 맙시다. 그러나 때를 얻든지 못얻든지 복음을 전해야 될 사명은 다해야 된다, 그 말씀입니다. 옛날에 성 안토니라고 하는 분이 산에 올라가서 3년 동안 수도생활을 했습니다. 이 더러운 세상 떠나서 그저 주님을 바라보고 명상하며 기도하며 회개하며, 명상하며 기도하며 회개하며… 주님께서 나타나셨습니다. "네가 나를 사랑하고 나를 섬기는 것 참 좋은 줄 안다. 그러나 너는 저 알렉산드리아 저 복잡한 거리, 저기 구두 수선하고 있는 노인, 저 사람의 의만 못하다" 하십니다. 깜짝놀라 환상에서 깨어나 산에서 내려왔습니다. 내려와서 가봤더니 정말 구두 수선하는 할아버지가 있습니다. 찬송을 부르면서 기쁜 마음으로 구두를 깁고 있는 것입니다. 그래서 내가 이런 말씀을 하나님께로부터 들었는데 당신의 덕은 무엇입니까, 무슨 일을 하기에 이렇게 하나님께서 당신을 칭찬하시는 겁니까, 하고 물었더니 노인은 "저요? 하는 일 아무것도 없습니다. 다만 남의 구두를 기울 때 주님의 발을 씻는 마음으로 할 뿐입니다. 주님의 발을 씻는 마음으로 더러운 구두를 정성껏 꿰맵니다" 하고 대답하는 것입니다. 여러분, 주님을 섬기는 마음으로 현실에서 봉사해야 됩니다. 전도하는 일입니다. 이보다 더 귀한 일은 없습니다.

다음에는 또 가르치라 하였습니다. 그리고 인내로써 대하라, 하였습니다. 그렇습니다. 가르치는 사람에게 필수조건이 인내입니다. 서둘러서는 안됩니다. 한마디로 끝나는 것이 아니지요. 알도록 가르쳐야 됩니다. 예수님말씀대로 지금은 모르지만 이후에는 알 것입니다. 인내하고 참고, 참고 가르쳐야 됩니다. 그걸 잊지 말아야 됩니다. 미국 제 30대대통령 캘빈 쿨리지가 유명한 말을 했습니다. '성공하지 못하는 사람들이 공통적으로 갖고 있는 실패의 원인 중 하나가 바로 재능이다.' 재주가 많아서 그 재주가 실패의 원인이라 한 것입니다. 왜 그럴 것같습니까? 재주가 있다고 생각하기 때문에 배우질 않거든요, 재주만 믿고. 겸손하게 배워야 되고 우리는 가르쳐야 됩니다. 참고 계속 부지런히 가르쳐야 됩니다. 잘났다고 떠드는 사람도 가르쳐야 됩니다. 모르는 사람도 가르치고 아는 사람도 가르치고. 왜요? 하나님말씀이기 때문입니다.

또한 "경책하며 경계하며 권하라" 하였습니다. '전파하라'—듣도록, '가르쳐라'—알도록, '경책하라'—행하도록. 이건 교회정치를 말하는 것입니다. 교회에서 다스리면서 경책하며 경계하며 권하라—잘못된 것을 책망하고, 그러면서 바른 신앙에 살아가도록 권하라고 말씀합니다. 그러면서 믿음의 아버지 되는 사도 바울은 믿음의 아들 디모데에게 귀중한 전도자의 자세에 대해서 일깨워주고 있습니다. 본문을 잘 보십시오. "때가 이르리니 사람이 바른 교훈을 받지 아니하며 귀가 가려워서 자기의 사욕을 좇을 스승을 많이 두고 또 그 귀를 진리에서 돌이켜 허탄한 이야기를 좇으리라 그러나 너는…" 이렇게 말씀합니다. '네가 나가서 복음을 전하겠지만 다 받아주리라고 생각하지 마라. 모두가 다 감사한 마음으로 받아주리라고 생각하지 마라. 전도한다고 다 구원받으리라고 생각지도 마라. 사람들이 귀가 가려워서 진리에서 돌이켜 허탄한 것을 좇으리라. 그러나 전파하라.' 참 중요한 말씀이 아닙니까. 잘 들으리라고 생각하고 전할 게 아닙니다. 오늘 거부할 수도 있습니다. 그러나 내일 돌아옵니다. 오늘은 나쁜 사람입니다. 복음을 배척합니다. 그러나 언젠가 큰 고난을 당해 죽을 지경이 되면 생각날 것입니다. 복음으로 돌아올 것입니다. 이걸 알아야 합니다. 인내하는 마음으로 네 본분을 다하라, 좋은 순종, 좋은 반응, 좋은 응답 기대하지 마라, 바른 교훈을 받지 않는 사람이 많을 것이다, 말씀을 바로 듣지 않는 사람이 많을 것이다, 곡해하는 사람도 많고 오해하는 사람도 많고 반대하는 사람도 많다, 그걸 이상하게 생각지 말고 오직 너는 네 직무를 다하라, 근신하며 고난을 받으며 네 직무를 다하라, 하는 것입니다. 여러분, 내 할 도리만 다 합시다. 세상이 알아주지 않는다고 비관하지 맙시다. 내 할 직무는 다해야 됩니다. 언제나 잊어버리지 맙시다. 내 할 본분은 내가 다하는 것입니다. 하나님 앞에서, 재림하실 주님 앞에서 하나님 나라를 생각하면서 내가 할 직무를 내가 다해야 합니다. △

영광스러운 경기자

관제와 같이 벌써 내가 부음이 되고 나의 떠날 기약이 가까왔도다 내가 선한 싸움을 싸우고 나의 달려갈 길을 마치고 믿음을 지켰으니 이제 후로는 나를 위하여 의의 면류관이 예비되었으므로 주 곧 의로우신 재판장이 그 날에 내게 주실 것이니 내게만 아니라 주의 나타나심을 사모하는 모든 자에게니라
(디모데후서 4 : 6 - 8)

영광스러운 경기자

　오늘본문에서 우리는 정말로 종말론적인 사도 바울의 신앙고백을 읽을 수 있습니다. 우리가 생각하는 인생은 나는 때가 있고 죽는 때가 있고, 올 때가 있으니 갈 때가 있습니다. 사도 바울은 지금 인생의 긴긴 여행, 하나의 순례자의 길을 마치려 하는 단계에 있습니다. 지금 경기장에서 경기하는 사람들이 마지막 코스를 뛰고 있습니다. 그리고 저 앞의 골인지점에 왔습니다. 지금 결승점이 눈앞에 보입니다. 저 바로 앞에서는 그리스도께서 그를 맞이하려 하고 계십니다. 마치 스데반이 순교하던 때와도 같습니다. 하늘을 우러러보았더니 인자가 거기 서서 스데반을 향하여 '어서 올라오너라' 하고 내려다보신 것과도 같습니다. 스데반이 바로 그걸 쳐다보면서, 하늘을 우러러보면서 얼굴이 천사의 얼굴과 같이 빛나게 되고, 그리고 종말을 맞게 됩니다. 그와 같은 시간입니다. 스데반이 하늘을 우러러 바라보는 것과도 같이 지금 바울은 앞에 있는 순교의 시간을 바라보고 인생을 정리하면서 믿음의 아들 디모데에게 이 편지를 쓰고 있는 것입니다. 선교로 죽든 혹은 질병으로 죽든 예수를 잘믿는 사람들은 자기의 마지막을 예감하게 되는 거라고 저는 생각합니다. '이제는 가까웠다.' 그걸 알게 되는 것같습니다. 짐승도 압니다. 코끼리가 죽을 때는 저가 태어난 곳으로 갑니다. 태어난 모든 짐승이 원점으로 돌아가는 귀소본능을 가집니다. 사람도 사실은 이 모양 저 모양으로 세상을 갑니다. 그러나 원칙대로 말하면, 원리대로 말할 것같으면 사람은 건강하게 살다가 얼마간의 나이가 된 다음 쇠잔해서 조용히 잠들듯이 갑니다. 그렇게 가는 것이 정상적입니다. 제가 세상에 나서 맨먼저 죽음을 본 것은 우리 할아버지의 죽음입니다. 할아버지가 86세에 돌아가셨습니다. 그 전날까지 낚시질을 하셨습니다. 낚시질 전문이었습니다. 할일 없으니까 그저 여름에는 바다낚시, 겨울에는 또 이 연못 저 연못으로 다니면서, 강으로 다니면서 낚시질을 하곤 하셨습니다. 그런데 그 전날까지 낚시질 하신 분이 그날 아침에는 식구들을 불러놓고 "아무래도 내가 오늘 갈 것같다" 하시는 것입니다. 사랑방이었는데 점심때인데도 점심을 안드십니다. "오늘은 내가 먹지 않겠다." 그리고 안방에다가 자리를 펴라고 하십니다. 그리고 그 넓은 방에 들어오시더니 앉아서 죽 말씀하시고 본인이 베개하고 누우십니다. 힘들다고 누워서 말씀하시고 기도하시고 그리고 손을 잡고 조용하게 눈을 감으시는 걸 보았습니다. 저는 사람이 그렇게 가는 줄 알았습니다. 아주 편하게. 세상에 이렇게 편할 수가 없습니다. 마지막으로 부탁하신 것이 "거지잔치 일주일을 하라" 하는 것이었습니다. 해마다 한두 번씩 거지찬치 했거든요. 마지막으로 장례에도 "거지잔치를 하라" 하신 것입니다. 그래서 천막을 쳐놓고 인근에 있는 거지들을 다 모아들여서 먹였습니다. 먹고 가면 또 음식을 차리고 또 먹고 가면 또 음식을 차리고… 일주일 동안 그렇게 했습니다. 그러니까 축제였던 것입니다. 사실은 어느 한 사람도 우는 사람 없었습니다. 86세에 복되게 가셨기 때문입니다. 그런데 중요한 것은 이것입니다. 적어도 순교를 당하든 혹은 연세가 높아서 가든 신앙생활 잘한 사람들은 그 죽을 날에 대해서 그 날과 그 시를 아는 건 아니지만 예감이 있는 것같습니다. 이런 얘기가 얼마든지 많습니다. 오늘 사도 바울도 지금 병걸려 죽는 게 아닙니다. 늙어서 죽는 것도 아닙니다. 그러나 이 겨울을 지나서 봄에 순교당하거든요. 그런데 그걸 본인은 알고 있었습니다, 때가 가까웠다고. 그래 오늘본문에 나타난 것이 그 마음에 생의 끝이 왔다는 것을 알고 말씀하는 것입니다. 그는 이렇게 고백하고 있습니다. 그의 간증이요 그의 신앙고백입니다. 놀라운 이야기가 아닐 수 없습니다. "관제와 같이 내가 부음이 되고…" 관제, '스펜데스다이'라고 하는 이 말의 원문의 뜻을, 배경을 살펴보면 '하나님의 전에 피를 쏟아붓는다'하는 뜻입니다. '제단에다가 피를 쏟아붓는다.' 그것이 '관제'입니다. 양의 목을 치고 뒤에서 피가 나오는 것을 받아가지고 가서 제단에다가 그 시뻘건 피를 좌악 붓습니다. 그리고 태웁니다. 그 붓는 것이 관제입니다. 히브리개념으로 볼 때는 내 생명을 이제 다 쏟아버릴 때가 왔다, 부어버릴 때가, 끝이 왔다, 그런 뜻입니다. 이것을 로마문화 속에서 이해하면 조금 다른 뜻이 됩니다만 거의 비슷합니다. 뭐냐하면 로마사람들의 식사문화를 생각해야 하는데, 2000년 전 그 당시에 로마사람들이 잔치를 하든가 돈많은 부자가 식사를 할 때는 좋은 음식을 가지고 식사를 죽 한 다음에 식사 끝에, 시작이 아니고 끝에가서, 식사 끝에가서 하는 행사가 하나 있습니다. 그 행사가 바로 포도주의 잔에다가 포도주를 담아서 이것을 자기네 집 안에 만들어놓은 우상의 제단에 붓습니다. 이것이 마지막 행사입니다. 식사의 맨마지막 행사가 우상 앞에 포도주를 붓는 것입니다. 그것이 스펜데스다이 (Spendesthai)입니다. 그런 뜻이 있습니다. 내 인생의 생활 자체를 마감하는, 내 생애의 끝에, 끝 순서로 순교라고 하는 하나의 행사가 남았다, 이제 할일 다 했다, 할말도 다 했다, 이젠 아무 거리낌이 없다, 이제 남은 것은 순교하는 것뿐이다, 죽는 일만 남았다—바로 그런 순간을 바울은 "관제로"라고 표현하고 있습니다. 나는 벌써 관제와 같이 부음이 되고—부어졌다, 하는 말씀입니다.

　이어서 그는 "떠날 기약이 가까왔도다" 합니다. 이것 역시 상징적인 의미가 있는 말씀입니다. 떠난다는 말씀에 깊은 신학적 의미가 있습니다. 배경이 있습니다. 그것은 멍에를 벗는다는 뜻입니다. 마소의 목에 멍에를 얹습니다. 단단히 묶습니다. 그리고 하루종일 끌고다니면서 일을 시킵니다. 저녁이 돼서도 일이 다 끝난 다음에야 끈을 풀고 멍에를 내립니다. 떠난다는 것은 바로 그 뜻입니다. 내게 맡겨진 일이 있었습니다. 해야 할 일이 있었습니다. 부지런히 일했습니다. 한평생을 소아시아로 유럽으로 사방으로 다니면서 충성을 다하여 복음을 전했고 많은 핍박을 무릅쓰고 하나님의 사역을 이루었습니다. 이제 보습쟁기를 벗을 때가 됐습니다. 멍에를 벗어놓을 때가 됐습니다. 다 했으니까요. 일을 다 하고 벗어놓는 것입니다. unyoking입니다. 멍에를 벗는다, 한편으로는 '천막의 끈을 푼다' 하는 뜻도 됩니다. 천막을 치고 있다가 저쪽으로 옮겨갈 때 매놨던 천막끈을 풉니다. 풀어 천막을 걷어가지고 나온 곳으로 가져갑니다. 내가 여기서 살던 거 이제는 멈추고 이 장막을 떠나서 하나님나라로 간다, 장막끈을 푼다—그게 떠난다는 뜻입니다. 떠날 때가 왔다는 것입니다. 또하나, 더 재미있는 것은 배의 밧줄을 푼다는 뜻입니다. 배가 여기에 지금 매여 있습니다. 뭍에 있는 말뚝에다가 끈을 매놓고 정박해 있습니다. 이제 이 배가 다른 곳으로, 먼 곳으로 가기 위해서 육지에 매여 있는, 말뚝에 묶여 있는 그 밧줄을 풉니다. 배 타보신 분은 알지만 작은 배든 큰 배든 군함이든 이 밧줄을 풀어야 떠납니다. 이 밧줄을 풀고 떠날 때가 됐다—얼마나 멋있습니까. '영원한 나라로 가는 배를 타고 내가 지금 떠날 때가 돼 육지에 매여 있는 이 줄을 풀어야겠다. 밧줄을 풀고 떠나겠노라. 나의 떠날 때가 가까 웠다.' 얼마나 확실하고 분명한, 뜻깊은 말씀입니까. 그것은 곧 목표로 향하는 길이요 소망으로 향하는 길이요, 더 중요한 것은 안식으로 가는 길이라는 것입니다. 이제는 쉴 것입니다. 지금까지 보습쟁기를 걸머지고 멍에를 매고 수고했지만 이제는 쉴 것입니다. 가만히 쉴 것입니다. 이제는 이 세상이라는 데 붙들려 살 것 없습니다. 밧줄을 딱 끊어버리고 떠나는 것입니다. 가만히 쉬는 그런 때가 왔다, 이렇게 말씀하고 있습니다.

그리고 이제 자신의 생애를 돌아보면서 '내 생애는 어떤 것이었던가?' 세 가지로 말씀하고 있습니다. 지난날 살아온 생애, 삶의 그 모습이 상징적으로 세 가지가 있었는데 첫째가 뭐냐하면 '군인'입니다. "선한 싸움을 싸우고…" 군인으로 살았다는 것입니다. 이미도 말씀드린 것처럼 군인에게는 사느냐죽느냐의 문제가 걸려 있습니다. 군인은 전적으로 생명을 내어바치고 생명보다 더 귀한 일을 위해서 삽니다. 군인은 언제 죽을는지 모릅니다. 죽을 각오 하고 군인입니다. 군인으로 나가면서 살고죽고 걱정한다면 못나가는 것입니다. 살고죽는 것보다 더 중요한 일, 나라를 위해서 평화를 위해서 의를 위하여, 명예를 위하여, 생명보다 훨씬 높은 가치의 것을 위하여 사는 사람이 군인입니다. 적어도 군인은 생명을 아까워하지 않습니다. 내가 하고 있는 일을 위해서 언제든지 죽을 수 있습니다. 저는 지금도 기억하고 또 가끔 그런 꿈을 꿉니다. 제가 군대에 있을 때 얼마동안 첩보대에 있었습니다. 통신관계가 있기 때문에 첩보대와 같이 있었는데 그때 가끔 밤중에 첩보 나갈 때가 있었습니다. 한번에 평균 열두 명 나가면 여덟 명 돌아옵니다. 네 명은 죽든지 실종되든지, 대체로 그렇습니다. 열두 명 다 돌아오는 일도 가끔은 있지만 그건 기적입니다. 아무래도 몇사람은 못돌아옵니다. 밤중에 나갑니다. 깜깜한데 막사에 들어와 플래시 켜고서 이름 부릅니다. 아무개, 아무개, 아무개… 그럴 때 "네!"하고 일어서는데, 이거 이제 가면 적어도 그 중 3분의 1은 죽습니다. 그럼에도 불구하고 그때 "나 배아파 못가겠는데요"라거나 나 어떠어떠해서, 라고 핑계대는 사람 없습니다. 이름 부르면 다 "네!" 하고 일어섭니다. 여기는 생명이 걸렸습니다. 그래도 처음부터 그렇게 출발한 게 군인입니다. 목숨을 걸고 나라를 지키고 목숨을 걸고 의를 지킵니다. 명분을 지킵니다. 만약 그 시간에 "아, 난 어젯밤에 배가 아파서…" 이따위 소리 하는 사람 있으면 그 사람은 두고두고 '쪼다'될 것입니다. 가만 안둡니다. "저거 형편없는…" 정말 요샛말로 왕따돼가지고 살기 힘듭니다. 그게 군인입니다. 군인의 생명이 명예거든요. 그런데 이걸 알아야 됩니다. 생명을 바치고 명예를 바치고, 그리고 나를 모집한 대장을 위해서 살아가는 것인데, 선한 군인이 누구입니까. 선한 군인, 거기에 의미가 있습니다. 옛날에는 군인이 전부가 용병이었습니다. 그러니까 처음에 군인을 모집한다 하면, 누가 모집하면 '나 군인 가겠습니다' 하고 따라나서는데 그건 뭐냐? 돈벌러 가는 것입니다. 다른 것 없습니다. 먹고살기 위해서입니다. 한번 갔다오면 넉넉하게 벌어오니까요. 그러면 또 식구와 함께 새로운 살림을 할 수도 있고 갔다와서 장가갈 수도 있습니다. 한밑천 잡을 수가 있거든요. 용병이라는 것은 철저하게 돈벌기 위해 들어가는 것이었습니다. 처음에는 돈벌기 위해서 군인이 됐습니다. 그러나 그 다음에는 싸우다싸우다보니 이젠 또 살아남기 위해 싸우는 것입니다. 내가 저를 죽이지 않으면 내가 죽으니까요.

그 다음에 또 얼마동안 싸우다보면 중요한 것은 대장의 명령에 복종하기 위해서 싸운다는 사실입니다. 명령이 엄합니다. 그 명령 반드시 지켜야 됩니다. 만일에 불복하면 그냥 죽임당합니다. 그런 것입니다, 군인의 세계라는 건. 불복이 있을 수 없습니다. 이런 무서운 처지에서 이렇게 복종하면서 충성된 자로, 용감한 군인으로 싸웁니다. 다시 또 어느만큼 가다보면 이제는 얘기가 달라집니다. 대장님을 존경해서 싸우는 것입니다. 대장님을 존경합니다. '저분은 훌륭한 분이다. 저분이 하는 일은 훌륭하다. 저분의 뜻이 너무 귀하다. 나도 저분과 함께 살겠다. 저분과 함께 죽을 것이다. 저분을 위해서라면, 저분이 하는 일을 위해서라면 죽을만하다.' 이렇게 됩니다. 대장을 존경해서 이제는 돈이 문제가 안됩니다. 대장을 존경해서, 그를 사랑해서 그를 위하여 충성을 다합니다. 이게 '선한 군인'입니다. 선한 싸움입니다. '선한 군인이 되어 선한 싸움을 싸웠노라. 그리스도를 위하여 명분있게 나는 한평생 그의 군인으로 충성을 다했노라' 하고 말씀하고 있습니다. 그것이 바울의 회고입니다.

두 번째로 그는 '경기자'를 말씀합니다. 경기자, 운동선수를 말씀하는 것인데 사실 바울이 역사할 바로 그 당시에 특별히 소아시아 근방에 아덴이 있었습니다. 올림픽 발상지입니다. 올림픽이 거기서 시작되었습니다. 사람들이 올림픽경기, 운동경기를 많이 구경했습니다. 여기사람들이 운동경기를 많이 본 사람들이기 때문에 그들에게는 운동경기에 대한 말이 더 실감있게 들리는 것입니다. 그래서 고린도전서 9장이나 디모데후서 2장에 보면 경기자에 대해서 자세히 말씀합니다. 이게 들어먹힌 것입니다. 알만한 것입니다. 제가 여기서 말씀드리지만 오늘도 스포츠를 좋아하는 사람들은 이 말씀을 빠르게 이해하지만 운동하고 담쌓은 사람들은 이 말씀 들어도 무슨 말씀인지 잘 모릅니다. 그러니 알아서 들읍시다. 운동경기, 경기자란 뭐냐? 경기자에게는 경기의 목적이 있습니다. 이게 중요합니다. 내가 왜 이 경기를 하느냐입니다. 월드컵경기를 앞둔 우리도 요새 축구가 큰 관심거리입니다. 나라의 명예를 위해서뿐만 아니라 그렇게 경제적으로도 큰 문제가 거기 걸려 있는 줄 몰랐습니다. 어쨌든 이 운동경기에는 뚜렷한 목적이 있습니다. 그 목적이 아주 고상하고 높을 때만이 그 경기의 내용이 좋아지는 것입니다. 목적 또는 달리는 사람의 목표가 있어야 합니다. 목표 없이 아무 데나 뛰겠습니까. 뛰다말고 '어디로 갈까?' 물어보겠습니까. 목표가 분명하고 내가 가는 코스가 눈에 환해야 되는 것 아닙니까. 마라톤선수들이 사전에 먼저 가서 그 코스를 한번 뛰어보지 않습니까. 미리미리 다 다녀보지 않습니까. 이게 희미해서는 안되지요. 운동선수가 뛰다말고 "가만있어" 하고 "나 어디로 가야 되나요?" 물어본다면 정신나간 사람이지요. 안그렇습니까. 정신나간 일이 좀 있습니다. 유치원아이들, 초등학교 일학년아이들 운동경기 할 때 보면 흔히 볼 수 있습니다. '땅' 하면 뛰다말고 "엄마!" 소리치는 녀석 있지 않습니까. 그놈은 꼴찌 됩니다. 목표를 보고 뛰어도 일등을 할지말지 한데 뛰다말고 엄마 찾고 있으니 되겠습니까. 목표가 분명하고 목적이 분명하고 환해야 합니다. 내가 가야 할 코스가, 인생의 코스가. 사도 바울은 생각합니다. '나는 운동경기자와 같이 여기까지 도달하는 데 환하게, 내가 달려갈 길을 환하게 보면서 살아왔노라.' 어떻습니까. 성공이 뭡니까? 아시는대로 대체로 봐서 외길인생을 산 사람들을 두고 흔히 성공했다고 하지요. 또 그렇게 살아야 성공할 수도 있고요. 이렇게도 해보고 저렇게도 해보고… 이래가지고는 안됩니다. 어떤 일이든지 적어도 10년을 하고나서야 소위 '이제 뭘 좀 아는 것같다' 하지 않습니까. 하루아침에 되는 일은 하나도 없거든요. 그걸 우리가 알아야 합니다. 가끔 젊은 후배목사님들이 저보고 물어봅니다. 제가 잘해서는 아니지만 "목사님, 우린 얼마나 배우면 목사님 만큼 설교할까요?" 합니다. 그래서 저는 "내가 목사된 지 40년이니까 한 40년 기다려야겠지"하고 대답합니다. 안그렇습니까? 경륜이라는 걸 무시할 수가 없거든요. 많은 경험이라는 게 얼마나 소중한 건데요. 우리가 그걸 떠나서 얘기할 수가 없습니다. 내가 사는 코스, 중요합니다. 가끔 이런 질문도 받습니다. "목사님, 목사님은 목사 외의 다른 직업 생각해본 일 있습니까? 목사님 보니 재주가 많으신 것같은데요. 뭐 이것도 만지고 저것도 알고…" 가만히 내가 봐도 재주가 많아요, 내가. 이것저것 하는데 그렇다고 목사 아닌 다른 것 생각해본 적은 없습니다. "No. 이거는 우리 어머니 소원이니까요. 나는 목사 외의 다른 일은 생각해본 일 없습니다." 이렇게 대답합니다. 그것이 중요한 것입니다. 운동경기자는 한번 뛰기 시작했으면 코스 바꾸는 일이 없습니다. "땅" 하자마자 앞만 바라보고 직선으로 달립니다. 코스변경이 없습니다. 코스전환이 없습니다. 변심이 없습니다. 중도탈락이 없습니다. 이게 운동경기자입니다. 빌립보서에 보면 '온몸을 앞으로 기울이고'라고 말씀합니다. 전심전력입니다. 그야말로 젖먹던 힘까지 다 내는 것입니다. 집중하고 전심전력으로 달리는 것입니다. 이게 운동경기자입니다. 사도 바울이 운동경기를 많이 알았던 것같아요. 디모데서에 보면 이런 말씀을 합니다. '법대로 하지 아니하면 상급을 얻지 못한다.' 파울은 안됩니다. 규칙을 지켜야 됩니다. 운동경기마다 규칙이 있습니다. 그 규칙을 잘 지켜야 됩니다. 규칙을 떠나면 실격입니다. 그래서 사도 바울은 이런 말씀도 합니다. 고린도전서 9장에 보면 '내가 남에게 복음을 전한 다음에 나 자신은 버림이 될까 두렵다' 하였습니다. 남에게 전도해서 남 예수믿게 하고 나는 버림이 될까 두렵다, 그랬는데 그 '버림이 된다' 하는 말이 뭐냐하면 '실격'이라는 말입니다. 다른 사람 다 달리기하고 나는 실격자가 되면 어떻겠느냐, 이것입니다. 여러분, 규칙을 지켜야 합니다. 어디가나 규칙대로 살아야 됩니다. 자동차운전을 할 때 운전법칙을 지켜야 됩니다. 운동을 할 때 운동경기법칙이 있습니다. 그거 꼭 필요합니다. 그래야만 됩니다. 그렇지 않고는 아무리 해도 소용없습니다. 달리기할 때 경계선을 밟고 뛰면 안되지요. 줄을 따라서 뛰어야지요. 그와같이 반드시 경기규칙을 지켜야 됩니다. 또한 운동경기 하는 자마다 절제를 해야 됩니다. 사도 바울이 말씀합니다, 절제해야 된다고. 절제란 경기순간의 일을 말하는 게 아닙니다. 경기 전의 일입니다. 경기는 오늘 하고 있습니다. 더구나 권투선수같은 사람들 보면 불과 몇분 동안 뜁니다. 특별히 간단한 운동이라면 간단한 운동인데 역기하는 사람들, 한번 들었다가 탁 놓고 상받습니다. 그러나 이 사람, 이거 한번 들기 위해서 몇년을 수고했습니까. 제일 간단한 운동입니다. 뭐 누구하고 싸우는 것도 없습니다. 한번 들었다 놓으면 됩니다. 그런데 그게 아무나 드는 것이 아니지 않습니까. 그거 하나 들기 위해서 얼마나 많은 시간 훈련을 했습니까. 하루아침에 되는 게 아닙니다. 오래전입니다. 제가 젊었을 때입니다. 팔씨름을 한다고 해서 나갔다가 팔씨름이 붙었는데 그쪽들 생각에는 제가 좀 약해보였던가 봅니다. 그러나 어림도 없었지요. 왜 그랬을 것같습니까. 제가 어렸을 때는 철봉을 많이 했습니다. 그 다음에는 제가 지금도 아령이라는 것을, 아침마다 쇳덩이로 된 아령 40년 했습니다. 아시겠습니까? 그래가지고 이 몸매가 있는 것입니다. 거저 되는 게 아닙니다. 선수가 나가서 뛰는 것은 잠깐이지마는 그 시간을 위해서 10년을 훈련한 것입니다. 10년을 절제한 것입니다. 먹고 싶은대로 먹지 못하고 자고 싶은대로 자지 못하고, 그야말로 아침부터 규칙대로 훈련을 쌓아서 지금 저기 나가서 뛰는 것입니다. 잠깐 거기 나선 것같지마는 그 한 시간을 위해서 그는 10년을 수고한 것입니다. 그 시간에 결심한다고 되느냐고요, 이게. '내가 이제 나가서 할 거다, 잘할 거다.' 맹세 해보세요, 되나. 그 시간을 위해서 오랜 절제, 심지어는 절제가 일상화돼야 합니다. 이걸 알아야 됩니다. 절제가 일상화돼야 합니다. 습관이 되고 생활이 돼야 합니다. 그러고야 운동선수가 되는 거지 하루아침에 되는 게 아닙니다. 사도 바울이 말씀합니다. 우리 신앙생활은 바로 경기입니다. 경기자는 절제하는 법입니다. 마음대로 먹고 마음대로 자고… 안될 일입니다. 그래가지고는 신앙생활 바로 할 수 없습니다. 자기몸을 다스리고 자기마음을 다스리고 자기욕망을 다스려야 되는 것입니다. 절제가 절대로 필요한 것입니다. 그것 없이는 경기자가 못됩니다. 경기자들 하는 말이 있지요, '자기와의 싸움'이라는. 자기와의 싸움에 실패한 자는 운동경기에 나설 자격부터 없는 것입니다. 해보나마나니까요. 얼마나 중요합니까. 더구나 경기에 나섰을 때는 이기겠다는 집념에 사로잡혀서는 안됩니다. 언젠가 올림픽에서 마라톤에 일등 한 사람에게 어떻게 해서 이렇게 잘했느냐 물으니 "나는 다른 사람 뛰는 것을 보지 않았습니다"하고 대답하는 것을 보았습니다. 다른 사람 뛰는 걸 전혀 안봤다는 것입니다. 자기만 뛰었다는 것입니다. 이게 뭡니까. 시기질투가 있어서는 안된다는 것입니다. 다른 사람하고 비교해서는 안됩니다. 그런 마음만 가지고도 벌써 경기에 실패하는 법입니다. 다른 사람 실수하기만 기다리는 그런 사람은 못씁니다. 가끔 운동경기 중계하는 거 보니 해설자가 참 재미있는 얘기를 많이 합디다. 잘 했는데 잘못됐거든요. 그러면 뭐라고 해설하는고하니 "이제는 자력으로는 이기지 못합니다" 합니다. 무슨 말인고하니 다른 사람이 실수해줘야 이긴다는 것입니다. 그렇지 않습니까? 마음을 다스려야 됩니다. 절제입니다. 그 다음에는 사도 바울이 히브리서 12장에서 하는 말씀입니다. "허다한 증인이 있으니…" 구름과 같이 둘러싼 허다한 증인이 있으니, 라고 말씀합니다. 운동경기자 혼자 뛰는 것이 아닙니다. 뒤에 성원하는 자가 있습니다. 생각을 해보십시오. 여러분 하나하나가 운동경기자입니다. 지금 달려오고 있는데 여러분의 믿음의 조상들, 우리의 믿음의 조상들이 지금 내려다보고 있습니다. 아이쿠 저거 달리다가 넘어지면 안되는데… 아이쿠 저거 술집으로 가면 안되는데… 걱정한다고요. 구름과 같이 둘러싼 허다한 증인이 우리를 지켜보고 있습니다. 경기장을 보십시오. 축구장이든 야구장이든 수만 명이 지켜보고 있지 않습니까. 그 앞에 가서 운동하는 것이니 요샛말로 얼마나 스트레스를 받겠습니까. 얼마나 긴장이 되겠습니까. 얼마나 어렵겠습니까. 많은 사람이 걱정하며 성원하며 사랑하며 존경하며 지켜보고 있다는 걸 잊지 마십시오. 그 속에 내가 있는 것입니다. 그리고 운동경기에서는 뭐니뭐니해도 마지막에 면류관을 얻는 것입니다. 마지막에 금면류관을 얻는 것이고 상급을 얻는 것이고 영광을 얻는 것입니다. 승리자에게, 완주한 자에게 영광이 돌아가는 것입니다. 그래서 신앙생활, 하나의 인생을 경기자로 말씀하고 있습니다.

세 번째로 '믿음을 지켰다'고 합니다. 하나의 성도를 말씀하는 것입니다. 하나의 순교자를 말씀하는 것입니다. 순교를 요구하는 상황이었거든요. '나는 믿음의 정조를 지켰다'하는 것입니다. 죽음이 무서워서 신앙을 배반하지 않았고 신앙의 정도를 지켰다, 이것입니다. 그러니까 믿음을 지켜서 순교를 선택한 것입니다. 믿음을 버리면 살 수 있습니다. 이걸 알아야 됩니다. 믿음을 지켰다는 말은 믿음과 생명을 바꿨다는 말입니다. 내가 어느 시간에든지 믿음을 버리면 감옥에서 나갈 수 있습니다. 그러나 믿음을 지켜서 순교를 선택한 것입니다. 죽기로 결정을 했습니다. 또 죽이기로 결정을 해놨습니다, 지금. 사형선고를 이미 받아놨습니다. 믿음을 지킨 것입니다. 쉬운 얘기가 아닙니다. 순교자입니다. 그런가하면 현실적으로도, 매일 매일 사는 일상생활에서도 믿음을 지켰습니다. 믿음을 가장 귀한 것으로, 돈보다 명예보다 생명보다 더 중요한 것으로 지켰습니다. 잘 지켰노라, 믿음을 지켜왔노라, 이렇게 말씀합니다. '좋은 군인으로 우수한 경기자로 훌륭한 순교자로, 아직 죽지 않았지만 이미 죽기로 결정해놓은 것이니까, 순교자로 이 자리에 있노라.' 그리고 운동경기로 말하면 지금 결승점에 와 있는 것입니다. 그래서 여기 보니 "이제 후로는"하고 말씀합니다. 다 끝났습니다, 이제는. 사형선고도 받았고 믿음도 지켰고 다 끝났습니다. 이제 후로는, 이제는 걱정거리가 아무것도 없습니다. 다만 앞에 면류관이 있다, 이제 후로는 면류관뿐이다—얼마나 멋있는 얘기입니까. 아주 자유하고 승리한 그런 영광된 순간을 보내고 있습니다. '이제는 생은 끝났고 주님을 기다리고 있노라. 면류관을 기다리고 있노라.' 또 있습니다. "내게만 아니라"하고 말씀하는데, 이럴 때 보니 바울은 역시 인심이 좋습니다. 내게만 아니고 나와 같은 믿음을 가진 사람이면 누구에게든지입니다. 이 면류관은 나와 같은 믿음을 가지고 주님의 재림을 기다리는 사람이면 누구에게든지 다같이 주어질 것이라고 말씀합니다. 여러분은 결승점, 결승시점을 알고 있습니까? 한 가지 분명한 것은 얼마 안남았다는 것이지요. 이 자리에 계신 대부분의 분들이 전에 살아온 시간보다 앞으로 살 시간이 짧을 것같습니다. 한 가지 분명한 것은 몇 십 년 후에(제가 여기 못오겠지만) 보면 아마 여러분의 한 사람도 이 자리에 없을 것입니다. 그렇겠지요? 그것만은 분명하지 않습니까. 얼마 안남았습니다. 그래서 바울이 말씀한대로 육체의 남은 때, 그것이 많이 중요합니다. 요 마지막 코스가 중요합니다. 마지막 장면이 너무도 중요한 것입니다. 심각한 것입니다. 그런고로 이 중요한 시간에 낙오자가 되지 말고 실격자가 되지 말고 과거에는 조금 휘청거렸지만 이젠 휘청거리지 말 것입니다. 전일에는 우왕좌왕했지만 이제 그럴 시간이 없습니다. 이제 마지막 시점에 왔기 때문입니다. Last time goaling, 마지막 시간이면서 결승점에 도달하면, 그러면 무엇이 보입니까? 사도 바울에게는 면류관이 보이고 그리스도께서 보였습니다. △

너도 저를 주의하라

너는 어서 속히 내게로 오라 데마는 이 세상을 사랑하여 나를 버리고 데살로니가로 갔고 그레스게는 갈라디아로, 디도는 달마디아로 갔고 누가만 나와 함께 있느니라 네가 올 때에 마가를 데리고 오라 저가 나의 일에 유익하니라 두기고는 에베소로 보내었노라 네가 올 때에 내가 드로아 가보의 집에 둔 겉옷을 가지고 오고 또 책은 특별히 가죽 종이에 쓴 것을 가져 오라 구리 장색 알렉산더가 내게 해를 많이 보였으매 주께서 그 행한 대로 저에게 갚으시리니 너도 저를 주의하라 저가 우리 말을 심히 대적하였느니라
(디모데후서 4 : 9 - 15)

너도 저를 주의하라

　이미 말씀드린대로 바울의 유서와도 같은 이 편지에서 우리는 교리적이고 교회적인 말씀들을 거쳐 이제 부록과도 같은 본문을 오늘 봅니다. 바울은 지금 개인적이고도 실제적인 당부의 말씀으로 이 편지를 마무리하고 있습니다. 다음 시간이면 이제 디모데후서 강해를 마칩니다. 오늘본문에는 아주 가슴아픈 말씀들이 죽 나옵니다. "너는 어서 속히 내게로 오라." 어서 속히 오라, 하는 말씀이 있고 또 21절에 가서 보면 "겨울 전에 너는 어서 오라" 하였습니다. 속히 오라, 겨울 전에 오라—무슨 말씀입니까. 겨울이 임박하였습니다. 이 지중해연안은 겨울이 되면 배가 다니지를 못합니다. 바다는 얼지 않기 때문에 배가 다닐 수 있지만 항구시설이 좋지 않아서 배가 접안을 못합니다. 육지 가까이는 얼어붙기 때문입니다. 그래서 못들어옵니다. 바다는 얼지 않는 줄 알고 있지만 옅은 바다는 어는 것입니다. 제가 옛날에 살던 고향에도 바로 앞에 바다가 있는데 겨울이 되면 그 바다 연안이 전부 없습니다. 그 얼음덩어리들이 밀려와 거기에 늘 쌓여 있어서 위험합니다. 그래서 배가 접안을 할 수가 없습니다. 그런 걸 보았는데, 지중해연안도 그렇습니다. 항구시설이 변변찮기 때문에 깊은 바닷길로 배가 들어와도 이 항구에 접안시키지를 못합니다. 그런고로 바울은 말씀합니다. '이제 추워지면 못온다. 오고 싶어도 못온다. 겨울 전에, 이 겨울 전에 속히 오라.' 왜냐하면 이번 겨울에 꼭 필요한 것이 있기 때문입니다. 오늘본문에 보는 바와 같이 이번이 마지막 교훈이라는 걸 의식하고 있습니다. 이미 관제와 같이 부음이 되었다고 하였습니다. 그 말의 구체적인 의미는 순교가 결정

됐다는 것입니다. 나는 믿음을 지켰고 순교적 상황에 있습니다. 믿음을 배반하면 삽니다. 믿음을 지켰기 때문에 이제는 죽을 수밖에 없습니다. 다만 집행하는 시간만 남아 있을 뿐입니다. 그는 생각합니다. 모름지기 이번 겨울이 지나가서 봄이 되면 처형당할 거라고 생각을 하고 있습니다. 그들의 관례대로 사형선고를 하고는 얼마동안 있다가 이제 처형을 하는 걸 압니다. 모든 상황으로 보아서 그는 지금 이 겨울이 마지막 겨울임을 압니다. 그런데 이렇게 죽음을 앞둔 마지막 겨울인데도 또 추운 건 추운 겁니다. 그렇지 않겠습니까? 순교할 사람에게도 순교하는 그 시간까지는 배고픈 건 배고픈 겁니다. 아픈 건 아픈 거고요. 추운 건 추운 것입니다. 그래서 '겨울 전에 속히 오라. 내가 가보의 집에 둔 겉옷이 있는데 그것을 가져오라' 합니다. 여행하는 중에 보따리를 지금처럼 들고 다니겠지마는 얼마나 불편합니까. 그래서 겨울 동안만 쓰고 여름엔 쓰지 않는 것은 여기저기다가 맡겨놓은 것같습니다. 짐을 가볍게 하기 위해서입니다. 어느 집에 맡겨놓은 겉옷이 있는데 겨울 전에 그걸 속히 가져오라— 그 상황이 얼마나 절절합니까. 이제 순교를 앞둔 마지막 겨울, 그걸 따뜻하게라도 나야겠는데 아닙니다. 배고프고 춥고 괴롭습니다. 한 벌의 옷이 아쉽다, 이 말입니다. 한 벌의 겉옷이 아쉬운, 바로 그런 절절한 시간입니다. 그래서 '겉옷을 가져오라. 그리고 너는 속히 오라. 겨울 전에 오라' 부탁하고 있습니다.

그리고 여기에 자기의 심정을 개별적으로 하나하나 말씀합니다. 마음에 걸리는 게 있습니다. 늘 감사감격하고 살지마는 그도 역시 인간적으로는 섭섭한 게 있습니다. 그게 마음아픕니다. 그래서 여기 믿음의 아들 디모데에게 그 이야기를 죽 합니다. 이런 일 이런 일이 있다, 이런 고마운 사람도 있고 이렇게 내 마음을 아프게 한 사람도 있다, 하는 것입니다. 여러분도 잘 아시다시피 사람 중에는 꼭 필요한 사람, 꼭 있어야 될 사람이 있는가하면 그러나 어떤 사람은 있으나마나입니다. 있어도 그만 없어도 그만입니다. 무엇과 같은지 아십니까? 남자들 양복에 단추같은 것입니다. 이 단추, 이건 있어도 그만 없어도 그만인데 이거 없으면 좀 재미없어요. 그런가하면 또 있다고 해서 별볼일 있는 게 아닌 것, 남자양복 소매에 쓸모는 없으면서 매달린 단추같은 그런 것과도 같이 있으나마나한 사람이 있는 것입니다. 있어도 그만이고 없으면 좀 아쉬운 거같고, 그렇습니다. 안보이면 어떻게 되었나 싶고 보여도 별볼일 없는, 그런그런 사람이 있습니다. 그런가하면 또 가능하면 없었으면 좋겠는, 그런 일이 없었으면 좋겠고 그런 만남이 없었으면 좋겠고 그렇게 인연을 맺었다는 자체도 후회스러운 사람이 있습니다. 이 사람은 안만났어야 되는데 만났습니다. 나와의 교제가 없었으면 좋겠는데 있었습니다. 그리고 과거의 일을 생각하면 마음이 섭섭하고 괴롭습니다. 그런 이야기가 여기 성경에 있습니다. 필요한 사람, 필요치 않은 사람, 있으나마나한 사람, 전부가 임종을 앞둔 사도 바울의 마음속에, 기억에 남아 있는 것입니다. 이제 보십시오. 한 사람을 놓고도 그렇게 생각할 수가 있습니다. 아주 재미있는 대조입니다. 빌레몬서 24절에 보면, 데마라는 사람을 가리켜서 사도 바울은 '나의 동역자'라고 말씀합니다. 나의 동역자 데마, 그러니까 꼭 필요한 사람입니다. 그런데 골로새서 4장 14절에 보면 그 이름만 나옵니다. 어떤 사람이라거나 어떻다는 말씀이 없습니다. 그저 데마가 함께 있다, 요롷게만 말씀합니다. 그런데 오늘본문에 보면 데마는 이 세상을 사랑하여 나를 버리고 데살로니가로 갔다, 합니다. 이것은 마음이 아픈 일입니다. 한때는 꼭 필요한 사람이었습니다. 그러나 세월이 가면서 차츰 이 사람의 믿음이 약해져서 그만 있으나마나한 사람이 되었습니다. 그리고 떠나버렸습니다. 떠났다는 것, 이것이 결국 바울을 마음아프게 했습니다. 섭섭하게 했습니다. 우스운 이야기지만 하나님께서는 저의 이런 기도를 좀 들어주신 것으로 생각하고 있습니다. 100%는 아니지만. 뭐냐하면 제가 옛날 목사되기 전에 교회다닐 때도 보니 저는 목사가 아니었지만 제일 섭섭하던 것이 뭐냐하면 교회에 들락날락하는 사람이었습니다. 교회에 결석하는 사람이었습니다. 어떤 이유로든지 결석하는 것입니다. 꼭 만나야 될 사람이 안보입니다. 어쩌다가 보였다가 또 안보였다가… 이, 마음아프더라고요. 또 목사님들이 제일 섭섭해 하더라고요. 그분이 왜 안나왔나, 어떤 일에 시험들었는가, 걱정하는 이야기를 들었습니다. 그래서 저는 신학대학교 다닐 때부터 앞으로 목사가 되겠다, 생각하면서 철저하게 기도하는 몇 가지 기도제목이 있습니다. 늘 기도하는 기도제목 중의 하나가 내가 목사가 되어서 교회를 인도할 때에는 내가 인도하는 교회에 나오는 교인은 다시 뒤로 물러가는 일이 없게 해주세요, 뭐, 이사가는 일이야 할수없겠지만 어떤 시험에 빠져서 교회에 안나오는 사람, 그런 사람이 없게 해주세요, 저는 큰 부흥을 원치 않습니다, 그러나 한번 나왔던 사람은 다시 뒤로 돌아가는 일이 없도록 되게 해주십사, 하고 기도합니다. 우리가 하나님께 나아오는 것을 가리켜 convert라고 합니다. 왔다가 다시 옛생활로 돌아가는 것을 revert라고 합니다. 'reverse하는 일이 없게 해주세요. 한번 나왔던 사람은 꾸준하게 신앙생활 하도록 하는 목회를 하게 해주십시오. 그런 교역자가 되게 해주십시오.' 그렇게 늘 기도해왔습니다. 감사하게도 우리교회는 무슨 특별한 부흥회를 한다든가 화끈하게 전도운동을 하는 일은 없는 것같지만 고마운 것은 한번 나왔던 사람들이 대부분 계속 나오고 계속 은혜 안에 성장해가기 때문에, 장족 부흥해서 오늘의 교회를 이룬 것입니다. 하나님께서 제 오랜 기도를 들어주신 줄로 저는 믿고 있습니다. 그러나 오늘본문에 보는 바와 같이 간혹 이런 사람이 있습니다. 교회 나왔어요. 예수믿었어요. 그리스도인이 되었어요. 바울을 위해서 충성을 했어요. '나의 동역자'라는 말씀까지 들었습니다. 그런 때가 있었는데, 웬일로 점점점점 시험에 빠졌습니다. 보니 환난이 있고, 순교가 있고… 아마도 감당하기 어려웠던 것같습니다. 너무 예수믿기 힘들다, 하면서 그는 세상을 사랑했습니다. 우리는 세상과 교회 함께 지금처럼 편안한 가운데서 신앙생활을 할 때가 있지만 결정적인 시간에는 양자택일 할 수밖에 없습니다. 세상이냐 교회냐, 둘 중 하나를 택해야 됩니다. 그걸 알아야 합니다. 더구나 순교적 상황에 와서는 세상이냐 하늘나라냐, 둘 중에 하나를 택해야 되는 것입니다. 순교냐 배교냐, 이거 어떻게 하면 좋은가—이런 시간이 오는 것입니다. 그런 결정적인 순간이 오는 것입니다. 그러니까 우리는 사소한 일 하나에도 적어도 순교냐 배교냐, 한번 생각하고 행동하는 게 좋습니다. 내가 어느 쪽이냐입니다. 둘 다 사랑할 수는 없습니다. 하나님과 세상을 겸하여 사랑할 수는 없습니다. 교회와 세상을 함께 사랑할 수가 없습니다. 결정적인 시간에는 엄청난 포기, 엄청난 희생을 강요당하는데, 데마는 세상을 택하고 말았습니다. 세상을 사랑하여 바울을 버리고 갔습니다. 지금 이렇게 쓰고 있는 사도 바울의 마음은 찢어지게 아픈 것입니다. 어떻게 되어 나의 동역자로 함께하던 데마가 세상을 사랑하여 가버렸습니다. 디모데야, 데마는 세상으로 가버렸다—이렇게 편지를 쓰고 있는 것입니다. 그 쓸쓸한 마음과 괴로운 마음… 이 속에 지금 많은 말이 담겨 있습니다. 얼마나 바울이 권면했겠습니까, 그러지 말라고. 그 많은 설교를 들은 사람입니다. 그만큼 많은 환난을 많이 같이 겪은 사람입니다. 그래서는 안된다고 얼마나 권했겠습니까. 얼마나 붙들고 기도했겠습니까마는 끝내 데마는 세상으로 가버렸습니다. 바울은 이 편지에서 말씀합니다. '디모데야, 네가 잘 아는 데마는 세상을 사랑하여 나를 버리고 가버렸다.' 마음이 아파서 하는 말씀입니다. 이 아픔이 교역자에게 주어지는 가장 큰 아픔입니다.

그런가하면 오늘 누가에 대해서도 말씀합니다. 누가만 나와 함께 있다, 라고 말씀합니다. 바울의 여행 중에, 바울의 전도사역에 누가는 참으로 소중한 사람이었습니다. 여러 모로 그랬습니다. 특별히 바울은 이 누가와 한평생 전도여행을 함께 한 것같습니다. 그런데 특별히 중요한 것은 누가복음을 누가가 썼고 사도행전도 누가가 썼다는 사실입니다. 어떻게 생각하면 그는 바울과 동행하면서 바울의 전기를 쓴 사람이라고 볼 수 있습니다. 사도행전을 보면 "우리가 배를 타고…"라고 말씀합니다. 우리가, 하고 나옵니다. 우리가, 할 때마다 누가가 같이 한 것입니다. 이 얼마나 소중한 일입니까. 누가가 그것을 보고 그렇게 써주지 않았다면 우리가 알겠습니까. 누가는 참으로 귀한 동반자였습니다. 누가가 설교했다는 말은 없습니다. 누가가 전도했다는 말도 없습니다. 분명한 것은 누가가 바울을 위해서 살았다는 것입니다. 오로지 바울을 위해서… 여러분, 이 점이 중요합니다. 구체적으로 주를 섬기는 방법을 아는 사람은 행복한 사람입니다. 막연하게 뭐, 주의 일 합니다, 교회 사랑합니다, 하나님 사랑합니다, 하는데 So what? 그래서 어떻다는 것입니까. '이 사람이다. 바로 이 분을 돕는 것이 그리스도를 위하는 것이고, 이 분을 위하여 수고하는 것이 교회를 위하는 것이고, 하나님의 영광을 위하는 거다'라고 누가는 아예 마음에 결정을 내렸습니다. 그래서 한평생 그는 바울을 돕습니다. 그래서 바울은 가령 골로새서 4장 14절에 보면 "사랑을 받는 의원 누가"라고 말씀합니다. 사랑받는 의원, 의사입니다. 그는 의사였습니다. 빌레몬서 24절에서는 "나의 동역자 누가"라고 말씀합니다. 동역자입니다. 그리고 하나님의 오묘한 섭리 가운데서 바울을 위해서 꼭 필요한 사람으로 역사합니다. 아시는대로 고리도후서 12장에 보면, 사도 바울에게는 병이 있었습니다. 이상한 일이었습니다. 바울은 돈도 없고 가정도 없지만 하나님의 일 하려면 적어도 건강은 있어야 되는 것 아닙니까. 그러나 그 소중한 건강도 주시지 않습니다. 바울은 이것이 힘들었습니다. 성경에 나타난대로는 그 병을 인하여 세 번 특별히 기도했다고 합니다. 특별히 일주일을 기도했는지 한 달을 기도했는지 모르지만 특별기간을 정하고 세 번 간절히 하나님께 기도했는데 하나님께서 들어주시지 않습니다. 육체의 가시, 사단의 사자—그것이 무얼까? 궁금합니다마는, 확실하지 않지마는 제가 많은 자료를 통해서 연구해본대로는 간질병이었습니다. 옛날에 간질병이 많았거든요. 간질병으로 쓰러지는 일이 많았습니다. 갈라디아서에 보면 그런 암시가 있습니다. 너희 가운데 있을 때 너희 믿음을 시험할만한 것이 내 육체에 있으되 너희가 나를 업신여기지 않고 그리스도와 같이 영접했느니라—감사하고 있습니다. 아무리 그래도 시나리오를 한번 생각해보십시오. 갈라디아에 가서 설교하다가 거품을 물고 쓰러졌습니다. 여러분 생각해보십시오. 이 곽목사가 설교하다 여기서 쓰러지면 어떻게 되겠습니까. 은혜가 되겠습니까? 그것도 또 간질병이라면? 간질병에 대한 이해가 중요합니다. 당시사람들은 이거 마귀가 주는 병이라고 생각했습니다. 이상한 소리를 내니까 마귀가 덮쒸워 생기는 병이라고 생각을 했습니다. 그런데 그 병에 쓰러지는 것입니다. 그래 얼마나 시험에 들었겠습니까. 믿음을 시험할만한 것이 내 육체에 있었다… 다리가 아프다고 시험들 것은 없지요. 그렇지 않습니까? 여러분 중에 아시는 분은 몇분 압니다마는 바로 내가 몇달 전에 요로결석이라는 병에 걸렸습니다. 그것이 생겨가지고 아픈데, 정신없습디다. 말할수없이 아파요. 여자분들도 알아보고 여자가 아기낳는 것보다 더 아프다니까 그런 줄 압니다. 나는 비교 못해보았지만 그렇게 아픕디다. 내가 난생 그런 아픔 처음 겪어봤습니다. 되게도 아프더라고요. 그런중에 주일날이 되었습니다. 이제 제가 이렇게 갑자기 아파가지고 "설교를 못합니다" 한다면 여러분이 얼마나 걱정하겠습니까. "무슨 병인가? 죽을병에 걸리셨나? 며칠이나 사신대?" 소문이 일파만파로 퍼질 것입니다. 별말이 다 나돌 것이란말입니다. 갑자기 그런 게 생겼으니까 말입니다. 그래서 토요일날밤까지도 걱정을 많이 하고 그랬습니다. 토요일날밤에는 우리 부목사님들도 와서 "우리가 좀 대신할 테니까요 목사님 좀 쉬시지요." "거 우리가 사회할 테니까 설교만 하시지요." 합니다. "안돼요." 그래가지고 내리 다섯 번을 다 하게 되었는데, 계속 주사를 맞아가면서 하는데, 3부예배때는 그 짧은 시간을 내려가 쉬는 동안에 세 번 주사를 맞았습니다. 아무래도 진정이 안됩디다. 마지막에 마약주사를 놓은 것입니다. 이렇게 주사를 놓고나니까, 그 마약이 좋긴 하대요. 아픈 게 싸악 가요. 가는 게 느껴져요. 다 없어져요. 그 대신에 몽롱해집니다. 여기 올라오니까 물론 원고도 안보이지만 교인들이 하나도 안보입니다. 그래 설교를 했는데, 그 다음에 내가 누구에게 물어봤더니 그 3부에 은혜가 제일 많았다고 합니다. 그리고, 왜 그렇게 고집을 부렸느냐, 합니다. 의사가 두 사람이 와서 지켜 서 있었습니다. 내려가면 바로 또 주사놓고, 그랬습니다. 그런데 왜 이렇게 했느냐. 여러분에게 시험될까봐입니다. 믿음이 약한 분들에게는 시험이 되거든요. 목사가 저렇게 설교를 못하게 된다, 그러면 어떻게 되는 거냐, 시험이 됩니다. 그 다음에 또 어디가 아픈가, 얼마나 아픈가, 며칠이나 산대, 하고 별별 이야기가 다 돌 텐데 이게 여러분의 믿음에 얼마나 시험이 될까, 이거 걱정이 되거든요. 바울도 그랬습니다. 너희 믿음을 시험할만한 것이 내 육체에 있다, 하였습니다. 그러나 그걸 극복하고 그리스도와 같이 영접해주었다, 감사하다, 하고 있습니다. 그런데 사도 바울은 세 번이나 기도했습니다. 하나님께서 들어주시지 않았습니다. 네게 있는 내 은혜가 족하다, 하실 뿐입니다. 제가 좋아하는 요절입니다. 네게 있는 내 은혜가 족하다— "but My grace is sufficient for you." 간단히 생각하십시오. 만족한 은혜가 아닙니다. 충분한 은혜입니다. 이걸 잊지 마십시오. 만족이라면 내 마음대로 다 되어야 만족이지요. 그게 아니라 충분한 것입니다. 하나님의 일 하기에 충분합니다. 하나님께 영광돌아가기에 충분한(sufficient) 은혜입니다. 사도 바울은 그것을 응답으로 받아들입니다. 병은 못고쳤습니다. 안고쳐주셨습니다. 그러나 '그렇습니까? 감사합니다' 하고 깊이 생각합니다. 약할 때 강하다, 내가 약할 때 강하다—귀중한 진리를 깨닫게 됩니다. 그리스도의 능력으로 내 안에 머물게 한다, 나를 겸손하게 만든다, 그래서 은혜를 더 크게, 지속하게 한다—깊이 깨닫고 감사하는 것을 볼 수 있습니다. 그런데 이상한 것이 하나님께서는 절대 손해보시지 않는다는 것입니다. 누가라고 하는 의사를 붙여주셨습니다. 그거 이상하지 않습니까? 병은 안고쳐주고 의사를 동반하게 해주셨습니다, 로마감옥에까지. 놀라운 하나님의 섭리가 여기에 있습니다. 참 쉽게 이해하기 어려운 부분입니다. 그런데 누가는 바울을 위해서 그와 동행하는 것을 하나님께로부터 받은 사명으로 알았습니다. 그래서 한 평생 바울을 위하여 살았습니다. 그래서 오늘본문에도 누가만 나와 함께 있다, 하였습니다. 참 고마운 분이다, 하는 말씀입니다.

그런가하면 "마가를 데려오라 저가 나의 일에 유익하니라" 하였습니다. 우리가 '마가의 다락방'이라 하는데 예루살렘에 가면 지금도 그것이 있습니다. 마가는 참 부자였던가봅니다. 그 옛날에 그렇게 좋은 집을 짓고 살았으니 말입니다. 여기 나오는 마가는 마가의 다락방의 그 마가입니다. 마리아라고 하는 여자의 집인데, 마가는 그의 아들입니다. 예수님 당시에는 마가가 좀 어렸던 것같습니다. 그런데 예수님 부활 승천 하신 다음에 점점 자라나 이렇게 하나님의 일을 하는 사람이 되었는데, 사도행전 12장 12절이나 사도행전 13장 5절, 13장 13절 등을 계속 보면 이런 말씀이 있습니다. 바울이 전도여행 할 때, 일차전도여행 때, 마가가 동행을 합니다. 마가, 바나바, 바울 세 사람이 가는데, 가다가 비시디아 안디옥을 가는 도중에 마가는 그만 도중하차를 합니다. 부잣집 아들이다보니 감당하기가 힘들었던 모양입니다. 그래서 돌려보냈습니다. 그때 바울은 마음이 좀 좋지 않았습니다. 젊은 사람이 전도여행 시작을 했으면 끝까지 가야지 도중에 집에 가고 싶다고 돌아가다니… 어쨌든 그랬습니다. 전도여행 끝내고 예루살렘에 와서 보고를 합니다. 그 보고 할 때 마가가 들어보니 참 희한하거든요. 나도 같이 갔더라면 참 좋은 구경 하는 걸… 후회가 되었습니다. 2차전도여행을 준비할 때 마가가 다시 나서겠다고 합니다. 바울은 그때 박대를 했습니다. 안된다, 절대 안된다, 이것입니다. 할수없이 바나바가 마가를 데리고 다른 길로 가고 바울은 누가와 함께 갑니다. 이렇게 전도가 두 대열로 나눠지게 됩니다. 그때에 마가가 얼마나 섭섭했겠습니까. '내가 다시 결심을 했는데, 아, 굳게 결심했는데 내 결심을 못알아주다니…' 좀 섭섭했을 것입니다. 그러나 이 일로 인해서 마가는 정신을 차렸습니다. 전설에 따르면 애굽까지 가서 복음을 전했습니다. 그리고 마가에게 참 중요했던 일은 베드로의 선교통역관이 되었다는 것입니다. 그리고 마가복음을 쓰게 됩니다. 마가복음의 별명이 베드로복음입니다. 베드로와 함께 다니면서 통역했던 말을 다 모아서 쓴 것이 마가복음이거든요. 이렇게 그는 바울과 헤어짐으로써 더 굳건한 믿음의 사람이 되고, 더 큰 일을 하는 사람이 되고, 더 위대한 일을 많이 했습니다. 이제 바울은 임종이 가까우니까 마가가 보고 싶은 것입니다. 왜 그랬을 것같습니까. 그 전에도 연락이 있었던 것같습니다만 마지막으로 만나서 이럴 것만 같습니다. 그때 마음이 몹시 아팠지? 위로의 말을 꼭 하고 싶은 것입니다. 마지막으로 꼭 한마디 하고 싶었습니다. 그때 미안했다―그 말을 하고 싶은 것입니다. 또 한 가지는 믿음의 아들 디모데, 다시 마가, 두 사람을 연합하게 하는 것입니다. 협동하여, 너희들 둘이 힘을 모아서 앞으로 큰 역사를 이루어라―그렇게 맺어주고 싶은 심정이 있었던 것같습니다.

오늘본문에 보니 사도 바울은 어느 집에 맡겨놓은 겉옷을 가져오라, 어디다 맡겨놓은 성경책을 가져오라. 특별히 가죽책을 가져오라, 합니다. 가죽에 쓴 것—그 무슨 말인고하니 당시에 성경책이 둘 있었습니다. 하나는 파피루스라 하는 갈대껍질에 쓴 것이었고 하나는 가죽에 쓴 것입니다. 예전에 성경책을 둘둘 말아놓은 것이 크니까 가지고 다닐 수가 없었으므로 어느 집에 맡겨놓은 것인데 임종이 가까우니까 마지막으로 성경책을 좀더 봐야겠다, 가져오라, 한 것입니다. 임종이 가까웠으면 이제 볼 것은 성경밖에 없지요. 나 어느 장로님을 보니 신문도 안보더라고요. 난 이제 갈 날 가까워서 신문 볼 필요가 없어, 하고 오로지 성경만 보는 것입니다. 그렇습니다. 사도 바울은 지금 가죽에 쓴 성경책을 가져오라, 내가 그것을 마지막으로 더 보아야겠다, 하고 있습니다.

그 다음에 마지막으로 참 섭섭한 이야기가 있습니다. 알렉산더라는 자에 대한 이야기를 합니다. 그가 누군지 알 수가 없습니다. 그러나 한 가지 분명한 것은 배교자라는 것입니다. 이 사람은 배교자요 헛소문을 퍼뜨리면서 바울의 선교를 지능적으로 방해한 사람이었습니다. 본래는 교인이었던 것같은데 지능적으로 바울을 괴롭혔습니다. 원문의 뜻을 자세히 살피면 이 사람은 잘못된 소문을 내고 다닌 사람입니다. 그래서 "내게 해를 많이 보였으매…"하고 바울은 말씀합니다. 보였다—display, 내게 해를 많이 보였다, 라고 지난날을 회고하고 있습니다. 그리고 디모데에게 딱 부탁하는 것이 '너도 조심하라'입니다. 알렉산더가 나를 괴롭혔느니라, 너도 그 사람을 주의하라, 라고 말씀합니다. 그리고 주께서 갚으시리라, 나는 비판하지 않는다, 주님께 다 맡겨버린다, 그가 잘했는지 못했는지 판단은 다 하나님께 맡기노라, 행한대로 주께서 갚으시리라, 주께 맡겨버리고 나는 저 사람을 비판하고 미워하지 않는다, 단, 너도 주의하라, 위험한 사람이니까 너도 주의하라, 하고 말씀합니다. 그러나 여기 주의하라는 말 속에는 그 사람을 가르쳐라, 그 사람을 바로잡아라, 그 사람을 교육하여라, 한 번 더 기다려보라, 그런 이야기가 없습니다. 다만 주의하라, 할 뿐입니다. 그걸 알아야 됩니다. 우리 아버지가 제게 가르쳐준 교훈의 하나가 '사람을 교제할 때 이런 것을 잊지 말아라. 세상에 배냇병신은 누구도 못고친다' 하는 것이었습니다. 아시겠습니까? 아예 근본적으로 못고칠 사람이 있습니다. 거기다가 우리마음을 두고 애쓰다보면 해야 될 일을 못하게 됩니다. 오늘 알렉산더, 사도 바울의 마음에선 포기했습니다. 그리고 '너도 주의하라'라고 말씀합니다. 바울에게 있어서는 데마와 알렉산더는 아무리 생각해도 유감된 사람입니다. 아예 서로 만나지 않았더면 좋았을 뻔한 사람, 인연이 없었더면 좋았을 뻔한 사람입니다. 그러나 사도 바울은 이 문제에 대해서는 신앙적으로 잘 수용하고 모든것을 하나님께 맡긴 채 원망도 실망도 하지 않았습니다. 여러분은 어떤 사람입니까? 꼭 필요한 사람입니까? 있으나마나합니까? 아니면 꼭 없었으면 하는 사람입니까? 당신은 어떤 사람으로, 특별히 바울에게 그러했던 것처럼 주의 종들에게 어떤 사람으로 기억되고 있습니까? 주의 종들이 기억할 때 '저 분은 참 고마운 분이다. 내 전도사역에, 내 선교사역에 정말로 고마운 분이다. 저 분이 아니었으면 내가 이런 일을 할 수가 없었을 것이다' 할 그런 고마운 분으로 기억되고 있는지 아니면 '그저 그랬지' 할 정도입니까. 아니면 '저 사람은 내가 만나지 않았어야 하는데'할 유감된 사람으로 남아 있는 것입니까? 한 사람 이야기만 하고 마치겠습니다. 무디 선생과 토리라는 사람의 관계는 너무너무 친해서, 또 귀중해서 많은 사람들에게 이야기되고 전해지는 관계입니다. 복음사역에 원래 선후배 관계입니다마는 이 두 사람은 동역자로서 얼마나 가까웠는지 모릅니다. 무디는 배운 바가 없는 무식한 사람입니다. 토리는 예일대학을 나오고 논리적인 사고를 가지고 수영선수요 아주 잘난 사람입니다마는 무디를 사랑했고 무디를 좋아했고 무디에게 복종했습니다. 심지어 무디의 때절은 내의를 손수 세탁해주기도 하고 구두를 닦아주기도 했습니다. 같은 친구사이인데도 말입니다. 그것은 무디가 하나님의 사람이라는 것을 알고 있었기 때문입니다. 하나님께 대한 충성으로 무디에게 충성을 다 기울였습니다. 마지막에는 무디성경학교를 물려받고 충성을 다해서 봉사했습니다. 당시에 체프만이라고 하는 유명한 사람이 쓴 글에 이렇게 말하고 있습니다. '무디의 신임을 그처럼 전폭적으로 받은 사람은 없다.' 이게 토리입니다. '그 이유는 토리 만큼 충성된 사람이 없었기 때문이다.' 자, 신임과 충성, 얼마나 중요한 이야기입니까. 무디는 전폭적으로 토리를 신임했습니다. 토리는 무디를 위해서 충성을 다했습니다. 참으로 아름다운 관계로 전해지고 있습니다. 우리는 어떤 사람으로 살아가고 있는 것입니까? 어떤 사람으로 기억될 것입니까? △

사 도 바울의 확신

　내가 처음 변명할 때에 나와 함께 한 자가 하나도 없고 다 나를 버렸으나 저희에게 허물을 돌리지 않기를 원하노라 주께서 내 곁에 서서 나를 강건케 하심은 나로 말미암아 전도의 말씀이 온전히 전파되어 이방인으로 듣게 하심이니 내가 사자의 입에서 건지웠느니라 주께서 나를 모든 악한 일에서 건져 내시고 또 그의 천국에 들어가도록 구원하시리니 그에게 영광이 세세 무궁토록 있을지어다 아멘 브리스가와 아굴라와 및 오네시보로의 집에 문안하라 에라스도는 고린도에 머물렀고 드로비모는 병듦으로 밀레도에 두었노니 겨울 전에 너는 어서 오라 으불로와 부데와 리노와 글라우디아와 모든 형제가 다 네게 문안하느니라 나는 주께서 네 심령에 함께 계시기를 바라노니 은혜가 너희와 함께 있을지어다

(디모데후서 4 : 16 - 22)

사도 바울의 확신

　오늘로서 디모데후서 마지막 본문을 보게 됩니다. 이로써 디모데후서를 마치게 되겠습니다. 누차 말씀드린대로 디모데후서는 모름지기 사도 바울이 쓴 모든 편지, 그 많은 서신 중 맨마지막 편지입니다. 그리고 바로 눈앞에 순교를 바라보면서, 그런 정황 속에서, 순교 상황 속에서 이 편지를 씁니다. 아마도 사형선고를 받을 것같습니다. 그리고 사형집행은 이제 몇달 후에 있어질 것같습니다. 마지막으로 이 겨울을 나게 되는데 이 겨울마저, 마지막으로 나는 이 겨울마저 지금 추워서 점점 얼어드는 것이 아마 견디기 어려웠던 것같습니다. 그래서 참 처절한, 절절한 말씀을 하고 있습니다. 아무 집에 맡겨놓은 그 겉옷을 가져오라, 아무 집에 맡겨놓은 가죽종이에 쓴 성경책을 가져오라, 겨울 전에 너는 속히 오라, 이렇게 부탁하고 있습니다. 어찌생각하면 인생의 겨울이기도 합니다. 이 마지막 겨울을 보냅니다. 그것을 감옥에서 보냅니다. 순교를 앞둔 고 불과 몇달 동안마저 추워서 견디기 어려운 그런 시간들을 보내는 것같습니다. 이렇게 육체적으로 어려울 뿐만 아니라 정신적으로도 어려움이 많았습니다. 그래서 지난번에 본대로 누구는 어디로 보냈고 누구는 어디로 갔고 특별히 사랑하는 데마라고 하는 제자는 세상을 사랑해서 세상으로 가버리고 말았다, 하는 쓸쓸한 말씀도 하고 있습니다. 그리고 또하나 기억나는 것이 있습니다. '한평생 알렉산더가 나를 괴롭혔느니라. 너도 저를 주의하라' 합니다. 자기의 전도생활, 신앙생활, 이 선교사역을 끈질기게 괴롭히던 그 사람의 이름까지 여기서 말씀하고 있습니다. 다시말하면 노 사도 바울의 마음속에 끝까지 괴로움으로 남은, 마치 무슨 흠집처럼 남아 있는 사건이 있습니다. 그게 알렉산더요 데마요, 그리고 오늘본문에서 보는 바와 같은 이야기들입니다. 지금 하늘나라의 문을 바라보고 있는 이 사도 바울, 달려갈 길을 다 가고 믿음을 지켰습니다. 그 지켰다는 것은 순교적 상황을 말씀함입니다. 이제는 순교하기로 결심했습니다. 신앙을 끝까지 배반하지 않았습니다. 깨끗하게, 아름다운 하나의 작품처럼 생의 결론을 맺게되는 그런 시간임에도 불구하고 그 마음속에 여러 가지로 언짢은 그림자들이 지나가고 있습니다.

그런데 오늘본문에 다시 절절하게 말씀합니다. 개인적인 감정이 나타나 있는 동시에 친절하고 사랑이 가득한 부탁의 말씀도 있습니다. 믿음의 아들 디모데에게 말입니다. 그리고 참 가슴아픈 얘기를 합니다. "처음 (복음을) 변명할 때에 나와 함께한 자가 하나도 없고…" 참 중요한 말씀입니다. 어떻게 이렇게 말할 수 있을까. '처음에 나와 함께 복음을 전하던 사람들, 그들이 지금은 하나도 없다. 다 나를 버렸다.' 이것은 아주 난해한 구절입니다. 어떻게해서 여기까지 말씀할 수 있었을까, 이것이 무엇을 의미하는가, 구체적으로 무엇을 의미하는가, 참으로 알기 어려운 부분입니다. '다 나를 버렸다.' 여러 가지 이유가 있겠지요. 그러나 무엇보다 중요한 것은 동기에 문제가 있었다는 것입니다. 예수님을 보면 이해가 됩니다. 예수님께서 처음 전도하실 때 예수님을 병 고치시는 분으로, 능력을 나타내시는 분으로, 기적을 나타내시는 분으로들 알았습니다. 예수님을 통해서 병도 고침받고 때로는 좋은 교훈의 말씀도 듣고, 그리고 나아가서는 이렇게 따라다니다가 예수님께서 유대나라 왕이 되시는 날 예수님의 제자된 덕에 출세할 수도 있을 거고… 이런 세속적인 욕망으로 따랐습니다. 좀더 크게는 예수님께서 유대나라 메시야로 오신 줄로, 정치적 메시야로 오신 줄로 알고 그런 동기에서 예수님을 따랐습니다. 심지어는 예수님의 열두 제자까지도 그랬습니다. 그들의 처음동기가 좋지 않았던 것입니다. first motivation, 첫번째 동기가 잘못되었던 것입니다. 그러나 아시는대로 예수믿는다는 것이 뭡니까. 동기변화에서 오는 것입니다. 처음의 동기를 끝까지 가지고가서는 안됩니다. 가면서가면서 동기가 바꾸어지는 것입니다. 대접받고자 하는 마음으로 왔다가 대접하는 마음으로, 사랑받고자 하는 마음으로 하다가 사랑하는 마음으로, 때로는 세속적인 어떤 욕망이 있어서 왔다가 어느 시간에 오히려 하나님 앞에 감사하면서 자신을 헌신하는 그런 사람으로 바꾸어지는 것입니다. 그렇게 바꾸어져야 그게 진짜그리스도인입니다. 병고치러 나왔다가 예수믿는 사람도 있고, 답답하고 괴로워서 나왔다가 예수믿어서 구원받는 사람도 있고, 어떤 사람은 장가가려고 나왔다가, 저 성가대에 앉은 사람 예뻐서 나왔다가 예수믿게도 되고 장가도 가고, 그런 사람도 있더라고요. 일석몇조입니까, 그건. 괜찮은 것입니다, 그것도요. 사실 교회나오고 싶은 생각 없었어요. 그 처녀 따라붙다보니 교회로 들어오기에 따라왔지요. 어쨌든 처음 동기는 다 그런저런 것입니다. 지금 생각해보십시오, 여러분도. 맨 처음 예수믿을 때 그 동기가 무엇인지. 그거 순수한 게 아닙니다. 다 잡스럽고 다 그렇고… 그랬습니다. 여러분이 지금 남의 얘기인 양 웃지만 다 그런 것입니다. 그러나 이렇게 된 것입니다. 어떤 사람은 이렇게 날 보고 얘기합디다. 누가 말하기를 "대학에서 비싼 등록금 내고 교양강좌 듣지 않았느냐? 이제 나이도 들어서 다 잊어버렸으니 다시 교양강좌 들으러 가자" 하기에 교회로 끌려왔다는 것입니다.

그만하면 괜찮은 동기입니다. 50%는 합격입니다. 그래 나왔다가 예수믿게 됐다는 것입니다. '너무너무 잘했다.' 그리 생각한다는 것입니다. 어쨌든 처음동기는 그렇게 순수한 게 못된 것이라는 얘기입니다. 그런데 동기변화가 오는 것입니다. 말씀 안에서, 성령 안에서 동기가 순수해지고 신령해집니다. 세속적인 것에서 신령한 것으로, 세상적인 것에서 영원한 것으로 동기가 변화하고 승화하는 것입니다. 그래서 예수믿는 것입니다.

 그런데 이 동기변화를 일으키지 못했습니다. 처음에 따를 때는 사도 바울을 어떤 목적으로 따랐는지 모르는데 그게 잘못된 것입니다. 따랐던 사람들이 사도 바울의 핍박당하는 것을 보고 예수믿는다는 것이 힘들다는 거, 넓은 문이 아니고 좁은 문이라는 거, 더구나 순교상황이라는 거, 예수믿고 구원받으려면 죽어야 한다는 거, 하도 어려운지라 다 버렸습니다. 예수님을 따르던 사람들도 예수님께서 십자가를 지실 때 다 버리고 도망갔습니다. 다 버렸습니다. 고난을 기피했습니다. 약한 믿음 탓입니다. 사도 바울에게도 마찬가지였습니다. 바울을 따르던 사람들이, 처음에 바울의 전도를 받고 믿던 많은 사람들이 그를 버렸습니다. 사도 바울은 그것이 늘 마음아픈 것입니다. 그게 마음에 큰 근심으로 남아 있습니다. 우리나라의 초기 기독교사를 연구해보면 백낙준 박사가 쓴 기독교사에 이런 말이 있습니다. 오래전에 읽고 큰 감명을 받았었습니다. 우리가 처음 기독교를 받아들일 때 순수한 동기에서가 아니었다, 예수를 믿어야 서양문화를 받아들일 수 있고 서양문화를 받아들여야 이 나라가 개화할 수 있고 독립할 수 있다고 생각했다, 민족운동의 일환으로, 나라를 찾기 위해서, 그래서 교회에 모여들었다―이런 교인을 백낙준 박사는 '개화교인'이라 하였습니다. 개화를 목적으로 하는 교인, 이 사람 예수믿는 사람 아닙니다. 그런데 105인사건이 나면서 큰 핍박이 있을 때 개화교인은 다 물러가버렸다, 처음 믿던 사람들 다 물러가고 오로지 기독교인만 남았다—아주 명쾌하게 설명을 했습니다. 처음에는 개화교인과 기독교인이 함께 있었다, 큰 핍박이 올 때 개화교인은 다 물러가고 기독교인만 남았다—참 멋있는 표현입니다. 오늘도 그렇습니다. 개인적으로 보아도 이 목적 저 목적 가지고 교회 다니다가 뭐 좀 뜻대로 안된다고 할 때 그만 떠나버리고 맙니다. 아주 유감된 일입니다. 도대체 당신은 무엇 때문에 예수를 믿었습니까? 무엇 때문에 교회나왔던 것입니까? 누가 알아주느니 안알아주느니 뭐가 섭섭하다느니 합니다. 섭하다고 합니다. 섭하긴요. 천당가는 길에 섭하고 자시고가 어디 있어요? 그게 무슨 대수입니까. 사람이 알아주면 뭘 하고 안알아주면 뭘 합니까. 그까짓것으로 신앙이 흔들흔들한다면 그게 몇푼짜리 신앙입니까, 대체. 그러나 유감스럽게도 그런 것이 많습니다, 예나 오늘이나. '처음에 나와 함께한 사람들 중에 나를 떠난 사람이 많다. 다 떠났느니라.' 이걸 잊지 말아야 됩니다. 그런데 여기에 아주 귀중한 바울의 깊은 신앙간증이 있습니다. 저는 이런 말씀을 읽을 때마다 바울의 그 깊은 신앙에 깊이깊이 감동을 받습니다. '역시 바울은 성자요 바울은 훌륭한 주의 종이요 참으로 훌륭한 그리스도의 제자다.' 그런 생각을 하곤 합니다. 보십시오, 뭐라고 하는지. "다 나를 버렸으나 저희에게 허물을 돌리지 않기를 원하노라." 저희에게 허물을 돌리지 않기를 원하노라—이 얼마나 귀한 말씀입니까. 무슨 말씀입니까. 아직도 기다린다는 말씀입니다. 수십 년을 기다렸고 이제도 돌아오기를 기다립니다. 이제 만일에 허물을 저희에게 돌리고 여기서 결정적인 시간이 오고 말면 못돌아오는 것입니다. 문을 열어놓고 있습니다. 지금이라도 돌아오기를 바라고 있습니다. 생각을 바꾸고 참신앙에로 돌아오기를 바라는 마음에서 이 허물을 저들에게 돌리지 말아라, 하는 것입니다. 허물을 저들에게 돌리면 그게 심판입니다. 결정적인 심판이 되는 것입니다. 심판하지 마라, 아직도 문이 열려 있으니까, 다시 어떤 일이나 계기가 오면 돌아올 수 있을 테니까, 함입니다. 개인적으로 말하자면 그런 일 있을 수 있지요. 사업에 실패하든지 병들든지 어려운 일이 있거나 하면 아, 잘못이구나, 하고 처음믿음으로 다시 돌아올 수 있지 않습니까. 그런데 여기서 당신의 잘못이오, 당신이 그릇됐소, 하고 정죄해버리면 돌아오기 어려워지거든요. 그래서 말씀입니다. 아직도 기다리는 마음에서 그는 "저희에게 허물을 돌리지 않기를 원하노라" 하고 말씀하는 것입니다. 그리고 그보다 더 깊은 의중이 있었으리라고 생각합니다. 그것은 혹이라도 바울 자신에게 문제가 있지 않았나, 하는 자기반성적인 의미가 여기 있다는 것입니다. 사도행전 18장에 보면 사도 바울은 고린도에 가서 복음을 전할 때 아주 약해졌을 때가 있습니다. 아주 심약해지고 전도의지가 약해졌습니다. 큰 핍박도 없는데 공연히 두려운 마음이 있어서 전도를 못했습니다. 그리고 천막치는 업을, 요샛말로 아르바이트를 하여 살아가게 됩니다. 두렵고 떨렸습니다. "두렵고 떨리며 심히 떨었노라" 합니다(고전 2 : 3). 뭔가 나약해졌을 때입니다. 그때 하나님 말씀하십니다(행 18 : 9 - 10). '이 성에 내 백성이 많으니까 전도하라. 입을 열어 말하라. 담대하게 복음을 전하라.' 성령이 재촉을 합니다. 그리하여 다시 일어나 복음을 전하게 됩니다. 그러나 바울은 생각합니다. 이렇게 나약할 때 복음을 전했거든요. 그때 전도받은 사람들, 나약한 중에 복음을 받았단말입니다. 그래서 고린도교회는 문제가 많습니다. 그리스도의 사신으로, 위대한 복음의 사자로서 당당하게 권세있게 복음을 전할 그때 예수믿은 게 아니고 나약해졌을 때, 두렵고 떨리면서 간신히간신히 복음을 전할 때 그때 복음을 받은 사람들, 이 사람들이 확실한, 아주 뜨거운 그러한 복음을 받지 못했을 거란말입니다. 다시말하면 그리스도께 대한 인상이나 사도에 대한 인상이나 강렬하지를 못했습니다. 신앙의 첫걸음이 담대하지 못했습니다. 나약하게 출발을 했습니다. 아마도 그래서 잘못되지 않았나, 바울은 이런 생각도 하는 것같습니다. 내가 유약한 중에, 내가 스스로 시험을 당하는 중에 복음을 전했습니다. '처음 받은 복음, 그 내용과 그 상황이 이렇게 확실하지 못함으로해서, 전도자인 나 자신에게 문제가 있어서 저들이 확실한 복음을 처음부터 받아들이지 못하지 않았던가?' 그런 반성을 하고 있습니다. 더 중요한 것은 이렇습니다. 좀더 사랑을 베풀었더라면, 좀더 다른 방법으로 좀더 확실하게 좀더 담대하게 복음을 전했더라면 이런 일이 없을 수도 있었는지 몰라—책임을 자신에게 돌립니다. 그래서 하는 말씀이겠습니다. "저희에게 허물을 돌리지 않기를 원하노라." 똑같은 이야기가 있습니다. 사도행전 7장 60절에 가서보면 스데반이 순교할 때 마지막으로 하나님 앞에 무릎을 꿇고 기도합니다. "내 영혼을 받으시옵소서" 하고나서 그는 "이 죄를 저들에게 돌리지 마옵소서" 하고 기도합니다. 그럼 누구에게 돌리라는 말씀입니까. 거기도 깊은 의중이 있는 것같습니다. 스데반이 복음을 전할 때 불신하는 이스라엘사람들을 강하게 공격했습니다. 헬라파유대인들을 공격했습니다, 아주 강하게. 그럴 때 저들이 이를 갈며 일어나 스데반을 향하여 돌을 던집니다. 스데반은 생각했을 것같습니다. '그런 방법으로 말고 좀더 온유하게 좀더 설득력있게 좀더 충만한 중에 복음을 바로 전했더면 저들이 저렇게 완악해지지 않을 수도 있었을 텐데… 오늘 저 사람들이 저렇게 악해진 것은 그 원인의 상당부분이 내게 있을지도 몰라.' 그래서 '이 죄를 저들에게 돌리지 말아주십사' 하는 것이겠습니다. 여러분, 여기 세 기도를 비교해봅시다. 사도 바울은 '이 허물을 그들에게 돌리지 말아주세요.' 스데반은 '이 죄를 저들에게 돌리지 말아주세요.' 예수님께서는 뭐라고 하십니까. 십자가상에서 '하나님이여, 이 죄를 사하시옵소서. 저들이 하는 것을 모르기 때문입니다.' 이건 얘기가 달라요. 전혀 차원이 틀립니다.

여기서 우리는 생각을 하여야 합니다. 언제나 그리스도인은 그 어느 순간에라도, 어떤 순간에라도 불쌍히 여길 줄 알아야 하고 또 기다리는 마음이 있어야 하고 또 나 자신을 살피는 마음이 있어야 됩니다. 순교하는 이 시간까지도, 숨넘어가는 그 시간까지도 잘못은 내게 있지 않은가, 내가 비록 순교를 하더라도 이 모든 잘못된 것의 원인이, 잘못이 내게 있는 것이 아닌가, 살필 줄 아는 자기성찰이 있어야 하는 것입니다. 성 고리떼라고 하는 가톨릭교인이 어떤 계기에 악한 살인자의 손에 그만 비명에 죽게 됩니다. 죽으면서 한 유명한 말이 있습니다. "당신과 함께 낙원에 있게 되었으면 좋겠습니다." 상대는 강도입니다. 강도가 나를 죽이는데, 억울하게 죽으면서, 순교하는 것도 아닌 죽임을 당하면서 하는 말입니다. "당신과 함께 낙원에 있게 되었으면 참으로 좋겠습니다." 이 강도는 이 말을 들었습니다. 그가 붙잡혀서 감옥에 들어가고 그 감옥에서 그리스도인이 됩니다. 여러분, 이것을 잊지 말아야 합니다. 내가 아무리 억울하게 죽는 그 순간에라도 나를 죽이는 상대방을 사랑할 뿐만 아니라 긍휼히 여기는 동시에 나 자신을 내가 좀더 넓게, 좀더 사랑하게, 좀더 뜨겁게, 또는 좀더 좋은 방법으로 그랬다면 상대방의 마음을 감동시킬 수도 있었던 것이 아닌가, 스스로를 살피는 그런 성찰이, 그런 회개가 있어야 한다 하는 말씀입니다. 바울은 말씀합니다. '다 나를 버렸다. 그러나…' 그 다음말씀이 중요합니다. "주께서 내 곁에 서서 나를 강건케 하심은 나로 말미암아 전도의 말씀이 온전히 전파되어 이방인으로 듣게 하려 하심이니…" 다 나를 버렸다, 그러나 주께서 나와 함께하신다, 하는 높은 차원의 신앙간증을 합니다. 요한복음 16장 32절에 보면 예수님께서 말씀하십니다. "보라 너희가 다 각각 제 곳으로 흩어지고 나를 혼자 둘 때가 오나니 벌써 왔도다 그러나 내가 혼자 있는 것이 아니라 아버지께서 나와 함께 계시느니라." 다 버립니다. '너희가 다 나를 떠날 것이다. 그러나 나는 고독하지 않다. 아버지께서 나와 함께 계시느니라.' 예수님의 말씀입니다. 사도 바울 역시 '이 사람도 저 사람도 다 나를 버렸다. 그러나 주께서 내 곁에 서서 강건케 하시고 나로하여금 복음전하는 이 위대한 역사를 성공적으로 수행하게 하신다.' 그래서 말씀합니다. '주께서 나를 보호하시고 강건케 하시고 또 내 수고를 헛되지 않게 하고 계시다.' 성과가 여기 있다는 것입니다.

그리고 바울 특유의 놀라운 섭리적 신앙의 간증을 엿볼 수가 있습니다. 이방인으로 듣게 하셨다, 합니다. 그는 가는 곳마다 유대사람들에게 핍박을 받았습니다. 유대사람들에게 핍박을 받고 이방에 복음을 전했습니다. 그것이 그의 전도생활 일생에 걸친 똑같은 일입니다. 그래서 그는 섭리를 믿습니다. '절대로 하나님의 사업은 실패가 없다.' 나를 버리는 사람도 있고 나를 떠나는 사람도 있지마는 그러나 하나님의 일에는 실패가 없습니다. '나로 말미암아 전도의 말씀을 온전히 전파하신다. 온전히 전하도록 하신다. 이방인에게 전하도록 하신다. 내가 이방인의 사도니까 내게 향하신 하나님의 섭리와 경륜은 오늘도 내일도 확실하게 이뤄질 것이다.' 이렇게 간증을 하고, 이어서 유명한 말씀을 합니다. "내가 사자의 입에서 건지웠느니라." 우리는 그가 어느 때 어느 계기에 사자굴에 들어갔다 나왔는지 잘 알 수가 없습니다마는 디모데후서 3장 11절에 여러 지방에서 핍박받은 이야기 하는 것을 보면 이것은 추상적인 얘기가 아닌 줄 압니다. 사자의 입에 찢기어 죽을 수밖에 없을 때도 하나님께서 다니엘을 사자굴에서 지켜주신 것처럼 지켜주시고, 빌립보감옥에서 매를 맞고 죽을 뻔했지마는 하나님께서 그를 다시 살려서 감옥에서 통쾌하게 문을 열고 나올 수 있게 하고 옥사장을 회개시켜 구원받게 하던 그런 역사, 바울은 경험하고 있습니다. 한평생 복음사업 하면서 많은 기적을 보았습니다. 여기서도 기적을 보고 저기도 기적이 있고… 하나님께서 나와 함께하심으로 선교사역에서 많은 기적을 경험했더라는 말씀입니다. 그러나 그는 이 기적이 항상 그대로 나를 세상에서 지켜준다고는 생각하지 않았습니다. 그래서 하는 말씀입니다. "주께서 나를 모든 악한 일에서 건져내시고…" 그래서 하나님의 사업에는 실패가 없고 "또 그의 천국에 들어가도록 구원하시리니…" 그의 천국에 들어가도록—최종의, 궁극적인 목적은 여기에 있거든요. 종착지는 '천국'에 있습니다. 그가 기적을 경험했지마는 그 기적 속에서 내가 영원히 이 땅에 사는 게 아닙니다. 그가 사자의 입에서 건짐받는 큰 기적을 몸소 체험한 사람이지마는 이 기적이 계속 같이 해서 오늘도 내가 로마감옥에서 나갈 거라고 생각하지 않았습니다. 기적은 전도를 위하여, 선교를 위하여 있었던 것이고 이제는 마지막 선교를 위하여 순교라고 하는 단계가 남아 있다는 것을 알고 있습니다. 여러분, 기적이 나 자신을 위해 있다고 생각하지 마십시오. 하나님의 능력이 나 잘살라고 있는 게 아닙니다. 선교적 차원에서 하나님의 구원의 역사를 이루기 위해서 기적이 있는 것입니다. 내가 감옥에서 나오기 위하여, 내 행복을 위하여, 내가 장수하기 위하여 그렇게 있어지는 기적이 아니라는 것을 바울은 지금 여기서 말씀하고 있습니다. '많은 기적이 나와 함께했고 기적이 나를 건졌고 사자의 입에서도 건졌다. 앞으로도 건져주실 것이다. 그러나 그 궁극에는 천국에 들어가도록 역사하실 것이다. 이 일은 조금도, 한치의 착오도 없이 이루어질 것이다.' 이렇게 보고 있습니다. 기적이 나로하여금 순교라고 하는 이 아름다운 역사를 잘 마치도록, 잘 넘어서도록 주께서 인도하실 것이라고 믿고 있습니다. 이런 얘기가 있습니다. 길버트라고 하는 탐험가가 어느날 배를 타고 대서양 북쪽을 여행하다가 빙산에 부딪쳤습니다. 조그만 배가 빙산에 부딪혔으니 꼼짝못하게 된 것입니다. 배가 파손되고 자꾸 가라앉습니다. 승객들이 뱃전에 서서 지금 죽음을 기다리면서 두려워하고 있을 때 그는 유명한 유머를 했습니다. "두려워하지 마시오. 천국은 어느 곳에서나 갈 수 있으니까요. 바다에서도 가고 하늘에서도 가고 길에서도 가고 집에서도 가고 침대에서도 갑니다. 천국은 이렇게 어디서나 가는 건데 오늘은 뱃전에서 가게 된 것입니다. 두려워할 것 없습니다." 그렇습니다. 천국은 어디서나 열려 있습니다. 사람이 이런 모양으로도 가고 저런 모양으로도 갑니다. 차사고로도 가고 병원에서도 가고 응급실에서도 갑니다. 여러 모양으로 갈 것이니 여러분이 선택해서 가시는 게 좋을 것같습니다. 어느 쪽을 선택하는 게 좋을 것같습니까? 그건 기도제목입니다, 사실은. 중요한 기도제목입니다. "천국은 어디서나 가는 거요. 언제나 가는 거요. 오늘 우리는 이 파선된 배에서 가게 됐소. 두려워하지 마시오." 그리고 초연하게 성경을 읽으며 기도하면서 가는 그런 모습이 있었다고 합니다.

오늘 사도 바울은 말씀합니다. '그리스도께서 나를 건져주셨고 또 건지실 것입니다. 사자의 입에서도 건지셨습니다. 그와 같은 이적이 나와 함께하십니다. 그 이적 속에서 내가 선교하는 것입니다.' 그걸 잊지 말아야 합니다. 거기에 기적의 신비가 있습니다. 기적 속에서 천국으로 가는 것입니다. 기적 속에서 내가 선교를 하게 되는 것입니다. 달려갈 길을 다 가고 믿음을 지키면 주께서 나를 영접해주실 거라고 신앙을 고백하고 있습니다. 그 다음에 여기 문안의 말씀이 있습니다. "겨울 전에 너는 어서 오라." 부탁을 합니다. 모든 사람을 문안하고나서 22절 끝에 "나는 주께서 네 심령에 함께 계시기를 바라노니 은혜가 너희와 함께 있을지어다." 축복함으로써 이 편지를 마칩니다. △